GEORG DANEK

EPOS UND ZITAT

Studien zu den Quellen der Odyssee

WIENER STUDIEN · BEIHEFT 22

Herausgegeben von
Hans Schwabl und Eugen Dönt

GEORG DANEK

Epos und Zitat

Studien zu den Quellen der Odyssee

1998

VERLAG DER
ÖSTERREICHISCHEN AKADEMIE DER WISSENSCHAFTEN

Vorgelegt von w. M. Hans Schwabl in der Sitzung am 12. Juni 1996

Gedruckt mit Unterstützung des
Fonds zur Förderung der wissenschaftlichen Forschung

Texterfassung:
Kommission für antike Literatur und lateinische Tradition

Herstellung: Druckerei Ferdinand Berger & Söhne Ges.m.b.H.
3580 Horn, Wiener Straße 80

INHALT

VORWORT

Damit aus meiner langen Beschäftigung mit Homer dieses Buch entstand, bedurfte es der Anregung von mehreren Seiten. An erster Stelle möchte ich hier Hans Schwabl nennen, der mir den wissenschaftlichen Zugang zur frühgriechischen Epos-Tradition und zu den Homer-Problemen erschloß und mit seinem unbestechlichen eigenen Urteil von Anfang an verhinderte, daß ich mich zu stark an eines der kursierenden Dogmata anband. Einen neuen, intensiven Anstoß für meine Arbeit bedeutete die Auseinandersetzung mit der Tradition der südslawischen Heldendichtung, die mir Radoslav Katičić in ebenfalls undogmatischer und fruchtbarer Weise erschlossen hat. Meine Beschäftigung auf diesem Gebiet wäre ohne sein Korrektiv, aber auch ohne die ständig damit verbundene Ermunterung wohl auf halbem Wege steckengeblieben. Wenn meine diesbezüglichen Erfahrungen in diesem Buch nicht stärker aufscheinen, so sind doch sie es, die meine Sicht der homerischen Epik entscheidend mitgeprägt haben. Ich möchte diesen beiden Lehrern deshalb ganz besonders danken. Als unschätzbare Ergänzung zu dem wissenschaftlichen Zugang habe ich es empfunden, die praktischen Seiten des epischen Erzählers kennenzulernen. Meine Kinder Theodora, Konstantin und Nikolaus waren mir ein unermüdliches episches Publikum, haben sehr rasch die Gesetzmäßigkeiten epischer Erzählweise verstanden und haben diese von mir als Erzähler wieder abgefordert; ihre Faszination habe ich immer wieder als Bestätigung meiner Arbeit empfunden.

Neben diesen Erfahrungen allgemeiner Art habe ich bei der Entstehung dieses Buches, das im Sommersemester 1996 von der geisteswissenschaftlichen Fakultät der Universität Wien als Habilitationsschrift angenommen wurde, konkrete Hilfe erfahren. Hans Schwabl hat mit mir wichtige Aspekte meiner These in äußerst fruchtbarer Diskussion erörtert. Von Eugen Dönt und Tilman Krischer habe ich wertvolle Hinweise erhalten. Walter Stockert hat das Manuskript einer akribischen Lektüre unterzogen und für etliche inhaltliche und stilistische Korrekturen gesorgt. Stefan Hagel war mein schärfster Kritiker und hatte dabei — wie üblich — oft die besseren Argumente für sich. Ihnen und allen, die zum Werden dieses Buches beigetragen haben, gilt mein aufrichtiger Dank.

Die Kernthese dieses Buches beruht auf der Überzeugung, daß der Text unserer Odyssee Teil einer mündlich-epischen Erzähltradition ist, in der die Geschichte von der Heimkehr des Odysseus von zahllosen Sängern immer wieder aufs neue und immer wieder in neuer Weise vorgetragen wurde. Daraus ist die These abgeleitet, daß unser Odysseetext bei seinem ursprünglichen Hörer nicht nur die Kenntnis der Geschichte selbst, sondern auch die Kenntnis alternativer Versionen voraussetzte und mit diesem Wissen um die alternativen Möglichkeiten, die Handlung zu erzählen, gezielt operierte. Diese These läßt sich nicht streng wissenschaftlich ‚beweisen' — wir besitzen nun einmal keine zeitgenössischen Alternativversionen der Odyssee —, jedoch durch Analogien aus anderen Bereichen erhärten: einerseits durch den Nachweis, daß die hier postulierte Bezugnahme auf konkurrierende Varianten innerhalb einer mündlichen Tradition (wofür die südslawische Heldendichtung nur ein Beispiel bietet) den Status einer traditionellen Technik besitzen kann; andrerseits durch den Nachweis, daß die Odyssee sich bei ihrer Bezugnahme auf andere epische Stoffe, für die uns der Verweischarakter deutlicher hervortritt, exakt derselben Technik bedient. Wenn ich gerade diese Bereiche (Beziehung zur Ilias bzw. zur gesamten epischen Tradition) umfassend aufgearbeitet habe, so glaube ich, daß damit auch ein Desiderat der Forschung erfüllt ist. Ich postuliere jedoch nicht, daß alle meine hypothetischen Versionen tatsächlich so und nicht anders gelautet haben müßten; worum es mir geht, ist die damit verbundene allgemeine Optik, die, wie mir scheint, diverse Strömungen der Homerforschung (Analyse, *oral theory*, Neoanalyse) unter einen Hut bringt und zugleich versucht, der Odyssee als Kunstwerk gerecht zu werden. Wenn der Leser den Eindruck gewinnt, daß mit meiner Interpretation ein plausibles Bild von dem poetischen Kontext entworfen ist, in den der uns vorliegende Text zu stellen ist, so ist das Ziel dieser Arbeit erreicht.

Das Manuskript dieses Buches war im April 1996 abgeschlossen. In den nachträglichen Korrekturen habe ich vor allem die Anregungen der anonymen Gutachter des ‚Fonds zur Förderung der wissenschaftlichen Forschung' berücksichtigt, denen ich auf diesem Weg herzlich danken möchte. Ich habe nicht versucht, ein weiteres Mal mit der uferlosen Sekundärliteratur zu Homer Schritt zu halten. Der Leser wird auch feststellen, daß die Homer-Literatur nur dort zitiert ist, wo auf für diese Arbeit unmittelbar relevante Aspekte eingegangen ist; auf ‚strategische' Zitate selbst von Klassikern der Homer-Literatur wurde verzichtet. Nicht mehr eingearbeitet habe ich auch das Buch von F. Ahl und H. Roisman, The Odyssey Re-Formed, Ithaca – London 1996, in dem eine vergleichbare These verfolgt ist, jedoch mit deutlich unterschiedlichem theoretischen Ansatz und Schwerpunktsetzung im Detail. Das Thema der ‚Odysseen in der Odyssee' bietet sichtlich Raum für mehr als eine Untersuchung.

Wien, im November 1997

EINLEITUNG: ODYSSEE UND EPISCHE TRADITION

Für das homerische Epos gilt es so wie für die attische Tragödie als selbstverständlich, daß sein Publikum mit dem Inhalt des jeweils Gebotenen vertraut war, daß es die ‚Geschichte‘ bereits vor Beginn der Handlung kannte, so daß es bezüglich der großen Linien und des Ausgangs der Handlung keine Ungewißheit gab, sondern die Spannung auf anderen Ebenen lag. Dieses Wissen um das Verhältnis zwischen Text und Publikum findet aber hier wie dort oft keinen Niederschlag in der Interpretation. Üblicherweise wird der Text als autonome Einheit betrachtet, dessen Sinn aus ihm selbst abgeleitet werden muß; das Vorwissen des Publikums wird nur selten ausdrücklich berücksichtigt, meist nur dann, wenn der Verweischarakter des Textes nicht zu übersehen ist. Bei Homer tritt dieser Verweischarakter vor allem dann in den Vordergrund, wenn in Figurenreden auf Gegebenheiten des Mythos verwiesen wird, die außerhalb der Handlung liegen.

Auch für die Odyssee gilt es als Gemeinplatz, daß für ihre ursprünglichen Hörer von Beginn an eine bekannte Geschichte erzählt wurde. Fragt man aber, inwiefern dieses Verständnis das Rezeptionsverhalten beeinflußte und inwiefern dieses Vorverständnis im Text selbst bereits berücksichtigt, ja vorausgesetzt ist, so stellt man fest, daß hier zwar die Frage nach der ‚Vorgeschichte des Textes‘ immer im Zentrum der Forschung stand, das ‚literarische‘ Verständnis des Textes davon aber wenig beeinflußt wurde. Die vorliegende Arbeit unternimmt es deshalb, ausdrücklich nach der Funktion dieses Vorwissens der ursprünglichen Hörer der Odyssee für ihr Verständnis des Textes zu fragen. Zu diesem Zweck soll zunächst gefragt werden, welche Bereiche des Mythos in der Odyssee als bekannt vorausgesetzt sind und welche theoretischen Grundlagen es für die Miteinbeziehung des Vorwissens des Rezipienten in die Interpretation des Textes gibt.

Odyssee und Odysseen

Das Bewußtsein dafür, daß die Odyssee in der Gestalt des uns überlieferten Textes nicht eine Schöpfung aus dem Nichts ist, sondern Vorstufen und alternative Konzepte voraussetzt, deren Spuren aus der Gestalt unseres Textes ablesbar sind, war für die Homeranalyse alter Ausprägung, die zumindest im deutschen Sprachraum bis in die Zwischenkriegszeit die Forschung dominierte, eine selbstverständliche Grundvoraussetzung. Man ging davon aus, daß die durch Analyse gewonnenen, einander widersprechenden bzw. ausschließenden Versionen der Odyssee Teile von ursprünglich selbständigen Fassungen des Textes wären, die in wörtlicher Fixierung in die uns überlieferte Odyssee eingegangen wären[1]. Die so erzielte Kombination wurde dann, da man den nach ‚modernem' Empfinden selbstverständlichen ästhetischen Maßstab der ‚Einheit und Autonomie des Kunstwerks' anlegte, aufgrund ihrer Heterogenität fraglos als ‚schlecht' klassifiziert.

Es ist daher verständlich, daß die unitarische Homererklärung, die nach dem Zweiten Weltkrieg allmählich festen Fuß faßte, in ihrer Reaktion auf die Analyse zunächst vor allem darum bemüht war, die Einheitlichkeit des Konzepts unserer Odyssee auf allen Ebenen nachzuweisen, ohne der Frage nach Vorstufen intensiver nachzugehen[2]. Unausgesprochene Voraussetzung war dabei sichtlich die Anschauung, daß bei Nachweis der ästhetischen Einheit der Odyssee sich die Annahme von alternativen Konzepten innerhalb des Epos erübrige. Auch hier wurde die Odyssee also nach denselben Maßstäben wie jede andere Art von Literatur beurteilt.

In den letzten Jahren ist hingegen wieder eine verstärkte Tendenz zu beobachten, ein Verständnis für die individuelle Machart unserer Odyssee nicht nur aus der Gestaltung des Kunstwerks selbst zu gewinnen, sondern auch aus der Weise, wie sich dieser Text von anderen Versionen derselben Geschichte abhebt, die man zumeist als vorausliegende Versionen faßt. Voraussetzung für diesen Trend ist zweifellos der wachsende Einfluß der von Milman Parry inaugurierten *oral theory*, die auch bei Forschern, die dieser Theorie eher skeptisch gegenüberstehen, ein neues Verständnis für die Funktionsweise einer traditionellen Epentradition bewirkt hat. Die Auffassung, daß Ilias und Odyssee eine reiche Erzähltradition voraussetzen, die nach den Gesetzen mündlicher Dichtung (*composition in performance*) funktioniert, hat sich heute auch bei jenen Forschern durchgesetzt, die die beiden Epen selbst nicht mehr der rein mündlichen Phase zuzählen wollen, sondern den Einfluß der Schrift auf Komposition und Fixierung der Texte für entscheidend halten. Demgemäß ist man sich heute weitgehend darüber einig, daß der Stoff der Odyssee in der vorhomerischen Erzähltradition längst ausgebildet war, daß unsere Odyssee auf diese Tradition zurückgreift, vor allem aber, daß sie sich in der Gestaltung des Stoffs von dieser Tradition in entscheidenden Punkten absetzt.

---

[1] Anders als in der Iliasforschung reißt der Strom analytischer Arbeiten in der Odysseeforschung mit dem Zweiten Weltkrieg nicht ab (Von der Mühll 1940; Focke 1943; Merkelbach [1]1951 = [2]1969). Einflußreich waren im deutschen Sprachraum die Arbeiten von Schadewaldt, im englischen das Buch von Page (1955); der Einfluß dieser beiden Forscher führte dazu, daß die unitarische Odyssee-Erklärung sich viel länger auf die Widerlegung analytischer Positionen konzentrierte (so noch Siegmann 1987).

[2] Dies gilt für Heubeck (1954) und die meisten deutschsprachigen Arbeiten der 60er und 70er Jahre (Beßlich 1966; Eisenberger 1973; Friedrich 1975).

Diese Auffassung ist im englischen Sprachraum, wo die Berufung auf Parry für den Homerforscher fast eine Pflichtübung darstellt, in ihrer allgemeinsten Formulierung als selbstverständlich vorausgesetzt. Die Auswertung der Grundidee für die literarische Interpretation des Textes unserer Odyssee hat dort jedoch kaum stattgefunden. Trotz des Archegeten Woodhouse (1930) und obwohl Albert Lord im Odysseekapitel seines einflußreichen Buches *The Singer of Tales* (1960, 158–185) exemplarisch gezeigt hat, welche Wege eine Interpretation der Odyssee im Sinne der *oral theory* nehmen könnte, finden sich diesbezügliche Erklärungsansätze zwar in allgemeinen Darstellungen[3], haben aber kaum Niederschlag in größeren Spezialarbeiten gefunden. Untersuchungen zur Odyssee, die das Konzept der *oral theory* verfolgen, konzentrieren sich meist auf das Prinzip der *composition by theme*, erklären also eventuell beobachtete Widersprüche in den Konzeptionen dadurch, daß der Dichter jeweils typische Erzählmuster bzw. Handlungsmotive miteinander kombiniert habe, ohne sie voll zu integrieren; bei einer solchen Betrachtungsweise liegt es nahe, die Frage nach konkreten Alternativversionen zu unserer Odyssee als nicht systemkonform zu vernachlässigen[4]. Daß ein Lied innerhalb einer mündlichen Erzähltradition Varianten aufweise, sei zwar ebenso selbstverständlich wie daß unterschiedliche Varianten in ein und derselben Version eines Liedes miteinander kombiniert würden; die dadurch entstehenden ‚logischen Widersprüche' seien aber durch den charakteristischen *oral poetry*-Stil entschuldigt, da mündliche Dichtung eine andere Art von Poetik voraussetze als ‚klassische' Literatur und damit der heute übliche Maßstab der ‚Einheit und Autonomie des Kunstwerks' für sie gegenstandslos sei[5].

Die gegenwärtige englischsprachige Odyssee-Interpretation konzentriert sich jedoch auf andere Gebiete. Hier wird unter dem Einfluß neuerer literaturwissenschaftlicher Strömungen der Text wieder primär als autonomes Kunstwerk betrachtet, während die Frage nach seinem Verhältnis zur vorhomerischen Odysseetradition kaum gestellt wird[6].

Anders verhält es sich im deutschen Sprachraum. Hier ist in den letzten Jahren, offensichtlich als Reaktion darauf, daß die Analyse alten Stils für endgültig überwunden erachtet wird, ein neues Interesse an den ‚Odys-

---

[3] Vgl. Griffin 1987, 26–32; West (1988), Introduction.

[4] Wichtig vor allem Fenik 1974, wo das Prinzip der *composition by theme* für die Binnenbezüge innerhalb der Odyssee ausgewertet wird; Crane 1988, wo Motivparallelen zwischen der Odyssee und anderweitigem mythischen Material auf das Prinzip der *composition by theme* zurückgeführt werden; zuletzt Reece 1993.

[5] Ich verweise damit auf die Versuche zur Definierung einer eigenen *oral poetics*, wie sie nach Parry und Lord zuletzt vor allem Foley (1991) versucht hat.

[6] So etwa, wenn auch mit je unterschiedlichen Fragestellungen, Pucci 1987; Murnaghan 1987; Peradotto 1990; Katz 1991; Felson-Rubin 1994; Olson 1995.

seen vor unserer Odyssee' festzustellen, und hier hat dieses Interesse auch
zu mehreren Versuchen geführt, das Verhältnis unserer Odyssee zu der ihr
vorausliegenden Tradition zu bestimmen. Es gibt geradezu eine neue Lust
an der Rekonstruktion von ‚Odysseen', jedoch mit dem Ziel, aus der Differenz zwischen den ‚Vorstufen' und dem uns überlieferten ‚Endprodukt'
den ‚Fortschritt', den unsere Odyssee bedeute, nachzuweisen. Da hier der
‚analytische' Ansatz von widersprüchlichen Versionen mit einer unitarischen Auffassung unseres Textes kombiniert ist, lohnt es sich, die wichtigsten Vertreter dieser Tendenz kurz zu charakterisieren.

In einer Serie von Aufsätzen hat Tilman Krischer versucht, eine einzige, einheitliche Version der Odyssee zu rekonstrieren, in der diverse Handlungsmotive ihre ‚ursprüngliche', ‚natürliche' Funktion beibehalten, die sie
in unserer Odyssee verloren haben. Krischer beschränkt sich auf die Betrachtung des großen Handlungsduktus und konzentriert sich auf wenige
zentrale Motive. Wenn unsere Odyssee solche Motive beibehalte, obwohl
sie im neuen Kontext funktionslos würden oder sogar zu Widersprüchen
führten, sei das durch den Zwang der Tradition zu erklären; erst durch die
Abänderung der Motive sei aber die Psychologisierung der Handlung, die
komplexe Strukturierung und Vielschichtigkeit auf allen Ebenen erreicht[7].

Eine interessante These enthält das Odysseebuch Helmut van Thiels
(1988). Obwohl van Thiel für die Erklärung des Textes unserer Odyssee
ganz auf dem Boden der alten Analyse verbleibt, wenn er ihn als Kombination zweier textfester ‚Odysseen' durch einen Redaktor erklärt, entwirft
er, basierend auf analytischen Vorgängern[8], für diese zwei Vorstufen das
Konzept der Konkurrenzvariante: Die ‚Spätodyssee' sei der bewußte Versuch, durch variierende Abdeckung desselben Handlungsganges eine Alternativversion zur ‚Frühodyssee' zu schaffen, wobei auf die ‚Vorlage' laufend Bezug genommen, diese durch das abhebende Zitat dem Hörer bewußt gehalten und somit das Prinzip der Handlungsalternative thematisiert sei[9]. Dieses theoretische Konzept ist allerdings in der Einzelinterpre-
tation, die sich in altanalytischer Manier auf die Aufzählung der ‚Fehler'
des Redaktors konzentriert, zumeist eher nur vorausgesetzt als ausgeführt.

Die Würdigung des Textes unserer Odyssee steht demgegenüber im
Vordergrund von Uvo Hölschers Odysseebuch (1988). Hölscher sucht nach
Grundfunktionen der jeweiligen ‚einfachen Geschichte', die hinter den ein-
zelnen Handlungsmotiven unseres Textes stehe, und erklärt die Form und
Qualität unserer Odyssee durch den Vorgang der Episierung, durch den
die nackten Handlungsmotive in komplexe epische Situationen umgewan-

---

[7] Krischer 1985; 1990; 1993; 1994.
[8] Vor allem Merkelbach 1969.
[9] van Thiel 1988, 15–30.

delt würden. Auch Hölscher konzentriert sich also auf die Frage, welche Vorstufen hinter unserem Text stehen, auch ihm geht es um ein besseres Verständnis des Kunstwerks; welche Funktion allerdings für den ursprünglichen Rezipienten der im Text vorhandene Bezug auf Konzeptionen der Vorstufen hatte, wird nicht ausdrücklich thematisiert, hingegen werden die für die ‚einfache Geschichte' gültigen Konzeptionen gelegentlich als für unsere Odyssee ebenfalls wirksam postuliert.

Die Frage nach der Differenz zwischen unserer Odyssee und früheren Versionen steckt schon im Titel von Schwinges Buch (1993), wobei die ‚Odyssee nach den Odysseen' weniger den zeitlichen Abstand als den Qualitätssprung bezeichnen soll. Schwinge konzentriert sich für seine Rekonstruktion auf einen einzigen Aspekt, das Motiv der Rache, das alle früheren Odysseen dominiert habe, und interpretiert unsere Odyssee als das Plus, das sich aus der Darstellung der ‚inneren Heimkehr' des Odysseus gegenüber einem einfachen Rachegedicht ergebe. Hier ist das Prinzip, daß die Abhebung vom Grundmuster der Vorlage thematisiert wird, ausdrücklich als Bedeutungsebene des Textes anerkannt: Der Dichter unserer Odyssee habe den Rachegedanken beibehalten, indem er die Teilnahme Athenes am menschlichen Geschehen ganz auf diesen Aspekt konzentriere, signalisiere jedoch dadurch, daß die Handlung wiederholt über die Planung der Göttin hinausgreife, daß er sich laufend vom Konzept der ‚Vorlagen' befreie.

Diese vier Forscher, die von einem rein unitarischen ästhetischen Verständnis unseres Odysseetextes ausgehen[10], setzen also die Existenz vorhomerischer Odyssee-Versionen voraus, denen alternative Konzepte zugrundelägen, und halten es auch für gegeben, daß diese Konzepte als Teil der Tradition sich noch in unserer Odyssee widerspiegeln. Die Frage, warum jene Elemente, die sich auf Alternativversionen zurückführen lassen, in unserer Odyssee beibehalten sind, warum also unsere Odyssee nicht einfach eine von der Tradition unabhängige Interpretation der Geschichte anstrebt, ist hingegen nur ansatzweise gestellt. Die Präsenz der anderen Versionen in der eigenen Version ist kaum gewürdigt, eine Funktionalisierung dieser Präsenz für den Sinn des Textes ist eher nur implizit anerkannt. Daß die Beibehaltung der ‚fremden' Konzeption den Charakter eines Zitats haben und dem Text somit eine zusätzliche Bedeutungsebene erschließen könnte, bleibt meist außerhalb der Betrachtung, da der Text auch hier weitgehend nach dem Muster des ‚autonomen Kunstwerks' behandelt wird. Wenn beobachtet wird, daß unsere Odyssee ihre ‚Vorstufen' in sich miteinschließt, so erschließt sich nach dieser Auffassung diese Beobachtung nur dem nachrechnenden Philologen, hat aber keine Bedeutung für den ursprünglichen Rezipienten, der besser daran war, wenn er die ‚Fehler' nicht registrierte.

---

[10] Das gilt auch für van Thiel, allerdings nur für seine ‚Spätodyssee'.

    Gegenüber diesen Versuchen stellt sich die Frage, welche Konsequenzen es für das Verständnis des Kunstwerks hat, wenn man ihre ursprünglichen Rezipienten als Teil der Tradition in die Sinnerfassung miteinbezieht: Inwiefern muß sich unsere Auffassung von der Odyssee ändern, wenn wir davon ausgehen, daß der Hörer des 8./7. Jhs. v. Chr. jene alternativen Konzeptionen der Odyssee, die sich aus unserem Text rekonstruieren lassen, ebenfalls kannte, und zwar in der Form epischer Versionen der Odyssee, die von den diversen Sängern der Tradition vorgetragen wurden, ohne daß es zu einer Fixierung der Texte kommen mußte? Geht man von einer solchen Annahme aus, so scheint die Folgerung unausweichlich, daß der Hörer bei einer solchen Vertrautheit mit der ‚Vorgeschichte' der jeweils gebotenen Version zu einem ganz anderen Verständnis gelangen mußte, als wenn er den ihm gebotenen ‚Text' als ‚autonomes Kunstwerk' betrachtete: Der Hörer konnte sich in einer solchen Situation bewußt halten, daß es mehrere Möglichkeiten gibt, eine bestimmte Handlung zu erzählen, und daß die Sänger in Konkurrenz zueinander stehen und ihre jeweiligen Konkurrenten zu übertrumpfen suchen[11]. Wenn nun in einer bestimmten Version einer Erzählung Konzeptionen integriert waren, die ‚eigentlich' zu einer anderen Version gehörten, so mußte er dies als Verweis auf diese andere Version deuten, mußte dem Verweis den Charakter eines Zitats zugestehen und daraus eine zusätzliche Bedeutungsebene des Textes ableiten.
    Der hier skizzierte Ansatz stößt jedoch auf einen wichtigen Einwand: Die damit implizierte Art von Intertextualität scheint charakteristisch für ‚moderne', reflektierende Literatur zu sein und deshalb für ein Werk, das tief in einer mündlichen Epentradition wurzelt, geradezu ausgeschlossen. Vor allem die im Rahmen der *oral theory* geförderten Anschauungen vom kollektiven Charakter traditioneller Dichtung scheinen zu dieser subtilen Zitierweise in Widerspruch zu stehen: Danach scheint mündliche Dichtung das Phänomen des Zitats schlechthin auszuschließen, da es dem traditionellen Hörer nicht möglich sei, den Bezug auf einen genau definierten, im Wortlaut fixierten ‚Text' herzustellen. Wir bewegen uns damit aber auf einem Gebiet, in dem selbst unter ‚orthodoxen' Verfechtern der *oral theory* keineswegs Einigkeit erzielt ist[12]. Um diesen Fragenkomplex genauer zu beleuchten, ist es daher notwendig, auf einer breiteren Basis über die Möglichkeiten, die dem Konzept des ‚Zitats' in einer ursprünglichen Epentradition offenstehen, nachzudenken. Dazu erweist es sich als fruchtbar, den Vergleich mit einer Epentradition vorzunehmen, die unbestreitbar mündlich-traditionellen Charakter hat, wo es also das Konzept des schriftlich fi-

---

[11] Zu diesem wichtigen Aspekt vgl. Martin 1989, 231–9; Edwards 1990.
[12] Grundsätzlich zu diesem schwierigen Fragenkomplex Schwabl 1982; 1986; für ein Detailproblem Danek 1994/95.

xierten Textes nicht gibt. Dafür bietet die südslawische Heldenliedtradition, die seit Parry als das klassische Vergleichsparadigma zu Homer gilt, ideales Material. Im folgenden Kapitel wird deshalb der Blick zunächst auf eine bestimmte poetische Verfahrensweise geworfen, die das ‚Zitieren' von Alternativversionen als eine traditionelle Technik erweist.

Thematisierung alternativer Handlung in traditioneller Epik

In einem Lied des durch Parry berühmt gewordenen bosnisch-moslemischen Sängers Avdo Međedović ist der Held, Vlahinjić Alija, in Verkleidung in die feindliche Stadt Aršam gelangt und hat dort drei Mädchen für sich gewonnen: seine frühere Sklavin Ruža, die jetzt Wirtin ist; seine vom Feind gefangengehaltene Verlobte Zlata; und die in ihn verliebte Tochter des feindlichen Banus Anđelija. Die vier planen die Flucht und fahren, zum Schein zu religiösen Zwecken, zu einem außerhalb der Stadt gelegenen Kloster. Dort betäubt die Wirtin alle Mönche und den die Gruppe begleitenden Soldaten mit einem Schlafmittel. Alija sieht den am Boden liegenden Soldaten und fragt Anđelija, wie er agieren solle: Er habe noch nie einen Schlafenden getötet, sondern immer den heldenhaften Kampf von Mann zu Mann gesucht. Anđelija stellt die Gegenfrage, ob die Flucht bis zur Grenze auch nicht gefährdet sei, wenn der Soldat am Leben gelassen werde; Alija bestätigt dies, worauf das Mädchen erleichtert bittet, den Wehrlosen zu verschonen. Alija kommt der Bitte kommentarlos nach und ergreift mit den drei Mädchen die Flucht[13].

Die in der Diskussion zwischen Alija und Anđelija erfolgende Thematisierung der Alternative zu der dann tatsächlich verfolgten Handlung scheint durch die Handlungssituation bzw. die Figurenperspektive hinreichend begründet. Alija steht vor der Notwendigkeit, alle Maßnahmen zu treffen, die die sichere Flucht ermöglichen. Daß er zu diesem Zweck auch den wehrlosen Feind töten könnte, ist innerhalb des Liedes schon dadurch nahegelegt, daß der Held im Verlauf der Handlung bereits einmal einen Wehrlosen, der seinen Zielen im Wege stand, ohne Bedenken, wenn auch im Zorn, beseitigt hat[14]. Für den außerhalb der Tradition stehenden Leser muß es daher naheliegen, der Thematisierung von alternativer Handlungsführung ausschließlich textinterne Relevanz zuzuschreiben.

Blickt man jedoch auf eine zweite Variante desselben Liedes, die ebenfalls von Međedović stammt, so ändert sich der erste Eindruck. Der Verlauf

---

[13] SCHS 6, 1 (Ženidba Vlahinjić Alije [diktierte Version]), 5213–83. Der ‚Entscheidungsdialog' selbst umfaßt 26 Verse (5257–82).
[14] SCHS 6, 1, 2664–2811.

dieser Version[15] ist weitgehend identisch mit dem der ersten Variante, die Differenzen beschränken sich fast nur auf die unterschiedlich ausführliche Darstellung einzelner Handlungsdetails und auf den konkreten Wortlaut der beiden Texte. Am hier besprochenen Punkt der Handlung kommt es jedoch zu einer beträchtlichen Abweichung. Hier ist die Wirtin nicht in die Flucht eingebunden, und es gibt daher auch keine Betäubung der Mönche und des Soldaten durch das Schlafmittel. Hier warten Alija und seine zwei Mädchen, bis alle ‚Feinde‘ am Abend eingeschlafen sind; daraufhin ergreifen sie aber nicht still und heimlich die Flucht, sondern Alija schleicht durch das Kloster und schlägt den wehrlos Schlafenden der Reihe nach den Kopf ab; erst danach steigen sie auf die Pferde und reiten davon[16].

Stellen wir die zwei vom selben Sänger stammenden Versionen desselben Liedes nebeneinander, so müssen wir die Debatte zwischen Alija und Anđelija anders beurteilen. Wenn der Sänger hier eine Möglichkeit nennt, die Handlung in eine andere Richtung weiterlaufen zu lassen, nur um sie dann zu verwerfen, so ist diese Möglichkeit nicht nur fiktiv, besteht also nicht nur auf der Ebene der Figuren der Handlung, sondern ist dem Hörer auch bekannt als eine Handlungsführung, die in einer anderen Version desselben Liedes tatsächlich realisiert wurde oder realisiert werden konnte. Die Thematisierung der Alternative weist damit für den traditionellen Hörer über den Text selbst hinaus und bildet einen intertextuellen Bezug. Obwohl die Debatte auf der Handlungsebene eine wichtige Funktion erfüllt, indem sie die Motivation für das Handeln der Figur(en) sichtbar macht, beschränkt sich für das mit der Tradition vertraute Publikum ihre Funktion nicht nur darauf. Die Begründung für das Agieren des Helden setzt sich ja nicht nur in Gegensatz zum potentiellen Agieren des Helden innerhalb der Handlung, sondern auch zum Agieren desselben Helden in einem anderen Text. Dadurch setzt sich aber auch der vorliegende Text in Gegensatz zu einem oder mehreren anderen Texten: Mit dem Zitieren der Alternative thematisiert der Text A, daß er sich vom Text B unterscheidet.

Ich füge ein weiteres Beispiel für diese Art von Zitat hinzu, in dem eine Figur allerdings nicht eine Alternative zur noch bevorstehenden, sondern zur schon vollzogenen Handlung thematisiert. In einem Lied des exzellenten Sängers Mehmed Kolaković wird der Held Mehmedbeg von seinem Feind Gavran betrogen und seines Pferdes beraubt. Mehmedbeg

---

[15] SCHS 6, 2 (Ženidba Vlahinjić Alije [gesungene Version]).— Dieser Teil der gesungenen Version wurde von Parry vor dem der diktierten Version aufgenommen. Gemäß einem traditionellen Modell wäre also die gesungene Version die ‚Vorlage‘, die diktierte die ‚Nachahmung‘; doch läßt sich das Verhältnis zwischen den zwei Versionen nicht auf die ausschließliche Beziehung zwischen zwei isolierten Texten reduzieren. Die Diagnose wäre bei zeitlich umgekehrter Abfolge der Aufnahmen dieselbe.

[16] SCHS 6, 2, 5577–5635.

schwört Rache und gelobt, nicht eher nach Hause zu kehren, bis er entweder Gavran getötet oder Pferd (und Waffen) zurückerobert habe. Er nimmt eine neue Identität an, geht ‚ins Ausland', dient sich hoch und kehrt Jahre später in neuer Würde (also auch mit Pferd und Waffen) zurück, tötet Gavran, verzichtet jedoch angesichts der Übermacht der Gegner darauf, auch noch um Waffen und Pferd zu kämpfen, und kehrt endgültig nach Hause zurück. Als er seinem Bruder Mustajbeg diesen (im Lied selbst nicht linear, sondern in Form von etlichen Rückblenden, teils auch von verdeckter Handlung gestalteten) Ablauf berichtet, kommentiert dieser das so[17]:

> „Wärst sogleich du mir zurückgekommen,
> ohne Schimmel gelangt in die Lika,
> hätt' als Toten ich dich angesprochen;
> jetzt werde ich das Pferd nicht erwähnen."   (HNP 3, 8, 1151–4)

Mustajbeg thematisiert also, daß Mehmedbeg das Pferd nicht zurückerobert hat, kommentiert die Differenz der tatsächlich erfolgten Handlung zur erwogenen Alternative aber damit, daß der Bruder sich durch sein langes freiwilliges Exil und seine Taten zur Genüge als Held erwiesen habe.

Der in diesem Lied nur als Alternative evozierte Handlungsablauf ist nun für die Version desselben Liedes von einem anderen Sänger bezeugt[18]. Dort wird Mehmedbeg nicht sein eigenes Pferd, sondern das seines Bruders geraubt, und er kann sich schon aus Angst vor diesem nicht nach Hause trauen. Dort gelingt es ihm zuletzt auch tatsächlich, nicht nur den Feind zu töten, sondern auch gegen eine große Übermacht (zu dritt gegen dreißig Soldaten) das Pferd des Bruders zurückzugewinnen. Im Lied des Kolaković ist diese Alternative von Beginn an dergestalt präsent gehalten, daß der Held gelobt, e n t w e d e r den Feind zu töten o d e r das Pferd zurückzuerobern; Kolaković hat sein Lied aber sichtlich von Anfang an darauf angelegt, daß für s e i n e n Helden keine zwingende Notwendigkeit besteht, das Pferd wiederzuerlangen, da es nicht das des Bruders, sondern ‚nur' sein eigenes ist. Der Kommentar des Bruders am Ende der Handlung legt dabei die Motivation für diese Absetzung von der Alternative offen: Dem Helden des Kolaković geht es nicht darum, einem äußerlich vorgegebenen Zwang des Heldencodes nachzukommen; er will seinen innerlichen Status als Held wiederherstellen und kann daher im letzten Moment großzügig darauf verzichten, dem Rachegesetz mechanisch Folge zu leisten. Kolaković könnte

---

[17] „*Da si mi se namah povratio,/ brez djogata na Liku izašo,/ mrtvom bi ti govorio glavom;/ sad ja konja spominjati ne ću.*"— „Als Toten ansprechen", wörtlich „zu dir mit totem Kopf sprechen", bzw. „zu dir als einer toten Person sprechen", ist als konkrete Androhung der Tötung zu fassen.

[18] Von diesem Lied des Sängers Bećir Islamović steht mir nur das Referat im Anhang der Ausgabe (HNP 3, Seite 586–9) zur Verfügung.

die ‚Schwierigkeiten', die sich aus der defizienten Erfüllung des strengen Heldencodes ergeben, mühelos überspielen; er tut das aber nicht, sondern macht durch die Hervorhebung der Alternative die Differenz zwischen ‚äußerem' und ‚innerem' Heldentum zum Thema seines Liedes. Auch hier thematisiert also der Text A mit dem Zitat der Alternative, daß er sich vom Text B abhebt.

Die in diesen Beispielen hervortretende Technik der Thematisierung alternativer Handlungsführung ist im moslemischen Heldenlied in zahllosen Fällen erkennbar, wenn auch ihre Interpretation nicht immer so eindeutig scheint wie im Lied des Kolaković. Sie ist überall dort mit Sicherheit nachweisbar, wo ein und dasselbe Lied in unterschiedlichen Versionen überliefert ist, sei es von demselben oder von verschiedenen Sängern; und in Analogie zu diesem Muster lassen sich etliche weitere Fälle erschließen. Die Thematisierung der Alternative erfolgt dabei nicht notwendig nur in einer Figurenrede, die sich auf noch bevorstehende oder schon erfolgte Handlung bezieht. Die Alternative kann auch nur vom Erzähler als implizit bestehend angedeutet sein, etwa indem die Handlung zunächst in eine bestimmte Richtung gelenkt wird, dann aber plötzlich einen ganz anderen Kurs einschlägt; oder der Erzähler kann die Handlung zunächst in eine bestimmte Richtung laufen, diesen Versuch aber dann scheitern lassen und durch eine Alternative ersetzen. Daraus ergibt sich naturgemäß eine Vielfalt formaler Möglichkeiten, ohne daß sich eine strenge Typologie der Formen erstellen ließe. Im Vordergrund steht das Prinzip der Thematisierung alternativer Handlungsführung schlechthin, und die große Zahl der Belege läßt keinen Zweifel daran offen, daß es sich dabei nicht um die raffinierte Entdeckung der Möglichkeit intertextueller Bezüge durch einzelne Sänger, sondern die regelmäßige Anwendung einer traditionellen Technik handelt.

Besonders eindrucksvoll läßt sich diese Technik dort dokumentieren, wo eine große Anzahl unterschiedlicher Versionen ein und desselben Liedes bzw. derselben Geschichte überliefert ist. In der südslawischen Tradition bildet dafür ein Paradebeispiel das ‚Heimkehrerlied', also die Geschichte des Helden, der nach langer Abwesenheit gerade noch rechtzeitig heimkehrt, um die Wiedervermählung seiner Frau zu verhindern. Dieser Liedtypus ist in zahlreichen Varianten überliefert, wobei das Motiv auf viele verschiedene Helden übertragen ist, dabei aber trotzdem immer demselben Grundschema folgt[19]. Hier kann man verfolgen, wie die einzelnen Sänger das Prinzip der alternativen Handlungsführung als selbstverständlich ausnützen. Ein beliebtes Motiv ist etwa, daß ein Held eines der zahlrei-

---

[19] Für eine erste Orientierung vgl. Danek 1995, mit der dort zitierten Literatur. Zu einem Detailproblem vgl. Danek 1996, wo ich auch eine Liste der mir zugänglichen Texte (derzeit 112 Varianten des Heimkehrerliedes) gebe.

chen von der Tradition legitimierten Erkennungsmittel anwendet, dieses
dann aber die bezweckte Wirkung nicht erreicht, so daß der Held zusätzlich ein anderes, ebenfalls traditionelles Zeichen einsetzen muß. Gerne
wird auch mit der in dieser Tradition möglichen Alternative gespielt, ob
die Frau dem Helden die Treue bewahrt hat oder nicht. In all diesen Fällen,
die hier nicht im einzelnen dokumentiert werden können[20], ist evident,
daß die Sänger — und mit ihnen ihr Publikum — von einem breiten Wissen
über wesentlich mehr Möglichkeiten, die Handlung zu ihrem von der Tradition vorgegebenen Ziel zu führen, ausgehen, als im konkreten Lied dann
tatsächlich verwirklicht werden. Im südslawischen Heimkehrerlied fassen
wir also ein Paradebeispiel für das Prinzip der alternativen Handlungsführung und dessen Thematisierung im Lied.

Überträgt man diese Betrachtungsweise auf die Odyssee, stellt man sofort fest, daß man damit in ein wahres Wespennest sticht: Die Möglichkeit
der alternativen Handlungsführung hat die Homerforschung seit der Formulierung der ‚Homerischen Frage‘ stets brennend interessiert, allerdings
unter einem anderen Gesichtspunkt. Ein zentrales Anliegen der Homer-
Analyse bestand darin, Widersprüche innerhalb der uns überlieferten Texte
zu lokalisieren, um, zumeist in der Form von Textschichten, unterschiedliche Versionen ein und derselben Geschichte nachzuweisen. Vor allem für
die Odyssee hat man sich immer wieder um den Nachweis bemüht, daß
unser Text ältere Schichten enthielte, die ursprünglich für einen ganz anderen Handlungsgang konzipiert gewesen wären. Nach dieser Auffassung
wäre uns in unserem Text ein Amalgam überliefert, das aus Fragmenten
einander widerstreitender Versionen der Odyssee zusammengesetzt wäre,
wobei die Widersprüche zwischen diesen alternativen Versionen nur oberflächlich geglättet wären, da die ursprünglich jeweils einheitlichen Bestandteile in wörtlich fixierter Form übernommen und zusammengefügt
wären, ohne aufeinander abgestimmt zu sein. Das Prinzip der alternativen
Handlungsführung würde daher in unserem Text als kaum verhohlener
Widerspruch, als ‚Fehler‘ der endgültigen Version wirken[21].

Ein Beispiel mag die analytische Betrachtungsweise illustrieren. Wenn
Odysseus im 19. Gesang anhand seiner alten Narbe von der Amme Eurykleia erkannt wird, die anwesende Penelope die Erkennung jedoch nicht
mitvollzieht, so bedeutete das für viele Analytiker, daß in einer ‚ursprünglichen‘ Fassung des Textes die gesamte Fußwaschungs- und Erkennungs-

---

[20] Die genaue Analyse der 112 Varianten unter diesem Gesichtspunkt erbringt
zahlreiche interessante Aufschlüsse, ist aber für die Arbeit an der Odyssee trotz der
thematischen Nähe nur mit Vorsicht auszuwerten, weil sich die inhaltlichen Parallelen
im einzelnen natürlich nicht übertragen lassen.

[21] Vgl. dazu oben, S. 4f., zu van Thiel (1988).

szene auf einen Anagnorismos mit Penelope hinausgelaufen wäre, daß in unserem Text hingegen das Ende dieser ‚natürlichen' Handlungslinie einfach gekappt wäre, um eine zweite Erkennungsszene im 23. Buch zu ermöglichen (vgl. zu τ 343ff.). Für manche Analytiker verraten auch andere Partien unserer Odyssee eine ‚ursprüngliche' Konzeption, wonach Odysseus gemeinsam mit Penelope das Komplott gegen die Freier geschmiedet hätte; so würde Penelopes Auftritt vor den Freiern im 18. Buch ‚eigentlich' in eine Szene gehören, wo sie den Freiern in Absprache mit Odysseus die Entscheidung zur Bogenprobe mitgeteilt hätte (vgl. zu σ 158–303). Bei dieser Auffassung wird der jeweiligen Diskrepanz zwischen der scheinbar ‚natürlichen' Motivierung des Handlungsverlaufs und dem tatsächlichen Ablauf keine Funktion für das Verständnis des Textes zuerkannt; daß Penelope in unserer Fassung Odysseus nicht erkennt bzw. daß sie den Freiern im 18. Buch die Bogenprobe noch nicht ankündigt, sei einfach als Unvermögen des Redaktors zu werten, das jedoch nur vom nachrechnenden Philologen, nicht vom ‚naiven' Publikum wahrgenommen werde.

Überträgt man auf die Odyssee hingegen die aus den Beispielen der südslawischen Tradition gewonnene Optik, so stellen sich die Dinge ganz anders dar. Wir haben es dann nicht mehr mit einer genau begrenzbaren geringen Zahl von Versionen zu tun, die in ihrem Wortlaut festgelegt und mechanisch zusammengefügt worden wären, wobei für den Rezipienten der Endfassung die Kenntnis der vorangegangenen Versionen irrelevant wäre, sondern mit einer Vielzahl von nicht fixierten Versionen im Rahmen einer lebenden mündlichen Tradition. Dem Hörer der Odyssee war diese Tradition vertraut, er kannte also etliche Möglichkeiten, den Inhalt der Odyssee bzw. einzelner Abschnitte daraus auf unterschiedliche Art zu gestalten. Als poetisches Mittel, diese Vielzahl von Möglichkeiten unter Kontrolle zu behalten und sie in das einzelne Lied mit eingehen zu lassen, kannte er die traditionelle Technik der Thematisierung des alternativen Handlungsverlaufs. Der Ablauf der Fußwaschungsszene im 19. Gesang mußte demnach im Hörer die Erwartung auslösen, daß es zu einer Erkennung durch Penelope kommen wird, da ihm eine solche Konstellation aus anderen Versionen der Geschichte bekannt war; das Abbiegen der Handlung im letzten Moment erschien ihm dann nicht als Fehler, sondern als Evozierung und zugleich explizite Negierung der aus der Tradition bekannten Handlungsführung.

Während die unabdingbare Voraussetzung für diese Sichtweise, die Situierung der Odyssee innerhalb einer alten epischen Erzähltradition, die auch den Stoff dieses Epos miteinschloß, heute vor allem aufgrund der von Milman Parry initiierten Theorie der *oral composition* in der Homerforschung einen festen Platz einnimmt, gilt das für die Beurteilung der Funktion der thematisierten Alternativen keineswegs in gleichem Maße. Dafür

lassen sich verschiedene Gründe anführen, die sich teilweise aus der Geschichte der Odyssee-Forschung herleiten, teilweise jedoch in bestimmten
Positionen der *oral theory* orten lassen.

Ein erster Einwand gegen die hier vorgeschlagene Sicht der Odyssee
könnte davon ausgehen, daß dafür eine Verankerung der Odyssee in einer
Tradition vorausgesetzt wird, die nur auf mündlicher Überlieferung beruht, in der es keine endgültige Fixierung von Texten, sei es schriftlich oder
auch nur im Gedächtnis der Sänger bzw. Hörer, gibt. Inwiefern kann es in
einer solchen fließenden Überlieferung, die den Begriff des Textes in unserem Sinn gar nicht kennt, überhaupt eine Beziehung zwischen Texten geben, noch dazu zwischen Texten, die zwei Versionen ein und derselben Geschichte sind? Genau dieser Frage ist John M. Foley bei seinen Versuchen,
eine eigenständige Poetik mündlich-traditioneller Ependichtung zu entwerfen, nachgegangen. Für Foley liegt das entscheidende Kriterium für ein
Verständnis traditioneller Epik im Prinzip der Rückbeziehung des individuellen Textes auf die dahinterliegende kollektive Tradition. Das Wesen
einer *oral poetics* bestehe demnach darin, daß der Text eines individuellen
Vortrags immer die gesamte Tradition evoziere, daß daher ein wesentlicher
Teil seiner Aussage nicht denotativ, sondern konnotativ sei; der Status eines solchen Textes sei demnach mit dem Status eines ‚modernen‘ Textes
nicht vergleichbar, weil er sich selbst als *pars pro toto* verstehe, als Evozierung des Ganzen durch die Benennung eines Teils[22]. Legt man nun das so
formulierte Prinzip auf die Beurteilung der Handlungsalternativen um, so
ergibt sich strenggenommen die Konsequenz, daß die zitierte Handlungsalternative nicht als Alternative, sondern als gemeinsamer Bestandteil der
Tradition evoziert ist und somit der Sinn der Aussage nicht in der Entge-
gensetzung der alternativen Versionen, sondern in der Summierung zu einem gemeinsamen Ganzen besteht[23]. Foleys Position impliziert vor allem,
daß in einer mündlichen Tradition ein Text sich nicht auf einen anderen
Text als etwas Gleichwertiges beziehen könne, sondern immer nur auf den
kollektiven ‚Übertext‘ rekurriere, von dem alle Einzeltexte abhingen. Da es
bei Sänger und Publikum kein Bewußtsein von einer fixierten Textfassung
einer konkreten Version eines Liedes gebe, könne eine Version A sich auch

---

[22] Foley 1991, 1–60. Ich möchte ausdrücklich hervorheben, daß Foleys Buch
(ebenso wie Foley 1990, wo die methodischen Grundlagen für den poetologischen Ansatz ausgearbeitet sind) für meine Arbeit eine unersetzliche Grundlage bildet, auch
dort, wo ich von Foleys Ansätzen abweiche. Foleys Theorie bildet in vielen Aspekten
die Funktionsweise ‚typischer‘, durchschnittlicher Heldenliedproduktion ab, von der
sich, wie ich meine, die Technik der besten Sänger, eines Kolaković, eines Međedović
und ganz besonders die eines Homer abhebt.

[23] Damit soll nicht unterstellt sein, daß Foley selbst diese Auffassung formuliert.
Die Frage der Thematisierung von Handlungsalternativen ist bei Foley nicht berührt.

nicht direkt auf eine Version B beziehen[24]. Die Evozierung von Alternativen wäre also immer nur auf die Gesamtheit aller potentiellen Varianten bezogen, ohne das Bewußtsein der e i n e n konkreten Alternativversion aufkommen zu lassen. Da damit die im Text evozierten Handlungsalternativen nur im Kollektiv der Gesamtmöglichkeiten, die betreffende Handlung zu realisieren, Geltung hätten, wäre unser Problem letztlich von der Textebene auf die Handlungs- bzw. Figurenebene verlagert.

Macht man sich diese Konsequenzen von Foleys Theorie des metonymischen Charakters traditioneller Dichtung bewußt, so stellt man fest, daß die damit implizierte Vorstellung einer Beziehung zwischen ‚Texten' sich unvermutet dem postmodernen Konzept der Intertextualität im Sinne Kristevas (1970) annähert: Der ‚Text' evoziert bzw. zitiert permanent andere ‚Texte', wobei diese aber nicht in literarischen Texten bestehen, sondern die als globaler Text gefaßte gesamte Welt umfassen. Literarische Texte haben demnach keinen hervorgehobenen Status, der ‚Text' zitiert literarische Texte nicht anders als die gesamte als Text gefaßte Welt. In dieser Beziehung läßt sich das Modell der Intertextualität auch mit dem von Foley ausdrücklich zur Beleuchtung seiner Auffassung herangezogenen Konzept der Rezeptionsästhetik[25] in Verbindung bringen, wonach der Text eines literarischen Werks ebenfalls darauf angewiesen ist, daß der Leser durch das Hinzufügen von Information ein Sinnganzes herstellt[26]. Schließlich entspricht dies im weiteren Sinn auch einer semiotischen Theorie[27] von der im Sinne einer Enzyklopädie festgelegten Welt, die im ständigen Prozeß der Zeichensetzung vorausgesetzt ist; auch hier wird literarischen Texten kein Sonderstatus zuerkannt. Ordnet man Foleys Position in diesen theoretischen Rahmen ein, so läßt sich der Status traditioneller Texte von dem nicht-traditioneller Texte kaum noch unterscheiden; die Differenz besteht dann nur darin, daß die für jede Art von Literatur notwendige Bezugswelt explizit auf die innerhalb der Tradition selbst repräsentierte Welt eingeengt ist: Die sprachlichen Bezüge verweisen auf die Kunstsprache schlechthin, die inhaltlichen Bezüge auf den Inhalt der kollektiven Tradition. Als für unser Thema zentrale Folgerung ergibt sich dabei, daß bei diesem Konzept für das ‚Zitat' im ‚altmodisch' literarischen Sinn kein Raum mehr bleibt.

---

[24] Vgl. auch Nagy 1979, 42–3: „... when we are dealing with the traditional poetry of the Homeric ... compositions, it is not justifiable to claim that a passage in any text can refer to another passage in another text ... Our Odyssey may theoretically refer to traditional themes that are central to the stories of the Cypria — or even to stories of the Iliad ... But ... Any theme is but a multiform ..."

[25] Foley 1991, 38–60: „Traditional Referentiality: A Receptionalist Perspective".

[26] Vgl. Iser 1990 und 1994.

[27] Vgl. etwa Eco 1979 und 1990.

Überträgt man Foleys Position auf die Betrachtung der Odyssee, so ist die logische Konsequenz, daß man nicht mehr von konkreten Alternativversionen zu der Fassung unseres Textes sprechen könnte, aber auch nicht davon, daß unsere Odyssee zu solchen Versionen Zitatbeziehungen herstellt: Demnach würde durch die Evozierung von Alternativen, wie sie sich in unserem Text findet, immer nur ein Bezug zu Handlungsabläufen hergestellt, die innerhalb der Welt der Tradition möglich wären, ohne daß dabei auf spezifische ‚Texte' abgezielt wäre. So würde die in unserem Text evozierte alternative Fortsetzung der Fußwaschungsszene nur als eine mögliche Entwicklung der Handlung erscheinen, die innerhalb der Tradition für die Figur Odysseus grundsätzlich nicht auszuschließen wäre, nicht jedoch als Verweis auf die Handlungsentwicklung in einem alternativen Text, der einen mit dem Text unserer Version gleichwertigen Status einnähme. Die Alternative würde sich damit nur als ein innerhalb der die Welt repräsentierenden Tradition jeweils mögliches Geschehen präsentieren, ohne daß damit ein Bewußtsein des Hörers von der Existenz konkreter Versionen dieser Alternativen gegeben wäre. Jene Alternativen, die innerhalb der Handlung unserer Odyssee thematisiert werden, beträfen somit nur die Perspektive der Figur Odysseus, nicht den Text unserer Odyssee.

Kristevas Konzept der Intertextualität hat sich, was die Anwendung auf ‚moderne' Literatur betrifft, in seiner Rigorosität nicht durchsetzen können; der von ihr propagierte Begriff der Intertextualität wird heute im Gegenteil gerade dazu verwendet, um Beziehungen zwischen literarischen Texten zu bezeichnen, ersetzt also gewissermaßen den ‚altmodischen' Begriff des Zitats[28]. Es ist deshalb zu fragen, ob eine ähnliche Modifikation nicht auch an Foleys Konzept einer *oral poetics* vorzunehmen ist, ob nicht auch mündlich-traditionelle Ependichtung Bezüge herstellen kann, die nicht nur auf die Tradition in ihrer Gesamtheit, sondern auch auf konkrete ‚Texte', die Teil dieser Tradition sind, abzielen. Dabei ist natürlich in erster Linie zu fragen, von welcher Natur die fraglichen ‚Texte' sein könnten, solange man nicht von im Wortlaut fixierten, durch die Schrift als unveränderlich sanktionierten Texten ausgehen kann. Wenn ein ‚Text' A innerhalb einer mündlichen Tradition einen ‚Text' B zitiert, worin besteht dann das Zitat? Wodurch ist es für den Rezipienten als Zitat erkennbar, wenn die Möglichkeit des ‚wörtlichen' Zitats ausfällt? Es ist diese Frage nach der Natur des Zitats in einer von Mündlichkeit geprägten Epentradition, die im Zentrum dieser Arbeit stehen soll. Einen Schlüssel für das Verständnis liefert dabei das Prinzip der Thematisierung von Handlungsalternativen, an dem sich die Unterschiede zwischen ‚moderner' und ‚traditioneller' Zitiertechnik deutlich zeigen lassen.

---

[28] Zu Tendenzen der Intertextualitäts-Forschung vgl. Broich/Pfister 1985.

Ein erster Schritt kann darin liegen, daß nach dem Status jener Realität gefragt wird, die mit den in traditioneller Epik thematisierten Alternativen evoziert wird. Dabei läßt sich feststellen, daß diese Realität keineswegs in allen Fällen gleich zu bewerten ist. Als besonders aufschlußreich erweist sich dabei die Unterscheidung zwischen zwei Formen von Alternativen. Bei der Untersuchung der Odyssee stellt man schnell fest, daß die Thematisierung von Alternativen prinzipiell zwei Möglichkeiten zuläßt: Die genannte Alternative ist entweder eine solche, deren Durchführung dem Hörer möglich erscheint, die also einen im Rahmen der Situation nachvollziehbaren Handlungsverlauf gestattet, oder sie kann in der Handlungssituation nicht durchgeführt werden, ist also eine ‚unmögliche Alternative‘. Diese Unterscheidung mag zunächst banal erscheinen, sofern man unter ‚unmöglicher Alternative‘ nur die Evozierung eines Geschehens versteht, das gleichsam *contra naturam* ist (Odysseus erwägt, Poseidon zu töten ...); dies ist hier jedoch nicht gemeint. Die Betrachtung der Odyssee läßt vielmehr eine eigene Kategorie von ‚unmöglichen Alternativen‘ erkennen, wobei das Kriterium für ihre Abgrenzung von ‚möglichen Alternativen‘ nicht in der fiktionalen Lebensrealität der Handlung liegt, sondern im traditionellen Handlungsschema bzw. in den vom Hörer daraus abgeleiteten Erwartungen an die Handlung. Für den Hörer stellt sich bei der Thematisierung einer Alternative jeweils die Frage: Führt die vorgeschlagene Alternative zu dem als Handlungsziel aufgebauten Endergebnis oder nicht? Wird diese Frage verneint, so scheidet die Möglichkeit, daß die Alternative in der Handlung tatsächlich verfolgt wird, aus; wird sie bejaht, so handelt es sich um einen Handlungsgang, der auch in ein konkretes Lied umgesetzt werden könnte. Der Bezugspunkt für die Unterscheidung zwischen den beiden Typen von Alternativen liegt also im Kollektiv der Tradition, und damit ist ein wichtiger Unterschied zu ‚moderner‘ Literatur festgestellt, in der eine solche Bezugnahme auf eine allgemein verbindliche, gegenüber der Lebensrealität jedoch eingeschränkte Tradition nicht möglich scheint. Der Verweis innerhalb des Textes zielt damit zunächst auf eine Gegebenheit, die außerhalb dieses Textes liegt, er fordert den Hörer aber dazu auf, die Natur dieser außertextlichen Gegebenheit genauer zu bestimmen: Handelt es sich dabei um eine Möglichkeit, die innerhalb der durch die Tradition konstituierten ‚Welt‘ verwirklicht werden könnte, oder verweist sie auf eine Realität, die nur außerhalb dieser ‚Sonderwelt‘ ihren Platz hat[29]? Durch diese Unterscheidung wird aber dem Konzept ‚Text‘ ausdrücklich ein Sonderstatus innerhalb der gesamten ‚Welt‘, also auch jener Welt, die

---

[29] Dazu vgl. die Diskussion über ‚Mögliche Welten‘ in fiktionalen Texten bei Eco 1990.— Die Unterscheidung mußte dem Hörer zweifellos leichter fallen, wenn eine im Text A nur evozierte Alternative ihm als im Text B realisiert bekannt war.

nicht Teil der Tradition ist, eingeräumt; die Unterscheidung zielt auf den spezifischen Status, den die ,Sonderwelt' der Tradition innerhalb der umfassenden ,Welt' der allgemeinen Lebenserfahrung einnimmt.

Für die Odyssee kann dieses Prinzip nur bedeuten, daß der Hörer jede im Text evozierte Alternative daraufhin überprüft, ob ihre Verfolgung mit dem Gang der Odyssee-Handlung, so wie sie ihm aus der Tradition bekannt ist, in Einklang gebracht werden kann oder nicht. Damit scheiden offensichtlich ,kontraproduktive' Alternativen von vornherein als unmöglich aus, etwa wenn Athene-Mentes die Möglichkeit erwägt, Odysseus könnte nicht nach Hause zurückkehren (vgl. zu α 271–96), oder wenn thematisiert wird, daß Odysseus bei seiner Rückkehr in eine Falle der Freier laufen könnte (vgl. zu ν 383–5). In diesen Fällen würde die Odyssee ja nicht zu ihrem von der Tradition vorgegeben Handlungsziel kommen, die Odyssee würde als Odyssee scheitern. Von solchen ,unmöglichen Alternativen'[30] heben sich deutlich jene Fälle ab, wo aus der Sicht des Hörers sowohl die tatsächlich verfolgte als auch die als Alternative thematisierte Handlung im Rahmen einer Odyssee ihren Platz haben könnte. Kriterium für die Unterscheidung ist also nicht die Figurenperspektive der jeweils betroffenen Personen der Handlung (für Telemachos im α handelt es sich durchaus um eine mögliche Alternative, daß sein Vater nicht zurückkehrt; für Odysseus im ν scheint es geradezu unausweichlich, daß er ohne Athenes Warnung das gleiche Schicksal wie Agamemnon erlitten hätte), sondern der von der mythologischen Tradition vorgegebene Rahmen einer jeden Odysseus-Erzählung. Mythologische Tradition bedeutet aber epische Erzähltradition; der Hörer ist für die Unterscheidung zwischen ,möglichen' und ,unmöglichen' Alternativen' also auf seine Kenntnis von Odysseus-Epik, d.h. auf die ,Odysseen vor unserer Odyssee' verwiesen. Die ,möglichen Alternativen' beziehen sich damit auf (zumindest potentielle) Alternativversionen zu unserer Odyssee.

Was nun die ,möglichen Alternativen' in unserer Odyssee betrifft, so ist uns zwar kein authentisches Material überliefert, das den sicheren Nachweis der Hypothese eines Bezuges auf Alternativversionen gestatten würde. Doch scheint die Parallele, welche die in der südslawischen Tradition offensichtlich zu einer festen Technik ausgebildete Verweispraxis bietet, den Schluß zwingend nahezulegen, daß in der frühgriechischen Epentradition, deren Reichtum und Qualität man sich sicherlich nicht geringer als jene der südslawischen vorstellen möchte, eine ähnliche Technik zumindest möglich war. Gerade die Gattung des Heimkehrerliedes, der südslawischen Analogie zum Odyssee-Thema, legt es nahe, daß auch in der Tra-

---

[30] Vgl. Aristot. Poet. 1453a35ff., der die ,unmögliche' Konstellation, daß Orestes und Aigisth Freunde würden, für die Tragödie ausschließt und der Komödie zuweist.

dition um Homer nicht nur mit der Existenz einer oder weniger Odyssee-Versionen, sondern einer ähnlichen Vielfalt zu rechnen war.

Gegen die Übertragbarkeit des Prinzips läßt sich aber ein weiterer Einwand erheben: Gerade die Gattung des Heimkehrerliedes zeigt, daß wir es in der südslawischen Tradition dort, wo wir die Thematisierung alternativer Handlungsführung im großen Rahmen nachweisen können, zumeist nicht mit Varianten ein und desselben Liedes, sondern nur desselben Liedtypus zu tun haben. Das trifft in besonderem Maße auf den bosnisch-moslemischen Traditionsstrang zu[31], der ja für die Formulierung der *oral theory* bei Parry und Lord das zentrale Paradigma bildete: Hier stellt sich unweigerlich der Eindruck ein, daß die in einem Lied thematisierten Alternativen nicht auf Varianten desselben konkreten Liedes abzielen, sondern nur auf den zugrundeliegenden Liedtypus. Die Lieder sind hier so stark typisiert und schematisiert, die Inhalte in so hohem Maße auswechselbar, die Schicksale der einzelnen Figuren in der Tradition so wenig festgelegt, daß auf allen Ebenen der Typus, das Typische über das Individuelle dominiert. Die logische Konsequenz daraus ist, daß der Verweis auf alternative Handlungsführung vom Rezipienten primär auf den Liedtypus und dessen variable Ausformungen, und nicht auf das konkrete Lied und dessen Varianten bezogen werden muß. Das heißt, daß selbst dort, wo wir nachweisen können, daß die im Text eines Liedes genannte Alternative in einer anderen Version desselben Liedes ausgeführt ist, der traditionelle Hörer dies wohl nicht registriert, sondern die Alternative nur als eine solche wahrnimmt, die im zugrundeliegenden Liedtypus grundsätzlich realisierbar ist.

Das wird deutlich, wenn wir die zwei eingangs betrachteten Beispiele auf diesen Aspekt hin überprüfen. Im ersten Fall, der Debatte um die Frage, ob Alija den wehrlosen Feind töten soll oder nicht, erkennt der mit der Tradition vertraute Hörer, daß es sich dabei um eine typische Situation handelt, und weiß, daß ein Held in einer solchen Situation innerhalb des Heldenliedes, also grundsätzlich in jedem Fall, wenn er vor einer solchen Wahl steht, dazu tendiert, den Feind zu töten. Dieses Wissen des Hörers ist unabhängig von den spezifischen Bedingungen dieses Liedes, also davon, daß es sich beim Helden um Alija, beim Feind um den Soldaten und bei der Situation um den Kontext der Flucht mit den Mädchen handelt. Alijas Entscheidung zugunsten des Feindes hebt sich also nicht von der Variante des konkreten Liedes, sondern vom zugrundeliegenden Szenentypus ab[32]. Das-

---

[31] Zur Unterscheidung zwischen christlichem und moslemischem Traditionsstrang vgl. etwa Schwabl 1990; Foley 1991; für die in den beiden Strängen in die entgegengesetzte Richtung laufenden Stilisierungstendenzen vgl. Danek 1992.

[32] In einem weiteren Lied des Međedović mit völlig anderem Handlungsschema (SCHS 6, 3, Osmanbeg Delibegović i Pavičević Luka) befindet sich der Held in einer

selbe gilt für das Lied von Mehmedbeg, in dem die Notwendigkeit der Rückeroberung des geraubten Pferdes diskutiert wird: Die Konstellation, daß ein Held das ihm geraubte Pferd zurückerobern muß, ist zwar selbst in dieser umfangreichen Tradition wohl nur selten belegbar, und insofern zielt der Sänger Kolaković zweifellos auf die Variante des konkreten Liedes ab, möglicherweise sogar auf die seines ‚Konkurrenten' Islamović. Für den Hörer spielt dies jedoch keine Rolle, da er unschwer das im Hintergrund stehende und im Lied als Alternative evozierte Verhalten des Helden als dem typischen Heldencode entsprechend beurteilen kann. Der Held kann in dieser Tradition seine Ehre üblicherweise nur dadurch wiederherstellen, daß er die erlittene Schmähung in all ihren Auswirkungen rückgängig macht. Für den Hörer ist also die Kenntnis der Variante des Islamović nicht notwendig, damit er das Verhalten des Helden bei Kolaković als antitraditionell beurteilt. Diese gezielte Hinterfragung der traditionellen Werte ist in den Liedern des Kolaković immer wieder spürbar und räumt ihnen innerhalb der weitgehend einförmigen Tradition eine Sonderstellung ein[33]. Für deren Erfassung durch den Hörer bedarf es aber jeweils nicht des Wissens um konkrete Lieder, sondern nur um den als Hintergrund evozierten Liedtypus.

Damit scheint, zumindest was den bosnisch-moslemischen Traditionsstrang betrifft, die Diagnose unausweichlich, daß die Thematisierung von Handlungsalternativen primär mit dem Phänomen der Szenentypik zu tun hat, also letztlich eine spezifische Eigenart der *composition by theme* ist. Daß dieses Ergebnis nicht zwingend auf die griechische Tradition übertragen werden muß, wird aber sofort klar, wenn man sich bewußt macht, daß die Entindividualisierung der Liedthemen in der bosnisch-moslemischen Tradition zweifellos einen Sonderfall der Entwicklung darstellt. Obwohl auch hier die Inhalte der Lieder einen unbestreitbar historischen Hintergrund haben und die meisten wichtigen Helden sich gut identifizieren lassen, ist in diesem Traditionsstrang doch ein starker Trend zur Enthistorisierung unübersehbar. Die Haupthelden der Lieder haben keine erkennbaren Lebensschicksale und lassen keine Biographie mit feststehenden Höhepunkten erkennen; ihre Traditionalität ist weitgehend auf ihren feststehenden Charakter und ihre Funktion innerhalb der Gesellschaft reduziert. Der Stoff

---

analogen Situation und entscheidet sich ohne Reflexion für ein Gemetzel. Bemerkenswert ist dabei auch die Chronologie der Liedaufnahmen: Međedović hat sowohl vor als auch nach der ‚humanen' Version des Vlahinjić Alija eine ‚brutale' Variante dieses Szenentypus gesungen.

[33] Eine Würdigung des Werks des Mehmed Kolaković, die etliche Positionen der *oral theory* neu beleuchten würde, bleibt ein Desiderat der Forschung. Wertvolle Hinweise finden sich einstweilen bei Schmaus (1953), passim; vgl. 214–8, zum hier besprochenen Lied.

der Lieder widersetzt sich jedem Ansatz zu einer Chronologisierung, der historische Hintergrund aller Lieder ist stets derselbe statische Zustand eines unaufhörlichen Grenzkampfes zwischen Christen und Moslems. Das führt dazu, daß zu jedem beliebigen ‚historischen‘ Ereignis das Kollektiv aller wichtigen Helden, die als gleichzeitig lebend gedacht sind, versammelt werden kann, daß aber auch jede ‚Geschichte‘, jedes Handlungsmotiv auf so gut wie jeden beliebigen Helden übertragen werden kann. Damit wird für die Einzelfigur des Mythos, mit der der Hörer keine Erwartung eines bestimmten Schicksals verbinden kann, jedes beliebige Schicksal möglich, sofern es nur im Rahmen der Typik bleibt. Für den Hörer ergibt sich daraus die Konsequenz, daß auch dann, wenn im Lied ein alternativer Handlungsgang genannt wird, er diesen nicht in Beziehung zum Schicksal des jeweiligen Helden setzt — dieses ist ja beliebig —, sondern nur zur Typik der Handlung.

Daß es sich bei dieser enthistorisierenden Tendenz nicht um die Norm einer Epentradition handeln muß, zeigt ein Blick auf den christlichen Traditionsstrang. Dort stößt man zwar, solange die Inhalte der Lieder in demselben Raum eines historischen Dauerzustands angesiedelt sind, auf dieselbe Tendenz zur Auswechselbarkeit von Schicksalen und Motiven[34]. Das Bild ändert sich jedoch, sobald man auf den für das serbische Heldenlied zentralen Themenkreis der Schlacht am Amselfeld (Kosovo polje) blickt[35]. Hier sind die im Lied erfaßten Ereignisse nicht mehr beliebig, die Figurenkonstellationen nicht mehr nur von der Typik bestimmt. Die Schicksale der einzelnen Figuren sind durch ihre Ausrichtung auf das zentrale Ereignis der Kosovo-Schlacht genau festgelegt, die einzelnen Aktionen unterliegen einer relativen Chronologie, die von ihrem zeitlichen Verhältnis zu der Schlacht bestimmt ist, und auch Ereignisse, die mit der Schlacht wenig oder nichts zu tun haben, werden, sofern damit Personal der Kosovo-Schlacht erfaßt ist, zu diesem zentralen historischen Nukleus in Beziehung gesetzt.

Bei den Liedern dieses Themenkreises, die sichtlich eine gute Parallele zu der ‚Historisierung‘ des griechischen Mythos liefern, läßt sich allerdings das Prinzip der Thematisierung von Alternativen so gut wie nicht feststellen. Der Grund dafür ist aber nicht nur im Streben nach ‚historischer Treue‘ zu suchen, sondern auch in der Kürze der einzelnen Lieder: Die Ereignisse sind im Lied jeweils so knapp und prägnant erfaßt[36], daß es kaum möglich

---

[34] Diese Diagnose trifft, wie ich meine, auch für den von Foley (1991) untersuchten Liederkreis des Helden Kraljević Marko zu. Die von Foley hier im Gegensatz zur moslemischen Epik georteten Tendenzen zur Konkretisierung und Biographisierung des Mythos beschränken sich auch hier bestenfalls auf Ansätze.

[35] Zum Themenkreis vgl. Braun 1961; Koljević 1980.

[36] Zu diesem Stilisierungswillen vgl. Braun 1961; Danek 1992.

ist, innerhalb einer einzigen Handlungssequenz alternative Handlungsgänge zu gestalten, die zum jeweils selben Handlungsziel führen. Hier findet man hingegen, im Gegensatz zum moslemischen Heldenlied, andere Erscheinungen, die für das griechische Epos ebenfalls wichtig sind: Die quasi-historische Fixierung der Stoffe ermöglicht Querverweise innerhalb des Mythos, und zwar sowohl zeitlicher als auch personeller Art, also Verweise über den unmittelbaren Stoff des einzelnen Liedes hinaus. Hier gibt es sogar so etwas wie mythologische Exempla, vor allem wenn die Thematik der Kosovo-Schlacht zum Paradigma für den Ersten Serbischen Aufstand stilisiert wird[37]. In diesem Traditionsstrang gibt es also zweifelsfrei das Phänomen, daß ein Lied konkrete Gegebenheiten des Mythos, die außerhalb der erzählten Handlung liegen, zitiert, wobei es sich nicht wie im moslemischen Lied nur um den jeweils zugrundeliegenden Handlungstypus handelt. Hier wird bekannter Mythos evoziert, so wie in Ilias und Odyssee durchgängig der Troia-Mythos (und anderes Sagenmaterial) evoziert ist.

Fragt man nach den Konsequenzen, die sich aus diesen Beobachtungen für Homer ergeben, so bleibt festzuhalten, daß die festgestellten Parallelen einerseits zum christlichen Strang laufen (Historisierung des Mythos, Herstellung von Querverbindungen innerhalb des bekannten Mythos), andrerseits zum moslemischen (Thematisierung von Alternativen), wobei noch zu fragen bliebe, ob diese zweite Parallele neben der Odyssee auch auf die Ilias anwendbar ist[38]. Für die Odyssee scheint die Kombination der in den beiden Traditionssträngen beobachteten Phänomene den Rückschluß zu erlauben, daß hier sowohl die Historisierung des Stoffs verwirklicht ist als auch das Bewußtsein, daß derselbe Stoff unterschiedliche Behandlungen ermöglicht. Diese Kombination zweier Erzählprinzipien, die einander auf den ersten Blick auszuschließen scheinen, führt dazu, daß die innerhalb der

---

[37] Ein bemerkenswertes Beispiel für diese Art von mythologischem Exemplum findet sich in SNP 4, 24: Der Beginn des Serbischen Aufstands wird damit eingeleitet, daß die Türken sich die Kosovo-Schlacht, mit der ihre Herrschaft über die Serben begonnen hat, vergegenwärtigen und sich bewußt machen, daß sie die damals vom Sultan formulierten Prinzipien der gerechten Herrschaft mißachtet haben.

[38] In der Ilias überwiegt, wie Morrison (1992) gezeigt hat, die Thematisierung ‚unmöglicher Alternativen‘, während ‚mögliche Alternativen‘ meist auf den zugrundeliegenden Handlungstypus abzielen. Eine bemerkenswerte Ausnahme ist X 381–4, wo Achilleus erwägt, nach der Tötung Hektors den Sturm auf Troia zu versuchen. Die Neoanalyse sieht darin ein Zitat der analogen Konstellation der Aithiopis, wo Achilleus nach der Tötung Memnons tatsächlich gegen Troia anstürmt und fällt (vgl. Kullmann 1960, 39f.). Es scheint denkbar, daß in der Ilias generell die von der Neoanalyse postulierte Aithiopis-Parallele jene Rolle eines evozierten Hintergrundes spielt, der in der Odyssee dem Zitat von alternativen Odyssee-Versionen zufällt. Die Ilias erweckt also einerseits die Illusion, daß ihr eigener Handlungsgang keine Alternativen zuließe, präsentiert sich andrerseits als Alternative zum Aithiopis-Stoff (vgl. Danek 1996a).

Odyssee evozierten Alternativen sich auf alternative Odyssee-Versionen, nicht auf den Typus des Heimkehrerliedes schlechthin (den es in dieser spezifischen Form in der griechischen Tradition nicht gab) beziehen.

Damit stellt sich aber die Frage, wie die Odyssee mit dem Wahrheitsanspruch umgeht, der im allgemeinen für die Überlieferung der heroischen Vergangenheit erhoben wird. Klammert man einmal die für die griechische Tradition charakteristische Verbürgungsinstanz der Musen aus[39], so erheben ja sowohl griechische als auch südslawische Tradition den Anspruch, die historischen Fakten unverfälscht zu übermitteln. Dieser Anspruch scheint in Widerspruch zu stehen zur Thematisierung alternativer Handlungsführung, mit der ja gerade die Freiheit des Sängers im Umgang mit dieser ‚historischen Wahrheit‘ thematisiert ist. Die Wahrheit des Gesangs wurde vor allem von Parry als für die Überlieferung epischer Stoffe grundlegendes Konzept erachtet, und etliche seiner Interviews mit Sängern kreisen um dieses Thema. Parry war sich dabei dessen bewußt, daß es in einer rein mündlichen Tradition keine wörtliche Überlieferung gibt, versuchte aber die Diskrepanz zwischen dem theoretischen Wahrheitsanspruch der Sänger und ihrer Gestaltungsfreiheit in der Praxis damit zu erklären, daß die mündliche Tradition einen spezifischen, von dem unseren verschiedenen Wahrheitsbegriff habe, der auf das Prinzip der Worttreue verzichte.

Der Wahrheitsbegriff ist aber den Sängern selbst durchwegs problematisch, zumindest was die moslemische Tradition betrifft, in der ja schon aufgrund der spezifischen Gegebenheiten des Stoffes das geringste Maß an ‚historischer‘ Treue zu erwarten ist. Bei der Lektüre der veröffentlichten Interviews gewinnt man den Eindruck, daß der hohe Status der ‚Wahrheit‘ Parrys Sängern teilweise eher als rein äußerliches Konzept aufgezwungen war, wobei nicht klar wird, ob dieser Zwang schon in der Tradition selbst institutionalisiert war oder erst durch die spezifische Form der Gesprächsführung verstärkt wurde. Man gewinnt jedenfalls den Eindruck, daß es sich bei der Berufung auf die ‚Wahrheit‘ oft nur um ein Lippenbekenntnis der Sänger handelt; bei genauer Befragung reklamiert der Sänger entweder die ‚Wahrheit‘ nur für sich selbst und spricht sie seinen Kollegen, die andere Versionen liefern, ab, oder er räumt ein, daß die ‚Wahrheit‘ im konkreten Fall der eigenen Gestaltungsfreiheit untergeordnet bleibt[40].

---

[39] Zur Differenz zwischen der Berufung der griechischen Sänger auf die Musen und der südslawischen Sänger auf die als ‚Wahrheit‘ apostrophierte Faktizität der Handlung vgl. Finkelberg 1990; vgl. jedoch die folgende Anmerkung.

[40] Ein schönes Beispiel bietet ein Interview mit Međedović (SCHS 4, S. 49; engl. Übersetzung in SCHS 3, S. 74): Der Sänger gibt an, daß seine Versionen von Liedern immer doppelt so lange werden wie die seiner Konkurrenten; als der Dolmetscher daraufhin nachfragt, fühlt sich Međedović sichtlich in die Ecke gedrängt und glaubt sich gegen den Vorwurf der ‚Nicht-Authentizität‘ verteidigen zu müssen. Er formu-

Der Wahrheitsanspruch ist in der griechischen Tradition durch die vermittelnde Instanz der Musen von vornherein relativiert, da die göttliche Instanz vom Menschen keiner Überprüfung unterzogen werden kann[41]. In diesem Zusammenhang fällt auf, daß in der Odyssee deutlich seltener eine Berufung auf die Musen erfolgt als in der Ilias: Der Erzähler selbst ruft die Muse ein einziges Mal zu Beginn des Werks an und läßt sich von ihr gleichsam nur sein Generalthema liefern; erwähnt sind Muse(n) noch mehrmals bei den Auftritten des Demodokos sowie anläßlich ihrer aktiven Teilnahme an der Bestattung Achills. Es fehlt hingegen jede Parallele zu der mehrfach erfolgenden Anrufung der Musen zur Beglaubigung von Detail-Faktenwissen in der Ilias, wo gerade vor katalogischen Elementen die Berufung auf die Muse die Faktizität der Handlung bestätigt. In der Odyssee scheint also, im Gegensatz zur Ilias, von vornherein darauf verzichtet, den ‚historischen' Details der Handlung absoluten Wahrheitsgehalt zuzuschreiben. Auch damit ist, ebenfalls im Gegensatz zur Ilias, Raum freigelassen für die Verwirklichung des Prinzips der alternativen Handlungsführung.

In der Odyssee scheint die Thematisierung alternativer Handlungsführung also als ‚Zitat' von konkret faßbaren Texten angelegt. Dabei bleibt noch unklar, welchen Status die so zitierten Texte für das Bewußtsein des Sängers und der Hörer besitzen. Zur Klärung dieses Problemkreises ist es nötig, die Frage nach dem Wesen des ‚Zitats' zu erweitern.

Odyssee und außerodysseische epische Stoffe

Untersucht man die Rolle, die das Zitat für die poetische Technik der Odyssee spielt, so genügt es nicht, sich auf den Umgang unseres Textes mit alternativen Fassungen der unmittelbaren Odysseehandlung zu beschränken. Das Zitat, d.h. die Evozierung von außerhalb des Textes liegendem Material, greift auch auf andere Bereiche über; dabei haben wir es teilweise mit mythologischen Querverbindungen zu tun, die schon längst das Interesse der Forschung geweckt haben. Wenn die Odyssee an einer Stelle Erzählungen von der Fahrt der Argonauten als Parallele und Vorbild für die Fahrt des Odysseus zitiert (vgl. zu μ 55–72), so wurde das als unmißverständlicher Verweis auf die literarische ‚Vorlage' für die Odyssee-Irrfahrten gedeutet; wenn Herakles in der Unterwelt sein Schicksal ausdrücklich mit dem des Odysseus vergleicht, so wurde auch dies als ‚Quellenangabe' des

---

liert erregt, daß seine Versionen nun einmal länger als die seiner ‚Vorlagen' seien, ob das nun gut oder schlecht sei, und muß danach erst vom Dolmetscher sowie von Milman Parry, der sich ins Gespräch einschaltet, besänftigt werden.

[41] Zum epischen Wahrheitsanspruch vgl. etwa Lord 1960, 99–123; Rösler 1980; Latacz 1992, 111f.; Ford 1992, 49–51.

Odysseedichters verstanden (vgl. zu λ 601–35); viel diskutiert wurde auch die Verwendung des Atridenmythos als Paradeigma für die Odysseehandlung. In all diesen Fällen ist die Bezugnahme auf Material, das außerhalb des in der Odyssee direkt erzählten Handlungsausschnitts liegt, explizit als solche gekennzeichnet; in den meisten Fällen kann dabei kein Zweifel daran bestehen, daß der genannte Mythos beim Hörer als bekannt vorausgesetzt ist, daß seine Nennung also einen Appell an den Hörer darstellt, sein umfassendes Wissen um das Material einzubringen, um der nur knapp zitierten Gegebenheit einen breiteren Hintergrund zu verleihen.

Die hier genannten Themenkreise lassen sich mühelos erweitern. In der Odyssee wird nicht nur auf die Argonautik, die Herakles-Epik und das Schicksal Agamemnons verwiesen. Es finden sich auch Verweise auf außerhalb der dargestellten Handlung liegende Abschnitte der Biographie des Odysseus; auf diverse Episoden des Trojanischen Kriegs, wobei sich neben jenen Episoden, in denen Odysseus eine Rolle spielt, ein besonderes Interesse für den Themenkreis einer ‚Achilleis' abzeichnet; auf die Heimfahrt aller Griechen von Troia; ferner punktuell auf etliche andere Mythenbereiche. Das deutlichste Beispiel für den zitathaften Verweischarakter der Einbeziehung von außerodysseeischem Material bietet der Frauenkatalog der Nekyia, wo die Schicksale von vierzehn Heroinen in so knapper Form referiert sind, daß die jeweils implizierte ‚Geschichte' für den Hörer nur aufgrund seines Vorwissens als Geschichte greifbar wird (vgl. zu λ 225–330).

Mit der Benennung dieser Themenkreise wird deutlich, daß die Frage nach der Möglichkeit des Zitats in der Odyssee ein Gebiet berührt, das in der Homerforschung vor allem mit der Theorie der Neoanalyse assoziiert wird. Umso auffälliger ist es, daß die wichtigsten Vertreter dieser Theorie sich der Odyssee immer nur am Rande angenommen haben. Die Methode der Neoanalyse wurde aufgrund spezifischer Fragestellungen, die die Ilias betreffen, definiert. Anhand dieser Probleme entwickelte sich eine größere Diskussion um die Stichhaltigkeit der Theorie, wobei im Zentrum des Interesses immer die Frage stand, ob und inwiefern die Ilias von einer Version der Aithiopis abhängig sei. Hier wurde die Fragestellung dann auch erweitert zu einer systematischen Aufarbeitung aller in der Ilias verwendeten bzw. vorausgesetzten mythologischen Motive (Kullmann 1960), so daß die Neoanalyse zuletzt als die Homer-spezifische Form der motivgeschichtlichen Forschung schlechthin bezeichnet werden konnte (Kullmann 1991). Die für die Neoanalyse zentrale Aithiopis-These wurde im jüngst vollendeten monumentalen Ilias-Kommentar auch von zwei Forschern akzeptiert, die ganz auf dem Boden der *oral theory* stehen (Edwards 1991, 15–19, sowie passim; Janko 1992, passim), wobei die Kompatibilität dieser Methode mit den Grundvoraussetzungen der *oral theory* ausdrücklich hervorgehoben wurde (vgl. Kullmann 1984), ja die von der Neoanalyse postulierte Übertragung von konkretem Mythenmaterial auf neue Kontexte als spezifische Sonderform der *composition by theme* anerkannt wurde[42]. In der Iliasforschung zeichnet sich also ein Konsens ab, wonach nicht nur die allgemeinen Konstellationen der Geschichte vom Trojanischen Krieg durchgehend vorausgesetzt und zitiert sind, sondern auch ein bestimmter Abschnitt dieser Geschichte, der in seinem Handlungsablauf als fixiert gedacht werden muß (‚Aithiopis‘), von der Ilias gleichsam überschrieben wird, wobei durch das Zitat der ‚Original‘-Konzeption die Handlung der Ilias über weite Strecken eine zweite Bedeutungsebene erhält, so daß die Miteinbeziehung von ‚eigentlich‘ fremden Konzepten also nicht einen ästhetischen Verlust, sondern einen Gewinn bedeutet.

In der Odysseeforschung hat es hingegen keine vergleichbaren Trends gegeben. Zwar wurde hier in viel stärkerem Ausmaß das Anliegen der Neoanalyse schon vor der Prägung des Begriffs betrieben, wenn Karl Meuli (1921) nachzuweisen suchte, daß ein großer Teil der Irrfahrten des Odysseus unmittelbar aus der Argonautenepik übertragen sei. Die Proponenten der Neoanalyse selbst sind jedoch der Beschäftigung mit der Odyssee eher ausgewichen[43], was zur Folge hatte, daß jene Diskussion, die zur Ilias mit größter Intensität geführt wurde, für die Odyssee in dieser Form nie begonnen hat; dieses Manko hat in weiterer Folge bewirkt, daß die Thematik hier auch von den Verfechtern der *oral theory* kaum berührt wurde.

Aus diesen Überlegungen geht hervor, daß die Untersuchung der Beziehung zwischen Odyssee und alternativen Odyssee-Versionen Hand in Hand gehen muß mit der Aufarbeitung der Behandlung außerodysseischen mythologischen Materials in der Odyssee[44]: In beiden Bereichen ist der gleiche oder doch zumindest ein ähnlicher Umgang des Textes mit dem ‚fremden‘ Material zu erwarten, in beiden Bereichen liegt es nahe, von Zitatcharakter zu sprechen. In beiden Bereichen stellt sich aber immer wieder auch die Frage, ob nicht der Dichter sich sein ‚außertextliches‘ Bezugsmaterial jeweils selbst kreiert, also das Zitat gleichsam nur fingiert: Eine in unserem Text evozierte Handlungsalternative kann dann nicht aus der Tradition übernommen, sondern vom Dichter selbst ‚erfunden‘ sein; ebenso

---

[42] Vgl. Edwards 1990, sowie vor allem Slatkin 1991.

[43] Symptomatisch ist die summarische Behandlung der Probleme bei Kullmann 1974–77, der die Anwendbarkeit der neoanalytischen Methode auf die Odyssee voraussetzt, jedoch auf eine detaillierte Behandlung verzichtet. Ähnlich summarisch Kullmann 1991, 120–131.

[44] Trotz des weitgehenden Fehlens von Vorarbeiten auf diesem Gebiet wird die Untersuchung sich auf Schritt und Tritt mit den Arbeiten der Neoanalyse, vor allem mit Kullmann, auseinanderzusetzen haben; über weite Strecken wird die Arbeit versuchen, für die Odyssee ein (bescheidenes) Analogon zu Kullmanns ‚Quellen der Ilias‘ zu liefern.

kann eine Begebenheit, die außerhalb des Handlungsrahmens unserer Odyssee situiert ist, keine Grundlage in der Tradition haben, sondern erst vom Odysseedichter für die Bedürfnisse des Odyssee-Kontextes konstruiert sein. In diesem Zusammenhang wird auch jeweils zu überprüfen sein, welchen Status der als ‚Bezugsquelle' evozierte Text gehabt haben könnte, ob es sich dabei um ausführlich erzählte epische Versionen oder nur um die jeweils zugrundeliegende ‚einfache Geschichte' handelt[45].

Wer die Zitierweise der Odyssee gegenüber alternativen Versionen ihres eigenen Stoffs verstehen will, wird sich somit leichter tun, wenn er beobachtet, wie die Odyssee in anderen Bereichen, für die uns wesentlich mehr Vergleichstexte zur Verfügung stehen, Material verwendet, evoziert oder zitiert, das außerhalb des Textes liegt. Es erweist sich daher als sinnvoll, die Fragestellung zu erweitern und zu untersuchen, auf welche Weise die Odyssee generell das Wissen ihrer Hörer um die epische Tradition voraussetzt und in ihren eigenen Text integriert. Bei dieser Betrachtung wird sich ein für traditionelle Ependichtung charakteristischer Modus der Zitiertechnik abzeichnen, der weit über das hinausgreift, was die *oral theory* mit ihrem Konzept der *composition by theme* beschrieben hat, der sich aber in bestimmten Aspekten auch deutlich von dem unterscheidet, was man in der Moderne gemeinhin unter dem Konzept des Zitats versteht: Es wird sich immer wieder erweisen, daß mit der Evozierung von Material, dessen Kenntnis beim Hörer vorausgesetzt ist, nur die inhaltliche Komponente erfaßt ist, wohingegen der sprachliche Aspekt, und mit ihm die kleinsten Details der Handlung, ausgeklammert bleiben, da die Tradition einer mündlichen Ependichtung in der Regel mit dem Konzept der (inhaltlich festgelegten) ‚Geschichte', und nicht mit dem eines fixierten Textes operiert.

Mit der Erwähnung der (Un-)Möglichkeit des wörtlichen Zitats im Rahmen traditioneller Ependichtung stellt sich automatisch die Frage nach dem Verhältnis der Odyssee zur Ilias. Alle bis jetzt besprochenen Gruppen von möglichem Bezugsmaterial müssen für unsere Erfassung ja immer im Bereich des Hypothetischen bleiben, da wir hier — im Gegensatz etwa zur südslawischen Tradition — kein authentisches Material der frühgriechischen epischen, zumal der vorhomerischen mündlichen Produktion besitzen, sondern unsere Informationen entweder aus dem Text der Odyssee selbst ableiten oder derivierte Quellen späterer Zeit, bei denen die umgekehrte Möglichkeit ihrer Beeinflussung durch die Odyssee besteht, benützen müssen. Mit der Ilias liegt uns hingegen ein wörtlich fixierter Text vor, der nach dem Urteil der meisten Gelehrten der Odyssee vorausgeht und von dieser benützt, imitiert oder zitiert wird; nach dieser Auffassung er-

---

[45] In diesem Bereich wird die methodische Auseinandersetzung mit Hölscher (1988) stattfinden.

folgt die Bezugnahme durch die Odyssee gerade durch die Übernahme identischer Formulierungen, was nicht nur im Rahmen der *oral theory* problematisch scheint, sondern auch in Gegensatz zur Praxis der oben angeführten Kategorien steht. Es erweist sich daher als notwendig, auch diesen Bereich in die Untersuchung miteinzubeziehen, wenn dies auch nur exemplarisch, zur Erarbeitung eines methodischen Zugangs, geschehen kann[46]. Die Untersuchung des Verhältnisses zwischen Ilias und Odyssee wird dabei gewissermaßen den Prüfstein für unsere Theorie abgeben: Läßt sich hier dasselbe Zitierverfahren nachweisen, wie es für andere Bereiche postuliert wird? Wenn nicht, inwiefern ist es anders? Inwiefern läßt sich bei den Bezügen auf die Ilias überhaupt von Zitat sprechen?

Das Material wird hier zeigen, daß die Kategorie des ‚inhaltlichen Zitats' der Ilias in der Odyssee fast völlig ausgeklammert bleibt, womit sich die als ‚Monro's law' bekannte Regel bestätigt[47]; es wird zu fragen sein, welche Gründe sich dafür finden lassen, daß die Odyssee zwar permanent andere Bereiche des Mythos zitathaft in ihre Darstellung einbezieht, die Ilias jedoch in inhaltlicher Hinsicht so gut wie völlig ausklammert. Was die in diesem Bereich zu beobachtende Kategorie des ‚wörtlichen Zitats' betrifft, so erfordert sie offensichtlich eine Modifikation des heute gängigen Zitatbegriffs, wobei man am ehesten von einem ‚verfremdenden Zitat der typischen Szene' sprechen kann. Diese Zitattechnik läßt sich aber sichtlich am ehesten als eine spezifische Form der *composition by theme* beschreiben und bildet damit eine Kategorie, die von dem postulierten Prinzip des inhaltlichen Zitats deutlich unterschieden werden muß.

Für die Arbeitsweise dieser Untersuchung stellt sich damit die Aufgabe, den Umgang der Odyssee mit der vorausgesetzten Tradition möglichst umfassend zu dokumentieren. Gerade im Hinblick darauf, daß hier die Bezugnahme eines Textes auf Bestandteile konkreter anderer ‚Texte' postuliert wird, ist dabei immer zu überprüfen, ob die beobachteten Phänomene sich nicht besser aus dem Umgang des Dichters mit dem für *oral poetry* charakteristischen dichtungstechnischen Instrumentarium erklären lassen: Verwendung formelhafter Wendungen oder typischer Handlungsmotive, die auf jeden beliebigen konkreten Zusammenhang wahllos übertragen werden können. Dazu wird es nötig sein, die für die Odyssee im Rahmen der traditionellen Technik charakteristischen Formen der Erzähltechnik im Auge zu behalten, teilweise auch erst genauer zu definieren: die Technik

---

[46] Der Nachweis von Iliaszitaten in der Odyssee wurde erst in jüngerer Zeit wieder als Indiz für ‚Abhängigkeit', bzw. als Kriterium für die relative Chronologie der homerischen Epen verwendet, ohne daß dabei der Frage des Zitatcharakters nachgegangen ist (Usener 1990; vgl. dazu meine Besprechung in Danek 1992b).

[47] Für mögliche Ausnahmen vgl. zu o 105–8; 113–9; τ 215–57; ω 76–9.

des Szenenwechsels, der Erzählperspektiven, die Behandlung der Handlungsstränge, der göttlichen Handlungsebene, die Behandlung der Kategorie der Zeit, des Heldenethos, etc.; auch Fragen der traditionellen Poetik, etwa das Konzept der Inspiration durch die Musen oder das κλέος-Konzept, stehen damit in Zusammenhang. Da alle diese Aspekte eng miteinander verknüpft sind, fällt es nicht immer leicht, die einzelnen Kategorien der Zitiertechnik voneinander zu trennen. Gleichzeitig soll auch immer im Auge behalten werden, inwiefern der Text unserer Odyssee den von ihm selbst präsentierten Handlungsablauf als bereits bekannt voraussetzt. Die Ergebnisse der Untersuchung sind daher in der Form eines fortlaufenden Kommentars präsentiert, der den linearen Rezeptionsvorgang des Hörers nachahmt und damit die gegenseitige Beleuchtung der Phänomene ermöglicht. Die vorliegende Untersuchung versteht sich daher als Arbeitsinstrument, das umfangreiches Material zur Beurteilung des Phänomens ‚Zitat' im Rahmen traditioneller Ependichtung zur Verfügung stellt.

KOMMENTAR

Odyssee 1

α 1ff: Daß der Beginn des Epos *in medias res* führt, erscheint uns heute, aufgrund unserer Vertrautheit mit dieser typischen Einsatztechnik des neuzeitlichen Romans, als etwas Selbstverständliches. Im modernen Roman — wie schon bei Heliodor — präsentiert sich so die Eingangssituation der dargestellten Handlung dem Rezipienten als eine Art Rätsel, dessen Voraussetzungen im Laufe des Erzählens nach und nach geklärt werden müssen, sei es explizit durch diverse Nachholtechniken wie den Figurenbericht, sei es implizit durch die allmähliche Beleuchtung der psychologischen Motivation des Handelns der Figuren. Diese Technik setzt voraus, daß eine n e u e Geschichte erzählt wird, daß der Rezipient also kein Vorauswissen um die spezifische Handlung einbringt, und schon Horaz hat den Beginn von Ilias und Odyssee so aufgefaßt, wenn er schreibt, Homer reiße den Hörer *in medias res / non secus ac notas* (Ars 148f.): Impliziert ist damit, daß Homer seinem Publikum eine Geschichte erzähle, die ihm nicht bekannt sei, ihren Beginn aber so präsentiere, a l s o b sie bekannt sei.

Diese Annahme stimmt, wie wir wissen, weder für das frühgriechische Epos, wie generell für die Gattung des traditionellen Epos, noch für alle anderen Arten griechischer mythologischer Erzählung wie etwa die attische Tragödie, wo dem Rezipienten immer eine Geschichte erzählt wird, deren Grundzüge und Ausgang ihm bereits bekannt sind (vgl. Latacz 1989, 92–5). Mit dem Beginn des Erzählens wählt der Erzähler also einen Punkt aus einem durch die Tradition festgelegten Kontinuum und stellt mit dem Hörer ein Einverständnis darüber her, daß von diesem freigewählten Ausgangspunkt an die Erzählung sich im Rahmen der verbindlichen Tradition vorwärtsbewegen wird. Daß der Text dabei unterschiedliche Einstellungen zum traditionellen Hintergrund demonstrieren kann, zeigt etwa der Gegensatz zwischen der Eingangstechnik des Sophokles und der des Euripides: Während bei Sophokles der Text für sich arrogiert, daß er die gesamte Geschichte voraussetzungsfrei präsentiere, und dem Hörer kein Vorauswissen abverlangt, richtet Euripides mit seiner Prologtechnik geradezu einen Appell an die Zuschauer, die dargestellte Handlung vor der Folie (und gegen die Folie, vgl. Danek 1992a) der vertrauten Geschichte zu rezipieren.

Im frühgriechischen Epos ist die Möglichkeit einer formalen Trennung zwischen ‚offenem' und ‚geschlossenem' Einstieg in das Erzählen ausgeschlossen: Das traditionelle Proömienschema, mit seinen verbindlichen Elementen Anruf, Themennennung und Bestimmung des Einsatzpunktes (vgl.

Walsh 1995, 392–403; dort auch Literatur zum Odyssee-Proömium), setzt voraus, daß die anlaufende Geschichte dem Hörer als Segment aus einem größeren, bekannten Zusammenhang präsentiert wird. Betrachtet man die Odyssee vor diesem Hintergrund, so fällt auf, daß zwar das eigentliche Proömium (1–10) die Aufgabe, den Einsatzpunkt der Handlung zu definieren, erfüllt (so Walsh 1995, 403–10, gegen Kritik an der ‚Irrelevanz' von 6–9), daß danach jedoch ein zweiter, merkwürdig ausführlicher auktorialer Vorspann erfolgt, in dem die Ausgangssituation ein zweites Mal genauer definiert wird (11–31). Diese Definition der Ausgangssituation scheint dem Einsatzprinzip *in medias res* entgegenzulaufen; es stellt sich daher die Frage, inwiefern der Beginn unserer Odyssee die Handlung als eine bekannte Geschichte präsentiert, oder ob er sie nicht gerade als eine Version definiert, die sich von der bekannten Geschichte abhebt.

Die Intention des Odysseebeginns tritt deutlicher hervor, wenn man dagegen den Beginn der Ilias hält. Dort erfolgt mit der Nennung des Themas μῆνις Ἀχιλῆος eine allgemeine Ankündigung, die auch in der folgenden Einengung durch Epitheton und Relativsatz keine präzisen Angaben zur folgenden Handlung enthält. Vorausgesetzt ist beim Hörer das Wissen um die Figur Achilleus und ihre Rolle im Trojanischen Krieg, mit der Nennung Agamemnons dann auch das Wissen um die mit diesen beiden Figuren implizierte Konstellation, doch sind keine spezifischen Voraussetzungen für das Einsetzen der Handlung erwähnt oder auch nur impliziert. Mit der Nennung des Einsatzpunkts (Streit zwischen Achilleus und Agamemnon) ist ein erstes Mal suggeriert, daß die Ilias ihre Geschichte von deren ersten Voraussetzungen an selbst erzählen werde. Dieser Eindruck wird verstärkt, wenn der Erzähler, gleichsam sich korrigierend, nach der Ursache für diese zuerst genannte ἀρχή fragt (Zorn des Apollon), dann in der Chronologie noch einmal zurückgreift, indem er auch den Grund für diesen Zorn nennt (Beleidigung des Chryses), und erst an diesem Punkt beginnt, die Handlung chronologisch voranschreitend zu verfolgen. Der Text suggeriert damit, daß er konsequent bis auf die letzten Hintergründe seiner Handlung zurückgegriffen habe und diese in der Folge so präsentieren werde, als ob der Hörer kein zusätzliches Wissen um die Vorgeschichte einbringen müßte. Obwohl das natürlich nur Pose ist — selbstverständlich ist vorausgesetzt, daß der Hörer die Ilias im Kontext des Trojanischen Krieges einordnen kann —, entspricht das genau der inklusiven Darstellungsweise der gesamten Ilias: Die inhaltlichen Voraussetzungen des dargestellten Handlungssegments (51 Tage des Trojanischen Krieges) werden nicht als bekannt vorausgesetzt, sondern auf einer symbolischen Ebene in die Handlung integriert, so daß die Ilias in einem gewissen Sinn den Krieg von seinem Anfang (Zwist zwischen Menelaos und Paris; Ausfahrt der Schiffe) bis zu seinem Ende (Tod Achills; Fall Troias) zwar nicht erzählt, aber doch repräsentiert. Die Ilias suggeriert damit ihrem Hörer, daß sie ihre *fabula* von A bis Z selbst erzähle, ohne daß sein Wissen um die inhaltliche Einbettung der Handlung etwas Zusätzliches für das Verständnis beitragen könnte, ja daß sie den von der Tradition vorgegebenen Rahmen geradezu ersetze.

Der Beginn der Odyssee unterscheidet sich davon deutlich. Während die Ilias möglichst schnell und exakt jenen Punkt definiert, von dem an die Handlung chronologisch fortschreitend erzählt wird, läßt sich in der Odyssee die Grenze zwischen der (eigentlich dem auktorialen Vorspann zugehörigen) Definition der Ausgangssituation und dem Beginn des linearen Erzählens nicht so genau bestimmen. Auch hier wird zwar der Beginn des Erzählens emphatisch thematisiert, in Wahrheit aber mehrfach verschoben:

Das Proömium im engsten Sinn, das durch den doppelten Musenanruf deutlich abgegrenzt ist (1–10), endet mit der Aufforderung des Erzählers an die Muse, mit der Erzählung an einem beliebigen Punkt, aber erst nach dem Verlust der Gefährten (10 τῶν ἁμόϑεν) zu beginnen. Damit sind bereits im Proömium etliche Fakten der Tradition genannt, die der Hörer als Voraussetzung für die anlaufende Handlung präsent halten muß; der Text suggeriert, daß die Handlung an einem bekannten Punkt innerhalb eines bekannten Rahmens einsetzt. Nach der Festlegung des Einsatzpunkts (ἔνϑα, 11), wird aber der Beginn des eigentlichen Erzählens verzögert, da der Erzähler noch nicht mit dem chronologisch fortschreitenden Bericht der Handlung beginnt, sondern in einer Art zweitem auktorialen Vorspann zunächst die Situation definiert, die den gewählten Ausgangspunkt bestimmt (11–32); die starke Präsenz des Erzählers in dieser Phase erkennt man vor allem am parenthetisch eingeschobenen auktorialen Vorgriff auf die künftigen Ereignisse, 18–9. Als Beginn der Handlung wird damit der Beginn der Rückkehr des Odysseus definiert; mit der Andeutung des Handlungsziels wird wieder an das Vorwissen des Hörers appelliert.

Das Spiel geht aber weiter: Mit dem Beginn der Wiedergabe der Götterversammlung scheidet zwar der Erzähler als handlungsexterne auktoriale Instanz aus, doch gibt es auch hier noch kein Anlaufen der als relevant charakterisierten Handlung (Heimkehr des Odysseus). Die Götter definieren im Gespräch unter Ausführung des schon in 11–32 Angedeuteten wieder die Situation des Ausgangspunktes und legen in zukunftsgewisser Form den Ablauf des künftigen Geschehens fest — auch dies bereits vom Erzähler angedeutet (16–7). Die Aktionen der Götter sind dabei nicht als gleichwertig mit der als Thema des Epos definierten menschlichen Handlung zu betrachten, sie stellen eine — wenn auch mit einem besonderen Erzählstatus verbundene — auktoriale Ebene der Erzählung dar (33–95).

Akzeptiert man diese Definition göttlicher und menschlicher Handlungsebene als zweier unterschiedlicher Erzählebenen, so stellt die nächste Phase der Erzählung, α 96–324, die Stufe der Vermittlung der göttlichen

Vorgaben an die menschlichen Figuren der Handlung dar. Athene leitet die Planung des Geschehens und die Beschreibung der Ausgangssituation an Telemachos weiter und überträgt sie so auf die menschliche Perspektive. Auch hier finden noch keine Aktionen statt, die die ‚eigentliche' Handlung ins Laufen bringen: Telemachs Handeln setzt erst nach Athenes Abgang ein; der Beginn des menschlichen Agierens ist ein weiteres Mal verschoben.

   Mit den in α 325 – δ erfaßten Aktionen des Telemachos kommt die Handlung unzweifelhaft endlich in Gang, und doch zeigt das Ende des δ, daß alles damit Erreichte nur dazu dient, die Lage auf Ithaka, die weiter als Ausgangssituation für die Erzählung von der Heimkehr des Odysseus gefaßt ist, neu zu definieren: Die Götterversammlung des ε greift auf die des α zurück und läßt erkennen, daß die Situation, in der die Odysseus-Handlung jetzt endlich ins Rollen kommt, sich einerseits nicht, andrerseits aber doch geändert hat. Odysseus befindet sich noch immer in jenem zeitlosen Zustand, unmittelbar bevor er von Kalypso ‚losgeeist' wird, und die Lage auf Ithaka ist nach wie vor kritisch; die Ereignisse des β – δ haben aber dazu beigetragen, diese Lage noch schärfer als eine kritische zu definieren, so daß die Heimkehr des Odysseus als Heimkehr im allerletzten Moment erscheint (vgl. Hölscher 1988, 42–8). Damit präsentiert sich erst der im ε initiierte Einsatz der Odysseushandlung als jener Einsatz *in medias res*, der bereits im Proömium anvisiert war. Die Definition der Situation, die bereits im ‚Prolog' als Ausgangspunkt für die Odysseus-Handlung genannt war, hat volle vier Bücher benötigt.

   Der Beginn der Odyssee *in medias res* ist also nicht, wie es scheinen könnte, inkonsequent gestaltet. Das Einsatzprinzip ist als typische Form genannt, nur um dann auf raffinierte Weise modifiziert zu werden; die Odyssee definiert mehrmals auf verschiedenen Erzählebenen ihre Ausgangssituation. Wenn aber das Prinzip des Einsatzes *in medias res* auf subtile Weise immer wieder durchbrochen wird, wenn der zu Beginn festgelegte Ausgangspunkt der Handlung in immer größer werdenden Kreisen wiederholt neu definiert wird, so bedeutet das, daß die Ausgangssituation, in der die Odysseus-Handlung im ε dann endlich startet, immer weniger als ein Punkt innerhalb des aus der Tradition vertrauten Kontinuums erscheint. Die Ausgangssituation wird auf jeder neuen Ebene immer stärker individualisiert, die aus der Tradition bekannte Handlungsvorgabe immer stärker modifiziert. Am auffälligsten geschieht das im γ und δ, wo die Abwesenheit des Odysseus in Beziehung gesetzt wird zu den Schicksalen der übrigen Troia-Heimkehrer und damit seine Vergangenheit, die die Voraussetzung für seine gegenwärtige Situation bildet, für den Hörer als Frage markiert wird, die vom Text beantwortet werden muß. Der Text leistet diese Antwort mit dem letzten großen Nachtrag von Vorgeschichte, den Apologoi in ι – μ, die damit ebenfalls als Definition der Ausgangssituation der

Odysseus-Handlung stilisiert sind (vgl. Danek 1996a). Das Programm des Prologs (Heimkehr des Odysseus) kann erst dann in die Handlung umgesetzt werden, wenn die Voraussetzungen dafür restlos geklärt sind.

Um dieses Spiel mit dem Einsatzprinzip *in medias res* besser zu verstehen, soll vor allem für die ersten zwei ‚Eingangsphasen', Prolog und ‚Vorspann', überprüft werden, ob der Text die von ihm genannten Daten des Mythos als aus der Tradition bekannt bezeichnet oder sie im Gegenteil als etwas markiert, was gegenüber der Tradition neu definiert werden muß.

α 1–2 Wie die Ilias den Zorn des Achilleus, so definiert die Odyssee als ihr Thema den „Mann", der in der Folge durch nähere Angaben genauer bestimmt wird. Warum dieser Mann nicht von Beginn an bei seinem Namen genannt wird (der Name Odysseus fällt erstmals in Vers 21), wurde unterschiedlich begründet (vgl. Clay 1983, 25–9; Peradotto 1990, 94–119). Schließt man aus, daß es sich dabei um ein Versehen handelt, aber auch daß dem Hörer damit gleichsam ein Rätsel gestellt wird, wird man darauf verwiesen, daß der Held spätestens mit dem Epitheton πολύτροπος, der Bezeichnung als Troiazerstörer und dem Verweis auf die langen Irrfahrten unmißverständlich als Odysseus definiert ist. Vorausgesetzt ist dabei aber das Wissen des Hörers; wenn der Held also nur als „der Mann" bezeichnet wird, bildet das einen Appell an den Hörer, sein Wissen um Odysseus in den Text einzubringen. Bereits mit dem ersten Wort signalisiert unsere Odyssee somit, daß sie eine bekannte Geschichte erzählt.

Dies zeigt sich auch an der Verwendung des Epithetons πολύτροπος, dessen Bedeutung seit der Antike umstritten ist (vgl. Maronitis 1980, 81–5; Clay 1983, 25–34). In Frage kommt sowohl die Auffassung „vielgewandt", als typische Charakterisierung des geistig wendigen, aktiven Helden, als auch „vielgewendet", als Merkmal des vom Schicksal verschlagenen Helden, entsprechend der folgenden Aussage ὃς μάλα πολλὰ πλάγχθη, womit sich das für den Entfaltungsstil der Proömien charakteristische Schema eines Epithetons mit epexegetischem Relativsatz ergäbe. Der einzige weitere homerische Beleg, κ 330, läßt ebenfalls beide Deutungen zu: Kirke identifiziert ihr Gegenüber als Ὀδυσσεὺς πολύτροπος, was im Kontext auf seinen gewandten Charakter abzielen kann, erweitert dann aber die Aussage mit einem Relativsatz, der seine langen Fahrten hervorhebt. πολύτροπος steht im Hermeshymnus zweimal unmißverständlich zur Bezeichnung des Gottes als *trickster* (13, 439). Während man dem Epitheton in α 1 zuletzt beide Bedeutungen (und noch mehr: Pucci 1982) zugleich zusprechen wollte, läßt sich das Verhältnis zwischen den beiden Auffassungen vielleicht noch schärfer bestimmen. Überblickt man das System für Odysseus-Formeln in der Odyssee, so stellt man fest, daß jene metrische Position, die πολύτροπος in α 1 und κ 330 einnimmt, auffallend selten besetzt ist: Es gibt Epitheta, in

denen Anfangs- oder Endkonsonant von πολύτροπος/ν durch einen Vokal
ersetzt ist (9x δαΐφρονα; 1x ἀγακλυτόν), und einige Umschreibungen ohne
Epitheton-Charakter (4x πατὴρ ἐμός; 7x φίλον πόσιν, etc., jeweils teils attri-
butiv, teils an Namensstelle), aber kein metrisch identisches Epitheton; das
in der Ilias für etliche Helden, 3x auch für Odysseus verwendete δίφιλος/ν
fehlt in der Odyssee. Hingegen findet sich fünfmal der Vers νοστῆσαι 'Οδυ-
σῆα πολύφρονα ὅνδε δόμονδε, wo πολύφρονα (zumindest synchron) Hiat bildet und durch πολύτροπον ersetzt werden könnte (Jones zu α 1). Es scheint
daher die Vermutung nicht abwegig, daß der Odysseedichter die Verwendung des Epithetons πολύτροπος gezielt vermieden bzw. auf jene zwei Belege beschränkt hat, wo seine Bedeutung durch den Kontext als ambivalent
markiert ist. Geht man davon aus, daß die im Hermeshymnus belegte Bedeutung von πολύτροπος die traditionelle ist, so ergibt sich als erste Schlußfolgerung, daß der Odysseedichter das Epitheton für Odysseus vermieden
hat, weil es den Helden zu negativ charakterisiert. Zu einem ähnlichen
Schluß ist Sale (1989; vgl. Sale 1994) aufgrund des auffälligen Mangels an
regular formulae für bestimmte Epitheta der Trojaner in der Ilias gelangt; für
analoge Vermeidungstendenzen bei Homer und in südslawischer Epik vgl.
Danek (1991, 39f.; 43). Für das Verständnis des ersten Verses der Odyssee
ergibt sich daraus, daß der Text den Helden zunächst scheinbar anhand
seines charakteristischen Epithetons vorstellt, dessen Bedeutung dann aber
mit dem erklärenden Relativsatz entscheidend modifiziert: Der Odysseus
dieser Odyssee ist nicht (oder nicht nur) der aus der Tradition bekannte li-
stenreiche Held, sondern auch (oder in erster Linie) der vom Schicksal Ver-
schlagene. Auch das Epitheton πολύτροπον bedeutet also einen Appell an
den Hörer, sich die traditionellen Eigenschaften des Haupthelden zu vergegenwärtigen; gleichzeitig werden aber die Erwartungen, die der Hörer
mit diesem Epitheton verbindet, deutlich korrigiert: Der Held dieses Epos
ist sowohl der bekannte Odysseus als auch ein ‚neuer' Odysseus.

In den ersten zwei Versen der Odyssee wird damit das Thema des
Epos auf ganz besondere Art ein erstes Mal definiert: Der Hörer soll den
Helden anhand seiner Attribute Troiaeroberer, Irrfahrer und πολύτροπος
als Odysseus identifizieren, soll jedoch bereits erkennen, daß die Ausführung der Erzählung, gerade was die Charakterisierung des Helden betrifft,
sich selbstbewußt gegen den *mainstream* der Tradition stellen wird.

α 3–4 Die Aussage über die Schicksale des Odysseus ist dichotomisch,
sowohl in bezug auf die Bereiche seiner Abenteuer als auch auf die Charakterisierung der Rolle des Odysseus: Das Schema ‚zu Wasser – zu Lande' ist
mit der Unterscheidung von aktiver und passiver Rolle des Odysseus kombiniert. Der aktive Abenteurer entspricht nun nicht dem Odysseus-Bild unserer Odyssee; auch kommt Odysseus hier kaum je in „Städte von Men-

schen". Man hat daher gemeint, daß diese Angabe nicht zu unserer Odyssee passe; West (zu α 1–10) hat sogar die These formuliert, das Proömium sei für eine ganz anders akzentuierte Odyssee konzipiert, in der Odysseus tatsächlich als aktiver Abenteurer in der realen Geographie des bekannten Mittelmeerraums gezeichnet war, wie es in unserer Odyssee nur noch in den Trugerzählungen (oder den ‚Irrfahrten' des Menelaos) durchschimmert. Die Vermutung eines alternativen Nostos des Odysseus (vgl. West 1981) ist attraktiv, da diese Form der alternativen Handlungsführung in unserer Odyssee mehrmals ausdrücklich thematisiert wird (vgl. zu λ 1–640; ξ 199–359; τ 269–99; vgl. Peradotto 1990, 76 mit Anm. 17); vorausgesetzt ist dabei, daß Odysseus nicht nur einen anderen Weg einschlägt, sondern auch den größeren Teil seiner Abenteuer allein, nach dem Verlust der Gefährten erlebt und dabei eine aktivere Rolle als in unserer Odyssee spielt. Wenn dieses Konzept sich bei der Vorstellung des Helden unserer Odyssee wiederfindet, bedeutet das aber noch nicht, daß es hier fehl am Platz ist: Die dichotomische Aussageform charakterisiert den Typus ‚Irrfahrten' schlechthin, läßt somit für die individuelle Gestaltung dieser Version noch alle Möglichkeiten offen; die allgemeine Aussage bildet den Hintergrund für die weiteren Ausführungen (5–9), die die Tendenz der Irrfahrten u n s e r e r Odyssee präziser bestimmen. Um dieses Verhältnis zu erfassen, muß der Hörer aber die allgemeine Aussage als Verweis auf die ihm bekannten Möglichkeiten, die Irrfahrten des Odysseus zu gestalten, verstehen können. Auch die Verse 3–4 bilden also einen Appell an den Hörer, sein Wissen um die Tradition der Odysseus-Geschichten einzubringen.

α 5–9 Die Frage, warum der Schuld und dem Untergang der Gefährten innerhalb des Proömiums so viel Raum gewidmet sei, wurde oft gestellt (vgl. Pedrick 1992). Dabei sind zwei Aspekte zu unterscheiden: Welche Funktion hat es, daß die Schuld der Gefährten an ihrem Untergang, und damit die Unschuld des Odysseus, so pointiert hervorgehoben wird; und welche Funktion kommt der referierten Episode innerhalb der spezifischen Aufgaben des Proömiums zu? Was die inhaltliche Komponente betrifft, herrscht heute weitgehend Einigkeit darüber, daß mit der Hervorhebung der Schuld der Gefährten, die ein zentrales Thema der Apologoi ist, schon im Proömium Querverbindungen zur Schuld des Aigisthos (α 32–47) und damit zur Schuld der Freier hergestellt werden, womit die für unsere Odyssee so zentrale ethische Dimension des Geschehens ein erstes Mal genannt ist. Die Schuld der Gefährten signalisiert die Unschuld des Odysseus, und damit evoziert unser Text in jedem Fall die Möglichkeit, daß Odysseus am Untergang seiner Gefährten auch schuldig sein könnte, eine Optik, die sich einzelne Figuren auch in unserer Odyssee zu eigen machen, der Gegenspieler unter den Gefährten, Eurylochos, und der Anführer der Angehörigen der Freier, Eupeithes, wobei der Text diese Figurenperspektive jeweils als nicht gerechtfertigt markiert (vgl. zu κ 422–48; ω 426–37). Wenn diese Vorwürfe alternative Versionen der Odyssee widerspiegeln, so setzt sich unsere Odyssee damit von vorhomerischen Gestaltungen des Stoffes ab, in denen ein solcher Vorwurf gegen Odysseus berechtigt war (vgl. Maronitis 1980, 92–102). Die Verse bilden einen Appell an den Hörer, die aus der Tradition bekannten Vorwürfe für diese Version von vornherein als unberechtigt zu erachten; der Charakter des Odysseus ist damit gezielt gegen den Hintergrund der Tradition gestellt.

Die formale Funktion der Passage bleibt unklar, solange man das Proömium nur als den Versuch einer Inhaltsangabe des Epos begreift (vgl. West zu α 1–10; Pedrick 1992). Daß diese Auffassung nicht nötig ist, hat zuletzt Walsh (1995) anhand einer sorgfältigen Analyse der Proömientechnik gezeigt: So wie im dritten Demodoslied Odysseus mit seiner Aufforderung an den Sänger den Einsatzpunkt definiert, den Demodokos in seiner Erzählung dann aufgreift (vgl. zu ϑ 488–95; 499–520), so bezeichnet auch die im Proömium ausgeführte Episode der Heliosrinder die letzte Episode, die dem Einsatzpunkt der Erzählung vorangeht. Die Erzählung soll somit nach dem Verlust der Gefährten einsetzen, zu einem Zeitpunkt, als Odysseus auf seinem Weg von Troia nach Ithaka bereits auf sich allein gestellt ist, und sie erfüllt diese Bedingung, indem sie in den Aufenthalt bei Kalypso einsteigt, der nach der Chronologie unserer Odyssee tatsächlich die nächste Station des Odysseus darstellt.

α 10 Mit dem Begriff ἀμόϑεν, der Aufforderung an die Muse, an einem beliebigen Punkt (innerhalb des als bekannt vorausgesetzten Kontinuums) mit der Erzählung einzusetzen, ist das Prinzip des *in medias res* emphatisch thematisiert. Das gilt nicht nur, wenn man der Muse damit die Möglichkeit des Beginnens an jedem beliebigen Punkt der Abenteuer des Odysseus zugestehen will, sondern auch, wenn man akzeptiert, daß das Proömium mit dem Verlust der Gefährten einen *terminus post quem* definiert hat. Die dem Hörer vertraute Tradition schreibt zwar vor, daß Odysseus alle Gefährten verliert und allein auf Ithaka einlangt (vgl. zu ι 530–5), sieht innerhalb dieses Rahmens aber sichtlich die Möglichkeit vor, daß dieser Verlust nicht erst auf der letzten Station der Irrfahrten, sondern schon früher eintritt, so daß Odysseus einen guten Teil der Abenteuer alleine zu bestehen hat (vgl. zu λ 1–640; τ 269–99). Für den Hörer bleibt damit auch nach der Angabe zum Verlust der Gefährten die Möglichkeit offen, daß die Handlung an einem Punkt einsetzt, an dem Odysseus selbst noch aktiv auf Wanderschaft ist. Die genauere chronologische Abgrenzung erfolgt schrittweise, bis mit 16–7 endgültig das Jahr der Heimkehr als Ausgangspunkt der Erzählung festgelegt ist. Mit ἀμόϑεν ist also thematisiert, daß die Odyssee wie jede epische Erzählung an einem vom Erzähler beliebig festgelegten Punkt in das von der Tradition vorgegebene Handlungskontinuum einsteigt, daß hier aber die Beziehung zwischen Einsatzpunkt und Handlungshintergrund eigentlich offenbleibt. Diese Beziehung bleibt als Frage im Raum stehen, sodaß der Hörer erwarten kann, die Voraussetzungen für die Situation zum Zeitpunkt des Einsetzens der Handlung nachgeliefert zu bekommen.

α 11–2   Wenn die Erzählung mit der Angabe beginnt, daß alle übrigen Troiakämpfer nach Hause zurückgekehrt seien, so dient das formal der zeitlichen Bestimmung des Einsatzpunktes, auch wenn diese Information für den Hörer vage bleiben muß: Die Tradition hatte die Zeitdauer für die Rückkehr der einzelnen Helden (außer für Odysseus selbst) kaum festgelegt. In unserer Odyssee tritt als einziger weiterer ‚Wanderer' Menelaos hervor, der im achten Jahr heimkehrt, so daß für den Einsatz der Odysseehandlung ein Spielraum von zwei Jahren verbliebe; doch dient die lange Abwesenheit des Menelaos in unserer Odyssee sichtlich der wichtigen Synchronisation zwischen Odysseus-Handlung und den übrigen νόστοι, ist also kaum traditionell. Wichtiger erscheint daher, daß mit dieser Angabe die Odysseushandlung ausdrücklich vor dem Hintergrund der übrigen νόστοι einsetzt. Dabei ist der Verweis auf die Troiaheimkehrer so knapp gehalten, daß er an die Kenntnis der Hörer appelliert; vorausgesetzt ist, daß der Hörer die Pauschalangaben mit Geschichten von konkreten Figuren auffüllen kann, daß er also weiß, welche prominenten Griechen vor Troia gefallen, welche auf der Heimfahrt umgekommen und welche heimgekehrt sind.

α 13–5   Die erste Angabe zur Situation des Odysseus beim Einsetzen der Handlung zeichnet ein scharfes Bild: Der Held, der sich nach Heimat und Frau sehnt, wird von einer Göttin festgehalten, so daß er den νόστος von sich aus nicht vollenden kann. Damit ist eine individuelle Handlungsvoraussetzung so formuliert, daß der Hörer sie nicht aus seinem Wissen um die Tradition ableiten muß, und dieses Bild von Odysseus stellt sich in Gegensatz zu anderen Möglichkeiten, den Charakter des Helden zu umreißen: Odysseus könnte auch seine Heimkehr willentlich aufschieben (vgl. zu τ 269–99) oder sich bei einer Frau ‚verliegen' (vgl. zu κ 460–8). Kalypsos knappe Vorstellung bei ihrer ersten Nennung ist für die Funktion der Aussage erschöpfend: Die Information reicht aus, um die Beziehung zwischen ihr und Odysseus fürs erste zu charakterisieren, der Text verweist den Hörer nicht auf ein Vorwissen um eine traditionelle Rolle Kalypsos.

α 13   Der Protagonist des Epos wird noch immer nicht namentlich bezeichnet, mit dem anaphorischen τὸν δ' οἶον aber beim Hörer als bekannt vorausgesetzt. Dasselbe gilt für die knappe Angabe, der Held entbehre „der Heimkehr und der Frau": Sehnsucht nach Heimkehr könnte zwar als typisches Motiv jeder Nosten-Epik gelten, wenn auch mit der Definition

des ‚letzten' Toja-Heimkehrers nur mehr Odysseus in Frage kommt. Die
Angabe zur Sehnsucht nach „der Frau" macht aber vor allem dann Sinn,
wenn es eine Geschichte gibt, in der die Wiedervereinigung des heimkehrenden Helden mit seiner Gattin im Zentrum steht. Mit „der Frau" ist also
unmißverständlich nicht nur die Figur Penelopes, sondern auch ihre Rolle
in der Geschichte bezeichnet; wenn ihr Name nicht genannt wird (er fällt
erstmals α 223), so bedeutet auch das einen Appell an den Hörer, das Wissen um die bekannte Konstellation in den Text einzubringen.

α 16–8   Die Zeitangabe für das Einsetzen der Handlung klingt beliebig,
fordert aber den Hörer auf, die Jahreszahl selbst zu ergänzen. Odysseus
kehrte also in allen kursierenden Versionen im zwanzigsten Jahr heim; mit
der Formulierung „das Jahr, in dem ihm die Götter die Heimkehr bestimmt
hatten" ist die Fixierung des Termins durch die Erzähltradition umschrieben. Dafür spricht auch das Verb ἐπεκλώσαντο, das die Tätigkeit der θεοί
an das Mythologem der schicksalspinnenden Moiren (vgl. η 197f.) annähert: Analoge Verweise auf μοῖρα oder αἶσα scheinen die Funktion zu haben, darauf hinzuweisen, daß an einem bestimmten Punkt der Handlung
kein Weg am traditionellen Handlungsablauf vorbeiführt (vgl. zu δ 472–80;
ν 339–43; Nagy 1979, 40). Die Angabe bildet damit einen weiteren Appell an
den Hörer, das nicht Ausgesprochene zu ergänzen und die Übereinstimmung dieser Odyssee-Version mit der Erzähltradition zu registrieren.

α 18–9   West (zu α 18–9) nennt zwei Möglichkeiten, die Parenthese aufzufassen: (a) die ἄεθλοι sind jene Abenteuer, die Odysseus bis zu seiner
Ankunft bei seinen φίλοι zu erleben hat, also der Weg von Kalypso bis Ithaka; oder, (b) gemeint sind die in ν – ω dargestellten ἄεθλοι, also die Ereignisse von der Ankunft auf Ithaka bis zum Freiermord (inklusive ‚Nachspiel'
in ω). Im Fall (a) wären die Verse 16–19 eine Präzisierung der Lage des
Odysseus zum Zeitpunkt des Einsetzens der Handlung: Trotz der garan-
tierten Heimkehr sind die Gefahren bis dahin noch nicht überwunden, es
droht vor allem noch der Seesturm vor Scheria (so West; Jones zu α 19–20);
damit hätten wir aber eine auktoriale Ankündigung von für den Hörer
nicht überschaubarer Handlung: Gerade das chronologische Verhältnis
zwischen Phaiakis und Kalypso-Aufenthalt war in der Tradition sichtlich
nicht geregelt (vgl. zu τ 269–99), die Phaiakis wird erst im ε erstmals angekündigt. Ich ziehe (b) vor, womit die Passage ein doppeltes Handlungsziel
ankündigt: Es geht für Odysseus zuerst um die Heimkehr nach Ithaka,
dann aber auch um die Überwindung der bekannten Gefahren, die dort auf
ihn warten. In diesem Fall wird auch die Formulierung καὶ μετὰ οἷσι φίλοισι
funktional: „auch auf Ithaka war er den Herausforderungen nicht entronnen, obwohl er dort ja [schon] unter seinen Lieben war". Bei der Auffassung (b) kündigt der Erzähler also ein t r a d i t i o n e l l e s Handlungsziel

an, welches sich dann nicht auf die in unserer Odyssee erfaßten ἄεϑλοι beschränken muß, sondern alle Abenteuer umfassen kann, die Odysseus nach
seiner Ankunft auf Ithaka zu bewältigen hat. Von solchen Abenteuern nach
dem Freiermord findet sich in unserer Odyssee zwar nur eine dünne Spur
in Form der von Teiresias befohlenen Wanderung ins Binnenland. Doch
weiß die außerhomerische Tradition von weiteren Erlebnissen des Odysseus nach seiner Rückkehr, und unsere Odyssee zeigt, daß sie diese Traditionen kennt und voraussetzt, um vor diesem Hintergrund eine eigenständige Version von der weiteren Karriere ihres Helden zu entwerfen (vgl. zu
υ 41–51; ψ 118–22; 247–87; ω 353–60; 413–20). Die Parenthese verweist damit
zunächst nur auf das traditionell offene Ende der Odyssee, wonach der
Held sich nach Freiermord und Vereinigung mit Penelope wieder auf Reisen begibt. Die damit ausgelöste Erwartung wird im Verlauf der Handlung
erst allmählich modifiziert, einerseits durch die Anordnungen des Teiresias
im λ und durch deren Bericht an Penelope im ψ, wodurch die ἄεϑλοι auf
eine einzige Reise beschränkt werden (vgl. zu ψ 247–87), andrerseits durch
die Ereignisse am Ende des ω, wo durch die Konfliktregelung mit den Angehörigen der Freier weitere Folgen des Freiermordes (Exilierung des
Odysseus) explizit ausgeschlossen werden. Der Text verweist also einerseits auf alle Abenteuer des Odysseus nach der Ankunft auf Ithaka und faßt
das offene Ende der Odyssee ins Auge, kündigt andrerseits auch das doppelte Handlungsziel u n s e r e r Odyssee an. Damit ist schon in dem auktorialen Vorspann deutlich signalisiert, daß diese Version der Odyssee, was
die großen Züge der Geschichte betrifft, ganz im Rahmen der Tradition
verbleiben wird. Der Hörer kann sich darauf verlassen, daß alle weiteren
Planungsvorgaben dem großen Handlungsziel der bekannten Geschichte
unterworfen sein müssen: Odysseus wird nach Ithaka zurückkehren, wird
sich mit Penelope vereinen und wird die Freier bezwingen.

α 20–1 Der Zorn des Poseidon wird mit auktorialem Vorgriff auf die
Zeitspanne bis zur Ankunft des Odysseus auf Ithaka begrenzt. Geht man
von der ‚natürlichen‘ Funktion des Motivs des Poseidon-Zorns aus, so ist
damit die von der Tradition festgelegte Dauer der göttlichen Verfolgung
zitiert: Für den Seefahrer Odysseus ist Poseidons Wirkungsbereich das
Meer; das Eintreffen in Ithaka stellt also den natürlichen Endpunkt für den
Zorn des Gottes dar.

α 22–6 Die Reise des Poseidon zu den Aithiopen hat eine handfeste
handlungstechnische Funktion; seine Abwesenheit ist erforderlich, damit
die übrigen Götter die Heimkehr des Odysseus beschließen und ins Werk
setzen können. Darüber hinaus fällt auf, daß die Situation große Ähnlichkeit zur Götterhandlung im A der Ilias aufweist. Dort sind alle Götter zu
den Aithiopen gereist, und ihre Abwesenheit unterstützt die Synchronisa-

tion der Handlungsstränge (A 418–27; vgl. Latacz 1981). Da es sich aber schon in der Ilias sichtlich um ein traditionelles Motiv handelt, um göttliche Abwesenheit zu begründen (vgl. Ψ 205–7), lassen sich aus der Übereinstimmung keine weiteren Schlüsse ziehen.

α 29–30 Die knappe, zitathafte Formulierung durch den Erzähler nimmt die ausführlichere Darstellung des Zeus vorweg, womit signalisiert ist, daß auch der Inhalt der ‚Orestie' beim Hörer als bekannt vorausgesetzt ist. Bevor also Zeus mit seiner eigenen Version der Geschichte, die einer spezifischen Aussageabsicht unterliegt, beginnt, appelliert der Erzähler an das Wissen des Hörers um die ‚neutrale' Variante der Geschichte. Damit erklärt sich wohl auch die vieldiskutierte Verwendung des Epithetons ἀμύμων für den ‚Schurken' Aigisthos (vgl. A. A. Parry 1973; Lowenstam 1993, 46–50): Der Appell des Erzählers richtet sich an eine Variante des Mythos, in der das Handeln des Aigisthos keiner moralischen Wertung unterliegt, in der er als Held mit typisch ‚heldischem' Epitheton erscheinen kann; es gibt keinen Grund, warum die Geschichte nicht auch mit einer solchen Optik erzählt werden konnte, etwa wenn der Familienkonflikt zwischen Atreus- und Thyestes-Sohn stärker in den Vordergrund gerückt war. Die für die Odyssee vorherrschende Optik einer ‚Orestie', in der die Vorgeschichte des Konflikts ausgeblendet und Aigisthos einseitig negativ dargestellt ist, ist damit noch stärker auf die Exemplum-Funktion zugeschnitten.

α 30 τηλεκλυτός ist ein seltenes, aber nicht untraditionelles Epitheton. In der Ilias ist das metrische Äquivalent δουρικλυτός bevorzugt (19x), τηλεκλυτός steht nur einmal (Τ 400) als Epitheton für die Pferde Achills, wo δουρικλυτός inhaltlich ausgeschlossen ist; als Basis für eine Analogiebildung mag dort die Formel τηλεκλητοί τ' ἐπίκουροι (4x) gedient haben, doch ist auch die Form τηλεκλειτός belegt (Ξ 321; vgl. Danek 1988, 148f.). In der Odyssee steht das singuläre τηλεκλυτός (neben 2x τηλεκλειτός) neben zwei Belegen für δουρικλυτός, bildet also als metrische Dublette einen Verstoß gegen Parrys *law of economy*, so daß die Frage nach Bedeutung und Kontext-Funktion des Epithetons auch im Rahmen der *oral theory* legitim ist. Die Wahl des Epithetons ist sicher nicht zufällig: Auf der Figurenebene wird mehrmals das κλέος hervorgehoben, das sich Orestes durch seine Tat erworben hat (α 298ff. ἢ οὐκ ἀίεις, οἷον κλέος ἔλλαβε δῖος ᾽Ορέστης/ πάντας ἐπ' ἀνθρώπους, ἐπεὶ ἔκτανε πατροφονῆα/ Αἴγισθον δολόμητιν, ὅς οἱ πατέρα κλυτὸν ἔκτα; vgl. γ 196–8). τηλεκλυτός hat hier zweifellos prägnanten Sinn, Orestes wird erst durch die Tötung des Aigisthos zum τηλεκλυτός. Im Unterschied zu den genannten Stellen erfolgt hier aber die Prädikation τηλεκλυτός nicht durch eine Figur der Handlung, sondern den Erzähler; es wird somit nicht nur Orests Ruhm bei seinen Zeitgenossen, sondern auch die Verbreitung des Ruhms zum Zeitpunkt des Erzählens ausgedrückt, wird also auf Dichtung über Orestes verwiesen, die dem Hörer dieser Odyssee bekannt ist. Damit bewegen wir uns auf einer Metaebene, auf der epische Erzählungen über andere Troiaheimkehrer als Konkurrenzwerke für die Odyssee evoziert werden. Ich ziehe diese Deutung der von Andersen (1992, 16 Anm. 23) vor, wonach mit dem Epitheton τηλεκλυτός auf den Namen Τηλέμαχος angespielt und damit die paradeigmatische Parallele zwischen den beiden Heimkehrersöhnen mit der ersten Erwähnung instituiert wäre.

α 32–95 Die Götterversammlung führt die schon im Vorspann vom Erzähler genannten Themen aus: den Verweis auf die ‚Orestie' (29–30); den Aufenthalt des Odysseus bei Kalypso (13–5); den Zorn Poseidons (20–1) sowie seine Abwesenheit (22–6); die Sympathie der übrigen Götter für Odysseus (19) und den Heimkehr-Beschluß (16–7). Maronitis (1980, 119–23) sieht darin ein Signal, daß die Handlung auch noch während der Götterversammlung in der Aufschubphase der Heimkehr verharrt, und zweifellos hat der Götterdialog vor allem die Funktion, die Ausgangssituation für die Odysseus-Handlung auf einer anderen Erzählebene entfaltend-präzisierend auszubreiten, wobei die auktoriale Sicht auf die menschlichen Aktionen beibehalten bleibt. Athene und Zeus handeln diese Themen jedoch unter einem bestimmten Aspekt ab: Hat Odysseus seine Lage selbst verschuldet, oder ist er der Willkür der Götter ausgeliefert (vgl. Olson 1995, 69)? Zeus nennt Aigisthos als Beispiel für selbstverschuldetes Unglück; Athene kontert, daß Odysseus von der Göttin Kalypso festgehalten werde, und unterstellt Zeus, daß er ihn ohne Grund verfolge; Zeus wehrt ab, indem er den Grund für die Verfolgung durch Poseidon nennt, signalisiert aber seine Bereitschaft, Odysseus die Heimkehr zu ermöglichen; Athene initiiert daraufhin die Heimkehr, die Odysseus der göttlichen Verfolgung entzieht, und eröffnet gleichzeitig das Thema der Bekämpfung der Freier, die sich als das eigentliche Analogon zu Aigisthos entpuppen werden.

α 32–43 Die programmatische Rede des Zeus wurde oft behandelt (vgl. Erbse 1986, 237–41). Evident ist die Beziehung von σφῇσιν ἀτασθαλίῃσιν (34, Aigisthos) auf σφετέρῃσιν ἀτασθαλίῃσιν (7, die Gefährten des Odysseus); für unsere Odyssee wichtiger ist die Parallele zwischen dem Frevel des Aigisthos und dem Frevel der Freier. Dies ist ein interessanter Punkt, weil, wie öfters hervorgehoben wurde, die Kennzeichnung ihres Verhaltens als Frevel und damit die moralische Rechtfertigung des Freiermordes keineswegs die einzige Möglichkeit darstellt, die Geschichte zu erzählen. Darauf deuten einige sichtlich traditionelle Handlungsmotive hin, die in unserer Odyssee auftauchen: die Geschichte von Penelopes Webliste (vgl. zu β 93–110), das Motiv von Penelopes Hochzeitstermin (vgl. zu ξ 161–4), das Motiv der Waffenbergung (vgl. zu π 281–98), etc.; all das ermöglicht einen Durchblick auf Versionen der Erzählung, in denen die Freier mit gutem Recht um

Penelopes Hand anhielten und wo die moralische Fragwürdigkeit der Verweigerung der Hochzeit und der hinterlistigen Ermordung der Freier nicht thematisiert war. Ob die Zuschreibung von moralischer Schuld an die Freier nun als Neuerung des Odysseedichters zu betrachten ist, wie viele meinen, oder ob der Dichter nur eine in der Tradition schon bekannte Variante gegen die andere Möglichkeit, die Geschichte zu erzählen, abgrenzen wollte, läßt sich kaum entscheiden. Auch ob das Programm des Zeus eine ‚neue Theologie' repräsentiert, die in betontem Gegensatz zur ‚kommunen Auffassung' steht, wonach die Götter bzw. die Μοῖρα das Schicksal der Menschen bestimmen, ist nicht überprüfbar. Die höchst komplexe Theologie der Ilias stellt jedenfalls sicherlich nicht das althergebrachte, simplere, naivere Modell dar, von dem sich die Odyssee abheben will; im Gegenteil, der Glaube daran, daß moralische Schuld der Menschen (von den Göttern) bestraft werde, blitzt gelegentlich auch in der Ilias durch, und zwar als eine urtümlichere Auffassung (vgl. Janko zu Π 384–93). Auch für die programmatische Rede des Zeus muß also gelten, daß, obwohl das darin entwickelte moralische Modell sichtlich als Gegenkonzept zu anderen kursierenden Vorstellungen präsentiert ist, daraus noch kein Schluß auf ihre mögliche Originalität gezogen werden darf. Für uns relevant ist, daß damit auf zwei Ebenen die Handlung der Odyssee frühzeitig gegen andere Möglichkeiten, die Geschichte zu erzählen, abgegrenzt wird: Bezüglich des Handlungsverlaufs ist zu erwarten, daß die Freier sich so verhalten, daß ihre Frevelhaftigkeit offenkundig wird; bezüglich der Deutung des Geschehens darf man damit rechnen, daß das Prinzip der Theodizee sein Gewicht behält.

Was die von Zeus erzählte Geschichte betrifft, hat man meist empfunden, daß die Warnung des Aigisthos durch Hermes eine spezifische ‚Erfindung' unserer Odyssee sei, um die Parallele zwischen ihm, den Gefährten des Odysseus und den Freiern zu schaffen: Aigisths ἀτασθαλία besteht nicht nur in seiner Tat, sondern auch darin, daß er sie wider besseres Wissen begeht. Dem entspricht, daß nur jener Teil der Erzählung, der die Warnung des Hermes enthält, breiter ausgeführt ist, während die Grunddaten des Mythos in knappster Form referiert sind: Aigisthos tötet Agamemnon und heiratet Klytaimestra; daß Orestes die Rache gelingt, ist nicht erwähnt. Dieses Verhältnis zwischen knapp, oft scheinbar *zu* knapp referierten Teilen des Mythos, die als bekannt vorausgesetzt sind, und erschöpfender Präsentation jener Teile, die der individuellen Aussage im Odyssee-Kontext dienen, wird sich öfters als gutes Kriterium in der Frage erweisen, ob die referierte Version eines Mythos traditionell ist oder nicht.

α 48–59 Die ersten Detailinformationen über Odysseus zum Zeitpunkt des Einsetzens der Handlung entfalten präzisierend die knappe Angabe des Erzählers von 13–5, fügen ihr aber substantiell nichts hinzu: Trotz der

Versuchung durch eine Göttin sehnt er sich nach der Rückkehr in seine Heimat, sei es auch nur bis zum Anblick des aufsteigenden Rauches, und will lieber sterben als weiter von seiner Heimat fernbleiben. Auch diese Angaben heben den Odysseus unserer Odyssee von anderen möglichen Darstellungen seines Charakters ab: Das Motiv der Abenteuerlust bleibt zumindest für das Ende seiner Irrfahrten völlig ausgeklammert.

α 52 Matthews (1978) vermutet, daß Atlas in der epischen Tradition als Teilnehmer an der Titanomachie verankert war und somit das Attribut ὀλοόφρων, das viel diskutiert wurde (vgl. West zu 52–4), zumal aus Göttermund, zu Recht ‚verdient'. Das Epitheton hat jedenfalls auch weitere Funktionen: Mit der dadurch erzielten negativen Färbung und der Angabe ὅς τε θαλάσσης / πάσης βένθεα οἶδεν wird Atlas, und mit ihm seine Tochter Kalypso, als personifizierte Macht des Meeres stilisiert, in deren Gewalt sich Odysseus befindet; die folgenden Angaben zu Kalypso zeichnen diese als personifizierte Versuchung für den Seefahrer. Die detaillierten Angaben zu Kalypsos Genealogie sollen zusätzlich wohl die nicht in der Tradition verankerte Figur mit der bekannten Mythologie verklammern und ihr damit für den Hörer erste Konturen verleihen: vgl. zu α 68–9.

α 60–1 Mit dem Hinweis auf die Opferfreudigkeit des Odysseus suggeriert Athene, daß Odysseus von den Göttern verfolgt werde, obwohl er dies nicht ‚verdiene'. Warum erfolgt aber der Verweis auf die Opfertätigkeit des Odysseus vor Troia, nicht etwa auf Ithaka vor dem Krieg, oder auf der Heimfahrt? Das Opfern an die Götter soll hier primär die Berechtigung von Götterzorn ausschließen, aber es liegt in diesem Kontext doch nahe, das Bild des Helden, der sich gegenüber den Göttern korrekt verhält, auszudehnen auf das Bild eines insgesamt untadeligen Helden. Von Odysseus gab es aber etliche Geschichten, die ihn auch vor Troia als zwielichtigen Charakter zeichneten: die Ermordung des Palamedes, den Sieg über Aias im Streit um die Waffen Achills, den Raub des Palladions, etc. Auch wenn nicht alles davon in Ilias und Odyssee Spuren hinterlassen hat, ist anzunehmen, daß das meiste schon in der vorhomerischen Tradition ausgebildet war; was die Ilias betrifft, so ist es *communis opinio*, daß der Dichter ein gegenüber der Tradition betont gereinigtes Odysseusbild entworfen hat (eine Ausnahme bildet die Dolonie mit dem bewußten Wortbruch an Dolon und der kaltblütigen Ermordung der schlafenden Thraker). Wenn nun im α ein ‚korrektes' Verhalten des Odysseus vor Troia suggeriert wird, drängt sich die Frage auf, ob damit das Odysseusbild der Ilias zitiert sein soll oder ob es innerhalb der Tradition eine größere Strömung gab, die Odysseus sehr positiv darstellte. Für die Absicht unserer Stelle ist jedenfalls unverkennbar, daß die Gestaltung eines positiven Odysseusbildes nicht auf seine Heimkehr beschränkt ist, sondern seine gesamte Biographie erfaßt; das bestätigt sich, wenn Odysseus auch für die Zeit vor dem Trojanischen Krieg als idealer Herrscher in Ithaka beschrieben wird (vgl. zu β 71–4; 230–4).

α 62 Die Etymologie des Namens Odysseus, die sein Großvater Autolykos bei seiner Geburt vorträgt (τ 406–9), ist immer wieder Gegenstand der Diskussion (vgl. etwa Peradotto 1990, 120–142). Eine der vorgebrachten Erklärungen lautet, daß Autolykos die übliche Erklärung des Namens geradezu ins Gegenteil verkehre: Aus Odysseus, dem Zürner, werde Odysseus, der vom Zorn Verfolgte. Diese Erklärung paßt zu mehreren Stellen, wo Odysseus das Objekt des Zorns ist, und es drängt sich der Verdacht auf, daß schon hier, an einer frühen Stelle im Werk, diese Deutung des Namens ein erstes Mal in verschlüsselter Form präsentiert ist. Dies gibt allerdings nur dann Sinn, wenn die etymologische Ableitung des Namens Odysseus vom Verbum ὀδύσσομαι beim Hörer als bekannt vorausgesetzt werden konnte — sei es in der aktiven oder der passiven Variante; in jedem Fall wird hier von Anfang an die passive Variante festgelegt: Odysseus ist derjenige, dem man zürnt, genauer gesagt, dem ein Gott zürnt.

α 65–7 Zu vergleichen ist eine Passage der Dolonie:

> πῶς ἂν ἔπειτ' Ὀδυσῆος ἐγὼ θείοιο λαθοίμην,
> οὗ πέρι μὲν πρόφρων κραδίη καὶ θυμὸς ἀγήνωρ
> ἐν πάντεσσι πόνοισι, φιλεῖ δέ ἑ Παλλὰς Ἀθήνη;   (K 243–245)

Auf die Versuche, direkte Abhängigkeit der beiden Stellen voneinander und die Richtung der Übernahme nachzuweisen, bin ich in meinem Dolonie-Buch (Danek 1988, 116–8) eingegangen; ich habe dort Rüter zitiert (1969, 88f.: „α 65 wie K 243 gehen vielleicht auf einen Vers zurück, der im Zusammenhang anderer Odysseegeschichten in uns verlorenen Troia-Epen geprägt sein könnte") und spekuliert, in welchen Situationen der Vers noch passend sein könnte, etwa als Aussage Penelopes zur Begründung für ihren Widerstand gegen eine neue Ehe. Die Ähnlichkeit der beiden Stellen geht nun allerdings über den einen identischen Vers hinaus; auch die jeweilige Begründung für das Erinnern an Odysseus ist inhaltlich und formal auffallend ähnlich. Die Vorzüge des Odysseus werden jeweils einerseits durch seine persönliche Wesensart, andererseits durch sein Verhältnis zu den Göttern bestimmt, wobei die individuelle Formulierung jeweils unmittelbar auf den Kontext abgestimmt ist: Für die Dolonie wird ein tatkräftiger Odysseus benötigt, dessen bewährtes Verhältnis zu seiner Schutzgottheit Erfolg für das Unternehmen verspricht; für die Odysseestelle werden Eigenschaften hervorgehoben, die seine Unterstützung durch Zeus rechtfertigen. Ich glaube daher, daß sich auch aus dem engeren Kontext des Iteratverses keine Schlußfolgerungen über die Priorität ableiten lassen, und meine nach wie vor, daß die rhetorische Frage α 65 = K 243 in ihrer markanten Formulierung im Laufe der Tradition so etwas wie ein geflügeltes

Wort geworden sein konnte, das in jeder neuen Version der Geschichte wieder aufgegriffen wurde. Was die Begründungsverse betrifft, kann der Vergleich der Stellen auch die Odysseestelle besser beleuchten. Geht man von einem traditionellen Odysseebild aus, so entspricht dem in der Dolonie die zweite Begründung (Unterstützung durch Athene), während die erste Begründung (Tatkraft, nicht etwa List oder Klugheit) für Odysseus nicht so charakteristisch erscheint und eher durch den Kontext der Dolonie begründet ist. Umgekehrt zielt in der Odyssee der Verweis auf den νόος eher auf das übliche Bild des Odysseus ab (er ist der ‚geistige' Held *par excellence*, im Gegensatz zu den konventionellen Helden der Tat), während seine Opferbereitschaft zwar eine traditionelle Heldentugend darstellt (Zeus begründet so seine Vorliebe für Priamos, Δ 44–49, bzw. für Hektor, Χ 168–172 und Ω 66–70; aus menschlicher Sicht ist das auch in der Odyssee formuliert, τ 365–8), aber kaum Odysseus vor anderen Helden hervorhebt. Hier scheinen ‚alte' und ‚neue' Wesenszüge des Odysseus nebeneinandergestellt, um den Odysseus dieser Odyssee schärfer zu bestimmen: Er hat jene ‚alten' Vorzüge behalten, um derentwillen man von ihm Geschichten erzählte, ist aber auch ein neuer Odysseus geworden, der sich von den Frevlern (den Gefährten, Aigisthos, und vor allem den Freiern) deutlich abhebt.

α 68–9 Die Angabe, Poseidon zürne Odysseus, weil er den Kyklopen Polyphem seines Auges beraubt habe, fordert zum Vergleich mit den Angaben zu Kalypso (α 51–9) heraus. Dort ist die Situation des Odysseus in aller Kürze so erschöpfend charakterisiert, daß der Hörer zum Verständnis kein Vorwissen benötigt. Hier hingegen ist nicht nur das (aus dem Begriff allein nicht ableitbare) Wissen vorausgesetzt, daß ein Kyklop nur ein Auge hat; dem Hörer muß die gesamte Geschichte von Odysseus und Polyphem bekannt sein, soll er die Angaben nicht als rätselhaft empfinden. Das Wissen um den Hintergrund der Episode ist vor allem notwendig, damit nicht das Mißverständnis aufkommt, Odysseus falle aufgrund von Polyphems Blendung in die Kategorie der ἀτάσθαλοι, habe also Schuld auf sich geladen, die mehr als nur den (persönlichen) Zorn des Poseidon verdiene. Die Kyklopen-Episode erweist sich schon damit als ein Teil der Odyssee, der fest in der Tradition verankert gewesen sein muß (vgl. zu β 17–23; ζ 4–12).

α 70–3 Die Angaben zu Polyphems Abstammung von Thoosa (und Poseidon) haben viel mit den analogen Angaben zu Kalypso gemeinsam: Polyphems Großvater Phorkys ist ein Meeresgott, während Kalypsos Vater Atlas „alle Tiefen des Meeres kennt" (so wie auch Proteus: vgl. α 52f. mit δ 385f.); seine Mutter ist eine νύμφη … ἐν σπέσσι γλαφυροῖσι wie Kalypso (14–5); die Folge der Begegnung mit Polyphem ist für Odysseus das Herumgetriebenwerden (75 πλάζει), also das Fernbleiben von der Heimat, wie bei Kalypso. Die beiden Hindernisse auf dem Weg in die Heimat sollen als analog erscheinen, womit die Bedeutung des Poseidon-Zorns auf die Personifizierung der typischen Hindernisse des typischen Seefahrers reduziert wird; verstärkt wird damit die Ankündigung der Tatsache, daß der Zorn des Poseidon nur bis zur Landung des Odysseus auf Ithaka wirken wird (α 21). Die Genealogie des Polyphem mit ihren detaillierten Angaben liefert schließlich offenbar Informationen, die mit der Gestalt des Polyphem nicht traditionell verbunden sind. So verweist West (zu α 71–3) auf die aristotelische Frage, wie Polyphem Kyklop sein könne, wenn weder Vater noch Mutter Kyklop sind. Ebenso könnte man fragen, warum Polyphem, obwohl sein Vater ein Gott und seine Mutter eine Nymphe ist, als sterblich gedacht ist (ι 299–305; 523–5). Es ist daher denkbar, daß die Vaterschaft des Poseidon in der Tradition der Polyphem-Geschichte nicht verankert war (vgl. Hölscher 1988, 316: „erst der Odysseedichter hat Poseidon zum Vater des Zyklopen gemacht"; vgl. zu ι 518–21) und mit der ausführlichen Angabe dem Hörer als ‚Neuheit' präsentiert wird.

α 74–9 Zeus läßt offen, warum sich Poseidon damit begnügt, Odysseus von der Heimat fernzuhalten, ihn aber nicht tötet, und warum er selbst die Zustimmung aller Götter zur Heimkehr des Odysseus als selbstverständlich voraussetzt. Dies ist nur vor dem Hintergrund des Wissens um die traditionelle Odyssee-Handlung verständlich: Die Tradition schreibt vor, daß Odysseus auf seinen Irrfahrten nicht umkommen darf; das Verhalten des Poseidon ordnet sich dieser Vorgabe unter, so wie er Odysseus nur bis Ithaka verfolgen darf (vgl. zu α 20–1). Ebenso legt die Tradition fest, daß Odysseus nach Ithaka zurückkehren muß; die Götter sind also nur ausführendes Organ der μοῖρα (vgl. zu α 16–8).

α 82–95 Das in der Athene-Rede entwickelte Programm der Odyssee umfaßt die beiden bereits vom Erzähler angedeuteten Handlungsziele (vgl. zu α 18–9): (a) Heimkehr nach Ithaka, und (b) Wiederherstellung des οἶκος durch Maßnahmen gegen die Freier. Dabei wird zunächst nur Ziel (a) als feststehend formuliert (82–83), diese Vorgabe dann aber durch die Aufteilung der Aufgaben auf Hermes und Athene in zwei Punkte gespalten. Der erste Punkt deckt sich exakt mit der Initiierung des ersten, schon beschlossenen, also unproblematischen Handlungsstrangs, der zweite Punkt betrifft, logisch nicht direkt daraus abgeleitet, die Vorbereitung für den zweiten Strang. Damit wird erzähltechnisch das Nacheinander der zwei Stränge aus der Warte der Hauptperson (Odysseus muß erst nach Ithaka heimkehren, bevor er mit der Auseinandersetzung mit den Freiern beginnen kann) zum Nebeneinander zweier paralleler Handlungsstränge; die Beschäftigung mit den Vorgängen auf Ithaka beginnt gleichzeitig mit der Planung der Rückkehr des Odysseus. Damit ist vorbereitet, daß mit dem Erfolg von (a) die beiden Handlungsstränge miteinander verschmelzen müssen.

α 88 Telemachos wird zum ersten Mal erwähnt, jedoch nicht beim Namen genannt. Die Beiläufigkeit der Erwähnung läßt darauf schließen, daß er selbst, ebenso wie die gesamte mit seiner Figur verbundene Handlungskonstellation als bekannt vorausgesetzt ist; der Stelle ist auch zu entnehmen, daß Odysseus traditionell nur den einen Sohn hat (vgl. zu α 1–2; 13; 91–2; 113). Beide Aspekte werden durch die Ilias bestätigt, wo sich Odysseus zweimal als „Vater des Telemachos" bezeichnet (B 260, Δ 354).

α 91–2 Auch die Freier sind hier erstmals erwähnt, als Charakterisierung steht nur die Angabe, daß sie Telemachs Vieh schlachten und daß man ihnen „aufsagen" müsse. Damit ist vorausgesetzt, daß der Hörer die Hintergründe bereits kennt, vor allem weiß, daß es sich um die Freier Penelopes handelt und Penelope sich ihrer Werbung widersetzt; die knappe Nennung der Freier soll an die Grundzüge jener Rolle erinnern, die sie in allen Versionen der Geschichte haben mußten. Sie sind also nicht in die Geschichte eingeführt „as if everyone knew what part they played in the story" (Jones zu α 91, wobei das *as if* dem *non secus ac notas* bei Horaz entspricht); die Kenntnis ihrer Rolle beim Hörer ist vorausgesetzt (vgl. zu α 106; 224–9).

α 93 Zenodot las Κρήτην statt Σπάρτην; einige Codices schreiben zwar Σπάρτην, fügen jedoch die Plusverse 93ab hinzu, κεῖθεν δ' ἐς Κρήτην τε παρ' Ἰδομενῆα ἄνακτα,/ ὃς γὰρ δεύτατος ἦλθεν Ἀχαιῶν χαλκοχιτώνων, was Zenodot auch anstelle von α 285–6 (statt κεῖθεν δὲ Σπάρτηνδε παρὰ ξανθὸν Μενέλαον ...) las. Daß Telemachos statt nach Sparta nach Kreta fahren solle, hat im Text keinen Anhaltspunkt; es liegt daher nahe, daß Zenodot die Variante nicht erfunden, sondern ihm vorliegende Spuren im Text wiedergegeben hat. So spricht West (Introd. 43) von einem „authentic relic of an earlier design for the Telemachy". Zuletzt erwägt Reece (1994), Homer habe die Möglichkeit einer Reise Telemachs nach Sparta u n d Kreta erwogen (d.h. als Plan und Auftrag Athenes formuliert), im Verlauf der Handlung aber sein Konzept geändert und den Reiseplan auf Sparta reduziert; als Möglichkeit erwägt er die Existenz von Alternativversionen für ein kretisches Publikum; in beiden Fällen hätten sich Spuren davon in Handschriften erhalten, die Zenodot weiterüberliefert hätte; für den breiten Strom der Überlieferung wären die mit der Handlung unserer Odyssee im Widerspruch stehenden Hinweise auf Kreta ausgemerzt worden.

Diese These erfordert, konsequent weitergedacht, folgenden radikalen Eingriff in den überlieferten Text: Athenes Plan sieht zunächst vor, Telemachos nach Pylos und Kreta, nicht aber nach Sparta zu schicken; so trägt sie es ihm auf (α 284–6), so kündigt er selbst es den Freiern (β 214) und Eurykleia (β 359) an; der Plan wird dann von Nestor (dem Telemachos nichts von seinen weiteren Plänen gesagt hat) durch den Ratschlag korrigiert, Telemachos solle nicht zu lange von zu Hause wegbleiben und (nur) nach

Sparta fahren (γ 313–328); Telemachos akzeptiert das und verzichtet damit auf die Reise nach Kreta, zumal Athene-Mentor dem (neuen) Ziel Sparta zustimmt (γ 331); in der weiteren Folge ist von Kreta keine Rede mehr (fraglich bleibt nur δ 702; die Scholien vermerken, wie schon zu β 359, ausdrücklich οὐδὲ ἐνταῦθα ἡ Κρήτη, οὐδὲ Ἰδομενεὺς ὀνομάζεται; im Umfeld der Stelle ist sonst mehrmals nur von Pylos, nicht von Sparta die Rede); die nicht in die Änderung des Planes eingeweihten Figuren sprechen nur von Pylos, nicht von Sparta (ξ 180, π 24, 142, ρ 42, ω 152).

Verfolgt man dîe These weiter, so wird man zugeben, daß das fast spurlose Verschwinden der kretischen Variante aus unserem Text gut verständlich wäre, weil die Ankündigung eines Handlungsverlaufs, der dem tatsächlichen Ablauf widerspricht, in der Überlieferung sicher beseitigt worden wäre. Doch bleibt die Rekonstruktion unglaubwürdig, solange man für die Abänderung des Handlungsplans keine Funktion vorschlagen kann; unplausibel ist die These, Homer hätte im Verlauf des Erzählens seine Absicht geändert, und Nestors Bemerkung, Telemachos solle nicht zu lange von zu Hause wegbleiben, stellte eine Aufforderung des Erzählers an sich selbst dar, den Umfang der Telemachie zu beschränken (Reece 1994, 167); der Text hätte also ‚ursprünglich' noch seine eigenen Korrekturen enthalten und wäre erst im Laufe der Überlieferung ‚gereinigt' worden.

Etwas anderes wäre es, wenn die Ankündigung eines Handlungsverlaufs, der später modifiziert wird, die Funktion hatte, auf eine alternative Möglichkeit, die Geschichte zu erzählen, zu verweisen. In diesem Fall kannte das homerische Publikum Versionen, in denen Telemachos tatsächlich nach Kreta fuhr, jedoch nicht mit einem so mageren Ergebnis, wie er es in unserer Odyssee in Sparta erzielt (so Jones zu α 93), sondern mit einer konkreten Ausbeute. Hier münden wir wieder in die Überlegungen von Reece ein, der (nach Vorläufern) vorschlägt, daß in anderen Versionen Telemachos auf Kreta Odysseus getroffen und ihn — getarnt — heimgebracht habe. Nach dieser Auffassung findet sich in unserer Odyssee eine Erinnerung an solche Versionen in der Figur des Theoklymenos: In früheren Versionen sei der Seher, der in unserer Odyssee so spurlos aus der Handlung ausscheidet, kein anderer als Odysseus selbst gewesen, der unter der Maske des Sehers im eigenen Haus die eigene Rückkehr prophezeit habe.

Überprüfen wir die Hypothese noch einmal! In unserer rekonstruierten Fassung wird im α mit der Nennung Kretas die Erwartung aufgebaut, daß Telemachs Reise zu einer Begegnung mit Odysseus auf Kreta führen wird. Dies ist an diesem Punkt plausibel, da der Hörer noch nicht weiß, auf welchem Weg Odysseus von Ogygia nach Ithaka gelangen wird; die Phaiaken werden erst in der zweiten Götterversammlung im ε von Zeus erwähnt, der als Reaktion auf Athenes Bericht über die Ereignisse von α – δ den Weg des Odysseus festlegt. Damit gibt es für den Hörer neben der

‚offiziellen' Begründung für Telemachs Reise durch Athene (Erkundigung nach dem Vater; Erwerb von κλέος) auch die unausgesprochene Ankündigung eines handfesten Erfolgs. Der Handlungsplan wird im γ abgeändert, sobald begründet worden ist, warum für Telemachos der Weg nach Sparta lohnender ist als der Weg nach Kreta: Über Idomeneus gibt es nichts Besonderes zu berichten (γ 191f.), während Menelaos als letzter der Griechen heimgekehrt ist (was nicht in der Tradition fixiert sein mußte) und mehr über das für Telemachos zentrale Paradeigma der ‚Orestie' erzählen kann.

Das Kreta-Motiv ist damit aus der Handlung ausgeblendet und taucht erst wieder in den fiktiven Biographien des Odysseus auf, wobei für Hörer, die mit kretischen Versionen vertraut waren, ein besonderer Reiz darin bestand, daß jene Elemente, die sonst wichtige Bestandteile der Irrfahrten bildeten, in dieser Odyssee explizit als fiktiv markiert werden, noch dazu da die hier als wahr bezeichneten Abenteuer ausschließlich in einem Bereich außerhalb der menschlichen Erfahrung stattfinden. Das Motiv des Heimkehrers, der in der Fremde unerkannt auf seinen Sohn stößt, taucht in der Brechung der Gestalt des Theoklymenos wieder auf, und zwar mit deutlichen Signalen, daß diese Figur auf etwas anderes verweist: Telemachos nimmt den Seher genau an jenem Ort auf sein Schiff auf, wo er auf seiner Hinreise von der ‚kretischen Version' abgezweigt ist; dies könnte als Signal dafür gefaßt werden, daß er jetzt, auf seiner Rückfahrt, wieder in diese Version einbiegt und daß Theoklymenos die Rolle des Odysseus anderer Versionen einnimmt. Auch daß Theoklymenos auf seiner Flucht zuerst quer durch die Peloponnes wandert, bevor er endlich in Pylos ein Schiff besteigt, suggeriert, daß seine Gestalt disloziert und verfremdet ist (vgl. zu ο 272–6). Odysseus und Telemachos treffen auch in unserer Version noch vor der Ankunft im Palast zusammen, wobei Telemachos ohne klaren Grund von Athene zu Eumaios ‚umgeleitet' wird (vgl. zu ο 36–42). Das ‚Double' Theoklymenos erfüllt in Ithaka jene Funktionen, die der Bettler Odysseus nicht wahrnehmen kann (Odysseus als ‚Seher': ξ 149–64; τ 300–7; τ 544–58), scheidet aber noch vor dem Freiermord aus der Handlung aus.

Der Ansatz zu dieser phantastisch anmutenden ‚Rekonstruktion' findet sich auch bei Griffin (1987, 27f.): „… it is tempting to think that there was at some time a version of the Odyssey in which both father and son did go to Crete." Im Unterschied zu Rekonstruktionsversuchen der alten Analytiker erhält bei dieser Art von Erklärung der Text unserer Odyssee eine zusätzliche Bedeutungsebene: Jene Elemente, die in der üblichen Deutung als Ergebnis mechanischer Vorgangsweise erklärt werden, erscheinen als Zitat einer alternativen Möglichkeit, die Geschichte zu erzählen.

α 94–5 Wenn die These stimmt, daß unser Text eine Version zitiert, in der Telemachos auf Kreta Odysseus ‚findet', so erhält auch das doppelte

Handlungsziel, das Athene für Telemachos definiert, eine andere Beleuchtung: Der mit der ‚kretischen Version' vertraute Hörer muß damit rechnen, daß das erste Handlungsziel, die „Erkundung nach des Vaters νόστος", eine konkrete Einlösung erfährt, und wird den Erwerb von κλέος in genau dieser traditionellen Funktion der Telemachos-Rolle sehen. Der Handlungsverlauf unserer Odyssee wird diesen Hörer überraschen: Telemachos wird auf seiner Reise Odysseus nicht finden; sein κλέος wird vielmehr darin bestehen, daß er, wie schon am Anfang von Athenes Mission signalisiert wird, sein μένος im Kampf gegen die Freier beweist (vgl. Patzer 1991).

α 96–102 Die Rüstungsszene der Athene besteht aus Versen, die anderswo teils für Hermes (das Anlegen der Wunder-Sandalen, α 97–8 = Ω 341–2, ε 45–6), teils für Athene selbst (die Wirkung des Speeres, α 100–1 = E 746–7, Θ 390–1) verwendet sind; α 96 und 99 gehören zum typischen Ankleide- und Rüstungsschema. In den Scholien finden sich Hinweise darauf, daß die Verse im α angezweifelt wurden: die Wunder-Sandalen seien für Hermes, nicht für Athene passend; der Speer sei aus der Ilias übertragen (d.h., er passe zum Auszug auf das Schlachtfeld, nicht zur friedlichen Mission in der Odyssee). Diese Auffassung leuchtet noch bei West (zu α 96–101) durch, die aber doch auf die „techniques of oral composers, who habitually elaborate their work with passages originally devised for other contexts" verweist und als Möglichkeit nennt, daß die wörtlichen Zitate aus der Ilias bewußt gesetzt seien; auf die Beziehung zwischen den Szenen im α und im ε weist sie nicht gesondert hin.

Die mit den beiden Szenen verbundenen Probleme betreffen die Frage nach der Stellung der Telemachie in der Odyssee und nach der Funktion der doppelten Götterversammlung im α und im ε, hängen auch zusammen mit dem Problem der epischen Technik der Behandlung von Gleichzeitigkeit und parallelen Handlungssträngen. Für die Odyssee nichts gewonnen ist mit dem Nachweis der Abhängigkeit einzelner Verse von der Ilias (Usener 1990, 165–182), da die Argumente, warum eine Formulierung oder ein bestimmtes Motiv an der einen Stelle besser passe als an der anderen, oft umkehrbar sind (Roth 1989, 144 Anm. 5). Für das Verständnis der Rüstungsszenen in Ω, α und ε scheinen mir zunächst zwei Punkte wichtig:

In ε 29 leitet Zeus seinen Auftrag an Hermes, zu Kalypso zu gehen, mit der Begründung ein, Ἑρμεία, σὺ γὰρ αὖτε τά τ' ἄλλα περ ἄγγελός ἐσσι. Es wurde oft behauptet, daß Hermes in der Ilias sonst nicht als Bote agiere, so daß der Odysseedichter sich an Ω 333ff. orientiert haben müsse. Dort fungiert Hermes zwar auch nicht als Bote, doch meinte man, daß mit dem vagen τά τ' ἄλλα περ der Dichter geradezu seine Verlegenheit gegenüber der wenig passenden Bezugstelle ausdrücke, oder daß er sogar die Aufforderung des Zeus an Hermes βάσκ' ἴθι, die sonst immer im Kontext von Botenaufträgen gebraucht ist, auch in Ω 336 als Einleitung zu einem solchen mißverstanden habe (Usener 167f.). Ich halte es für sinnvoller, die beiden Stellen im Ω und im ε zur gegenseitigen Erhellung zu benützen.

Auch im Ω leitet Zeus seine Rede mit einer Begründung dafür ein, warum er gerade Hermes auf seine Mission schickt:

Ἑρμεία, σοὶ γάρ τε μάλιστά γε φίλτατόν ἐστιν
ἀνδρὶ ἑταιρίσσαι, καί τ' ἔκλυες ᾧ κ' ἐθέλησθα.   (Ω 334f.)

Diese Begründung wird gewöhnlich als Verweis auf eine traditionelle Rolle des Hermes aufgefaßt; doch scheint die Begleitung des Priamos in das Feindeslager nicht gerade zu den ‚religiösen Pflichten' des Hermes zu zählen, auch wenn er dabei die Wächter des Griechenlagers in Schlaf versetzt und die schweren Tore öffnet (Ω 444–57). Hingegen wurde öfter darauf hingewiesen, daß die Expedition des Priamos etwas von einer Reise in die Unterwelt oder in den Bereich des Todes an sich hat, und auch die Rolle des Hermes wurde damit in Zusammenhang gebracht (vgl. Crane 1988, 36–8; Stanley 1993, 237–40). Mir scheint nun, daß die Aufforderung des Zeus genau diese Doppelfunktion des Hermes umfaßt: Dem Wortsinn nach wird mit dem Begriff ἑταιρίσσαι nur die Tätigkeit des Gottes als physischer Begleiter in menschlicher Gestalt angekündigt; doch der Hörer, der weiß, welche Art von ἑταῖρος Hermes für die Menschen darstellt, kann ἑταιρίσσαι zugleich als Ankündigung der symbolischen Bedeutung des Weges des Priamos und der Geleitfunktion des Hermes deuten: Hermes wird Priamos in den Bereich des Todes und wieder zurück zu den Lebenden geleiten, wie er Orpheus oder Herakles geleitet hat, die beide ebenfalls etwas aus dem Totenreich entführen wollten (vgl. zu λ 626).

Eine ähnliche Funktion der Rechtfertigung des Auftrags an Hermes ist in ε 29 denkbar: Auch hier führt ihn sein Auftrag in einen Bereich, der immer wieder als Surrogat des Totenreiches verstanden wurde, mit Kalypso als personifizierter Entziehung des Helden aus dem Bereich des Lebens. Die Mission des Hermes bewirkt also auch hier das Hinaussteigen eines Menschen aus einem symbolischen Totenbereich, wenn er hier auch nicht selbst als Geleiter fungiert (vgl. Crane 1988, 16; 35). Auch hier könnte also der auffällig vage Verweis auf die ἄγγελος-Tätigkeit den Hörer daran erinnern, welche Funktionen Hermes sonst ausfüllt. Die Botentätigkeit des Gottes scheint im übrigen in der Ilias sehr wohl vorausgesetzt, nämlich in der Geschichte vom göttlichen Szepter des Agamemnon, B 102ff. (vgl. Wurzinger 1986, 10). Man könnte davon ausgehend sogar überlegen, ob die Aufforderung des Zeus an Hermes βάσκ' ἴθι nicht als Zitat einer Botenaussendung, wie sie gerade für Hermes typisch wäre, gemeint ist.

Ein zweites ist der oft wiederholte Hinweis, daß der in Ω 343f. = ε 47f. beschriebene Wunder-Stab des Hermes im Ω Funktion für die Handlung

erhält, wenn Hermes die Wachen einschläfert, während im ε nichts der-
gleichen erfolgt. Dies wird gerne als Argument für die Abhängigkeit des ε
vom Ω verwendet, läßt sich aber ebensogut ins Gegenteil verkehren: Die
Wunder-Sandalen des Hermes werden im Ω nur in seiner Rüstungsszene
beschrieben; im ε dagegen wird die Wirkung der Sandalen (τά μιν φέρον
ἠμὲν ἐφ’ ὑγρὴν / ἠδ’ ἐπ’ ἀπείρονα γαῖαν ἅμα πνοιῇς ἀνέμοιο) in der vielge-
priesenen Beschreibung des Fluges über die Meereswellen (ε 51–4) in Szene
gesetzt (ε 45f. wird deshalb von Kirchhoff 1879, 199 für die Vorbildstelle
von Ω 336f. gehalten).

Ähnliches gilt für die Rüstung der Athene. Auch hier meinte man, die
Verse, die sich auf ihren Speer beziehen, seien aus der Ilias übernommen,
weil dieser in der Odyssee keine oder nur eine derivierte Funktion habe
(Hölscher 1988, 81). Demgegenüber zeigt Patzer (1991, 33), daß der Speer,
den Telemachos in sein Haus aufnimmt (vgl. zu α 121), jenes μένος symbo-
lisiert, das Athene dem Telemachos einpflanzt und das gegen die Freier
wirksam wird. Wir haben es also mit einer ähnlichen Symbolik zu tun wie
bei der Entsendung des Hermes, und die Symbolik tritt jeweils schon beim
Ausgang der Gottheit, in der Rüstungsszene, hervor: Wenn Athene ihren
Speer nimmt, löst das die Erwartung auf wehrhaftes Agieren aus; wenn
Hermes sich mit seinen üblichen Attributen rüstet, ist der Hörer auf das
Motiv der Grenzüberschreitung und des Jenseitsbereichs gefaßt.

Damit ist aber noch nichts über die Funktion der wörtlichen Übereinstimmung gesagt. Hier ist mit Kategorien wie ‚mechanische Übernahme‘
(Usener) oder ‚Imitation‘ (Hölscher) wenig gewonnen. Die Beziehung zwischen den Stellen gewinnt erst Sinn, wenn man mit dem Konzept des Zitats
operiert. Das tut Schwabl (1982, 13–33; 1992, 25–9), der davon ausgeht, daß
die Wunder-Sandalen besser zu Hermes als zu Athene passen, ohne damit
ein ästhetisches Werturteil zu verbinden. Er folgert daraus, „daß die Stelle
im α auf die Stelle im ε zielt und diese die im α aufnimmt“. Was die
„Übertragung von Versen einer Hermesszene auf Athene“ betrifft, plädiert
auch er dafür, die Szene im Ω als „Ausgangspunkt für den Odysseedichter
und das von ihm geschaffene Spannungsgefüge“ anzusehen, fügt aber hinzu: „Wer will, mag annehmen, daß die Verse einer solchen Hermesszene
einfach aus der Tradition übernommen sind“. Ich meine, daß auch bei dieser Auffassung Schwabls Schlußfolgerung nichts von ihrer Schärfe verliert:
„In unserem Falle ist durch das adaptierte Zitat der Hermesszene im Ω (zu
ergänzen wäre: oder des Typus der Hermesrüstung) in der Athenaszene im
α dort potentiell bereits gegenwärtig, was dann das ε mit der ganzen Hermesszene bringen wird ... : man wartet auf die Odysseushandlung und ihren Beginn in der Aussendung des Hermes“ (alle Zitate: 1982, 22).

Mit diesen Beobachtungen fügen sich auch die beiden aufeinander bezogenen Rüstungsszenen in die Technik der Evozierung von Kontexten

ein, welche dem Hörer aus der Epentradition bekannt sein müssen. Auch wenn die Verse von den Wunder-Sandalen bereits im Ω als traditionell verwendet waren, handelt es sich im α um ein Zitat, und nicht einfach um die Anwendung einer typischen Szene: Der Typus der Hermes-Rüstung wird, und darauf kommt es an, in einen fremden Kontext hineinzitiert, um mit der Evozierung des üblichen Kontexts eine zusätzliche Bedeutungs-ebene zu schaffen. Das Iliaszitat erweist sich als Zitat eines Szenentypus.

α 105   Athenes Tarnung als Mentes von Taphos ist erschöpfend behandelt und setzt kein Vorwissen voraus. Die Angaben zur Figur beschränken sich auf jene Aspekte, die im Text als ihre fingierte Beziehung zu Odysseus er-scheinen; für Mentes tut sich keine Rolle in der traditionellen Biographie des Odysseus auf, ja er (bzw. sein Vater) tritt geradezu an die Stelle des Ephyrers Ilos (vgl. zu α 257–64). Die Figur kann somit als ,Erfindung' unse-rer Odyssee (bzw. der ihr spezifischen Konstellation) betrachtet werden.

α 106   Wie schon zuvor (vgl. zu α 91) ist hier vorausgesetzt, daß die Hörer mit der Rolle der Freier in der Geschichte vertraut sind.

α 113   Der Name des Telemachos fällt hier beiläufig zum erstenmal (vgl. zu α 88); hier ist vorausgesetzt, daß der Hörer ihn anhand seines Namens als den Sohn des Odysseus identifizieren kann.

α 115–7   Telemachs Wachtraum von der Rückkehr seines Vaters entwirft ein Szenario, das, auch wenn man seine Kürze und Unbestimmtheit in Rechnung stellt, für ihn selbst keine Rolle enthält: Odysseus soll (allein) die Freier vertreiben (mit dem Begriff σκέδασις tritt die Vertreibung gegenüber der Tötung in den Vordergrund) und wieder die Herrschaft über sein Haus antreten. Damit ist eine alternative Möglichkeit des Handlungsablaufs an-gedeutet, die sich durchaus in Versionen verdichtet haben konnte. Für un-sere Odyssee ist ein solcher Ablauf an diesem Punkt bereits ausgeschlossen: Telemachs Aktivierung ist von Athene soeben angekündigt worden.

α 121–9   ἐδέξατο χάλκεον ἔγχος steht noch ο 282 und π 40, ist also als Be-standteil des typischen Ankunftschemas zu werten; auch das Versorgen des Speeres durch den Gastgeber gehört dazu (ο 283). Die Angabe, daß Te-lemachos den Speer in jenen Speerständer stellt, „wo ja auch (ἔνϑα περ) die anderen Speere des wagesinnigen Odysseus standen, viele" (128f.), geht aber über das Typische hinaus und unterstreicht die symbolische Bedeu-tung des Speeres (vgl. Patzer 1991): Solange Odysseus in seinem Haus war, war in ihm auch die Wehrkraft zu Hause; jetzt ist sie aber seit zwanzig Jah-ren deaktiviert, so wie die Speere seit zwanzig Jahren unbenützt im Stän-der stehen, und muß durch Athene erst wieder aktiviert werden.

α 161–8   Die aus der Figurenperspektive plausible Vermutung bezeichnet eine ,unmögliche Alternative', die hier schon durch Angaben innerhalb des

Textes als solche ausgewiesen ist: Der Hörer weiß bereits, daß Odysseus lebt und daß ihm auch die Rückkehr zukunftsgewiß garantiert ist. Der Hörer muß aber andere ‚unmögliche Alternativen', die aus der Figurenperspektive genauso berechtigt erscheinen, auch dort als solche erkennen, wo sie noch nicht durch explizite Aussagen des Textes ausgeschlossen sind, etwa wenn für Odysseus dasselbe Schicksal wie für Agamemnon befürchtet wird (*contra* Olson 1995, 24–42, der in dieser Beziehung ausdrücklich die Perspektive des Rezipienten nicht von der der Figuren trennen will).

α 176–7 Mit dem Verweis auf die Reisetätigkeit des Odysseus vor dem Trojanischen Krieg wird auf seine traditionelle Rolle des vielgereisten, aktiven und wißbegierigen Mannes angespielt, die im Mythos nur in seinen Abenteuern n a c h dem Krieg ausgefüllt sein konnte: Es hatten sich wohl kaum Geschichten von Heldentaten seiner Jugend in der Erzähltradition verfestigt (bereits in den Kontext des Krieges fällt seine Rolle bei der Werbung um Helena; andere in unserer Odyssee referierte Episoden erweisen sich als untraditionell, vgl. zu φ 13–41). Damit wird das Bild eines Odysseus suggeriert, der auch auf der Rückfahrt von Troia das Abenteuer sucht und sich nicht eilt, nach Hause zu kommen. Vor diesem Hintergrund tritt noch stärker die Tendenz unserer Odyssee hervor, Odysseus als ‚Dulder' zu zeichnen, der gegen seinen Willen von der Heimat ferngehalten wird.

α 188–93 Die erste Erwähnung des Laertes ist verbunden mit einer ersten ausführlichen Beschreibung seines Zustands und seines Aufenthaltsorts, die im weiteren Handlungsverlauf wiederholt, ergänzt und präzisiert wird. Dabei wird sich immer deutlicher ein alternativer Handlungsgang abzeichnen, wonach Laertes auch aktiv in die Handlung einbezogen wird, wobei diese Alternative aber immer nur im Stadium der Möglichkeit verbleibt (vgl. zu δ 638–40; ο 347–60; π 299–320). Falls es Versionen gab, in denen Laertes tatsächlich schon früher als in unserer Odyssee, also zumindest vor dem Freiermord, in die Handlung einbezogen wurde, so mußte ein damit vertrauter Hörer die wiederholten Hinweise auf Laertes als Querverweise darauf auffassen und auch für diese Odyssee damit rechnen, daß die Handlung jederzeit einen solchen Verlauf nehmen könnte. Athenes Vorschlag könnte etwa eine Version suggerieren, in der Telemachos sich zu Laertes begibt und dort auf Odysseus stößt, so wie im δ eine Version suggeriert ist, in der Telemachos sich vom Palast direkt zu Eumaios begibt.

α 194–5 Mit Athenes Aussage, sie habe Odysseus für auf Ithaka anwesend gehalten, wird ein möglicher Einsatzpunkt der Handlung zitiert: So beginnt im dritten Demodokoslied die Handlung erst zu dem Zeitpunkt, als sich das Hölzerne Pferd bereits in Troia befindet, die versteckten Griechen also schon in der Höhle des Löwen sind; ebenso könnte ein Lied von Odysseus mit der Pointe beginnen, daß Odysseus sich bereits verkleidet in Ithaka aufhält oder sogar schon unter den Freiern weilt. Auf der Handlungsebene ist dies eine ‚unmögliche Alternative', die auch von der Figur Mentes ausdrücklich korrigiert wird; auf der Textebene zeichnet sich damit aber eine alternative Möglichkeit des Handlungseinsatzes ab.

α 197–9 Athene-Mentes gibt die Situation des Odysseus wieder, ersetzt aber Kalypso durch χαλεποὶ ἄνδρες. Das hat Funktion für die Handlung, da sie so ihr göttliches Wissen ausblendet und (charakteristisch für die Dezenz der Darstellung in der Odyssee) dem Sohn das Wissen um den Aufenthaltsort des Vaters erspart, vielleicht auch die χαλεποὶ ἄνδρες wegen der Analogie zu den Freiern wählt, um Telemachos zu ähnlicher Abwehrkraft wie den πολυμήχανος Ὀδυσσεύς anzuspornen (Olson 1995, 69f.). Für den Hörer konnte damit ein Verweis auf Versionen durchschimmern, wo die Irrfahrten eher im menschlichen Bereich angesiedelt waren (vgl. zu α 3).

α 203–5 Athene-Mentes erweckt den Eindruck, als könnte sich Odysseus allein, nur aufgrund seiner πολυμηχανίη, aus der Gewalt der χαλεποὶ ἄνδρες befreien. Der Hörer weiß hingegen bereits, daß Odysseus in dieser Odyssee seine Heimreise nur durch göttliche Hilfe antreten kann. Damit wird an die in den Trugerzählungen evozierte (und vielleicht in Varianten realisierte) Möglichkeit erinnert, die Geschichte rein auf der menschlichen Ebene zu erzählen, wobei die List des Odysseus unzweifelhaft mehr Bedeutung erlangen mußte als in unserer Odyssee. Auf der Figurenebene zielt auch dieser Hinweis auf die Ermutigung des Telemachos.

α 215–6 Telemachs Zweifel an seiner Herkunft ist sofort ins Allgemeine gewendet. Für Telemachos selbst wurde auch in der Tradition wohl nie die Vaterschaft des Odysseus angezweifelt. Andrerseits gab es eine Tradition, wonach Penelope gegenüber den Freiern nicht so keusch war, wie sie in unserer Odyssee erscheint. Die Skepsis des Telemachos mag daher, was den *plot* unserer Odyssee betrifft, rein auf das nicht festlegbare Verhalten Penelopes ausgerichtet sein; sagengeschichtlich hingegen könnte sie die Möglichkeit reflektieren, daß Penelope Odysseus nicht treu war. In unserer Version weiß der Hörer an diesem Punkt noch nicht, wie sich Penelope in den Rahmen der traditionellen Verhaltensmuster einordnen läßt; Telemachs Zweifel an seiner Herkunft läßt solche Möglichkeiten anklingen.

α 223 Penelope wird erstmals mit Namen genannt, so wie zuvor Odysseus und Telemachos ganz beiläufig. Hier legt allerdings der Kontext die Trägerin des Namens völlig fest.

α 224–9 Wenn Athene-Mentes fragt, um wen es sich bei den Freiern handle, wird damit das Informationsgefälle zwischen der (vorgeblich) uninformierten Figur und dem mit Vorwissen ausgestatteten Hörer sichtbar: Sowohl Athene in ihrer göttlichen Gestalt (vgl. zu α 91–2) als auch der Erzähler (vgl. zu α 106) haben bereits von „den Freiern" gesprochen, ohne deren Rolle in der Geschichte näher zu erläutern; die Figur des Mentes artikuliert den Wissensstand, den ein Hörer hätte, der ohne Vorwissen *in medias res* gestoßen worden wäre. Damit bestätigt sich nachträglich, daß die ersten Erwähnungen der Freier an dieses Vorwissen der Hörer appellieren.

α 236–40 Die von Telemachos ausgemalte Alternative (Tod des Odysseus vor Troia/nach der Heimkehr) ist für die Figurenperspektive als ‚unmögliche Alternative' markiert (Irrealis), ist aber auch für die Perspektive des Hörers mit der Odysseus-Tradition unvereinbar. Mit der Beschreibung des Ist-Zustands nennt Telemachos hingegen eine aus seiner Sicht mögliche, ja wahrscheinliche Konstellation (Odysseus ist auf der Heimfahrt gestorben), während für den Hörer dies schon aufgrund der im Text erfolgten Informationen eine ‚unmögliche Alternative' darstellt.

α 245–7 Die Verse über die Herkunft der Freier kehren wörtlich wieder in π 122–4 (dort auch α 248–251 = π 125–8), und mit leichten Variationen in τ 130–2. Vor allem die Aufzählung der Inseln klingt formelhaft (α 246 = ι 24), und es könnte sein, daß die Verse sich in der Tradition bereits verfestigt hatten; der Formelvers ist auch die Basis für die genaueren Angaben über die Freier, die Telemachos seinem Vater in π 247–251 gibt. Wenn der Odysseedichter den Vers aus der Tradition übernommen hat, so haben wir damit vielleicht eines jener Versatzstücke der Odysseus-Geschichte, die sich im Verlauf der Erzähltradition so sehr verfestigt hatten, daß sie wörtlich fixiert wurden. Das läßt sich mit der Geschichte von der Weblist oder dem Motiv der Waffenbergung vergleichen, wo der Erzähler ebenfalls längere Passagen wörtlich wiederholt: Vielleicht soll gerade mit diesen Wiederholungen, durch die Formelhaftigkeit und damit Traditionalität signalisiert wird, hervorgehoben werden, daß damit ein allen Versionen gemeinsames Element wiedergegeben ist.

α 255–66 „Athena's wish echoes Telemachus' own thoughts (115–17)" (West zu 255ff.). Der Wunsch der Athene ist wesentlich breiter ausgemalt als der des Telemachos, und er kombiniert zwei gegensätzliche Konzepte vom Auftreten des Odysseus. Als Wunsch formuliert ist das Erscheinen des Odysseus in voller Heldenrüstung, mit Helm, Schild und zwei Speeren, was impliziert, daß er den Freiern als klassischer ἀριστεύων entgegenträte. In diese Vision eingeschoben ist aber die (fiktive) Erinnerung an einen ganz anderen Odysseus, der sich Gift für seine Pfeile besorgt, wobei diese Kampftechnik ausdrücklich als bedenklich markiert ist, wenn ihm das Gift verweigert wird aus Rücksicht auf die νέμεσις der Götter. Auch wenn diese Giftbeschaffungsaktion als schon lange zurückliegend gezeichnet ist, wird mit der Hervorhebung der Pfeile auf die Rolle des Bogens beim Freiermord verwiesen; die Scholien erwägen, daß vergiftete Pfeile den Freiermord erleichtern würden. Hier soll damit aber eher etwas anderes ausgesagt werden. Durch die Gegenüberstellung der zwei Odysseus-Figuren werden zwei Möglichkeiten gegenwärtig, wie der Freiermord vollzogen werden kann: durch heimtückisches Erschießen oder durch heroischen Kampf. Es liegt nahe, daß in anderen Versionen der Geschichte die Ermordung der Freier tatsächlich als heimtückischer, unheroischer Akt dargestellt war; bei einer Verwendung von Giftpfeilen mußte dieser Zug noch stärker hervorgehoben sein (vgl. Dirlmeier 1966). Athene-Mentes zitiert somit indirekt eine bestimmte Möglichkeit der Handlungsführung, ordnet dieses Zitat aber einem Wunsch unter, wie die Handlung verlaufen soll. Die Wertung der beiden Möglichkeiten ist durch das νέμεσις-Motiv noch verstärkt, Athenes Option liegt ganz auf dem ‚heroischen‘ (oder ‚iliadischen‘) Odysseus. Damit werden beim Hörer, der mit Versionen des ‚heimtückischen‘ Odysseus vertraut ist, bestimmte Erwartungen aufgebaut; er muß sich fragen, ob der Freiermord hier eventuell ganz ohne den ‚klassischen‘ Bogen stattfinden soll. Diese Frage bleibt in unserer Odyssee auffällig lange offen, wiederholt tauchen Pläne der Figuren auf, die einen Freiermord ohne Bogen enthalten (vgl. zu π 281–98), und Odysseus initiiert hier nicht die Bogenprobe als Voraussetzung für den Freiermord, sondern erkennt erst an einem im Text nicht bezeichneten Punkt (vgl. zu υ 22–55) die Chance, die sich ihm eröffnet. Der Freiermord selbst ist dann, wie man immer gesehen hat, eine Kombination aus dem ‚traditionellen‘ Erschießen der Freier mit den Pfeilen und einem ‚innovativen‘ heroischen Kampf mit ‚schweren‘ Waffen. Dieses Spiel mit unterschiedlichen, einander eigentlich ausschließenden Möglichkeiten, die Geschichte zu erzählen, ist in der Rede der Athene in indirekter Form erstmals angekündigt (vgl. zu δ 341–6; π 281–98; τ 1–50).

α 257–64 Der *flashback*-Bericht von der Begegnung zwischen Mentes und Odysseus verrät sich schon durch den Status der fingierten Figur des Mentes (vgl. zu α 105) als ebenfalls fingiert. Hingegen zitiert wohl die hier nur versuchte Giftbeschaffung aus Ephyra traditionelle Elemente. Die Aussage der Episode für den Kontext in unserer Odyssee erhellt sich bei Berücksichtigung des doppelten Status von Athene-Mentes: Athenes Vater ist Zeus; Zeus gewährt also Odysseus jenes Pfeilgift, das ihm Ilos gerade aus Furcht vor den Göttern verwehrt hat; unser Text markiert also die Tötung der Freier in anderen Versionen als gottlos, während er sie für unsere Version ausdrücklich durch den Willen des Zeus sanktioniert (vgl. zu δ 341–6).

α 271–96 Die einzelnen Anweisungen Athenes an Telemachos scheinen einander zu widersprechen und in keinem logischen Verhältnis zueinander zu stehen. Analytische Kritik und unitarische Verteidigung bleiben gleichermaßen unbefriedigend, solange sie die Argumentation primär aus der Figurenperspektive beurteilen (das gilt teilweise auch für Siegmann 1987,

210–271, wo sich aber wichtige sprachliche Hinweise finden). Einen entscheidenden Schritt weiter hilft Olson (1995, 71–4). Athene nennt in ihrer
Planung für jedes Stadium zwei Alternativen, von denen die eine als toter
Ast verbleibt, während die andere im nächsten Schritt weiterverfolgt wird,
und zwar wieder in zwei Alternativen: „(A) Sag den Freiern auf und laß die
Mutter wieder heiraten; [falls die Freier sich fügen und falls Penelope es so
will, dann gut; falls nicht, dann:] (B) Erkundige dich nach dem Vater; falls
er noch lebt, so warte noch ein Jahr, falls nicht, so verheirate die Mutter. (C)
[Falls er noch lebt, dann:] Töte die Freier." Diese Erklärung ist schlüssig, da
dasselbe Argumentationsschema in der Odyssee noch einmal auftaucht
(vgl. Peradotto 1990, 63–90, zu λ 100–37). An unserer Stelle ist das Schema
jedoch für den heutigen Leser nicht nachvollziehbar, da das jeweilige Ausscheiden der nicht weiter verfolgten Alternative im Text nicht explizit aufscheint. Unser Text bezieht also das Vorauswissen des Hörers als notwendige Bedingung bereits mit ein: Der Hörer scheidet jene Alternativen, die
im Widerspruch zur traditionellen Odysseus-Geschichte stehen (Penelope
heiratet einen der Freier; Odysseus ist tot, etc.) automatisch als ‚unmögliche
Alternativen' aus, die für die weitere Handlung ohne Belang bleiben. Die
Argumentationsstruktur ist somit nur für den über der Handlung stehenden Hörer nachvollziehbar, nicht für die Figur Telemachos: Telemachos
selbst wird sich die hier implizit bereits verworfenen Handlungsalternativen weiter als Optionen vorbehalten, wird weiter die Möglichkeit erwägen,
daß Penelope sich in die Obhut ihres Vaters zurückbegibt und ‚regulär' neu
heiratet, wird weiter damit rechnen, daß Odysseus tot ist. Es tritt damit
deutlich hervor, daß das Prinzip der ‚unmöglichen Alternativen' in der
Odyssee gezielt dazu eingesetzt ist, um das Informationsgefälle zwischen
dem Hörer und den Figuren der Handlung zu thematisieren.

α 298–300   Der Ruhm des Orestes wird auf der Figurenebene ausdrücklich wegen seiner Vorbildwirkung für Telemachos erwähnt. Immerhin ist
mit der rhetorischen Frage ἦ οὐκ ἀίεις die Verbreitung von κλέος thematisiert, und der Hörer wird gleich erfahren, daß dieser Heldenruhm auch zur
Zeit der Helden durch die Sänger verbreitet wird. Das für Heldendichtung
allgemeingültige Prinzip, daß Heldenruhm zu Dichtung wird, ist damit in
einem entscheidenden Punkt gesteigert: Die übliche Auffassung besteht
darin, daß Dichtung den Ruhm vergangener Generationen überliefert, oder
umgekehrt gesehen, daß Heldentaten und -leid den Stoff für zukünftige
Dichtung darstellen; so steht es in der Ilias (Γ 357f.), so lautet auch eine
Stehformel im südslawischen Heldenlied, z.B. in der Form „Ihre Kunde ist
uns verblieben,/ daß wir solche Männer erwähnen,/ in Liedern und in Erzählungen" (SCHS 6, 1, 5881–3). In der Odyssee ist dieses Motiv auch präsent (Athene spornt Telemachos an, ἵνα τίς σε καὶ ὀψιγόνων ἐὺ εἴπῃ, α 302;

etc.), doch der Ruhm, der innerhalb der Handlung besungen wird, ist zeitgenössischer Ruhm: Der Held kann Sängern lauschen, die von seinen eigenen Heldentaten singen, und kann selbst in Konkurrenz zu den kursierenden Heldenliedern treten: Er kann die besungenen Taten ergänzen oder übertreffen, und er kann selbst zum Erzähler seiner Taten werden (vgl. Krischer 1990). Heldentat und Heldendichtung sind damit auf eine Ebene gerückt, und das verstärkt den Eindruck, daß der Dichter der Odyssee, wenn er vom κλέος der Helden spricht, immer auch seine eigene Dichtung bzw. die der Konkurrenten im Auge hat. Man kann daher auch an dieser Stelle vermuten, daß nicht nur Athene Telemachos auf die Heldentat des Orestes hinweist, sondern zugleich auch der Erzähler den Hörer auf zeitgenössische Dichtung über Orestes, zu der die Odyssee in Konkurrenz tritt.

α 326–7   Die knappe Formulierung von „der Heimfahrt der Achaier, der unheilvollen, die ihnen von Troia aus auferlegte Pallas Athene" (wieder aufgenommen von Telemachos mit Δαναῶν κακὸν οἶτον, α 350) setzt voraus, daß der Hörer die Geschichte, auf die verwiesen wird, kennt. Der Verweis auf Athene ist ein Verweis auf den Frevel des Kleinen Aias und auf das Scheitern der gesamten griechischen Flotte. Damit schimmert eine Version durch, in der die Flotte der Griechen gemeinsam die Heimfahrt antrat und gemeinsam dem Zorn der Athene verfiel, wie das in späteren Behandlungen des Mythos (belegt seit der Iliou Persis, § 93–6 Kullmann, und Alkaios, fr. 298 Voigt) oft vorausgesetzt ist. Dies könnte sehr gut der Punkt sein, an dem in den gängigen Versionen der νόστοι nicht nur Aias starb, sondern auch einige der Griechen, wie Menelaos und auch Odysseus, vom Kurs abkamen. Daß von solchen Versionen kaum eine Spur erhalten ist, liegt zweifellos daran, daß die Tradition von unserer Odyssee dominiert wurde, die ihre eigene Version der Ereignisse gibt: In den Berichten von Nestor, Menelaos und Odysseus tritt ein wesentlich komplizierterer Ablauf der Heimfahrt der Griechen hervor, wobei Odysseus schon von seiner (zweiten) Abfahrt von Troia an von allen übrigen Kontingenten getrennt ist. Wenn im Lied des Phemios davon nicht die Rede ist, hat das seine Funktion: Mit der knappen Inhaltsangabe, die auf die traditionellen Versionen verweist, scheint inkludiert, daß Phemios auch etwas über das Verschwinden des Odysseus zu berichten weiß; erst dies macht Penelopes schmerzliche Reaktion aus der Warte des Publikums ganz verständlich. Vgl. zu γ 130ff.

α 344   Wenn Penelope sagt, daß Odysseus über ganz Griechenland weiten Ruhm besitze, so gilt das auf der Figurenebene schon zu diesem Zeitpunkt der Handlung, obwohl die ‚Odyssee' in diesen Ruhm noch nicht eingeschlossen sein kann; es greift also über sie hinaus und erinnert daran, daß es auch schon vor unserer Odyssee eine Odysseus-Epik gegeben hat, daß also der Dichter etwas Allbekanntes voraussetzen kann.

α 351–2 Telemachs Aussage, daß beim Publikum immer das neueste, also aktuellste Lied im höchsten Ansehen stehe, überrascht. So hat M. Parry in Jugoslawien genau die gegenteilige Einstellung der Sänger und Hörer ermittelt: Nur das alte, traditionelle Lied genießt Anerkennung, die früheren Zeiten werden verherrlicht (vgl. SCHS 6, 1, 5878: „So [war] die Zeit, und noch gut die Männer"), wie auch in der Ilias der Erzähler seine Helden als Helden einer besseren Zeit preist und die Figuren selbst auf frühere Zeiten verweisen, als es noch bessere Helden gab. Man hat daher gemeint, es handle sich um einen ‚Reflex' der Tatsache, daß im Heldenlied auch aktuelle Ereignisse besungen werden könnten bzw. ursprünglich besungen wurden (Latacz 1989, 106f., mit richtigem Hinweis auf Epentraditionen mit aktuellen Inhalten). Doch würde der Erzähler damit Telemachos geradezu gegen die Poetik der Odyssee polemisieren lassen, die ja wie die Ilias keine aktuellen Inhalte besingt. Plausibler ist, daß es hier nicht (nur) um die Neuheit der Inhalte geht, die Stoff der Lieder sind, sondern (auch) um die Neuheit, d.h. Originalität der Lieder selbst. Damit greift die Aussage über die Figurenebene hinaus und betont die Neuheit der Version, die diese Odyssee bietet: Die Nachrichten, die Phemios über Odysseus liefern kann, werden für Telemachos bald durch die Berichte von Nestor und Menelaos ergänzt und korrigiert werden, und daran werden die Berichte des Odysseus ansetzen. Die dort erzählten Nostoi werden sich laufend von den bekannten Nostoi-Versionen abheben und damit diese Version als eine ‚neue' konstituieren. Telemachs Aussage weist damit auch auf das Konkurrenzverhältnis unserer Odyssee zu anderen Versionen hin (vgl. zu μ 450–3).

α 354–5 Aus der Formulierung „Odysseus hat nicht als einziger den Tag der Heimkehr verloren" erschließen Svenbro (1976, 20f.; vgl. Pucci 1987, 195–208) und Bowie (1993, 16f.), daß Phemios in seinem Lied von der „unheilvollen Heimfahrt der Achaier" explizit vom Tod des Odysseus berichtet habe; Phemios habe diese Version für die unmittelbare Vortragssituation ‚erfunden', da die Freier vom Tode des Odysseus gerne hörten. Bowie sieht darin gegen Rösler (1980) einen wichtigen frühen Beleg für das Selbstverständnis der Dichter, die auch schon in dieser frühen Zeit sich der Fiktionalität ihrer Lieder bewußt seien. Auch wenn man dem Odysseedichter zugesteht, daß er in Auseinandersetzung mit der Tradition den fiktionalen Charakter der Erzählungen geradezu thematisiert, so ist die Stelle doch anders zu deuten. Phemios kann nicht als bewußt lügender Sänger dargestellt sein, da sonst seine positive Bewertung und Verschonung durch Odysseus (vgl. zu χ 310–80) ein grober poetischer Mißgriff wäre. Für die Hörer der Odyssee ist mit der knappen Angabe in α 326–7 der traditionelle Ablauf der Heimfahrt der Griechen zitiert, wonach die gesamte Flotte in einen Sturm geriet und dabei teilweise scheiterte (Aias), teilweise heil davonkam (Agamemnon), teilweise vom Kurs abkam und verschwand (Menelaos, Odysseus). Für Telemachos ist damit Odysseus seit zehn Jahren verschollen, und die Formulierung ἀπώλεσε νόστιμον ἦμαρ entspricht seinem Informationsstand. Phemios ist also ein ‚wahrer‘ Sänger, kann aber nur eine unvollständige Version der νόστοι liefern, die durch Augenzeugenberichte (Nestor, Menelaos, Odysseus) ergänzt, aber nur durch einen Gott (Proteus) oder den Erzähler selbst vervollständigt werden kann.

α 356–9 Der Wortlaut der Verse kehrt, mit kontextbezogenen Varianten zu μῦθος, wieder in Z 490–3a (Hektor an Andromache; πόλεμος) und φ 350–3 (Telemachos an Penelope; τόξον); 358b–9 findet sich auch in λ 352b–3 (Alkinoos an Arete; πομπή, sowie δήμῳ statt οἴκῳ). Die Verse fehlten hier ἐν ταῖς χαριεστέραις γραφαῖς und wurden von Aristarch athetiert, da sie bei der Bogenprobe und in der Ilias besser paßten. Die ersatzlose Streichung ist unmöglich, da ohne Telemachs harschen Auftrag Penelopes Reaktion kaum gerechtfertigt wäre: Es ist dieser neue Ton des Selbstbewußtseins, nicht die in der Situation wenig überraschende Aussage über die Funktion von Dichtung, die Penelopes Erstaunen über Telemachs neue Einsicht auslöst. Doch unabhängig vom Problem der Echtheit stellt sich die Frage nach dem Verhältnis zwischen den Versen in der Ilias und in der Odyssee. Während frühere Erklärer wie schon Aristarch davon ausgingen, es handle sich um mechanische Übernahmen aus der Ilias, und zu beweisen suchten, daß die Aussage in der Odyssee nicht so gut passe wie in der Ilias (so noch Usener 1990, 47–66), sieht man in jüngerer Zeit darin ein bewußtes Zitat der Iliasstelle und meint, daß das neue Verhältnis zwischen Telemachos und Penelope, das in diesen Versen seinen Ausdruck findet, noch besser beleuchtet werde, wenn der Rezipient mithöre, daß der junge Telemachos damit die Worte des großen Helden Hektor an seine Frau zitiere (knapp formuliert bei Schwabl 1982, 17 Anm. 9: „Telemach, in die Rolle des Hausherrn hineinwachsend, weist die Mutter fort"; dort auch Wichtiges zur Beziehung zwischen dem α und dem φ). Daß die Aussage der Verse einen Gemeinplatz darstellt, müßten wir nicht erst mit dem Zeugnis des sophokleischen Aias belegen (292f. ὁ δ’ εἶπε πρός με βαί’, ἀεὶ δ’ ὑμνούμενα· / γύναι, γυναιξὶ κόσμον ἡ σιγὴ φέρει). Für die Deutung der Szene im α scheint aber genau das wichtig zu sein: Telemachos wächst in seine Rolle hinein, indem er zu Worten greift, die typisch für die Behandlung von Frauen durch Männer sind, er formuliert eben einen alten Gemeinplatz, der aber aus seinem Mund für die Figuren und die Hörer unerwartet kommt. Ich meine, daß sich bei dieser Deutung die Annahme erübrigt, die Odyssee wolle exakt jene Stelle der Ilias, an der wir die Verse noch erhalten haben, evozieren, so sehr auch die Zitatwirkung erst durch die wörtliche Übereinstimmung erzielt wird; die Annahme, daß mit dem Zitat der gesamte Kontext der Hektor-Andromache-Szene mit evoziert sei, verleiht jedoch den Szenen zwischen Telemachos und Penelope und erst recht der Szene zwischen Alkinoos und Arete keinen zusätzlichen Sinn. Dieser Sachverhalt läßt sich zwar nicht schärfer fassen, weil wir nicht wissen, ob der Wortlaut der Verse erstmals in der Ilias formuliert wurde oder schon in ihr einen Gemeinplatz in formelhafter Fixierung darstellte. Für das Zitatverhältnis zwischen Ilias und Odyssee scheint allerdings evident, daß der wesentliche Sinnzuwachs, den das Zitat für die Odysseestellen bewirkt, darin besteht, daß damit ein Aussagetypus mitsamt seinen typischen Kontexten evoziert wird, und nicht notwendig eine individuelle Ausformung dieses Typus.

α 383   Die erste innerhalb der Handlung gegebene Aktion eines individuellen Freiers stellt Antinoos nur mit Namen und Vatersnamen vor, ohne ihn auktorial zu charakterisieren; dasselbe gilt wenig später für Eurymachos (α 399). Auch wenn gerade diese beiden Figuren in ihrer Eigenschaft als Anführer der Freier und als *character doublets* (Fenik 1974, 198–205) im Verlauf der Handlung durch ihre Aktionen besonders stark individualisiert werden, läßt sich vermuten, daß sie dem Hörer deshalb nicht näher vorgestellt werden müssen, weil sie ihm bereits aus der Tradition vertraut sind. In deutlichem Kontrast dazu stehen jene ‚kleineren' Freier, welche bei ihrem ersten Auftritt vom Erzähler ausdrücklich vorgestellt werden: Amphinomos (π 394–8), Ktesippos (υ 287–90), Leiodes (φ 144–7).

α 384–404   Erstmals wird thematisiert, daß es beim Konflikt zwischen den Freiern und dem Haus des Odysseus nicht nur um die Hand Penelopes und den Besitz des Odysseus gehen könnte, sondern auch um die politische Herrschaft auf Ithaka. Das Thema ist dabei in charakteristischer Art abgegrenzt: Es wird zunächst von Antinoos angeschnitten, dann von Telemachos als Möglichkeit erwogen und für seine Person ausdrücklich abgelehnt, und zuletzt von Eurymachos als für den Konflikt irrelevant ausgegrenzt. Damit wird der traditionelle Hörer daran erinnert, daß die Odyssee sich auch als politischer Konflikt darstellen ließe, in dieser Version aber auf die Ebene des οἶκος beschränkt ist, wobei die politischen Implikationen als Neben- und Begleiterscheinungen sehr wohl im Bewußtsein gehalten sind.

α 414–6   Telemachos vertraut weder Botschaften noch Weissagungen vom Kommen des Odysseus. Die knappe Formulierung impliziert, daß es zuvor schon solche Meldungen gab (414 ἔτι), und Telemachos fügt hinzu, Penelope berufe gewohnheitsmäßig (ἥν τινα … ἐξερέηται) θεοπρόποι ins Haus, um derartige Weissagungen zu erhalten. Für unsere Odyssee ist dann der Rahmen einer Vergangenheit konstituiert, der vom Hörer mit Handlungsmotiven aufgefüllt werden konnte, die er aus anderen Versionen kannte: Auch vor oder neben unserer Odyssee mag Odysseus in Verkleidung Meldungen über seinen eigenen Verbleib nach Ithaka gebracht haben; auch die

Variante, daß Odysseus in der Rolle eines Sehers heimkehrt und dort sein eigenes Kommen prophezeit, könnte in der Figur des Theoklymenos zitiert sein (vgl. zu α 93). Die Worte des Telemachos könnten damit andere Versionen zitieren, wobei die Doppelung ‚Meldung/Weissagung‘ auf alternative Möglichkeiten der Verkleidung des Odysseus hindeutet.

α 429–35 Eurykleia wird in die Geschichte eingeführt, und ihre Charakterisierung ist nicht belanglos. Die ausführliche Vorstellung läßt vermuten, daß zumindest dieser ihr spezifischer Status beim Hörer nicht als bekannt vorausgesetzt ist (vgl. zu α 383). Wichtig ist dann, daß sie in Zusammenhang mit Laertes und dessen Frau gebracht wird, weil damit ein weiterer Verweis auf Laertes fällt, der für die Geschichte noch gebraucht wird. Vor allem fällt aber auf, daß Eurykleia in Konkurrenz zur Mutter des Odysseus steht (Laertes ehrte Eurykleia gleich seiner Gattin, wagte sie aber nicht anzurühren). An dieser Stelle wissen wir noch nicht, ob Antikleia noch lebt oder nicht; wir erfahren von ihrem Tod erst im λ. Ihre erste Nennung (bzw. Nichtnennung) scheint aber zu signalisieren, daß ihre potentielle Rolle in dieser Odyssee von Eurykleia ausgefüllt wird. Falls es Versionen gab, in denen Antikleia noch lebte, mußte diese kleine Geschichte vom Verhältnis zwischen ihr und der Sklavin für den Hörer leicht deutbar sein.

Odyssee 2

β 1–14 Die Ankleideszene und die Einberufung der Versammlung gleichen in mehreren Punkten der analogen Szene Agamemnons im B: B 44 = β 4; B 50–2 (= 442–4) = β 6–8. Schon die Scholien vermerken, daß die Verse in der Odyssee nicht störten, in der Ilias aber passender seien. West (zu β 6– 8) meint, daß der Odysseedichter diesen Verweis auf die Ilias für wünschenswert gehalten habe; auch Schwabl glaubt an Einfluß der Ilias (1982, 15f. Anm. 8; vgl. 1992, 30f: „Profilierung der Aussage durch Anlehnung an die Ilias“). Der Eindruck, daß die Szene in der Odyssee nicht so gut passe wie in der Ilias, beruht darauf, daß Telemachos auch hier (vgl. zu α 356–9) eine Rolle arrogiert, die für ihn neu ist und von der man nicht genau weiß, ob sie ihm wirklich zusteht. Auch hier wird ein Szenentypus mit seinen üblichen Kontexten evoziert, nicht eine individuelle Szene der Ilias: „Der souveräne Heerführer beruft eine Volksversammlung ein.“ Die Differenz zwischen dem bis zur Begegnung mit Athene mutlos-passiven Telemachos und dem evozierten Typus ergibt den vollen Sinngehalt dieser Szene. Man kann daher auch hier davon sprechen, daß die typische Szene nicht einfach angewendet, sondern in einen ungewohnten Kontext hineinzitiert ist.

β 17–23 Die knappen Angaben zu Antiphos, Sohn des Aigyptios, setzen auch hier (vgl. zu α 68–9) Kenntnis der Kyklopen-Geschichte voraus: Ohne

Vorkenntnisse, nur mit dem bis jetzt über Polyphem Gesagten, wären die Angaben, obwohl in sich präzis, zu rätselhaft, um die angedeutete Geschichte zu verstehen. Die Gestalt des Aigyptios selbst (so wie die des — im ι nicht genannten — Antiphos) ist so umfassend vorgestellt, daß weitere Kenntnisse des Hörers nicht vorausgesetzt sind. Daß Aigyptios in anderen Versionen der Odyssee eine Rolle spielte, ist daher unwahrscheinlich, zumal auch sein hier als Freier erwähnter Sohn Eurynomos erst während des Freiermordes ein zweites und letztes Mal erwähnt wird (vgl. zu χ 241–3).

β 38 Auch der Herold mit dem sprechenden Namen Peisenor erscheint nur hier und ist wohl ‚Erfindung' des Odysseedichters. Man spürt die Absicht, der Szene durch die Konkretisierung möglichst vieler Figuren Eigengewicht zu verleihen.

β 52–4 Daß die Freier davor zurückschrecken, sich zu Penelopes Vater zu begeben, der seine Tochter regulär vermählen würde (so die Bedeutung von ὅς κ' … ἐεδνώσαιτο, das vor dem schwächer überlieferten ὥς κ' … den Vorzug verdient), verweist auf einen möglichen Handlungsverlauf, der schon von Athene als Taktik gegen die Freier vorgeschlagen wurde (α 275–8), im Verlauf der Debatte dann von Antinoos gefordert (113–4), von Telemachos abgelehnt (130–7) und von Eurymachos nochmals eingefordert wird (195–7). Penelopes Rücksendung ins Vaterhaus stellt eine ‚unmögliche Alternative' dar. Nach dem von der Tradition vorgegebenen Ablauf muß Penelope natürlich im Palast des Odysseus verbleiben, und die Alternative wird deshalb nie einseitig auf ihre Auswirkungen festgelegt. Das Motiv mag also schon in anderen Versionen aufgetaucht sein, doch immer nur als Denkmöglichkeit, die nicht in Handlung umgesetzt wurde.

β 71–4 Die Möglichkeit, daß Odysseus den Ithakesiern böswillig Schaden zugefügt habe, so daß diese die Freier gegen seinen Besitz aufhetzten, ist nur in einem negierten Konditionalsatz ausgedrückt. Daß damit etwas Wahres getroffen sein könnte, hat Telemachos schon zuvor abgewehrt (β 46f., ὅς ποτ' ἐν ὑμῖν / τοίσδεσσιν βασίλευε, πατὴρ δ' ὡς ἤπιος ἦεν), was auch andere Figuren bestätigen und breiter ausführen werden. Immerhin wirft im ω Eupeithes Odysseus vor, er habe als Führer des Kontingents nach Troia alle Schiffe und Männer eingebüßt. Derselbe realistische Hintergrund schimmert durch, wenn Nestor fragt, ob Telemachos wegen der Feindschaft des δῆμος nichts gegen die Freier unternehme (vgl. zu γ 214–5). Setzt man voraus, daß Odysseus nicht in allen Geschichten, die es über ihn gab, und auch nicht in allen Versionen von Irrfahrten und Heimkehr so positiv gezeichnet war wie in Ilias und Odyssee, so konnte es auch Versionen geben, in denen es auf Ithaka eine nicht unberechtigte feindliche Stimmung gegen ihn und sein Haus gab. In unserer Odyssee ist dann die Möglichkeit einer solchen Begründung für das Verhalten der Freier zwar stets präsent gehalten, aber stets verneint; damit wird die Charakterisierung des Odysseus als gütiger Fürst über Ithaka noch stärker hervorgehoben.

β 80–1 Telemachos wirft das Szepter zu Boden wie Achilleus in A 245f:

ὣς φάτο Πηλείδης, ποτὶ δὲ σκῆπτρον βάλε γαίῃ
χρυσείοις ἥλοισι πεπαρμένον, ἕζετο δ᾽ αὐτός.

Zum Vergleich der zwei Szenen schreibt Griffin (1987, 69): „The same gesture, but what a contrast! Not the terrible hero threatening vengeance and breaking with his society, but a helpless young man, unable to go on, throwing down the sceptre in despair." Griffin geht davon aus, daß die Odyssee die Ilias voraussetze, hält diese Ansicht aber für unbeweisbar. Wollte man für diese Stelle den Beweis erbringen, so müßte man zeigen, daß das Motiv nicht ein typisches sein könne, daß also die Sequenz „beleidigter Held wirft Szepter zu Boden und geht weinend an den Strand ..." vor der Ilias nie geprägt worden sei; dies ist natürlich unbeweisbar, so individuell uns auch die Handlungsfolge in der Ilias erscheinen mag. Wichtiger ist es, die Funktion des möglichen Zitats aus der Ilias zu bestimmen. Die Deutung der Szene durch Griffin trifft hier sicher das Richtige, doch ist zu fragen, ob für das Zitatverhältnis die individuelle Ausgestaltung der Szene in der Ilias oder nur das zugrundeliegende Motiv relevant ist. Ich meine, daß das Wesen des Zitats hier vor allem darin besteht, daß das Motiv „Held wirft Szepter zu Boden" ins Untypische gewendet ist. Mit der Übernahme des Wortlauts wird also die natürliche Form des Motivs verwendet und dem Hörer zugleich bewußt gemacht, daß die Szene hier vom Grundtypus abweicht. Die zusätzlichen Details, die der Kontext der Iliasstelle zum Verständnis des Zitatcharakters beitragen könnte, sind demgegenüber ohne Belang. Wir können somit nicht sagen, ob der Odysseedichter an die Ilias anschließen wollte oder an ein traditionelles Motiv; doch selbst wenn er die Iliasstelle vor Augen hatte, geht es beim Zitat nicht darum, daß es Achilleus war, der in der individuellen Situation Agamemnon die Gefolgschaft aufsagte, sondern um das Motiv in seiner Allgemeingültigkeit. Das Zitat bezieht sich auf den Wortlaut eines fixierten Textes, um den Inhalt eines im Gedächtnis der Hörer fixierten Motivs wachzurufen.

β 89–92 Antinoos berichtet als Zustand, der schon seit drei Jahren andauert, daß Penelope die Freier hinhalte und jedem einzelnen Versprechungen mache, indem sie Botschaften sende. Das paßt weniger zur Situation, daß die Freier sich im Palast festgesetzt haben und Penelope immer mit deren Kollektiv konfrontiert ist, sondern entspricht eher der Vorstellung, daß die Freier (noch) von außerhalb um ihre Hand werben. Wehrli (1959, 231 Anm. 9) hat daraus geschlossen, daß das Motiv aus einer älteren Erzählung stamme und der Odysseedichter „eigentlich nachlässig verfahren" sei. Man wird seiner Diagnose recht geben, nicht aber seinem Urteil: Der Erzähler läßt damit wohl ein Motiv durchschimmern, das in anderen Versionen ausgeführt war; er zitiert ein Verhalten Penelopes, das für die Handlung unserer Odyssee keine Relevanz hat, als Möglichkeit, wie die Geschichte erzählt werden könnte, schiebt es aber dadurch, daß er es zum Dauerzustand und zur Grundhaltung Penelopes erklärt, in den Hintergrund, vor dem jene Szenen, in denen Penelope vor die Freier treten wird (vgl. zu σ 158–303), schärfere Konturen erhalten. Dieses Verfahren entspricht der Behandlung der Weblist, die in die Vorgeschichte der Erzählung abgeschoben wird; es ist kein Zufall, daß β 91–2 im Bericht der Athene (v 380–1) wörtlich wiederkehrt, wie wir es auch bei anderen Motiven, die ältere Versionen zitieren, feststellen können: vgl. zu α 245–7.

β 93–110   Die Stellung der Weblist der Penelope in unserer Odyssee ist ein vielverhandeltes Problem. Wir können hier die analytische Fragestellung ausklammern, welche der drei Stellen, an denen das Motiv mit weitgehend identischem Wortlaut von drei verschiedenen Sprechern erzählt wird (β 93–110: Antinoos; τ 138–156: Penelope; ω 128–148: die Seele des Freiers Amphimedon), das ,Original' darstelle (vgl. Heubeck 1985). Der Anstoß, der alle Untersuchungen, auch die unitarisch motivierten, leitet, besteht darin, daß sichtlich das natürliche Ende der Weblist-Geschichte gekappt ist: Das Motiv, daß Penelope durch List ihre Hochzeit hinauszögert, fordert als Clou der Geschichte, daß sie bei Aufdeckung der List sofort zur Vermählung mit einem der Freier gezwungen wird. Dies ist in unserer Odyssee, zumindest in den Darstellungen im β und im τ, nicht der Fall: Antinoos berichtet von der Weblist und ihrer Aufdeckung als von etwas Vergangenem, nennt aber keine unmittelbaren Konsequenzen und beschreibt Penelopes Haltung als sichtlich unverändert; nach dem β vergeht auch innerhalb der dargestellten Handlung geraume Zeit, ohne daß von Konsequenzen der Aufdeckung die Rede wäre. Im τ leitet Penelope ihre Erzählung überhaupt damit ein, daß es sich bei der Weblist um die erste List gehandelt habe, die ihr gegen die Freier eingefallen sei; allerdings folgt auf dieses πρῶτον (τ 138) kein ἔπειτα, Penelope geht nach dem Bericht der Weblist sofort dazu über, ihren jetzigen ratlosen Zustand zu beschreiben. Die Weblist erscheint somit sowohl als etwas, dessen Beginn in weiter Ferne liegt, als auch als etwas, dessen Ausgang die gegenwärtige Situation prägt. Eine völlig andere Perspektive ergibt sich hingegen aus der Darstellung im ω: Im Bericht der Seele des Amphimedon schließt unmittelbar an die Fertigstellung des Leichentuchs die Ankunft des Odysseus an, wenn auch der sprachliche Ausdruck dort auf eine möglichst vage Synchronisation der Ereignisse abzielt: εὖθ' ἣ φᾶρος ἔδειξεν ... καὶ τότε δή ῥ' Ὀδυσῆα κακός ποθεν ἤγαγε δαίμων (ω 147–9). Es wurde oft hervorgehoben, daß diese Abfolge der Ereignisse einer natürlicheren Behandlung des Erzählmotivs entspricht: Nach Aufdeckung der Weblist und Fertigstellung des Gewands wird der Hochzeitstermin von den Freiern mit kurzer Frist festgelegt; im letzten Moment, sinnvollerweise am Tag der Hochzeit, erscheint Odysseus und verhindert die Wiedervermählung seiner Gattin.

In dieser Beurteilung stimmen die Gelehrten überein: Das Motiv der Weblist ist in unserer Odyssee aus einem anderen Kontext übernommen, wo es konsequenter eingesetzt war. Daran lassen sich weitere Folgerungen knüpfen. Ich erwähne zunächst die mehrfach geäußerte Vermutung, daß in der Geschichte von der Weblist auch das Motiv des Leichengewands für Laertes nicht zur ursprünglichen Konzeption gehöre (vgl. West zu β 93–110): Von der Sitte eines speziellen Leichengewands gibt es sonst bei den Griechen keine Spur. Viel natürlicher für den Zusammenhang wäre es, wenn Penelope ihr eigenes Hochzeitsgewand für die bevorstehende Hochzeit anfertigte; diese Variante des Motivs ist folkloristisch belegt. Wenn die Geschichte von Penelopes Weblist in anderen Versionen tatsächlich diese Gestalt hatte, versteht man, warum im Kontext unserer Odyssee (oder schon in früheren, ähnlich gelagerten Versionen) das Hochzeits- durch das Leichengewand ersetzt wurde: Das Motiv des Hochzeitsgewands paßt nur dann, wenn unmittelbar auf seine Fertigstellung die Hochzeitsfeier folgt, in deren Verlauf der Retter gerade noch rechtzeitig eintrifft. Sowie die Erzählung von der Weblist in die Vorgeschichte abgeschoben wird und ohne unmittelbare Folgen für Penelope bleibt, bildet das Hochzeitsgewand einen störenden Hinweis auf die natürliche Fortsetzung des Motivs und muß einem Ersatzmotiv weichen. Damit ist aber nicht gesagt, daß erst der Odysseedichter das Leichengewand eingeführt haben muß, wie West vermutet, wenn sie dessen Funktion darin sieht „to strengthen Laertes' rather insecure position in the plot". Der Hinweis auf den bevorstehenden Tod des Laertes könnte in anderen Versionen auch die Funktion gehabt haben, eine Handlungssequenz vorzubereiten, in der Laertes tatsächlich stirbt. Wenn es solche Versionen gab, so wäre diese Funktion in unserer Odyssee umgewandelt in die Erzeugung einer Erwartung vom Tod des Laertes, die dann innerhalb der Handlung enttäuscht wird: vgl. zu ω 345–9.

Eine weitere Schwierigkeit bieten die chronologischen Angaben des Antinoos: Er sagt zunächst, daß Penelope die Freier schon drei Jahre lang hinhalte; danach spricht er von einer dreijährigen Dauer der Weblist, wobei es erst heißt „es ist schon das dritte Jahr, bald kommt das vierte", und dann „drei Jahre lang täuschte sie die Freier, aber als das vierte Jahr kam ...". Beide Formulierungen basieren auf dem typischen Schema „dreimal; und beim vierten Mal", hier konkretisiert in der Form „drei Jahre; und im vierten Jahr" (vgl. Rutherford zu τ 151). Es wurde nun vorgeschlagen, daß es sich dabei um zweimal drei Jahre handle: Die Weblist, die in die Vergangenheit gesetzt sei, habe drei Jahre gedauert; danach seien die Freier in das

Haus des Odysseus gezogen, und Penelope habe mit ihrer Hinhaltetaktik begonnen, die zum Zeitpunkt des Handlungsbeginns schon wieder drei Jahre andauere (so Wehrli 1959, 230f.; Kullmann 1981, 36). Diese Vermutung hat wenig Anklang gefunden, weil sie bestenfalls mit der Darstellung des Antinoos, nicht aber mit der Penelopes und schon gar nicht der Amphimedons vereinbar wäre. Mit den zweimal drei Jahren ist ein und dieselbe Zeitspanne gemeint: Antinoos beschreibt zuerst die generelle Taktik, die Penelope gegenüber den Freiern in den bewußten drei Jahren angewendet habe, und hierauf eine konkrete List, die diese allgemeine Einstellung veranschaulicht und die ebenfalls diese drei Jahre ausgefüllt hat; danach bezeichnet er die zuerst beschriebene Grundhaltung Penelopes als noch immer aufrecht. Verbunden ist damit, daß auch die Freier ihr Verhalten nach der Aufdeckung der Weblist sichtlich nicht geändert haben; nichts läßt darauf schließen, daß sie erst danach in das Haus des Odysseus eingezogen und mit ihrem als verwerflich markierten Treiben begonnen hätten: Gegen das Argument von Erbse (1972, 120f.), daß die Freier in drei Jahren ,Belagerung' mehr als die gesamten Viehbestände des Odysseus aufgezehrt hätten, spricht, daß der Erzähler die Herdenbestände des Odysseus wohl gerade deshalb als fast unrealistisch groß zeichnet, damit sie der Gier der Freier standhalten können: Aus ξ 13–20 geht hervor, daß die Freier noch ein volles Jahr zu essen hätten, wenn sie, wie schon bisher, jeden Tag einen Eber verzehrten. Auch die Aufforderung des Antinoos an Telemachos in β 305, ἀλλὰ μάλ' ἐσθιέμεν καὶ πινέμεν, ὡς τὸ πάρος περ, macht wenig Sinn, wenn die Freier erst vor kurzem mit ihrem Treiben begonnen haben; vor allem aber steht dagegen die deutliche Aussage Athenes (ν 376–8), daß die Freier bereits drei Jahre lang μέγαρον κάτα κοιρανέουσι. Man kommt also nicht an der Auffassung vorbei, daß Antinoos zweimal das Verhalten Penelopes innerhalb derselben Zeitspanne beschreibt, einmal anhand ihrer prinzipiellen Einstellung und einmal anhand einer konkreten Aktion. Dabei fällt auf, daß beide Angaben nicht nur nicht perfekt zur Darstellung unserer Odyssee passen (der Weblist ist ihr natürliches Ende gekappt; das Aussenden von Botschaften paßt schlecht zu den im Haus anwesenden Freiern), sondern einander auch konkurrenzieren: Das Motiv der Weblist setzt in seiner natürlichen Ausgestaltung voraus, daß das Hinhalten der Freier für sich allein wirkt und keine Unterstützung durch weitere taktische Maßnahmen benötigt. Auch die beiden Rollenbilder der Penelope stimmen nicht ganz miteinander überein: die Weblist evoziert das Bild einer treuen Gattin, die sich ganz auf die Tätigkeiten der idealen Ehefrau zurückzieht und den Kontakt zu anderen Männern meidet; das Bild einer Penelope, die allen Freiern Hoffnungen macht, ist weniger eindeutig, auch wenn sie damit dasselbe Ziel verfolgt. Es sind also zwei Verhaltensmuster einander gegenübergestellt, die auf Möglichkeiten verweisen, wie Penelope sich in der weiteren Handlung unserer Odyssee gegenüber den Freiern verhalten könnte. Beide Verhaltensweisen bestimmen ihre Beziehung zu den Freiern, und zwar seit dem Beginn ihrer ungestümen Werbung.

Für die Interpretation unserer Odyssee stellt sich damit die Frage, warum der Dichter die im Weblist-Motiv durchschimmernde Mythoskonzeption abgeändert hat. Diese Frage ist in zwei Punkte aufzugliedern: Zunächst ist zu untersuchen, welche Aspekte unserer Odyssee mit dem Motiv der Weblist inkompatibel waren und erzwangen, daß dieses seiner natürlichen Funktion beraubt und in die Vorgeschichte abgeschoben wurde; der Vergleich der ,neuen' Motive mit dem ,alten' Motiv der Weblist kann sichtbar machen, in welche Richtung die Akzente verschoben sind. Danach ist aber zu fragen, warum das Motiv der Weblist, wenn auch nur als Teil der Vorgeschichte, trotzdem als Bestandteil der ,neuen' Konzeption beibehalten wurde, warum es also trotz der Schwierigkeiten, die seine Einbindung in den neuen Kontext verursachte, nicht einfach fallengelassen wurde.

Für die erste Frage wurden schon oft jene Wesenszüge der Odyssee benannt, die mit dem Motiv der Weblist unvereinbar scheinen (vgl. zuletzt Krischer 1993). Zunächst bleibt bei konsequenter Verfolgung des Weblist-Motivs kein Platz für eine aktive Rolle des Telemachos: In einer Handlung, die auf die dramatische Zuspitzung der Ereignisse an einem einzigen Tag hinsteuert, kann es kaum Aktionen Telemachs geben, die ihn aus Ithaka hinausführen und längere Zeit fernhalten. Auch das Motiv, daß mit Telemachs Erwachsenwerden, möglicherweise zu einem dadurch festgelegten exakten Termin, Penelope sich neu vermählen müsse, läßt sich mit dem Zwang zur Hochzeit aufgrund der Aufdeckung der Weblist nicht vereinen (vgl. dazu Hölscher 1988, 52f.). Bei einer konsequenten Behandlung des Weblist-Motivs gäbe es für Telemachos auch keinen Ansatzpunkt, um sich den Freiern öffentlich zu widersetzen: Vor der Aufdeckung hätte er — wegen der fingierten Freiwilligkeit der Penelope — noch keinen Anlaß zur Beschwerde, nach der Aufdeckung gäbe es dafür aber keine moralische Berechtigung. Eine Version der Geschichte, die das Motiv der Weblist in den Vordergrund stellte, konnte also zwar die Figur des Telemachos, die in der Odysseus-Tradition sichtlich fest verankert war (vgl. B 260 und Δ 354, wo Odysseus sich als Τηλεμάχοιο πατήρ bezeichnet), kennen und ihr auch gewisse Funktionen, etwa als Helfer beim Freiermord, zuschreiben; eine ähnliche Rolle wie in unserer Odyssee war ihm in solchen Versionen aber wohl verwehrt. Freilich ließe sich sehr wohl eine Version konstruieren, in der Weblist und Telemachos-Rolle miteinander kombiniert sind:

Telemachos begibt sich noch vor Aufdeckung der Weblist auf die Suche nach dem Vater; durch die Aufdeckung während seiner Abwesenheit spitzt sich die Lage dramatisch zu; Penelope hat noch Galgenfrist bis zur Fertigstellung des Gewands; Telemachos kehrt mit Odysseus im letzten Augenblick zurück.

Eine solche Version läßt sich anhand unseres Textes nicht nachweisen (vgl. aber zu α 93); doch der Vergleich mit einer solchen nur hypothetischen Variante mag die Wesenszüge unserer Odyssee klarer hervortreten lassen.

Auch für weitere Handlungsmotive ließe sich zeigen, daß sie mit einer konsequenten Ausrichtung der Handlung auf die Weblist unvereinbar sind, doch verbleiben solche Bemühungen immer im Hypothetischen, da wir die Geschichte der Weblist ja nur aus dem knappen Referat unserer Odyssee kennen und dazu neigen, sie nur danach zu beurteilen. Kreative Sänger vor und neben dem Dichter unserer Odyssee fanden zweifellos Möglichkeiten, das Motiv in eine stimmige Handlung umzusetzen; man darf daher nicht zuviel Gewicht auf die ,natürliche' oder ,logische' Ausformung des Erzählmotivs legen. Unbeweisbar bleibt auch Krischers Versuch (1993), das Weblist-Motiv als unvereinbar mit dem Motiv der Bogenprobe zu erklären. Krischer meint, daß die Freier unmittelbar nach Aufdeckung der Weblist die Bogenprobe als neue List entlarven müßten, und schlägt als Ausgangspunkt für den Freiermord in der ,Weblist-Version' einen Sportwettkampf während der Hochzeitsfeier vor (vgl. zu σ 1–119). Doch liegt die Frage, ob zwei Motive miteinander harmonieren oder nicht, letztlich in Geschick und Adaptationskunst des einzelnen Sängers.

Eines bleibt unbestreitbar: Eine Darstellung der Handlung, die auf dem Motiv der Weblist basiert, wobei das Gewicht auf dem Faktischen des Betrugs an den Freiern und dem daraus resultierenden Zwang zur Wiederverheiratung liegt, steht schon deshalb in Gegensatz zu unserer Odyssee, weil in dieser die Handlung weitgehend in das Innere der Figuren verlegt ist. Dieser Prozeß der Psychologisierung der Handlung wurde oft beschrieben, zuletzt gerade von jenen Forschern, die die Entwicklung unserer Odyssee aus einer Tradition von Odysseus-Geschichten untersucht haben (Hölscher 1988; Krischer 1993; Schwinge 1993). Hier genügen daher knappe Hinweise auf die wesentlichen Differenzen zwischen einer im Faktischen verhafteten Weblist-Version und unserer psychologisierenden Odyssee:

Ein erstes betrifft die Figur Penelopes, die in unserer Version komplex, vielschichtig, ja rätselhaft gezeichnet ist (vgl. zuletzt Felson-Rubin 1994; Katz 1991). In der Weblist-Variante bleibt Penelope nach der Aufdeckung kein Handlungsspielraum; sie wird von der aktiven Hintertreiberin der Heirat abrupt zum wehrlosen Opfer der Freier, kann nach Fertigstellung des Gewands (ihres eigenen Hochzeitskleids?) den Hochzeitstermin nicht länger hinauszögern, ja überhaupt nicht mehr aktiv in die Handlung eingreifen, nicht einmal auf die Aktionen der anderen Figuren reagieren. Ganz anders in unserer Odyssee. Auch hier hat Penelope zwar keinen realen Handlungsspielraum, doch die wichtigste Entscheidung, die über den Termin der Hochzeit, bleibt ihr vorbehalten, was voraussetzt, daß die Freier hier keinen konkreten Zwang ausüben können. In den Weblist-Versionen war ein solcher Zwang wohl mit Penelopes verbindlichem Versprechen begründet; in unserer Odyssee ist ein solches Versprechen schon in der Formulierung der Ankündigung der Weblist vermieden (β 97 = τ 142 = ω 131), und der Zwang zum Hochzeitstermin ist durch eine andere Art von Zwang ersetzt: Die Freier halten das Haus des Odysseus besetzt und verzehren sein Vermögen; dieses Verhalten ist allerdings nicht erst durch die Weblist begründet, sondern bestimmt ihre Werbung schon von Anfang an.

Damit wird ein weiteres Anliegen unserer Odyssee unterstützt. In der ,Weblist-Version' ist das Verhalten der Freier im weitesten Sinne sozial akzeptabel: Ihre Werbung ist zunächst korrekt — sofern sie nicht mit einer ,Belagerung' des Palastes verbunden ist —, die Weblist kann als Betrug charakterisiert werden, und der Zwang, dem Penelope zuletzt ausgesetzt ist, liegt in ihrem eigenen Versprechen begründet, ist also am ehesten als ,moralischer Druck' zu bezeichnen. Die Tötung der Freier durch Odysseus ist in solchen Varianten zwar durch die Logik der Geschichte ausreichend begründet, ist aber, sowie man über das rein Faktische hinausgreift, ,moralisch' anfechtbar bzw. innerhalb eines Sozialgefüges nicht ohne weiteres akzeptabel und löst berechtigte Gegenmaßnahmen gegen Odysseus aus. Unsere Odyssee legt hingegen großen Wert darauf, das Verhalten der Freier als Verstoß gegen menschliches und göttliches Recht zu markieren, und erhebt dies geradezu zu einem Hauptthema des Epos. Wie dies erreicht wird, wurde oft beschrieben (vgl. etwa Hölscher 1988, 259–71): So wird, beginnend mit der programmatischen Zeus-Rede (vgl. zu α 32–43), systematisch das Schicksal des Agamemnon als Vergleichsparadigma aufgebaut, das für die Freier die Assoziation zu dem Mörder Aigisthos bereithält. Weiters werden dem Kollektiv der Freier Aktionen zugewiesen, die ihre Schuld manifest werden lassen; dazu gehört ihr Verhalten im Haus des Odysseus, vor allem der Übergriff gegen seinen Besitz, in geringerem Maße auch der Mordplan an Telemachos. Daß es dabei keineswegs um die simple Entlastung des Odysseus und die Schuldzuweisung an die Freier geht, zeigt sich an der Tatsache, daß die Schuld der Freier als vielschichtiges Phänomen behandelt ist: Die Motive der Freier sind, was ihr Kollektiv betrifft, ein komplexes Bündel unterschiedlich zu bewertender Antriebe, sie sind weiters auch bei den einzelnen Freiern unterschiedlich verteilt. Der Erzähler macht es sich mit der ,Schuld' der Freier also nicht leicht; auch dieser Aspekt des Problems ist ausdrücklich hervorgehoben (vgl. zu σ 119–57). Es läßt sich nun argumentieren, daß eine derart komplexe Darstellung der Freier in einer Version, die der Weblist ihre natürliche Funktion beläßt, nur schwer denkbar ist. Dasselbe gilt für die Figuren der Penelope und des Telemachos sowie natürlich für die Figur des Odysseus selbst.

Krischer (1993, 11) hebt zu Recht hervor, daß der „Denaturierung des Webelist-Motivs" eine Schlüsselposition für das Verständnis unserer Odyssee im Verhältnis zu früheren bzw. anderen Versionen zukommt; jede Interpretation der Odyssee könnte von der Weblist ihren Ausgang nehmen, auch wenn man dabei zu unterschiedlichen Schlüssen über die Wesensart der ‚ursprünglichen' Version kommen kann, je nachdem, ob man an der Rekonstruktion einer einzigen vorhomerischen epischen Odyssee interessiert ist (Krischer) oder an der Herausarbeitung archetypischer Märchenmotive (Hölscher). Ich meine, daß gerade die Stellung der Weblist in unserer Odyssee erkennen läßt, daß dem Dichter nicht eine einzige Ur-Version vorschwebte, gegen die er sein Epos absetzen wollte. Die Weblist ist nicht das einzige Erzählmotiv, das in unserer Odyssee ‚denaturiert' ist, und sie konkurriert nicht nur mit dem Konzept unserer Odyssee, sondern auch mit Konzepten, die jeweils anderen ‚denaturierten' Motiven zugrundeliegen. Damit scheint es ausgeschlossen, eine einzige ‚Folie' für unsere Odyssee zu rekonstruieren. Die Odyssee setzt eine Reihe von Varianten der Geschichte voraus und spielt auf sie an. Wir können diese Varianten, sofern überhaupt, meist nur in der Form der zugrundeliegenden einfachen Handlungsmotive identifizieren; diese geben keinen Aufschluß über die Form, in der die dazugehörigen Erzählungen dem Dichter und seinem Publikum bekannt waren. Man wird davon ausgehen, daß es sich um Epen bzw. epische Lieder handelte; auf deren Länge und Komplexität können wir aus ihrer Rezeption in unserer Odyssee nicht schließen, und die kategorische Behauptung, es habe sich dabei um wesenhaft einfachere Gebilde als die erhaltenen homerischen Epen gehandelt, ist nicht zulässig. Vieles spricht dafür, daß unsere Odyssee das τέλος aller kursierenden Odysseen darstellte; doch heißt das nicht, daß den anderen Odysseen a l l e Qualitäten fehlen mußten, die wir an unserer Odyssee schätzen. Auch andere Konzepte konnten mit psychologischer Darstellung arbeiten oder ein komplexes Handlungsgefüge aufweisen. Die in der Odyssee präsenten Alternativkonzepte sind primär so zu verstehen; sie fördern das Verständnis der Eigenart unserer Odyssee, sind aber nur mit Vorsicht als historische Zeugnisse auszuwerten.

Damit stellt sich auch die eingangs formulierte Frage in neuer Form: Wenn unsere Odyssee sich von anderen Konzepten absetzen will und darum dem Weblist-Motiv nicht seine volle Funktion zukommen läßt, warum hat sie dann die Weblist, wenn auch nur als Vorgeschichte, überhaupt in ihre Handlung aufgenommen? Angesichts der Schwierigkeiten, die sich aus der Adaptation ergeben — Schwierigkeiten, die in unserem Text sichtbar werden, wenn man darauf achtet, wie der Erzähler die Tatsache verschleiert, daß die Aufdeckung der Weblist ohne Konsequenzen bleibt —, wäre es nahe gelegen, die Weblist völlig aus der Handlung zu streichen oder durch ein anderes Motiv zu ersetzen, das die lange Dauer der Werbung begründet. Man hat gemeint, das Weblist-Motiv sei in der Odysseus-Tradition so bekannt gewesen, daß es als konstitutiver Bestandteil einer je-

den Odyssee galt, so daß der Dichter unserer Odyssee sich gezwungen gesehen hätte, es auch in seine Handlung einzubauen. Doch ist die Weblist-
Geschichte nicht nur pflichtgemäß in die Handlung eingebaut; sie wird
nicht weniger als dreimal referiert, was dafür spricht, daß die Aufmerksamkeit auf sie gelenkt werden soll. Und sie erscheint im Referat des Amphimedon im ω in einer Form, die geradezu ein Zitat ihrer ,ursprünglichen'
Form darstellt. Die dreimalige Erwähnung der Weblist ist also im Rahmen
unserer Odyssee als bewußter Verweis auf eine der Möglichkeiten, die Geschichte zu erzählen, gestaltet.

Es ist auch kein Zufall, an welchen Punkten der Handlung die Referate
eingebaut sind; das läßt sich schon für die Darstellung Penelopes beobachten: Das erste Referat der Weblist im β steht am Anfang der Odyssee, bevor
der Hörer sich noch ein genaueres Bild über Penelopes Charakter machen
konnte; die Weblist ist also eine Vorgabe, anhand derer ihr weiteres Agieren in der Handlung beurteilt werden kann. Das zweite Referat steht nicht
weit nach dem berühmten Auftritt Penelopes vor den Freiern im σ, wo an
einem konkreten Beispiel gezeigt ist, daß die Geduld der Freier — auch
noch im vierten Jahr der Werbung, nach Aufdeckung der Weblist — aus
der Persönlichkeit und dem individuellen Reiz der Penelope resultiert, und
nicht aus ihren Tricks. Besonders pointiert ist es daher, wenn Penelope zum
Bettler sagt, sie wisse sich nach der Aufdeckung der Weblist nicht mehr zu
helfen und könne die Hochzeit nicht länger aufschieben (τ 157f.). Der Hörer hat soeben mitverfolgt, wie Penelope die Freier noch immer in Bann
hält; ihre Resignation erhält dadurch schärfere Kontur. Es ist nicht so, daß
sie rein faktisch die Freier nicht länger hinhalten könnte; was sie dem
Bettler mitteilt, ist, daß sie sich dazu psychisch nicht mehr imstande sieht.
Das dritte Referat schließlich steht nach dem Ende der Penelope-Handlung,
die sich erst im σ, τ und ψ voll entfaltet hat; der Hörer kann hier also aufgrund seines Mehrwissens das gesamte Verhalten der Penelope unserer
Odyssee mit ihrem Verhalten in Amphimedons Version vergleichen.

Die Einfügung der Weblist-Geschichte in die Handlung unserer Odyssee kann also nicht damit erklärt werden, daß der Dichter damit die Erwartungen seines Publikums befriedigen mußte. Noch weniger kann man davon sprechen, daß der *oral performer* verschiedene traditionelle Versionen
mechanisch vermischt hätte, nur auf den Augenblickseffekt bedacht und
ohne sich um „absolute coherence of the long poem as a whole" zu kümmern (Griffin 1987, 31, mit Bezug auf eine analoge ,Unstimmigkeit'). Wenn
in unserer Odyssee die Weblist schon zu Beginn der Handlung als Vorgeschichte deklariert ist, so wird damit signalisiert, daß ihre Funktion in dieser Version durch etwas anderes ersetzt werden muß. Der Dichter hat also
nicht nur die ,alte' Konzeption der Weblist-Version durch eine ,neue' ersetzt, er weist mit dem Zitat auch ausdrücklich darauf hin.

β 113–4 Zum Problem vgl. zu β 52–4. Für die Beurteilung der einzelnen Stellen ist jeweils die genaue Formulierung maßgeblich (vgl. Siegmann 1987, 179ff.). Athene (α 272–8) formuliert als Forderung Telemachs an die Freier, sie sollten zuerst sein Haus verlassen; dann solle Penelope, sofern sie heiraten wolle, ins Haus ihres Vaters zurückkehren. Telemachs Formulierung (β 52–4) setzt dieselbe Reihenfolge voraus, suggeriert aber bereits, daß die Freier sich dem widersetzen würden. Antinoos stellt jetzt den Vorgang auf den Kopf: Voraussetzung für den Rückzug der Freier aus dem Palast sei, daß Telemachos Penelope in ihr Elternhaus zurückschicke und dadurch zur Heirat zwinge. Damit wird, wie Telemachos in seiner Antwort (β 130–7) feststellt, das Problem auf eine andere Ebene verlagert: Ins Spiel kommt das vielschichtige Verhältnis zwischen Telemachos und Penelope, das im weiteren Handlungsverlauf wiederholt zur Sprache gebracht werden wird.

β 119–20   „Antinous selects three great names from the past, but there is no reason to regard any of these heroines as particularly clever; the antiquarian note is slightly strange, but the comparison undeniably flattering" (West zu β 120). Wer sich mit dieser Erklärung nicht bescheiden mag, wird den gemeinsamen Aspekt der zitierten Frauengestalten darin suchen, daß alle drei neben ihrem Gemahl einen (göttlichen) Liebhaber hatten. Das ist für Tyro und Alkmene in den hesiodischen Frauenkatalogen und im λ belegt (vgl. West), läßt sich aber durch Kombination mehrerer Quellen auch für Mykene wahrscheinlich machen: Diese war Gattin des Arestor (Paus. 2, 16, 4 = Hes. fr. 246), der seinerseits als Vater des Argos Πανόπτης gilt (Apollod. 2, 1, 3, 3, nach Pherekydes; Ov. Met. 1, 624); dieser Argos wird aber auch als Sohn des Agenor (Apollod. 2, 1, 2, 2) oder des Flußgottes Inachos (Apollod. 2, 1, 3, 3, nach Asklepiades) geführt, wobei der Name der Mutter jeweils nicht genannt ist (weitere Angaben können hier außer Betracht bleiben). Auch wenn hier keine Klarheit zu gewinnen ist, scheint die doppelte Vaterschaft des Argos also darauf hinzudeuten, daß es für Mykene eine ähnliche Tradition gab wie für Tyro und Alkmene. Der Vergleich (und implizite Tadel) des Antinoos zielt dann auf der Figurenebene darauf ab, daß Penelope im Gegensatz zu den genannten Heroinen sich bislang einer weiteren (ehrenhaften) Verbindung entzogen habe. Damit demaskiert Antinoos aber gegen seine eigene Absicht das Ansinnen der Freier als Hybris: Die Freier beanspruchen ein ‚Recht' auf Penelope, das bei den Heroinen der Vorzeit nur Götter in Anspruch genommen haben (vgl. zu φ 288–310).

β 174–6 Die Prophezeiung des Halitherses markiert das Schicksal des Odysseus als vorgegeben, womit zugleich gesagt wird, daß eine Erzählung von der Heimkehr des Odysseus sich an diesen vorgegebenen Rahmen halten muß. Alle Punkte der Prophezeiung scheinen zum traditionellen Mythos zu gehören, d.h. in allen Versionen berücksichtigt gewesen zu sein; es könnte sich damit um ein Signal unserer Odyssee handeln, daß auch sie sich an diesen verbindlichen Rahmen halten wird, was natürlich nicht bedeutet, daß die Prophezeiung des Halitherses selbst aus der Tradition übernommen sein muß. Die Stelle erinnert an die in der Ilias referierte Prophezeiung des Kalchas in Aulis (B 300–30): dieselbe Situation (Abfahrt der Griechen nach Troia), derselbe Inhalt der Voraussage (Dauer der Abwesenheit und Erfolg nach schweren Verlusten). Da die Kalchas-Prophezeiung den Zusammenhang der Kyprien evoziert, könnte in der Odyssee nur die Parallelsetzung zur Kyprien-Situation intendiert sein. Auffällig ist aber die strukturelle Übereinstimmung mit der Ilias-Stelle, nämlich die Stellung im zweiten Buch. Dieser Befund für sich allein läßt natürlich mehrere Deutungen zu: bewußte Imitation; Technik desselben Dichters; traditionelle Technik (Vorwegnahme des τέλος der Handlung durch frühe Prophezeiung).

β 223   Wenn Telemachos verspricht, nach der Rückkehr von seiner Reise, eventuell nach einer Wartefrist von einem weiteren Jahr, seine Mutter zu verheiraten, bedeutet das eine ‚unmögliche Alternative‘.

β 225–7   Mentor wurde von Odysseus als Hüter über sein Haus eingesetzt; diese Funktion findet in der Handlung sonst keinen Niederschlag. Als Erklärungen böten sich an: Mentor erfüllt ein traditionelles Schema, so wie der anonyme Sänger im Haus des Agamemnon (γ 267); Mentor hatte schon in Varianten diese Rolle, hier wird daran erinnert, nur damit er kurz darauf zum göttlichen Helfer des Telemachos avanciert; oder Mentor wird mit diesem beliebigen Motiv eingeführt, um seine künftige Rolle als Begleiter Telemachs plausibel zu machen. Für letztere Möglichkeit spricht, daß Mentors erste Nennung keine Kenntnisse beim Hörer vorauszusetzen scheint.

β 230–4   Odysseus wird als idealer βασιλεύς auf Ithaka charakterisiert; das gehört zu der Tendenz unserer Odyssee, den Helden von jeder moralischen Schuld in Zusammenhang mit dem Freiermord freizusprechen.

β 246–51   Der Freier malt ein exaktes Gegenbild zu Athenes Vision vom heimkehrenden, wehrhaften Odysseus (vgl. zu α 255–66): Odysseus kehrt heim, findet die schmausenden Freier vor, versucht sie im offenen Kampf zu vertreiben, hat aber gegen die Übermacht keine Chance und fällt. Das ist, für sich genommen, eine ‚unmögliche Alternative‘, suggeriert aber, daß Odysseus nur in seiner traditionellen Rolle des heimtückischen Bogenschützen eine Chance gegen die Freier hat; die Vision Athenes bleibt damit weiter ein unrealistisches Wunschbild (vgl. zu π 281–98).

β 271–2   Die Charakterisierung des Odysseus als energisch und tatkräftig entspricht durchaus auch dem traditionellen Odysseus-Bild: Seine ‚klassischen‘ Aktionen wie die List des Hölzernen Pferdes und der Palladion-Raub erfordern nicht nur List und Intelligenz, sondern auch Kampfkraft und Mut. Athene verweist also nicht auf ‚neue' Tugenden des Odysseus, sondern auf solche, die dem Hörer aus zahlreichen Geschichten über den Helden bekannt waren. Das paßt gut zum evidenten Anspielungscharakter, den der allgemeine Verweis auf die Tugenden des Odysseus aufweist.

β 282–4   Das Handlungsziel bezüglich der Freier wird hier präzise abgesteckt: Sie müssen alle an ein und demselben Tag sterben. Unsere Odyssee thematisiert nirgends die Möglichkeit, daß ein ‚aktiver' Freier verschont werden könnte. Immerhin werden aber zwei Mitläufer, der Sänger Phemios und der Herold Medon, verschont (vgl. zu χ 310–80) und wird für den ‚Besten' der Freier, Amphinomos, die Möglichkeit erwogen, daß er dem Schicksal entkommen könnte (vgl. zu σ 119–57). Unsere Odyssee stellt also sehr wohl die Frage, unter welchen Bedingungen einzelne der Freier der Bestrafung entkommen könnten. Die Antwort darauf wird bereits hier von Athene prägnant gegeben: die Freier sind weder vernünftig noch gerecht und müssen daher alle sterben. Die Worte der Göttin sind für den Hörer (nicht für Telemachos!) verbindliches Programm: In dieser Version (im Gegensatz zu anderen, auch möglichen Versionen) werden die Freier, die als Kollektiv Schuld tragen, im Kollektiv getötet werden.

β 305   Die Aufforderung des Antinoos ἀλλὰ μάλ' ἐσθιέμεν καὶ πινέμεν ὡς τὸ πάρος περ zeichnet das Bild eines Telemachos, der jahrelang beim Treiben der Freier mitgemacht hat und plötzlich eine Kehrtwendung vollzieht. Daraus ließen sich Varianten konstruieren, in denen Telemachos als unwürdiger Sohn seines Vaters dargestellt ist, doch gibt es dafür keine Spuren im Text. Telemachs negative Vergangenheit, seine Unvernunft in der Zeit vor dem Einsetzen der Handlung, wird wiederholt thematisiert, dient aber im Rahmen unserer Odyssee dazu, seine Kehrtwendung, d.h. seine Entwicklung zum Mann und Helden zu konturieren. Gleichzeitig tritt damit hervor, daß jene ‚Entwicklung' des Telemachos, die oft als Inhalt der Telemachie bezeichnet wird, in unserer Odyssee als Gegensatz zwischen seinem Verhalten vor und nach dem Einsetzen der Handlung dargestellt ist.

β 316–7   Wenn Telemachos den Freiern droht, er werde ihren Untergang ins Werk setzen und dazu nach Pylos reisen, so konnte dieser Handlungsgang nach dem Wortlaut in keiner Version eingelöst sein; auch die Variante, daß Telemachos im δῆμος von Ithaka Unterstützung gegen die Freier findet, widerspricht dem traditionellen τέλος einer jeden Odyssee: Keine Version konnte damit enden, daß Telemachos ohne Odysseus, mit wessen Hilfe auch immer, die Freier tötet. Für den traditionellen Hörer konnten die ‚unmöglichen Alternativen' aber als Hinweis auf zwei mögliche Varianten dienen: Telemachos trifft seinen Vater, und zwar entweder auf seiner Reise oder auf Ithaka, und übt mit ihm Rache an den Freiern. Telemachos weiß im β schon, daß er die Reise unternehmen wird; die Rache mit Hilfe des δῆμος ist für ihn derzeit also keine reale Option; für den Hörer kann das signalisieren, daß ein Zusammentreffen von Odysseus und Telemachos auf Ithaka erst wieder nach Telemachs Rückkehr möglich ist.

β 325–36 Die Freier erwägen in anonymen τις-Reden drei mögliche Konsequenzen von Telemachs Reise; alle drei bilden ‚unmögliche' Varianten, verweisen aber auf Motive, die in unserer Odyssee eingelöst werden. Die ersten zwei Möglichkeiten nehmen das Motiv auf, das Athene in ihrer Rede an Telemachos entwickelt hat (vgl. zu α 255–66; δ 341–6; π 281–98), wobei aber aus der Perspektive der Freier die Person des Odysseus ausgeklammert bleibt: Aktionen gegen die Freier könnten in offenem Kampf oder in Meuchelmord resultieren. Daß die Freier dabei (unbewußt) die Gestalt des Odysseus vergegenwärtigen, ist durch die Beziehung auf α 259–64 evident: Telemachos könnte aus Ephyra Gift besorgen, so wie es nach der Erzählung des Mentes einst Odysseus getan hat. Damit werden wieder die zwei schon von Athene thematisierten Möglichkeiten des Freiermordes sichtbar. Die dritte Möglichkeit, wonach Telemachos auf der Reise umkommt, führt das Thema der geplanten Ermordung Telemachs durch die Freier ein.

Das letzte Wortgefecht zwischen Freiern und Telemachos ist wichtig, weil es die Erwartungen der Hörer in Bezug auf mögliche Ergebnisse der Reise lenkt. Geht man davon aus, daß der Hörer der Odyssee bereits Versionen kannte, in denen Telemachos eine Reise unternahm (auch wenn keineswegs alle Versionen von Odysseus-Epen eine solche Reise enthalten mußten), so hatte er bereits bestimmte Erwartungen über ihren Verlauf und ihren Ausgang; die von den Figuren der Handlung formulierten Erwartungen steuern daher die Erwartungen der Hörer in die Richtung von Varianten, die sie aus der Tradition kennen: Telemachos wird Odysseus entweder auf seiner Reise treffen, oder erst nach der Rückkehr nach Ithaka; Odysseus wird die Freier entweder im offenen Kampf oder durch List, nämlich mit seinen — traditionellen? — Giftpfeilen töten.

Odyssee 3

γ 83–5 Für Telemachos besteht die Kunde, die er bereits von Odysseus hat (ὅν ποτέ φασιν), in seiner Rolle bei der Eroberung Troias: Mit seiner Formulierung weist Telemachos gleichsam Odysseus die Rolle des πτολίπορθος schlechthin und Nestor nur die eines Zeugen zu, womit auch die List des Hölzernen Pferdes als bekannt vorausgesetzt ist. Telemachos muß darüber nicht aufgeklärt werden, da dieses κλέος ist in der Form von Heldengesang (Phemios) auch längst bis Ithaka gelangt ist.

γ 86–7 Ebenso ist Telemachs Aussage, er wisse von all jenen Helden, die umgekommen seien, um die genauen Todesumstände, als Hinweis darauf zu werten, daß sowohl der Krieg selbst als auch die νόστοι in der Tradition fixiert und als bekannt vorausgesetzt sind. Das ist wichtig, weil, beginnend mit der folgenden Antwort Nestors, die Odyssee ihre eigene Version der νόστοι — und zwar aus der Figurenperspektive der Beteiligten — liefern wird, die in bestimmten Punkten eine evident eigenständige Linie verfolgt. Telemachs Formulierung grenzt dabei geradezu den Spielraum ab, der der ‚neuen' Version der νόστοι zugestanden wird: Was jene Helden betrifft, die auf der Heimfahrt umgekommen sind, ist die Tradition so weit festgelegt, daß sie keine Abweichungen zuläßt. Die ‚Neuerungen' der νόστοι der Odyssee werden sich in anderen Bereichen bewegen.

γ 90–1   Zum Schema ‚zu Lande – auf dem Meer' vgl. zu α 3–4. Auch hier ist der Bereich ‚Land' als die Domäne der Menschen charakterisiert. Die Formulierung steht hier evident nur als Umschreibung für ‚die ganze (dem Reisenden zugängliche) Welt'.

γ 98–101   Aus Telemachs Figurenperspektive ist der Verweis auf die mögliche Einlösung eines Versprechens durch Odysseus an Nestor vor Troia nur eine vage Vermutung oder bestenfalls ein Verweis auf typisch heroische Verhaltensweisen. Möglich wäre, daß damit ein dem Hörer vertrautes konkretes Datum des Mythos zitiert wird, das nur uns nicht mehr kenntlich ist; doch schon Nestors Antwort (vgl. zu γ 126–9) macht wahrscheinlich, daß es kein solches Versprechen gab. Vor allem verwendet Telemachos dieselben Verse noch einmal gegenüber Menelaos, wo sie sich als Anspielung auf den Gefolgschaftseid der Freier Helenas deuten lassen (vgl. zu δ 328–31). Man hielt deshalb die Verse im γ für aus dem δ interpoliert (vgl. West zu γ 98–101), doch liegt die Funktion der Wiederholung in der dadurch erzielten Klimax: Auch das Verhältnis zwischen Odysseus und Nestor war ein sehr gutes, doch das Verhältnis zwischen Odysseus und Menelaos enthielt über die persönliche Beziehung hinaus die bestmögliche Einlösung des Gefolgschaftseides: die Eroberung Troias und Rückgewinnung Helenas (vgl. zu ϑ 517–20). Damit wird im δ signalisiert, daß auch Telemachos, was die Auskünfte über seinen Vater betrifft, von einer guten zu einer noch besseren Person gelangt ist.

γ 105–8   Wieder taucht das Schema ‚zu Lande – auf dem Meer' auf, hier für die Kämpfe um Troia (vgl. zu α 3–4; hier fällt für den Bereich ‚Land' der Begriff ἄστυ). Die Raubzüge zu Schiff unter Achills Führung sind auch in der Ilias erwähnt (I 328, und öfter), doch zielt der zitathafte Verweis nicht auf den Text der Ilias, sondern auf Episoden, die dem Hörer aus ausführlicher erzählten Geschichten vertraut waren. Das setzt voraus, daß die Ereignisse der ersten neun Kriegsjahre in den kyklischen Kyprien nicht sämtlich aus der Ilias herausgesponnen und mit Handlung aufgefüllt sind, sondern auf die vorhomerische Tradition zurückgehen (vgl. Kullmann 1960), auf die

auch die Odyssee zurückgreift. Die knappen, nicht zur Erzählung ausge-
formten Angaben zum Trojanischen Krieg in der Odyssee verweisen somit
sämtlich auf die kommune Tradition in ihren verbindlichen Grundzügen.

γ 108–12   Nestor nennt vier vor Troia gefallene Helden: Aias, Achilleus,
Patroklos, Antilochos. Nach der in schriftlicher Form fixierten Aufteilung
des Kyklos ergäbe das den Verweis auf die drei Epen Ilias, Aithiopis und
Kleine Ilias, womit nahtlos an das Kyprien-Zitat angeschlossen wäre. Das
bedeutet jedoch nicht, daß in der Odyssee diese Form der Aufteilung der
Ereignisse vorausgesetzt ist. Nestors Referat zielt darauf ab, die Ereignisse
bis ins zehnte Kriegsjahr unter den Aspekt einer ‚Achilleis‘ zu stellen, die
Achills herausragende Leistungen bis zu seinem Tod und dessen unmittelbare Auswirkungen (Aias) umfaßt und unter dem dominierenden Aspekt
des πάθομεν κακά (113) steht; erst mit dem Tod des Aias beginnt die ‚Ära‘
des Odysseus, die Nestor in der Folge beschreibt, wenn er auch offen läßt,
ob die Wirkung des Odysseus als auf die letzte Kriegsphase beschränkt gedacht ist oder nicht. Für uns wesentlich ist, daß der Verweis auf Ereignisse,
die in der Ilias beschrieben sind, sich nicht von den Verweisen auf außer-
iliadische Traditionen unterscheidet. Für die Hörer entscheidend ist die
Kenntnis der Fakten, die sichtlich in der Tradition festgelegt waren; wenn
wir nicht annehmen wollen, daß sämtliche mythologischen Daten, auf die
die Odyssee anspielt, bereits in schriftlich fixierten Epen vorlagen (vgl. zu μ
55–72), kann daraus nur folgen, daß es für inhaltliche Zitate in der Odyssee
keine Rolle spielt, ob das zitierte ‚Werk‘ in schriftlicher Form vorlag oder
nicht.— Zu den ‚Konkurrenten‘ Patroklos/Antilochos vgl. zu ω 76–9.

γ 126–9   Die Aussage kann als Antwort auf 98–100 gefaßt werden und besagt dann, daß Odysseus gegenüber Nestor kein Versprechen eingelöst hat;
ihr gutes Einvernehmen habe darin bestanden, daß sie gemeinsam die Atriden beraten hätten, also das höhere Ziel der Eroberung Troias verfolgt hätten, das zugleich auch Inhalt des Gefolgschaftseides gegenüber Menelaos
gewesen sei. Damit weist die Antwort bereits auf Menelaos voraus: Dieser
ist Odysseus noch viel mehr zu Dank verpflichtet als Nestor, wird also Telemachos noch besser unterstützen.

γ 130ff.   Nestors Erzählung von der Heimfahrt der Griechen von Troia,
kombiniert mit den analogen Angaben des Menelaos und des Odysseus,
stellt vor zahlreiche Probleme. Einigkeit besteht heute darin, daß der
komplizierte Ablauf der mehrfach geteilten Abfahrt von Troia, wie er von
Nestor dargestellt ist, nicht aus einem älteren Nosten-Epos bzw. einer solchen Erzähltradition übernommen ist, sondern für die Zwecke der Odyssee
selbst gestaltet wurde: Das Referat des Proklos läßt die kyklischen Nostoi
zu deutlich als aus der Odyssee herausgesponnen erscheinen (Die Abhängigkeit der Odyssee von den kyklischen Nostoi ist argumentiert bei Bethe

1922, 258–279; Bethes Darstellung bleibt als Grundlage für die Auseinandersetzung wichtig, weil viele seiner Argumente für eine planvolle Anordnung der Ereignisse in den Nostoi die Darstellungsweise unserer Odyssee
betreffen). Für die kunstvolle Konstruktion und Aufteilung der Heimkehr-
Geschichten innerhalb unserer Odyssee genügt der Verweis auf Hölscher
(1988, 94–102), der zeigt, wie die Erzählungen der einzelnen Figuren einander ergänzen und sorgfältig aufeinander abgestimmt sind. Hölscher konzentriert sich dabei auf formale Aspekte, auf die Technik der verflochtenen
Handlungsführung, fragt daher nicht immer nach der inhaltlichen Funktion einzelner Baustücke der fragmentierten Heimkehr-Geschichten. Als wesentliches Ergebnis des Inhalts bezeichnet er lediglich, daß durch die Aufsplitterung der griechischen Kontingente erklärt werden könne, warum
Menelaos „als letzter" (als der er für die Telemachos-Handlung gebraucht
wird) nach Hause gekommen sei. Hölscher geht sichtlich davon aus, daß
die Odyssee außer auf die ‚Sagenmotive' der Schicksale von Aias und
Agamemnon auf keine ältere Form der Erzählung von der Heimfahrt aller
Griechen Bezug nehme, und behandelt den größten Teil der hier gebrachten Erzählung über die Nosten als freie Erfindung des Odysseedichters, die
ohne Rücksicht auf die Tradition gestaltet werden konnte.

Hinzu kommt, daß in der Darstellung der Ereignisse wiederholt das
Motiv des die Heimfahrt der Griechen bestimmenden Zorns Athenes auftaucht. Davon ausgehend hat Jenny S. Clay (1983) die These aufgestellt, daß
auch — oder vor allem — Odysseus persönlich von Athenes Zorn verfolgt
sei und erst der Handlungseinsatz unserer Odyssee das Ende dieses Zorns
markiere. Clays These hat wenig Zustimmung gefunden. Die Frage, von
der sie ausgeht — warum gerät Odysseus, der erklärte Liebling Athenes,
zusammen mit den anderen Griechen unter den Zorn der Göttin; wie lange
währt der Einfluß dieses Zorns, wann genau endet er und in welchem Verhältnis steht er zum Zorn des Poseidon? — ist aber nach Clay nicht mehr
behandelt worden. Eine Aufarbeitung des Problems scheint somit notwendig; die Annahme, daß die Odyssee andere, epische Versionen der Nostoi voraussetzt, zitiert und als Folie für die eigene Darstellung benützt,
wird dabei zu deutlich anderen Ergebnissen als bei Clay führen.

Ausgangspunkt der Untersuchung ist somit die Frage nach dem
Grund für Athenes Zorn gegen die Griechen. Hier lassen die (nachhomerischen) Quellen keinen Zweifel aufkommen: Der Grund für Athenes Zorn
ist nicht die Hybris aller Griechen während und nach der Eroberung
Troias (als Möglichkeit erwogen bei Clay), und schon gar nicht der Miß-
brauch der μῆτις durch Odysseus in der letzten Kriegsphase (dies die eigentliche These von Clay), sondern allein der Frevel des Kleinen Aias, der
Kassandra vom Athene-Altar gezerrt (und vergewaltigt) hat; die Schuld
der übrigen Griechen besteht darin, daß sie den Frevler nicht bestrafen,

wobei die Details unsicher bleiben (zur Rekonstruktion der kyklischen Iliu-
persis-Version vgl. Rösler 1987). Die Quellen deuten nun darauf hin, daß in
den üblichen Versionen Athenes Strafe die Griechen im Kollektiv traf, also
bei der gemeinsamen Heimfahrt der Flotte. So lautet bei Proklos der letzte
Satz des Iliupersis-Referats ἔπειτα ἀποπλέουσιν οἱ Ἕλληνες, καὶ φθορὰν
αὐτοῖς ἡ Ἀθηνᾶ κατὰ τὸ πέλαγος μηχανᾶται (§ 95–6 Kullmann). Im Agamemnon des Aischylos erweist sich der Seesturm, der die heimsegelnde
vereinte Flotte der Griechen versprengt, als Grund dafür, daß Agamemnon
und sein Herold nichts vom Verbleib des Menelaos und des Odysseus wissen (617ff.; 841–4). Und im Prolog der Troerinnen des Euripides kündigt
Poseidon an, er werde die griechische Flotte im Seesturm vor Euboia scheitern lassen; bei beiden Tragikern ist das kaum eine kühne mythologische
Neuerung, sondern das Zitat eines aus der Tradition bekannten Faktums.
Da sowohl die Odyssee als auch die kyklischen Nostoi als Quelle für die
Angaben bei Aischylos und Euripides ausscheiden und auch in der Iliupersis Athenes Rache nur angekündigt, nicht ausgeführt war, ist anzunehmen, daß es eine davon unabhängige Tradition vom Schiffbruch der Griechen gab, die schon in der Odyssee vorausgesetzt ist.

Die Darstellung der Ereignisse in der Odyssee unterscheidet sich von
dieser hypothetischen ‚einfachen‘ Version radikal. Einerseits wird die
Schuld der Griechen nie beim Namen genannt, immer als etwas Bekanntes
vorausgesetzt, wobei es aber mannigfache, zum Teil scheinbar widersprüchliche Angaben gibt; andrerseits wird das Heer der Griechen in mehreren Stufen in etliche kleine Kontingente geteilt, die jedes für sich die
Heimfahrt antreten. Dadurch wird der Eindruck erweckt, daß jene Kontingente, die unversehrt nach Hause gelangen, von Athenes Rache verschont
bleiben; inwiefern sich der Zorn der Göttin auf die verbliebenen Helden
(Menelaos, Agamemnon, Aias, Odysseus) auswirkt, ist aus dem Text nicht
direkt ablesbar. Selbst im Falle des Aias (vgl. zu δ 499–511) erweckt unser
Text den Eindruck, als ob dieser dem Zorn der Athene hätte entgehen können, hätte er nicht nach seinem Schiffbruch durch einen weiteren Frevel
den Zorn des Poseidon auf sich gezogen.

Um diese Fakten korrekt beurteilen zu können, muß man jenes epische
Formgesetz berücksichtigen, das von Jörgensen (1904) entdeckt und seitdem oft zitiert, aber nur selten konsequent zur Interpretation herangezogen wurde. Danach können die handelnden Menschen des Epos bei göttlicher Einwirkung in ihre Sphäre den Urheber nicht benennen, sondern
greifen zu allgemeinen Begriffen wie δαίμων, θεοί, θεός (τις) oder Ζεύς. Eine Ausnahme besteht nur, wenn entweder der Mensch ausdrücklich von
der göttlichen Einwirkung informiert wird oder wenn die spezifische Wirkweise einer Bereichsgottheit erkennbar ist. Dieses Prinzip ist nun für die
Beurteilung des Zorns der Athene relevant: Die Berichte über die Nostoi

stammen teils von Menschen (Nestor, Menelaos, Odysseus), teils von Göttern (Proteus, Hermes); es ist daher notwendig, die jeweils wirkende Figurenperspektive in Rechnung zu stellen.

Daß der Mensch Nestor vom Zorn Athenes Kenntnis hat, muß besonders begründet sein; tatsächlich sagt er, daß bereits Agamemnon vor der Abreise um diesen Zorn wußte und daß er die Heeresversammlung einberief, um den Zorn abzuwenden (γ 145). Es liegt nahe, daß der Grund für den Zorn entweder evident genug war oder daß, wie etwa zu Beginn der Ilias, ein Seherspruch die nötige Information lieferte; so ist es überliefert bei Apollodor, epit. 5, 25: ὡς δὲ ἔμελλον ἀποπλεῖν πορθήσαντες Τροίαν, ὑπὸ Κάλχαντος κατείχοντο, μηνίειν Ἀθηνᾶν αὐτοῖς λέγοντος διὰ τὴν Αἴαντος ἀσέβειαν (ähnlich Liban. ref. 2, 1). Nestor weiß also, daß Athene am Beginn der mißglückten Heimfahrt der Griechen steht; die einzige konkrete Einwirkung der Göttin, die er erwähnt, könnte daher mühelos als für ihn zwingende Schlußfolgerung gedeutet werden, zumal eine für Athene charakteristische Wirkweise im Spiel ist: Athene verursacht laut Nestor in der bewußten Versammlung den Streit zwischen Agamemnon und Menelaos, der zur ersten Aufspaltung des Heeres führt (135f.). Andrerseits findet sich unmittelbar daneben bereits eine Aussage, die als Interpretation des Menschen Nestor zu werten ist, wenn er sagt, Zeus habe den Griechen den verderblichen νόστος ersonnen, weil nicht alle besonnen und gerecht gewesen seien (132–4; möglich wäre allenfalls eine Anspielung auf Neoptolemos, der in der Iliupersis Priamos am Altar des Zeus Ἑρκεῖος erschlägt). Der Einfluß des Zeus tritt hier als menschliches Interpretament neben den Zorn Athenes; für den weiteren Verlauf der Heimfahrten spricht Nestor dann nur mehr vom verderblichen Einfluß des Zeus (152, 160, 288) oder eines δαίμων (166), von einem Opfer an die θεοί (159), einem von einem θεός gesandten günstigen Vorzeichen (173–5) und günstigem Wind (158, 183). Spezifische Wirkbereiche sind angesprochen, wenn man Poseidon nach Überquerung der Ägäis ein Opfer darbringt (178f.) und wenn Apollon dem Steuermann des Menelaos einen plötzlichen Tod bereitet (279f.). Der gescheiterte Nostos des Agamemnon und des Menelaos wird hingegen nicht unmittelbar mit dem Zorn Athenes in Zusammenhang gebracht.

Ähnliches gilt für den Bericht des Odysseus vor den Phaiaken: Auch er spricht gleich zu Beginn seiner Erzählung mehrmals davon, daß seine Irrfahrten von Zeus bewirkt seien (38, 52, 67, nicht jedoch an jener Stelle, wo die Irrfahrten im eigentlichen Sinn beginnen, nämlich beim Kap Malea: vgl. zu ι 67–81), auch bei ihm gibt es kein Wissen von negativer, sondern nur von fehlender positiver Einwirkung Athenes. Besonders klar formuliert ist das in seinem Gespräch mit der Göttin selbst (vgl. zu ν 314–23), wo er sagt, ein θεός habe die Griechen versprengt, die θεοί hätten ihn aus dem Unglück befreit, er aber habe Athene während dieser Zeit nicht erblickt.

Anders ist es bei den Berichten der Götter. Proteus weiß, daß Aias der Athene verhaßt war, daß ihn Poseidon aus dem Meer gerettet und dann vernichtet hat (δ 499–511) sowie daß Agamemnon von Hera gerettet wurde (513); der gesamte Vorgang (Aias allein im Sturm auf dem Felsen, den Göttern höhnend) kann von keinem Menschen berichtet werden, weil er Augenzeugen nicht zugänglich war. Und schließlich gibt es den verknappenden Kurzbericht des Hermes an Kalypso, wo es heißt, Odysseus sei einer der Griechen, die sich bei der Heimfahrt gegen Athene vergangen hätten, worauf diese ihnen einen Seesturm bereitet habe; hierauf seien alle anderen Gefährten umgekommen, Odysseus allein sei zu Kalypso geraten. Diese Version des Hermes wird von Kalypso sofort korrigiert bzw. ergänzt (Odysseus habe Schiff und Gefährten durch den Blitz des Zeus verloren), doch bleibt der Eindruck bestehen, Hermes wisse von Athenes Wirkung mehr zu berichten als alle betroffenen Menschen (vgl. zu ε 105–11; 130–4).

Es zeigt sich somit, daß die Berichte der am Geschehen Beteiligten sich von den Berichten der Götter exakt in jenem Punkt unterscheiden, der durch das ‚Jörgensensche Gesetz' definiert ist. Es lohnt sich daher, nochmals auf das erste Lied des Phemios zurückzukommen. Wenn es dort heißt ὃ δ' Ἀχαιῶν νόστον ἄειδε / λυγρόν, ὃν ἐκ Τροίης ἐπετείλατο Παλλὰς Ἀθήνη (α 326f.), so wird selbst mit dieser knappen, überschriftartigen Angabe der Eindruck erweckt, Phemios wisse die mißglückten Nostoi der Helden ausdrücklich auf den Einfluß Athenes zurückzuführen. Daß der Sänger innerhalb der Handlung nicht der Jörgensenschen Beschränkung unterliegt, zeigt etwa das dritte Demodokos-Lied, das mit der Aussage endet (Ὀδυσσῆα) νικῆσαι καὶ ἔπειτα διὰ μεγάθυμον Ἀθήνην (ϑ 520).

Was läßt sich aus all dem schließen? Die Zersplitterung des griechischen Heeres noch vor Beginn der Heimfahrt bewirkt, daß es zu keiner gemeinsamen Katastrophe kommt; ohne gemeinsame Katastrophe ist die Zersplitterung andrerseits notwendige Voraussetzung dafür, daß die einzelnen Helden so unterschiedliche Schicksale erleiden. Die Schicksale der meisten Helden sind von der Tradition vorgegeben, lassen sich also nicht beliebig manipulieren: Aias muß untergehen, Agamemnon muß heimkehren, Menelaos muß ferne bleiben (?), Odysseus muß vom Weg abkommen und spurlos verschwinden. Für keinen der anderen wichtigen Helden ist irgendwo belegt, daß er bei der gemeinsamen Katastrophe ums Leben kommt oder an der Heimkehr gehindert wird; weitere Schicksale der Troiaheimkehrer schließen sichtlich erst an die Ankunft in der jeweiligen Heimat an. Athenes Zorn gegen die Griechen als ein auch in der Odyssee vorausgesetztes Datum verlangt aber Berücksichtigung in irgendeiner Form. Die Differenzierung zwischen Erzähler- und Figurenperspektive wird nun offenbar dazu benützt, Informationen über göttliches Wirken zu ‚unterschlagen'. Es liegt daher der Schluß nahe, daß in der Darstellung unseres Textes der unklare Status des Athene-Zorns und die unklare Funktion der Fraktionierung der griechischen Flotte miteinander zusammenhängen.

Was wird nun über die Kontingente der einzelnen Helden berichtet? Nach Nestors Referat gibt es eine erste Aufspaltung in Troia: Die eine Hälfte bleibt mit Agamemnon in Troia, die andere Hälfte fährt mit Menelaos, Nestor und Odysseus bis Tenedos. Dort dann die nächste Spaltung: Odysseus und andere kehren zurück nach Troia, nur Nestor, Diomedes und Menelaos fliehen. Nestor und Diomedes gelangen heil, d.h. ohne Beeinträchtigung durch einen Gott, nach Hause; Menelaos wird zuerst aufgehalten, kommt dann, sowie er alleine segelt, beim Kap Malea vom Weg ab und verliert den Großteil der Schiffe. Von jenen Kontingenten, die nach den bisherigen Angaben zunächst bei Agamemnon verblieben waren, weiß Nestor von der unbehelligten Heimkehr des Neoptolemos, des Philoktet und des Idomeneus zu berichten; diese erleiden keine Verluste, waren also von keinem Gott beeinträchtigt. Odysseus fährt (nach seinen Angaben im ι) alleine von Troia weg, hat bereits bei den Kikonen Verluste zu verzeichnen, gerät dann in einen Sturm, den er ohne Schaden übersteht, und kommt schließlich beim Kap Malea (ohne personelle Einbußen) vom Weg ab. Aias scheitert (nach den Angaben des Proteus) in dem von Athene durch Seesturm bewirkten Schiffbruch, der jedoch nicht die letzte Ursache für seinen Tod ist. Agamemnon schließlich „entkommt den Keren in den Schiffen", weil ihn Hera rettet; das könnte bedeuten, daß er entweder heil aus einem (oder ‚dem') Seesturm hervorgeht oder auf seiner Überfahrt über die Ägäis (noch) gar nicht den Keren ausgesetzt war. Bei Kap Malea kommt dann auch er vom Weg ab, doch bleibt unklar, inwiefern (vgl. zu δ 514–20); zuletzt dreht der Wind, und er langt wohlbehalten zu Hause ein. Von den übrigen Kontingenten ist keines explizit behandelt; doch setzen sowohl die Angaben Nestors (τῶ σφεων πολέες κακὸν οἶτον ἐπέσπον, γ 134) als auch die des Proteus (πολλοὶ μὲν γὰρ τῶνδε θάνον, πολλοὶ δὲ λίποντο, δ 495) voraus, daß es unter den nicht erwähnten Teilen des Heeres hohe Verluste ἐν νόστῳ (δ 497) gegeben habe, wobei offen bleibt, wie es dazu gekommen ist.

Damit zeichnet sich ein klares Bild ab: Obwohl — entsprechend den Vorgaben durch die Tradition — zugestanden wird, daß der Nostos der Griechen in Summe gesehen sehr verlustreich war, wird im einzelnen davon auffällig wenig berichtet. Von den namentlich genannten Kontingenten kehren alle bis auf vier völlig unbehelligt heim; diese vier sind genau jene, von denen die Tradition eine konkrete Geschichte zu erzählen wußte. Aias als der Hauptfrevler kommt (sichtlich mit seinem gesamten Kontingent) um. Die Schicksale der übrigen drei Helden, Menelaos, Agamemnon und Odysseus, haben wesentliche Elemente miteinander gemein. Erstens kommen alle drei beim Kap Malea vom Weg ab, wenn auch mit unterschiedlichen Auswirkungen: Für Menelaos und Odysseus beginnen an die-

sem Punkt ihre Irrfahrten, die sie jahrelang von zu Hause fernhalten; für
Agamemnon werden die Folgen des Vom-Weg-Abkommens von den Göttern (so Nestor) aufgehoben, wodurch er aber in den Hinterhalt des Aigisthos gerät. Zweitens gibt es für alle drei Helden ein Seesturm-Element,
auch hier mit unterschiedlichen Folgen: Für Menelaos ist es ein ‚klassischer‘
Seesturm mit Verlust der Flotte und Aufschub der Heimkehr; für Agamemnon bleibt die Funktion des Seesturms zunächst rätselhaft; für Odysseus
schließlich hat der erste Seesturm, noch vor Malea, obwohl als solcher mit
allen typischen Elementen beschrieben, keine negativen Auswirkungen;
das folgende ‚Abdriften‘ bei Malea wird hingegen nicht mit der Terminologie eines Seesturms beschrieben.

Diese Beobachtungen erlauben zwei Schlußfolgerungen: Was den Zorn
Athenes betrifft, vermittelt die Erzählung den Eindruck, daß er gegen das
Kollektiv der Griechen nur vor der Abfahrt von Troia wirksam ist; seine
unmittelbare Wirkung besteht darin, daß Athene Streit unter den Atriden
stiftet, der zur Aufspaltung des Heeres führt. Darüber hinausgehende konkrete negative Folgen des Zorns für individuelle Kontingente bleiben zwar,
wie der Fall des Aias zeigt, grundsätzlich möglich, werden aber für das
Gros des Heeres definitiv ausgeschlossen. Für jene Helden, deren Nostoi
für erzählenswert erachtet werden, bleibt vorerst in der Schwebe, ob ihre
Schicksale durch Athene oder durch andere Mächte beeinträchtigt sind;
hier kann erst die Detailanalyse der einzelnen Berichte weiterführen.

Was die Aufsplitterung der griechischen Flotte betrifft, liegt ihre Funktion somit nicht nur darin, plausibel zu machen, welcher der Helden (Nestor, Menelaos, Odysseus) welche Teile der Nostoi erzählen kann, und auch
nicht nur in der damit ermöglichten Verflechtung und gegenseitigen Ergänzung der Erzählungen, wobei auch das Auflösen der Parallelhandlun-
gen in ein chronologisches Hintereinander eine Rolle spielt. Wichtiger
scheint mir fast, daß der Erzähler mit dem systematischen Ausscheidungs-
verfahren den Anspruch festigt, alle Nostoi, die des Erzählens wert sind,
auch tatsächlich zu erzählen. Die Odyssee präsentiert sich damit als Epos,
das die Nostoi aller Griechen zum Thema hat und unter ihnen den Nostos
des Odysseus als den bedeutendsten hervorhebt. Dieser Anspruch tritt
nicht nur im laufend wiederkehrenden Vergleich mit dem Schicksal des
Agamemnon oder in den Gesprächen in der Unterwelt zutage, wo Odysseus mit Achilleus verglichen wird, sondern auch in den Büchern γ und δ,
die gewissermaßen eine Typologie des Nostos schlechthin liefern: Ein Nostos kann scheitern (Aias, Agamemnon) oder gelingen; im zweiten Fall
kann er mit unterschiedlichem Maß von κλέος verbunden sein, je nachdem,
wieviel sich von ihm erzählen läßt: wenig oder nichts, wie ihm Fall der
Mehrzahl der Griechen, aber auch des Nestor; oder viel, wie im Fall des
Menelaos, über dessen Nostos aber, wie das δ zeigen wird, der Schatten der

Melancholie liegt. Diese Typologie bildet die Grundlage für die weitere Erzählung vom Nostos des Odysseus, der sich vor diesem Hintergrund als
der Nostos schlechthin erweisen wird.

Für die folgenden Untersuchungen, die wieder den Rezeptionsvorgang der Hörer in seiner zeitlichen Abfolge in den Vordergrund rücken, ist
damit eine Basis gewonnen. Die disparaten Erzählungen von den Nostoi
der Griechen lassen sich nicht nur ästhetisch, im Sinne der Erzähltechnik,
auf einen Nenner bringen, wie Bethe und Hölscher gezeigt haben, sondern
lassen auch eine inhaltliche Deutung zu, die ihnen eine übergeordnete
‚Aussage‘ zuschreibt. Grundlage für diese Art von Erklärung ist die Überzeugung, daß der Text unserer Odyssee die Kenntnis einer oder mehrerer
Versionen des Nostos aller Griechen voraussetzt und zitiert, und daß er
seine volle Bedeutung erst aus der Differenz zu dieser Folie gewinnt. Wenn
die hier erarbeitete allgemeine Perspektive im folgenden im Detail überprüft wird, wird es zwangläufig zu Wiederholungen kommen; die Untersuchung der fraglichen Stellen in ihrem Kontext wird aber dazu dienen, die
bis jetzt entwickelte These zu präzisieren.

γ 132–5 Nestors Aussage aus der Figurenperspektive, Zeus habe den
Griechen einen λυγϱὸς νόστος ersonnen und viele von ihnen hätten ein
schlimmes Los erlangt, stimmt mit dem Lied des Phemios im α (und damit
mit den üblichen Versionen der Nostoi) überein, insofern auch dieser vom
νόστος λυγϱός der Griechen singt (α 326–7) und Telemachos in diesem Zusammenhang feststellt: πολλοὶ δὲ καὶ ἄλλοι φῶτες ὄλοντο (α 355). Als Urheber bezeichnet Nestor jedoch zunächst nicht Athene, sondern Zeus, und
das mit der Begründung ἐπεὶ οὔ τι νοήμονες οὐδὲ δίκαιοι / πάντες ἔσαν.
Damit wird in der Formulierung jene Rede Athenes aufgenommen, in der
sie allen Freiern den Tod verheißt, ἐπεὶ οὔ τι νοήμονες οὐδὲ δίκαιοι (β 282);
der Mensch Nestor interpretiert somit die Schicksale der Griechen auf ihrer
Heimfahrt als Folge persönlicher Verfehlungen und nennt Zeus als Ver-
antwortlichen für die Bestrafung der Schuldigen, wie es der Erzähler selbst
tut. Wenn das hier auch nach dem ‚Jörgensenschen Gesetz‘ als Interpretament der Figur der Handlung zu bewerten ist, das für die Perspektive des
Erzählers nicht verbindlich ist, kommt damit dennoch ein Element in den
Mythos hinein, das der Tradition wahrscheinlich fremd war: Der Zorn der
Athene fand in den üblichen Versionen der Nostoi seinen Ausdruck wohl
in einer kollektiven Bestrafung der Griechen ohne Ansehen der individuellen Schuld; anders hätte sich das Scheitern einer Flotte, verbunden mit dem
Tod zahlreicher namenloser Menschen, kaum darstellen lassen. Nestor
nennt im selben Atemzug auch Athenes μῆνις als unmittelbaren Auslöser
für den Untergang der Griechen und verbindet damit sichtlich zwei verschiedene Konzepte: Der Zorn Athenes, verursacht durch einen einzelnen

Übergriff, der ihren Bereich verletzt, richtet sich gegen das Kollektiv; inwiefern der Einzelne dadurch zu Schaden kommt, hängt vom Anteil an persönlicher Schuld ab und unterliegt der Kontrolle des Zeus. Der Erzähler benützt also die Beschränkung, die der Figur der Handlung durch das ‚Jörgensensche Gesetz' auferlegt ist, dazu, ein ‚altes' und ein ‚neues' Konzept menschlicher Verantwortung nebeneinander herlaufen zu lassen.

γ 135–50 Nestor erzählt die Ereignisse um die fatale Heeresversammlung teils rückgreifend, teils vorwärtsschreitend, so daß der chronologische Ablauf erst aus den Fakten herausgeschält werden muß. Ferner ist der Ablauf nur fragmenthaft erzählt; die Lücken lassen sich teils aus der Logik der Erzählung selbst ergänzen, teils aus anderen Quellen. Versucht man, mit minimalen Ergänzungen den logischen Handlungsablauf herzustellen, ergibt sich folgendes: Athene zürnt den Griechen (145); ihr Zorn wird den Atriden bekannt (143f.); sie berufen eine Heeresversammlung ein, und zwar zum unrechten Zeitpunkt; es handelt sich also um eine spontane Einberufung in einer dringlichen Angelegenheit, die keinen Aufschub duldet (137–9); Gegenstand der Beratung ist der Zorn Athenes (140); Athene entfacht Zwist zwischen Agamemnon und Menelaos (136); die Brüder schlagen zu Athenes Versöhnung Maßnahmen vor, die mit dem Termin der Abfahrt von Troia verknüpft sind (141–4); wir erfahren aber nur vom Vorschlag Agamemnons (144f.), der als falsch bezeichnet wird (146f.), was bedeutet, daß Athenes Zorn über die Versammlung hinaus weiterwirken wird; der Streit der Brüder überträgt sich auf das Heer (149–52); am nächsten Morgen verfolgt die eine Hälfte des Heeres die Maßnahmen des Agamemnon, die andere die des Menelaos, doch gilt das nur für den Abfahrtstermin; von Versöhnungsmaßnahmen gegenüber Athene ist nicht mehr die Rede.

Dieser Darstellungsstil des verkürzenden Referierens ist aus den paradeigmatischen Reden der Ilias gut bekannt. Auch dort ist auf die Differenz zwischen dem Ausformulierten und der um das Verschwiegene zu ergänzenden ‚ganzen' Geschichte zu achten, wenn man die Aussage des Exemplums erfassen will (vgl. Danek 1990, 22–5), doch läßt sich die paradeigmatische Absicht auch aus dem Kontext der Rede ergänzen. Wenn wir hier betrachten, welche Informationen nötig sind, um aus dem oben rekonstruierten Handlungsablauf eine Geschichte zu machen, so ist evident, daß alle Details, die mit der Ursache des Zorns der Athene zu tun haben, systematisch ausgeklammert sind: Nestor sagt nichts vom Vergehen des Aias, verschweigt vor allem, ob bzw. welche Maßnahmen Menelaos gegen Aias vorschlägt, um Athene zu versöhnen. Der Streit darum, wie mit Aias umgegangen werden soll, ist in Nestors Darstellung umstilisiert zu einer Auseinandersetzung um die Frage, wann die Heimfahrt angetreten werden soll; nur mehr diese Frage wird in der Folge behandelt, die Option des

Agamemnon wird als falsch und damit die Option des Menelaos implizit als richtig behandelt. Diese Sicht der Dinge bestätigt sich für Nestor aus dem weiteren Verlauf der Heimfahrt: Jene Kontingente, die ohne Verzögerung bis nach Hause gelangen (Nestor, Diomedes: 180–3), entgehen allem Unheil. Odysseus trifft zunächst die richtige Wahl, entscheidet sich dann aber wieder anders; hier ist für Nestor sichtlich der Punkt, an dem Odysseus den fatalen Fehler begeht: Er, der bis dahin immer mit ihm einer Meinung war (126–9), entzweit sich mit Nestor (160–4), dem der Erfolg recht gibt, wählt also den falschen Weg. Selbst Menelaos, der — immerhin zögernd (168f.) — die richtige Route gewählt hat, dann aber vor Sunion durch ein Mißgeschick aufgehalten wird (276–85), verpaßt damit bereits die Gelegenheit und gerät auf Irrfahrten. Über die übrigen Helden weiß Nestor nichts Authentisches zu berichten und gibt nur Gehörtes wieder.

Unterlegt man diesen Abläufen den Zorn der Athene, ergibt sich folgende Deutung: Nestor und Diomedes entgehen durch ihre kluge Entscheidung dem Zorn; Menelaos wird trotz richtiger Entscheidung durch eine Fahrtverzögerung vom Zorn eingeholt; Odysseus begibt sich freiwillig in den Wirkbereich des Zorns zurück; von anderen genannten (γ 188–92) und ungenannten Helden, die zunächst die falsche Wahl treffen, weiß man nicht, durch welche Umstände sie heil nach Hause gelangen.

γ 160–6 Der zweite Streit, der dazu führt, daß Odysseus mit anderen wieder zu Agamemnon zurückfährt, hat eine doppelte Funktion: Er erklärt erstens, warum nur von so wenigen Kontingenten mit Sicherheit gesagt werden kann, daß sie unbehelligt von jedem Götterzorn heimgelangt sind; er erklärt zweitens, zumindest aus Nestors Sicht, warum Odysseus dem Unheil nicht entgeht: Odysseus hat zwar, entsprechend seiner μῆτις, zunächst die richtige Entscheidung getroffen, doch ist die Loyalität gegenüber dem Heerführer (ein positiver Wesenszug!) stärker als das Wissen um den eigenen Vorteil. Der zweite Streit bestätigt Nestor auch in seiner Auffassung ὃ δὴ κακὰ μήδετο δαίμων (166), und er ermöglicht es, den Nostos von Nestor und Diomedes als Flucht vor Götterzorn darzustellen. Eine weitere Begründung für das Verhalten des Odysseus wird sich dem Hörer erst aus dem Bericht des Odysseus selbst erschließen (vgl. zu ι 67–81).

γ 169–78 Die Frage nach der Besänftigung Athenes, schon ein erstes Mal umstilisiert zur Frage nach dem richtigen Zeitpunkt der Abfahrt, wird hier ein weiteres Mal umstilisiert, diesmal zur Frage nach der richtigen Reiseroute, die von einem Gott (173 θεός) beantwortet wird. Die direkte Route durch die Ägäis soll sichtlich als der gefährlichste Weg erscheinen, der mit Gottes Hilfe trotzdem gelingt (West: *nisi Dominus frustra*).

γ 177–8 Daß Nestor in der Nacht vor Geraistos landet und vor Anker geht, könnte nur ein realistisches Detail sein: Die Strecke von Lesbos nach

Euboia (die kürzeste ‚direkte' Route unter Umgehung der Kykladen) wird
ohne Zwischenhalt bezwungen, die Zeitangabe könnte signalisieren, daß
der Weg in einer einzigen Tagesreise ‚eigentlich' gar nicht bewältigbar ist.
Andrerseits gibt es die Geschichte von Nauplios, der aus Rache für den von
Odysseus verursachten Tod seines Sohnes Palamedes die versammelt von
Troia her segelnde Flotte der Griechen mittels Fackeln zu den Kapheri-
schen Felsen an der Südspitze Euboias lockt und so ihr nächtliches Scheitern verursacht (Apollod. Epit. 6, 7). Daß der Mythos vorhomerisch ist, ist
nicht beweisbar (für Hinweise auf Vertrautheit des Iliasdichters damit vgl.
Kullmann 1960, 301f.; für eine Anspielung auf die Episode, wie Palamedes
Odysseus durch List zwang, nach Troia mitzufahren, vgl. zu ω 102–19); falls
aber die Hörer unserer Odyssee ihn kannten, so konnten sie die auffällige
Kombination der nächtlichen Landung einerseits und der Südspitze Euboias andrerseits kaum anders denn als Zitat der Episode auffassen. Die
Funktion dieses Zitats bestünde darin, daß damit auch der gesamte Pala-
medes-Mythos als ausgeklammert markiert wird; das damit verbundene
negative Odysseus-Bild ist also ausdrücklich negiert.

γ 184-92   Nestor nennt als Helden, die heil nach Hause gelangt seien,
Neoptolemos, Philoktet und Idomeneus, wobei er hervorhebt, daß es sich
dabei um kein gesichertes Wissen handle (οὐδέ τι οἶδα), sondern nur um die
Wiedergabe von Nachrichten (πεύθομαι). Es fällt auf, daß die nachhomerische Tradition von allen drei Helden zu berichten wußte, daß sie nach ihrer
Rückkehr von Troia nicht in ihrer Heimat blieben: Neoptolemos gelangte
(zumindest zunächst) nach Epirus, Philoktet und Idomeneus nach Unter-
italien. Ob diese Traditionen schon dem Hörer der Odyssee bekannt waren,
läßt sich nicht entscheiden; die kyklischen Nostoi scheiden als Quelle aus,
da sie sichtlich den Angaben der Odyssee verpflichtet sind (immerhin gelangt Neoptolemos auch hier zu den Molossern, § 111 Kullmann). Es
scheint möglich, daß die Angabe zwei Ziele verfolgt: Unser Text stellt ausdrücklich fest, daß der Zorn Athenes die Heimkehr dieser drei Helden
nicht beeinträchtigt hat; für ihr weiteres Schicksal verzichtet er aber mit
dem Hinweis auf die fehlende Information des Nestor auf Angaben.

γ 193–204   Der paradeigmatische Verweis auf die Rolle des Orestes in der
Heimkehr des Agamemnon stellt pointiert den Aspekt des κλέος in den
Vordergrund. Damit ist signalisiert, daß auch das κλέος, das Telemachos
von Athene als Handlungsziel angekündigt ist (vgl. zu α 94–5), in der kriegerischen Auseinandersetzung mit den Freiern liegen wird.

γ 214–5   Nestor nennt als Alternativen, daß Telemachos den Freiern freiwillig nachgebe oder vom δῆμος unter Druck gesetzt sei. Das evoziert eine
(mögliche) Version, wonach auf Ithaka Haß gegen Odysseus besteht: vgl.
zu β 71–4.

γ 217   Eine weitere Alternative zur Erreichung des traditionellen Handlungsziels besteht darin, daß Odysseus den Freiermord allein oder mit Hilfe aller Ἀχαιοί vollziehen könnte, wobei die Ἀχαιοί das Volk von Ithaka im Gegensatz zu den Freiern darstellen. Daß Odysseus im δῆμος von Ithaka Unterstützung finden könnte, ist an dieser Stelle, nach den Ereignissen im β, nicht ausgeschlossen, ist aber wohl doch eine ,unmögliche Variante', die in keinen Versionen realisiert wurde, da in ihr zu viele charakteristische Elemente der Geschichte unmöglich gemacht würden.

γ 219–22   Der Verweis auf Athenes Fürsorge für Odysseus vor Troia setzt als allgemeine Aussage die Kenntnis konkreten Materials voraus. Auf eine ähnlich intensive Beziehung verweisen analoge Aussagen von Figuren in der Ilias: K 245 (vgl. zu α 65–7), K 278–82 (zur Stelle vgl. Danek 1988, 122–5), vor allem aber die Aussage des Kleinen Aias im Ψ:

> ὢ πόποι, ἦ μ' ἔβλαψε θεὰ πόδας, ἣ τὸ πάρος περ
> μήτηρ ὣς Ὀδυσῆι παρίσταται ἠδ' ἐπαρήγει.   (Ψ 782f.)

Zur Stelle vgl. Richardson, der weitere Iliasstellen anführt, aber kaum die Sache trifft, wenn er schreibt: „Athene's ,special relationship' with Odysseus in the Odyssey is anticipated here". Es ist durchsichtig, daß all diese Verweise auf Daten des Mythos zielen, in denen Athenes Hilfe für Odysseus thematisiert war; dafür böte sich die Erbauung des Hölzernen Pferdes an, oder die Entscheidung im Streit um die Waffen Achills, ja vielleicht sogar der Palladion-Raub, der als notwendige Voraussetzung für den Fall Troias ursprünglich nicht als Frevel aufgefaßt sein mußte. Das deutet darauf hin, daß Athene als Schutzgöttin des Odysseus auch in der Nostos-Tradition fest verankert und beim Publikum als bekannt vorausgesetzt war.

γ 244–5   Die Stelle wird als Iliaszitat gefaßt, wo es von Nestor heißt:

> τῷ δ' ἤδη δύο μὲν γενέαι μερόπων ἀνθρώπων
> ἐφθίαθ', οἳ οἱ πρόσθεν ἅμα τράφεν ἠδ' ἐγένοντο
> ἐν Πύλῳ ἠγαθέῃ, μετὰ δὲ τριτάτοισιν ἄνασσεν.   (Α 250–2)

Die Formulierung im γ wird als Mißverständnis (Kirk) oder bestenfalls als Weiterentwicklung des Gedankens im A (Leaf: „growth of the legendary into the miraculous") erklärt, womit impliziert ist, daß das hier ausgedrückte Faktum ausschließlich aus der Iliasstelle hergeleitet sei. Doch soll die Aussage auch in der Ilias sichtlich nicht nur bedeuten, daß Nestor für einen Kämpfer alt sei, sondern daß er ein für einen Menschen außergewöhnliches Alter erreicht habe: Die Generation seiner Altersgenossen (οἳ οἱ … ἅμα τράφεν) sowie die darauf folgende ist bereits tot (ἐφθίαθ'), er regiert über die dritte. Das übermenschlich hohe Alter des Nestor hängt damit zusammen, daß er sagenchronologisch in eine frühere Zeit gehört und im Troia-Mythos chronologische Schwierigkeiten verursacht; der Anachronismus wird mit dem hohen Alter, das bei einem Ratgeber keine Probleme bereitet, erklärt. Nestor wurde aber sicher nicht erst vom Iliasdichter in die Troiaepik eingeführt (Kullmann 1960, 96f.), so daß auch der Odysseedichter die Angabe über die Drei-Generationen-Herrschaft nicht aus der Ilias beziehen mußte. Die Figur Telemachos verweist darauf als bekanntes Faktum (φασίν); ‚Nestors drei Lebensalter' waren also bereits ein Topos.

γ 248–61 Frage und Antwort nach dem Aufenthalt des Menelaos während Agamemnons Ermordung suggerieren, daß Menelaos in enger Nachbarschaft zu Agamemnon beheimatet ist; dieser Eindruck wird gestützt durch γ 311–2: Menelaos kommt am Tag, an dem Orestes Aigisthos erschlägt, mit vollbeladenen Schiffen an, sichtlich an der Stätte des Mordes, weil sonst der Synchronismus keine Funktion hätte, und evidentermaßen bei seinem Haus, wie die mitgeführten Schätze beweisen (zu den Umständen von Agamemnons Heimkehr vgl. zu δ 514–20). Menelaos wohnt in Sparta, Aigisthos regiert nach dem Mord an Agamemnon über Mykene (γ 305). Aus diesen und weiteren Angaben wurde die Vermutung abgeleitet, daß Agamemnon und Menelaos als in Lakedaimon herrschende Doppelkönige gedacht seien, wie es für Lyriker des 6. und 5. Jh.s belegt ist und für die vorhomerische Tradition wahrscheinlich gemacht werden kann (vgl. zuletzt Schischwani 1993). Nach dieser Auffassung habe „der Odysseedichter ... die Vorstellung der Ilias von Mykene als Heimat des Agamemnon mit der Version seiner Nostenquelle kontaminiert" (Kullmann 1990, 51 Anm. 15). Nun mag der Odysseedichter wirklich zwei einander widersprechende Versionen kombiniert haben, doch gibt das nur einen Sinn, wenn das Ergebnis eine bestimmte poetische Funktion hat. Diese könnte in der Paradeigma-Wirkung des Atridenmythos für Telemachos gesucht werden: Wenn Telemachos mit Orestes und die Freier mit Aigisthos assoziiert werden sollen, so nimmt Menelaos als lange Vermißter und als erster zur Rache Verpflichteter genau jene Rolle ein, die der vermißte Odysseus besetzt. Die unmißverständliche Botschaft an Telemachos lautet daher: So wie Orestes nicht gewartet habe, bis Menelaos zurückkam, solle auch Telemachos von sich aus aktiv werden und die Freier töten. Diese Annäherung des Menelaos an die Odysseus-Rolle macht es wünschenswert, daß er möglichst nahe bei Agamemnons Herrschaftssitz angesiedelt wird; vorhandene Traditionen über das spartanische Doppelkönigtum mögen die Umsetzung dieser poetischen Konstellation unterstützt haben, doch fällt auf, daß der Erzähler es sorgfältig vermeidet, diese Konzeption ausdrücklich beim Namen zu nennen. Dem Wortlaut nach ließe sich darum die Darstellung der Odyssee durchaus mit den Angaben der Ilias in Einklang bringen; was für die poetische Absicht zählt, ist aber der Eindruck einer — weniger lokalen als emotionalen — Nähe des Menelaos zu Agamemnon.

γ 267–71 Der Sänger an Agamemnons Hof hat der Forschung viel Kopfzerbrechen bereitet: Die Doppelfunktion des Sängers und Beschützers der
Frau während der Abwesenheit des Hausherrn ist in der Antike sonst nicht
belegt; West liebäugelt sogar mit der Idee, daß es sich um einen Eunuchen
handle. Das Problem ist vor allem dadurch verursacht, daß die Person des
Sängers äußerst knapp behandelt ist; genau das hat Anlaß zur Vermutung
gegeben, daß wir es mit dem Zitat einer in den Nostoi ausführlicher erzählten Episode zu tun hätten (Bethe 1922, 262; vgl. Schischwani 1993, 266 Anm.
20: „… mündliche Vorform der Nosten …"). Diese Vermutung ist für sich
allein nicht zu belegen, und unabhängig von der Quellenfrage stellt sich
die Frage nach der Funktion dieser Episode im Rahmen unserer Odyssee.
Ich verweise hier auf die überzeugende Interpretation von Andersen
(1992), wonach der Sänger den Garanten für das κλέος des geglückten Nostos des Agamemnon darstellt, seine Beseitigung aber jenen Punkt der
Handlung markiert, an dem das κλέος ins Negative umschlägt. Sofern man
diese Funktion nicht bereits für die Vorlage der Odyssee postulieren will
(so Page 1972, dessen Vorstellung vom Sänger-Priester der *dark ages* stark
von christlich-moralischen Vorstellungen überlagert ist; zur spezifisch
odysseischen Perspektive des κλέος durch νόστος vgl. zu γ 130ff.), liegt es
nahe, daß die Figur des Sängers in der Odyssee neu ist. Falls sie eine Hüter-
Figur anderer Versionen der ‚Orestie' ersetzt, die kein Sänger war (zu Mentor als Hüter des Hauses des Odysseus vgl. zu β 225–7), wäre mit dem verfremdenden Zitat noch deutlicher auf die ‚poetische' Funktion des Sängers
hingewiesen. Doch liegt es näher, die Erzählung vom Sänger-Hüter als
‚neues' Element unserer Odyssee zu betrachten, für dessen Verständnis der
Hörer auf keine zusätzlichen Informationen angewiesen ist.

γ 262–75 Man hat viel darüber diskutiert, in welcher Form der Atridenmythos vor der Odyssee erzählt wurde bzw. inwiefern der Odysseedichter
eine in der Tradition verfestigte Version für seine Zwecke abgeändert hat.
Man stimmt heute darin überein, daß in der Odyssee der paradeigmatische
Charakter der Figurenerzählungen dazu führt, daß bestimmte Elemente
hervorgehoben, andere unterdrückt werden (vgl. zuletzt Olson 1995, 24-
42). Damit erklärt sich auch das analytische Skandalon, daß die Versionen
der diversen Figuren innerhalb der Odyssee nicht immer exakt miteinander übereinstimmen: Jede Figur hat natürlich ihre eigene Perspektive und
je nach Situation ihre eigene Darstellungsabsicht. So könnte man auch hier
darauf hinweisen, daß in jenen Versionen, die Telemachos erzählt werden,
die Rolle Klytaimestras darauf beschränkt ist, daß sie Aigisthos nach lan-
gem Werben nachgibt. Das berühmte ἐθέλων ἐθέλουσαν (γ 272) dient so als
Warnung an Telemachos, daß auch Penelope dem Drängen der Freier
nachgeben könnte. Doch sind solche Spekulationen gefährlich: Wie sollte

Aigisths Werbung um Klytaimestra sonst erzählt werden? Man muß sich bewußt halten, daß auch der Atridenmythos in mannigfaltigen Varianten kursieren konnte, daß jeder Sänger bei jedem Vortrag eine eigene Version schuf, wenn auch die inhaltlichen Differenzen nicht groß sein mußten. Man kann in der Odyssee im Ablauf des Mythos keine gravierenden Neuerungen erkennen. Für die Hörer der Odyssee, die mit Varianten der Atriden-Geschichte vertraut waren, war somit auch die Darstellung der Odyssee eine Version, die sich in den Rahmen der Tradition anderer Versionen stellte.

γ 276–85   Die Heimfahrt des Menelaos ist von Anfang an als ambivalent gezeichnet: Im Streit mit Agamemnon vertritt er sichtlich die richtige Meinung; beim zweiten Streit auf Tenedos zögert er, schließt sich also fast jenen an, die sich wieder zurück in den Bereich des Götterzorns begeben, eilt dann aber doch Nestor und Diomedes nach, die als einzige richtig entschieden haben (γ 141f.; 168f.); mit jenen überquert er heil die Ägäis (und passiert heil Euboia, vgl. zu γ 177–8), wird dann aber bei Sunion von einem ‚natürlichen' Ereignis aufgehalten: Der Tod des Steuermanns durch Apollons Pfeile bezeichnet einen plötzlichen Tod, der nichts mit Götterzorn zu tun hat. Dadurch versäumt er die Gelegenheit der unverzögerten Heimfahrt, die Nestor auch noch um das Kap Malea rettet, und gerät eben dort (ϑέων in 288 verweist auf die vergebliche Eile, um die Verzögerung wettzumachen) in einen Seesturm, den der Mensch Nestor als von Zeus — d.h. von nicht näher identifizierter Götterhand — verursacht bezeichnet. Das in Nestors Version doppelt eingesetzte Motiv der Verzögerung hebt hervor, daß Menelaos, obwohl Protagonist der ‚richtigen Wahl', teils durch eigenes Zögern, teils durch widrige Umstände doch noch dem pauschalen Götterzorn verfallen ist. Umgelegt auf die Versionen vom Zorn Athenes gegen alle Griechen bedeutet das, daß er Athenes Zorn fast entkommen wäre, zuletzt aber von ihm doch eingeholt wurde.

γ 286–302   Die ‚Irrfahrten' des Menelaos (die eigentlich keine Irrfahrten sind: γ 301–2, etc.) wurden zu Recht als im Rahmen der Odyssee konzipierte Parallele zu den Irrfahrten des Odysseus bezeichnet. Der Punkt, an dem Menelaos vom Kurs abkommt und seine Irrfahrten antritt, ist deshalb besonders interessant. Menelaos gerät in einen ‚klassischen' Seesturm mit den typischen Attributen (Sturmwind, berghohe Wellen: 289f.) und den typischen Folgen: Der Großteil seiner Flotte scheitert an der Südküste Kretas, Menelaos mit dem Rest der Schiffe wird noch weiter abgetrieben und landet in Ägypten, was hier einen Ort jenseits der problemlosen Rückkehr bezeichnet (Hölscher 1988, 217). Die ausführliche Beschreibung des Schiffbruchs vor Kreta, die Menelaos selbst gar nicht betrifft, kann nicht einfach mit dem Interesse des Dichters an Kreta erklärt werden (West). Wenn fast alle Schiffe an den Klippen scheitern (nach den Angaben der Ilias führt

Menelaos 60 Schiffe mit sich, die Zahl ist für die Tradition wohl ebenso verbindlich wie die Zwölfzahl für Odysseus), die Mannschaft sich aber komplett retten kann, so signalisiert das, daß Menelaos ‚eigentlich' den Götterzorn nicht verdient. Warum es ausgerechnet fünf von sechzig Schiffen sind, mit denen Menelaos selbst den Felsen entkommt und weiterverschlagen wird, scheint unergründlich, die Zahl scheint beliebig. Immerhin fällt auf, daß sich damit dieselbe Relation ergibt wie bei Odysseus, der seine Heimfahrt mit zwölf Schiffen antritt, etliche Abenteuer aber mit nur mehr einem einzigen Schiff erlebt. Daraus ließe sich geradezu ein Modell für einen möglichen Beginn der Irrfahrten des Odysseus ableiten: Odysseus verliert gleich zu Beginn der Heimfahrt elf seiner zwölf Schiffe, gerät mit dem letzten Schiff auf Irrwege und bleibt lange Jahre — bei Menelaos sind es sieben Jahre — von der Heimat getrennt. Setzt man in dieses Modell noch den Zorn Athenes ein und kombiniert ihn mit dem Motiv der gemeinsamen Katastrophe des griechischen Heeres, so erhält man eine Odyssee, in der Odysseus die restlichen Schiffe bereits beim Schiffbruch der Griechen verliert und alle Abenteuer mit einem einzigen Schiff erlebt; als Auslöser für seine Irrfahrten ist damit zugleich unmißverständlich Athene bezeichnet. Selbst das kretische Element ließe sich auf Odysseus übertragen, falls es eine Erzähltradition gab, in der Kreta ein wichtiger Punkt seiner Irrfahrten war (vgl. zu α 93). Versteht man somit die Erzählung vom Beginn der Irrfahrten des Menelaos als ein mögliches Szenario für den Beginn der Irrfahrten des Odysseus, so erhalten alle Angaben, die in der Forschung als beliebiges Produkt der Fabulierkunst aufgefaßt wurden, eine präzise Funktion für die Darstellung unserer Odyssee. Der Hörer weiß bereits, daß die Nostoi der Griechen hier jenen Voraussetzungen unterliegen, die ihm aus der Tradition vertraut sind, daß diese hier aber trotzdem zu anderen Abläufen führen. Für ihn stellt sich somit die Frage, wie unter diesen Bedingungen der Nostos des Odysseus dargestellt werden kann, und vor allem auch, welche Rolle seine Schutzgöttin Athene dabei spielt, wie also der Widerspruch zwischen Verfolgung und Unterstützung durch dieselbe Göttin aufgelöst werden kann. Die Erzählung vom Beginn der Irrfahrten des Menelaos liefert ihm nun ein Modell, wie unter den neuen Bedingungen das Schicksal des Odysseus erzählt werden könnte; erst die Erzählung des Odysseus selbst wird weisen, ob dieses Modell Gültigkeit hat.

γ 313–8 Telemachos hat Nestor nicht angekündigt, er wolle weitere Erkundigungen anstellen. Die Aufforderung, nicht lange von daheim fernzubleiben, ist innerhalb der Handlung dennoch gut motiviert: Die nötige Eile ist aus dem Paradeigma des Atridenmythos abgeleitet. Das gilt auch für die Aufforderung, nach Sparta zu reisen, die Nestor selbst mit dem Informationsstand des Menelaos begründet. Daraus ergibt sich in der Form des überlieferten Textes die Pointe, daß Nestor jenen Handlungsablauf, der bereits von Athene festgelegt war, vorschlägt und daß Athene selbst ihn in ihrer Antwort an Nestor gutheißt; auch wird damit *per negationem* angedeutet, daß Telemachos weitere Reisen unternehmen könnte. Doch könnte in der ursprünglichen Form des Textes Athene auch eine Reise nach Kreta vorgeschlagen haben und Nestor die Route hier stillschweigend abändern: vgl. zu α 93. In dieser hypothetischen Fassung unserer Odyssee läge die Ironie dann darin, daß Nestor, unmittelbar nachdem er Kreta so ausführlich ins Gespräch gebracht hat, implizit von einer Reise dorthin abrät.

γ 379   Zur Fürsorge Athenes für Odysseus vor Troia vgl. zu γ 219–22. Ein vergleichbarer Kontakt zwischen Athene und Odysseus ist in der Ilias nicht beschrieben, sehr wohl aber vorausgesetzt. Ilias wie Odyssee zitieren damit dasselbe traditionelle Material.

γ 488–9   Die Angaben zu Diokles von Pherai stimmen überein mit E 542, wo sich weitere genealogische Angaben finden. Wir fassen damit sichtlich eine Figur, die in der (lokalen) mythischen Tradition verankert war (für weitere Lokaltraditionen vgl. Paus. 4, 30, 2–3), und es besteht kein Grund zur Annahme, daß die Namen vom Iliasdichter erfunden und vom Odysseedichter ausschließlich aus der Ilias herausgelesen worden wären.

Odyssee 4

δ 3–14   Die Hochzeit von Neoptolemos und Hermione könnte Spontanerfindung des Odysseedichters zur Erzeugung von Lokalkolorit sein, von der alle später belegten Traditionen über das Paar abhingen, doch wäre die Erfindung kaum glücklich motiviert: Wenn Menelaos Neoptolemos seine Tochter schon vor Troia versprochen hat, warum findet dann die Hochzeit erst jetzt, zwei Jahre nach seiner Heimkehr statt, zumal da Hermione „a rather elderly bride" (West zu δ 4) ist? Auch die Funktion der Szene im Kontext des δ ist nicht einsichtig, da die Hochzeitsfeier wenig später vergessen scheint (vgl. Bethe 1922, 265). Eher ist also ein bekanntes Mythologem leicht anachronistisch eingeblendet, und wir haben nach der Funktion dieses Einschubs zu fragen, der die weitere Handlung nicht beeinflußt.

   Das Charakteristische am Mythos von Hermione und Neoptolemos besteht darin, daß in allen uns bekannten Versionen die Verbindung von vornherein unter einem bösen Stern steht: Es gibt den Rivalen Orestes, der auf dem einen oder anderen Weg Hermione letztlich für sich gewinnt und Neoptolemos in den meisten Versionen tötet. Daß ein Vater einem Helden vor Troia seine Tochter verspricht, und zwar als Gegenleistung für eine konkrete Tat des präsumptiven Schwiegersohnes, ist als Motiv auch in der Ilias belegt: In N 363–81 wird der Tod des Othryoneus beschrieben, der als

Gegenleistung für seinen Kampf auf Seiten der Troer die Hand Kassandras
gefordert hat. Das Motiv könnte für Neoptolemos also auch ohne Beleg aus
der knappen Angabe im δ ergänzt werden, findet sich aber explizit bei Euripides, wenn Orestes zu Hermione über Menelaos sagt:

> ὃς πρὶν τὰ Τροίας εἰσβαλεῖν ὁρίσματα
> γυναῖκ' ἐμοί σε δοὺς ὑπέσχεθ' ὕστερον
> τῷ νῦν ἔχοντι, Τρῳάδ' εἰ πέρσοι πόλιν.　　　(Eur. Andr. 968–970)

Mit diesem mythologischen Hintergrund gewinnt die knappe Angabe im δ
eine neue Färbung: Neoptolemos mußte nach einem Orakel nach Troia geholt werden, weil ohne ihn die Eroberung nicht möglich war; Menelaos gab
ihm das Versprechen also in einer Zwangslage, als einzige Möglichkeit zur
Rückgewinnung Helenas. Das Motiv des Versprechens hat nun die ,natürliche' Erzählfunktion darin, daß seine Einlösung entweder nicht stattfindet
oder zu Komplikationen führt; man wird also davon ausgehen, daß die
Konkurrenz zwischen Orestes und Neoptolemos mit dem Versprechen
unlösbar verknüpft war. Die Geschichte barg somit eine Aussage von tragischer Reichweite: Menelaos kann Troia nur erobern (und Helena nur zurückgewinnen), wenn er gleichsam seine Tochter ,opfert' (man denkt hier
natürlich an das ,echte' Opfer der Iphigenie, das dieselbe Tragik enthält);
Hermione muß den Mann heiraten, für den sie nicht bestimmt ist, und gelangt nur über blutige Umwege zu Orestes.

　　Wenn also Telemachos und Peisistratos bei ihrer Ankunft in Sparta in
die Hochzeitsfeier für Neoptolemos und Hermione geraten, so signalisiert
das nur oberflächlich Feststimmung. Durch die Erinnerung an die damit
verbundene Geschichte wird für den Hörer schon von Beginn an jene den
Palast des Menelaos beherrschende melancholische Stimmung heraufbeschworen, die sich den jungen Gästen erst allmählich im Gespräch eröffnet.
Dieselbe Funktion hat die beiläufige Angabe, die Götter hätten Helena weitere Kinder verwehrt, sowie der sprechende Name des unehelichen Sohnes
von Menelaos, der ebenfalls Hochzeit feiert: Μεγαπένθης (vgl. Klingner
1944, 51; Maronitis 1980, 67 Anm. 40; 135). Menelaos konnte Helena wiedergewinnen und mit reichen Schätzen heimkehren, mußte dafür aber einen
hohen Preis zahlen. Das sagt er selbst in seiner ersten längeren Rede (δ 78–
112), das klingt für den Kenner des Mythos schon mit der Erwähnung der
Hochzeit zwischen Hermione und Neoptolemos unmißverständlich an.

δ 83–9　　Die Reisen des Menelaos bewegen sich im Rahmen der realen
Geographie, wenn auch zum Teil in Gebieten, die dem Hörer nur vom Hörensagen bekannt sein konnten; doch bleiben auch die Angaben über die
Wunder ferner Länder in den Grenzen des für möglich Gehaltenen. Das
gilt vor allem, wenn die Deutung der Volksnamen Σιδόνιοι und Ἐρεμβοί
durch von Soden (1959) stimmt: Ἐρεμβοί sei Wiedergabe der phoinikischen

Bezeichnung für „Westvölker", die Sidonier seien dann phoinikische Kolonien im westlichen Mittelmeer, und die Aufzählung der Volksnamen zeichne damit einen Periplus rund um Afrika nach. Dem ließe sich hinzufügen, daß die Aithiopen dann nicht mit dem erst ab dem 6. Jh. bezeugten Volk im Süden Ägyptens identifiziert werden müssen, sondern den Sprung rund um Afrika in den äußersten Westen signalisieren, in Übereinstimmung mit dem Modell der Aithiopen am Ost- und Westrand der Welt (α 23f.). Damit liefert der Nostos des Menelaos ein Modell für einen möglichen Nostos des Odysseus, der nicht in die Märchenwelt ausgreifen muß (vgl. Heubeck 1974, 219f.). Erkennt man diese Funktion der Reiseroute des Menelaos innerhalb unserer Odyssee an, so stützt sie sich kaum auf traditionelle Daten; eine Ausnahme bildet nur der Aufenthalt in Ägypten, vgl. zu δ 228–32.

δ 90–1   Obwohl Menelaos das Vokabular von Irrfahrten verwendet (81 ἐπαληθείς, 91 ἠλώμην), erweckt sein Bericht den Eindruck, daß die lange Abwesenheit von zu Hause nicht ganz unfreiwillig war; das langandauernde Anhäufen von Schätzen signalisiert, daß er nicht den kürzesten Weg nach Hause suchte. Dieses Motiv findet sich später auch in den Trugerzählungen des Odysseus, wo es heißt, daß Odysseus seine Heimkehr absichtlich verzögere, um noch Schätze zu sammeln (vgl. zu τ 269–99). Auch mit der Andeutung des Motivs im Bericht des Menelaos könnte also auf diese Möglichkeit eines alternativen Nostos des Odysseus verwiesen sein.

δ 91–2   Proteus, dessen Version Menelaos am nächsten Tag referieren wird, nennt Aigisthos δολόμητις (525) und spricht von seiner δολίη τέχνη (529), ohne Klytaimestra zu erwähnen. In Agamemnons Version im λ ist Klytaimestra am Mord beteiligt, tötet eigenhändig Kassandra und wird als δολόμητις bezeichnet (λ 422), während im ω Agamemnon sie pauschal als seine Mörderin bezeichnet (ω 97; 200 κουρίδιον κτείνασα πόσιν). Die Angaben innerhalb der jeweils lückenhaften Berichte durch unterschiedliche Figuren ließen sich theoretisch zu einer einzigen kohärenten Version kombinieren, lassen sich aber ebensogut als Hinweise auf unterschiedliche Möglichkeiten, die Geschichte zu erzählen, deuten. Aus diesem Grund glaube ich nicht an die öfters geäußerte Vermutung, es habe vor der Odyssee nur eine einzige kanonische Fassung der ‚Sage' gegeben, die Homer für seine Zwecke abgeändert habe, etwa durch Aufwertung der Rolle Klytaimestras (vgl. zu λ 406–34). Die Geschichte stand schon vor Homer in einer mündlich-epischen Erzähltradition, konnte also immer neu gestaltet werden. Auf eben diese Möglichkeit verweist der Erzähler, wenn er seine Figuren immer neue Aspekte hervorheben läßt. Da der Atridenmythos in jeder seiner Gestaltungen innerhalb der Odyssee Exemplum-Charakter für das Haus des Odysseus hat, entwirft auch jede Version der Geschichte ein neues Szenario für eine mögliche Fortsetzung der Geschichte des Odysseus.

δ 107–8 „τῷ better interpreted as a demonstrative, strengthened by αὐτῷ, than as ‚therefore'" (West). Nach dieser Erklärung stünden die Aussagen „Odysseus hat im Krieg viel geleistet" und „er sollte danach selbst Leiden erfahren" unvermittelt nebeneinander. Versteht man τῷ (sc. τῶ) als „deshalb", entsteht ein Kausalzusammenhang, der zunächst befremdet: Die Irrfahrten des Odysseus wären damit durch das Leid, das er als πτολίπορϑος den Troern zugefügt hat, hervorgerufen. Diese Vorstellung steht in Kontrast zum Gesamtkonzept der Odyssee, wonach Odysseus von (moralischer) Schuld entlastet ist, doch ist eine ähnliche Weltsicht auch im Gleichnis ϑ 521–31 impliziert (vgl. Rohdich 1987). In beiden Fällen handelt es sich um eine Interpretation der Zusammenhänge aus der Figurenperspektive (Menelaos; Odysseus), deren theologische Implikationen der Erzähler nicht teilt. Das zugrundeliegende Erklärungsprinzip käme dem Konzept des φϑόνος ϑεῶν nahe (vgl. zu δ 181–2), vergleichbar mit der These von Clay (1983), wonach Athene Odysseus verfolge, weil er in seinen durch μῆτις erzielten Erfolgen vor Troia zu weit gegangen sei. Unsere Odyssee schließt solche Erklärungen explizit aus, zitiert damit aber vielleicht Versionen, in denen die Irrfahrten tatsächlich auf den φϑόνος ϑεῶν zurückgeführt waren.

δ 110–2 Der Hinweis auf die engsten Verwandten des Odysseus ist als Verweis auf von der Tradition vorgegebene Daten zu verstehen. Man kann daraus entnehmen, daß der seinen Sohn vermissende Laertes als genuiner Teil der Geschichte von der Heimkehr des Odysseus gefaßt ist. Auch die Altersbestimmung zu Telemachos dürfte vorgegeben sein (vgl. zu ξ 161–4); mit der Erinnerung an seine Geburt wird wohl an die Geschichte erinnert, wie Odysseus, um der ‚Einberufung' zu entgehen, sich wahnsinnig stellte und Palamedes den Säugling vor seinen Pflug legte (vgl. zu ω 102–19).

δ 113–6 Schon die Scholien weisen auf die Parallele zur Reaktion des Odysseus auf das Lied des Demodokos hin; bei Eustathios findet sich die Notiz, daß Telemachos sich mit dieser analogen Handlungsweise als wahrer Sohn seines Vaters erweise (vgl. Richardson 1983, 223–5), was allerdings vom Hörer unserer Odyssee bestenfalls nachträglich, im ϑ, registriert werden konnte. Die ‚natürliche' Funktion des Motivs liegt wohl darin, daß der unwissentlich Titulierte selbst zu weinen beginnt und an dieser Reaktion erkannt wird; es liegt daher nahe, daß die Szene im δ, wo der Anagnorismos aufgrund der Ähnlichkeit zwischen Vater und Sohn vollzogen wird, bereits den einfachen Typus voraussetzt. Man könnte somit vermuten, daß eine ähnliche Szene für Odysseus bereits in der Erzähltradition etabliert war, und könnte weiters überlegen, in welcher Form sie in möglichen Versionen auftreten konnte. So konnte dieses Element etwa mit dem Anagnorismos zwischen Odysseus und Penelope verbunden sein; als Indiz dafür könnte dienen, daß am entsprechenden Punkt der Handlung der Erzähler thematisiert, daß Odysseus n i c h t weint (vgl. zu τ 209–12). Diese Rekonstruktion vorausgesetzt, hätten wir in unserer Odyssee einen höchst raffinierten Umgang mit dem dem Hörer vertrauten Motiv zu beobachten: Das Weinen des Odysseus, in der simplen Ausgestaltung des Motivs ausgelöst durch ein Gespräch über ihn selbst, wird in der ersten Instanz zitiert durch das Weinen seines Sohnes, in der zweiten Instanz ‚veredelt' durch den zusätzlichen Gedanken, daß das Weinen durch den Gesang eines Sängers ausgelöst wird und zum ‚Gesang' des Helden selbst führt, während in der dritten Instanz, am ‚ursprünglichen' Ort, nicht Odysseus selbst, sondern Penelope weint, und der Anagnorismos dadurch verhindert wird.

δ 125–33   Die Angaben zur Herkunft des τάλαρος klingen nicht nach traditionellem Material: Das Detail des τάλαρος selbst und die Erwähnung der übrigen Geschenke erfüllen ausschließlich die Funktion, den schon zuvor angesprochenen Reichtum zu versinnbildlichen; der beschriebene Aufenthalt beim König von Theben scheint sich in dieser Erwerbung von Schätzen zu erschöpfen, ohne daß die Darstellung dem Hörer suggeriert, es verberge sich dahinter eine konkrete Geschichte. Anspielungscharakter liegt höchstens in der Selbstverständlichkeit, mit der hier ein langer und intensiver Aufenthalt in Ägypten vorausgesetzt ist; dazu vgl. zu δ 228–32.

δ 141–3   Das Motiv in seiner natürlichen Prägung findet sich im τ, wo Eurykleia zu dem unbekannten Bettler sagt:

> ἀλλ' οὔ πώ τινα φημὶ ἐοικότα ὧδε ἰδέσθαι
> ὡς σὺ δέμας φωνήν τε πόδας τ' Ὀδυσῆι ἔοικας.   (τ 380f.)

Demgegenüber verrät im δ schon die Formulierung den derivierten Charakter: Helena sagt vom unbekannten Jüngling weder, daß er Odysseus gleiche, noch daß er aussehe, als wäre er der Sohn des Odysseus, sondern daß er dem Sohn des Odysseus (den sie noch nie gesehen hat) gleiche. Auch aus dieser Warte erweist sich der Anagnorismos des Telemachos als aus dem Schema eines Anagnorismos des Odysseus abgeleitet. Dieses Urteil enthält jedoch keine ästhetische Abwertung: Ein Thema der Telemachie ist ja gerade, daß Telemachos durch die Erforschung der Identität seines Vaters lernt, sich selbst als Sohn dieses Vaters zu verstehen und somit seine eigene Identität zu definieren. Die Übertragung von Motiven, die der Hörer mit der Figur des Odysseus verbindet, auf Telemachos trägt dazu bei, dieses Ziel der Telemachie stärker hervortreten zu lassen.

δ 172–3   Auch Menelaos bezeichnet Zeus als Urheber für den gescheiterten Nostos der Griechen: vgl. zu γ 130ff.

δ 174–80   Die Erklärer glauben, daß Menelaos sein hypothetisches Angebot nicht ernst meine (vgl. West zu δ 174–7), und die freiwillige Übersiedlung eines ganzen Volkes ist auch nicht leicht vorstellbar. Interessant ist in diesem Zusammenhang die Übereinstimmung der Motive mit folgender bei Pausanias referierten Episode (3, 20, 10f.): ὅτ᾽ ἔδωκεν Ὀδυσσεῖ Πηνελόπην γυναῖκα Ἰκάριος, ἐπειρᾶτο μὲν κατοικίσαι καὶ αὐτὸν Ὀδυσσέα ἐν Λακεδαίμονι, διαμαρτάνων δὲ ἐκείνου δεύτερα τὴν θυγατέρα ἱκέτευε καταμεῖναι καὶ ἐξορμωμένης ἐς Ἰθάκην ἐπακολουθὼν τῷ ἅρματι ἐδεῖτο. Ὀδυσσεὺς δὲ τέως μὲν ἠνείχετο, τέλος δὲ ἐκέλευε Πηνελόπην συνακολουθεῖν ἑκοῦσαν ἢ τὸν πατέρα ἑλομένην ἀναχωρεῖν ἐς Λακεδαίμονα. καὶ τὴν ἀποκρίνασθαί φασιν οὐδέν· ἐγκαλυψαμένης δὲ πρὸς τὸ ἐρώτημα Ἰκάριος τὴν μὲν ἅτε δὴ συνιεὶς ὡς βούλεται ἀπιέναι μετὰ Ὀδυσσέως ἀφίησιν, ἄγαλμα δὲ ἀνέθηκεν Αἰδοῦς. Daß die beiden Episoden völlig unabhängig voneinander entstanden seien, ist unwahrscheinlich, zumal in beiden die typischen Charakterzüge des Protagonisten Odysseus keine wesentliche Rolle spielen. Daß die in sich konsistente Geschichte um Ikarios aus der beiläufigen Bemerkung der Odyssee herausgesponnen wäre, überzeugt auch nicht. Ich halte es daher für denkbar, daß die Odyssee mit der scheinbar ‚unmöglichen Alternative' eine dem Hörer bekannte Episode aus der Jugend des Odysseus zitiert; für eine mögliche Funktion des Zitats vgl. zu δ 587–623; ο 75–85; 142–83.

δ 181–2 Das Konzept des φθόνος θεῶν ist hier vielleicht am deutlichsten ausgesprochen, wobei jede Vorstellung von einer Schuld des Odysseus ferngehalten ist. Ob ein solches Konzept eine tragfähige Grundlage für Versionen bilden konnte, in denen Odysseus von einem oder mehreren Göttern verfolgt wurde, muß offen bleiben.

δ 187–8 Mit dem Tod des Antilochos durch die Hand des Memnon erwähnt Peisistratos ein präzises Datum des Mythos, das, wie schon die Art des Zitats zeigt (Memnon ist nur als Sohn der Eos bezeichnet, die Umstände des Todes sind nicht berührt), beim Hörer als bekannt vorausgesetzt ist, somit in der Tradition fixiert und keinen Änderungen zugänglich war.

δ 199–202 Überblickt man die Aussage in ihrer Gesamtheit, so wirkt sie unauffällig: Die genannten Wesenszüge des Antilochos stimmen mit den Angaben der Ilias überein (Ψ 756 ὁ γὰρ αὖτε νέους ποσὶ πάντας ἐνίκα); Menelaos als Troiakämpfer wird zum Zeugen angerufen, da Peisistratos seinen Bruder nie kennengelernt hat. Trotzdem scheint hinter den vagen Angaben mehr zu stecken: Mit μέλλεις δὲ σὺ ἴδμεναι ist suggeriert, daß Menelaos einen persönlichen Grund habe, etwas über die Heldenqualitäten des Antilochos zu wissen, und man könnte dahinter eine in konkreten Daten des Mythos gründende enge Beziehung zwischen den beiden Helden vermuten. Daß das nicht abwegig ist, zeigen Stellen der Ilias, wo ein solches Nahverhältnis sichtlich vorausgesetzt ist, ohne für die Handlung je Funktion zu erhalten; vor allem der Konflikt zwischen den beiden im Wagenrennen im Ψ ist als Reflex anderer Geschichten zu deuten, wie es auch andere Personenkonstellationen bei den ἆθλα sind (ins Auge fällt etwa der Ringkampf zwischen Odysseus und Aias). Eine enge Beziehung zwischen Antilochos und Menelaos konnte nur im Rahmen des Aithiopisstoffes in Handlung umgesetzt sein; auch davon findet sich vielleicht ein Reflex in der Ilias (vgl. Willcock 1983; 1987). So wird Menelaos in auffälliger Weise zu Antilochos geschickt, damit dieser zu Achilleus geschickt werde, um den Tod des Patroklos zu melden (P 651ff.). Geht man davon aus, daß gerade in diesem Kontext wesentliche Konstellationen des Aithiopis-Stoffes in das Patroklos-Drama der Ilias hineingespiegelt sind, könnte auch die Rolle des Menelaos eine solche gebrochene Zitatfunktion haben. Wir hätten dann im δ mit dem vagen Verweis auf die Zeugenschaft des Menelaos für die Heldentaten des Antilochos die Anspielung auf ein konkretes Datum des Mythos, das uns nicht mehr kenntlich ist; dabei ist bemerkenswert, daß es sich um ein Detail handeln muß, das für den großen Verlauf der Handlung so wenig Bedeutung hatte, daß es in unserer Überlieferung keine Spur hinterließ. Vorausgesetzt wäre damit beim Hörer der Odyssee die Kenntnis der Aithiopis in einer (wenn auch nicht notwendig schriftlich) fixierten Version.

δ 219–32 Die Dominanz von Ägypten für die Abenteuer des Menelaos im Vergleich zu den übrigen genannten Ländern (δ 83–5) ist unübersehbar. Die üblichen Erklärungen zielen auf die Faszination alles Ägyptischen für die Griechen und bringen historische Faktoren ins Spiel, in Verbindung mit Datierungsversuchen der Odyssee (neue Kontakte der Griechen zu Ägypten ab 650: West zu δ 125–7; Burkert 1976). Das ferne Land außerhalb der unmittelbaren Reichweite hat für die Konstruktion der Nosten-Erzählungen die Funktion, Menelaos so lange von daheim fernzuhalten, bis Orestes den Tod seines Vaters gerächt hat; zugleich wird damit die Parallele zwischen Odysseus und Menelaos sowie zwischen Telemachos und Orestes (der für die Ordnung seiner Angelegenheiten ebenfalls warten könnte, bis die vermißte ‚Vaterfigur' heimkehrt) stärker hervorgehoben. Diese primär erzähltechnische Funktion läßt sich auch daran ablesen, daß die Zeit der Abwesenheit für Menelaos durch keine erzählbare Handlung gefüllt ist.

Damit ist aber noch nichts für den Inhalt der ‚Irrfahrten' des Menelaos gewonnen. Was Menelaos in Ägypten tut, außer daß er bei Königen zu Gast ist und Schätze sammelt, bleibt offen. Die Erklärer der Odyssee gehen nun kaum je auf den Zusammenhang mit jenen späteren Mythosvarianten ein, in denen Helena während des Krieges in Ägypten weilt und nur ihr εἴδωλον nach Troia kommt. Diese Betrachtungsweise setzt voraus, daß alle chronologisch späteren Darstellungen der Sage von der Odyssee abhingen und alle von der Odyssee abweichenden Details Neuerfindungen der Dichter oder Umformung von Details der Odyssee wären. Hinzu kommt die Tendenz, Zeugnisse, die nicht in das harmonisierte Bild der Überlieferung passen, auszuschalten und damit die Vielfalt der Versionen zu verringern.

Hinter all dem steht die Überzeugung, es habe nur jene Versionen des Mythos gegeben, die wir aus der uns erhaltenen Überlieferung herausschälen
können. Es mögen daher Spekulationen darüber erlaubt sein, welche Konsequenzen die Annahme von vorhomerischen Versionen der ‚Helena in
Ägypten' für unser Verständnis der Odyssee hätte.

Für eine Version, in der Helena in Ägypten blieb, während Griechen
und Troer um ein εἴδωλον kämpften, gibt es natürlich keine vorhomerischen Zeugnisse. Daß auch der epische Kyklos keine Spuren davon enthält,
verwundert nicht, wenn man der *communis opinio* folgt, wonach in ihm eine
bewußte Angleichung an Ilias und Odyssee erfolgte. Wir kommen damit
bereits zur Nachricht πρῶτος Ἡσίοδος περὶ τῆς Ἑλένης τὸ εἴδωλον παρήγαγε
(fr. 358 M.-W. = Tzetzes zu Lyk. 822), deren Interpretation unauflösbar mit
dem Problem der zwei Palinodien des Stesichoros verknüpft ist. Obwohl
ich hier nicht auf die Fülle der dazu aufgestellten Theorien eingehen kann,
will ich für unsere Frage doch auch zu diesem — zugegeben reizvollen —
Problem knapp Stellung nehmen, da es von der Beurteilung der ‚Originalität' des Stesichoros (und des Hesiod) abhängt, ob man geneigt ist, die vorhomerische Existenz des Motivs der ‚ägyptischen Helena' zu akzeptieren.

Im Zentrum steht die Frage, ob Stesichoros eine oder zwei Palinodien
schrieb, und wenn zwei, worin sie sich voneinander und von der ersten
‚Helena' unterschieden, und wenn er tatsächlich, wie überliefert, Hesiod
kritisierte, in welchem Punkt. Anstatt alle Zeugnisse sowie die vorgebrachten Theorien zu referieren (vgl. Kannicht 1969, 21–48; zuletzt Austin 1994),
versuche ich einen Weg zu zeichnen, der möglichst viele der antiken Nachrichten miteinander vereint, wobei an erster Stelle nicht der Bericht über
die Erblindung und Heilung des Stesichoros stehen darf (die Stelle im Phai-
dros des Platon bedarf einer eigenen Interpretation, die in ausreichender
Weise die Ironie des Kontexts berücksichtigt; vgl. Lefkowitz 1981, 31–5),
sondern das Fragment des Pap. Oxy. 2506 (PMG 193 Page): μέμφ]εται τὸν
Ὅμηρο[ν ὅτι Ἑλέ]νην ἐποίησεν ἐν Τ[ροίαι] καὶ οὐ τὸ εἴδωλον αὐτῆ[ς, ἐν] τε
τ[ῆι] ἑτέραι τὸν Ἡσίοδ[ον] μέμ[φετ]αι· διτταὶ γάρ εἰσι παλινῳδ<ίαι δια>λλάτ-
τουσαι, καὶ ἔστιν ἡ μὲν ἀρχή· δεῦρ' αὖτε θεὰ φιλόμολπε, τῆς δέ· χρυσόπτερε
παρθένε, ὡς ἀνέγραφε Χαμαιλέων· αὐτὸ[ς δ]έ φησ[ιν ὁ] Στησίχορο[ς] τὸ μὲν
ε[ἴδωλο]ν ἐλθεῖ[ν ἐς] Τροίαν, τὴν δ' Ἑλένην π[αρὰ] τῶι Πρωτεῖ καταμεῖν[αι …

Diese Nachricht läßt sich am plausibelsten folgendermaßen erklären:
Bereits bei ‚Hesiod', d.h. in einem katalogischen Epos, fand sich eine Versi-
on, nach der Helena mit Paris bis Ägypten kam und dort verblieb, während
Paris mit dem εἴδωλον weiterfuhr. Stesichoros ‚übernahm' in einer ersten
Version diesen Ablauf der Dinge, womit er die ‚homerische' Sicht, wonach
Helena nach Troia kam, ‚widerrief'; in einer zweiten Version wandte er sich
aber auch gegen Hesiod: Helena sei bereits in Sparta durch das εἴδωλον er-
setzt, sie selbst aber (wie in der euripideischen Helena) von Hermes nach

Ägypten gebracht worden. Folgt man dieser Rekonstruktion, so erhält man zwei Gedichte des Stesichoros, die sich deutlich aufeinander beziehen und trotzdem beide als παλινῳδίαι (im Sinne des Textes des Papyrus, d.h. als Retraktation einer bestimmten Mythosversion) bezeichnet werden konnten. Bei dieser Annahme benötigt man keine zusätzliche erste ‚Helena', um die antiken Zeugnisse unter einen Hut zu bringen, kann vielmehr die Konfusion um die eine oder zwei Palinodien ökonomisch erklären: Es gab in der Antike zwei Gedichte des Stesichoros, die unter dem ‚Titel' Helena kursierten. Da das eine davon ausdrücklich auf das andere Bezug nahm und sich von dessen Darstellung distanzierte, wurde es als παλινῳδία bezeichnet, kursierte sodann als ἡ καλουμένη Παλινῳδία (Plat. Phaidr. 243b) und wurde erst allmählich mit dem Mythos von der Blendung und Heilung des Dichters durch Helena befrachtet. Andrerseits enthielt auch das erste Gedicht die Distanzierung von einer Version des Mythos, nämlich der homerischen. Insofern war es gerechtfertigt, von zwei παλινῳδίαι zu sprechen.

Worauf es bei dieser Rekonstruktion für Stesichoros ankommt, ist weniger das quasi-biographische Element, sondern die Einschätzung des Ausmaßes an mythologischer Neuerung, die man ihm zuschreibt. Es scheint möglich, ein Bild von der Leistung des Stesichoros zu entwerfen, das ihm nicht so sehr revolutionäre Neuerungen des Helena-Mythos zuschreibt als vielmehr zwei Versionen, die jede für sich eigenständig und einheitlich sein wollten, dabei aber doch auf traditionelles Material oder zumindest traditionelle Motive zurückgriffen. So scheint es wenig fruchtbar, mit West (1985, 134f.) das Motiv des εἴδωλον als Erfindung des 6. Jh.s zu bestimmen und damit alle homerischen Belege des εἴδωλον-Konzepts als „post-Stesichorean interpolation" abzutun. Daß das Motiv der Substitution durch ein εἴδωλον nicht nur für Helden allgemein, sondern vielleicht sogar für Helena selbst auf idg. Wurzeln zurückgeht, hat Skutsch (1987) anhand von indischen Parallelen wahrscheinlich machen können. Damit wäre auch der Autor des Frauenkatalogs, den wir kaum als kühnen Innovator einstufen wollen, nicht mit der Einführung eines neuen Motivs belastet. Was das εἴδωλον der Helena betrifft, könnte man dann davon ausgehen, daß es sich dabei um eine uralte Variante des Mythos handelte, die auch Homer (Ilias- und Odysseedichter) kannte. Welche Folgen diese Annahme für unser Verständnis der Texte hätte, soll im weiteren erwogen werden.

Das Helena-Bild der Ilias kann hier nur gestreift werden. Es ist deutlich, daß die Helena der Ilias als einheitliche Gestalt konzipiert ist, die widersprüchliche Wesenszüge in sich vereinen soll. Thematisiert wird die Frage ihrer Schuld aus unterschiedlichen Perspektiven, aber auch ihre zwiespältige Einstellung zu Paris und Menelaos; eindrucksvoll demonstriert wird die Macht, die Aphrodite über sie ausübt. Fragt man nach möglichen Reflexen der εἴδωλον-Version, mag man an die Entrückung des

Paris vom Schlachtfeld ins Schlafzimmer denken, die die Entrückung Helenas zitieren könnte; eventuell könnte auch Helenas Wunsch, vom Sturmwind über das Meer davongetragen zu werden (Z 345–8; allerdings mit Bezug auf ihre Geburtsstunde!), mit der Entrückung nach Ägypten in Beziehung gebracht werden. Andrerseits könnte auch die Angabe, daß Paris auf jener Reise, auf der er Helena entführte, nach Sidon gekommen sei (Z 289–92), mit einer Fahrt nach Ägypten assoziiert werden; schon Herodot (2, 116) führt die Stelle als Beweis dafür an, daß Homer die Geschichte von Helena in Ägypten kenne. Doch läßt sich mit solchen Annahmen für das Verständnis des Iliastextes wenig gewinnen; im Vordergrund steht für die Ilias sichtlich das autonome Bild der komplexen Persönlichkeit Helena, das auch ohne Rückgriff auf außerhalb des Textes liegende Informationen verständlich sein soll. In der Ilias ist Helena in Troia ein Mensch aus Fleisch und Blut, und jede Assoziation mit einem εἴδωλον bleibt ausgeschlossen.

Anders liegt es in der Odyssee, was auch damit zu tun hat, daß die Darstellung der Helena nach dem Krieg und nach der Rückkehr nach Sparta, also nachdem ihre Karriere als εἴδωλον auf jeden Fall schon Vergangenheit ist, ganz andere Möglichkeiten eröffnete als ihre Darstellung während des Krieges. Die Perspektiven, die sich bei der Annahme ergeben, daß die ursprünglichen Hörer der Odyssee mit Versionen vertraut waren, in denen Helena nach Ägypten und ihr εἴδωλον nach Troia gelangte, sollen hier knapp skizziert werden. Bereits die Angabe, daß es Menelaos auf der Heimfahrt von Troia nach Ägypten verschlagen habe, mußte solche Hörer aufmerksam machen: In den εἴδωλον-Versionen mußte Menelaos ja nach Ägypten, um die wahre Helena wieder zurückzuerhalten (so führt Herodot als Beweis für die Kenntnis der Ägypten-Version in der Odyssee nur zwei Stellen an, in denen vom Aufenthalt des Menelaos und der Helena in Ägypten die Rede ist). Schon mit dem Bericht des Nestor über den Nostos des Menelaos wurde damit für den Hörer die Frage virulent, welche Helena Menelaos eigentlich zurückgebracht habe, und welche Art von Helena in Troia gewesen sei. Diese Frage wird an der Textoberfläche nie ausdrücklich thematisiert; auf die ‚Sachfrage', ob es ein εἴδωλον gegeben habe, erhält der Hörer sehr bald die Antwort Nein, zumindest aus der Figurenperspektive des Menelaos und dann auch der Helena selbst. Die Ambivalenz der Figur Helena, die mit der εἴδωλον-Version im Hintergrund mitschwebt, findet aber in anderen Zügen ihren Ausdruck: Anders als in der Ilias, wo die positive und die negative Bewertung Helenas in eine einheitliche Figur zusammengefaßt sind, stellt die Odyssee zwei unterschiedliche Gestalten nebeneinander und drückt so die unterschiedlichen Möglichkeiten aus, Helenas Rolle im Trojanischen Krieg zu beurteilen. Das gilt ganz besonders für die zwei Episoden aus der Endphase des Krieges, die Helena und Menelaos erzählen werden (vgl. zu δ 240–89), aber, wie ich glaube, schon zuvor für zwei parallele Szenen. Beim ersten Auftritt Helenas beschreibt der Erzähler Geräte, die ihre Dienerinnen mittragen, und nennt ihre Herkunft: Es sind Geschenke der Alkippe, der Gattin des Polybos, der im ägyptischen Theben, dem Symbol für Reichtum, wohnte, und zwar klassische Gerätschaften der normgerechten Frau, Spinnrocken und Spinnkorb. Auch Menelaos hat von Polybos klassische Gastgeschenke erhalten, die Häuslichkeit signalisieren: Badewannen, Dreifüße, und dazu zehn Talente Gold (δ 123–35). Wenig später hingegen mischt Helena allen Anwesenden ein φάρμακον in den Wein, das ebenfalls aus Ägypten stammt: Es ist ein Geschenk Polydamnas, der Gattin des Thon; zusätzlich wird gesagt, daß Ägypten von allen Ländern die meisten φάρμακα hervorbringe, von teils nützlicher, teils schädlicher Wirkung (δ 220–32). Obwohl das φάρμακον im Kontext des δ eine positive Wirkung hat und obwohl die φάρμακα Ägyptens generell mit positiven Assoziationen verbunden sind, ist damit doch eindeutig eine andere Art von Helena gegeben als die des Webstuhls und Spinnrockens: Sie ist eine Frau mit dämonischem Wesen, die die Männer bezaubern kann und diese Macht auf die eine oder andere Art ausüben könnte, ähnlich wie Kirke mit ihren φάρμακα. Diese Macht bleibt im Zusammenhang des δ nur Möglichkeit bzw. wird in der zweiten Erzählung (δ 266–89) als Vergangenheit artikuliert; in beiden Szenen wird Helena auch die Macht zugeschrieben, das Gegenüber bzw. sich selbst in etwas anderes zu verwandeln. Der Charakter des εἴδωλον im Sinne eines Etwas-Anderes-Seins ist in beiden Szenen unverkennbar. Dasselbe Etwas-Anderes-Sein wird uns in der Erzählung über Proteus begegnen, ist aber auch in der Erzählung vom als Bettler verkleideten Odysseus in Troia präsent. Das Motiv ist also nicht auf die Figur der Helena beschränkt. Es wird auf sie dort angewendet, wo ihre ‚negativen‘ Seiten zur Sprache kommen; in Szenen, die die ‚positive‘ oder ‚neutrale‘ Helena beschreiben, ist es auf andere Figuren übertragen.

Was den Mythos von Helena in Ägypten betrifft, läßt sich für unsere Odyssee somit nicht viel Konkretes gewinnen. Falls der Dichter Motive solcher Versionen verwendet, hat er sie konsequent uminterpretiert und der Vorstellung einer menschlichen Helena untergeordnet. Die Hervorhebung der Ägypten-Elemente könnte jedoch als Signal verstanden werden, die Ambivalenz der Helena-Figur, die in den traditionellen Versionen dadurch ausgedrückt wurde, daß sie bald in Troia, bald in Ägypten lokalisiert wurde, in einer einzigen Gestalt zusammenzufassen, die die gegensätzlichen Züge als Zitate der gegensätzlichen Versionen in sich vereint.

δ 228 Der Name des Thon, der als einziger in den Berichten des Menelaos nicht griechisch klingt, taucht bei Her. 2, 113f. in der Form Θῶνις als Name eines Wächters an einer Nilmündung auf (vgl. West). Auch wenn man annimmt, daß der Odysseedichter Versionen von einem Ägypten-

Aufenthalt Helenas verwendet bzw. zitiert, ist diese Übereinstimmung wenig aussagekräftig, da Herodot offensichtlich keine alten Mythosversionen außer denen von Homer und Stesichoros verwendet. Es ist daher die Annahme plausibler, daß der Odysseedichter die Namen von Thon und Polydamna genauso ‚erfunden' hat wie jene von Polybos und Alkandre.

δ 240–89 Die beiden Episoden vom Ende des Trojanischen Krieges, die Helena und Menelaos erzählen, wurden viel diskutiert, weil sie zwei gegensätzliche Bilder von der Einstellung Helenas transportieren. In Verbindung mit diesem Problem steht die Frage, ob es sich dabei um traditionelle Geschichten handelt, ob also die Hörer unserer Odyssee mit dem Inhalt der zwei Episoden bereits vertraut waren oder ob wir es mit ‚Erfindungen' des Odysseedichters zu tun haben. Auch dazu gibt es eine lange Diskussion (referiert bei Schmid 1982, 34–46, mit dem Versuch, auch die Helena am Hölzernen Pferd als loyal gegenüber den Griechen zu erweisen; vgl. West zu 242ff.). Es gibt Versuche, die Inhalte beider Erzählungen als traditionell zu erweisen; andere halten eine der Episoden für traditionell, die andere für Neuschöpfung des Odysseedichters; wieder andere halten beide für Neuerungen. Wichtig erscheint mir hier der Versuch von Andersen (1977; vgl. Olson 1995, 83–5), die Motivparallelen zwischen den beiden Episoden und den Grundthemen der Odyssee aufzuzeigen; zieht man diese Parallelen ab, so bleibt von den beiden Erzählungen nur wenig übrig: einerseits das Motiv von Odysseus in Troia, andrerseits das Grundfaktum des Hölzernen Pferdes. Bereits dies deutet darauf hin, daß die Rolle Helenas in beiden Episoden nicht aus der Tradition übernommen sein muß und somit auch für den Hörer unserer Odyssee eine Innovation darstellen konnte.

Ein weiteres Kriterium zur Beurteilung des traditionellen Charakters läßt sich aus den Beobachtungen zu den Erzählungen von den Nostoi der Griechen ableiten (vgl. zu γ 130ff.). Dort ließ sich feststellen, daß unterschiedliche Passagen stark unterschiedlichen Anspielungscharakter aufweisen: Teilweise handelt es sich um einfachen Erzählstil, der die Ereignisse so darstellt, daß der Hörer keine außerhalb des Textes liegenden Informationen für das Verständnis benötigt; teilweise sind die Ereignisse aber so verkürzt und verknappt referiert, daß sie ohne Kenntnis des Hintergrunds unverständlich bleiben. Für die Nostenerzählungen lautete die — unabhängig von diesem Unterscheidungskriterium gewonnene — Diagnose, daß die Passagen mit hohem Anspielungscharakter sich stark auf traditionelle Versionen beziehen und mit dem Zitat die quasi verbindliche Tradition ‚umdichten' bzw. ‚überschreiben' (vor allem die Versammlung der Griechen und der Streit zwischen den Atriden), während in den freier erzählenden Partien der Dichter sich sichtlich nicht auf eine vorliegende Tradition bezieht, sondern seine eigene, neue Version liefert. Es versteht sich nun von selbst, daß dieses Unterscheidungskriterium nicht ohne weiteres verallgemeinert werden darf. Was allerdings die erste Kategorie, die Partien mit hohem Anspielungscharakter, betrifft, stimmt die Diagnose mit Beobachtungen zu den mythologischen Exempla der Ilias überein, deren referierenden, verknappenden Charakter man ebenfalls als Beweis dafür hielt, daß Bekanntes vorausgesetzt, zitiert und modifiziert ist. Dieses Verfahren ist innerhalb einer so stark traditionellen Gattung wie dem frühgriechischen Epos nur natürlich: Wo ein Text durch seine Lücken dem Rezipienten nahelegt, zur Sinnbildung Informationen von außen beizufügen, ist der Hörer aufgerufen, diese Informationen primär im Bereich der Tradition zu suchen; erst wenn dieser Weg sich als fruchtlos erweist, wäre es legitim, den Text als Rätsel aufzufassen, das entweder durch die Intuition des Hörers ‚geknackt‘ oder durch den weiteren Verlauf des Texts selbst an einem späteren Punkt aufgelöst werden muß. Ich meine, daß es solche Rätsel bei Homer nicht gibt, daß wir daher in all jenen Fällen, wo wir Informationen innerhalb des Texts vermissen, diese zunächst im Bereich der Tradition suchen müssen; wenn wir dabei nicht fündig werden, sollten wir den Mut zum Eingeständnis haben, daß das Problem für uns aufgrund der fragmentarischen Überlieferung nicht lösbar ist.

Was bedeutet das für die zwei Erzählungen im δ? Der erste Eindruck scheint die Annahme zu bestätigen, daß es sich um von der Tradition weitgehend unabhängige Geschichten handelt: Beide Episoden sind aus sich heraus gut verständlich; obwohl sie beide an der Oberfläche eine bestimmte Aussage transportieren, also in die Nähe von mythologischen Exempla der Ilias gerückt werden könnten, enthalten sie auf den ersten Blick keine nicht sofort entschlüsselbaren Anspielungen. Dies gilt jedenfalls für den jeweiligen Kern der Geschichte: Sowohl die Begegnung zwischen Helena und Odysseus als auch die Konfrontation zwischen Helena und den Helden im Hölzernen Pferd sind so beschrieben, daß der Hörer nicht auf zusätzliche Informationen angewiesen ist; die intendierte Aussage läßt sich unmittelbar aus dem Text ableiten. Inwiefern das auch für die jeweilige Umrahmung der Geschichte gilt, muß aber im Detail geklärt werden.

δ 244–8 Nach der überschriftartigen Einleitung, die Zeit und Ort der Handlung bestimmt (242–3), beginnt die Geschichte mit einer detaillierten Beschreibung der Verunstaltung und Verkleidung des Odysseus, die keine Fragen offenläßt. Auch die Angaben zur *persona*, die Odysseus annimmt, sind aus sich heraus ohne weiteres verständlich, trotz der Schwierigkeiten, die man seit der Antike damit hatte (vgl. West zu δ 246–9): Ob man Δέκτης als Eigennamen oder als Appellativum mit der Bedeutung „Bettler" versteht, in jedem Fall bedeutet die Aussage, daß Odysseus die Gestalt einer Person einnimmt, welche es unter den Griechen nicht gibt, jedenfalls nicht zum Zeitpunkt des Betretens der Stadt (dies signalisiert die Klammerstellung κατέδυ 246 – κατέδυ 249): Odysseus gibt sich als δέκτης/Δέκτης aus, um überhaupt Zutritt in die Stadt zu erlangen; diese Person ist von ihm aber frei erfunden. Es erübrigt sich daher die Annahme, daß die Figur eines Δέκτης aus anderen Versionen eines Troia-Gangs des Odysseus übernommen sei; die Nachricht, daß die Figur mit dem Eigennamen Δέκτης in der Kleinen Ilias auftauchte, läßt sich nach dem Folgenden besser damit erklären, daß deren Autor die in der Odyssee referierte Episode an ihrem chronologisch ‚richtigen‘ Platz unterbringen und funktionalisieren wollte.

δ 249–55   Auch die nächste Phase des Abenteuers ist aus sich heraus gut verständlich, was die Auseinandersetzung zwischen Odysseus und Helena betrifft; für dieses Thema braucht man keine weiteren Informationen. Andrerseits wird hier doch stärker spürbar, daß die Geschichte in einem Vakuum spielt: Es wird nicht gesagt, was Odysseus eigentlich in Troia will (am öftesten wurde vorgeschlagen, daß es sich um einen reinen Spionagegang handle), es wird auch nicht gesagt, wie Odysseus (in der Gestalt eines Bettlers) bis zu Helena gelangen und von ihr sogar nach den Regeln der Gastfreundschaft empfangen werden kann. Für den Duktus der Geschichte selbst spielt das keine große Rolle, doch wird damit der Eindruck erweckt, daß die Handlung vor einem größeren Hintergrund spielt, der zwar bekannt ist, dessen Erwähnung aber vermieden wird.

δ 256–8   Der Anspielungscharakter wird hier manifest, ohne daß wir deshalb die nötigen Informationen mühelos beisteuern können. Handelt es sich bei dem „ganzen Plan der Achaier“, den Odysseus Helena enthüllt, um die Absicht, die hinter dem Unternehmen des Odysseus selbst steckt, oder um die Pläne für die Zukunft, also die Eroberung Troias durch das Hölzerne Pferd? Und warum tötet Odysseus viele Troer, bevor er die Stadt verläßt? Ist dies notwendige Voraussetzung für seine Flucht, der einzige Sinn der Expedition oder nur ein Nebenerfolg? Was ist aber dann der Hauptzweck des Unternehmens? Und schließlich: Heißt κατὰ δὲ φρόνιν ἤγαγε πολλήν „er brachte reichlich Information zurück“ (West) oder „er brachte viel Beute mit“, wie schon die Scholien vermuten? Worin bestand die Beute oder die Information? Alles Fragen, die aus dem Wortlaut nicht zu klären sind. Das Verfahren des Textes erinnert an die Beschreibung von Volksversammlung und Streit zwischen den Atriden bei der Abfahrt von Troia, wo wichtige Informationen ebenfalls unterdrückt bzw. durch Platzhalter ersetzt sind; der Text verweist auch hier sichtlich auf etwas anderes.

Schon in der Antike wurde nun bemerkt, daß die ganze Episode eine Doublette zum Raub des Palladions darstellt. In der Kleinen Ilias standen die beiden Abenteuer unmittelbar hintereinander, wobei der erste Gang mit der Begegnung mit Helena sichtlich als vorbereitender Spionagegang für den eigentlichen Coup gefaßt war. Das deutet darauf hin, daß das erste Abenteuer dort keine Eigenberechtigung hatte, die Autorität der Odyssee aber für verpflichtend galt. Schon in der Antike finden sich nun Spuren von Spekulationen darüber, ob das in der Odyssee dargestellte Abenteuer nicht der Raub des Palladions selbst sei. Die theoretische Debatte dazu läßt sich zwar nicht exakt rekonstruieren (vgl. Severyns 1928, 350f.), doch liegt diese Auffassung sichtlich in Verg. Aen. 9, 150f. zugrunde (*tenebras et inertia furta / Palladii caesis late custodibus arcis ...*): Hier findet sich im Zusammenhang mit dem Palladionraub die Ermordung der Wächter, die im Proklosreferat (§ 83 Kullmann) nicht erwähnt ist, auf die aber Helena im δ anspielt. Der Hinweis kann als Denkanstoß dienen: Wie mußte ein Hörer der Odyssee, der aus der Tradition die Geschichte vom Palladionraub kannte, aber nichts von einem weiteren Gang des Odysseus nach Troia und einer Begegnung mit Helena wußte, die Episode im δ auffassen?

Die Identifizierung des Abenteuers als ‚Raub des Palladions‘ mußte für den ersten Teil der Erzählung auf der Hand liegen. Die Ent- und Verstellung des Odysseus war auch für den Raub des Palladions unabdingbare Voraussetzung: Wie hätte Odysseus sonst, auch wenn das Unternehmen in der Nacht stattfand, Einlaß in die Stadt finden können? Was die Begegnung mit Helena angeht, ist zu vermuten, daß sie in den traditionellen Versionen des Palladionraubs nicht enthalten war; doch konnte sie vom Hörer als Erweiterung der Geschichte, als zusätzliches Hindernis auf dem Weg zum Palladion verstanden werden. Zweifel daran, daß es sich bei der Unternehmung um den Raub des Palladions handle, konnten erst im letzten Teil der Erzählung auftauchen, wo nach dem traditionellen Verlauf der Handlung der eigentliche Raub geschildert werden mußte; genau dort setzen nun die vagen Angaben ein, die den Hörer zur Ergänzung durch außerhalb des Textes liegende Informationen auffordern.

Der vorinformierte Hörer konnte aber auch hier Details des Palladion-Kontexts einsetzen: πάντα νόον ’Αχαιῶν umfaßt zwar die gesamte Planung der Griechen, kann aber den konkreten Plan des Palladionraubes zumindest mit einschließen; die Tötung vieler Troer kann als Begleiterscheinung bei der Flucht mit dem Palladion verstanden werden; und κατὰ δὲ φρόνιν ἤγαγε πολλήν kann als ein Weg aufgefaßt werden, den Raub des Palladions nicht direkt zu erwähnen, dabei aber doch einen Hinweis auf die Natur der Beute zu geben: Was Odysseus aus Troia mitbrachte, war φρόνις, was nicht einfach „Kunde" (Frisk) oder „information" (West) heißt, sondern in Richtung „Weisheit, Einsicht" zielt. Ich halte es für denkbar, daß der Hörer der Odyssee diesen Begriff als Anspielung auf das Wesen der Göttin Athene deuten konnte. Dies konnte so ausgelegt werden, daß die ‚Beute‘ in der Göttin der Weisheit selbst, also ihrer Statue, bestand, oder daß Odysseus eine bessere Beute als das hölzerne Standbild der Göttin mitbrachte, nämlich ihr wichtigstes Wesensmerkmal, die φρόνησις, die die eigentliche Voraussetzung für die Eroberung Troias war. Diese Deutung mag nach Allegorese klingen, ist aber für das Verständnis der Odyssee nicht absurd: Athene selbst bezeichnet sich als Göttin der μῆτις schlechthin (ν 298f.); ein Hörer, der die von Helena im δ erzählte Episode als eine Version des Palladionraubes verstand, konnte sie als Korrektur der traditionellen Versionen auffassen: Worauf es ankam, war nicht der Erwerb der hölzernen Statue als magisches Objekt, sondern die Aneignung der Wesenszüge der Göttin.

Mit dieser Interpretation erhalten wir eigentlich zwei Geschichten: eine erste, die eine Version vom Raub des Palladions bietet, diesen aber nur zitiert bzw. in Anspielungen mehr verdeckt als erzählt; und eine zweite, die ausdrücklich erzählt wird und die Hauptaussage enthält, nämlich die Begegnung zwischen Helena und Odysseus, in der das Wesen des Odysseus, vor allem aber das der Helena charakterisiert wird.

δ 271–89   Für die Geschichte des Menelaos stellen sich dieselben Probleme mit umgekehrten Vorzeichen. Hier fällt es leicht, den Hintergrund der Episode als traditionell zu verstehen: Die Situation der Griechen, die im Hölzernen Pferd warten, während die Troer ihr Schicksal in der Hand haben, war zweifellos in unzähligen Versionen ausgemalt worden. Auch das Grundmotiv für das Verhalten im Pferd (alle wollen vorzeitig hinausstürmen, nur Odysseus hält sie zurück) war in der Odyssee kaum völlig neu; eine Variante dazu findet sich im λ, wo Odysseus dem Achilleus erzählt, daß Neoptolemos im Gegensatz zu allen anderen Helden im Pferd Mut bewies (vgl. zu λ 506–40). Auch hier macht aber die Rolle Helenas Schwierigkeiten. Daß sie die Griechen in äußerste Gefahr bringt, steht in erklärtem Gegensatz zu ihrem Gesinnungswandel, wie sie ihn selbst (259–64, in Übereinstimmung mit dem Helena-Bild der Ilias) beschreibt. Dieser Kontrast zwischen den beiden Helena-Bildern wurde von Kakridis (1971, 49) als Beweis dafür erachtet, daß die beiden Episoden nicht Erfindungen desselben Dichters sein könnten, also beide aus der Tradition übernommen seien. Andrerseits weist der Erzähler geradezu darauf hin, daß Helena in dieser zweiten Episode auch anders, nämlich griechenfreundlicher erscheinen könnte: Die Begleitung durch Deiphobos (mit der, so wie in ϑ 517, Helenas dritte Ehe nach dem Tod des Paris als bekannt vorausgesetzt ist) ließe sich leicht dazu verwenden, Helena auf Befehl der Troer handeln zu lassen, was aber nicht geschieht. Die Perspektive des Menelaos, die Helena vom Standpunkt der Griechen aus sehr ungünstig beleuchtet, ist also gezielt eingesetzt. Damit bleibt noch offen, ob Helenas Aktionen am Hölzernen Pferd schon vor der Odyssee Teil der Tradition waren oder nicht.

Das oben entwickelte formale Unterscheidungskriterium läßt sich nun auch hier anwenden. Für die gesamte Geschichte gilt, daß sie aus sich selbst heraus klar verständlich ist; ich registriere nur zwei Punkte, wo man von Verknappung der Erzählung sprechen kann. Der erste ist der Einsatz der Handlung, wo evidentermaßen Bekanntes vorausgesetzt ist: Die knappe Angabe, daß die Griechen im Hölzernen Pferd sitzen, setzt beim Hörer natürlich die Kenntnis der Umstände voraus. Nicht gesagt ist auch, wo die Szene gedacht ist, ob noch im verlassenen Lager der Griechen oder schon in der Stadt. Diese Ambiguität löst sich aber im Text selbst auf, da ein Auftreten Helenas nur innerhalb der Stadtmauern plausibel ist. Der zweite Punkt betrifft Helenas Motivation, die für den Hörer unklar bleiben muß, da er nur das Urteil der Figur Menelaos erhält: κελευσέμεναι δέ σ' ἔμελλε / δαίμων, ὃς Τρώεσσιν ἐβούλετο κῦδος ὀρέξαι (274–5). Nach den Regeln homerischer Darstellungstechnik ist dieses Urteil einer Figur für den Hörer nicht verbindlich. Was an seiner Stelle eingesetzt werden soll, ist nicht ersichtlich, doch ist es gerade dieses Urteil des Menelaos, das der Geschichte ihre Aussage verleiht: Für die Griechen im Pferd ist Helenas Handlungsweise unverständlich. Ich halte es daher für unwahrscheinlich, daß Helenas Anteil an dieser Episode aus der Tradition übernommen ist; wir können keinen Anspielungscharakter feststellen, Helenas Rolle in der Geschichte ist aber für deren Aussage zentral. Auch für die Reaktionen der Griechen im Pferd liegt es deshalb nahe, sie nicht als Wiedergabe älterer Versionen zu betrachten, sondern als eine Version, die sich zwar als Variante zu einer Reihe von ähnlichen Versionen versteht, die aber speziell auf den Kontext dieser einen Begebenheit zugeschnitten ist.

δ 328–31 Vgl. zu γ 98–101. Menelaos selbst reagiert nicht direkt auf den Hinweis auf die Einlösung eines Versprechens. Für den Hörer mußte die Anspielung auf das Gefolgschaftsversprechen der Freier Helenas evident sein (vgl. Kullmann 1960, 137).

δ 341–6 Der mit einer Rückerinnerung kombinierte Wunsch des Menelaos wirft zwei Fragen auf: Handelt es sich bei der Episode auf Lesbos um eine dem Hörer bekannte Geschichte oder nicht; und welche Form der Rückkehr des Odysseus impliziert die referierte Episode? Für die Lösung dieser Fragen ist zu berücksichtigen, daß der Wunsch des Menelaos Athenes Wunsch in α 255–66 formal gleicht: auch dort der rahmende Wunsch, mit wörtlichen Übereinstimmungen (δ 342a = α 257a, δ 345–6 = α 265–6), auch dort im Zentrum die Erinnerung an einen früheren Auftritt des Odysseus. Was die Rede der Athene betrifft, so hat die frühere Begegnung zwischen Odysseus und Mentes nur geringen Anspruch auf Traditionalität; die Beschaffung von Pfeilgift aus Ephyra könnte aber auch in früheren Versionen von Odysseus-Geschichten eine Rolle gespielt haben. Darauf deutet vielleicht gerade der verweisende Charakter der Erzählung: Ephyra wird als eine, wenn nicht die Möglichkeit schlechthin bezeichnet, zu Pfeilgift zu

gelangen (so aus der Perspektive der Freier, β 328–9); in der Version von
Athene-Mentes ist aber ausgerechnet diese Möglichkeit verwehrt und
durch die Freigebigkeit des Vaters des Mentes ersetzt. Wir haben dort also
wahrscheinlich eine Mischung von traditionellen Motiven (Ephyra) mit
neuen, innerhalb der Handlung selbst als fingiert markierten Elementen,
die an die (fingierte) Gestalt des Mentes geknüpft sind (vgl. zu α 257–64).

Betrachten wir demgegenüber die Szene im δ. Die Episode aus der
Vergangenheit des Odysseus ist extrem knapp referiert und wirft, wenn
man daraus eine Geschichte rekonstruieren will, etliche Fragen auf: Bei
welcher Gelegenheit und warum befinden sich alle Griechen auf Lesbos?
Was ist der Kontext des Streits, bei dem Odysseus spontan aufspringt und
mit Philomeleides zu ringen beginnt? Was ist das Thema des Streits? Vor
allem aber, wer ist Philomeleides selbst? Schon in der Antike hatte man
Probleme mit dem Namen, der formal ein Patronymikon ist, das sich keinem Vater zuordnen läßt. Bei Hellanikos war eine Geschichte überliefert,
die von der Version der Odyssee deutlich abwich: Οὗτος βασιλεὺς ὢν Λέσ-
βου τοὺς παριόντας εἰς πάλην ἐκάλει, καὶ τοὺς Ἕλληνας δὲ προσορμισθέντας.
ὃν Ὀδυσσεὺς καὶ Διομήδης δολοφονήσαντες τὸν τάφον αὐτοῦ καταγώγιον
ξένων ἐποίησαν, ὡς Ἑλλάνικός φησιν (FGrH 4 F 150). Diese Version setzt
immerhin voraus, daß man auf Lesbos zur Zeit des Hellanikos ein Grabmal
des Philomeleides kannte; dieses mußte nicht notwendig aus der Odyssee
herausgesponnen sein, da hier vom Tod des Philomeleides keine Rede ist.
Es ist also nicht auszuschließen, daß es sich dabei um eine alte Version handelte, die in Konkurrenz zur Odysseeversion stand (und nicht, wie West
schreibt, „additional information" bietet). Wenn das tatsächlich der Fall
war und der Text der Odyssee auf eine solche Version der Geschichte an-
spielte, so mußte die Differenz zwischen ‚neuer' und ‚alter' Version Funktion haben. Diese Funktion hängt damit zusammen, welche Form der Rückkehr und Rache des Odysseus mit dem Wunsch des Menelaos impliziert ist.
Nun würde die exakte Wiederholung des Exemplums zur absurden Konsequenz führen, daß Odysseus alle Freier im Ringkampf bezwingt. Andrerseits gibt es in unserer Odyssee tatsächlich einen Ringkampf, bei dem
Odysseus den Gegner mit einem Fausthieb schwer zu Boden schlägt und
alle Anwesenden sich freuen: Es ist der Kampf mit dem Bettler Iros im σ,
dem ebenfalls eine ἔρις vorangeht. Der Wunsch des Menelaos, der auf der
Figurenebene nur auf die allgemeinsten Parallelen abzielt (Odysseus soll
bei seiner Rückkehr ähnlich Mut und Kampfkraft beweisen wie seinerzeit
gegen Philomeleides, jedoch, wie der Hörer ergänzen muß, keinen Mord
aus dem Hinterhalt ausüben, wie in den traditionellen Philomeleides-
Versionen), geht also in unserer Odyssee überraschend in Erfüllung. Der
kurze Rückblick auf die Episode auf Lesbos erhält damit etwas von einem
Paradeigma-Charakter; die Geschichte von Philomeleides könnte, wie oft

bei den mythologischen Paradeigmata der Ilias, aus der Tradition übernommen, aber dem Kontext angepaßt sein. Vgl. auch zu π 281–98.

δ 351–3 Während der übrige Bericht des Menelaos von seiner Begegnung
mit Proteus in breitem Stil gehalten ist, ist der Einsatz und damit die Begründung für die Notwendigkeit der Begegnung auffallend knapp: Menelaos will aus Ägypten heimkehren; die Götter halten ihn zurück, weil er ihnen keine Opfer gespendet hat; und dazu der rätselhafte Satz οἱ δ' αἰεὶ βού-
λοντο θεοὶ μεμνῆσθαι ἐφετμέων, der, wörtlich aufgefaßt, keinen Sinn ergibt
und von den Übersetzern meist gewaltsam umgebogen wird (Schadewaldt:
„w o l l e n doch aber die Götter immer, daß m a n sich ihrer G e b o t e
erinnert"). Jene Geschichte, die die mysteriösen Aufträge der Götter enthielt, läßt sich von uns nicht mehr rekonstruieren, was aber nicht heißt, daß
es sie nicht gegeben haben kann.

Doch auch der verbleibende Rest der Einleitung der Erzählung bleibt
dunkel: Der Grund für die Verzögerung der Heimfahrt scheint banal; auch
die Art, wie Proteus dem Menelaos diesen Grund entdeckt, ist auffallend
beiläufig (vgl. zu δ 472–80). Die fehlenden Opfer erscheinen dadurch wie
ein billiger erzähltechnischer Vorwand, um die Proteus-Episode im Rahmen des Menelaos-Nostos verankern zu können. Nun hat diese Episode
innerhalb unserer Odyssee natürlich vor allem die Funktion, weitere Nostoi einzublenden, die nur von einem Gott erzählt werden können (das gilt
für den Tod des Aias, für den es keine unmittelbaren Augenzeugen geben
kann, aber auch für jene Details des Agamemnon-Nostos, die nur von den
Beteiligten erzählt werden könnten, die schon sämtlich tot sind), und sodann auch dem Nostos des Menelaos selbst durch die Ausführlichkeit der
Erzählung eigenes Gewicht zu verleihen. Es liegt nahe, diese Form der
Wiedergabe der Nostoi als nicht in der Tradition verankert, ja als Neuschöpfung des Odysseedichters zu betrachten: In einem selbständigen Nosten-Epos fiel die in der Telemachie gegebene Notwendigkeit für einen
Gott als Erzähler weg, da dort der Erzähler selbst die Ereignisse berichten
konnte. Die Einpassung der Proteus-Episode in den größeren Rahmen des
Nostos des Menelaos könnte daher lediglich als lästige erzähltechnische
Verpflichtung betrachtet werden, der mit einem Minimal-Motiv (Verzögerung der Heimfahrt – Suche nach Ursache – Auskunft eines Sehers – Gegenmaßnahmen und Heimfahrt) nachgekommen ist. Betrachtet man allerdings die diesbezüglichen Elemente im Bericht des Menelaos unter dieser
Perspektive, dann zeigt sich, daß es doch nicht beim Minimalmotiv geblieben ist: Zwar ist die Ursache der Verzögerung minimal (die verabsäumten
Opfer), doch greifen die Gegenmaßnahmen darüber hinaus: Menelaos muß
nicht nur die Opfer nachholen, sondern sich dazu auch noch einmal nach
Ägypten begeben. Damit wird ein Motiv verstärkt hervorgehoben, das

schon zu Beginn der Erzählung merkwürdig im Vordergrund steht: Menelaos will einerseits von Ägypten nach Hause zurückkehren und wird dabei
von den Göttern aufgehalten, befindet sich andrerseits gar nicht mehr in
Ägypten selbst, sondern eine Tagesreise entfernt auf der Insel Pharos.
Nimmt man hinzu, daß der Eingang des Berichts auffallend an Nestors Bericht vom Aufbruch von Troia erinnert (Beschluß des Aufbruchs; Frage
nach dem Opfer an die Götter als Vorbedingung für die glückliche Heimfahrt), kommt der Verdacht auf, daß die Angaben auch hier eine andere,
traditionelle Version der Ereignisse verdecken. Im Gegensatz zum Aufbruch der Griechen von Troia fehlt uns hier jedoch das Material für eine
ähnlich plausible Rekonstruktion; zudem sind die Angaben hier viel vager
als im γ. Jeder Versuch, den Rahmen der Proteus-Episode mit Versionen
vom Aufenthalt Helenas in Ägypten direkt in Verbindung zu bringen, muß
somit zunächst spekulativ bleiben (vgl. zu δ 472–80).

δ 377–81 Menelaos weiß grundsätzlich, in welchem Bereich die Ursache
für sein Aufgehalten-Werden liegt; doch greift seine Vermutung insofern
nicht, als er glaubt, daß ihm das Wissen darum fehlt, gegen welchen Gott er
sich etwas zuschulden kommen hat lassen. Die Antwort des Proteus wird
diese Vermutung korrigieren. Es ist kein Zufall, daß wir die Frage nach
dem Namen des Gottes von Menelaos gleich zweimal hören (einmal zu Ei-
dothea, einmal zu Proteus selbst): umso einprägsamer wird für den Hörer
das Abweichen des Proteus von der vorgegebenen Erwartung.

δ 385–6 Proteus wird ausdrücklich als Αἰγύπτιος bezeichnet, obwohl wir
uns auf der weit entfernten Insel Pharos befinden; das suggeriert, daß Proteus in gewissem Sinne eine Doppelfunktion zu erfüllen hat: Er ist ägypti-
scher Gott, und er ist doch von Ägypten entfernt.

δ 472–80 Die Antwort, die Proteus Menelaos auf die Frage gibt, welchen
Gottes Zorn ihn an der Heimfahrt hindere, ist quasi tautologisch: Er bestätigt ihm nur, daß er sich gegen den göttlichen Bereich verschuldigt hat,
geht aber nicht darauf ein, welcher spezifische Gott dahintersteckt (Διί τ'
ἄλλοισίν τε θεοῖσι ist eine Formulierung, wie sie so oder ähnlich von Menschen mit ihrem beschränkten Wissen um das Wirken der Götter verwendet wird). Die Information der Antwort liegt also erst in der folgenden
Aufforderung, noch einmal nach Ägypten zu fahren. Wie dies begründet
wird, ist auffällig: Die Formulierung οὐ γάρ τοι πρὶν μοῖρα verdeckt die Tatsache, daß im griechischen Ritus der Ort, an dem ein Opfer gebracht wird,
kaum entscheidenden Einfluß auf den Erfolg hat. Mit ähnlichen Formulierungen wird nun in der Odyssee öfter darauf hingewiesen, daß ein bestimmter Verlauf der Handlung von der Tradition vorgeschrieben ist und
nicht abgeändert werden kann (vgl. zu α 16–8), wiewohl manchmal sogar
das Gegenteil möglich wäre, daß nämlich der Dichter mit dem Verweis auf

die μοῖρα geradezu die Neuheit seiner Version hervorhebt (vgl. zu ε 41–2). Die Rückkehr nach Ägypten ist allerdings überflüssig, sofern es nur um die erzähltechnische Funktion der Proteus-Episode im Rahmen der Telemachie geht, da Proteus Menelaos auch ohne Umweg nach Hause geleiten könnte. Die Berufung auf die μοῖρα ließe sich daher als Verweis auf andere Versionen fassen, in denen die Fahrt des Menelaos nach Ägypten tatsächlich eine Notwendigkeit darstellte. Überlegt man nun, auf welchem Weg Menelaos in jenen Versionen in denen er in Troia nur Helenas εἴδωλον zurückbekam, nach Ägypten gelangte, so läßt die Proteus-Episode ein mögliches Schema erkennen: Menelaos wird auf seiner Heimfahrt von Troia aufgehalten, wendet sich an eine Autorität um Rat; ihm wird der Weg nach Ägypten beschieden, wo er die echte Helena zurückerhält. Eine solche Version ist auch in späten Quellen nicht belegt, kann deshalb ausdrücklich nur als Möglichkeit bezeichnet werden. Falls die Hörer der Odyssee mit solchen Versionen vertraut waren, konnten sie allerdings die Proteus-Episode als Zitat eines wichtigen Details der Helena-in-Ägypten-Geschichten deuten, und damit auch die gesamte Version des Menelaos-Nostos unserer Odyssee als raffinierte Weise, wie man die Geschichte ohne εἴδωλον, aber trotzdem mit einem Aufenthalt von Menelaos und Helena in Ägypten erzählen kann.

δ 488 Menelaos erwähnt nicht die weiteren Kontingentführer, die mit Nestor und ihm abgefahren sind (Nestor nannte nur noch Diomedes, doch ließ sein Bericht nicht erkennen, ob noch weitere, ungenannte Kontingente mitfuhren). Die Nennung des Nestor zielt hier sichtlich nicht nur auf den Weggenossen, sondern auch auf den Autor des im γ erstatteten Berichts: Proteus soll die Berichte von Nestor und Menelaos ergänzen.

δ 495–7 Die globale Angabe des Proteus, viele der Griechen seien auf der Heimfahrt umgekommen und viele hätten überlebt, erweckt den Eindruck einer allgemeinen Katastrophe, die viele Soldaten, aber nur zwei der Anführer erfaßt hätte. Das steht in Gegensatz zu dem, was tatsächlich bereits erzählt wurde: In den Berichten des Nestor und des Menelaos finden sich nur Angaben zu Kontingenten, die ohne Verluste (oder im Fall des Menelaos, abgesehen vom Steuermann, zumindest ohne Todesfälle) heimkehrten; ausgenommen davon sind einzig die Kontingente von Agamemnon, Aias und Odysseus, also jene, über deren Verluste in der Folge auch Proteus sprechen wird. Damit wird deutlich auf jene Versionen der Nostoi angespielt, in denen es eine gemeinsame Katastrophe der Griechen gab. Auch der folgende Bericht über den Tod des Aias, aber auch über die Heimfahrt des Agamemnon, setzt in seiner referierenden, anspielungshaften Erzählweise das Wissen um diese Versionen voraus. Kombiniert mit den Berichten des Nestor kann das vom Hörer nur so verstanden werden, daß zumindest jene Kontingente, die gemeinsam mit Aias (und Agamemnon, der

aufgrund seines Verhaltens vor der Abfahrt von Troia die ‚politische Verantwortung' trug) die Überfahrt antraten, doch noch in den von Athene erregten Seesturm gerieten, der traditionell alle Griechen erfaßte.

δ 499–511   Der Bericht über das Schicksal des Aias ist zu Beginn knapp
referierend, ab dem Zeitpunkt, da Aias sich auf den Felsen gerettet hat,
aber ausführlich erzählend. Die Ereignisse, die bis dahin führen, sind als
bekannt vorausgesetzt und werden so beiläufig gestreift, daß die Darstellung sogar mißverstanden werden konnte (Merry – Riddell zu δ 502: „In
Virgil, Aen. I, the initial act is attributed to Minerva, and not, as here, to Poseidon"). Poseidon ist natürlich nicht der Urheber des Seesturms; er ist es,
der den bereits gescheiterten Aias zu den Gyreischen Felsen hintreibt und
damit zunächst vor dem Tod rettet. Wer den Seesturm verursacht hat,
bleibt dort, wo vom Schiffbruch des Aias die Rede ist, unausgesprochen,
wird aber indirekt nachgetragen mit dem Hinweis, daß Aias Athene verhaßt war. Damit ergibt sich die bemerkenswerte Tatsache, daß nicht einmal
hier der Zorn Athenes gegen alle Griechen explizit genannt wird, so sehr er
auch vorausgesetzt werden muß, um den Lauf der Ereignisse zu verstehen.

Ein weiteres Problem stellt die Frage, warum Poseidon Aias aus dem
Meer rettet: Haben wir auch darin ein Element traditioneller Versionen zu
sehen, das wir nicht voll verstehen? Ich vermute eher, daß dieses Motiv eine spezifische Funktion im Rahmen der Odyssee erfüllt. Einerseits zeichnet
sich mit Poseidons Eingreifen ein göttlicher Antagonismus ab, der an die
Rolle von Poseidon und Athene für die Irrfahrten des Odysseus erinnert
und den Tod des Aias erst zu einer erzählbaren Geschichte macht. Andrerseits wird damit Athene noch stärker aus der Odyssee-Version der Heimkehr der Griechen entfernt: Nicht einmal bei ihrem erklärten Feind, der in
anderen Versionen ihren Zorn gegen alle Griechen auslöste, verursacht sie
unmittelbar seinen Tod; trotz ihres Zorns hätte Aias gerettet werden können. Was ihn endgültig zu Fall bringt, ist erst eine zweite ὕβρις, die im Gegensatz zur ersten auch erzählt wird. Das erinnert an das Verfahren, wie in
der Ilias mit dem Pfeilschuß des Pandaros eine zweite, innerhalb der Handlung liegende Schuld der Troer konstruiert wird, die sich über die erste,
ἔξω τοῦ δράματος liegende Schuld (Raub der Helena) schiebt und sie
gleichsam ersetzt (Δ 1–168). Ich will deshalb nicht ausschließen, daß die
zweite ὕβρις des Aias, die zudem auffallend an die Ursache für den Zorn
des Poseidon gegen Odysseus erinnert, vom Odysseedichter selbst eingeführt wurde. Für die Erzählung des Proteus würde das bedeuten: Alle traditionellen Elemente der Aias-Geschichte sind nur anspielungshaft zitiert;
alle ausführlich erzählten Elemente sind neu ‚erfunden'.

δ 512–3   Bei isolierter Betrachtung der Formulierung könnte man auf die
Idee verfallen, Agamemnon habe die Ägäis ohne Kontakt mit dem See-

sturm durchquert, weil ihn Hera vor jedem Ungemach bewahrt habe. Der
Kontext verbietet aber diese Auffassung: Agamemnons Entkommen ist sozusagen in einem Atemzug mit dem Scheitern des Aias genannt, beide
Schicksale stehen unter dem Motto πολλοὶ μὲν γὰρ τῶν γε θάνον, πολλοὶ δὲ
λίποντο (495) das, wie wir gesehen haben, die gemeinsame Katastrophe der
Griechen zitiert. Damit muß man das zuvor für Aias Gesagte auch hier mit-
verstehen: Auch Agamemnon ist in den von Athene verursachten Seesturm
geraten, auch er ist durch eine andere Gottheit, in diesem Fall Hera, gerettet worden. Warum gerade Hera, bleibt ebenso unbegründet wie Poseidons
Hilfe für Aias. In beiden Fällen ist sichtlich signalisiert, daß die Hilfe eines
Gottes ausreicht, um den Zorn eines anderen Gottes zu neutralisieren.

δ 514–20   Die Beschreibung der Heimkehr des Agamemnon zählt zu den
umstrittensten Passagen der Odyssee, und es gibt etliche ‚Heilungsver-
suche' (vgl. Eisenberger 1973, 82 Anm 18; West zu δ 514–20). Die zentralen
Fragen sind: Warum kommt Agamemnon (fast) bis zum Kap Malea, was ja
impliziert, daß er an seiner Heimat vorbeigefahren ist? Und welche Funktion hat der merkwürdige Quasi-Seesturm, dessen Folgen von den Göttern
sofort wieder aufgehoben werden? Die erste Frage enthält das eigentliche
Skandalon. Agamemnon regiert in Mykene (γ 305); Aigisthos wohnt μυχῷ
Ἄργεος (γ 263), wo er auch Klytaimestra hinführt (γ 272) und von wo aus
er sieben Jahre lang über Mykene und dessen λαός (γ 304f.) herrscht. Diese
Angaben lassen keinen Raum für die Vorstellung, daß Agamemnon und
Menelaos als Doppelkönige von Sparta gedacht wären, auch nicht daß Aigisthos jenseits des Kap Malea angesiedelt wäre (diesbezügliche Hypothesen scheiden also für die Erklärung unserer Stelle aus, vgl. zu γ 248–61).
Damit bleibt rätselhaft, was Agamemnon auf seiner Heimfahrt am Kap
Malea zu suchen hat, doch kann auch die Athetese der Verse das Problem
nicht lösen, da man dann ja das Motiv für die ‚Interpolation' klären müßte
(wenig überzeugend West zu δ 514–20: „the passage must be an interpolation, based on a version of Agamemnon's homecoming otherwise unknown
to us; the reference to C. Malea may imply that its composer envisages
Agamemnon ruling jointly with Menelaus at Sparta ...“). Auch der Verweis
auf die notorisch schlechte Kenntnis des Odysseedichters von den geographischen Verhältnissen der Peloponnes kann nur ein letzter Ausweg sein.
Zuvor empfiehlt es sich, den Wortlaut der Passage genauer zu betrachten.

Unmittelbar nach der Rettung aus dem Seesturm heißt es: ἀλλ' ὅτε δὴ
τάχ' ἔμελλε Μαλειάων ὄρος αἰπὺ / ἵξεσθαι. Diese Formulierung unterscheidet sich deutlich von den analogen Angaben für Menelaos (ἀλλ' ὅτε δὴ ... /
... Μαλειάων ὄρος αἰπὺ / ἷξε θέων, γ 286–8) und für Odysseus (περιγνάμπτοντα Μάλειαν, ι 80). Parallele Formulierungen finden sich in der Ilias (Z 52,
Κ 365, Ψ 773), am ähnlichsten in Λ 181, ἀλλ' ὅτε δὴ τάχ' ἔμελλεν ὑπὸ πτόλιν

αἰπύ τε τεῖχος / ἵξεσθαι, τότε δή ῥα ..., und einmal in der Odyssee, ι 378 ἀλλ' ὅτε δὴ τάχ' ὁ μοχλὸς ἐλάινος ἐν πυρὶ μέλλεν / ἅψεσθαι ... Dort bezeichnet der mit τάχ' ἔμελλ- eingeleitete Vordersatz jeweils eine Richtung der Handlung, die im folgenden Hauptsatz abgebogen wird, also nicht stattfindet. Daraus folgt, daß Agamemnon an unserer Stelle gar nicht bis zum Kap Malea gelangt. Die θύελλα, die ihn so wie auch die tatsächlich Malea-Geschädigten erfaßt, wird dadurch geradezu als ein Wind gekennzeichnet, der geographisch nicht zu Malea gehört. Mit anderen Worten: Agamemnon gerät in einen ähnlichen Sturm wie Menelaos und Odysseus, braucht dazu aber nicht zum Kap Malea zu gelangen. Dieses Signal dominiert zweifellos die Aussage. Alle drei genannten Helden unterliegen demselben Schema: Sie werden auf der Heimreise durch ein erstes Ereignis aufgehalten (Menelaos durch den Tod des Steuermanns; Odysseus durch den Seesturm nach dem Kikonenabenteuer; Agamemnon durch den Seesturm, dem Aias zum Opfer fällt) und geraten danach in einen Seesturm. Bei Odysseus und Menelaos ist es der Sturm bei Malea, der sie auf ihre Irrfahrten schickt, bei Agamemnon ein analoger Sturm noch vor Malea, dessen Folgen wieder aufgehoben werden.

Damit stellt sich die Frage nach der Funktion dieses Seesturms, dessen Folgen nur als ‚beinahe' beschrieben werden. Die θύελλα treibt Agamemnon ἀγροῦ ἐπ' ἐσχατιήν, zum früheren Wohnsitz des Thyestes und jetzigen des Aigisthos (die Nennung des Thyestes verweist auf die alte Familienfehde, die schon bestand, bevor Aigisthos Klytaimestra verführte); ehe er aber dort strandet, dreht der Wind, und er kann auf seine Route zurückkehren und im Heimathafen landen. Doch dort ist er der Gefahr nicht entronnen: Aigisthos lädt ihn zu sich nach Hause ein und stellt ihm den Hinterhalt. Daß dieses erste ‚Beinahe', dem die Erfüllung auf einem anderen Weg folgt, ein Spannungselement in die Handlung bringt, ist keine ausreichende Erklärung. Der Sinn der Episode erhellt sich vielleicht, wenn man die beiden Wege des Agamemnon zu Aigisthos miteinander vergleicht:

Der erste Weg ist ausgelöst von einem Seesturm, der durch seine Assoziation mit dem Kap Malea als Naturereignis oder Macht des Schicksals verstanden werden kann; der zweite Weg liegt völlig im Bereich menschlicher Motivation. Wir fassen damit den Versuch, durch ein Ausschlußverfahren möglichst exakt zu bestimmen, in welchem Bereich die Schuld für Agamemnons Schicksal zu suchen ist: Die Götter (Athene als Feindin des Aias) und die weniger bestimmten Schicksalsmächte (Kap Malea) scheiden ausdrücklich aus; was übrigbleibt, ist einzig und allein die persönliche Schuld des Aigisthos, dessen Tat weder von der aktiven (Warnung durch Hermes, α 35–43) noch von der passiven Seite (kein gegen Agamemnon gerichtetes göttliches Wirken, die Götter retten ihn sogar aus der ersten Gefahr) mit der Beteiligung der Götter zu erklären ist. Die Funktion der ‚Bei-

nahe'-Episode liegt somit darin, hervorzuheben, daß die Handlung einen
bestimmten Verlauf n i c h t genommen hat; die Erwähnung des Kap Malea läßt die Parallele zu den Nostoi des Menelaos und des Odysseus deutlicher hervortreten und markiert damit zugleich schärfer, auf welchen Charakterzug es bei diesem nicht eingetretenen Verlauf ankommt.

δ 521–37   Die Beschreibung der Heimkehr des Agamemnon und der Einladung des Aigisthos läßt zwei miteinander verbundene Fragen offen: Wir
werden im Unklaren gelassen, ob Agamemnon bis in seinen Palast gekommen ist oder die Einladung des Aigisthos schon zuvor erhalten hat;
und in der Darstellung bleibt die Rolle Klytaimestras, die überhaupt nicht
erwähnt ist, im Dunkel. Wir haben bereits erfahren, daß Aigisthos Klytaimestra zu sich nach Hause geführt hat (γ 272), also sichtlich noch nicht den
Palast des Agamemnon in Besitz genommen hat. Gerade deshalb darf
Agamemnon nicht in seinen Palast zurückkehren, weil er sonst (schon
durch Klytaimestras Abwesenheit) gewarnt würde. Deshalb ist es nötig,
daß Aigisthos ihn auf dem Weg vom Hafen zum Palast abfängt und gleichsam in sein Haus umleitet. Daß dieser Ablauf nicht sehr realistisch ist, ist
dabei offenbar in Kauf genommen; daß er in dieser Form in früheren Versionen als verpflichtende Tradition festgelegt war, ist aber wenig wahrscheinlich. Es bieten sich zwei mögliche Erklärungen an (vgl. zu λ 406–34):

Entweder war in früheren Versionen festgelegt, daß Agamemnon in
Aigisths Haus starb; dann mußte auch feststehen, daß Agamemnon zuvor
sein eigenes Haus nicht betrat. Als Möglichkeit zur Realisierung dieser
Vorgabe böte sich etwa jene Seesturmversion, die Agamemnon im Macht-
bereich des Aigisthos an Land kommen läßt, geradezu an. Der Odysseedichter hätte dann diese traditionelle Version zitiert, nur um sie sofort zu
widerrufen und damit die Motivation unter Ausschaltung jeglicher göttlichen Elemente rein in den menschlichen Bereich zu überführen.

Die andere Möglichkeit wäre, daß in früheren Versionen Aigisthos
schon mit Klytaimestras Verführung Agamemnons Palast in seinen Besitz
brachte. Dann wäre zu klären, warum der Odysseedichter trotz der sich
daraus ergebenden Schwierigkeiten dieses Element abänderte. Als Erklärung böte sich an, daß damit die Parallele zur Odysseushandlung verstärkt
wurde: In der Odyssee dominiert die Vorstellung, daß jener Freier, der Penelopes Hand gewinnt, sie zu sich nach Hause führt, während Telemachos
den Besitz seines Vaters behält. Die Aneignung des Palasts wird zwar von
einem Teil der Freier ebenfalls angestrebt; doch hängt dieser zweite Schritt
nicht unmittelbar mit der Heirat zusammen. Aigisthos erringt erst durch
Agamemnons Ermordung die Herrschaft über Mykene (γ 304–5). Auch Penelopes Freier haben schon mit dem Gedanken gespielt, daß durch Telemachs Tod Haus und Besitz des Odysseus an sie fiele (β 332–6); wenig spä-

ter werden sie beschließen, Telemachos bei seiner Rückkehr zu ermorden, und werden sich wie Aigisthos auf die Lauer legen.

Denkbar wäre nun auch, daß beide Möglichkeiten bereits vor der Odyssee in der Tradition realisiert waren (*contra* Bergmann 1970, 5–41). Das würde bedeuten, daß der Odysseedichter sich jener Version angeschlossen hätte, die ihm als Parallele zur Odysseus-Handlung besser geeignet schien, dabei aber ein bestimmtes Element korrigierte, das seiner Auffassung von der Theodizee im Wege stand. In jedem Fall steht fest, daß die Version der Odyssee genau in jenen Elementen, die am ausführlichsten erzählt sind, exakt auf den Kontext innerhalb der Telemachie abgestimmt ist.

δ 545–7 Auch hier wird der Eindruck erweckt, daß Menelaos in unmittelbarer Nähe zu Agamemnon wohne: Vgl. zu γ 248–61.

δ 587–623 Die Einladung des Menelaos an Telemachos, länger zu bleiben, und dessen halbherzige Ablehnung helfen mit, die Schwierigkeiten bei der Synchronisation der beiden großen Handlungsstränge der Odyssee zu verschleiern (vgl. West zu 594ff.; Apthorp 1980a). Der Versuch des Menelaos, Telemachos bei sich zu behalten, ist aber auch ein Teil jener Motivkette, die mit dem hypothetischen Angebot an Odysseus (vgl. zu δ 174–80) beginnt und sich mit weiteren Angeboten und Verzögerungen bei Telemachs Abreise fortsetzen wird (vgl. zu ο 75–85; 144–50). Der Eindruck, daß damit die Gefahr eines dauerhaften ‚Verliegens‘ des Telemachos evoziert wird, könnte für den Hörer durch die Assoziation mit der Geschichte, wie Odysseus für immer in Sparta festgehalten werden sollte, noch verstärkt sein.— Zum κρητήρ, den Menelaos Telemachos anbietet, vgl. zu ο 113–9.

δ 638–40 Die Erwartung der Freier, daß Telemachos nicht nach Pylos gefahren sei, sondern sich auf dem Land befinde, und zwar bei den Schafen ἠὲ συβώτῃ, zeichnet einen Weg nach, wie Telemachos ohne den Umweg der Telemachie mit seinem Vater zusammentreffen könnte: Er begibt sich auf Kontrollgang zu seinen Gütern und stößt beim Sauhirten auf Odysseus, der eben in Ithaka eingelangt ist. Diese Möglichkeit schimmert auch an anderen Stellen durch (vgl. zu ν 404–24; ο 508–49; π 383–7). Merkelbach (1969, 70f.) hat eine solche Version rekonstruiert, hält allerdings alle Elemente, die in unserer Odyssee darauf hindeuten, für daraus wörtlich übernommene Fragmente und betrachtet in analytischer Manier die Reflexe jener Version in unserem Text nicht als gezielte Zitate, sondern als ‚Fehler‘. Plausibler scheint, daß der Erzähler hier vor allem mit dem Prinzip alternativer Handlung spielt; der Hörer konnte dieses Spiel jedoch besser mitvollziehen, wenn er bereits Versionen der Odyssee kannte, in denen der Sauhirt eine solche Rolle spielte. Diese Möglichkeit läßt sich, so sehr uns die Figur des Eumaios als eigenständige Schöpfung des Odysseedichters erscheinen mag, nicht ausschließen; in früheren Versionen konnte die Rolle des Eumaios wesentlich darauf beschränkt sein, den Ort für den Anagnorismos zwischen Vater und Sohn zu liefern, der ja nicht im Palast stattfinden durfte.

δ 642–4 Die Alternative zu dem im β beschriebenen Ablauf (Ἰθάκης ἐξαίρετοι) besteht für Antinoos darin, daß Telemachos das Schiff mit eigenen Sklaven und Theten bemannt hätte, was impliziert, daß die Dienerschaft des Odysseus ein ganzes Schiff füllen könnte. Spinnt man den Gedanken weiter, so könnte diese Mannschaft auch als Hilfe beim Freiermord dienen; ein ähnlicher Gedanke steht im Hintergrund, wenn Odysseus vorschlägt, die Treue der Diener auf die Probe zu stellen (vgl. zu π 299–320); daß die Handlung dann einen anderen Verlauf nimmt und Odysseus und Telemachos nur auf die Hilfe zweier Diener zurückgreifen, wird dort sorgfältig begründet. Die Odyssee spielt also mit der Möglichkeit, Odysseus die Rache mit größerer Unterstützung ausüben zu lassen, zieht es aber vor, so lange wie möglich das Motiv der Geheimhaltung in den Vordergrund zu stellen.

δ 661–2 = A 103–4. Die Verse wurden von Aristarch als aus der Ilias interpoliert getilgt (zustimmend West), drücken aber gut die Erregung des Antinoos aus. Man könnte von einem Zitat der Iliasstelle sprechen und daran erinnern, daß auch für den Konflikt zwischen Telemachos und den Freiern Zitate aus dem Streit zwischen Achilleus und Agamemnon vermutet wurden (vgl. zu β 1–14; 80–1). Mit der Erregung des Antinoos würde demnach Agamemnons Erregung über die Insubordination des Achilleus evoziert, wobei die Differenz zwischen den zwei Szenen die Künstlichkeit der Erregung des Antinoos hervortreten ließe. Doch wird wohl auch hier nicht die individuelle Ilias-Szene zitiert, sondern nur der allgemeine Szenentypus „Held gerät in Diskussion in Erregung"; der Eindruck, daß die Verse etwas Zitathaftes an sich haben, ist also richtig, rührt aber daher, daß der Szenentypus leicht verfremdet ist: Antinoos reagiert nicht sofort auf die Nachricht, sondern erst nachdem der Bote fort ist und er die Freier versammelt hat. Die Erregung ist dadurch als nicht spontan und als künstlich markiert. Man kann also auch hier vom Zitat eines typischen Motivs sprechen.

δ 669–72 Mit dem Plan, Telemachos aufzulauern, wird eine Handlungslinie eröffnet, die für den Hörer ein Spannungselement bedeuten muß: Daß Telemachos getötet wird, ist sowohl durch die Tradition ausgeschlossen (‚unmögliche Alternative') als auch durch die Tatsache, daß Athene aktiv auf seiner Seite steht; in welcher Weise der hier geknüpfte Knoten wieder aufgelöst wird, läßt sich aber noch nicht voraussagen.

δ 687–95 Vgl. zu β 71–4. Auch hier wird thematisiert, daß Odysseus für die Bewohner von Ithaka auch ein weniger guter König hätte sein können: Penelope formuliert, daß Könige das gute Recht hätten, nach Gutdünken zu bevorzugen und zu benachteiligen. Auch hier ist also auf eine Odysseus-Gestalt verwiesen, die nicht so positiv gezeichnet ist wie in Ilias und Odyssee, die aber geradezu als Norm bestätigt wird; der Odysseus unserer Odyssee wird demgegenüber als exzeptionell guter König dargestellt.

δ 725   Ähnliche Aussagen über Odysseus in der Ilias schränken seine ἀρεταί deutlich ein: In Γ 202 bezeichnet ihn Helena als εἰδὼς παντοίους τε δόλους καὶ μήδεα πυκνά; in Δ 339 beschimpft ihn Agamemnon mit καὶ σύ, κακοῖσι δόλοισι κεκασμένε, κερδαλεόφρον; in Τ 217–8 vergleicht er selbst sich so mit Achilleus: κρείσσων εἰς ἐμέθεν καὶ φέρτερος οὐκ ὀλίγον περ / ἔγχει, ἐγὼ δέ κε σεῖο νοήματί γε προβαλοίμην ... Penelopes Aussage fügt sich demgegenüber in die Tendenz der Odyssee ein, nicht nur die μῆτις als die einzige positive Tugend des Odysseus zu zeichnen, sondern ihn auch in anderer Hinsicht aufzuwerten. Dabei fällt auf, daß sein κλέος, von dem Penelope hier spricht, in der Tradition erst durch seine Teilnahme am Trojanischen Krieg begründet sein konnte. Penelope bezieht sich aber sichtlich auch auf jene ἀρεταί, die Odysseus schon vor seiner Abfahrt auszeichneten; das paßt zum Bild des idealen Königs, das sie in δ 687–95 gezeichnet hat.

δ 735–41   Nach α 188–93 ist dies der erste Versuch einer Figur, Laertes in die Handlung einzubeziehen. Während es sich dort um einen rhetorischen Vorschlag handelte (Laertes könnte die Identität des Gastfreundes Mentes bestätigen; Telemachos übergeht den Vorschlag schon aus Höflichkeit), dessen Befolgung den Gang der Handlung kaum abändern würde, hätte die Ausführung von Penelopes Vorschlag weitreichende Konsequenzen für die Handlung: Ein Auftritt des Laertes vor der Volksversammlung (ἐξελθὼν λαοῖσιν ὀδύρεται) hätte zur Folge, daß die in der Telemachie entwickelten Motive sich verselbständigen und weiterlaufen, da Laertes sich kaum mehr aus der Handlung zurückziehen könnte und damit einen Faktor bei der Heimkehr und Rache des Odysseus darstellen müßte. Es ist unwahrscheinlich, daß in früheren Versionen Laertes vor der Ankunft des Odysseus eine derart aktive Rolle einnahm; zu vermuten ist eher, daß sein Rückzug aus dem Palast als traditionelles Element keine Abänderung zuließ (vgl. zu ω 205–412). Der Hörer unserer Odyssee konnte darum Penelopes Vorschlag kaum für realisierbar halten („unmögliche Alternative'); dies findet schon darin seinen Ausdruck, daß Penelope innerhalb eines Satzes zwei konträre Bilder von Laertes entwirft: Einerseits hofft sie darauf, daß Laertes „eine List ersinnt" (ἐνὶ φρεσὶ μῆτιν ὑφήνας), was einen Odysseus-gleichen Laertes evoziert; andrerseits ist die einzige konkrete Aktion, die sie ihm zutraut, daß er vor dem Volk Klage führt, was nur Telemachs fruchtlose Klage vor dem Volk im β duplizieren würde. Es handelt sich also um einen Vorschlag, aus der traditionellen Bahn der Handlung auszuscheren, der sofort abgelehnt wird. Die Funktion der Erwähnung besteht sichtlich darin, den Hörer daran zu erinnern, daß Laertes im traditionellen Rahmen der Geschichte von der Heimkehr des Odysseus eine Rolle zu spielen hat. Zugleich wird mit der ausführlichen Erwähnung des Sklaven Dolios bereits hier die Szene im ω vorbereitet: Dolios und sein Obstgarten, in dem der Anagnorismos zwischen Odysseus und Laertes stattfinden wird, sind damit ein erstes Mal vorgestellt; Dolios wird noch mehrmals zwischendurch erwähnt werden und im ω selbst eine Rolle spielen. Der Hörer, der eine Einbeziehung des Laertes an einem späteren Handlungspunkt erwartet, kann damit rechnen, daß dort auch Dolios miteinbezogen wird.

δ 754 Eurykleias knappe Antwort auf Penelopes Vorschlag enthält eine für das Bild des Laertes wichtige Begründung: Der Greis ist bereits κεκακω-μένος, und die betrübliche Nachricht würde diesen Zustand noch verschlimmern. Eurykleias Vermutung wird sich im ω bestätigen, wo Laertes aufgrund des fingierten Berichts des Odysseus zusammenbricht. Ich halte es für denkbar, daß dem Hörer unserer Odyssee bereits Versionen bekannt waren, in denen Laertes ähnlich auf schlechte Nachrichten reagierte. Lord (1960, 177–182) hat auf die Parallele zu jenem Typus der südslawischen *return songs* hingewiesen, in dem die Mutter des Helden vor Freude über seine Heimkehr stirbt, und hat damit die Eigenart der Laertes-Szene im ω zu erklären versucht (vgl. zu ω 345–9). Hier sei nur darauf hingewiesen, daß für einen mit solchen Versionen vertrauten Hörer die knappe Bemerkung Eurykleias einen besonders prägnanten Sinn erhalten mußte: Mit dem Verweis auf die von der Tradition suggerierte Reaktion des Laertes würde hervorgehoben, daß Penelopes Vorschlag hier gar nicht verwirklicht werden dürfe, weil seine Konsequenzen die Handlung in eine von der Tradition nicht vorgesehene Richtung (frühzeitiger Tod des Laertes) triebe.

δ 770–2 Die Vermutung der Freier ist explizit als falsch bezeichnet, könnte aber Versionen reflektieren, in denen (im Zusammenhang mit dem Weblist-Motiv?) die Freier sich berechtigte Hoffnungen machen konnten.

δ 810–1 Die Angabe, daß Penelopes Schwester weit entfernt wohne und selten nach Ithaka komme, könnte darauf hindeuten, daß die Figur von der Tradition nicht vorgegeben war (Iphthime ist in späteren Quellen nicht belegt), sondern vom Odysseedichter erfunden wurde: Die Angabe begründet dem Hörer, warum er die Figur noch nicht kennt. Vgl. ζ 22–3, wo Athene Nausikaa im Traum erscheint, und zwar in Gestalt einer Figur, die sichtlich nicht aus der Tradition übernommen, sondern frei erfunden ist.

Odyssee 5

ε 23–4 Daß Odysseus nach seiner Rückkehr Rache an den Freiern nehmen soll, war in der ersten Götterversammlung nicht explizit als Teil von Athenes Plan bezeichnet; dort war nur von seinem Nostos die Rede. Im Rahmen der Darstellung unserer Odyssee ist das von der Tradition vorgeschriebene Handlungsziel, der Freiermord, erst die logische Konsequenz aus den Ereignissen der Bücher α – δ. Das findet seinen Ausdruck auch darin, daß Zeus dieses Handlungsziel erst als Antwort auf Athenes Anklage formuliert, die in einem Referat der Ereignisse der Telemachie besteht (ε 8–12 = β 230–4; 14–7 = δ 557–60; 19–20 = δ 701–2): vgl. Apthorp 1977.

ε 29 τά τ' ἄλλα περ verweist als typische Funktionsangabe auf andere Kontexte, in denen Hermes Botenfunktion hat. Daß damit nicht punktuell jene Stelle der Ilias gemeint sein kann, an der Hermes gerade nicht als Bote fungiert (Ω 333ff.), wurde schon dargelegt (vgl. zu α 96–102). Die Aussage rechtfertigt die auffällige Situation im ε: Zeus statuiert, daß es für Odysseus keine πομπή, weder von Menschen noch Göttern, geben solle. Nun wäre gerade Hermes der geeignete Gott, um als πομπός Odysseus aus dem ‚Jenseitsbereich' bei Kalypso zu entführen; da Odysseus aber noch dem Zorn des Poseidon unterliegt, der das direktes Eingreifen eines anderen Gottes unmöglich macht (vgl. zu ν 339–43), muß Hermes den gefährlichen Weg des Odysseus ersatzweise wenigstens initiieren.

ε 30–40 Der Befehl an Hermes geht vom Auftrag an Kalypso gleitend in eine Voraussage des weiteren Weges des Odysseus über, die Kalypso nicht mehr betrifft. Dabei zitieren ε 30–1 (die allgemeine Aussage) die Anregung Athenes (α 86–7) und heben damit hervor, daß der in der ersten Götterversammlung angekündigte, aber aufgeschobene Handlungsstrang jetzt ins Laufen kommt; 32–40 präzisieren den Oberbegriff „Heimkehr" durch die Festlegung der Fahrtroute. Während aber die pauschale Ankündigung im α beim Hörer die Erwartung auslösen konnte, daß Odysseus, sobald er von Kalypso ‚losgeeist' sei, auf direktem Weg nach Ithaka gelangen werde, präsentiert sich der jetzt erstmals angekündigte Aufenthalt bei den Phaiaken als ‚Einschub' in diesen Ablauf. Der ‚Einschubcharakter' der Phaiakenepisode ist markiert durch die Angabe, daß Odysseus zunächst keine πομπή von Menschen oder Göttern zu erwarten hat und erst die Phaiaken jene Rolle von πομποί spielen werden, die man eigentlich schon von den Göttern erwarten könnte. Die Odyssee evoziert damit die Möglichkeit, die Irrfahrtenhandlung erst bei ihrer letzten Station einsetzen zu lassen, suggeriert also eine Abfolge Kalypso – Ithaka (unter Ausschluß der Phaiakis), so wie sie im τ eine Abfolge Thrinakia – Phaiaken (unter Ausschluß Kalypsos) evoziert (vgl. zu τ 269–99). Die Phaiaken sind hier erstmals erwähnt, wobei die knappe Charakterisierung kein Indiz dafür erkennen läßt, daß die Kenntnis des Volkes beim Hörer vorausgesetzt wäre.

ε 41–2 Der Verweis auf die μοῖρα bedeutet im technischen Sinn nur, daß mit den zuvor gemachten Angaben der Gang der Handlung verbindlich festgelegt ist. Für den Hörer könnten damit zwei gegensätzliche Aussagen verbunden sein: Entweder könnte damit darauf verwiesen sein, daß Odysseus in allen Versionen der Tradition reich nach Hause kehrt und daß auch die Version unserer Odyssee sich an diese Tradition hält; oder es könnte, im Gegenteil, damit darauf verwiesen sein, daß Odysseus in den üblichen Versionen immer nur sein nacktes Leben bis nach Ithaka retten konnte, diese Version aber einen Weg finden wird, ihn trotz seines von der Tradition vorgegebenen Schicksals mit reichen Schätzen heimkehren zu lassen. Die Hinweise auf μοῖρα bzw. αἶσα häufen sich im Zusammenhang mit den Phaiaken als letzter Irrfahrtenstation; die betreffenden Stellen müssen jedenfalls einheitlich erklärt werden, doch darf die Erklärung nicht von einer vorgefaßten Meinung darüber ausgehen, ob die Phaiakenepisode eine Neuerung des Odysseedichters darstellt (vgl. zu ε 288–9; ϑ 499–520).

ε 44–9 Zur ‚Rüstung‘ des Hermes und den damit verbundenen Problemen vgl. zu α 96–102. Hier handelt es sich sichtlich um die für Hermes typische Szene mit den für ihn typischen Attributen (so sehr auch ein noch allgemeinerer Typus im Hintergrund steht). Die Szene soll daher nicht die spezifische Stelle im Ω (deren fixierter Text durchaus vorausgesetzt scheint) mitsamt ihrem Kontext zitieren, sondern nur den Typus ‚Hermesrüstung‘ repräsentieren. Sehr wohl wird hingegen mit dieser Szene eine Fernbeziehung zur Rüstungsszene der Athene im α hergestellt, zumal ja jene Szene als Zitat einer Hermesrüstung markiert ist. Die Szene im ε löst also jene Erwartung ein, die im α aufgebaut worden ist.

ε 51–4 Das Gleichnis veranschaulicht die Angabe der Rüstungsszene, daß die Sandalen Hermes über das Wasser tragen. Damit wird ein traditioneller Bestandteil einer ‚typischen Szene‘ in eine individuelle Handlungssequenz umgesetzt, ähnlich wie in der Ilias Hektors traditionelles Epitheton κορυϑαίολος in der Begegnung mit Astyanax (Z 466–84) aktualisiert ist.

ε 87–8 Kalypsos Bemerkung, daß Hermes zuvor nicht zu ihr zu kommen pflegte, gehört zum typischem Empfangsschema (88b = Σ 386b; 89–90 = Σ 426–7); man könnte sie aber auch als metaliterarischen Verweis darauf deuten, daß Kalypso nicht zu den traditionellen Bestandteilen der Odysseus-Geschichte gehört (dazu vgl. zu α 52; 68–9; δ 810–1; κ 135ff.).

ε 97–115 Die Rede des Hermes wurde zu Recht als Meisterstück der Charakterisierungskunst des Dichters verstanden. Das gilt vor allem für den ersten Teil, wo Hermes jede persönliche Verantwortung für die überbrachte Botschaft ablehnt, indem er hervorhebt, wie ungern er die Reise zu Kalypso angetreten habe. Auch mit diesem Motiv wird nebenbei wieder darauf hingewiesen, daß es sich um eine für Hermes untypische Aktion handelt: Sein Ziel ist üblicherweise eine βροτῶν πόλις, also der menschliche Bereich. Noch raffinierter ist die Darstellungsweise im zweiten Teil der Rede: Hermes gibt sich den Anschein, als wüßte er vom Schicksal des Odysseus nur

vom Hörensagen, bzw. erst durch den Auftrag des Zeus (φησί), und beschreibt dessen Weg von Troia bis Ogygia in so stark geraffter Form, daß er
den ‚Tatsachen' widerspricht. Auf der Figurenebene dient diese Raffung also dazu, Hermes als desinteressiert am Schicksal des Odysseus, den er nicht
einmal beim Namen nennt, darzustellen; daß diese Absicht des Hermes
wirkt, zeigt die Antwort Kalypsos, die prompt in die ‚Falle' hineinfällt und
die Version des Hermes korrigiert. Gerade aus diesem Grund ist es reizvoll,
die verzerrte Version des Hermes näher zu überprüfen (vgl. Baltes 1978).

ε 105–11   Die Version des Hermes vom Nostos der Griechen zitiert un-
mißverständlich jene Versionen, in denen die Griechen gemeinsam die
Heimfahrt antreten und ihre gesamte Flotte in den von Athene erregten
Seesturm gerät. Bis zu diesem Punkt stimmt Hermes mit der Version des
Phemios überein, für den der λυγρὸς νόστος der Griechen ebenfalls von
Athene verursacht war (vgl. zu α 326–7). Was das weitere Schicksal des
Odysseus betrifft, so erweisen schon die bisher innerhalb der Handlung ge-
fallenen Angaben für den Hörer die Version des Hermes als unrichtig:
Odysseus kann nicht in diesem ersten (bzw. einzigen) Seesturm alle Ge-
fährten verloren haben und direkt nach Ogygia getrieben worden sein, da
damit kein Platz für die Abenteuer beim Kyklopen (vgl. zu α 68–9; β 17–23)
und auf Thrinakia (vgl. zu α 5–9) bliebe. Diese Unschärfe der Darstellung
gehört zur Taktik des Hermes, sich auf keine Details über das Schicksal des
Odysseus einzulassen und nur den Endpunkt seiner Irrfahrten, nämlich die
Anwesenheit bei Kalypso, zu bezeichnen. Bei seiner Version würde es sich
auch insofern um eine ‚unmögliche Variante' des Nostos des Odysseus
handeln, als damit jede Art von Irrfahrten-Abenteuern ausgeschlossen wäre, und zwar sowohl mit als auch ohne Gefährten. Daß allerdings die Möglichkeit, daß Odysseus einige der Abenteuer allein, nach dem Verlust der
Gefährten erlebt, durchaus verwirklicht werden kann, zeigt die Handlung
unserer Odyssee selbst (ε – ϑ) und zeigen jene Teile der Truggeschichten
des Odysseus, in denen sich der Held allein durchschlagen muß, sowie die
thesprotische Version des Odysseus (vgl. zu ξ 199–359). Der für uns interes-
santeste Aspekt der Version des Hermes besteht jedoch darin, daß hier die
Schuld am Schicksal des Odysseus allein auf Athene geschoben wird: Sie
verursacht den Seesturm, der Odysseus an der Heimkehr hindert und alle
seine Gefährten vernichtet. Die Analyse der Nosten-Berichte von Phemios,
Nestor, Menelaos und Proteus hat bereits gezeigt, daß es sich dabei um das
Zitat von Versionen handelt, die innerhalb der Tradition als verbindlich
gelten mußten. Die Umformung dieser Tradition innerhalb unserer Odyssee hat als wesentliche Funktion, das Schicksal der Griechen in Einzel-
schicksale aufzulösen und damit Athene von der Schuld an deren kollekti-
vem Unglück zu entlasten. Hermes gibt hier, so wie Phemios, die *communis*

opinio der nicht voll über das Schicksal des Odysseus Informierten wieder. Für den Hörer ist damit aber eine Vorgabe formuliert, gegen die sich die detaillierte Erzählung vom Nostos des Haupthelden absetzen muß.

ε 113–5   Die Verse nehmen den Befehl des Zeus auf (114–5 ≈ 41–2), beziehen sich in der Formulierung des Hermes aber nur auf das allgemeine, von der Tradition abgesteckte Handlungsziel der Odyssee, nämlich die obligate Heimkehr des Helden. Die αἶσα bzw. μοῖρα deckt hier also exakt das ab, was von der Erwartungshaltung der Hörer bereits vorgegeben ist. Die Differenz zur Zeus-Ankündigung läßt jedoch hervortreten, daß Hermes vor Kalypso keine Angaben zum Floßbau und zu den Phaiaken macht; auch Kalypso wird zu Odysseus nichts über die Phaiaken sagen. Das bewirkt, daß Kalypsos Anweisungen zum Floßbau als ihr eigener Entschluß erscheinen (wie Kalypso den Auftrag des Zeus in ihren eigenen Willen umwandelt, gilt zu Recht als Meisterleistung des Dichters), aber auch, daß Odysseus noch nichts von seinem Weg bis Ithaka weiß: Er erlebt Seesturm und Phaiakis als Herausforderung mit ungewissem Ausgang, während der Hörer bereits über das Ziel dieses Handlungsabschnitts (ε – ν) informiert ist.

ε 130–4   Kalypso korrigiert die Darstellung des Hermes im entscheidenden Punkt: Nicht Athenes Seesturm war es, der den Schiffbruch des Odysseus bedingt, seine Gefährten vernichtet und ihn selbst zu Kalypsos Insel geschwemmt hat, wenn auch Hermes den Endzustand, wie die Übernahme seiner Formulierung (133–4 = 110–1) bestätigt, korrekt beschrieben hat; Verursacher der Katastrophe war vielmehr Zeus selbst. Auf der Figurenebene ist dies ein Seitenhieb Kalypsos gegen Zeus, der das Unglück des Odysseus selbst verursacht hat, jetzt aber ihr nicht gönnt, ihn bei sich zu behalten (die Göttin Kalypso kann auch nach dem ‚Jörgensenschen Gesetz' den göttlichen Verursacher exakt benennen). Für den Hörer, der von einer traditionellen Version ausgeht, in der Athene zumindest am Beginn der Irrfahrten steht, ist damit ein wichtiges Signal gesetzt: Es ist möglich, die Abenteuer des Odysseus in einer Form zu erzählen, die Athene ‚entlastet'. Allerdings berichtet Kalypso nur vom Untergang des letzten Schiffes des Odysseus; es bleibt freier Raum für die Erzählung vom Untergang der restlichen Schiffe. Die Initialschuld Athenes ist also mit Kalypsos Version noch nicht ausgeschlossen; der Hörer muß aufgrund seiner bisherigen Informationen auch erwarten, daß der Anteil des Poseidon-Grolls an den Irrfahrten des Helden geklärt wird. Diese Fragen bleiben auch nach dem Wortwechsel zwischen Hermes und Kalypso offen, sind aber für den Hörer hier ausdrücklich als Fragen formuliert und bestimmen seine Erwartungen für den weiteren Handlungsverlauf (vgl. Danek 1996a, 19f., mit Anm. 33).

ε 143–4   Kalypso geht davon aus, daß Odysseus dank ihres Rats direkt nach Hause gelangen werde. Damit wird die Phaiakenepisode im Rahmen unserer Odysseehandlung als ein Bauteil markiert, der auch ausgelassen werden könnte. Der Hörer, der die Vorankündigung des Zeus gehört hat, weiß aber bereits, um welchen Preis das geschehen müßte: Odysseus würde keine Schätze erhalten und nur sein nacktes Leben nach Ithaka retten. Der Groll des Poseidon spielt allerdings bei diesen Überlegungen keine Rolle: In der ersten Götterversammlung wurde der Eindruck erweckt, daß die Götter Odysseus noch während Poseidons Abwesenheit heimkehren lassen wollten; in der Götterversammlung des ε war von Poseidon gar nicht die Rede, so als ob sein Groll kein Problem darstellte. Sein Eingreifen im Verlauf des ε kommt daher für den Hörer relativ unvermutet.

ε 167–70   Auch gegenüber Odysseus erweckt Kalypso den Eindruck, daß er — zumindest was sie betrifft — unversehrt nach Hause kommen werde.

ε 206–8   Nach Kalypsos Versicherung, sie werde Odysseus einen Fahrtwind „in sein Heimatland" schicken (167–8), wirkt ihre bedrohliche Ankündigung, ihm stünden bis zu seiner Ankunft auf Ithaka noch viele Leiden bevor, wie ein letzter Versuch, ihn doch noch bei sich zurückzuhalten. Auch hier findet sich allerdings die Berufung auf die αἶσα, wenn auch dem Anschein nach aus dem Munde einer nicht über die Zukunft informierten Göttin; dies ließe sich als Querverweis auf eine in der Tradition obligate letzte Prüfung des Odysseus vor seiner Ankunft auf Ithaka verstehen. Für den Hörer, der bereits erfahren hat, daß Odysseus von den Phaiaken sicher heimgeleitet werden wird, ergibt sich daraus ein erster Hinweis darauf, daß auch die Fahrt nach Scheria nicht ohne Zwischenfälle verlaufen wird.

ε 221   Odysseus deutet Kalypsos vage Prophezeiung als Schiffbruch auf offener See, allerdings auf dem Weg nach Ithaka; der Hörer weiß, daß es nur auf dem Weg nach Scheria sein kann. Damit wird der Schiffbruch vor Scheria als Alternative zu einem Schiffbruch vor Ithaka markiert.

ε 223–4   Die Bereiche der Abenteuer des Odysseus sind diesmal (vgl. zu α 3–4) mit ‚Meer und Krieg' festgelegt; damit weitet sich die Perspektive von den Abenteuern der Irrfahrten hin zu allen Erlebnissen vom Beginn des Trojanischen Krieges an.

ε 236   Zur Bedeutung des Axtstiels aus Olivenholz vgl. zu ι 317.

ε 273–5 = Σ 487–9. Die Übereinstimmung hat Spekulationen ausgelöst, ob Ilias oder Odyssee die Originalstelle böten. Für Usener (1990, 119f.) ist die Odysseestelle sekundär, weil keine dritte Stelle als gemeinsame Quelle erkennbar wäre, im ε jedoch die zusätzlich zum Großen Bären genannten Sternbilder keine Funktion für die Navigation des Odysseus hätten. Doch gerade die zusätzlichen Sternbilder differieren (Ilias: Pleiaden, Hyiaden, Orion; Odyssee: Pleiaden, Bootes, Orion); und Blößner (1992; vgl. 1991, 63–66) verweist darauf, daß diese im ε sehr wohl Funktion für die Navigation

haben können (vgl. Hainsworth zu 272–7). Blößner folgert daraus allerdings, daß die Iliasstelle aus der Odyssee deriviert sei, weil im Σ die Charakterisierung des Großen Bären sowie die Aufzählung der Gestirne funktionslos wären. Doch haben Aufzählung und Beschreibung auch im Σ
Funktion, und die Differenz zwischen den beiden Stellen beruht darauf,
daß jeweils die für den Kontext passende Variante gebildet ist; wenn das Σ
aus dem ε mechanisch übernommen wäre, wäre nicht plausibel, warum gerade dabei Veränderungen ohne erkennbare Funktion (so Blößner 1991, 387
Anm. 11) vorgenommen worden wären. Doch geht all das am Kern der Sache vorbei: Es wäre absurd anzunehmen, daß es in epischem Gesang vor
Ilias und Odyssee keine Beschreibung oder Aufzählung von Gestirnkonstellationen gegeben hätte. Gerade die Beschreibung des Großen Bären mit
den charakteristischen Merkmalen (Sitz am Himmel; permanente Präsenz)
kann ein Element darstellen, das wegen seiner Allgemeingültigkeit im Laufe der Tradition zu einem fixierten Wortlaut gefunden hatte. Wir haben es
also mit einem typischen Element zu tun, das auch in der Ilias auftaucht
und das die Odyssee durch die präzise Zusatzangabe, Odysseus solle den
Großen Bären zur Linken halten, in einen individuellen Kontext stellt.

ε 288–9   Der Verweis auf die αἶσα setzt exakt den in unserer Odyssee vorliegenden Handlungsablauf voraus: Odysseus ist ab dem Zeitpunkt der
Landung auf Scheria vor Poseidons Groll sicher; mit seiner Ankunft bei den
Phaiaken ist die Rückkehr nach Ithaka garantiert. Ich halte es für sehr unwahrscheinlich, daß diese spezifische Konstruktion schon in Versionen vor
unserer Odyssee so oft verwendet war, daß der Hörer Poseidons Hinweis
als Zitat der Tradition verstehen konnte. Die αἶσα ist hier also identisch mit
dem individuellen Plan unserer Odyssee-Version, sie bezeichnet ein Teilziel der Handlung, das für den Hörer vorangekündigt ist und damit den
Rahmen der Handlung bis zu diesem Punkt absteckt (vgl zu ε 41–2).

ε 300–2   Odysseus rekapituliert Kalypsos Warnung mit deren Formulierung, aber mit dem Zusatz ἐν πόντῳ, so wie er sie auch sofort verstanden
hat (vgl. zu ε 221). Damit ist Kalypsos Prophezeiung als wahr erwiesen,
wobei offen bleibt, woher sie ihr Wissen bezogen hat: Poseidons Eingreifen
war im Plan des Zeus kaum enthalten. Auch wenn wir also später erfahren,
daß Kalypso von Hermes mehr Informationen erhalten hat, als wir zunächst im Wortlaut ,mithören‘ konnten (vgl. zu μ 374–90), bleibt ausgeschlossen, daß dieses Vorauswissen ihr vom Olymp zugetragen wurde.

ε 303–5   Während der Hörer weiß, daß der Sturm durch Poseidon erregt
ist, nennt Odysseus Zeus als Verursacher. Das Informationsgefälle, das auf
dem ,Jörgensenschen Gesetzes‘ beruht, ist damit pointiert hervorgehoben.

ε 309–10   Die Erinnerung des Odysseus zielt auf einen dem Hörer bekannten Kontext: Daß Odysseus an der Bergung der Leiche des Achilleus großen Anteil hatte, war sichtlich bereits von der Tradition vorgegeben; das Motiv ist im Streit um die Waffen Achills vorausgesetzt. Auffallend ist, daß in Reminiszenzen an das Kampfgeschehen des Trojanischen Krieges wiederholt Episoden des Aithiopis-Stoffs eingeblendet bzw. zitiert werden.

ε 339–40   Odysseus erfährt von Ino-Leukothea, daß der zürnende Gott Poseidon ist. Dieses Wissen wird er kurz darauf selbst formulieren (ε 423; 446) und später bei den Phaiaken weitergeben (η 271). Auf der Erzählebene hingegen bewegt sich die mit der Form ὠδύσατ' gemachte Anspielung auf die Etymologie des Namens Odysseus, wie auch in ε 423 die Verwendung der Form ὀδώδυσται (vgl. zu α 62).

ε 345   Mit dem Verweis auf die μοῖρα bekommt auch Odysseus die Gewißheit, daß die Insel der Phaiaken die letzte Station ist, deren Erreichen er sich erkämpfen muß.

ε 477   Zur Bedeutung des Ölbaums vgl. zu ι 317.

Odyssee 6

ζ 4–12   Die Angaben zu den Phaiaken sind nicht beliebig: Diese werden zunächst in Beziehung gesetzt zu den Kyklopen, was bedingt, daß diese bei den Hörern als bekannt vorausgesetzt sind. Deren Charakterzüge sind nur angedeutet; da sie aber mit dem übereinstimmen, was wir im ι über sie erfahren, scheint es plausibel, daß die Kenntnis der Kyklopen aus Versionen des Polyphem-Abenteuers abgeleitet ist, wenn es natürlich auch andere Erzählungen über Kyklopen gab (vgl. dazu Mondi 1983). Diese Bezugnahme auf eine fest in der Tradition verankerte Irrfahrten-Episode des Odysseus hat zwei Funktionen: Einerseits werden damit die Phaiaken gleichsam von bekannten Gegebenheiten abgeleitet, wobei ihre Absiedlung von den rauhen Nachbarn zugleich erklärt, warum sie an einem geographisch entlegenen Ort wohnen; das gibt vor allem dann Sinn, wenn es sich bei den Phaiaken nicht um ein in der Tradition gut verankertes Volk handelt, wenn also ihr Nicht-Bekanntsein gleichsam begründet werden muß; dasselbe Phänomen wirkt am Ende der Phaiaken-Episode, wo gewissermaßen ihr Verschwinden aus dem Bewußtsein der Menschen begründet wird (vgl. zu ν 139–87). Andrerseits werden die Phaiaken damit von Beginn an als Gegenpol zu den Kyklopen eingeführt: Sie neigen nicht zu Feindseligkeiten und Rechtlosigkeit (5–6), besitzen Kultur und Zivilisation (9–10, im Gegensatz zu den Kyklopen, ι 106–15), sind ἀγχίθεοι (ε 35, so wie ihr König θεῶν ἄπο μήδεα εἰδώς, ζ 12, im Gegensatz zu den Kyklopen, die sich um die Götter nicht kümmern, ι 275–6) und werden Odysseus gastlich aufnehmen (ε 36–8). Auch diese Angaben sind für den Hörer besonders dann aussagekräftig, wenn er sie einem konkreten Bild von den Kyklopen gegenüberstellen kann. Man kann daraus entnehmen, daß die Vorstellung der Phaiaken die Kenntnis des Polyphem-Abenteuers voraussetzt, daß aber die detaillierten Angaben zu den Phaiaken selbst beim Hörer keine Kenntnis dieses Volks voraussetzen (vgl. Lowenstam 1993, 207–28).

ζ 22–3 Vgl. zu δ 810–1, wo Athene Penelope in der Gestalt ihrer Schwester Iphthime erscheint. Hier bedarf die ‚Erfindung' der Figur der Tochter des Dymas deshalb keiner Rechtfertigung, weil sie keine Anknüpfungspunkte zu anderen, durch die Tradition ‚sanktionierten' Figuren aufweist.

ζ 130–6 Für das Löwengleichnis sei nur ein Charakterzug erwähnt. In der Ilias ist der Löwe das aggressive Tier schlechthin, das von Kampf- und Mordlust angetrieben (der θυμὸς ἀγήνωρ steht im Zentrum) der Beute nachjagt. Der von Wind und Wetter zerzauste Löwe des ζ, der nur aufgrund der äußersten Notlage (κέλεται δέ ἑ γαστήρ) seine Beute im gefährlichen Revier sucht, wurde demgegenüber schon immer als aus dem Iliasbild deriviert erachtet; dem läßt sich nicht viel Neues hinzufügen. Auffällig sind allerdings wörtliche Übereinstimmungen mit einer Stelle im M:

βῆ ῥ' ἴμεν ὥς τε λέων ὀρεσίτροφος, ὅς τ' ἐπιδευὴς
δηρὸν ἔῃ κρειῶν, κέλεται δέ ἑ θυμὸς ἀγήνωρ
μήλων πειρήσοντα καὶ ἐς πυκινὸν δόμον ἐλθεῖν·   (M 299–301)

Das Gleichnis im M läuft noch fünf Verse weiter, mit Konzentration auf den unbändigen θυμός (vgl. Hainsworth zu 130–7, wo auf Fränkel 1921, 70, verwiesen ist, allerdings mit Verfälschung der Aussage), so daß auch die inhaltliche Übereinstimmung sich auf die zitierten Verse konzentriert. Die Bezugnahme im ζ zielt jedoch sichtlich auf den gesamten Typus des Löwengleichnisses; der ungewohnte, unheroische Löwe gewinnt sein Profil vor dem Hintergrund aller heroischen Löwen, die in den Gleichnissen der Ilias (und wohl der gesamten epischen Tradition) ein relativ einheitliches Bild boten. Der Löwe in M 299ff. ist dabei zwar jener iliadische Löwe, der der Ausgangssituation des Odysseus im ζ am nächsten kommt, doch zielt das Zitat nicht auf jene Stelle und evoziert nicht deren Kontext. Der Zuwachs an Sinn, den das Gleichnis im ζ durch das Zitat erhält, leitet sich aus der Tatsache ab, daß der Löwe der Odyssee trotz seiner engen Verwandtschaft zu allen ‚heroischen' Löwen ein unverkennbar anderes Wesen aufweist. Das Zitat verweist auf die Differenz in der Ähnlichkeit; der Verweis auf die Ähnlichkeit greift aber über das eine Gleichnis des M hinaus. Wir können damit dieselbe Zitattechnik feststellen, die sich uns auch bei der Betrachtung anderer Szenentypen, bei denen Iliaszitat vermutet wurde, erwiesen hat: Der Odysseedichter zitiert nicht eine konkrete Iliasstelle um ihres Kontextes willen, sondern evoziert mit dem Zitat einen bestimmten Aussagetypus, von dem sich die eigene Verwendung der Aussage in einem ungewohnten Kontext abhebt. So wie sich der Auszug des Telemachos im β nicht gegen den e i n e n Auszug des Agamemnon im B abheben soll, sondern gegen den Typus des Herrscherauszugs schlechthin (vgl. zu β 1–14), so hebt der Löwe unseres Gleichnisses sich gegen alle Löwen der Ilias und der epischen Tradition ab. Es handelt sich also auch hier um das verfremdende Zitat eines ‚typischen' Motivs.

ζ 138–41   Auch was die generelle Umwandlung des kriegerischen Heldenideals, wie es sich in der Ilias findet, in das post-heroische Heldenbild der Odyssee betrifft, ist das meiste schon gesagt (vgl. Edwards 1985a; zuletzt Schein 1995). In unmittelbarem Anschluß an das obige Gleichnis sei aber darauf hingewiesen, daß auch hier ein Szenentypus zitiert ist, den wir — vor allem in seinen Einzelbestandteilen — im Kontext von Schlachtbeschreibungen der Ilias erkennen können: Ein Held tritt auf; die Gegner wenden sich bei seinem Anblick zur Flucht; nur ein einziger hält stand, weil ihm ein Gott Mut einflößt; es kommt zur Begegnung der Kontrahenten. Die Anwendung des Typus ist hier unverkennbar, gerade durch die Nennung Athenes, die die erste Instanz für die Erregung von (kriegerischem) μένος ist. Damit wird signalisiert, daß es sich bei Nausikaas Verhalten um eine Art von Aristie handelt, allerdings eine, die den besonderen Umständen entspricht. Der konventionelle Typus ‚Held wird von Gott mit Mut erfüllt' (vgl. Garvie zu ζ 139–40) ist also mit neuem Inhalt erfüllt, und man darf die Erwähnung Athenes nicht als „hardly more than a figure of speech" bezeichnen (Hainsworth zu ζ 139, mit dem Argument, Athene sei soeben zum Olymp aufgebrochen): Athene lenkt die Handlung auf Scheria. Sie hat Nausikaa den Traum gesendet, der sie in Bewegung setzte; sie hat bewirkt, daß Nausikaa mit dem Ball ihr Ziel verfehlte und Odysseus dadurch erwachte; sie bewirkt jetzt, daß Nausikaa nicht vor Odysseus flieht.

ζ 162–5   Die Diskussion zu dem Vergleich zielt vor allem auf den Palmsproß und die damit verbundenen Probleme. Hier hat Sourvinou-Inwood (1985, besonders 125 mit Anm. 33) auf die Assoziation von Palmen zu Artemis und zu Jungfrauen an der Schwelle zur Hochzeit hingewiesen. Ohne daß damit der Hintergrund dieser Verbindung ganz durchsichtig wird, scheint somit klar, daß der Vergleich mit dem Palmsproß in einem Kontext, in dem Artemis mehrmals genannt ist, über ein komplexes Wissen um rituell-kultische Zusammenhänge exakt auf jenen ausgesetzten Status zielt, in dem sich Nausikaa gegenüber Odysseus befindet; Odysseus macht dem Mädchen gleichsam ein erotisches Kompliment (vgl. Harder 1988; für eine analoge Anspielung in Pind. O. 3 vgl. Krummen 1990, 247–55).

Ungeklärt bleibt damit die Funktion der Nennung von Delos. Merry – Riddell und Hainsworth vermuten, die erwähnte Reise sei die Fahrt der Griechen nach Troia oder des Odysseus nach Aulis („a visit to Delos is

otherwise quite unknown": Hainsworth); andere erfinden eine Befragung
des Apollon-Orakels oder begründen eine Route der Griechen über Delos,
ignorieren aber den Hinweis der Scholien (EPQ zu 164): λέγοι δ' ἂν πολὺν
λαὸν οὐ τὸν ἴδιον στόλον, ἀλλὰ τὸν Ἑλληνικόν, ὅτ' ἀφηγούμενος εἰς Δῆλον
ἦλθε Μενέλαος σὺν Ὀδυσσεῖ ἐπὶ τὰς Ἀνίου θυγατέρας, αἳ καὶ Οἰνότροποι
ἐκαλοῦντο. Die Oinotropen (vgl. Severyns 1928, 309–13) waren Mädchen,
die das Wachstum der Feldfrüchte förderten und an zwei Punkten mit dem
Trojanischen Krieg in Verbindung gebracht wurden: Entweder habe ihr Vater Anios den Griechen auf der Fahrt nach Troia angeboten, sich durch sie
verköstigen zu lassen, bis das prophezeite zehnte Kriegsjahr erreicht sei;
oder die Griechen hätten sie anläßlich einer Hungersnot vor Troia zu Hilfe
geholt, wobei Palamedes als Leiter des Unternehmens gilt, sichtlich in Konkurrenz zu dem im Scholion genannten Odysseus. Die Figuren scheinen
aus alter Sage zu stammen, gerade weil sich um sie konkurrierende Geschichten ausbilden konnten; daß die Version von ihrer Herbeiholung nach
Troia im B der Ilias reflektiert sei, hat Kullmann (1955) argumentiert. Gehen wir davon aus, daß die Hörer der Odyssee diese Geschichten von den
Oinotropen kannten, so mußten sie notwendig den Hinweis des Odysseus
auf Delos damit in Verbindung bringen. Akzeptiert man das (so bereits
Nitzsch), dann ist nach der Funktion des Verweises zu fragen. Im Zusammenhang mit einem Vergleich innerhalb einer Figurenrede kann nun die
Einblendung einer mythologischen Begebenheit kaum etwas anderes als
Exemplum-Charakter haben. Die Assoziationen stellen sich leicht ein: Die
Reise nach Delos hatte den Zweck, die Griechen von einer Hungersnot zu
befreien (oder diese von vornherein zu verhindern); die Retterinnen waren
junge Mädchen mit übermenschlichen Fähigkeiten; nach einer Version war
damit auch die Gefahr des zu langen Verweilens der Bewirteten verbunden. Odysseus befindet sich im ζ in einer ähnlichen Situation: Er ist hung-
rig (133: κέλεται δέ ἑ γαστήρ), auf fremde Hilfe angewiesen und steht jungen Mädchen gegenüber, deren eine er soeben mit einer Göttin verglichen
hat und die er gleich darum bitten wird, ihn gastlich aufzunehmen, um
sein Leben zu retten; Nausikaa wird ihn mit Speise und Trank versorgen
und seine gastliche Aufnahme bei den Phaiaken in die Wege leiten. Diese
Parallelen konnten von einem Hörer, der Erzählungen über die Oinotropen
kannte, kaum ignoriert werden. Das damit implizierte Exemplum richtet
sich allerdings, im Gegensatz zu den mythologischen Exempla der Ilias,
nicht an eine Figur der Handlung, da Nausikaa es ja nicht verstehen kann,
sondern direkt an den Hörer. Der Vergleich von Nausikaa mit dem Palmsproß hat damit zwei Ebenen: eine Ebene der rituellen Assoziation, die aus
der Figurenperspektive den erotischen Aspekt der Situation thematisiert,
und eine Ebene der mythologischen Erzählung, die gleichsam als Kommentar des Erzählers Nausikaas ‚mythische' Potenz verdeutlicht.

Man kann aber noch weiter gehen und darauf hinweisen, daß auch bei
Nausikaa, wie bei den Oinotropen, die Gefahr des Verweilens des Gastes
eine Rolle spielt. Das Motiv ist an diesem Punkt der Erzählung schon vorbereitet: Nausikaa ist von Anfang des ζ an als ein Mädchen gezeichnet, das
sich nach der Hochzeit sehnt; Odysseus wird von ihr wenig später als po-
tentieller Ehemann bezeichnet, und dieses Motiv wird im η weiter verfolgt.
Das verdeckte Zitat des Oinotropen-Mythos kann also dem Hörer der
Odyssee auch signalisieren, mit welchem Risiko die (über-)gastliche Aufnahme des Odysseus bei den Phaiaken verbunden sein könnte. Palmsproß
und Delos bezeichnen damit zwei Aspekte derselben Gefahr.

ζ 201–5   Die Aussage über die Phaiaken steht in Beziehung zu schon zuvor Gesagtem (vgl. zu ζ 4–12), wobei die Aussage μάλα γὰρ φίλοι ἀθανά-
τοισιν das Prädikat ἀγχίθεοι (ε 35) umschreibt. Mit der Aussage, daß die
Phaiaken fernab von allen Menschen wohnten, wird auch hier darauf verwiesen, daß es keine Erzählungen über den Kontakt zwischen den Phaiaken und anderen Menschen gibt; soviel sagt die Odyssee ausdrücklich, und
damit ist belegt, daß die Phaiaken in keinem anderen Kontext als dem der
Abenteuer des Odysseus bekannt waren. Das könnte aber auch bedeuten,
daß es überhaupt keine Erzähltradition über die Phaiaken gab, der Hörer
diese also auch nicht aus anderen Versionen der Odyssee kennen konnte.

ζ 273–85   Mit Nausikaas Befürchtungen wird ein alternativer Handlungsgang konkret ausgemalt, und gleichzeitig ein weiterer erstmals angedeutet.
Der konkret ausgemalte Handlungsgang, der sich im bloßen Gerede der
Phaiaken erschöpft, bildet keine ernstzunehmende Alternative, da er sich
nicht wesentlich vom tatsächlich verfolgten Verlauf abhebt und nur Nausikaas mädchenhafte Scheu illustriert. Implizit wird damit aber auch bereits
eine andere Alternative evoziert, nämlich die der „unfriendly Phaeacians".
Ich meine damit jene Charakterzüge der Phaiaken, die man in der Folge
von Rose (1969; zuletzt Carnes 1993) als innerhalb unserer Odyssee tatsächlich wirkend empfunden hat: Die Phaiaken stellten für Odysseus eine echte
Bedrohung dar, er müsse sich ihre Gastfreundschaft erst erkämpfen und
auf dem Weg zu diesem Ziel alle möglichen Gefahren überwinden. Bei dieser Betrachtungsweise ergeben sich aber unweigerlich Widersprüche zwischen den einzelnen Angaben über die Phaiaken. Es scheint deshalb em-
pfehlenswert, jene Wesenszüge der Phaiaken, die negativ gefärbt sind, nur
als potentielle Gefahren für Odysseus aufzufassen, und zwar in dem Sinn,
daß es sich um potentielle Gefahren auf der Erzählebene, nicht der Hand-
lungs- bzw. Figurenebene handelt: Der Erzähler stellt mehrmals die Möglichkeit in den Raum, daß die Handlung einen anderen Verlauf nehmen
könnte als sie tatsächlich nimmt. Dazu gehört, daß sich die Phaiaken anders
verhalten könnten, als sie sich tatsächlich verhalten, was aber nicht bedeu-

tet, daß wir diese möglichen Handlungsweisen als Charakterzüge des Volkes werten dürften. Uns muß dabei die Frage interessieren, ob wir damit alternative Versionen der Odyssee fassen, in denen die Phaiaken gegenüber Odysseus tatsächlich eine feindliche Haltung einnahmen. Die sichtlich untraditionelle Rolle der Phaiaken läßt eine solche Möglichkeit allerdings wenig plausibel erscheinen. Wahrscheinlicher ist, daß die Alternative sich nur auf ein nicht speziell mit den Phaiaken gekoppeltes Erzählmuster bezieht, wie es in der Laistrygonen-Episode sichtbar wird, wo die Geschichte nach analogem Beginn und analoger Fortsetzung (Aufnahme durch Königstochter und Königin) ein negatives Ende findet (vgl. Crane 1988, 140). Mit der Andeutung von Alternativen wird auch in der Phaiakenepisode daran erinnert, daß es sich dabei um ein Erzählmuster handelt, dessen Ausgang grundsätzlich offen ist. Diese Bemerkungen bleiben naturgemäß an der Oberfläche der Diskussion um Wesen und Funktion der Phaiakis, die hier nicht neu aufgerollt werden sollte, und deuten nur eine Möglichkeit an, wie sich diese Problematik in die hier vertretene Optik einordnen läßt.

ζ 330–1   Daß Poseidon Odysseus bis zum Zeitpunkt seiner Ankunft auf Ithaka zürnen werde, ist schon im ‚Prolog‘ der Odyssee vom Erzähler festgelegt, und zwar mit identischem Wortlaut, α 20f. ὁ δ' ἀσπερχὲς μενέαινεν / ἀντιθέῳ Ὀδυσῆι πάρος ἦν γαῖαν ἱκέσθαι. Das Motiv war in der Zwischenzeit jedoch in den Hintergrund gerückt: Zunächst wurde in der Götterversammlung im α der Eindruck erweckt, die Götter würden Poseidons Abwesenheit dazu ausnützen, Odysseus ungefährdet nach Ithaka zu geleiten; dieser Eindruck wurde in der zweiten Götterversammlung im ε dahingehend korrigiert, daß — noch immer während Poseidons Abwesenheit — Odysseus den Weg bis Scheria allein bewältigen müsse, von wo aus ihm die sichere Heimfahrt gewährleistet sei. Poseidons Eingreifen im ε modifizierte die Erwartung noch einmal, doch nur für den Weg bis Scheria; Poseidon selbst und Ino-Leukothea formulierten ausdrücklich, daß Odysseus mit dem Erreichen des Phaiakenlandes am Ende seiner Meeresabenteuer sei (ε 288f.; 345), Poseidon bezeichnete den Seesturm als letzte Prüfung, die er Odysseus auferlege (ε 290). Der Gott verließ dann die Szene mit Worten, die den Seesturm als seine letzte Aktion gegen Odysseus kennzeichneten:

οὕτω νῦν κακὰ πολλὰ παθὼν ἀλόω κατὰ πόντον,

εἰς ὅ κεν ἀνθρώποισι διοτρεφέεσσι μιγήῃς.

ἀλλ' οὐδ' ὥς σε ἔολπα ὀνόσσεσθαι κακότητος.   (ε 377–9)

Der Hinweis am Ende des ζ, daß der Groll des Gottes gegen Odysseus noch immer wirkt, kommt also an dieser Stelle etwas überraschend (ἐπιζαφελῶς wird allgemein mit „heftig", „gewaltig" wiedergegeben, doch ist die Etymologie unbekannt, und sowohl die zwei weiteren homerischen Belegstellen, I 516 und 525, als auch die analoge Fügung in α 20, ἀσπερχὲς μενέαινεν, ließen auch die Bedeutung „ununterbrochen", „obstinat" zu; die Verwendungsweise in h. Herm. 487, „ungestüm", könnte bereits auf Uminterpretation solcher Stellen beruhen; A.R. 4, 1672 ἐπιζάφελον κοτέουσα könnte eine Stellungnahme im Philologenstreit um die Bedeutung der Homer-Glosse signalisieren: dazu grundlegend Rengakos 1994). Dennoch ist es kaum zulässig, den Groll des Poseidon hier nur aus dem Bestreben des Erzählers zu erklären, Athene weiterhin nicht offen für Odysseus eingreifen zu lassen. Daß der Groll des Poseidon hier das Primäre, die Zurückhaltung Athenes eine Folge davon ist, zeigt sich daran, daß gerade diese Zurückhaltung gesondert motiviert wird und nicht durch die unmittelbare Situation der Handlung bedingt ist: Odysseus wird später sagen, daß er die ‚getarnte' Athene sehr wohl erkannt habe (vgl. zu ν 314–23). Man kann daraus folgern, daß sich hier zwei Konzepte überlagern: Einerseits erstreckt sich der Zorn Poseidons über seinen gesamten Wirkungsbereich, bedroht also auch Odysseus so lange, bis dieser endgültig dem Meer entkommen ist; andrerseits garantieren die Phaiaken eine sichere Heimfahrt, die auch Poseidon nicht verhindern kann. Odysseus muß sich den Nostos auf zwei Ebenen verdienen: Er muß aus eigenen Kräften dem Meeresgott entkommen, und er muß die ξενία eines πομπός erlangen, der ihn nach Hause bringt.

Im Hintergrund stehen damit zwei alternative Möglichkeiten, wie Odysseus nach Ithaka gelangen kann: entweder als Schiffbrüchiger, nackt und mittellos, oder mit Geleit und reichen Schätzen. Sein Erscheinen als Bettler im eigenen Haus kann demnach entweder seinen realen Zustand wiedergeben oder auf Verstellung beruhen. Athene kann entweder Odysseus schon bei seinem Nostos unterstützen oder erst auf Ithaka eingreifen. Diese beiden Möglichkeiten sind mit der Phaiakis ineinandergeblendet: Was die beiden Götter betrifft, werden jeweils beide Möglichkeiten übereinandergelegt, was zu den oft monierten logischen Inkonsequenzen führt; für Odysseus selbst werden die Alternativen nacheinander ausgeführt: Er landet zuerst nackt und mittellos auf Scheria, danach aber mit reichen Schätzen versehen auf Ithaka, wo er erst zum Bettler verwandelt werden muß. Die Phaiakis reflektiert damit eine Möglichkeit, wie die Ankunft des Odysseus auf Ithaka gestaltet werden könnte. Daß dem Hörer unserer Odyssee Versionen bekannt waren, in denen der Nostos des Odysseus tatsächlich so dargestellt war, kann gerade angesichts der Probleme, die in unserer Odyssee die Motivierung der ‚doppelten Ausführung' bereitet, als wahrscheinlich gelten. Mit dieser ‚Rekonstruktion' berühre ich mich in vielen Punkten mit den Versuchen Tilman Krischers (1985; 1990; 1992; 1993; 1994), mit dem Unterschied, daß ich nicht nach einer einzigen Version suche, die dem Odysseedichter als Vorlage gedient habe, sondern von der Möglichkeit mehrerer (‚mündlicher') Alternativ-Odysseen ausgehe.

Odyssee 7

η 7–13   Die Figur der Eurymedusa ist sichtlich ‚Spontanerfindung' des Dichters (Hainsworth); ihr Name klingt an Eurykleia und Eurynome an, führt also auf den Typus der alten, treuen Dienerin (und Amme). Die Geschichte ihrer Herkunft ist interessant, weil ihre Heimat Ἀπείρη ebensowenig lokalisierbar ist wie Scheria selbst, während ihre Versklavung und Verbringung nach Scheria dem zuvor formulierten Prinzip zu widersprechen scheint, daß die Phaiaken wenig Kontakt zu anderen Völkern pflegen (ζ 204f.). Doch ist dieses Prinzip einseitig: Zwar kommen keine Fremden nach Scheria, die Phaiaken selbst betreiben aber sehr wohl Schiffahrt (ζ 270–2). Es stimmt also nicht, daß die Isolation der Phaiaken hier übersehen wäre (Hainsworth). Mit dem Namen Ἀπείρη ist auch die Nicht-Lokalisierbarkeit des Bereichs der Phaiaken zum Ausdruck gebracht.

η 58–60   Die Anknüpfung der Genealogie des Königshauses der Phaiaken an den letzten König der Giganten wurde als Teil der Charakterisierung der „unfriendly Phaeacians" verstanden. Eher wird damit aber darauf verwiesen, daß die Phaiaken nicht in den Bereich der menschlichen Erfahrungswelt gehören. Die Charakterisierung der Giganten als ὑπέρθυμοι und ἀτάσθαλοι und die anspielungshafte Angabe zu ihrem Untergang klingen nicht nach einer *ad hoc*-Erfindung und sind nicht „obscure" (so Hainsworth, der meint, daß der Dichter keine Kenntnis vom Mythos der Gigantomachie habe). Da die spärlichen Angaben gut zu dem Bild passen, das spätere Quellen von den Giganten zeichnen, läßt sich der Verweis am besten als Verweis auf diesen Mythos verstehen. Es ist dabei kein Zufall, daß die Giganten ein Volk sind, das vollständig beseitigt wurde: Die Genealogie impliziert auch einen Vorverweis auf das den Phaiaken drohende Schicksal.

η 139–45   Aretes Rolle im η wurde unter verschiedenen Gesichtspunkten diskutiert (vgl. zuletzt Krischer 1989). Die Szene der Hikesie des Odysseus gibt vielleicht Aufschluß über einen nicht unwichtigen Aspekt der Phaiaken-Episode. Daß Athene Odysseus in Nebel hüllt, solange er durch die Stadt geht und den Palast betritt, und ihn erst sichtbar werden läßt, wenn er die Knie der Königin umfaßt hat, hat einen realen Hintergrund: Ein Fremder hat üblicherweise kaum die physische Möglichkeit, so nahe zu einem König oder einer Königin vorzudringen, daß er den physischen Akt einer Hikesie setzen kann, der den Gebetenen zur Leistung verpflichtet; andernfalls könnte ja jeder Bettler auf diese Weise permanent seine Lage verbessern. Es ist also nötig, daß Odysseus ungesehen bis zu Arete vordringt. Das Staunen der Phaiaken und das Zögern des Alkinoos sind dann die natürliche Reaktion auf den unerhörten Akt, der ohne die göttliche Verhüllung nicht möglich wäre. Die Hervorhebung der Hikesie und der besonderen Macht der Arete markiert also, daß Odysseus etwas fordert, was nicht in den üblichen Rahmen der ξενία fällt, jedenfalls nicht, solange er sich nicht als Adeliger ausweist. Die Zusage der πομπή durch Alkinoos ist im η also zunächst nur durch den Zwang der Hikesie begründet; erst im ϑ sowie durch seine Apologe wird Odysseus sie sich in einem zweiten Schritt ‚verdienen'.

η 192–8 Die Ankündigung des weiteren Handlungsverlaufs geschieht aus einer halb-göttlichen Perspektive: Sie ist zukunftsgewiß bis zur Ankunft des Odysseus auf Ithaka, da die Schiffe der Phaiaken eine gefahrlose Reise garantieren. Sie verweist aber darüber hinaus nur auf die αἶσα des Odysseus, was bedeutet, daß die Handlung ab der Landung auf Ithaka ihren von der Tradition vorgezeichneten Verlauf nehmen wird (vgl. Garvie zu 196–8). Faßt man die Phaiakis als einen untraditionellen Bestandteil der Odyssee, dann ist damit ausgesagt, daß die Handlung ab diesem Zeitpunkt wieder in ihre traditionellen Bahnen einschwenken wird.

η 205–6 Die Götter-Nähe der Phaiaken wird mit dem Status der Kyklopen und der Giganten verglichen, was in zwei Richtungen zielt. Einerseits wird damit erneut darauf verwiesen, daß die Phaiaken einen über-menschlichen Status haben, also nicht im Bereich der menschlichen Erfahrung gesucht werden können. Andrerseits sind beide mythischen Völker gerade durch ihre Götternähe besonders exponiert und gefährdet: Götternähe birgt die Gefahr göttlicher Rivalität. Das Ende der Existenz der Phaiaken — zumindest was unser Wissen darüber angeht — scheint damit vor-angedeutet.

η 222–5 Der Wunsch des Odysseus, sein Haus zu sehen und dann zu sterben, entspricht einem allgemeinen Wunsch-Typus (vgl. Ε 684–8, wo Sarpedon mit ähnlichen Worten — ἔπειτά με καὶ λίποι αἰών — wünscht, vor seinem Tod, der gleichzeitig das Nicht-Erreichen der Heimat bedeutet, wenigstens aus den Händen der Feinde gerettet zu werden), bedeutet aber natürlich eine ‚unmögliche Alternative'.

η 248–53 Der Bericht des Odysseus, wie er zu Kalypso gelangt sei, nimmt den Wortlaut von ε 100ff. auf. Auch aus den Worten des Protagonisten erfährt der Hörer also nicht, warum Zeus sein Schiff zerschmettert hat. Damit bleibt die Spannung aufrecht; die Vergangenheit des Odysseus behält damit den Charakter einer verdeckten Handlung der Vorgeschichte (vgl. Danek 1996a, 19f.).

η 263 Die Formulierung der Alternative ist bemerkenswert vielschichtig. Sie entspricht zwar der Darstellung der Ereignisse im ε unter dem Gesichtspunkt der Figurenperspektive (Kalypso hat Odysseus, zumindest in dem vom Erzähler berichteten Dialog, nichts über den Besuch des Hermes und den Auftrag des Zeus verraten), stellt also eine Vermutung des Odysseus über die mögliche Motivation der Kalypso dar, wobei „Zeus" als Kürzel für göttliche Einflußnahme steht. Sie trifft aber — ohne das Wissen der Figur Odysseus — auf einer höheren Ebene insofern die Wahrheit, als Kalypso den Auftrag des Zeus zu ihrem eigenen Entschluß umgeformt hat.

η 271 Im Gegensatz dazu beruht die Aussage des Odysseus über das Wirken des Poseidon auf einer Information, die innerhalb der erzählten Handlung erteilt wurde: Vgl. zu ε 303–5; 339–40.

η 304–7 Die erste Lüge des Odysseus innerhalb der Handlung unserer Odyssee (eine Lüge außerhalb des Zeitrahmens der Odyssee ist in Helenas Erzählung vom Gang des Odysseus nach Troia, δ 246–51, vorausgesetzt) dient der taktvollen Beschönigung von Nausikaas Verhalten. Das ist nicht ohne Bedeutung: Unsere Odyssee bemüht sich sichtlich, das traditionelle Bild des Odysseus zu ,korrigieren', seine traditionellen Charakterzüge, die einen negativen Beigeschmack haben, neu zu definieren. Lüge und Heimtücke waren ein wesentlicher Bestandteil des Charakters des Odysseus, und das blieb untrennbar mit Geschichten verbunden war, die keine positive Deutung zuließen, wie etwa der Ermordung des Palamedes (vgl. Maronitis 1980, 160–177). Auch in unserer Odyssee sagt Odysseus wiederholt die Unwahrheit, doch nie ausschließlich deshalb, um anderen Menschen zu schaden, sondern immer nur, um sein höheres Ziel zu erreichen, das als ,moralisch gerechtfertigt' erscheint. Die erste Instanz einer Lüge des Odysseus hat daher für das Verständnis des Hörers besondere Bedeutung: Es handelt sich um eine Lüge ,neuer Art', eine uneigennützige Lüge.

η 311–6 Der Wunsch des Alkinoos enthält eine ,unmögliche Alternative', die ein Scheitern des vorgezeichneten Handlungsweges bedeuten würde. Als solche Möglichkeit ist sie ausdrücklich formuliert: Es handelt sich um keine Bedrohung des Odysseus durch die „unfriendly Phaiacians", sondern bestenfalls um eine Versuchung; Alkinoos selbst schränkt ein, daß der Wunsch nur bei Einwilligung des Odysseus Geltung hätte; sein Verweis auf Zeus (sc. ξένιος) erinnert daran, daß das Zurückhalten des Gastes ebenso ein Verstoß gegen das Gastrecht wäre wie die unzureichende Aufnahme. Mit dem Wunsch des Alkinoos soll also nur hervortreten, daß die Geschichte an diesem Punkt auch einen anderen Verlauf nehmen könnte. Der Hörer der Odyssee kannte verschiedene Geschichten mit einem solchen Verlauf, ja wohl sogar eine solche Geschichte über Odysseus selbst, nämlich wie Ikarios ihn und Penelope in Sparta zurückhalten wollte (vgl. zu δ 174–80). Auch das Verweilen bei Frauen stellt für Odysseus sichtlich ein traditionelles Element der Irrfahrten dar; in unserer Odyssee bleibt er ein Jahr freiwillig bei Kirke und sieben Jahre unfreiwillig bei Kalypso, doch gibt es weder Verbindung noch Heirat mit einer menschlichen Frau. Die Telegonie enthielt eine Heirat des Odysseus mit der Thesproter-Königin und eine

Rückkehr nach Ithaka nach deren Tod, womit vielleicht ein Element, das traditionell vor die Heimkehr nach Ithaka ‚gehörte', aus Rücksicht auf den Text unserer Odyssee an eine andere Stelle transferiert wurde (vgl. zu λ 1– 640). Der Hörer unserer Odyssee konnte also mit solchen Geschichten vertraut sein und sie für feste Bestandteile der Irrfahrten halten; daher erübrigt sich die Annahme, daß in anderen Versionen Odysseus Nausikaa tatsächlich geheiratet hat. Der Wunsch des Alkinoos läßt nur den allgemeinen Typus von Geschichten anklingen und weist den Hörer bereits darauf hin, daß Odysseus hier der Versuchung nicht erliegen wird.

η 321–6 Die Reise des Rhadamanthys zu Tityos nach Euboia ist in der mythologischen Tradition sonst nicht belegt und gibt Rätsel auf. Man sieht darin eine Augenblickserfindung des Odysseedichters (Hainsworth), wobei unklar bleibt, wozu die ‚Erfindung' dienen solle; daß aus den Angaben des Textes allein keine ‚Geschichte' zu gewinnen ist, zeigt sich am Rätselraten der Erklärer, vgl. Eustath., ὁ Ῥαδάμανϑυς ἐπὶ ϑέαν τοῦ Τιτυοῦ ἐλϑεῖν πλάττεται, ἢ διὰ ϑαῦμα τοῦ μεγέϑους, ἢ καὶ ἵνα δίκαιος ὢν κατὰ τὴν ἱστορίαν σωφρονίσῃ αὐτόν. Die Scholien vermuten wiederum, Rhadamanthys würde aus dem Elysium nach Euboia transportiert; damit wäre impliziert, daß Scheria sich in der Nähe des Elysiums befinde, und es würde erklärt, warum Euboia aus der Sicht der Phaiaken so weit entfernt sei. Es handelt sich dabei sichtlich um Versuche, den Wortlaut des Texts durch anderweitig bekannte Informationen soweit zu ergänzen, daß zumindest der erste Anschein der Sinnlosigkeit der Aussage verschwindet. Sinnvoller scheint es, davon auszugehen, daß hinter den im Text erwähnten Fakten als bekannt vorausgesetztes, allerdings verfremdetes Material steckt, dieses Material aber für die Einfügung in den Odysseekontext durch ‚neue' Daten ergänzt ist. Das heißt: Für die Fahrt des Rhadamanthys dürfte die Rolle der Phaiaken, welche ja auch sonst in der Odyssee den Eindruck erwecken, daß sie keine ‚echte', ‚alte' Anbindung an die übrige Mythologie aufweisen, eine Zutat des Odysseedichters sein. Was hingegen die Begegnung zwischen Rhadamanthys und Tityos betrifft, weckt schon die Formulierung unseres Textes den Verdacht, daß damit auf Bekanntes angespielt wird. Wir haben wieder einmal mit ἐποψόμενον eine Angabe, die in ihrer Unverbindlichkeit mehr offenläßt als aussagt: Welcher Art ist dieser Besuch? Wie ist die Beziehung zwischen den beiden Helden? Dauert der Besuch wirklich nur einen Tag lang, oder lassen die Phaiaken Rhadamanthys bei Tityos zurück? Handelt es sich um einen harmlosen ‚Höflichkeitsbesuch', oder stecken konkrete Absichten dahinter? Der Wortlaut des Texts läßt dies offen oder vielmehr verschweigt es. Wir haben aber schon mehrmals festgestellt, daß ähnlich vage Aussagen in Mythenreferaten geradezu Indikatoren für das bedeutungsvolle Verschweigen eines relevanten Sachverhalts sind (so das

Verschweigen des Gegenstandes des Streits zwischen Agamemnon und Menelaos vor der Abfahrt von Troia, vgl. zu γ 135–50).

Daß es nun tatsächlich eine mythologische Verbindung zwischen Rhadamanthys und Tityos gab, scheint trotz des Fehlens konkreter Angaben denkbar: Tityos gehört in den Raum von Euboia und Boiotien; auch Rhadamanthys zeigt Verbindungen zu diesem Raum, obwohl er primär mit Kreta assoziiert wird: Es gibt Nachrichten über seine Heirat mit Alkmene, ihren Wohnsitz in Okealeai und ein gemeinsames Grab in Haliartos (Apollod. 2, 70; 3, 6); die doppelte Lokalisierung des Rhadamanthys wurde durch Flucht vor Minos erklärt. Alle diese Informationen finden sich nur in dürren Referaten, die die Zusammenhänge nicht herstellen, jedoch die Existenz ausführlicherer Erzählungen voraussetzen. Es ist daher so gut wie sicher, daß uns weitere Details dieses Themenkomplexes verlorengegangen sind, und es scheint möglich, daß dazu auch eine Begegnung zwischen Rhadamanthys und Tityos gehörte. Selbst der Versuch einer Rekonstruktion dieser Geschichte wäre schon zu optimistisch; daher erübrigt sich auch die Spekulation, welche Funktion die Einblendung dieses Mythos für den Gesprächskontext innerhalb der Odyssee haben konnte, wenn der Phantasie hier auch breiter Raum bliebe (etwa: „Die Phaiaken transportierten schon einmal einen großen Gerechten, damit er einen Frevler gegen die Frauenehre der gerechten Bestrafung zuführt ...“). Die Diskussion der Daten schien trotzdem sinnvoll, weil es methodisch notwendig ist, die Möglichkeit von Anspielungen auf mythologische Gegebenheiten auch dort in Erwägung zu ziehen, wo die Überlieferung uns völlig im Stich läßt. Mir scheint, daß ein solches Eingeständnis dem Text eher gerecht wird als die Annahme, daß der Odysseedichter verschiedene mythologische Daten beziehungslos aneinandergefügt hätte, ohne mit der Evozierung einer mythologischen Vergangenheit irgendeine Aussage zu beabsichtigen.

η 331–3 Daß Alkinoos sich durch die πομπή unauslöschliches κλέος erwürbe, entspricht nicht der üblichen Vorstellung von κλέος im Kontext von Heldendichtung, wie ihn die Ilias repräsentiert, aber auch kaum in dem von der Odyssee konstruierten Kontext des κλέος durch νόστος (vgl. Segal 1983). Merry – Riddell greifen zu einer Verlegenheitserklärung, die den traditionellen κλέος-Gedanken geradezu ausklammert: „... i.e. by the praise which Odysseus would accord him in his gratitude". Es liegt näher, mit einem Spiel auf der Metaebene zu rechnen: Die Rolle des Alkinoos im Mythos besteht ausschließlich darin, daß er Odysseus nach Ithaka geleitet; nur dadurch wird er Teil der Erzählungen, des Heldengesangs. Die Aussage des Odysseus zielt also weniger darauf ab, daß Alkinoos von ihm selbst gepriesen würde, sondern daß er durch seine Tat zum Bestandteil des Mythos würde. Dies gibt besonders dann Sinn, wenn die Phaiaken in der traditionellen Odysseus-Epik keine Rolle hatten: Das κλέος des Alkinoos wurde dann wirklich erst von der Odyssee begründet; der Erzähler konnte somit seine eigene Rolle als Begründer von κλέος hervorheben.

Odyssee 8

ϑ 22–3 Bereits Zenodot kritisierte, daß Odysseus im Verlauf des ϑ nur einen einzigen Wettkampf gegen die Phaiaken bestehe, und nicht viele. Die Diskrepanz kann weder dadurch verwischt werden, daß die Formulierung im Kontext als „perfectly natural" bezeichnet wird, noch durch die Feststellung, daß es sich um keine programmatische Aussage handle (Hainsworth). Die Herausforderung des Odysseus zu den Wettkämpfen durch die jungen Phaiaken gehört in das Schema eines Erzähltypus, der schon in ζ und η latent vorhanden ist: Der unbekannte Fremde stößt auf die Freier der Königstochter, die gerade Sportwettkämpfe begehen, nimmt daran teil und gewinnt dadurch die Hand der Braut. Dieser Typus ist in Erzähltraditionen vieler Völker belegt und wurde für frühe Odyssee-Versionen als Kontext der Bogenprobe postuliert (Krischer 1992). Die Motivkombination ist auch in den südslawischen Heimkehrliedern ganz geläufig; dort gehört zum Typus verpflichtend, daß der Held nicht nur eine, sondern mehrere Aufgaben zu bestehen hat, um seine Überlegenheit zu beweisen. In der Phaiakis ist ein solches Schema abgewandelt, wobei von Anfang an signalisiert ist, daß es zu seiner ‚natürlichen' Vollendung nicht kommen wird. Das Motiv einer Hochzeit des Odysseus mit Nausikaa schwebt zwar ab dem ζ in der Luft, doch so daß es nicht als Bedrohung des Nostos empfunden werden kann: Die Nausikaa-Handlung ist von Athene selbst initiiert und begleitet, und es gibt auch noch die πομπή-Zusage des Alkinoos (vgl. zu η 311–6). Wenn nun im ϑ angekündigt wird, daß Odysseus πολλοὺς ἀέθλους vollführen werde, so ist damit die Aufmerksamkeit der Hörer darauf gelenkt, wie Odysseus an den typischen Wettkämpfen teilnehmen wird, ohne doch die Hand der Königstochter zu erringen. Der Hörer erwartet also eine Abwandlung des Schemas; dieser Erwartung entspricht es dann, wenn Odysseus sich nicht mehreren, sondern nur einem einzigen Wettkampf stellt, dieses Manko aber ausdrücklich begründet und durch seine Redekunst wettmacht.

ϑ 73–82 Das erste Demodokos-Lied ist in derart knappen Zügen referiert, daß seine Erklärung seit der Antike als ζήτημα gilt. Daß das Referat einer Ergänzung bedarf, um der referierten Geschichte und damit dem Textzusammenhang der Odyssee einen Sinn zu verleihen, wird heute nicht bezweifelt; über die Art der Ergänzungen gibt es aber große Differenzen. Einerseits wurde versucht, die Stelle als Zitat einer Kyprien-Episode zu erklären, nämlich des Streits zwischen Achilleus und Agamemnon auf Tenedos, in dem auch Odysseus eine Rolle spielte; diese Option hatte wenig Erfolg, weil sie zunächst nur mit Blick auf die Quellenfrage und nicht auf die Interpretation der Stelle verfolgt wurde (Von der Mühll 1954, mit analytischer Ausrichtung; methodische Begründung bei Kullmann 1960, 221 Anm. 4; 271 Anm. 2; Mähler 1963, 27 Anm. 1). Auf der anderen Seite steht die Meinung, es handle sich um eine Augenblickserfindung des Odysseedichters, die die Konstellation der Ilias zitiere; demnach sei das Lied ein Zitat des Ilias-Beginns und bezwecke eine Würdigung des großen Epos (Marg 1956; zuletzt Finkelberg 1987). Modifiziert wurde diese These von Nagy (1979, 15–65), der eine Anspielung auf eine mündliche Ilias-Tradition ansetzt, die einen Streit zwischen Achilleus und Odysseus (anstelle des Streits zwischen Achilleus und Agamemnon) enthalten habe; ferner von Clay (1983, 96–112; 241–6), die Margs These übernimmt, jedoch glaubt, daß die Odyssee ein Gegenbild zur Ilias schaffen und daher die Rolle des Odysseus gegenüber Achilleus hervorheben wolle. Eine weitere Rolle spielen die Angaben der Scholien, die von beiden Gruppen zur Interpretation herangezogen werden, obgleich die Forscher der zweiten Gruppe sie für aus dem Text selbst abgeleitet halten. Die zentralen Fragen lauten also: Zitat einer konkreten Geschichte oder Augenblickserfindung; Bezugnahme auf allgemeine Mythos-Konstellationen oder auf die Ilias? Vor diesem Hintergrund ist zu untersuchen, welche Funktion das Lied im Kontext des ϑ erfüllt.

Betrachten wir zunächst die methodischen Prämissen für die These der ‚Augenblickserfindung'! Marg (21) hebt hervor, daß das Lied so kurz referiert sei, meint aber, „es ist nicht epischer Stil, in einem Referat so sprunghaft auszuwählen, daß es in sich nicht recht verständlich scheint", und schließt daraus, daß gar kein Referat vorliege; die als Quelle vorgeschlagene Episode der Kyprien sei vielmehr aus der Anregung des ϑ abgeleitet, wie das der Art der kyklischen Epiker entspreche. Dagegen wurde eingewendet, daß gerade der Charakter der Vagheit des Referats dafür spreche, „daß es ein Referat aus einem Lied ist, dessen Kenntnis der Odysseedichter bei seinen Hörern voraussetzen konnte" (Mähler 1963, 27 Anm. 1), und daß die scheinbaren Anregungen durch Ilias und Odyssee im Kyklos gerade das umgekehrte Verhältnis widerspiegelten (Kullmann 1960, 272 Anm. 2). Diese Auffassung wird durch unsere bisherigen Beobachtungen bestätigt: Je fragmentarischer das Referat einer mythologischen Gegebenheit ist, umso eher ist deren Kenntnis beim Hörer vorausgesetzt; allerdings hat das Auslassen von Details oft die Funktion, von der Tradition vorgegebene Aspekte des referierten Mythos auszuklammern, eventuell auch durch andere zu ersetzen. Die Aufgabe, den sonst nicht belegten referierten Mythos zu rekonstruieren, ist also sicherlich nicht leicht.

Die Geschichte, aus der Demodokos sein Lied schöpft, wird vom Erzähler gleich zu Beginn ausdrücklich als allgemein bekannt (und zwar τότε, d.h. innerhalb der Handlung) bezeichnet. Das erinnert an ähnliche Aussagen zum ersten Lied des Phemios (dort aus der Figurenperspektive, vgl. zu α 351–2), aber auch zur Tat des Orestes (vgl. zu α 298–300), und erweckt schon dadurch den Eindruck, daß das Thema damit als traditionell bezeichnet ist. Die Angaben zum Streit zwischen Odysseus und Achilleus sind auf das bloße Faktum beschränkt, die Angaben sind bewußt vage: Zeit- und Ortsangaben sind ersetzt durch das unverbindliche θεῶν ἐν δαιτὶ θαλείῃ, das zu jedem Kontext passen kann; die modale Banalität ἐκπάγλοις ἐπέεσσιν (vgl. γ 148 χαλεποῖσιν ... ἐπέεσσιν, auch dort zur Verdeckung des wahren Inhalts des Streits zwischen Agamemnon und Menelaos) steht anstelle konkreter Angaben über den Inhalt. Die nächste Angabe betrifft bereits Agamemnons Reaktion: Er freut sich, weil (bzw. darüber, daß) die Besten der Achaier streiten. Die Formulierung χαῖρε νόῳ ist singulär, und es bleibt offen, ob damit ausdrücklich Agamemnons innere, d.h. geheime Freude bezeichnet ist (vergleichbar einem κεῦθε νόῳ); in diesem Fall wäre das ein Hinweis darauf, daß die Freude des Agamemnon bei ausführlicher Darlegung der Geschichte nicht in dieser Form erzählt werden konnte: Der Rückgriff des Haupt-Erzählers auf die Vorgeschichte wäre ein Verstoß gegen das ‚Zielinskische Gesetz'. Zu erwarten wäre nach der Erzähltypik an dieser Stelle der Geschichte ein Verweis des Erzählers auf die Erfüllung des (bereits erzählten) Orakels, wobei der Zusammenhang auf der Figurenebene noch unklar bleiben könnte, oder ein expliziter Hinweis in einer Figurenrede (so wie Kalchas im B die Geschehnisse ausdrücklich als Erfüllung des Spatzen-Omens in Aulis bezeichnet). Das hieße also, daß Agamemnons Freude im Referat die Stelle von etwas anderem eingenommen hätte. Daß die Besten der Achaier streiten, wird als Inhalt und Erfüllung des delphischen Orakels bezeichnet; die Fortsetzung „denn damals war es ja, daß sich der Beginn des Leidens heranwälzte für Troer und Danaer" läßt offen, worauf dieser Gedanken bezogen ist: auf den Zeitpunkt des Orakels oder auf den Zeitpunkt des Streits. Fast alle Interpreten ziehen die zweite Möglichkeit vor; damit wird „der Beginn des Leidens" zum Inhalt des Orakels, das dann so rekonstruiert werden muß: „Wenn die Besten der Achaier streiten, dann kann Troia erobert werden / dann ist der Fall Troias nahe".

Zwischen dem Wortlaut des so rekonstruierten Orakels und der Formulierung des Referats bleibt dabei eine Diskrepanz, die am plausibelsten durch den Sprung in der Erzählperspektive erklärt werden kann: Der Erzähler gibt zunächst als Grund für Agamemnons Freude nur den Auslöser an (Streit der Besten der Achaier); als Begründung für diese Kombination (Streit – Freude) erfolgt ein Sprung zurück, zum Zeitpunkt der Erstellung des Orakels. Mit ὡς γάρ wird der Streit also als Einlösung des Orakels bezeichnet, doch fehlt noch immer der volle Wortlaut des Orakels, aus dem erst hervorginge, warum der Streit für Agamemnon Grund zur Freude sein soll. Dieser Wortlaut wird aber nicht gegeben, sondern der Erzähler springt in der Zeit wieder vorwärts, zum Zeitpunkt des Streits, und bezeichnet auktorial den bislang noch nicht genannten Teil des Orakels als zu diesem Zeitpunkt eingelöst: τότε γάρ ῥα κυλίνδετο πήματος ἀρχή. Dieser letzte Satz ist also Kommentar des Erzählers, der ausdrücklich darauf verweist, daß die dem Streit folgenden Ereignisse diesen tatsächlich als Einlösung des Orakels erwiesen haben, wenn auch die Formulierung πήματος ἀρχή in diesem Zusammenhang wegen ihrer Vagheit auffällt.

Aus dieser Deutung folgt, daß die schon in der Antike ventilierte Theorie des ‚mißverstandenen Orakels' (vgl. zuletzt Marg) nicht haltbar ist. Nach dieser These hätte Agamemnon den Streit als Einlösung des Orakels mißverstanden, während Apollon sich auf den in der Ilias dargestellten Streit zwischen Achilleus und Agamemnon bezogen hätte (Schol. HQ zu ϑ 77: … χρησμὸν δεδόσθαι τῷ ᾽Αγαμέμνονι, κατὰ τὴν τῶν ἀριστέων διαφορὰν αἱρήσειν τὴν ᾽Ίλιον, τὴν ᾽Αχιλλέως μῆνιν αἰνιττόμενον· τὸν δὲ ᾽Αγαμέμνονα οἰηθέντα τῶν ἀριστέων τούτων εἶναι τὴν διαφοράν, ἣν ὁ χρησμὸς εἴρηκε, χαίρειν ἀγνοοῦντα, ὅτι τῶν κακῶν ἔτι συνέβαινεν ἀρχὴν εἶναι). Der Wortlaut des Referats spricht aber gegen diese Erklärung: Der mit τότε γάρ ῥα beginnende Satz läßt sich nur als Aussage des Erzählers, nicht als Meinung des Agamemnon oder als Referat des Wortlauts des Orakels auffassen und schon gar nicht als ironische Festellung des Erzählers, daß das Orakel mit dem Streit eben n i c h t eingelöst sei. Nun ist zweifellos richtig, daß die Ilias die durch den Streit mit Agamemnon verursachte μῆνις Achills nicht nur unmittelbar als Ursache für die ἄλγεα der Griechen, sondern mittelbar auch als Auslöser für die letzte intensive Kampfphase (nach neunjährigem Abtasten und Ausweichen auf Nebenschauplätze) darstellt, die erst den Tod Hektors und dadurch den Fall Troias (d.h. die Erfüllung der Διὸς βουλή, A 5) ermöglicht. Der mit τότε γάρ ῥα beginnende Satz klingt nun wie ein Gegenentwurf zu diesem Ilias-Konzept: Die Einleitung mit τότε γάρ ῥα hat möglicherweise einen polemischen Unterton („Denn es war ja damals — und nicht, wie behauptet wurde …"). κυλίνδετο πήματος ἀρχή bezeichnet auffallend vage den Beginn des Leidens und nicht etwa den konkreten Auslöser für den Fall Troias und schließt sich damit, wie es scheint, der weit ausgreifenden Perspektive der Ilias an; auch dort ist der Streit ja erst in sehr abgeleiteter Konsequenz Ursache für den Fall Troias. Die vom Orakel implizierten Leiden betreffen Griechen u n d Trojaner, so wie die durch Achills μῆνις verursachten Leiden; aus dieser Parallele geht hervor, daß die Angabe nicht dazu benützt werden kann, den Streit zwischen Odysseus und Achilleus innerhalb des Troia-Mythos chronologisch festzulegen: sie kann ebensogut auf den Anfang des Krieges wie (analog zur Ilias) auf den Beginn der Endphase des Krieges zutreffen; die Entscheidung darüber muß aus anderen Argumenten gewonnen werden. Die abschließende Formulie-

rung Διὸς μεγάλου διὰ βουλάς bezeichnet endlich, wie Διὸς δ' ἐτελείετο βουλή (A 5), die beschriebenen Ereignisse als T e i l der umfassenden Planung
des Zeus, die den Ablauf des gesamten Trojanischen Krieges betrifft.

Was ergibt sich daraus? Ich habe das Referat bis jetzt aus sich selbst
erklärt, ohne ein mögliches Vorwissen der Hörer zu berücksichtigen, und
nur jene Assoziationen einbezogen, die sich für u n s aufgrund der An-
klänge an die Konstellation der Ilias ergeben. Damit habe ich die Position
Margs nachgezeichnet, bin aber bereits zu deutlich anderen Ergebnissen
gelangt, die etwa der Position von Clay entsprechen: Wenn man das erste
Demodokos-Lied auf die Ilias bezieht, kann man es nur als Gegenentwurf,
der die Ilias ersetzen will, verstehen. Dabei stellt sich die Frage, ob dieses
Ersetzen überhaupt einen Sinn hätte: Ein Streit würde durch einen anderen
Streit ersetzt, die Konsequenzen daraus würden die alten bleiben; worin
läge die poetische Bedeutung? Eine solche ergäbe sich nur, wenn die ‚neue‘
Version in der Konzeption der Odyssee begründet wäre, wenn also der
Streit zwischen Odysseus und Achilleus einen für die Odyssee besser ge-
eigneten Auslöser für die Vollendung des Trojanischen Krieges böte.

Wir kommen damit zur Frage nach dem Inhalt des Streits zwischen
Odysseus und Achilleus. Das Referat des Liedes gibt diesbezüglich keinen
Aufschluß; auch aus der Ilias läßt sich für den vom Referat bezeichneten
konkreten Streitfall nichts gewinnen. Somit stehen wir vor folgender Alternative: Entweder der Hörer der Odyssee kannte aus der Tradition keinen
Streit zwischen Odysseus und Achilleus; dann war er, was dessen Inhalt
betrifft, auf Mutmaßungen angewiesen, mußte die Vagheit des Referats
aber als Aufforderung betrachten, diesen Inhalt als für die Aussage des De-
modokos-Liedes unerheblich zu erachten; dann konnte er in dem (möglichen) Ersetzen der Ilias-Konzeption aber auch keinen tieferen Sinn erkennen als vielleicht den, daß in der Version der Odyssee auch Odysseus eine
Rolle zufällt. Oder aber der Hörer kannte eine prominente (ϑ 74!) Geschichte von einem Streit zwischen Odysseus und Achilleus; dann erinnerte er
sich natürlich an den Gegenstand des Streits und bezog ihn in die Konstruktion der Aussage des Liedes mit ein.

Daß es nun eine solche Geschichte gegeben hat, wird von zwei Seiten
nahegelegt. Zum einen berichten die Scholien von einem Streit darüber, ob
Troia durch Tapferkeit oder List (wobei die Termini schwanken) erobert
werden solle, und legen diesen Streit auf einen Zeitpunkt μετὰ τὴν Ἕκτο-
ρος ἀναίρεσιν fest; diese Zeitangabe erweckt innerhalb der Formulierung
der Scholien zwar den Eindruck eines sekundären Zusatzes (vgl. Schrader
zu Porph. ad Od. ϑ 78), doch könnte auch der Zusatz alte Informationen
enthalten. Zum anderen konnte Nagy (1979, 15–65) eindrucksvoll zeigen,
daß der Konflikt zwischen Achilleus und Odysseus, der auf dem Gegensatz
zwischen βίη und μῆτις beruht, schon in der Ilias vorausgesetzt und nicht

erst von ihr konstruiert ist. Ohne den weiteren Folgerungen von Nagy nachzugehen, kann gesagt werden, daß die Kombination dieser beiden Informationen nur dann einen Sinn ergibt, wenn die Tradition eine oder mehrere Geschichten enthielt, in denen der Wesenskonflikt zwischen Odysseus und Achilleus als konkreter Streit ausgetragen wurde. Diese Vermutung kann selbst für den Fall aufrechterhalten werden, daß die Urheber des Scholions keine authentische Information mehr zur Verfügung hatten und die Umstände des Streits nur aus den Hinweisen der Tradition rekonstruierten: Wir hätten damit immerhin einen Hinweis darauf, wie stark die Tradition diesen Konflikt reflektierte. Ich halte es für möglich, daß die zitierte Geschichte tatsächlich nach Hektors Tod, oder jedenfalls in der Endphase des Krieges spielte; vielleicht stand die ursprüngliche Erzählung, die noch vor unserer Ilias entstanden war, in keinem dezidiert chronologischen Verhältnis zur Iliashandlung, bezog sich jedoch auf die Ereignisse, die zum Tod Achills führten; wir hätten damit im weitesten Sinn den Kontext einer ‚Achilleis'. Das ergäbe aber eine Handlungssituation, die dem Beginn der Ilias funktional parallel liefe; der Streit stünde knapp vor den Ereignissen, die zum Tod Achills führen und damit zu jener Phase des Krieges überleiten, in denen die μῆτις und damit die Rolle des Odysseus immer mehr Bedeutung erhält (vgl. zu γ 108–12); die Bezeichnung πήματος ἀρχή wäre gerechtfertigt, weil erst die Endphase des Krieges zu großen Verlusten auf beiden Seiten, und letztlich zur Endschlacht in Troia führt.

Damit wird Von der Mühlls These, wonach der Streit des ϑ mit der Episode der Kyprien zu identifizieren wäre, unwahrscheinlich: In dieser gab es auf der Anreise nach Troia auf Tenedos eine Auseinandersetzung zwischen Achilleus und Agamemnon (§ 34 Kullmann: καὶ 'Αχιλλεὺς ὕστερον κληθεὶς διαφέρεται πρὸς 'Αγαμέμνονα); Fragmente aus den Σύνδειπνοι des Sophokles zeigen eine Beteiligung des Odysseus daran. Diese Episode ist nun kein besserer Kandidat für die ‚Vorlage' des Demodoksliedes als jeder andere Streit unter den Griechen vor Troia, da die Beteiligung des Odysseus bei Sophokles kein Zeugnis für die der Odyssee vorliegende Version abgibt. Geht man aber davon aus, daß der Streit zwischen Odysseus und Achilleus die Einlösung des Orakels bedeutet (und es sich nicht um ein ‚mißverstandenes Orakel' handelt), so erscheint ein Termin gegen Ende des Krieges weitaus sinnvoller: Ein Orakel ist als poetisches Motiv nur dann fruchtbar, wenn seine Einlösung Schwierigkeiten macht. Diese können darin bestehen, daß die Erfüllung die Betroffenen mit unerwarteten Herausforderungen konfrontiert (der Aiakide, der für die Eroberung Troias nötig ist, entpuppt sich nach Achills Tod als sein Sohn Neoptolemos, vgl. zu δ 3–14; der Bogen des Herakles befindet sich in der Hand des ausgesetzten Philoktet), aber auch darin, daß das Orakel mißverstanden wird. Solche Mißverständnisse basieren allerdings in der Regel nicht darauf, daß eine falsche, aber inhaltlich gleichwertige Begebenheit als Einlösung des Spruches verstanden wird, sondern daß der Wortlaut des Orakels auf eine i n - h a l t l i c h falsche Begebenheit bezogen wird. Eine solche Deutung scheint nun in einer Formulierung der Scholien durchzuschimmern (Schol. E zu ϑ 80): ἀπεβίβασε δὲ ὁ Ἀπόλλων τῷ Ἀγαμέμνονι μὴ κρατηθῆναι τὴν Τροίαν πρὶν οἱ ἄριστοι τῶν Ἑλλήνων μάχην ποιήσουσιν. ὅπερ καὶ γέγονεν. εἶτα συνεκροτή- θη ὁ πόλεμος. In dieser Formulierung könnte der Wortlaut des Orakels widergespiegelt sein: Wichtig ist die Wendung μάχην ποιήσουσιν, im Gegensatz zu den sonst in den Scholien verwendeten Begriffen φιλονεικήσουσιν, στασιάσωσι, διαφοράν; das im πρίν-Satz auffällige Futurum ποιήσουσιν könnte eine parataktische Fügung im Orakelstil widerspiegeln: „... die Besten der Achaier werden kämpfen, und dann wird Troia fallen". Danach könnte die Formulierung μάχην ποιήσουσιν zur Deutung geführt haben, daß nach dem Orakel die Besten der Achaier sich am Kampf gegen die Troer beteiligen müßten, was dazu geführt hätte, daß Agamemnon den Spruch entweder mit dem Beginn der Kämpfe für erfüllt gehalten hätte (der Wortlaut des Scholions dürfte sogar noch diese falsche Auslegung transportieren: ὅπερ καὶ γέγονεν. εἶτα συνεκροτήθη ὁ πόλεμος), oder permanent gesucht hätte, welcher von den Besten der Achaier nicht am Feldzug teilnähme. Erst der Streit zwischen Odysseus und Achilleus hätte ihm dann die richtige Auslegung ermöglicht: Gemeint sei der Kampf der Besten der Achaier, aber nicht mit Waffen, sondern mit Worten, und nicht gegen die Troer, sondern gegeneinander. Wir hätten damit ein im Sinne eines poetischen Motivs stimmiges Orakel, das auch jene Grundvoraussetzung erfüllt, die bei der Annahme einer Erfüllung des Spruchs auf Tenedos offensichtlich fehlt: Daß ein Orakel, das sich auf den Ausgang des Krieges bezieht, bereits vor Beginn der zehnjährigen Kämpfe sich erfüllt, befriedigt nicht.

Bei dem bis jetzt Vorgebrachten handelt es sich um eine mögliche Rekonstruktion jener Geschichte, die dem Referat des Demodoksliedes zugrundelag und deren Kenntnis für das Verständnis des Referats vorausgesetzt sein mußte. Dabei bleiben Unsicherheiten bestehen. Wir können noch immer nicht erkennen, welchen Sitz diese Geschichte im größeren Kontext des Troiamythos hatte, ob es sich also um eine isolierte Episode handelte, die nur um der Pointe des mißverstandenen Orakels willen erfunden wurde, oder ob es nicht vielmehr die Einleitung zu einem größeren Erzählzusammenhang war, der den im Streit zwischen Odysseus und Achilleus nur verbal formulierten Gegensatz in Aktion umsetzte: Achilleus zeigte seine ἀνδρεία, kam aber beim Sturm auf Troia ums Leben; Odysseus wendete σύνεσις an und hatte mit der List des Hölzernen Pferdes Erfolg. Ob es solche Versionen, die die Ereignisse vom Tod Achills bis zum Fall Troias zu einer Einheit zusammenfaßten, gegeben hat, muß dahingestellt bleiben; wenn ja, dann hatten sie vielleicht etwas vom Charakter des Episodischen an sich, der in den nachhomerischen kyklischen Epen ja noch viel stärker ins Auge sticht. Vielleicht handelte es sich aber gerade bei der Episode vom Streit zwischen Odysseus und Achilleus um den Versuch, die Ereignisse, die zum Fall Troias führen, stärker zu einer thematischen Einheit zusammenzubinden, nämlich sie unter den Aspekt des Gegensatzes zwischen Mut und List zu stellen. Mit solchen Mutmaßungen befinden wir uns aber tief im Bereich des Spekulativen. Immerhin soll festgehalten werden, daß wir keinen Beweis für die Annahme haben, daß die kyklischen Epen schon vor der Fixierung von Ilias und Odyssee in Form jener Einheiten vorgetragen wurden, die sie dann in den schriftlichen Versionen erhielten. Es mußte also möglich sein, innerhalb des vorgegebenen Rahmens (der mythologischen ‚Fakten') die Liedeinheiten beliebig festzusetzen. Innerhalb einer solchen — ambitionierten — Liedeinheit vom Fall Troias konnte auch die Episode vom Streit zwischen Odysseus und Achilleus ihren Platz haben.

Es bleibt nun zu fragen, welche Funktion die Auswahl der aus dieser Geschichte im Referat des Demodokosliedes zitierten Angaben im Kontext der Odyssee hat. Dabei fallen vor allem zwei Dinge auf. Am markantesten ist natürlich, daß bei der Erwähnung des Streits kein Wort über seinen Grund oder Inhalt fällt. Das Motiv des Gegensatzes zwischen βίη und μῆτις ist nicht beim Namen genannt, was darauf hinweist, daß seine Bedeutung im Referat als im Vergleich zur vorausgesetzten Geschichte verringert markiert ist. Auffällig ist aber auch, daß das Faktum der Erfüllung des Orakels selbst dadurch, daß der kommentierende Erzähler es als πήματος ἀρχή bezeichnet und daneben auch auf die Leiden des Krieges und den Plan des Zeus verweist, eher als Nebeneffekt des Streits bezeichnet wird. Beides hat damit zu tun, daß für den Erzählkontext des ϑ die Akzente gegenüber der ‚Geschichte' verschoben sind. Das Herunterspielen des Gegensatzes zwischen Odysseus und Achilleus paßt gut zu einer generellen Tendenz der Odyssee: Odysseus soll nicht auf die traditionellen Charakterzüge des δόλος festgelegt werden, sondern als kompletter Held konstituiert werden. Auch seine Rolle bei der Eroberung Troias ist daher nicht auf die List des Hölzernen Pferdes beschränkt: Hervorgehoben werden seine Führerrolle und seine Geistesgegenwart, damit aber auch sein Mut im Bauch des Pferdes; vor allem erhält er aber im dritten Demodokoslied ausdrücklich die Rolle eines aktiven, erfolgreichen Kämpfers bei der Endschlacht um Troia zugeschrieben. Daß der Gegensatz zwischen Odysseus und Achilleus bei der Nennung des Streits nicht erwähnt wird, hat seinen Sinn also darin, daß Odysseus nicht auf den δολόμητις reduziert sein soll.

Mit der Hervorhebung der πήματος ἀρχή und dem Verweis auf die Leiden beider Seiten wird aber die Bedeutung des Orakelspruchs reduziert: Worauf es aus der Sicht der Odyssee beim Streit zwischen Odysseus und Achilleus ankam, war nicht, daß damit das Schicksal Troias besiegelt wurde, sondern daß damit jene Phase des Krieges anfing, die erst die volle Bezeichnung „Krieg" verdiente, die zu schweren Verlusten auf beiden Seiten führte und die erst die Umsetzung der Pläne des Zeus (die wegen der Verletzung des Gastrechts durch Paris auf die Zerstörung Troias zielen mußten) mit all ihren Konsequenzen enthielt. Das Referat hebt also hervor, daß der Streit den Beginn des ‚eigentlichen' Krieges markiert, und insofern ist jenen Interpreten rechtzugeben, die den Duktus vom ersten zum dritten Demodokoslied so verstanden haben: Demodokos singt vom Anfang und vom Ende des Trojanischen Krieges. Doch der Anfang ist nur sosehr ‚Anfang', wie das Ende der Ilias das ‚Ende' des Trojanischen Krieges darstellt, und der Duktus ist vielleicht noch stärker akzentuiert: Demodokos singt nicht zwei unabhängige Lieder, deren Zusammenhang nur auf der Erzählebene besteht, sondern Anfang und Ende eines einzigen möglichen Epos, unterbrochen durch das Weinen des Odysseus und von diesem dann aufgefordert, vom Anfang gleich zum Ende überzuspringen (vgl. zu ϑ 492).

Das erste Demodokoslied läßt sich somit aufgrund jener Referattechnik erklären, die sich in der Odyssee schon mehrfach feststellen ließ: Dort, wo das Referat stark verkürzt, ist eine bekannte Geschichte vorausgesetzt; doch das Abkürzen bzw. Weglassen im Referat hat Funktion, indem es die Akzente verschiebt oder neue Aspekte einführt. Gegenüber einer rekonstruierten Geschichte, in der der Wesensunterschied zwischen Odysseus und Achilleus und die Erfüllung des Orakelspruchs im Vordergrund steht, hebt das Referat hervor, daß der Streit den Beginn eines größeren Erzählkontextes markiert, in dem es nicht so sehr um die βίη des Achill und die μῆτις des Odysseus, sondern um die Darstellung der durch den Krieg hervorgerufenen Leiden auf beiden Seiten gehen wird. Die Leiden sind es auch, deren Erinnerung das Weinen des Odysseus auslöst: Das erste und das dritte Demodokoslied spiegeln die tragische Weltsicht wieder, die für uns ein individueller Charakterzug der Ilias ist, die aber tief im (nicht nur) griechischen Heldenbild verankert ist und wohl auch in anderen Darstellungen des Trojanischen Krieges zum Ausdruck kam.

ϑ 87–92 Demodokos setzt mehrmals mit seinem Lied ab und wieder an; nach der Darstellung des Erzählers handelt es sich also nicht um ein kurzes Lied. Daraus folgt, daß das Lied des Demodokos kaum nur die Episode des Streits selbst umfassen soll: Selbst im ausführlichen Stil der Ilias bedarf der Streit zwischen Achilleus und Agamemnon nur etwa einer halben Stunde Vortragszeit (A 53–305). Das könnte ein Hinweis darauf sein, daß die πήματος ἀρχή als im Lied des Demodokos dargestellt, also die Folgen des Streits als beschrieben gedacht sind. Auch das deutet darauf hin, daß in der hier nur zitierten Geschichte der Streit zwischen Odysseus und Achilleus den Anfang eines größeren Erzählkontextes bildete, das tatsächlich ein „Lied, dessen Ruhm damals zum weiten Himmel gelangte", darstellte.

ϑ 98–9   Obwohl das nicht ausdrücklich formuliert ist, läßt die Darstellung keinen Zweifel daran, daß Alkinoos das Lied des Demodokos vorzeitig abbricht; auch dies ein Anzeichen dafür, daß das lange Lied nach der Darstellung des Erzählers nicht nur eine isolierte Episode enthalten soll.

ϑ 147–64   Die Aussagen des Laodamas und des Euryalos stellen konträre Lebensweisen vor, die beide verkürzt erscheinen: Das Lob des Helden, der alles „mit Händen und Füßen erreicht", steht in Gegensatz zu dem in der Ilias wiederholt formulierten Ideal, wie etwa μύθων τε ῥητῆρ' ἔμεναι πρηκτῆρά τε ἔργων (I 443), und könnte geradezu als die ironische Einblendung einer post-heroischen Adels-Sport-Gesinnung aufgefaßt werden, paßt damit allerdings gut zur Darstellung der Phaiaken. Die verächtliche Beschreibung des gewinnsüchtigen Kaufmanns trifft sich mit ähnlichen Aussagen in der Odyssee, doch ist hier daran zu erinnern, daß Odysseus in seinen Trugerzählungen behauptet, Odysseus zögere seine Heimkehr hinaus, um weitere Schätze zu sammeln (vgl. zu τ 282–6). Die Kritik des Euryalos könnte sich also auf ein in der Tradition verankertes Odysseus-Bild beziehen, wonach seine Irrfahrten durch Neugier und Gewinnsucht bestimmt waren. Damit sind einander zwei Extreme gegenübergestellt, das eines auf Körperkraft reduzierten ‚Achilleus' oder ‚Herakles', und das eines negativ gefärbten Odysseus; gegen beide Bilder wird sich der Odysseus unserer Odyssee abheben, indem er ihre positiven Kehrseiten miteinander vereint.

ϑ 215–28   Die Angaben zur Bogenkunst des Odysseus zielen auf eine einheitliche Aussage ab. Odysseus erwähnt zunächst den Kampf vor Troia und definiert die Funktion, die der Bogenkampf darin gespielt hat; dem stellt er dann die vortrojanischen Bogenschützen Herakles und Eurytos gegenüber. Die Angaben beziehen sich also aufeinander und dürfen nicht isoliert betrachtet werden. Diese Beziehung wird auch durch die Verbindung zwischen Philoktet, dem besten Bogenschützen vor Troia, und Herakles, dem größten Helden der Vorzeit, suggeriert (vgl. Clay 1983, 92f.): Philoktets Bogen stammt von Herakles; die Geschichte, daß Troia nur mit Hilfe des Bogens des Herakles eingenommen werden konnte, so daß Philoktet von Lemnos eingeholt werden mußte, ist schon in der Ilias vorausgesetzt (B 722–5); auch für die Odyssee kann man davon ausgehen, daß als entscheidende Funktion des Philoktet im Troiamythos die Tötung des Paris galt. Da der Erzähler an anderer Stelle (φ 13–41) Odysseus den Bogen des Eurytos besitzen läßt, scheint die gemeinsame Erwähnung von Philoktet und Herakles auch hier dieses ‚genealogische' Verhältnis zwischen den Bogenschützen-Generationen hervorzuheben.

Was nun die Angaben zum Bogenkampf vor Troia betrifft, so scheinen sie in offenem Widerspruch zu dem in der Ilias Beschriebenen zu stehen:

Dort ist der Bogen eher die Waffe von Außenseitern, oft etwas Verächtliches (Paris, Pandaros; vgl. Dirlmeier 1966, 8f.); und Odysseus selbst kämpft nicht mit dem Bogen, sondern mit der üblichen schweren Rüstung (z.B. in seiner Kurz-Aristie, Λ 401–488, wo er zuerst sechs Troer im Nahkampf tötet und dann, verwundet, mit dem Speer die Angreifer abwehrt). Im ϑ ist hingegen hervorgehoben, daß Odysseus im regulären Kampf gegen die Troer, und zwar im Rahmen einer Bogentruppe, mit dem Bogen schießt: Er rühmt sich, er würde als erster einen Feind treffen, auch wenn viele Gefährten nahe bei ihm stehen und schießen sollten (auch die Ilias kennt diese Taktik, hat sie aber an den Rand gedrängt: vgl. N 712–722, wo die bogenschießenden Lokrer von ihrem πρόμαχος Aias differenziert werden). Und auch die Bogenkunst des Philoktet ist im Rahmen dieser Kampftechnik zu sehen: „Als einziger allerdings übertraf mich Philoktet mit dem Bogen, wann wir Achaier mit dem Bogen kämpften". Die Odyssee postuliert also den Bogen als heroische Waffe vor Troia (und stellt sich damit f ü r u n s in Gegensatz zur Ilias), wobei der iterative Temporalsatz ὅτε τοξαζοίμεϑ' Ἀχαιοί einräumt, daß es sich um eine fakultative Kampftechnik gehandelt habe.

Den Gegensatz zu dieser heroischen Technik liefern die Helden der Vorzeit Eurytos und Herakles: Mit ihnen will sich Odysseus nicht vergleichen, da sie sich ja sogar mit den Göttern gemessen und, zumindest im Fall des Eurytos, dafür gebüßt hätten. Der Sinn der Aussage liegt auf der Hand: Die Verwendungsweise des Bogens durch die früheren Helden erscheint als negatives Gegenbild zum positiven Gebrauch des Bogens durch die Troiakämpfer (vgl. zu π 281–98). Dabei mag, auch wenn das nicht ausgesprochen ist, eine Rolle spielen, daß die beiden genannten Helden den Bogen nicht im regulären heroischen Kampf verwendeten; zumindest für Herakles weiß man, daß er bevorzugt als Einzelkämpfer auftritt, was impliziert, daß seine Pfeile (auch) als List, für den Gegner unerwartet, fliegen, und für ihn hat man auch Nachricht über die Verwendung von Giftpfeilen. Doch davon ist hier eben nicht die Rede; der Gegensatz zu den Troiakämpfern ist hier ganz auf das Frevelhafte der Herausforderung der Götter konzentriert, alles andere bleibt hingegen, wie wir es bei Mythos-Zitaten gewohnt sind, im Hintergrund. Damit stellt sich die Frage nach den mit dem Zitat gemeinten Geschichten. Dabei fällt sofort auf, daß die Geschichte über Herakles und jene über Eurytos für den Kontext der Odyssee offensichtlich nicht den gleichen Aussagewert haben. Beide Helden werden zwar zunächst gemeinsam genannt, und zwar als die besten Bogenschützen der Vorzeit; von beiden wird auch gesagt, daß sie „mit den Unsterblichen stritten um die Bogen(kunst)". Für Herakles wird dies aber nicht weiter ausgeführt; die Ausführung des allgemeinen Gedankens erfolgt allein für Eurytos, der Apollon zum Bogenkampf herausforderte und von diesem getötet wurde. Es liegt nahe, aus dieser Darstellung zu folgern, daß es von Herakles keine analoge Geschichte zu erzählen gab. Deshalb scheint es plausibel, daß der Odysseedichter sich hier auf Fakten des Mythos bezieht, die nur in einem weiteren Sinn einen „Wettstreit mit den Göttern um die Bogen(kunst)" enthielten. Man wird hier an Episoden wie die Teilnahme an der Gigantomachie oder den Streit mit Apollon in Delphi denken; ähnliches ist auch in der Ilias erwähnt: Herakles schießt auf Hera sowie Hades (E 392–401; die dort an den Bericht angeknüpfte Verwünschung des Herakles durch Dione zeigt, daß der Mythos sichtlich von keinen Sanktionen der Götter gegen Herakles wußte). Mit der kumulativen Ausdrucksweise spielt die Odyssee also wohl darüber hinweg, daß es gar keine Geschichte gab, in der Herakles Götter zum Wettkampf mit dem Bogen aufforderte.

Anders bei Eurytos: Für ihn wird als konkretes Ereignis mit präzisen Angaben berichtet, daß er Apollon zum Bogenkampf herausgefordert und Apollon ihn deshalb erzürnt getötet habe. Diese Angabe steht in Widerspruch zu anderen uns kenntlichen Versionen vom Tod des Eurytos (vgl. Burkert 1972), und spätere Berichte über den Konflikt zwischen Eurytos und Apollon (A.R. 1, 88f.; Hyg. 14, 8) fügen der Odysseestelle keine authentischen Informationen hinzu. Mit der gemeinsamen Nennung von Herakles und Eurytos scheint sich der Odysseedichter geradezu in Gegensatz zu einer geläufigen Version zu setzen, die vom Tod des Eurytos durch Herakles bei der Erstürmung von Oichalia berichtete. Auch die Version vom Tod des Eurytos-Sohnes Iphitos durch Herakles (vgl. zu φ 13–41) scheint die Geschichte vom Konflikt zwischen Eurytos und Herakles um Iole regelrecht auszublenden; doch darf man daraus natürlich nicht schließen, daß der Odysseedichter diesen Mythos nicht kannte. Für den Kontext des ϑ scheint klar, daß das Motiv des Bogenwettkampfs zwischen Herakles und Eurytos stören würde, da es in Konkurrenz zum Motiv der Herausforderung der Götter träte. Die Funktion der Erwähnung der beiden Helden liegt aber in genau diesem Wesenszug, von dem hier nicht abgelenkt werden soll.

ϑ 242–3 Wenn Alkinoos von Kindern des Odysseus im Plural spricht, so ist damit das traditionelle Odysseus-Bild zugunsten der Figurenperspektive pointiert mißachtet. Dieser Vorgang ist nicht selbstverständlich, da ‚naive' Erzähler eher dazu neigen, den Figuren das Wissen des Erzählers zu unterstellen (vgl Kakridis 1982). Die falsche Vermutung erinnert daran, daß Alkinoos über die Identität des Odysseus noch immer nicht Bescheid weiß.

ϑ 266–366 Das Lied von Ares und Aphrodite soll hier nur unter dem Gesichtspunkt betrachtet werden, inwiefern es sich dabei um die Wiedergabe eines dem Hörer bekannten Mythos oder um eine Neuschöpfung handelt. Was in dieser Frage die außerhomerischen Quellen betrifft, scheint es kaum möglich, über das bei Burkert (1960) Referierte hinauszukommen: Die Verbindung von Ares und Aphrodite dürfte alt sein; von einer Ehe zwischen

Aphrodite und Hephaistos gibt es hingegen sonst kaum Spuren. Daß die göttliche Ehebruchsgeschichte sowohl zum unmittelbaren Kontext des ϑ als auch zur weiteren Thematik der Odyssee bestens paßt, haben neuere Arbeiten gezeigt (Braswell 1982; Newton 1987; Pötscher 1990; Lowenstam 1993, 224–6; Garvie zu ϑ 266–369). Damit scheint gesichert, daß der Dichter zumindest Personenkonstellation und -charakteristik der Episode für seine Zwecke entworfen und nicht unverändert aus einer ‚Quelle' übernommen hat. Über das Ausmaß der Neuerungen ist damit jedoch nicht entschieden.

Weiterhelfen kann hier die Frage, inwiefern das Lied die Ilias voraussetzt bzw. ihre Motivik und Vorstellungen übernimmt und zitiert. Hier hat Burkert nachzuweisen gesucht, daß das Demodokoslied „die wichtigsten Götterszenen der Ilias gleichzeitig zusammenfaßt und verwandelt" (1960, 143). Er stützt sich dabei auf wörtliche Entsprechungen und auf die übereinstimmende Charakterisierung der einzelnen Götter, wobei er die Szenen im A (mit dem Gelächter der Götter über Hephaistos), im Ξ (mit Heras Liebestrug an Zeus) und im Φ (mit der Gegenüberstellung von Poseidon und Hermes) hervorhebt. Aber die Beweiskraft der wörtlichen Übereinstimmungen ist dürftig (vgl. Usener 1990, 194; 198f.), und die motivische Priorität der Ilias scheint fraglich: In allen Fällen steht die Ilias-Stelle im Kontext einer subtilen, ins Psychologische gewendeten Darstellung, während die Odyssee das Motiv jeweils in konkrete Handlung umsetzt. In A 599 steht der berühmte Vers ἄσβεστος δ᾽ ἄρ᾽ ἐνῶρτο γέλως μακάρεσσι θεοῖσι nach zwei Reden des Hephaistos, die die Konstellation am Olymp nur suggerieren und mögliche Folgen nur andeuten, während dieser Vers in ϑ 326 die Reaktion der Götter auf das Ergebnis einer konkreten Aktion ist; im Ξ verführt Hera ihren eigenen Gatten so, als handelte es sich um Ehebruch, und ziert sich dann beim Gedanken an die Möglichkeit, beim Beischlaf erblickt zu werden, eine höchst abgeleitete Form der Grundmotive, während die dort nur vorgestellte Situation *in flagranti* im ϑ tatsächlich eintritt; auch der Charakter des ‚Schelms' Hermes und des ‚onkelhaften' Poseidon erscheint im Φ „in ganz feiner Weise ... sublimiert" (Burkert 139), wobei die subtile Gestaltung der Odyssee hier noch am ehesten der Ilias nahekommt.

Ein weiteres Detail könnte diese Argumentation stützen: Die Ilias sagt nichts von einer Ehe des Hephaistos mit Aphrodite, gibt ihm aber eine Charis zur Frau. Burkert selbst (133 Anm. 7) formuliert: „Ist sie für Aphrodite substituiert oder umgekehrt?" Will man nun von Substitution sprechen, so scheint der Weg von der Göttin selbst zu dem namenlosen Wesen plausibler als umgekehrt. Das spricht dafür, daß die Ilias eine Verbindung zwischen Aphrodite und Hephaistos kennt und voraussetzt, sie aber, da sie nicht in ihr Konzept paßt (die beiden sind Kriegsgegner!), durch die Einfügung des Aphrodite-Wesens Charis ersetzt. Nach diesen Überlegungen zeichnet sich für die Odyssee als möglicher Hintergrund ab, daß es Geschichten sowohl über eine Verbindung zwischen Aphrodite und Ares als auch zwischen Aphrodite und Hephaistos gab; inwiefern diese Konstellationen als Erzählungen mit konkreten Handlungen verfestigt waren, bleibt im Dunkel. Der Odysseedichter mag diese Anregungen übernommen und zu einer Geschichte ausgeformt haben, die den Konflikt der Anschauungen in Aktion umsetzte. Daß er bei der Ausgestaltung sich vor allem an der Thematik des engeren und weiteren Kontexts der Odyssee orientierte und nicht auf traditionelles Material zurückgriff, ist unbestreitbar.

ϑ 410–1 Der Wunsch des Euryalos, Odysseus möge in sein Vaterland gelangen und seine Gattin wiedersehen, vereinigt Figurenperspektive und das von der Tradition vorgegebene τέλος jeder Odyssee (vgl. zu ϑ 242–3).

ϑ 443–5 Aretes Aufforderung an Odysseus, die Kiste mit den Geschenken gut zu verschnüren, damit ihn nicht jemand auf der Reise schädige, wenn er schlafe, wurde als Zitat der Aiolos-Episode aufgefaßt; besonders in dem Zusatz αὖτε („wenn du w i e d e r schläfst") sah man ein Indiz dafür, daß die Rede der Arete ihren ‚ursprünglichen' Sitz nach den Apologen gehabt habe (vgl. Merry – Riddell; Ameis – Hentze im Anhang). αὖτε kann nun zweifellos auch abgeschwächte Kraft haben (vgl. Garvie zu ϑ 444), doch ändert das nichts daran, daß schon die Befürchtung der Königin an sich merkwürdig anmutet: Warum sollten die Phaiaken, die πομπῆες *par excellence*, ihren ξένος bestehlen? Auch daß Odysseus sich durch einen Knoten absichert, den er von einer Zauberin gelernt hat, also durch ein übermenschliches Mittel, hebt die Gefahr noch hervor. Die Alternative muß also lauten: Entweder der Hörer kannte die Aiolos-Episode nicht; dann konnte er die seltsame Warnung der Arete und das wundersame Abwehrmittel des Odysseus höchstens als Signal in Richtung der „unfriendly Phaeacians" auffassen. Oder aber er kannte die Aiolos-Geschichte; dann konnte er diese Szene nur als Zitat davon verstehen, wobei er aufgrund der ambivalenten Bedeutung von αὖτε das Wissen um die Geschichte nicht der Figur Arete zuschreiben mußte, sondern als Querverweis des Erzählers fassen konnte. Die Erwähnung der Kirke wenige Verse später, wenn auch aus der Perspektive des Erzählers, mußte den Hörer in seiner Auffassung der Szene als Zitat der Aiolos-Episode bestätigen. Ich halte es daher für wahrscheinlich, daß die Aiolos-Episode, wie auch das Kirke-Abenteuer (vgl. zu ϑ 448) und die Polyphem-Geschichte (vgl. zu α 68–9), traditionell mit der Figur des Odysseus verbunden war. Das Zitat an dieser Stelle erinnert daran, daß die Phaiaken Odysseus jene Überfahrt nach Ithaka sichern werden, die ihm schon das Geleit des Aiolos hätte sichern sollen; Kirkes Knoten garantiert dem Hörer, daß diese Überfahrt tatsächlich ohne Pannen gelingen wird.

ϑ 448 Kirkes Knoten ist zweifellos ‚Spontanerfindung' des Dichters (Hainsworth). Die anspielungshafte Erwähnung Kirkes noch vor den Apologen gibt aber nur dann einen Sinn, wenn nicht nur ihre Figur, sondern auch die Geschichte vom Aufenthalt des Odysseus beim Hörer als bekannt vorausgesetzt ist (so auch Garvie zu ϑ 447–8).

ϑ **489–95** Odysseus kommentiert das erste Lied des Demodokos und gibt das Thema für das dritte vor. Dabei fällt auf, daß für das erste Lied eine globale Perspektive vorausgesetzt scheint: Demodokos habe den οἶτος der Griechen besungen (οἶτος bedeutet „Geschick", nicht „Unglück"; das Wort ist sichtlich schon bei Homer aus der Alltagssprache verschwunden und wird später als Homerreminiszenz mit der durch geläufige Verbindungen wie κακὸς οἶτος nahegelegten negativen Bedeutung verwendet; die neutrale Grundbedeutung bei Demokr. B 227 DK, sowie in Namen: Μενοίτιος, der Vater des Patroklos; Μενοίτης, Φιλοίτης, Κλεοίτης, alle 5. Jh.; vgl. West zu Theog. 510); ausgeführt ist das mit ὅσσ᾽ ἔρξαν τ᾽ ἔπαθόν τε καὶ ὅσσ᾽ ἐμόγησαν ᾽Αχαιοί. Damit ist eine Erzählung vorausgesetzt, die nicht nur den Streit zwischen Odysseus und Achilleus erfaßt, sondern die Ereignisse des Trojanischen Krieges insgesamt repräsentiert. Das trifft sich mit der Vermutung, daß der Streit seine Funktion in einem größeren Troia-Epos gehabt habe. Geht man davon aus, daß das erste Demodokoslied den Beginn eines größeren Zusammenhangs zitiert, das Weinen des Odysseus aber seinen frühen Abbruch bewirkt, so ist auch die Aufforderung, zu einer anderen Phase des Krieges „überzugehen" (μετάβηϑι), besser motiviert. Der zunächst abgebrochene Zusammenhang soll hier wieder aufgenommen werden, wobei Demodokos in der Handlung ‚springen', also vom Beginn des Erzählzusammenhangs (und nicht nur des ‚Mythos') zu einem Punkt gegen Ende desselben überwechseln soll. Aufforderung des Odysseus und Lied des Demodokos ergänzen einander dabei: Odysseus verlangt die Ausführung der Stichworte ‚Bau des Pferdes', ‚Besteigung des Pferdes', ‚Einholung des Pferdes nach Troia' und ‚Eroberung Troias'. Demodokos beginnt erst mit dem Zeitpunkt, als das Pferd bereits in Troia steht, trägt Angaben zur Abfahrt der Griechen nach und führt dann den Duktus fort. Die Aufforderung des Odysseus erhält damit die typische Funktion eines Proömiums (vgl. zu α 1ff.). Der stichwortartige Charakter läßt es als sicher erscheinen, daß damit bekanntes Material erwähnt ist; die Aufforderung μετάβηϑι signalisiert aber, daß auch der Einsatz mit dem Bau des Hölzernen Pferdes kein ‚natürlicher' Liedanfang wäre, sondern — so wie es der Einsatz mit ἔνϑεν ἑλών (500) für das Lied des Demodokos signalisiert — ein beliebiges ‚Einsteigen' in einen größeren Zusammenhang bedeuten würde.

ϑ **499–520** Das Lied des Demodokos beginnt an einem beliebigen Punkt der Handlung (ἔνϑεν ἑλών) und ist dann durch die Markierungen ἤειδεν (514), ἄειδε (516) und φάτο (519) in vier Sektionen, die vier inhaltlichen Abschnitten entsprechen, geteilt (Goldhill 1991, 52f.). Diese Abschnitte sind nicht nur ungleich lang (14/2/3/2 Verse), sondern zeigen auch Unterschiede der Erzählperspektive. Der erste Abschnitt, als einziger breit ausgeführt, ist schon durch die konsequente Verwendung des Imperfekts als Beschreibung einer Situation markiert (ἀπέπλειον, ἀγόρευον, ἥνδανε, ἔμελλεν, ἦν; gleichwertig die Perfektpräterita εἴατ', εἰστήκει, εἴατο; zur Angabe der Vorzeitigkeit der Aorist ἐρύσαντο; auch die infiniten Verbalformen beziehen sich auf Zustandhaftes oder Zukünftiges; Ausnahmen βάντες und βαλόντες zur Angabe von Vorzeitigkeit). Mit dem Beginn ἔνθεν ἑλών, ὡς versetzt der Erzähler (nicht Demodokos) sich und die Hörer in die beschriebene Situation, übernimmt also gleichsam von der Figur der Handlung die Verantwortung für das Erzählte; dies wird noch deutlicher, wenn die folgenden Sätze sich von der Abhängigkeit des ἔνθεν ἑλών befreien und auch grammatisch Aussage des Erzählers werden. Die erste Szene ist also nicht von Demodokos, sondern vom Erzähler fokalisiert (zum Begriff vgl. de Jong 1987); die Fokalisation gleitet dann zu Demodokos hinüber (zunächst noch ἤειδεν mit einem ὡς-Satz, der Anteilnahme des Sprechers/Erzählers signalisiert, und dem ,distanzierenden' Aorist διέπραθον; dann ἄειδε + *Inf. Präs.* κεραιζέμεν + *Inf. Aor.* βήμεναι; schließlich φάτο + *Inf. Aor.* νικῆσαι), so daß erst der letzte Abschnitt das Lied als Wiedergabe der ,Worte' des Sängers beschließt.

Diese Erläuterungen zeigen, daß die Stilisierung des dritten Demodokosliedes sich nicht als Leistung des Sängers, sondern des Erzählers präsentiert; das könnte man so deuten, daß der Erzähler damit ausdrückt, daß Identität zwischen seiner Optik und der des θεῖος ἀοιδός, dessen Lied er referiert, besteht, oder daß der ἀοιδός seine Schöpfung ist (vgl. Richardson 1990, 86). Der Erzähler demonstriert damit, wie der von Odysseus geforderte willkürliche Ausschnitt aus dem größeren Zusammenhang der Erzählung vom Ende des Trojanischen Krieges gestaltet werden kann; wir erhalten damit eine Lektion in epischer Technik.

Das Lied beginnt nicht an jenem Punkt, den Odysseus eingefordert hat (Bau des Pferdes), sondern an einem Punkt, der sich als Zustand konstituiert: Die Schiffe der Griechen sind schon abgefahren, das Pferd steht schon mitten in Troia (vgl. Pedrick 1992, 60–62). Das suggeriert den Einsatz von *flashback*-Technik oder vielleicht ein Proömium mit knapper Einführung in die Situation (angedeutet durch βάντες, βαλόντες, κεκαλυμμένοι, ἐρύσαντο), analog zum ,Erzählervorspann' in α 11–32, führt aber vor allem dazu, daß als erste breit ausgeführte Szene eine Versammlung der Troer erscheint, die über das weitere Vorgehen diskutieren. Die angedeutete Technik ist sichtlich jene, die auch den Beginn von Ilias und Odyssee charakterisiert: nach knappem Einsatz mit Nennung der unmittelbaren Voraussetzungen eine lange Gesprächsszene, die die Weichen für die restliche Handlung stellt.

Nach den Angaben zur Konstellation in der Diskussion (drei Vorschläge, was mit dem Pferd geschehen solle) folgt zur letzten Alternative die Er-

gänzung τῇ περ δὴ καὶ ἔπειτα τελευτήσεσϑαι ἔμελλεν. Das ist Kommentar
des Erzählers, der an die Stelle des ausführlichen Berichts des Sängers tritt,
wie die Troer sich für die dritte Option entscheiden und sie realisieren.
Auch die folgende Begründung der zukunftsgewissen Aussage τελευτήσεσϑαι ἔμελλεν durch αἶσα γὰρ ἦν ... gehört damit dem Erzähler, und nicht
Demodokos (so auch Goldhill 1991, 53). Der Hinweis auf das Schicksal, und
zwar auf die vom Schicksal vorgegebene Verknüpfung von Bedingung und
Folge („wenn das Pferd innerhalb der Mauern von Troia ist, muß die Stadt
fallen"), ist damit ausdrücklich als Nicht-Bestandteil der Diskussionsszene
und Nicht-Bestandteil der referierten Handlung markiert. Es ist verlok-
kend, daraus zu folgern, daß es sich bei diesem Motiv um einen echten Zusatz des Erzählers zu dem referierten Erzählkontext handelt, also um eine
Erfindung, die in anderen Versionen der Geschichte fehlte.

Eine sichere Entscheidung ist hier schwierig, doch prägt die Hervorhebung ähnlicher ‚zukunftsbestimmender Momente' nicht nur das erste Demodokoslied, sondern auch Nestors Bericht vom Streit zwischen Agamemnon und Menelaos (wenn auch durch die Verschweigung der Gründe für
Athenes Zorn verschleiert; vgl. immerhin γ 146 νήπιος, οὐδὲ τὸ ᾔδη, ὃ οὐ
πείσεσϑαι ἔμελλεν). Das Motiv steht aber nicht nur in Mythosreferaten, sondern auch als Aussage des Erzählers über die Odysseehandlung: Es geht
um das schon öfters genannte αἶσα- bzw. μοῖρα-Motiv. Zu nennen ist hier
zunächst das Proömium, wo die Rückkehr des Odysseus als Ergebnis eines
lange zurückreichenden Götterbeschlusses (formuliert mit dem Moiren-
Begriff ἐπεκλώσαντο, vgl. zu α 16–7) bezeichnet und damit die gesamte
Handlung der Odyssee als Erfüllung der μοῖρα markiert wird; vor allem
aber ε 41, wo zu Beginn der Odysseus-Handlung Zeus das Ziel der ersten
Odysseehälfte mit dem Verweis auf die μοῖρα ‚zukunftsgewiß' festlegt.

Der Einsatz des αἶσα-Motivs dürfte also auch in den Mythosreferaten
von der Darstellungsabsicht des Erzählers bestimmt sein, doch ergibt das
kein ausreichendes Kriterium für eine Entscheidung, ob das Motiv jeweils
bereits aus bekannten Versionen des betreffenden Mythos übernommen
oder vom Erzähler neu in den Zusammenhang eingeführt wurde.

Während sich somit in der ausgeführten Versammlungsszene die Konzentration auf das αἶσα-Motiv nicht mit Sicherheit auf die Tradition zurückführen läßt, spricht für den knapp referierten Rest des Liedes zunächst
nichts dagegen. Es handelt sich dabei um Grundfakten jeder möglichen
Darstellung von der Eroberung Troias mit Hilfe des Hölzernen Pferdes:
Verlassen des Pferdes, Kampf mit den Troern, Eroberung und Zerstörung.
Auch der als prominent hervorgehobene Kampf um das Haus des Deiphobos ist auf die Geschichte zurückzuführen, daß Deiphobos der dritte Gemahl Helenas war (Kl. Ilias, § 75 Kullmann); ansonsten gäbe seine Erwähnung, zumal in Verbindung mit Menelaos, wenig Sinn, wenn auch die

Scholien darauf beharren, daß diese Ehe Homer noch nicht bekannt sei. Doch ist es für die Einheit des Liedes sichtlich relevant, daß ausgerechnet diese Episode den Schluß der Erzählung bildet. Mit der Eroberung des Hauses des Deiphobos wird ja auch Helena wieder zurückerobert, und damit ist das τέλος des Krieges erreicht. Besonders hervorgehoben ist schließlich die Rolle des Odysseus bei dieser letzten entscheidenden Kriegstat, und wenn der abschließende Vers in feierlichem Ton hervorhebt, „daß er auch diesmal wieder gesiegt habe durch die starkmütige Athene", so bezieht sich das nicht auf andere Siege im Kampf, sondern auf seine führende Rolle im Kontext des Liedbeginns (vgl. ϑ 494 mit δ 270–89 und λ 524–5). Vielleicht ist dies aber auch ein Querverweis auf das erste Demodokoslied: Die dort zitierte Geschichte impliziert ja, daß Odysseus aufgrund der folgenden Ereignisse sich als Sieger im Disput mit Achilleus erwiesen habe.

Das dritte Demodokoslied erweist sich somit durch das Referat hindurch als bewußt konstruierte Einheit, mit einem Beginn in bester epischer Technik und einem Ende, das sowohl ein echtes inhaltliches τέλος bietet als auch einen thematischen Bogen zum Anfang schlägt. Es fügt sich auch in den Kontext, indem es Odysseus zum zentralen Helden macht und wahrscheinlich sogar die thematische Verbindung zum ersten Demodokoslied direkt beim Namen nennt. Der Anschluß an dem Hörer bereits bekannte Versionen dürfte eng sein, doch ist zu vermuten, daß das αἶσα-Motiv, und damit vielleicht die gesamte Gestaltung der Beratungsszene als ‚epischer Eingang', sehr stark die Handschrift des Odysseedichters verrät.

ϑ 521–31 Das Gleichnis von der weinenden Witwe soll hier nicht *qua* Gleichnis besprochen werden (vgl. Rohdich 1987; Goldhill 1991, 53f.); hier nur ein Detail. Der Inhalt des Gleichnisses wurde mit der Ilias in Verbindung gebracht, teils mit der Anregung, daß damit die ‚Welt der Ilias' suggeriert sei, der die post-heroische Welt der Odyssee gegenübergestellt werde (Rohdich), teils mit der weiterreichenden Vermutung, daß hier das Paar Hektor – Andromache zitiert sei. Doch liegt es näher, das Gleichnis als Zitat einer (sei es nur potentiellen) Episode der Iliupersis aufzufassen, so daß für das Verständnis der Odyssee-Hörer die Ilias überhaupt nicht ins Spiel kommen muß. Wichtiger erscheint mir, was bei Goldhill angedeutet ist, daß das Gleichnis den Kontext des Demodokosliedes weiterführt und damit auch das Ende des Liedes als künstlich festgelegt erscheinen läßt. Der Bogen der im ϑ vergegenwärtigten Troia-Handlung spannt sich also vom Beginn der entscheidenden Kämpfe bis zu den unmittelbaren Folgen ihres Endes; an diesem Punkt wird Odysseus dann mit seinen Apologen einsetzen.

ϑ 579–80 Daß die Götter Leiden schaffen, um Stoff für Heldengesang zu geben, entspricht der traditionellen Auffassung, über die die Odyssee hinausgreift: Vgl. zu ι 19–20.

Odyssee 9

ι 19–20 Odysseus sagt, er selbst sei Gegenstand des Liedes (ἀνθρώποισι μέλω; zur Wendung vgl. zu μ 70, Ἀργὼ πᾶσι μέλουσα) und sein κλέος reiche zum Himmel. Segal (1983, 24–26; vgl. Goldhill 1991, 96–8) weist darauf hin, daß es sich dabei um die einzige Stelle bei Homer handelt, wo eine Figur ihr eigenes κλέος als etwas bereits Bestehendes bezeichnet. Segal deutet diese Abweichung von der üblichen Praxis als ironisches Signal der Distanz der Odyssee von der heroischen Sphäre, als Ausdruck der Tatsache, daß Odysseus sein κλέος nicht durch Taten im Kampf, sondern durch deren (eigene) Wiedererzählung gewinne. Dagegen spricht, daß Odysseus sich hier mit seinem Anspruch unmittelbar auf die Lieder des Demodokos beziehen kann, in denen vor allem seine genuin heroischen Taten (Kampf in Troia) hervorgehoben wurden. Das Auffällige der Stelle liegt also vor allem darin, daß überhaupt von gegenwärtigem κλέος einer Figur der Handlung gesprochen wird. Segal belegt, daß in der Ilias Figuren von κλέος immer als von etwas Zukünftigem sprechen, das erst erworben werden muß, sofern es sich nicht um das κλέος anderer Helden handelt, die in der Regel einer früheren Generation angehören, d.h. bereits tot sind. Das paßt gut zu der Beobachtung von Edwards (1984), daß in der Ilias die Prädikation ἄριστος, sofern sie nicht rein titularisch verwendet ist, fast immer.im Kontext des Todes des betreffenden Helden ausgesprochen wird. Der Held der Ilias wird also erst durch seinen Heldentod ἄριστος und hat erst mit diesem Zeitpunkt sein κλέος erworben.

Die Odyssee setzt sich von dieser Optik entscheidend ab. In ihr kann κλέος auf verschiedenen Ebenen als ein Prozeß hervortreten, an dessen Weiterführung auf Figuren- und Erzählebene gearbeitet wird, und das geschieht immer wieder dadurch, daß unterschiedliche Formen von κλέος einander gegenübergestellt werden. So treten die κλέα der einzelnen νόστοι nebeneinander, die von noch lebenden Protagonisten erzählt werden und die Folie zum νόστος des Odysseus bilden, der noch erzählt werden muß; so dient das κλέος des Orestes als Exemplum für Telemachos; so wird generell auf das κλέος anderer Mythen, vor allem der Erzählungen vom Ende des Trojanischen Krieges, verwiesen; so zitiert die Odyssee aber auch andere Versionen ihrer eigenen Geschichte. All dies spricht dafür, daß die Odyssee ein Konkurrenzverhältnis zu anderen, dem Hörer bekannten Geschichten aufbaut, gegenüber denen sie Profil gewinnen will. Die wichtigsten ‚Konkurrenten‘ sind dabei Gedichte vom Fall Troias (wobei der Aithiopis- und Iliupersis-Kontext hervortreten, nicht aber der Ilias-Kontext), die Nostoi, die ‚Orestie‘, der Argonautenstoff und andere Odyssee-Varianten.

Die Aussage des Odysseus über sein eigenes κλέος läßt sich nun ebenfalls als Ausdruck eines solchen Konkurrenzverhältnisses auffassen. Odysseus stellt fest, daß er bereits Gegenstand des Liedes ist, womit er nur die ungewöhnliche Situation in Worte faßt, daß ein Held unerkannt Lieder über sein eigenes κλέος hört; umgesetzt in die Praxis der Ilias würde das ja bedeuten, daß der Held seinen eigenen Nachruf hört. Unmittelbar danach beginnt er aber selbst von seinen Taten zu erzählen. Damit wird signalisiert, daß das, was die Figuren der Handlung als bereits bestehendes, ja abgeschlossenes κλέος verstehen, ergänzt und korrigiert werden kann. Obwohl Odysseus den Sänger für die Authentizität seiner Darstellung lobt (ϑ 489–91), bietet er selbst eine authentischere Version, die auch seinem eigenen Wesen besser gerecht wird (vgl. Krischer 1990). Daraus erklärt sich auch, daß Odysseus für sein bereits bestehende κλέος die Bedeutung der δόλοι so stark hervorhebt: In ὃς πᾶσι δόλοισιν / ἀνϑρώποισι μέλω könnte πᾶσι sowohl zu δόλοισιν als auch zu ἀνϑρώποισι bezogen sein (vgl. Stanford, mit Verweis auf einerseits γ 122 und ι 422, andrerseits μ 70), doch ist seine Stellung vielleicht ambivalent: Dem Hörer wird zunächst die Fügung πᾶσι δόλοισι suggeriert, die über den δόλος des Hölzernen Pferdes hinausgreifen würde, von dem bisher bei den Phaiaken als einzigem die Rede war; der Zusatz ἀνϑρώποισι nötigt ihn dann zu einer Korrektur dieser Auffassung. Die δόλοι sind nun der hervorstechende Charakterzug jenes traditionellen Odysseusbildes, das in der Odyssee korrigiert und erweitert wird. Damit finden wir auf der Figurenebene dieselbe Verschiebung ausgedrückt, die Maronitis (1980) für die Erzähleebene postuliert hat; man könnte sagen, daß der Dichter die textexterne Kommunikationssituation in der Handlung zur Darstellung bringt. Das κλέος des Odysseus ist Gegenstand der Odyssee; es ist dem Hörer aber schon als Gegenstand anderer (früherer, alternativer) Versionen der Geschichte bekannt. Die Odyssee verweist auf diese Gestaltungen, setzt dagegen aber ihre eigene Version und erhebt den Anspruch, diese als die ‚bessere‘ zu erweisen und damit jene zu ersetzen. Es greift daher zu kurz, die Aussage der Figur Odysseus als Aussage des Dichters zu verstehen, der „zugleich mit seinem Helden sich selbst und sein Werk [rühmt]" (Rüter 1969, 254). So wie Odysseus sein schon bestehendes κλέος durch den eigenen Bericht ergänzen wird, wird auch der Dichter an diesem κλέος weiterdichten. So wie die Phaiakis mit den Demodoksliedern den Hintergrund für die Apologoi liefert, stehen die schon bekannten Versionen der Odysseus-Geschichte im Hintergrund unserer Odyssee.

ι 29–32 Kalypso und Kirke sind erwähnt, um die Sehnsucht des Odysseus nach seiner Heimat zu unterstreichen: Nicht einmal die Verlockung, Gemahl einer Göttin zu werden, konnte seinen νόστος verhindern. Es fällt auf, daß die zwei Göttinnen, die für den νόστος des Odysseus eine ganz ähnliche Rolle spielen, hier pointiert nebeneinandergesetzt sind. Da oft gefragt wurde, welche der beiden Gestalten ursprünglich, welche in Analogie

dazu nachgebildet sei (vgl. zu κ 135ff.), ließe sich die Parallelisierung geradezu als Hinweis auf die Erfindung des Dichters verstehen. Nun hat Odysseus den Phaiaken bereits von seinem Aufenthalt bei Kalypso erzählt,
knüpft hier also an Bekanntes an; Kirke hat er hingegen noch nicht erwähnt, und man könnte spekulieren, ob auf der Figurenebene ihre Gestalt
dadurch von Odysseus eingeführt oder, im Gegenteil, als den Phaiaken bekannt vorausgesetzt werde. Ein ähnlicher Vorverweis auf Kirke durch den
Erzähler in ϑ 448–9 ließ sich allerdings als Hinweis darauf deuten, daß das
Kirke-Abenteuer als bekannt vorausgesetzt ist, und dieser Eindruck wird
durch ι 31–2 bestätigt, sofern man die Figurenperspektive berücksichtigt.
Damit läßt sich noch nichts über das Verhältnis der Göttinnen zueinander
sagen; die Episode zwischen Kirke und Odysseus gewinnt damit jedenfalls
den Status einer durch die Tradition beglaubigten Geschichte.

ι 37ff.   Da die allgemeinen Probleme, vor die uns die Apologoi stellen, bei
der Besprechung einzelner Stellen jeweils nur gestreift werden können,
seien grundsätzliche Bemerkungen vorangeschickt. Die Ich-Erzählungen
des Odysseus werden von uns primär unter dem Aspekt betrachtet, ob in
ihnen bekannte Geschichten übernommen sind. Auf welche Weise wird
mit der Bekanntheit der Geschichten umgegangen? Werden Abänderun-
gen gegenüber Alternativversionen sichtbar, und wenn ja, mit welcher
Funktion? Die Aufgabe ist schwierig, weil die einzelnen Episoden in sich
geschlossene Einheiten bilden, die jeweils deutlich knapper erzählt sind als
die Heimkehr des Odysseus, und weil der straffere Erzählstil weniger
Verweise auf alternative Handlungsabläufe zuläßt. Die ‚Vorgeschichte‘ der
einzelnen Episoden wird somit oft im Dunkel verbleiben; dafür wird das
Verhältnis zu den jeweils zugrunde liegenden ‚einfachen Geschichten‘ in
den Vordergrund treten. Einigen Aufschluß wird die Betrachtung der in-
ternen Anordnung der Episoden liefern; fruchtbar wird aber vor allem sein,
die Darstellung des ‚Charakters‘ des Odysseus während seiner Irrfahrten
zu überprüfen. Auch hier wird sich ein Gegensatz zwischen ‚altem‘ und
‚neuem‘ Odysseus-Bild abzeichnen, und es wird die Frage nach einer ‚Cha-
rakterentwicklung‘ und nach einer ‚Schuld‘ des Odysseus hinzutreten.

Bei all dem darf nicht übersehen werden, daß die Irrfahrten von Odysseus selbst erzählt werden, daß wir also nicht die autoritative Stimme des
Erzählers, sondern die subjektive Stimme des Protagonisten der Abenteuer
vernehmen (vgl. Suerbaum 1968; de Jong 1992); die Beachtung der Figurenperspektive wird in einigen Fällen die Behandlung von ‚Problemstellen‘
entscheidend fördern. Eine weitere Komplikation stellt die These Kirchhoffs (1879) dar, wonach die Apologoi die Umsetzung einer älteren Version
von der dritten in die erste Person darstellten. Schließlich sei daran erinnert, daß auch die Form der Ich-Erzählung selbst differenziert zu betrach-

ten ist: Goldhill (1991, 54–6) hat eindringlich darauf hingewiesen, daß wir, anders als bei den Trugerzählungen, abgesehen von den Kommentaren der Phaiaken keine Hinweise zum Wahrheits-Status der Apologoi erhalten. Das führt dazu, daß der Hörer keine bessere Kontrolle über das Erzählte hat als das textinterne Publikum des Odysseus: Wir rezipieren die Geschichten genau so wie Alkinoos, verfügen wie er über keinen objektiven Maßstab für die Wahrheit des Erzählten, reagieren jedoch (schon aufgrund der ungewöhnlichen Länge der Erzählung) auf sie wie auf die Erzählung eines Sängers, die *per se* mit dem Wahrheitsanspruch auftritt. Der damit verbundene κηληϑμός droht nicht nur die Phaiaken, sondern auch uns zu erfassen: Der Sonderstatus der Apologoi im Rahmen aller Ich-Erzählungen der Odyssee verführt uns dazu, sie wie den von den Musen verbürgten Bericht des Erzählers zu beurteilen und dabei die Figurenperspektive außer acht zu lassen. Wenn wir dieser Gefahr zu begegnen suchen, müssen wir nicht die ‚Wahrheit' der Apologoi in Frage stellen; die schon in der Antike verfochtene Position, Odysseus erzähle in ι – μ ebenso Lügen wie auf Ithaka, hat im Text keine Grundlage (vgl. H. Parry 1994). Hingegen werden sich Anzeichen dafür finden, daß der Dichter dem ‚Erzähler Odysseus' einen Sonderstatus einräumt, indem er ihm sowohl die Vorrechte eines allwissenden Erzählers als auch die einer in die Handlung involvierten Figur einräumt.

ι 37–9 Odysseus beginnt den Bericht mit seiner Abfahrt von Troia. Damit schließt er für seine textinternen Hörer an das dritte Demodokoslied mit dem Bericht vom Fall Troias an, wählt also einen für die Phaiaken plausiblen Ausgangspunkt, der kein Gefühl einer Lücke erzeugt. Der textexterne Hörer weiß aber bereits aus dem Bericht des Nestor, daß zwischen dem Fall Troias und der endgültigen Abfahrt des Odysseus Wichtiges vorgefallen ist; er hat weitere Informationen, die aus der menschlichen Perspektive nicht abgedeckt werden konnten, durch den Bericht des Proteus erhalten, nämlich daß der Zorn Athenes, von dem Nestor nur bezüglich seiner Ursache, nicht aber seiner Auswirkungen sicheres Wissen hatte, im Falle des Aias tatsächlich wirksam wurde. Das allein kann schon als Appell an den Hörer aufgefaßt werden, die subjektive Darstellungsweise des Odysseus bei der Beurteilung seines Berichts zu berücksichtigen.

Die Vorfälle rund um die Abfahrt der Griechen bilden auch für die Irrfahrten des Odysseus einen wichtigen Hintergrund. Der Hörer kennt bereits deren Anfangspunkt (Abfahrt von Troia), ihren Endpunkt (Landung bei Kalypso), weiß von einigen Zwischenstationen (Heliosrinder, Polyphem, Kirke, vielleicht Aiolos) und von den parallelen Schicksalen anderer Troia-Heimkehrer. Die Irrfahrten des Odysseus haben sich dadurch für den Hörer als ein Stück verdeckter Handlung der Vorgeschichte konstituiert, das ihm der Figurenbericht des Odysseus jetzt nachliefert (vgl. Danek

1996a). Eine zentrale Frage gilt dabei dem Beginn der Irrfahrten: Wie ist Odysseus dem Zorn der Athene entkommen?

ι 37–8 Odysseus stellt seinen νόστος πολυκηδής vom Zeitpunkt seiner Abfahrt von Troia an als von Zeus bestimmt dar, was für seine Optik als Erzähler bezeichnend ist. Odysseus hat kein Wissen vom göttlichen Verursacher seiner Irrfahrten, außer er erhält im Einzelfall konkrete Informationen. Dieses Prinzip wurde im ε exemplifiziert: Odysseus bezeichnete Zeus, nicht Poseidon als Verursacher des Seesturms (obwohl der Herr des Meeres sich geradezu aufdrängen würde); erst nachdem er von Ino-Leukothea informiert worden war, nannte er mehrmals Poseidon als seinen Verfolger; „Zeus" stand also als Name für nicht näher identifizierbares göttliches Wirken, seine Nennung bezeichnete fast das menschliche Nichtwissen. In ähnlicher Weise hatte in Nestors Bericht die menschliche Vermutung (γ 132 καὶ τότε δὴ Ζεὺς λυγρὸν ἐνὶ φρεσὶ μήδετο νόστον …) das sichere Wissen vom Zorn der Athene überlagert und in der Folge die Oberhand behalten (vgl. zu γ 130ff.). Auch im Bericht des Odysseus bleibt Athenes Zorn aufgrund der Beschränktheit menschlichen Wissens ausgeklammert. Odysseus wird im Irrfahrten-Bericht mehrmals Zeus als Urheber seiner Leiden nennen, dies aber nur ein einziges Mal beglaubigen können und dabei dem Dichter beträchtliche erzähltechnische Schwierigkeiten bereiten (vgl. zu μ 374–90). Odysseus sucht wiederholt theologische Begründungen für sein Unglück; der Erzähler läßt aber schon bei der ersten Instanz erkennen, daß solche Begründungen unzureichend sein müssen.

ι 39–61 Das Kikonen-Abenteuer ist bei Heubeck (zu ι 39–61) in aller Kürze meisterhaft charakterisiert. Heubeck hebt hervor, daß die Episode noch ganz in der realen Welt des Umfelds von Troia verankert ist, verweist auf Ähnlichkeiten zu den fingierten Berichten des Odysseus von Kriegsabenteuern in der ‚realen' Welt und belegt die Verwendung von ‚iliadischem', d.h. episch-heroischem Vokabular sowie Motivik. Dem läßt sich hinzufügen, daß das Verhalten der Gefährten nach der Eroberung das Verhalten der Troer nach dem vermeintlichen Abzug der Griechen widerspiegelt: Die scheinbaren Sieger ignorieren Warnungen (vgl. die Debatte um das Hölzerne Pferd bzw. die Laokoon-Episode) und halten eine Siegesfeier (Iliupersis, § 86 Kullmann, τραπέντες δὲ εἰς εὐφροσύνην εὐωχοῦνται ὡς ἀπηλλαγμένοι τοῦ πολέμου), während die scheinbaren Verlierer Verstärkung von außen herbeirufen. Besonders wichtig ist Heubecks Bewertung des Verhaltens der Gefährten: Wenn Odysseus selbst hervorhebt, daß sie sich seinen Warnungen widersetzt hätten, so interpretiert er damit bereits die kommenden Ereignisse als Folge ihres Verhaltens; Heubeck fügt dem hinzu, daß Odysseus, indem er die Niederlage durch die Kikonen auf die κακὴ Διὸς αἶσα zurückführt, die Kausalkette nicht durchschaue. Der Ablauf der Ereignisse bei den Kikonen ist somit ein perfektes Beispiel für die Theodizee der ersten Zeusrede, und die damit eröffnete Motivreihe führt bis zum Frevel an den Heliosrindern und dem Tod der Gefährten. Die Voransetzung des Kikonen-Abenteuers vor den Beginn der eigentlichen Irrfahrten, der mit dem Abdriften am Kap Maleia exakt bezeichnet ist, erfüllt genau diese Funktion: Hier wird, ohne zusätzliche unheroische Elemente, demonstriert, daß der Verlust von Gefährten nicht mit dem Zorn eines Gottes zusammenhängen muß, ja daß er unabhängig vom Irrfahrten-Motiv ist. Odysseus zeigt sich ein erstes Mal als guter Führer, der am Tod der Gefährten schuldlos ist. Die Episode gibt zugleich eine Folie für die folgenden Abenteuer, in denen sich wiederholt zeigen wird, daß das in der ,realen' Welt angemessene heroische Verhalten im Bereich der Märchenwelt nicht zum Erfolg führt. Die Vermutung liegt nahe, daß die Episode untrennbar mit dieser individuellen Aussage verbunden ist, also nicht zur der Irrfahrten-Tradition gehört, sondern vom Odysseedichter aus typischen Motiven zusammengesetzt ist.

ι 67–81 Nach dem Kikonen-Abenteuer gerät Odysseus in einen Seesturm, den er ohne wesentlichen Schaden übersteht, indem er sein Ende an Land abwartet; danach (von da an also ohne Elemente des Seesturms!) segelt er weiter, wird aber am Kap Malea von Strömung und Wind abgetrieben, womit er aus der Welt der realen Erfahrung in den Bereich der Märchenwelt eintaucht. Die auffällige Motivdoppelung wird in Arbeiten zur Struktur der Apologoi bestenfalls gestreift. Eisenberger 1973, 132, sieht im Seesturm den „Vorboten des Unheils", was bereits in den Scholien steht, dort immerhin mit dem Zusatz καὶ ἐξ ἐπιβουλῆς τῶν θεῶν γεγενῆσθαι τὸν χειμῶνα. Hölscher 1988, 142, stellt Seesturm und Abdriften bei Malea als Kontinuum dar: „Eben hier wächst der Nordsturm erneut zu solcher Gewalt …". Eine analytische Erklärung sucht Merkelbach (1969, 182f.): Der erste Sturm habe ursprünglich vor das Kikonen-Abenteuer gehört und habe das Scheitern der gesamtgriechischen Flotte und die Abspaltung des Odysseus bewirkt. Merkelbachs These enthält zusätzliche Komplikationen (vgl. van Thiel 1988, 124f.), stellt aber eine berechtigte Frage an den Text. Die Motivdoppelung verlangt nach einer Erklärung, die die Seesturmelemente im Nostos des Odysseus in Verbindung bringt mit analogen Elementen in den Nostoi der anderen Griechen, von denen der Hörer bereits erfahren hat.

Ich gehe aus von den Beobachtungen zu den Berichten von Phemios, Nestor, Proteus und Hermes (vgl. zu α 326–7; 354–5; γ 130 ff.; δ 495–7; 499–511; 512–3; 514–20; ε 105–11; 129–34). Dort erwies sich, daß der Erzähler eine Version der gemeinsamen Heimkehr aller Griechen voraussetzt, in der der Zorn Athenes aufgrund des Aias-Frevels zum Scheitern der gesamten Flotte führt. Der Dichter hat durch zwei Kunstgriffe (Verlegung der Erzählung in Figurenberichte, so daß die Informationen über die Auswirkungen des

Zorns defizient bleiben können; Aufsplitterung des Heeres, was unterschiedliche Auswirkungen des Götterzorns auf die einzelnen Flotten-Kontingente ermöglicht) eine neue Variante der Geschichte entwickelt, in der die ‚alte' Version als Ausgangsbasis stets präsent ist und die Aussage der ‚neuen' Variante vom Hörer aus der Differenz zur ‚alten' gewonnen werden muß. Daß dieses Verfahren den Hörer, noch dazu den vorliterarischen ‚naiven' Hörer nicht überfordert, ist dadurch abgesichert, daß der Erzähler durch den ‚Trick' der unterschiedlichen Erzählperspektive geradezu auf die Differenz hinweist: Der Dichter (und mit ihm der Hörer) weiß, daß Athenes Zorn Konsequenzen haben, aber trotzdem die Mehrzahl der Griechen heil nach Hause kehren muß; die Figuren der Handlung haben dieses Wissen nicht und können die Ereignisse nur retrospektiv beurteilen, wobei ihre Urteile über göttliche Einwirkung den spezifischen Urheber eines Unglücks in der Regel nicht erfassen. Der Hörer ist also dazu aufgefordert, sein Mehrwissen einzusetzen, um die Figurenberichte zu ergänzen.

Das Seesturmelement taucht in den Berichten über die Nostoi des Menelaos, des Agamemnon und des Aias auf, während für die Nostoi von Nestor und Diomedes ausdrücklich auf sein Fehlen hingewiesen wird und für die übrigen Helden die Angaben fehlen. Hingegen erwecken sämtliche kollektiven Angaben zum Nostos der Griechen (α 326f.; γ 134f.; 145f.; δ 502; 512f.; ε 108–110) den Eindruck, daß die Griechen große Verluste erlitten hätten, und zwar aufgrund des Zorns der Athene. Daraus läßt sich schließen, daß auch jene Instanzen eines Seesturms, die in den Figurenerzählungen nicht auf Athene zurückgeführt werden, als Folgen ihres Zorns zu deuten sind. In unserer Odyssee wirkt demnach der Zorn Athenes prinzipiell gegen alle Griechen; da die Flotte sich aber aufspaltet, trifft er manche Kontingente gar nicht, woraus folgt, daß man ihm bei günstiger Konstellation völlig entrinnen konnte; die übrigen Kontingente trifft der Seesturm an unterschiedlichen Orten mit unterschiedlichen Auswirkungen, wobei auffällt, daß kein Held unmittelbar durch Athenes Zorn zu Tode kommt. Sogar Aias, der als einziger namentlich genannte Held Schiffbruch erleidet, führt seinen Tod erst durch zusätzliche ὕβρις herbei. Menelaos verliert im Seesturm den Großteil seiner Flotte und gerät auf Irrfahrten, wobei aber alle Gefährten am Leben bleiben. Agamemnon entgeht dem/einem Seesturm in der Ägäis, gerät aber im Umfeld des Kap Malea in einen (weiteren) Seesturm, der ihn fast in die Hände des Aigisthos treibt; da der Wind rechtzeitig dreht, landet er heil zu Hause, so daß geradezu ausdrücklich formuliert scheint, daß seine Ermordung durch keine gegen ihn gerichtete göttliche Einwirkung, vor allem nicht durch den Zorn Athenes verursacht ist.

Der Hörer kann aus diesen Berichten erschließen, daß der Zorn Athenes gleichsam flächendeckend gewirkt hat, und muß daher damit rechnen, daß auch Odysseus in irgendeiner Form damit in Berührung gekommen ist. Dieser Verdacht wird dadurch unterstützt, daß Odysseus laut Nestor zunächst die ‚richtige' Route gewählt, also sich Nestor und Diomedes angeschlossen hat, denen es gelungen ist, dem Zorn Athenes ‚davonzufahren', daß er dann aber sich anders entschieden hat und zu Agamemnon zurückgeeilt ist, der evidentermaßen die falsche Route gewählt hat. Nestor selbst hat diese seltsame Entscheidung damit erklärt, daß Odysseus „Agamemnon die Ehre erweisen wollte" (γ 164, Ἀγαμέμνονι ἦρα φέροντες), doch ist der Hörer an diese Interpretation nicht gebunden. Odysseus selbst erzählt den Phaiaken weder von dieser Entscheidung noch davon, wie er wieder zu Agamemnon gestoßen ist. Doch wenn er seine Erzählung damit beginnt, daß er, von Troia kommend, zuerst zu den Kikonen gelangt sei, dann weiß der Hörer damit, daß er eine andere Route als Agamemnon (von dessen Heimreise wir aus dem δ wissen) gewählt hat, und darf daraus schließen, daß das Motiv für die Rückkehr zu Agamemnon nicht (nur) Loyalität war. Odysseus hat mit seiner Flotte eine eigenständige Route entlang der Nordküste der Ägäis gewählt. Als Grund dafür könnte man vermuten, daß er anders als die anderen Helden, von denen wir erfahren, nicht den kürzesten Weg wählte, weil er auch die Heimfahrt noch lukrativ gestalten wollte.

Das Kikonen-Abenteuer vermittelt tatsächlich auch diese Aussage: Odysseus fährt die Küste entlang, um durch Raubzüge seine Beute zu vergrößern. Doch dies ist sichtlich nicht alles. Nach der Abfahrt von den Kikonen gerät Odysseus in einen veritablen Seesturm, der mit allen Attributen eines solchen beschrieben ist, wie sie sich auch sonst in der Odyssee finden. Doch handelt es sich dort immer um einen Seesturm mit einschneidenden Folgen: Menelaos verliert den größten Teil seiner Flotte und wird selbst bis nach Ägypten abgetrieben (γ 286–300); Aias scheitert und verliert sein Leben (δ 499–511); Agamemnon würde in die Hände seines (wie der Hörer weiß) zukünftigen Mörders fallen, wenn der Sturm nicht plötzlich drehte (δ 514–20); Odysseus verliert Floß und Gewand und rettet nur sein nacktes Leben nach Scheria (ε 291ff.); Odysseus verliert sein letztes Schiff und seine letzten Gefährten und rettet sich *via* Charybdis zu Kalypso (μ 403ff.); auch in der Trugerzählung an Eumaios verliert Odysseus durch den typischen Seesturm Schiff und Gefährten und rettet sich am zehnten Tag auf dem Mastbaum an Land (ξ 301–15). Die narrative Funktion eines Seesturms besteht also darin, bei den Betroffenen Schaden anzurichten; wo dies nicht der Fall ist, darf gefragt werden, worin die Funktion sonst besteht.

Nun hat der Hörer bis zum ι genug Signale erhalten, um zu erschließen, daß der Seesturm, in den Odysseus nach dem Kikonen-Abenteuer gerät, derselbe Seesturm sein muß, in den Menelaos und Aias geraten sind, derselbe, dem Nestor und Diomedes gerade noch entkommen sind, und wohl auch derselbe, der Agamemnon fast ins Unglück getrieben hätte. Die Berichte der einzelnen Helden geben darauf zwar keine Hinweise; doch

wurde dem Hörer dreimal (Phemios; Proteus; Hermes) aus höherer Warte
bestätigt, daß Athenes Zorn alle Griechen gemeinsam getroffen habe, und
diese Annahme hält einer Überprüfung der Zeitangaben stand. Das wichtigste diesbezügliche Signal ist die Angabe, daß Nestor und Diomedes dem
Seesturm entkommen sind, während Menelaos, obwohl er sich der ‚richtigen' Partei angeschlossen hatte, durch eine unfreiwillige Verzögerung bereits in den Sog des Seesturms hineingezogen wurde und somit derselben
Wirkung ausgesetzt war wie Agamemnon und Aias, die vor Troia noch zu-
gewartet hatten, anstatt sofort abzufahren. Der Zeitfaktor spielt für den
Seesturm also eine entscheidende Rolle. Auch Odysseus verzögert seine
Abfahrt durch seine Rückkehr nach Troia, und er verzögert seine Heimreise durch den Überfall auf die Kikonen mit der anschließenden, einen ganzen Tag dauernden Schlacht. Der Sturm ereilt ihn am folgenden Tag.

Aus all dem läßt sich eine Tagesrechnung erstellen, die nach den An-
gaben des Textes die Heimfahrten aller Helden so synchronisiert, daß der
Seesturm die jeweils Betroffenen am selben Tag (dem fünften oder sechsten
Tag nach dem Streit) erfaßt. Diese Tageszählung enthält notwendigerweise
Unsicherheitsfaktoren, da unser Text den chronologischen Ablauf nicht für
jeden Helden exakt angibt: Wir haben die komplette Tageszählung für
Diomedes (und Nestor) bis Argos, sowie für Odysseus, falls wir davon ausgehen, daß er am Tag nach seiner Rückkehr zu Agamemnon von Troia aufbricht; es fehlen uns aber exakte Angaben, wie lange Nestor von Argos bis
nach Pylos braucht; wie lange Menelaos durch den Tod des Steuermanns
vor Sunion aufgehalten wird (ob er also einen oder zwei Tage nach Nestor
zum Kap Malea gelangt); welche Route Agamemnon und Aias nehmen,
und (auch wenn man davon ausgeht, daß sie am selben Tag, wie oben für
Odysseus angenommen, abfahren) wieviele Tagesreisen sie bis zum Seesturm zurücklegen, wobei auch die Lokalisierung der Gyreischen Felsen
nicht feststeht. Trotz alledem ist evident, daß die unterschiedlichen Handlungsstränge synchronisierbar sind, wenn man für die fehlenden Daten
plausible Zeitangaben einsetzt. Zu diesem Ergebnis gelangt aber nur der
nachrechnende Leser, nicht der linear rezipierende Hörer, der dazu innerhalb des Textes weit voneinander entfernte Zeitangaben vergleichen müßte. Es liegt also nahe, daß der Dichter zwar sich selbst eine simple Zeitrech-
nungstabelle erstellte (in der Form, daß er für jeden Helden von einem
Ablaufpunkt an die Tage bis zum Erreichen des Seesturms zählte), aber dadurch, daß er die Heimfahrten zum größten Teil von Figuren erzählen läßt,
die die Zusammenhänge auch im nachhinein nicht durchblicken, die Synchronisation auf der Textebene bewußt verwischte und im Hörer nur den
Eindruck einer wesensmäßigen, nicht exakt meßbaren Gleichzeitigkeit der
Ereignisse entstehen ließ (vgl. Olson 1995, 91–119, der etliche Synchronis-
men, die in analoger Weise an der Textoberfläche verschleiert sind, auf-

deckt, daraus allerdings eine Bestätigung von Zielinskis Theorien bezüglich ‚scheinbarer' und ‚tatsächlicher' Handlung sieht).

Betrachten wir nun den Bericht des Odysseus vom Seesturm. Hier fällt auf, daß Odysseus jenem Seesturm, der mit all seinen klassischen Attributen beschrieben wird, entkommen kann, wohingegen die Kräfte, die ihn bei Malea vom Kurs abkommen lassen, nicht mit dem Vokabular eines Seesturms beschrieben sind. Was den ‚echten' Seesturm betrifft, so kann sich Odysseus als einziger Held der Odyssee aus eigener Kraft ohne Verluste (abgesehen von zerrissenen Segeln) retten. Der Grund dafür liegt auf der Hand: Odysseus ist der einzige, den ein Seesturm in Küstennähe ereilt, und das (im Gegensatz zu Menelaos am Kap Malea) dort, wo er die Schiffe rasch an Land rudern kann. Man kann kaum umhin, diesen Umstand seiner Planung zuzuschreiben: Odysseus ist nach den Angaben des Textes der einzige Held, der eine Route wählt, die konsequent entlang der Küste führt, und dafür einen langen Umweg in Kauf nimmt. Daß diese Wahl der Route damit zusammenhängt, daß Odysseus sich dem Zorn der Athene entziehen will, könnte der Hörer daraus erschließen, daß Odysseus im Streit der Griechen um die Modalitäten der Heimfahrt zweimal (bzw. dreimal) Position bezogen hat: ein erstes Mal, als er sich Nestor anschloß, ein zweites Mal, als er wieder zu Agamemnon zurückkehrte, und vielleicht ein drittes Mal, als er sich auch von Agamemnon trennte. All das ist dann sinnvoll, wenn Odysseus für sich die sicherste Route sucht, jene, die dem Zorn der Athene, um den die Diskussion der Griechen permanent kreist, am ehesten ausweicht; er entscheidet sich dabei zuletzt für jene Route, die nach den Begriffen griechischer Seefahrt als die sicherste gelten muß, die Fahrt entlang der Küste. Daß diese Idee nicht aus der Luft gegriffen ist, zeigt das Proklos-Referat der Nostoi, wonach Neoptolemos auf Weisung der Thetis seine Heimreise zu Fuß, nicht über das Meer, antritt, wobei möglich scheint, daß Thetis diese Route ebenfalls aus Gründen der Sicherheit empfiehlt. Wenn der Dichter der Nostoi dann Neoptolemos in Maroneia mit Odysseus zusammentreffen läßt (§ 108–9 Kullmann), so hat er die in der Odyssee beschriebene Route des Odysseus genau in diesem Sinn aufgefaßt.

Der Erfolg gibt Odysseus recht. Der Hörer, der nach seiner Kenntnis anderer Versionen vom Zorn der Athene damit rechnen muß, daß Odysseus durch den Seesturm den Großteil der Flotte verliert und verschlagen wird, erfährt jetzt, daß in dieser Version nichts davon eintrat. Odysseus verliert im Seesturm kein einziges Schiff und kann nach dessen Ende die Heimfahrt fortsetzen. Dies ist wichtig, weil dadurch (im Gegensatz zu der These von Clay 1983) das Verhältnis zwischen Athene und Odysseus gegenüber der Tradition neu definiert wird. Athene wird sichtlich von jeder Schuld an den Irrfahrten des Helden freigesprochen, und das in doppelter Weise: Athenes Zorn trifft Odysseus nur insofern, als er neben dem eigentlichen Ziel (Aias) auch alle jene treffen m u ß , die sich zum selben Zeitpunkt auf dem Meer befinden, womit zugleich gesagt ist, daß Odysseus selbst nicht das Ziel des Zorns ist. Athenes Zorn löst aber auch weder gewollt noch ungewollt die Irrfahrten des Odysseus aus. Diese Aussage ist für den Hörer dadurch unmißverständlich ausgedrückt, daß der Beginn der Irrfahrten, das Abdriften bei Malea, unmittelbar neben den Seesturm gesetzt und damit in aller Deutlichkeit als etwas anderes bezeichnet ist.

Im Gegensatz zum Seesturm verwendet Odysseus zur Beschreibung der Umstände, die sein Abdriften beim Kap Malea bewirken, ein undramatisches Vokabular: ἀλλά με κῦμα ῥόος τε περιγνάμπτοντα Μάλειαν / καὶ βορέης ἀπέωσε, παρέπλαγξεν δὲ Κυθήρων (80f.). Wind, Meeresströmung und Wellengang sind hier nicht als Symptome des Seesturms, sondern gleichsam als Naturgegebenheiten ausgedrückt. Das heißt, daß zumindest Odysseus *qua* Figur sein Abkommen von der Route nicht auf den Willen eines Gottes zurückführt; im Gegensatz zum Seesturm, den Odysseus als von Zeus verursacht bezeichnet, ist hier von keiner göttlichen Einwirkung die Rede. Auch die Figuren des Epos sehen in einem Seesturm die Auswirkung von Götterzorn, wenn sie auch den Gott (gemäß Jörgensen) nicht benennen können (Nestor, γ 288: Zeus; Odysseus, ε 304: Zeus; Odysseus, ξ 303: Zeus). Odysseus empfindet sein Abdriften bei Malea also nicht als Teil göttlicher Verfolgung. Der Hörer muß diese Angaben aus der Figurenperspektive so deuten, daß Odysseus damit den Zorn Athenes als Ursache der Irrfahrten ausdrücklich ausschließt; die Irrfahrten haben sozusagen einen ‚natürlichen' Beginn, und erst mit dem Ende der Polyphem-Episode tritt die Verfolgung durch den Gott Poseidon hinzu. Der im Vergleich zu einem Seesturm sanftere Wind kann zusätzlich plausibel machen, warum Odysseus, obwohl er neun Tage lang über das Meer getrieben wird, seine Flotte zusammenhalten kann, im Gegensatz zu Menelaos, der auch bei Malea, aber aufgrund eines Seesturms, abdriftet und elf Zwölftel seiner Schiffe verliert. Der Vergleich läßt noch besser erkennen, welche Umstände auf den Beginn der Irrfahrten des Odysseus n i c h t zutreffen: Er ist nicht durch Götterzorn bedingt und nicht mit dem Verlust von Schiffen verbunden. Es ist wahrscheinlich, daß Odysseus in früheren Versionen alle seine Abenteuer mit nur einem Schiff erlebt hat (vgl. zu ι 82ff.); ich habe oben (vgl. zu γ 286–302) auf die auffälligen Zahlenangaben zur Flotte des Menelaos hingewiesen, die Zitat einer solchen Version sein könnten. Die Beschreibung der Ereignisse, die zum Abdriften des Odysseus in unserer Odyssee führen, rückt nun in den Vordergrund, daß hier Odysseus seine Irrfahrten mit allen Schiffen beginnt. Der folgenlose Seesturm und das gleichsam ursachenlose Abkommen von der Fahrtroute beim Kap Malea sind somit Ausdruck ein und derselben Darstellungsabsicht, die den Beginn der Irrfahrten des Odysseus gegenüber anderen, dem Hörer bekannten Versionen abhebt.

ι **82ff.** Für die eigentlichen Irrfahrtenabenteuer hat Reinhardt (1960) einige Fragen, die das Verhältnis der Odyssee zu früheren Versionen betreffen, exemplarisch formuliert. Es genügt die Nennung einiger Untertitel: „Alte und neue Abenteuer, Die Zahl der Schiffe, Die Ich-Erzählung, Der Zorn Poseidons, Kirke und Kalypso ...“ Reinhardt (und in seiner Folge Hölscher) hat damit vorgegeben, in welchen Bahnen motivgeschichtliche Untersuchungen zu den Abenteuern des Odysseus sinnvollerweise laufen können. Allerdings suchen Reinhardt und Hölscher als Modell oder Vorstufe der Odyssee gerne nur Märchenmotive bzw. ‚einfache Geschichten‘, nicht epische Vorstufen; unsere Odyssee profiliert sich in dieser Sicht vor allem gegenüber simplen Modellen (vgl. etwa Reinhardt 91: „... das kann ... nicht überliefert sein, hier wird nach einem dichterischen Plan gelenkt.“) Also: Die Existenz von Epen mit einem dichterischen Plan vor unserer Odyssee wird schlechthin ausgeschlossen. Wenn der Ansatz von Reinhardt und Hölscher hier weiterverfolgt wird, ist also auch zu fragen, wie e p i s c h e Gestaltungen einer vorhomerischen Odyssee, die auch die Irrfahrten umfaßten, ausgesehen haben mögen. Die Behandlung der Irrfahrten-Abenteuer wird sich daher vor allem auf die Frage konzentrieren, ob sich neben den oft durchsichtigen ‚einfachen‘ Märchenmotiven auch epische Versionen abzeichnen, mit deren Kenntnis beim Hörer gerechnet wird.

ι **83–104** Das Lotophagen-Abenteuer ist so knapp erzählt, daß es keinen Ansatz zur Rekonstruktion alternativer Versionen liefert (nichts davon bei Reinhardt und Hölscher). Wertvoll sind die knappen Erörterungen von Heubeck (zu ι 82–104): Der verwendete Erzähltypus führt üblicherweise ins Jenseits, meist ins Totenreich; wer von der besagten Frucht ißt, dem bleibt die Rückkehr ins Leben verwehrt. Diese Färbung fehlt der Begegnung mit den Lotophagen völlig; diese sind, abgesehen von ihren Eßgewohnheiten, ein menschliches, gastfreundliches Volk. Obwohl Odysseus in eine andere Welt eintaucht, wird er von dieser nicht aufgesaugt, sondern bewahrt seine episch-heroischen Züge; das Märchenmotiv ist damit episiert. Dem läßt sich hinzufügen, daß Odysseus selbst in das Märchenmotiv gar nicht involviert ist. Man könnte an Versionen der Geschichte denken, in denen die Lotusfrüchte sich als List präsentieren, ähnlich dem Zaubertrank Kirkes, und Odysseus als einziger nicht davon ißt. In der Odyssee erweist sich Odysseus hingegen sogleich als verantwortungsvoller Anführer, der zuerst nur Kundschafter aussendet, um nicht die gesamte Mannschaft zu gefährden. Nicht List, sondern die Tugenden des militärischen Kommandanten zeichnen ihn hier aus; gegenüber dem traditionellen Motiv des Ὀδυσσεὺς δολόμητις tritt sein Verhältnis zu den Gefährten in den Vordergrund.

ι **97** „The use of the word ἐρέπτομαι, which normally refers only to animals feeding, is to be explained as a catachrestic use of the phrase λωτὸν ἐρεπτόμενοι, used of Achilles' horses, Il. 2, 776" (Heubeck). Man wird eher von einem Zitat der Fügung bzw. des umfassenderen Formulierungstypus (τ 553 πυρὸν ἐρεπτομένους, Φ 204 δημὸν ἐρεπτόμενοι; als ‚Pferdeformel', Ε 196, Θ 560 κρῖ λευκὸν ἐρεπτόμενοι καὶ ὀλύρας) sprechen, sichtlich angeregt durch die Homonymie zwischen Lotos als Pferdenahrung und als Droge. Das Zitat hat die Funktion, das Verhalten der dem Lotos verfallenen Gefährten zu charakterisieren: Sie verhalten sich exakt wie Tiere. Die nächste Steigerungsstufe zu diesem Verhalten werden wir bei Kirke erleben, wo die Gefährten tatsächlich in Tiere verwandelt werden.

ι 105ff.   Das Polyphem-Abenteuer fordert zum Vergleich mit Folklore-Parallelen aus aller Welt auf. Das diesbezügliche Material ist gesammelt (vgl. Glenn 1971), und der Vergleich läßt erkennen, inwiefern sich die Version unserer Odyssee von anderen Versionen des Erzähltypus, in denen die zugrundeliegenden Erzählmotive eher ihrer natürlichen Funktion entsprechend eingesetzt sind, abhebt. Für den Hörer unserer Odyssee war diese Art von Vergleich jedoch irrelevant: Die Polyphem-Geschichte ist in unserem Text als bekannt vorausgesetzt (vgl. zu α 68–9; β 17–20; ζ 4–12), und sie dürfte zu den am festesten mit Odysseus verbundenen Abenteuern gehören. Was der Hörer bei der Gestaltung der Version unserer Odyssee wahrnahm, waren also nicht die Abweichungen vom einfachen *folktale*-Typus, sondern von ihm bekannten epischen Versionen des Odysseus-Abenteuers. Irrelevant ist also z.B., daß der Held in der *folktale* Teile des Abenteuers mit dem Ungeheuer (Überlistung mittels Namen-Tricks; Entkommen aus der Höhle) häufig alleine erlebt, da innerhalb der Abenteuer des Odysseus die Polyphem-Episode wohl immer dazu diente, die Schar der Gefährten zu reduzieren, der Seefahrer Odysseus andrerseits nicht gut als einziger entrinnen konnte. Thematik dieser Art wird hier also nicht weiter verfolgt.

In den Vordergrund tritt die Betrachtung des Verhaltens des Odysseus. Die Polyphem-Episode unserer Odyssee führt zu Konsequenzen, die in der ‚einfachen Geschichte' nicht angelegt sind, nämlich zum Zorn des Poseidon, der die weiteren Irrfahrten bis zu den Phaiaken, ja sogar das Schicksal des Odysseus bis über seine Heimkehr hinaus beeinflußt. Odysseus erweist sich also, obwohl er zunächst Polyphem überwinden und sich und den Rest der Gefährten retten kann, langfristig doch als ‚Verlierer' der Auseinandersetzung. Das provoziert zwei Fragen: War die Koppelung von Polyphem-Abenteuer und Poseidon-Zorn bereits von der Tradition vorgegeben, und wenn ja, in welcher Form? Und inwiefern ‚verdient' Odysseus durch sein Verhalten den Zorn des Poseidon, gibt es also eine ‚Schuld des Odysseus'; wenn ja, gab es sie schon in anderen Versionen, und in welcher Form? Die beiden Fragen hängen eng miteinander zusammen, und sie lassen sich nicht trennen von einem weiteren Problem:

Nach dem Kyklopen-Abenteuer opfert Odysseus dem Zeus, doch dieser nimmt (nach dem Bericht des Odysseus) das Opfer nicht an, sondern sinnt darauf, alle Gefährten und Schiffe zu vernichten. Diese Angabe wurde wiederholt dahingehend ausgelegt, daß Zeus Odysseus wegen seines Verhaltens bei Polyphem zürne und daß Odysseus während seiner weiteren Irrfahrten unter der Verfolgung des Zeus stehe. Zuletzt hat Friedrich (1991) zu zeigen versucht, daß man von einer Hybris des Odysseus sprechen könne, die den Zorn des Zeus rechtfertige. Für Friedrich (und frühere Versuche) ist aber charakteristisch, daß er die Darstellung unserer Odyssee, was mögliche Elemente der Hybris betrifft, nicht auf ihre Beziehung zu früheren Gestaltungen untersucht, etwas was er in anderem Zusammenhang exemplarisch durchgeführt hat (Friedrich 1987; vgl. Maronitis 1980, 180–196). Wenn sich aber zeigen läßt, daß die Polyphem-Erzählung unserer Odyssee alternative, anders motivierte Versionen voraussetzt, so ist zu fragen, ob nicht auch jene Motive, die man als Elemente der Hybris des Odysseus deuten wollte, viel eher auf die alternativen Versionen verweisen und gerade dadurch Odysseus von jeder Schuld freisprechen. Es ist also notwendig, die Erzählung daraufhin zu durchleuchten; ein entscheidender Faktor für die Beurteilung wird dabei sein, wie Odysseus, der die Episode ja den Phaiaken erzählt, seine Erlebnisse darstellt, welche Rolle also die Erzählperspektive für die Beurteilung der Handlung spielt. Die folgenden Bemerkungen werden sich demnach auf diese Aspekte konzentrieren.

ι 105–15   Die vor die Erzählung des Abenteuers plazierten Angaben zum Wesen der Kyklopen sind aus mehreren Gründen interessant (vgl. O'Sullivan 1990). Ich beschränke mich hier auf die Bemerkung, daß Odysseus mit seiner Charakterisierung die Kyklopen in Gegensatz zu allen zivilisierten Menschen stellt (das an die Spitze gestellte Grundmotiv nennt sie ὑπερφίαλοι und ἀθέμιστοι), womit Odysseus automatisch die Seite der θέμις vertritt. Die Optik, unter der der Erzähler Odysseus das Kyklopen-Abenteuer verfolgt, ist damit unmißverständlich offengelegt. Ebenso wichtig erscheint mir, daß durch diese Angaben ein kräftiger Hinweis auf die Eigenheiten der Erzähltechnik des Odysseus erfolgt: Odysseus erzählt die Ereignisse nicht in derselben Reihenfolge, wie er sie erlebt oder wahrgenommen hat (daß er hier Wissen über die Kyklopen, welches er schon vor seiner Konfrontation mit ihnen gehabt hätte, referierte, läßt sich ausschließen), sondern imitiert die Rolle des allwissenden epischen Erzählers, bringt also in seine Darstellung der Ereignisse Informationen ein, die ihm zum Zeitpunkt des eigenen Erlebens noch nicht zur Verfügung standen. Dem Hörer wird damit signalisiert, daß Odysseus seine Erlebnisse in der Erzählung bereits interpretiert, und zwar offenbar aufgrund von Erfahrungen, die er erst zu einem späteren Zeitpunkt gemacht hat; Odysseus deutet also die Aben-

teuer vom Standpunkt seines gegenwärtigen Wissens zum Zeitpunkt des
Erzählens bei den Phaiaken. Im Unterschied zum ‚echten' Sänger, der sich
für seine Informationen auf die Musen beruft, ist er allerdings gezwungen,
seine Deutungen zu verifizieren. Das geschieht regelmäßig dadurch, daß
die nachfolgende Darstellung der Ereignisse in chronologischer Abfolge
seine interpretierenden Vorgriffe bestätigt: Die Angaben über die Kyklopen ließen sich *grosso modo* aus der weiteren Darstellung des ι ableiten, so
wie die allgemeinen Angaben über die Ziegeninsel (ι 116–41) sofort durch
die Beschreibung des Aufenthalts darauf bestätigt werden. Es handelt sich
dabei um einen wesentlichen Faktor für den Wahrheitsanspruch des Erzählers Odysseus. Wenn Alkinoos später seine Erzählung als korrekt wie die
eines Sängers bezeichnet, so spielt für diesen Eindruck die Art der Darstellung eine entscheidende Rolle. Daß Odysseus trotzdem als Erzähler eine
Figur der Handlung bleibt, darf dabei aber nicht übersehen werden.

ι 116–41   Die Beschreibung der Ziegeninsel folgt derselben Erzähltechnik
wie eben zuvor, indem die allgemeine Charakterisierung die Beschreibung
der unmittelbar auf die Landung folgenden Autopsie vorwegnimmt. Teilweise sind Angaben eingeblendet, deren Kenntnis für den Hörer bereits an
dieser Stelle nützlich ist, obwohl sie auf erst später gemachten Erfahrungen
des Odysseus beruhen: Daß die Kyklopen die Ziegeninsel aus Mangel an
Schiffen nicht erreichen können, macht diese von vornherein zu einem sicheren Zufluchtsort vor einer etwaigen Verfolgung durch Polyphem.
     Nach allgemeiner Überzeugung ist die Ziegeninsel eine Erfindung des
Odysseedichters, um das Polyphem-Abenteuer an einer Stelle der Irrfahrten plazieren zu können, wo Odysseus noch über seine gesamte Flotte verfügt (Heubeck zu 116–36). Das bedeutet, daß Odysseus in anderen Versionen seine Begegnung mit Polyphem erst gegen Ende der Irrfahrten haben
konnte; ebensogut könnten damit Versionen widergespiegelt sein, in denen Odysseus gleich zu Beginn der Irrfahrten bis auf sein eigenes Schiff die
gesamte Flotte verlor. Fragt man nach der Funktion der Insel für die Handlung, so geht es nicht nur um das mechanische Aufbewahren der elf für das
Abenteuer überflüssigen Schiffe: Auch das Schiff, mit dem Odysseus im
Kyklopenland landet, wird dort ja nicht entdeckt, obwohl es für 36 Stunden
an der Küste liegt und Polyphem es einen ganzen Tag lang aufspüren
könnte. Man mag einwenden, daß schon dies eine Schwachstelle in der Logik der Handlung sei, die ganz unerträglich würde, wenn es sich nicht um
ein Schiff, sondern um eine ganze Flotte handelte. Doch hat der Erzähler
jedenfalls die Schwachstelle in Kauf genommen, um die List und Umsicht
des Odysseus hervorzuheben: Auf die entsprechende Frage des Polyphem
lügt er, daß sein Schiff vom Sturm zerschmettert sei, und lenkt damit die
Aufmerksamkeit des Kyklopen ab. Odysseus hat sich schon zuvor als um-

sichtiger Kommandant erwiesen, wenn er nur die zwölf besten Gefährten in die Kyklopen-Höhle mitgenommen und die übrigen zur Bewachung des Schiffes angehalten hat (ι 193–5). Auch die Zurücklassung der Flotte auf der Ziegeninsel ist somit als Zeichen der Umsicht des Odysseus zu werten.

Alle diese Elemente charakterisieren, besonders im Vergleich zu möglichen alternativen Darstellungen, das Verhalten des Odysseus als nicht übermäßig wagemutig und sprechen ihn von dem Vorwurf frei, er habe die Gefährten unnötig in Gefahr gebracht. Genau dieser Vorwurf wird nun in der Debatte um die ‚Hybris des Odysseus‘ erhoben: Die Motive für den Besuch beim Kyklopen seien Abenteuerlust und Gewinngier (vgl. Stanford zu ι 229: „Note O.'s motives — inquisitiveness and acquisitiveness — very typical of himself …“). Dagegen wurde zwar eingewendet, daß die Geschichte sich schlechthin nicht erzählen ließe, ohne daß Odysseus zunächst auf irgendeine Art in Polyphems Höhle gelangt. Das Motiv dafür dürfte jedoch in anderen Versionen der Erzählung durchaus von einer solchen Art gewesen sein; die Darstellung unserer Odyssee hebt dann genau jene Verhaltensweisen des Odysseus hervor, die am wenigsten bedenklich erscheinen.

ι 171   Das Motiv der ἀγορή verstärkt den Gegensatz zwischen den kultivierten Griechen und den unkultivierten Kyklopen, die keine ἀγοραί besitzen (Clay 1983, 117): Auch damit wird das Verhalten des Odysseus als einem epischen Helden angemessen gekennzeichnet.

ι 174–6   ... τῶνδ' ἀνδρῶν πειρήσομαι, οἵ τινές εἰσιν,
ἤ ῥ' οἵ γ' ὑβρισταί τε καὶ ἄγριοι οὐδὲ δίκαιοι,
ἠὲ φιλόξεινοι καί σφιν νόος ἐστὶ θεουδής.

Diese Formulierung spielt in der Argumentation von Friedrich (1991) eine wichtige Rolle. Friedrich bringt das Verbum πειράω in die Nähe des Theoxenie-Motivs, wonach ein als Mensch verkleideter Gott ahnungslose Menschen einer moralischen Prüfung unterzieht, und unterstellt Odysseus, es ginge ihm bei seinem Besuch bei den Kyklopen vor allem darum zu erfahren, ob sie σωφροσύνη, εὐσέβεια und δικαιοσύνη besäßen (26). Damit würde er sich eine gottähnliche Position anmaßen, zu der er nicht berechtigt wäre, und verdiente das Urteil Reinhardts (1960, 69) von einer „Hybris als moralische Bewußtheit“. Dagegen spricht, daß πειράω für sich genommen nichts von einer moralischen Probe an sich hat, sondern gerade in den medio-passiven Formen den Wunsch bezeichnet, Erfahrungen über jemanden oder etwas einzuholen, wobei das ‚Auf-die-Probe-Stellen‘ sich geradezu gegen das Subjekt selbst richtet: Symptomatisch ist vor allem in der Odyssee die geläufige Verwendung des Verbums in Kombination mit einer Form von ἰδέσθαι (φ 159 αὐτὰρ ἐπὴν τόξου πειρήσεται ἠδὲ ἴδηται, ζ 126 ἀλλ' ἄγ' ἐγὼν αὐτὸς πειρήσομαι ἠδὲ ἴδωμαι, cf. θ 213 ἀλλ' ἐθέλω ἴδμεν καὶ πειρηθήμεναι ἄντην), wodurch πειράω in die Nähe der intellektuellen Suche gerückt wird.

Der Inhalt der Suche, 175–6, bezeichnet die natürliche Alternative, wonach Menschen bzw. Völker eingeteilt werden können: in jene, die die Regeln der Gastfreundschaft respektieren, so daß mit ihnen Kontakt nach den Maßstäben des friedlichen Verkehrs möglich ist, und in jene, die dies ablehnen, so daß auch die Gegenseite andere Verhaltensmaßnahmen ergreifen muß. Diese Einteilung entspringt keiner moralischen Hybris des Odysseus, sondern der üblichen Verhaltensweise in einer Gesellschaft, in der der Fremde auf das ξενία-Prinzip angewiesen ist. Dieselben zwei Verse hat der Hörer der Odyssee bereits zweimal vernommen, einmal aus dem Mund des Odysseus bei seinem Erwachen im Phaiakenland (ζ 120–1) und einmal, mit geringfügiger Abwandlung, aus dem Mund des Alkinoos als Aufforderung an Odysseus, von seinen Erfahrungen zu berichten (ϑ 575–6); Odysseus wird bei seinem Erwachen auf Ithaka noch einmal dieselbe Frage an sich richten (ν 201–2). Auch gegenüber den Kyklopen ist somit die Absicht des Odysseus klar: Er will mit ihnen Kontakt aufnehmen, weil Kontakt zu den Menschen, denen er auf seinem Nostos begegnet, für ihn unabdingbar ist; dabei stellt sich für ihn natürlich die Frage, ob dieser Kontakt gemäß den Regeln der Gastfreundschaft ablaufen kann oder nicht. Das Motiv der Gastfreundschaft ist für die Irrfahrten-Berichte des Odysseus zentral (vgl. Most 1989), so wie auch für die Handlung unserer Odyssee insgesamt. Es liegt deshalb nahe, daß der Odysseedichter auch für die Polyphem-Episode dieses Motiv stärker in den Vordergrund gerückt hat, als dies in anderen Versionen der Fall war. Unsere Odyssee stellt die Begegnung zwischen Odysseus und Polyphem unter das zentrale Thema der Gastfreundschaft, die für die Gesellschaft des Dichters und der Hörer einen objektiven Wert darstellt, der keine anthropologische Hinterfragung zuläßt. Für den Hörer stellt sich also nicht die Frage, ob der angewendete Code dem Wesen des Kyklopen gerecht wird, sondern nur, ob Odysseus sich entprechend dem Code verhält, so daß ihn diesbezüglich keine Schuld trifft. Mit der Ankündigung des Odysseus in 175–6 ist also das dem Hörer bekannte Polyphem-Abenteuer unter ein Motto gestellt; die weitere Ausführung wird diesem Motto gerecht werden müssen (vgl. dazu Podlecki 1961).

ι 181–92 Die Beschreibung von Höhle und Bewohner kombiniert die Perspektive der Wahrnehmung mit der einer retrospektiven Zusammenfassung: Odysseus und die Gefährten dürfen Polyphem nicht erblicken, bevor er die Höhle betritt, da sie sonst ja seinen Kontakt meiden würden, aber auch, damit er seinerseits ihr Schiff nicht erblickt. Auch die Details der Höhle sind aus der Ferne (ἐπ' ἐσχατίη) nicht wahrnehmbar, so daß das Verbum εἴδομεν eigentlich nur auf die Angabe σπέος ἄγχι θαλάσσης (182) zutrifft. Das Vorausgreifen entlastet den Erzähler Odysseus an späteren Stellen: Es erspart ihm ein betrachtendes Verweilen bei der Ankunft vor der Höhle, wo dann nicht thematisiert werden muß, ob trotz Abwesenheit des Hausherrn das Eintreten legitim ist (das nächste beschriebene Innehalten findet erst innerhalb der Höhle statt: 216–8); es erspart ihm auch die Beschreibung des Kyklopen bei dessen Betreten der Höhle, so daß sich die Erzählung dort ganz auf die Beschreibung der Aktionen Polyphems und der Reaktionen der Gefährten konzentrieren kann. Wenn Odysseus, wie oft moniert, nirgends explizit erwähnt, daß Polyphem nur ein Auge hat, resultiert das daraus, daß der Erzähler Odysseus die Beschreibung des Kyklopen an eine Stelle der Handlung verlagert, wo sie nicht auf Autopsie beruht, aber dem Charakter einer Autopsie angeglichen ist: Odysseus beschreibt Polyphem so, wie er aus größerer Entfernung wahrgenommen würde.

ι 196–211   Das Motiv des Weines ist in der Erzählung des Odysseus sorgfältig aufgebaut (vgl. Heubeck zu ι 163–5): Zunächst ist am chronologisch ‚richtigen' Platz davon die Rede, daß die Gefährten nach der Eroberung der Kikonen-Stadt viel Wein trinken (ι 45); dann berichtet Odysseus anläßlich des Aufenthalts auf der Ziegeninsel in einer ersten Rückblende, daß sie bei den Kikonen viel Wein erbeutet hätten (ι 163–5); beim Bericht vom Weg zur Kyklopenhöhle erfolgt eine zweite Rückblende, die ein weiteres Detail nachträgt; all dies steuert auf jene Szene hin, in der Odysseus Polyphem vom Wein anbietet und dadurch seine List vorbereitet (er dient dazu, daß Polyphem den Namen Οὖτις akzeptiert und in jenen tiefen Schlaf fällt, der Voraussetzung für die Blendung ist). Der Wein ist nun für das Gelingen der Listen nicht unabdingbar, ist aber eng mit dem ξενία-Motiv verbunden. Es ist also denkbar, daß das Wein-Motiv in früheren Versionen der Polyphem-Geschichte fehlte und eine Neuerung des Odysseedichters darstellt.

Die Technik der Rückblenden ist deshalb bemerkenswert, weil der Erzähler Odysseus mit seinem Erzählmaterial wesentlich souveräner umgeht, als dies in der epischen Praxis üblich ist. In der direkten Darstellung des epischen Erzählers wird in rekapitulierenden Figurenberichten zu dem, was bereits im Bericht des Erzählers enthalten war, kein zusätzliches Material hinzugefügt; die Figurenberichte referieren abkürzend, wenn auch teils subjektiv gefärbt, was der Erzähler ausführlicher dargestellt hat; ein Nachtrag des Erzählers selbst bleibt überhaupt ausgeschlossen. Im Bericht des Odysseus hingegen ist die Episode bei den Kikonen zunächst nur summarisch referiert, worauf an späterer Stelle ein Detail, das für den dortigen Kontext bedeutsam ist, ausführlicher nachgetragen wird. Dies ist im Rahmen der von Zielinski (1901) beschriebenen strengen epischen Technik nur möglich, weil es sich eben um den Bericht einer Figur, und zwar den Bericht über einen Ausschnitt aus der Vorgeschichte der epischen Handlung handelt. Für solche Berichte der Vorgeschichte ist nun Zielinskis ‚Regel', wonach von parallel laufenden Handlungssträngen keine gleichzeiti-

gen Aktionen berichtet werden (vgl. zuletzt Olson 1995, 91–119), offenbar
aufgehoben. Das gilt nicht nur für Berichte unterschiedlicher Figuren (die
Berichte von den Nostoi sind sorgfältig auf mehrerer Figuren aufgeteilt, die
zumindest teilweise denselben Handlungszeitraum abdecken); der Erzähler Odysseus geht noch darüber hinaus, indem er zwar nicht von gleichzeitig an unterschiedlichen Schauplätzen stattfindenden Aktionen berichtet,
sich jedoch die Freiheit nimmt, zwischen der Rolle des rückblickenden Erzählers und des erlebenden Subjekts hin und her zu wechseln und damit
die Erzählung von der chronologischen Abfolge der Ereignisse zu emanzi-
pieren. Er integriert also in seinen scheinbar objektiven Bericht Elemente,
die in direkter Darstellung durch den Erzähler nur im Rahmen von Figurenreden, ja teilweise nicht einmal dort möglich wären.

Ein Zweites ist die Frage nach der Funktion der Erzählung vom Priester Maron. Hier herrscht zwar Klarheit darüber, daß die Ausführlichkeit
des Berichts die Bedeutung des Weines und seiner besonderen Qualität
hervorhebt (vgl. Heubeck zu 196–215; das Prinzip ist formuliert bei Austin
1966). Der Inhalt der Maron-Episode hat in diesem Kontext jedoch zusätzliche Bedeutung: Odysseus hat den Wein als Gastgeschenk der besonderen
Art erhalten; der Schenker war Priester, wohnte in einem geschützten Bereich und wurde deshalb von Odysseus bei der Eroberung der Stadt verschont. In der Rückblende wird somit unmittelbar vor der Begegnung mit
Polyphem ein ξενία/ἱκεσία-Verhältnis von besonderer Qualität eingeblendet: ξενία trotz Kriegszustand, ξενία, die sich auf die Respektierung des
göttlichen Schutzes beruft, ξενία, die durch formellen Austausch wertvoller
Gastgeschenke besiegelt wird. Das Motiv ist für die Polyphem-Handlung,
wie sie in unserer Odyssee präsentiert wird, höchst relevant: Odysseus
sucht die Begegnung mit Polyphem, um ξενία aufzunehmen, um ein ξεινή-
ιον zu erhalten, er wird sich auf Ζεὺς ξείνιος berufen. Die Einblendung der
Maron-Episode erfüllt an dieser Stelle also eine ähnliche Funktion wie ein
mythologisches Exempel in der Ilias: Es werden Verhaltensweisen von Figuren der Vergangenheit evoziert, an denen sich die Figuren der Erzählge-
genwart ein Beipiel nehmen sollen. Im Unterschied zu den Exempla der
Ilias handelt es sich hier aber um einen Bericht des Erzählers Odysseus an
sein handlungsinternes Publikum, und nicht um eine Rede der Figur Odysseus an Polyphem. Auch dies ist ein Zeichen für die Überlegenheit des Erzählers Odysseus gegenüber dem ‚klassischen' epischen Erzähler: Odysseus interpretiert als Erzähler die von ihm erzählte Handlung mit Mitteln,
die sonst nur den handelnden Figuren offenstehen.

ι 212–5 Odysseus berichtet von seinen Vorahnungen, diesmal streng aus
der Perspektive des Handelnden, nicht des Erzählenden. Stanford (zu 187)
sieht darin den Versuch „to patch up some inconsistency", nämlich die vor-

ausblendende Beschreibung Polyphems (187–92) nachträglich zu begründen. Das Verhältnis der beiden Stellen läßt sich auch umgekehrt beschreiben: Die Vermutung des Odysseus ist für den Hörer an dieser Stelle der Handlung nur plausibel, weil er bereits zuvor Informationen über das Wesen des Kyklopen erhalten hat. Auch die Verse 212–5 sind also eine Mischung zwischen Figurenperspektive und rückblickender Interpretation dieser Figurenperspektive; es bleibt festzuhalten, daß der Akteur Odysseus hier noch kein Wissen über das Wesen des Polyphem hat.

ι 216–23   Odysseus verweilt laut seinem Bericht nicht vor der Höhle: vgl. zu 181–92. Die Angabe, daß sich in der Höhle bzw. in den σηκοί Schafe und Böcke befinden, könnte als Widerspruch zu der Angabe aufgefaßt werden, daß Polyphem in größerer Entfernung von der Höhle seine Herden weide (ι 187–9). Zugrunde liegt dieser Trennung die Unterscheidung verschiedener Typen von Tieren (männlich/weiblich; jung/alt; Ziegen/Schafe); andrerseits werden die bei der Höhle befindlichen Tiere sogleich eine wichtige Funktion für die Bewertung der Aktionen des Odysseus erfüllen.

ι 224–30   Die Gefährten schlagen vor, Käse und Tiere zu stehlen, und Odysseus lehnt den Vorschlag ab. Wir haben damit den Vorschlag eines alternativen Handlungsverlaufs, der in dieser Form in keiner Version der Polyphem-Geschichte verwirklicht sein konnte (,unmögliche Alternative'), der aber vielleicht auf Aspekte solcher alternativer Gestaltungen hinweist (im Kyklops des Euripides ertappt Polyphem die Gefährten beim Versuch des Diebstahls). Odysseus selbst sagt rückblickend, daß die Befolgung des Vorschlags κέρδιον gewesen wäre und die Verfolgung seiner Absicht, den Kyklopen um Aufnahme als ξένος zu bitten, den Gefährten Verderben gebracht habe. Diese Absicht wird Odysseus oft als Leichtsinn und Besitzgier ausgelegt, und man hat argumentiert, daß er dadurch seine Gefährten ohne Not einer — absehbaren — Gefahr ausgesetzt habe. Demgegenüber wurde zu Recht festgestellt, daß das Bleiben des Odysseus nicht nur von der Geschichte gefordert ist (Pinsent 1993, 99), sondern auch streng dem Code des ,iliadischen' Helden entspricht (Friedrich 1987; 1991, 22). Man wird aber in der Erklärung noch weiter gehen können: Indem der Dichter die Entscheidung, in der Höhle auf Polyphem zu warten, als Wahl zwischen zwei Alternativen darstellt, von denen die eine evident gegen den ξενία-Code verstößt, markiert er die Entscheidung zugunsten der anderen als richtig. Der Vorschlag der Gefährten erinnert dann daran, daß Odysseus sich nicht in allen Versionen der Geschichte so ,korrekt' verhielt wie hier. Odysseus erscheint also in dieser Version als Held, der sich, soweit es der vorgegebene Rahmen der Polyphem-Episode zuläßt, keine Schuld zukommen läßt, während der Vorschlag der Gefährten schon hier als Beispiel jener ἀτασθαλίη gekennzeichnet wird, die später ihren Untergang herbeiführen wird.

ι 231–2   Daß Odysseus sich am Käse des Kyklopen bedient, wird oft als
Verstoß gegen das Gastrecht gewertet. Friedrich (1991, 26 mit Anm. 39)
sieht darin ein wichtiges Detail, das die Berufung des Odysseus auf Ζεὺς
ξένιος zur Hybris mache (vgl. zu ι 475–9). Nun könnte man fragen, ob der
epische Code des Gastrechts überhaupt Regeln für den Fall vorsieht, daß
ein Ankömmling auf ein leeres ‚Haus' ohne Türe stößt. Relevant ist hier
eher, daß mit dem Verzehr des Käses ein Verhalten gewählt ist, das im Vergleich zu anderen Möglichkeiten (zu anderen Versionen der Geschichte)
den geringsten Schaden anrichtet: Obwohl Schafe zur Verfügung stehen,
vergreift sich Odysseus nicht an ihnen; der Verzehr des Käses könnte somit
als geringstmögliche Vorwegnahme der Gastfreundschaft gedeutet werden; nicht aus Zufall läßt der Erzähler Polyphem bei seinem Eintreten das
Fehlen des Käses nicht bemerken. Man kann also unsere Version vor dem
Hintergrund einer denkbaren Variante lesen, in der Odysseus bereits in
räuberischer Absicht in die Höhle kommt und von Polyphem beim Diebstahl (oder beim Verzehr von geschlachtetem Vieh) ertappt wird. Wichtig
ist aber vor allem, daß hier der Verzehr des Käses nur im Rahmen, ja sogar
als Anhängsel eines Opfers des Odysseus und der Gefährten erscheint. Das
Opfer besteht nicht aus einem von Odysseus geschlachteten Tier (*contra*
Newton 1983), sondern nur aus dem Käse; der Käse wird also nur erwähnt,
weil er für das Opfer notwendig ist. Daß aber Odysseus an dieser Stelle eine Kulthandlung vornimmt, hat die Funktion, sein religiös korrektes Verhalten und damit den Gegensatz zum Kyklopen, der keinerlei religiöse In-
stitutionen kennt, hervorzuheben (so Clay 1983, 117). Auch das Käse-Opfer
hat also im Kontext der Handlung nicht die Funktion, einen Fehler des
Odysseus zu bezeichnen und ihm damit eine Teilschuld an den Irrfahrten
und am Verlust der Gefährten zuzuschreiben, sondern, ganz im Gegenteil,
den Aspekt der Schuldhaftigkeit des Odysseus im Vergleich zu möglichen
anderen Gestaltungen der Geschichte möglichst gering zu halten.

ι 237–49   Die Beschreibung von Polyphems Verrichtungen, bevor und
nachdem er den für die Handlung bedeutsamen Stein vor den Ausgang
legt, wird unter die für die Odyssee typische Neigung zur Milieuschilde-
rung subsumiert, auch als idyllischer, sympathieheischender Zug des Polyphem gedeutet (so Newton 1983). Wenn aber Hölscher (1988, 190) bemerkt
„Aber dies Idyll ist trügerisch, es steht vor dem Hintergrund eines größeren, bedrohlichen Bildes von Rohheit und Barbarei …", so ist dies nicht nur
auf den weiteren Hintergrund der rohen Gesittung aller Kyklopen zu beziehen, sondern vor allem auch auf Polyphems konkretes Verhalten gegen
Odysseus und die Gefährten. Der Gegensatz zwischen dem friedlichen, ja
menschlichen Alltag des Kyklopen und seinem aggressiven Verhalten gegenüber den Fremden hebt noch stärker hervor, daß es sich dabei um einen

Willkürakt handelt, der nicht der Natur der Kyklopen schlechthin entspricht, sondern sich als bewußtes Hinwegsetzen über die göttliche Norm
der ξενία versteht (Glenn 1971, 163: „The over-all effect is to give a much
more human, though admittedly not humane, picture of Polyphemus").

ι 259–66   Die Berufung auf das κλέος des Agamemnon und des Trojanischen Krieges ist auf der Figurenebene eine Droh- und Prahlgebärde gegenüber Polyphem. Thematisch signalisiert sie, daß Odysseus hier noch
völlig in der κλέος-Idee des Heldenepos, wie wir sie aus der Ilias kennen,
verhaftet ist; so deutet Friedrich (1987) die gesamte Kyklopie als Widerstreit zwischen ,alter' κλέος-Idee und ,neuen' Odysseus-Tugenden). Es fällt
auf, daß Odysseus hier, wie anderswo, das κλέος der Troiakämpfer und
damit sein eigenes als ein bereits bestehendes rühmt. Odysseus handelt im
Bewußtsein des über seine Person bereits bestehenden Heldengesangs und
reflektiert damit den Dichter, der den Hintergrund der dem Hörer bekannten Troiadichtung bewußt in die eigene Odyssee hineinspiegelt.

ι 279–86   Wenn Polyphem, noch bevor er die ersten Gefährten frißt, sich
nach dem Schiff des Odysseus erkundigt, verstärkt das den Eindruck, daß
es sich nicht um die spontane Tat eines tierähnlichen Wilden, sondern um
einen bewußt gesetzten Akt der Feindseligkeit handelt. Zugleich wird
damit angekündigt, daß der Kyklop in dieser Version nicht ohne Widerstand überlistet werden kann, was die Leistung des Odysseus noch stärker
hervorhebt. Die Frage nach dem Schiff stellt deshalb eine Gefahr dar, weil
Polyphem am nächsten Tag die Möglichkeit hätte, das Schiff aufzusuchen;
in Versionen, in denen er bereits in der ersten Nacht geblendet wird, gäbe
es dieses Problem nicht. Hier bestünde trotz der geschickten Antwort des
Odysseus noch immer die Möglichkeit, daß Polyphem das Schiff von selbst
entdeckt. Diese Schwierigkeit ist durch die Angabe des Odysseus zum Ort
des fingierten Schiffbruchs, ὑμῆς ἐπὶ πείρασι γαίης (284), verschleiert, die
nicht so sehr die Aufmerksamkeit Polyphems als die des Hörers ablenken
soll (immerhin hat Odysseus nach 181–2 bereits vom Landeplatz des Schiffes aus die Höhle wahrgenommen!). Der leichte Widerspruch ist sichtlich in
Kauf genommen, um die beiden Motive (List des Odysseus; langes Aushar-
ren in der Höhle) kombinieren zu können. Es liegt nahe, daß die Schwierigkeit erst durch die Einfügung des zusätzlichen Tages in der Höhle entstand, also vom Odysseedichter selbst produziert wurde.

ι 291   Die Formulierung des Verses läßt offen, ob Polyphem die Gefährten roh oder gebraten verzehrt: Zwar ist vom Vorgang des Bratens keine
Rede, doch ließe sich sowohl die Angabe, daß er sie in Stücke schneidet
(μελεϊστὶ ταμών), als auch die Formulierung „er bereitete sich das Mahl zu"
(ὡπλίσσατο δόρπον) in diesem Sinn verstehen (nach Ameis-Hentze besteht
hingegen die Zubereitung gerade nur im Zerschneiden). Die Ambivalenz

ist wohl beabsichtigt: In vielen *folktale*-Parallelen brät der Riese sein Opfer am Bratspieß und wird vom Helden mit demselben geblendet. Unser Dichter vermeidet diesen naiven Symbolismus (ohne deshalb, wie Newton 1983 meint, von der Schuld des Kyklopen abzulenken: An die Stelle des Symbolismus tritt das Motiv der verletzten ξενία) und ersetzt den Bratspieß durch den Holzspieß, den Odysseus erst mühsam anfertigen muß. Polyphem soll also in dieser Version keinen Bratspieß besitzen, da Odysseus damit bereits ein Instrument zur Blendung zur Verfügung hätte. Der Grund dafür liegt aber nicht darin, daß das Braten der Gefährten als abstoßendes Detail vermieden ist (Page 1955, 10f.); Glenn (1971, 164–6), führt eine *folktale*-Parallele an, in der ein Opfer am Spieß gebraten wird, der Held aber trotzdem einen Holzspieß zur Blendung spitzt (so auch bei Euripides, wo Polyphem die Gefährten teils brät, teils kocht, Odysseus aber den Olivenstock verwendet); auch die umgekehrte Verteilung (der Riese frißt seine Opfer roh, obwohl es einen Spieß gibt) wäre denkbar. Dies gilt nun auch für die homerische Version. Zwar ist die Erwähnung des Bratspießes vermieden, doch würde Odysseus zu Polyphems Blendung über andere Waffen verfügen: Von seinem Schwert ist in ι 300 ausdrücklich die Rede, auch zur Zuspitzung des Holzspießes sind Schwerter oder Messer nötig. Dort hält es der Erzähler sichtlich nicht für nötig, die Erwähnung möglicher Instrumente zur Blendung zu vermeiden. Dies deutet darauf hin, daß der Bratspieß als Blendungsinstrument den Hörern der Odyssee aus anderen Versionen der Geschichte bekannt war, seine Erwähnung also besonders vermieden werden mußte. Wenn Polyphem die Gefährten trotzdem nicht einfach roh verschlingt, sondern geradezu im Rahmen einer regulären Mahlzeit verzehrt, so wird auch damit hervorgehoben, wie sehr er die ξενία-Idee pervertiert.

ι 299–305   Daß Odysseus dem ersten Antrieb, Polyphem sofort zu töten, widersteht, wurde als entscheidender Schritt über das ‚klassische' Heldenideal eines iliadischen Achilleus hinaus bezeichnet (Friedrich 1987). Der Vorgang dieser Zurückhaltung (mit der auch eine ‚unmögliche Alternative' abgelehnt wird) und die ihm zugrundeliegenden Erwägungen sind ausführlich beschrieben, um die Leistung des Odysseus hervorzuheben. Die Steigerung gegenüber Alternativversionen (also solchen mit Bratspieß) besteht wohl darin, daß Odysseus sich bezähmt, obwohl er hier noch keine weitere Möglichkeit sieht, Polyphem zu bekämpfen: Der Überlegungs- und Entscheidungsprozeß ist aufgespalten, Odysseus verwirft am Abend die eine Option und ‚entdeckt' erst am Morgen die andere. Als zusätzliche Qualität des δολόμητις Odysseus kommt also seine τλημοσύνη ins Spiel.

ι 317   Die Formulierung δοίη δέ μοι εὖχος 'Αθήνη evoziert das typische Denkschema, wonach der Held für den Erfolg im Kampf auf göttlichen Beistand angewiesen ist. Odysseus *qua* Figur der Handlung ist sich, wie die

Formulierung zeigt, dieser Notwendigkeit bewußt; sein weiterer Bericht verrät aber kein Wissen davon, daß ihm Athene in der Höhle auch tatsächlich beigestanden habe; zumindest ihr Eingreifen in Form einer Epiphanie ist damit ausgeschlossen. Aus diesen Fakten schließt Clay (1983, 46), daß Athene ihrem Schützling hier die Hilfe bewußt verweigert habe; wenn sich die Göttin im ν damit verantwortet, sie habe Odysseus aus Rücksicht auf Poseidon nicht unterstützt, obwohl der Kampf gegen Polyphem noch vor Poseidons Eingreifen stattgefunden hat, handle es sich um eine Ausrede Athenes, die vielmehr Odysseus während seines gesamten Nostos zürne.

Gegen diese Argumentation spricht bereits, daß sich göttliche Hilfe bei Homer nicht nur in Form einer Epiphanie äußern kann. Da Odysseus nun als Erzähler an die Beschränkungen der Figurenperspektive gebunden ist, kann er von einem Eingreifen Athenes gar nicht berichten. Als Figur der Handlung kann er göttliches Eingreifen nur aus den Resultaten der Aktionen erschließen und kann die wirkende Gottheit nicht benennen. In diesem Fall nennt Odysseus nachträglich nur Ζεὺς ξένιος als eine erschließbare Bereichsgottheit (478–9), nicht jedoch Athene; bereits für den Zeitpunkt, als Polyphem am Abend auch die männlichen Tiere in die Höhle treibt, erwägt er göttlichen Einfluß (θεός, 339), ebenso fühlt er sich bei der Blendung göttlich beflügelt (θάρσος ἐνέπνευσεν μέγα δαίμων, 381). Man könnte also argumentieren, daß dem Helden ab dem Zeitpunkt des Gebets — im Rahmen des Möglichen — alle Aktionen gelingen, und daß schon dies signalisiere, daß Odysseus unter dem Schutz der Göttin stehe (so Bona 1966, 82, der als Zeichen für „la protezione degli dei" ansieht, daß in 331–5 exakt jene Gefährten vom Los als Helfer für die Blendung bestimmt werden, die Odysseus sich wünscht). Es gibt aber wohl sogar ein konkretes Zeichen für den direkten Einfluß der Göttin:

Unmittelbar nach der Erwähnung Athenes erblickt Odysseus jenen Ölbaum-Stamm, der ihm als Werkzeug zur Blendung des Polyphem dienen wird. Daß dieses Instrument aus dem Holz eines Ölbaums verfertigt wird, hat nun sichtlich nicht nur die von den Scholien genannten technischen Gründe (Olivenholz sei besonders hart oder nehme besonders schnell die Hitze auf). Wichtig sind hier die Beobachtungen von Schein (1970, 75f.), der alle Erwähnungen von Ölbaumen oder Olivenholz in der Odyssee untersucht. Dabei ist evident, daß der Ölbaum an all diesen Stellen positive symbolische Bedeutung für Odysseus hat. Bekannt ist nun aus späterer Zeit, daß der Ölbaum der Athene heilig war, doch wäre es voreilig, dieses Wissen ungeprüft auf die Odyssee zu übertragen. Nun steht aber an zwei Stellen der Ölbaum in enger Verbindung mit dem Eingreifen Athenes. Für ν 372, wo Athene und Odysseus sich unter den Ölbaum setzen, der schon ν 102 und 122 genannt war, verweist Schein auf die Ausführungen des Porphyrios zu der engen Verbindung zwischen Ölbaum und Athene; der im

Kontext so stark hervorgehobene Ölbaum kann hier wohl nur die Bedeutung haben, Athenes Einfluß auf die Odysseus-Handlung von der Landung in Ithaka an hervorzuheben. Ähnliches gilt für ε 477ff.: Odysseus, der soeben durch Athenes wiederholte Eingreifen aus dem Meer gerettet wurde, bettet sich unter einem Ölbaum und einer φυλίη (vielleicht: wilder Ölbaum), und Athene gießt ihm Schlaf in die Augen, bevor sie sich zu Nausikaa begibt. Auch hier ergibt die Nennung des Ölbaums keinen Sinn, wenn nicht durch die Verbindung zu Athene. Gesteht man nun die Bedeutung des Ölbaums an diesen beiden Stellen zu, so ist es nicht abwegig, auch an zwei weiteren von Schein angeführten Stellen den Ölbaum in Beziehung zu Athene zu bringen. Unscheinbar ist zunächst die erste Belegstelle in der Odyssee: ε 236 übergibt Kalypso Odysseus zum Bau des Floßes eine Axt mit einem Olivenholz-Stiel, dies immerhin vielleicht ein Symbol für den Athene-Charakter der Verfertigung des Floßes. Berühmt ist dann der Ölbaum als Bettpfosten für das Bett des Odysseus, ψ 190–204, der die Erklärung nahelegt, daß die Ehe des Odysseus unter Athenes Schutz steht. Es scheint also der Schluß unausweichlich, daß der Ölbaum auch als Instrument zur Blendung des Polyphem symbolische Bedeutung hat, und es ist kaum Zufall, daß der Erzähler Odysseus den Ölbaum-Stock erblicken läßt, nachdem er Athenes Hilfe thematisiert hat. Die Hilfe der Göttin wird durch die Präsenz des ihr heiligen Holzes signalisiert, und sie bleibt zwar der Figur Odysseus, nicht aber dem kundigen Hörer verborgen (vgl. dagegen Bonnafé 1985, wo die Verbindung von Odysseus mit dem Ölbaum als Ausdruck seiner Verstellungskunst und Überlebensfähigkeit gedeutet wird).

Damit präzisiert sich für den Hörer Athenes Verantwortung im ν: Die Göttin hat Odysseus gegen Polyphem ein letztes Mal beigestanden und hat sich erst danach wegen des Zorns des Poseidon zurückgezogen. Der Hörer kann das erschließen, weil er Athenes Aussagen und Aktionen in α – ϑ verfolgt hat; die Figur Odysseus weiß davon weder während der Irrfahrten noch zum Zeitpunkt des Berichts an die Phaiaken.

ι 319–35 Der komplizierte Plan und die langwierige Zubereitung des Instruments zur Blendung setzt die Abwesenheit des Kyklopen voraus, ist also der wichtigste Grund dafür, daß Odysseus einen ganzen Tag länger, als es die ‚einfache Geschichte' erfordern würde, in der Höhle bleibt. Die traditionelle Leistung der einfachen List ist dadurch umgesetzt in die Planung und kunstfertige Umsetzung eines gezielten Vorgehens, wobei in Kauf genommen ist, daß die Möglichkeit einer schnelleren Lösung (Blendung durch Schwert oder Lanze) ausgeschaltet bleibt. Die Alternativen werden im Gegensatz zum traditionellen Motiv des Bratspießes, das wohl ausdrücklich ausgeschaltet werden muß, gar nicht erwogen. Das Ergebnis spricht für sich: Der monumentale Holzspieß, der die Arbeit aller Gefährten bei der Herstellung und die Hilfe von vier Gefährten bei der Blendung erfordert, erscheint dem Riesen Polyphem so sehr angemessen, daß die Erwägung einfacherer Mittel gar nicht mehr in Frage kommt.

ι 425–30   Die Beschreibung enthält keine Angabe dazu, daß die Gefährten u n t e r dem mittleren Schafbock festgebunden sind; der reine Wortlaut würde am ehesten suggerieren, daß der Mann jeweils auf dem Rücken des mittleren Bockes sitzt, während das linke und das rechte Tier ihm nur ‚Flankenschutz' gibt. Erst mit 443 (ὑπ' ... ὅίων στέρνοισι) wird ersichtlich, wo sich die Gefährten tatsächlich befunden haben. Heubeck (zu 427–31) versteht das als bewußtes Hinauszögern der Information durch den Erzähler („exactly how is not revealed until 443"). Doch spielt wohl die mangelnde Präzision der Beschreibung für den Hörer gar keine Rolle, weil er die Fluchtmethode bereits aus der Tradition kennt und das Detail aus eigenem Wissen ergänzen kann. In ähnlicher Weise ist ja auch bei den ersten Angaben zu Polyphems äußerer Erscheinung nicht erwähnt, daß er nur ein Auge besitzt. Man könnte aber vermuten, daß zwar der Trick, sich unter den Schafen aus der Höhle zu retten, traditionell war, daß aber erst der Odysseus unserer Version jeweils drei Schafböcke zusammenband und damit seine List noch komplizierter und auch ihr Gelingen plausibler werden ließ. Die Angabe, daß der Gefährte jeweils u n t e r dem Bock festgebunden werde, könnte infolge der Konzentration auf die Angaben zu den jeweils drei Tieren und zur Positionierung des Gefährten auf (bzw. unter) dem mittleren versehentlich entfallen sein. Wir hätten damit einen Hinweis darauf, welche Version der Geschichte der Odysseedichter an diesem Punkt voraussetzt. Demgegenüber bringt Heubecks Hinweis (zu 425–36), daß in den *folktales* der Held sich zumeist in ein Schaffell hüllt, so daß die Abweichung von dieser Version in der Odyssee die Anrede des Polyphem an seinen Lieblingsbock ermögliche, für das Verhältnis unserer Odyssee zu der für den Hörer relevanten Tradition keinen zusätzlichen Gewinn.

ι 432ff.   Der Widder, mit dessen Hilfe Odysseus aus der Höhle entflieht, erinnert an Γ 196–8, wo Priamos Odysseus mit einem ἀρνειὸς πηγεσίμαλλος vergleicht. Fragt man nach dem Verhältnis zwischen den Stellen, so scheidet die Möglichkeit, daß das Iliasgleichnis die Anregung zur Szene der Flucht mit dem Widder geliefert hätte (so sichtlich Clay 1983, 120f.), aus. Eher käme in Frage, daß das Gleichnis assoziativ durch die Verbindung zwischen Widder und Odysseus in der Polyphem-Geschichte ausgelöst ist, was ein Beleg dafür wäre, daß die Flucht mit dem Widder schon der Ilias als traditioneller Bestandteil der Geschichte bekannt ist. Doch beruht das Iliasgleichnis auf einen traditionellen Gleichnistyp; so werden Aineias und seine λαοί mit einem κτίλος und den μῆλα verglichen (N 489–95). Die Übereinstimmung zwischen dem Gleichnis im Γ und der Szene im ι erklärt sich daher am besten als gemeinsames Zurückgreifen auf eine traditionelle Assoziation: Auch für die Odyssee-Szene spielt es eine Rolle, daß Odysseus für sich jenen Bock wählt, der μήλων ὄχ' ἄριστος ἁπάντων ist (432).

ι 447–60   Polyphems Rede an den Widder ist für ihr Pathos berühmt, und zweifellos erzeugt der Dichter damit auch Mitgefühl für den geblendeten Kyklopen. Dabei darf aber nicht übersehen werden, daß gerade der Schluß dieser Rede daran erinnert, in welch großer Gefahr sich Odysseus immer noch befindet. Dadurch, daß Polyphem in dieser Version auf menschliches Niveau gehoben ist, läßt sich der Kampf zwischen ihm und Odysseus eher mit den Kategorien heroischer Tugenden erfassen: θυμός, μῆτις, τλημοσύνη, aber auch ξενία. Der Kyklop ist grundsätzlich nach menschlichen Maßstäben zu messen; umso stärker tritt hervor, daß die Regeln, deren Verletzung Odysseus einklagt, auf ihn auch tatsächlich anwendbar sind.

ι 464–70   Durch die Handlungen des Kyklopen ist das ξενία-Verhältnis aufgehoben; der Diebstahl der Schafe ist daher nicht mehr eine Verletzung des Gastrechts, sondern eine σύλησις des im Kampf besiegten Feindes. Das Abenteuer gelangt damit zu dem gleichen Ergebnis, wie es die Gefährten beim Betreten der Höhle vorgeschlagen hatten, hält sich jetzt aber im Rahmen der heroischen Wertordnung. Der als Möglichkeit vorgeschlagene alternative Handlungsverlauf dient also dazu, die Bewertung der tatsächlich verfolgten Handlung schärfer herauszustellen.

ι 475–9   Die Berufung auf Zeus wird Odysseus von vielen Forschern verübelt. In der Nachfolge von Reinhardt argumentiert Friedrich (1991, 26), daß Odysseus sich damit die ihm nicht zustehende Rolle eines Vollstreckers des Willens des Zeus anmaße: „It must greatly irritate Zeus that such a claim should be made by a man who … was the first to violate the very code he now boasts to have vindicated". Diese Interpretation beruht auf der irrigen Annahme, daß Odysseus das Gastrecht verletzt habe (vgl. zu ι 231–2) sowie auf der Überzeugung, daß Zeus Odysseus während seiner Irrfahrten tatsächlich zürne (vgl. zu ι 551). Hier soll nur die Berufung auf Zeus betrachtet werden. Odysseus hat sich bereits in ι 269–71 auf Zeus als Beschützer des Gastrechts berufen; das ξενία-Leitmotiv, das die Polyphem-Episode bestimmt, ist dadurch mit dem Schutz des Zeus verknüpft, jede Verletzung des Gastrechts durch Polyphem als Verstoß gegen Zeus markiert; Polyphem selbst formuliert seine frevlerische Gesinnung, wenn er ausdrücklich erklärt, daß er sich um Zeus und dessen Funktion als Schützer des Gastrechts nicht kümmere (ι 273–8). Nach der Theologie der homerischen Figurenperspektive hat Odysseus somit objektiv recht, wenn er das Ergebnis des Abenteuers als Bestrafung Polyphems durch Zeus interpretiert: Auch hier gilt, daß Figuren der Handlung Aussagen über göttliche Einwirkung nur aus einer Interpretation der Kausalzusammenhänge des

Geschehens ableiten können. Die aus der Figurenperspektive korrekte Aussage über die Einwirkung des Zeus läßt sich also schwerlich kritisieren.

Reinhardt (1960, 66–69) und Friedrich (1991, 24–8) gehen jedoch weiter: Der Frevel des Odysseus liege darin, daß er seine eigene Tat als Strafe des Zeus bezeichne und damit zur Erfüllung eines göttlichen Auftrags umdeute, wozu er nicht befugt sei. Die Basis für diese Deutung liegt in der Auffassung von πειρήσομαι (ι 174) als Ausdruck einer moralischen Überprüfung sowie in der Überzeugung, daß Odysseus keinen sachlichen Grund habe, mit den Kyklopen überhaupt Kontakt aufzunehmen. Doch Odysseus, der neun Tagesreisen von der bekannten Welt entfernt ist, hat gar keine andere Wahl, als Kontakt mit Menschen aufzunehmen, und dieser Kontakt kann (außer, wie bei den Kikonen, bei einem kriegerischen Überfall) keine andere Grundlage haben als die Berufung auf das Gastrecht. Die Hybris des Odysseus besteht also nicht darin, daß „er einen Auftrag zu erfüllen wähnt, ohne von einem Gott befugt zu sein" (Reinhardt 1960, 68f.); die Berufung auf Zeus ist, wenn auch aus der eingeschränkten Figurenperspektive, Ausdruck der für die homerische Theologie so charakteristischen doppelten Motivation. Reinhardt (1960, 68) und Friedrich (1991, 28) führen nun als Gegenbeispiel für eine ‚fromme', ‚korrekte' Gesinnung χ 411–6 an, wo Odysseus Eurykleia den Jubel über den Tod der Freier als οὐχ ὁσίη verbietet und deren Untergang auf die μοῖρα θεῶν als Folge ihrer ἀτασθαλίαι zurückführt. Doch tut Odysseus dort nichts anderes als gegenüber Polyphem: Hier wie dort bezeichnet er eine Tat, die er selbst begangen hat, als Bestrafung von Freveltaten durch die Götter. Der Unterschied zwischen der ‚frevelhaften' Berufung auf Zeus und der ‚frommen' Berufung auf die μοῖρα θεῶν liegt also nicht in der Deutung menschlichen Handelns als Ausdruck göttlichen Willens und auch nicht darin, daß Odysseus beim Freiermord im Auftrag der Götter handeln würde: Odysseus hat keinen A u f t r a g der Götter, sondern der W i l l e der Götter steht hinter ihm; von diesem Willen hat er zwar im χ aufgrund der Epiphanien Athenes sicheres Wissen, doch wird dadurch das weniger sichere Wissen im ι noch nicht automatisch als falsches Wissen markiert. Der Unterschied liegt somit allein darin, daß Odysseus nach dem Freiermord auf das Element des εὔχεσθαι verzichtet.

Damit stoßen wir aber zum Kern der Sache vor: Odysseus richtet seine erste Anrede an Polyphem sichtlich in der Überzeugung, daß er der Gefahr bereits entronnen sei; er wähnt sich als sicherer Sieger, ohne den Wurf des Felsbrockens zu erahnen. Friedrich (1987; vgl. 1991, 21–4) zeigt, daß damit der μεγαλήτωρ θυμός, den Odysseus während des Aufenthalts in der Höhle zugunsten der μῆτις unterdrücken konnte, wieder hervorbricht. Odysseus verfällt in die Pose des typischen Ilias-Helden, der den Sieg über den Feind erst dann für vollkommen hält, wenn er sich dessen laut rühmt. Es handelt sich also um das für den heroischen Menschen typische Verhalten; das

Rühmen an sich ist (im Gegensatz zu christlicher Auffassung) nicht Ausdruck von Hybris; es wird (nach der Terminologie der Ilias) erst dann zur ἄτη, wenn es auf einer objektiv falschen Einschätzung der Lage beruht, wobei der Fehler zumeist noch durch eine Warnung hervorgehoben wird. Einen solchen Fehler begeht nun auch Odysseus, jedoch nicht dadurch, daß er sich auf Zeus beruft, sondern daß er durch die Nennung seines Namens die Verfluchung durch Polyphem und die Verfolgung durch Poseidon ermöglicht. Der Fehler des Odysseus entspricht also jenem Schema der ἄτη, das für die Helden der Ilias typisch ist: Ein Held, der gerade Erfolg hat, überschätzt seine Möglichkeiten und läßt sich zu Taten hinreißen, die ihm in weiterer Folge schaden, ohne daß dies als ‚moralisches' Vergehen gegen die Götter ausgelegt würde. Der Fehler des Odysseus beginnt erst dort, wo er die fatalen Folgen heraufbeschwört, also mit der Nennung seines Namens. Dies ist dadurch markiert, daß das εὖχος des Odysseus in zwei Phasen aufgespalten ist. In der ersten Phase handelt Odysseus in der Überzeugung, seine Anrede an Polyphem werde keine Folgen haben; in der zweiten Phase wird er aber von den Gefährten gewarnt, hat auch schon selbst das warnende Beispiel des ersten Steinwurfs vor Augen (man vergleiche die Warnreden des Polydamas an Hektor, die Bittgesandtschaft an Achilleus, aber auch die Warnung des Hermes an Aigisthos). Der Erzähler markiert damit nicht nur die zweite Schmährede an Polyphem als Fehler des Odysseus, sondern auch die erste Anrede als Nicht-Fehler, als Feststellung, die sowohl sachlich gerechtfertigt als auch der Situation angemessen ist.

ι 507–16   Die Prophezeiung an Polyphem, er werde von Odysseus geblendet werden, ist wohl, so wie der Name des Sehers, vom Odysseedichter erfunden (Heubeck). Ähnliche Prophezeiungen erhalten Kirke und Alkinoos, zu vergleichen sind die wiederholten Verweise auf die μοῖρα oder αἶσα (vgl. zu α 15–6, δ 472–80). Auch hier deckt der geweissagte Tatbestand eine von der Tradition vorgegebene Geschichte ab; die nachträgliche Bestätigung der Prophezeiung hebt also hervor, daß die Geschichte den in der Tradition verankerten Verlauf genommen hat. Die Verwunderung des Polyphem über die Art der Einlösung des Spruches könnte allerdings auf eines jener Elemente zielen, die der Odysseedichter nicht aus der Tradition übernommen hat: Polyphem erwähnt, daß Odysseus ihn durch den Wein bezwungen habe, und nennt damit einen Teil der List, der vom Odysseedichter wohl gegenüber früheren Versionen stärker hervorgehoben wurde.

ι 518–21   Die Vaterschaft des Poseidon ist auffällig thematisiert, zunächst in Polyphems Anrede an Odysseus, dann ein weiteres Mal im Gebet, wo die bedingende Klausel an die Stelle einer Berufung auf früher erbrachte Opfer oder früher geleistete Unterstützung durch den Gott tritt; kein großes Gewicht ist dabei auf das Verbum εὔχεσθαι zu legen, das im Kontext nur besagt, daß sich Poseidon öffentlich zu seiner Vaterschaft bekennt. Der wiederholte Hinweis könnte den Hörer daran erinnern, daß Poseidon nicht in allen Versionen Polyphems Vater war (so apodiktisch Hölscher 1988, 316: „erst der Odysseedichter hat Poseidon zum Vater des Zyklopen gemacht"; vgl. zu α 70–3). Das würde bedeuten, daß auch die Koppelung des Poseidon-Zorns an die Polyphem-Episode dem Hörer nicht aus der Tradition bekannt war und der Poseidon-Zorn, sofern er überhaupt schon in anderen Versionen existierte, eine ganz andere Stellung in der Handlung einnahm. Das Signal an den Hörer würde also dazu dienen, auf die Abweichung vom ‚traditionellen' Verlauf und die ‚neue' Handlungskonstruktion der Odyssee hinzuweisen: Erst durch die Verknüpfung des Polyphem-Abenteuers mit dem Poseidon-Zorn wird dieses zu mehr als einer Episode und erhält den Status der entscheidenden Ursache für die Irrfahrten des Odysseus.

ι 530–5 Polyphem nennt in seinem Wunsch zwei Alternativen für die Heimkehr des Odysseus: Er solle entweder gar nicht heimkehren (was man ausgehend von Formeln wie ἀφείλετο νόστιμον ἧμαρ als Todeswunsch auffassen muß) oder, wenn ihm von der μοῖρα der Nostos bestimmt sei, nur unter widrigsten Umständen. Die Einschränkung des Wunsches befremdet, wenn man von Polyphems Figurenperspektive ausgeht; Bona (1966, 42–5) erklärt sie damit, daß der Kyklop mit der Erfüllung der Prophezeiung eben erst am eigenen Leib die Unausweichlichkeit der μοῖρα feststellen mußte. Diese Deutung befriedigt zwar nicht als Erklärung der Motivation auf der Figurenebene, weist jedoch darauf hin, daß das Motiv der Bestimmung zweimal hintereinander eingesetzt ist: Das Motiv der Prophezeiung dient dazu, die Berücksichtigung der μοῖρα im Wunsch des Polyphem plausibler erscheinen zu lassen. Was Polyphem nun als Inhalt der μοῖρα bezeichnet, entspricht exakt dem, was für Odysseus in allen Versionen vorgesehen sein mußte: Seine Geschichte ließ sich nicht erzählen, ohne daß er nach Hause zurückkehrt; der Verweis auf die μοῖρα ist ein Verweis auf die Tradition. Damit tritt hervor, daß auch das, was Polyphem im Rahmen der μοῖρα wünscht, bereits von der Tradition vorgegeben ist: Daß Odysseus alle Gefährten und Schiffe verliert, erst nach langen Irrfahrten heimkehrt und πήματα vorfindet, ist unverzichtbare Voraussetzung jeder Erzählung von seiner Heimkehr. Der Text signalisiert damit, daß in dieser Version der Poseidon-Zorn die Begründung für das traditionell vorgegebene Schicksal des Odysseus liefert. Die μοῖρα des Odysseus steht fest, und auch Poseidon kann nicht über sie hinausgreifen. Gemäß den programmatischen Worten des Zeus (α 32–43) ist damit auch gesagt, daß die Leiden des Odysseus nicht ὑπὲρ μόρον sind, also auch nicht durch ἀτασθαλίαι bedingt sind.

ι 536 Die formelhafte Angabe, daß das Gebet erhört wurde, ist auffällig, weil sie von der Figur Odysseus stammt, die von der Reaktion des Gottes kein sicheres Wissen haben kann. Trotzdem ist sie nicht als Verletzung der Figurenperspektive zu werten: Odysseus spricht aus der Perspektive des Erzählers Odysseus, der die Handlung aufgrund seines nachträglich erworbenen Wissens interpretiert. Zum Zeitpunkt seiner Erzählung weiß er bereits, daß der größere Teil von Polyphems Wunsch in Erfüllung gegangen ist, und hat zusätzlich von Teiresias die Bestätigung für die Zusammenhänge erhalten. Seine Schlußfolgerung, daß Poseidon das Gebet des Polyphem erhört habe, ist somit auf der Figurenebene gut begründet.

ι 551–5 Die Reaktion des Zeus auf das Opfer des Odysseus nimmt in der Argumentation von Reinhardt und Friedrich eine Schlüsselstellung ein. Beide gehen davon aus, daß die von Odysseus berichtete Ablehnung des Opfers durch Zeus den Tatsachen der Handlung entspräche, suchen nach einer Begründung für das Verhalten des Zeus und finden sie in der Hybris des Odysseus. Daß die Irrfahrten des Odysseus auf der Verfolgung durch Zeus beruhten, wird auch von anderen Forschern vertreten. Nun kann Odysseus auch hier kein sicheres Wissen vom Handeln der Götter haben; es handelt sich also auch hier um eine Interpretation des Geschehens, die der Erzähler Odysseus aufgrund der weiteren Ereignisse vornimmt, die aber nicht vom primären Erzähler beglaubigt ist. Dies ist nun Friedrich (1991, 16) durchaus bewußt: Er verweist ausdrücklich auf das ‚Jörgensensche Gesetz', das seiner Argumentation von vornherein die Grundlage entziehen würde, nur um dann leichthin zu bemerken: „Yet poetic rules, like any others, allow for exceptions, especially when thematic concerns prove more important than the observance of narrative conventions", und behandelt in der Folge die Aussage über Zeus so, als stamme sie vom Dichter. Demgegenüber verdient eine Interpretation, die die epischen Gesetzmäßigkeiten der Figurenperspektive miteinbezieht, zweifellos den Vorrang.

Ich gehe also davon aus, daß es sich bei der Aussage über die Absicht des Zeus um eine Interpretation des Erzählers Odysseus handelt, die Ausdruck seiner Figurenperspektive ist und durch die nachfolgenden Ereignisse begründet sein muß. Ausgeklammert kann demnach die Annahme bleiben, daß Odysseus die Gegnerschaft des Zeus auf eigenes Verschulden zurückführe, und erst recht, daß ein solches Verschulden, vor allem in der Form einer ‚moralischen' Hybris, objektiv gegeben wäre. Ausgeklammert kann ferner jede Deutung bleiben, die davon ausgeht, daß Zeus aktiv in das Schicksal des Odysseus eingreife, daß er Odysseus schaden wolle; diese Annahme ist durch die Aussagen des Zeus im α ausgeschlossen: Mit α 64–79 deklariert Zeus, daß er Odysseus (grundsätzlich) nicht verfolge, und daß dessen Nostos ausschließlich von Poseidon verhindert werde. Für den Hörer stellt sich hingegen die Frage, warum Odysseus, obwohl er soeben gesagt hat, daß Poseidon das Gebet des Polyphem erhört habe, obwohl er also all sein Unglück auf Poseidon zurückführen könnte, unmittelbar darauf trotzdem Zeus als Urheber seiner Leiden bezeichnet. Irrelevant wäre hier die Antwort, daß Zeus sich dem Willen des Poseidon anschließe und dessen Zorn exekutiere, da diese Antwort die falsche Erzählebene beträfe. Die Frage lautet vielmehr, warum Odysseus rückblickend zu der Auffassung kommt, die konkret faßbare Verfolgung durch Poseidon sei von einer Verfolgung durch Zeus überlagert oder gar durch sie ersetzt worden. Die Antwort darauf muß in zwei Richtungen zielen: Einerseits ist zu klären, welche Aspekte der Irrfahrten, die Odysseus in κ – μ berichtet, seine Auffassung begründen; andrerseits ist zu fragen, welche Funktion diese Aufspaltung der göttlichen Wirkung für das Verständnis der Handlung hat.

Aus dem Bericht des κ – μ geht rasch hervor, warum für den Akteur und Erzähler Odysseus die Verfolgung durch Poseidon in den Hintergrund tritt: Obwohl er von einem Abenteuer ins nächste taumelt, tritt für ihn nirgends Poseidon als persönlicher Urheber konkreter Wirkungen hervor; er kann während der Irrfahrten also nie die Wirkung des Gottes erkennen. Daß dies noch nicht heißt, daß tatsächlich keine Einwirkung des Poseidon vorhanden ist, zeigt gerade jene Episode, wo sich für Odysseus zum ersten Mal der Einfluß des Gottes zeigt, beim Seesturm vor Scheria (vgl. zu ε 303–5). Odysseus erkennt nicht den konkreten Urheber, sondern nur die allgemeine göttliche Einwirkung, die er als Ζεύς bezeichnet; exaktes Wissen ist nur aufgrund von Information durch eine höhere Autorität möglich, wie sie dort Ino-Leukothea liefert. Im Verlauf der Irrfahrten erhält Odysseus nun nirgends Informationen in Bezug auf konkrete Handlungen des Poseidon. Selbst die Angaben des Teiresias über den Zorn des Poseidon gehen nicht über das hinaus, was Odysseus aufgrund des Fluchs des Polyphem bereits selbst erschließen konnte. Für Odysseus als handelnde Figur präsentiert sich damit jedes weitere Glied in der Kette seiner unglücklichen Abenteuer als Folge eines nicht näher bestimmbaren göttlichen Einflusses, den er mit Begriffen wie ϑεός, ϑεοί, ϑεός τις, δαίμων und auch Ζεύς bezeichnet (vgl. zu μ 260–425). Angaben über die Einwirkung einer konkreten Gottheit stehen nur dort, wo Odysseus seine Informationsquelle angeben kann (vgl. zu μ 374–90). Die Abenteuer im μ haben darüber hinaus einen besonderen Status, da sie bereits von Kirke, teilweise auch von Teiresias vorausgesagt sind, also sich für Odysseus als vorherbestimmter Teil seiner μοῖρα darstellen, was ihm eine eventuelle Einwirkung des Poseidon als irrelevant erscheinen lassen muß. All dies sagt offensichtlich nichts darüber aus, inwiefern Poseidon nach der Konzeption des Erzählers tatsächlich daran beteiligt ist, Schiffe und Gefährten des Odysseus zu reduzieren. Der Erzähler verrät uns für die einzelnen Abenteuer nur die Optik des Odysseus; die auktorialen Angaben (einschließlich der Angaben des Teiresias) über die Wirkung des Poseidon bleiben dagegen für den Abschnitt κ – μ immer allgemein.

Aus seiner beschränkten Figurenperspektive kann Odysseus Poseidon also nicht als Urheber einzelner Abenteuer identifizieren. Man könnte jetzt natürlich fragen, ob der Erzähler hinter der Optik des Odysseus nicht ein eigenes Konzept verbirgt, wonach für einzelne Abenteuer die Zuweisung konkreter Einwirkung doch möglich wäre. Man würde dabei leicht erkennen, warum der Dichter Poseidon nicht laufend in die Erzählung eingebracht hat: Etliche Irrfahrten-Episoden ließen die Einwirkung des Gottes gar nicht zu, ohne den Sinn der Geschichte zu beeinträchtigen; der Erzähler müßte Poseidons Einwirkung darauf reduzieren, daß dieser die Route des Odysseus steuert, daß er also dafür sorgt, daß Odysseus die diversen Abenteuer überhaupt erlebt; das wäre aber für den Erzähler ein wenig ergiebiges Motiv. Doch solche Fragestellungen gehen am Kern der Sache vorbei. Es geht um die Frage, welcher Effekt daraus entsteht, daß der Erzähler den göttlichen Einfluß auf die Irrfahrten ausschließlich aus der Optik des Odysseus darstellt und dadurch die Rolle des Poseidon reduziert.

Wichtig ist hier der Hinweis von Bona (1966, 35–51), daß das Gebet des Polyphem und damit der Zorn des Poseidon ganz im Rahmen des vom Schicksal vorgegebenen Weges des Odysseus verbleiben. Die Aktionen des Gottes werden also nur die Funktion haben, der μοῖρα des Odysseus zur Erfüllung zu verhelfen. Der Weg des Odysseus war aber schon bis zu diesem Punkt der Handlung vom Schicksal vorgezeichnet, wie Polyphems Verweis auf die Prophezeiung seiner Blendung erkennen läßt. Und auch der folgende Weg des Odysseus ist, wie der Hörer weiß, von der μοῖρα vorgegeben: Die Götter haben seine Rückkehr auf ein bestimmtes Jahr festgelegt (α 16–7); bei der Abfahrt nach Troia hatte ihm Halitherses dieses Schicksal prophezeit (β 171–6); und im ε war wiederholt davon die Rede, daß der folgende Ablauf der Handlung einschließlich der Beschränkung der Folgen des Poseidon-Zorns vom Schicksal festgelegt sei. In dieser Bestimmung der Irrfahrten durch das Schicksal liegt ein wichtiger Zug der Darstellung: Odysseus sieht sich im Verlauf seiner Abenteuer immer mehr in einer Kette von Schicksalsschlägen gefangen, die mit unerbittlicher Konsequenz Gefährten und Schiffe reduzieren und ihn trotz aller Bemühungen zuletzt allein zurücklassen. Hierbei handelt es sich nicht nur um die Optik des Odysseus, der rückblickend die Abenteuer interpretiert, sondern auch um die Optik des Erzählers, jedoch mit einem wichtigen Unterschied:

Während der Erzähler und die Götter (*qua* Figuren der Handlung) wiederholt auf die abstrakten Konzepte μοῖρα bzw. αἶσα verweisen, nennt Odysseus wie alle handelnden Menschen als Ursache für konkrete Ereignisse üblicherweise persönliche Gottheiten. Hier steht der Name Zeus an erster Stelle; vergleichbar sind Berufungen auf θεός, θεός τις, θεοί oder δαίμων, wobei δαίμων am stärksten das Eingreifen eines konkreten Gottes bezeichnen dürfte (vgl. van der Ben – de Jong 1984; de Jong 1987, 158). Nirgends führt Odysseus sein Schicksal aber ausschließlich auf μοῖρα oder αἶσα zurück; selbst dort, wo er diese Begriffe in den Mund nimmt, verwandeln sie sich in Διὸς αἶσα (ι 52) oder in μοῖρα θεῶν (χ 413). Der Figur Odysseus fehlt also, wenn sie Ereignisse auf Zeus, einen Gott oder einen Daimon zurückführt, jene Einsicht, die der Erzähler oder die Götter haben, und auch dies ist als wichtiger Aspekt der ‚Jörgensenschen Ebene‘ zu werten: Odysseus bewertet göttlichen Einfluß immer nur punktuell, aufgrund der einzelnen konkreten Ereignisse, und kommt daher immer wieder zum Ergebnis, daß konkreter Einfluß eines Gottes im Spiel war; für den Urheber dieses Einflusses findet er aber immer wieder zum Namen „Zeus".

Für die Interpretation der Odyssee ergibt sich daraus ein wichtiges Ergebnis: Die Zeus-Theologie, die für viele Forscher ein wichtiger Aspekt der Odyssee ist (so vor allem Reinhardt 1960, 73: „… so sind die Schicksale der Odyssee bewirkt durch ein Gegeneinanderspielen und Einanderausweichen, worüber Zeus der Überlegene bleibt, in dessen Willen alle anderen Götterwillen eingehen. Das Rätsel der Übereinstimmung …, indem Zeus und Poseidon jeder für sich etwas anderes denken und doch beide auf dasselbe Ziel hinlenken, weist auf etwas hintergründig Theologisches der Dichtung"), entpuppt sich als die Theologie der Figuren der Handlung, als die Theologie des Odysseus und nicht des Erzählers. Beide Theologien treffen sich aber darin, daß sie das Verhältnis zwischen Poseidon-Zorn und übergeordnetem, dauerhaft wirkendem göttlichen Einfluß gleich beurteilen, und insofern stimmt die Optik von κ – μ sogar exakt mit der Theologie des Erzählers überein: Der Zorn des Poseidon, und damit die konkreten Aktionen des Gottes, ordnen sich einem göttlichen Einfluß unter, welcher umfassender ist und länger wirkt, nämlich nicht nur vom Aufenthalt des Odysseus bei Polyphem bis zu seinem Eintreffen in Ithaka, sondern von der Ausfahrt nach Troia bis zur vollzogenen Rache an den Freiern.

Daß der Poseidon-Zorn dem Lauf des Schicksals streng untergeordnet ist, läßt sich schon dem Kontext des Polyphem-Gebets entnehmen. Polyphem schränkt seinen Fluch gegen Odysseus auf die Erfüllbarkeit im Rahmen der μοῖρα ein, unmittelbar nachdem er festgestellt hat, daß bereits das Kyklopen-Abenteuer für Odysseus Teil seiner μοῖρα war. Wenn Odysseus danach formuliert, Zeus habe auf die Vernichtung seiner Gefährten gesonnen, so tritt damit hervor, daß die von Poseidon geforderten Aktionen nur Teil eines Verhängnisses sind, das schon vor Polyphems Gebet wirkte. Zeus ist nicht gegen Odysseus erzürnt; Zeus steht für Odysseus als Vollstrecker des Schicksals, das für ihn nur an wenigen, einzelnen Punkten als durch Poseidon beeinflußt erkennbar wird. Die Figur Odysseus bezeichnet mit Zeus als Verantwortlichem für die Irrfahrten jenen Aspekt, den der Erzähler (oder Zeus selbst) mit Begriffen wie μοῖρα oder αἶσα definieren würde.

Odyssee 10

κ 14–6 Bei Aiolos wird Odysseus erstmals auf den Irrfahrten in ein formelles ξενία-Verhältnis aufgenommen: Aiolos bewirtet den Gast, entläßt ihn auf seine Bitte hin und bereitet ihm πομπή und Gastgeschenk, nämlich den Sack mit Winden. In den Rahmen der gastlichen Aufnahme fügt sich auch die Frage nach dem Schicksal der Griechen und die Antwort des Odysseus, der ihm der Reihe nach alles erzählt: Trojanischer Krieg und Nostos der Griechen. Damit ist eine Figurenerzählung zitiert, die strukturell weitgehend der Funktion der Apologoi bei den Phaiaken entspräche und daher eine Stelle der Handlung bezeichnen könnte, an der in anderen Versionen tatsächlich die Apologoi plaziert waren. Allerdings würde das voraussetzen, daß die Aiolos-Episode dort an einer späten Stelle innerhalb der Irrfahrten stand, am besten die letzte Station bildete; so könnte man sich vorstellen, daß die Handlung einer ‚Odyssee' bei Aiolos einsetzt und sofort mit einem langen *flashback* des Odysseus beginnt (vgl. Danek 1996a, 19–21 mit Anm. 36). Will man die Existenz solcher Versionen zugestehen, so erhält der Zitatcharakter der Erzählung des Odysseus Funktion: Deren Inhalt (Trojanischer Krieg und Nostoi) entspricht nicht dem Inhalt der Apologoi, weil der Aufenthalt bei Aiolos in unserer Odyssee nicht an der für die Apologoi passenden Stelle, sondern fast am Beginn der Irrfahrten steht. In der knappen Themenangabe ist daher auch keine Rede von den bereits erfolgten Erlebnissen des Odysseus. Seine Heimfahrt ist durch die kollektive Angabe νόστον τε ᾿Αχαιῶν ersetzt, obwohl Odysseus vom Nostos der Griechen gar nichts Näheres wissen darf, da es laut unserer Odyssee gar keinen kollektiven Nostos gab. Auch dies steht vielleicht als Zitat von Versionen, in denen der Nostos der Griechen als gemeinsame Fahrt bis zur gemeinsamen Katastrophe beschrieben war. Das Zitat der Apologoi markiert also die Aiolos-Episode als die falsche Stelle für die Irrfahrten-Erzählung und bezeichnet implizit damit die Stelle innerhalb der Phaiaken-Episode, nämlich nach Abschluß aller Irrfahrten, als die bessere Wahl des Odysseedichters.

κ 28–33 Die Darstellung der Umstände, die zur Öffnung des Sackes mit den Winden führen, ist darauf angelegt, Odysseus zu entlasten: Daß er in Schlaf fällt, ist nicht etwa als Nachlässigkeit oder Schwäche dargestellt, sondern sogar als Folge besonders intensiver Aufmerksamkeit: Odysseus lenkt das Schiff neun Tage lang selbst und schläft erst dann ermattet ein, als er Ithaka erblickt hat, sich also in Sicherheit wiegen kann. Weder soll ihm also der Schlaf als Fehler ausgelegt werden noch die Tatsache, daß er die Gefährten nicht in das Geheimnis des Sackes eingeweiht hat: Daß dies thematisiert würde, verhindert nicht nur die Logik der Geschichte, sondern auch die starke Raffung, mit der hier erzählt wird (Reinhardt 1960, 74–6).

κ 34–46 Die exakte Wiedergabe der Beratung der Gefährten, während Odysseus schläft, widerspricht der Figurenperspektive des Akteurs Odysseus, ja scheinbar auch der des Erzählers Odysseus, der von den Vorgängen keine Kenntnis haben dürfte. Hellwig (1964, 119 Anm. 144) erklärt diesen Bruch der Perspektive damit, daß ‚Homer' nur mit einsträngiger Erzählung in der dritten Person vertraut wäre und die Darstellung gleichzeitiger Ereignisse nicht beherrschte. Dies wird jedoch dem Erzähler Odysseus nicht gerecht, der aufgrund seines Doppelstatus (Akteur der Handlung bzw. rückblickender Erzähler) über mehr Freiheiten verfügt als der primäre Erzähler und mit Vor- und Rückverweisen agiert, die gemäß den epischen Konventionen dem primären Erzähler verwehrt sind. Zu solchen Freiheiten gehört auch die detaillierte Beschreibung von Ereignissen, bei denen er als Akteur nicht anwesend war: Er setzt stillschweigend voraus, daß sein Publikum akzeptiert, daß er in der Zeit zwischen dem Ereignis und seinem Bericht die Möglichkeit hatte, sich über den exakten Ablauf zu informieren.

κ 38–9 Finley (1978, 112) moniert, daß Odysseus zwischen seiner Abfahrt von Troia und der Ankunft bei Aiolos nirgends gastlich aufgenommen wurde; Abenteuer v o r der Abfahrt von Troia sind mit dem Hinweis auf die Kriegsbeute ja ausdrücklich ausgenommen. Nun bildet die Verallgemeinerung anhand eines konkreten Anlasses natürlich ein beliebtes rhetorisches Schema. Doch könnte man darin auch einen Verweis auf Versionen sehen, in denen Odysseus aktiv Abenteuer sucht und Kontakte knüpft (vgl. zu α 3–4), hier besonders auffällig, da er der Figurenperspektive widerspricht. Der Verweis auf außerhalb der Odyssee Liegendes begründet den Verdacht der Gefährten; da er in dieser Version aber besonders unberechtigt ist, verstärkt er noch die Schuld der Gefährten.

κ 47–55 Die Folge des Losbindens der Winde ist der ‚klassische' Seesturm, der aber nicht als solcher beschrieben wird, sondern sich nur an Fragmenten des typischen Vokabulars verrät: ἁρπάξασα … θύελλα (48), κακῇ ἀνέμοιο θυέλλῃ (54), vgl. δ 515f. τότε δή μιν ἀναρπάξασα θύελλα / πόντον ἐπ' ἰχθυόεντα φέρεν βαρέα στενάχοντα (cf. ε 317, 419, μ 288, 409, υ 63, ψ 316). Das Seesturm-Motiv ist nicht zufällig in den Hintergrund gedrängt: In der gerafften Darstellung der Aiolos-Episode liegt der Akzent völlig auf der Gastfreundschaft des Aiolos und der Doppelung der Szenen (vgl. Reinhardt 1960, 75: „Denn je fürsorglicher der erste Abschied, um so furchtbarer der zweite") und treten alle anderen Elemente in den Hintergrund. Gerade die Szenen-Doppelung war für die Analyse immer auffällig. Man nahm Anstoß daran, daß Odysseus vom Seesturm geradlinig wieder an seinen Ausgangspunkt zurückgetrieben wird, obwohl die Winde aller Himmelsrichtungen freigelassen werden. Dagegen wurde eingewendet, die Darstellung setze voraus, daß die Winde, sobald sie freigelassen würden, wieder zu ihrem ταμίης zurückkehrten. Doch ist mit dieser Vorstellung zweifellos unterdrückt, daß die Winde vor ihrer Rückkehr zunächst ihre natürliche Wirkung entfalten müßten (so etwa die Rückkehr der Winde in Ψ 229f.); eben das tun die Winde in den folkloristischen Parallelen zur Aiolos-Geschichte (vgl. Heubeck zu κ 1–79, mit Literatur). Wie in der Odyssee das Konzept eines Seesturms als Zusammenwirken verschiedener Winde gedacht ist, zeigt die Darstellung des am ausführlichsten erzählten Seesturms:

πάσας δ' ὀρόθυνεν ἀέλλας
παντοίων ἀνέμων, σὺν δὲ νεφέεσσι κάλυψε
γαῖαν ὁμοῦ καὶ πόντον· ὀρώρει δ' οὐρανόθεν νύξ.
σὺν δ' εὖρός τε νότος τ' ἔπεσον ζέφυρός τε δυσαὴς
καὶ βορέης αἰθρηγενέτης, μέγα κῦμα κυλίνδων.   (ε 292–6)

Dieser Seesturm treibt Odysseus nicht wieder zur Insel der Kalypso zurück, sondern bewirkt, daß sein Floß zerschmettert, er selbst aber nicht abgetrieben wird, sondern sichtlich am Platz bleibt; erst nach der Beruhigung des Sturms erregt Athene den Boreas, der Odysseus zu seinem Ziel trägt. An jener Stelle hingegen, wo Odysseus innerhalb eines Seesturm-Kontextes wieder an seinen Ausgangspunkt vertragen wird, ist nicht von einem Zusammenwirken aller Winde die Rede, sondern ist die Zielgerichtetheit der einzelnen Winde sorgfältig hervorgehoben: Nach dem Aufbruch von Thrinakia kommt zuerst der Zephyros auf, nach dem Untergang der Gefährten sagt Odysseus dann ausdrücklich, daß der Zephyros nachgelassen und der Notos ihn zurück zu Skylla und Charybdis getrieben habe (μ 407f.; 426–8). Obwohl es nun mannigfache Vorschläge gibt, wohin die Winde Odysseus in der ,ursprünglichen' Aiolos-Geschichte getragen hätten (zu Kalypso; zu den Phaiaken: Merkelbach 1969, 216–8, vgl. D. Walcotts Bühnenversion der Odyssee, 1993, 37–45; ins Schwarze Meer, mit der Nekyia als nächster Station: van Thiel 1988, 131–3), finde ich nirgends den Vorschlag, daß der durch die Winde des Aiolos erregte Sturm Odysseus auf Ithaka stranden ließe. Einigkeit besteht allein darin, daß das Aiolos-Abenteuer ursprünglich nur ein Schiff voraussetzt (Reinhardt 1960, 54–5). Mir scheint nun, daß die Parallele des Seesturms vor Scheria deutlich genug zeigt, wie in der Odyssee die Wirkung eines durch alle Winde verursachten Seesturms gedacht ist. Die Beschreibung des Seesturms im ε läßt sich daher geradezu als Zitat eines Seesturms vor Ithaka verstehen, wie er in anderen Versionen dargestellt sein mochte; die Phaiaken-Episode wäre damit noch auffälliger als Einschub vor der endgültigen Heimkehr des Odysseus nach Ithaka markiert. Mit der Aiolos-Episode hätte der Dichter hingegen den/einen ,ursprünglichen' Ort des letzten Schiffbruchs des Odysseus zitiert, durch die Unterdrückung des Seesturm-Motivs aber von der logischen Schwierigkeit abgelenkt, daß Odysseus wieder an den Ausgangspunkt zurückgetrieben wird. Mit dem Zitat der Apologoi hätte er aber doch darauf hingewiesen, daß die Aiolos-Episode in anderen Versionen jenen Platz der ‚letzten Station' ausfüllen konnte, den bei ihm die Phaiakis einnimmt.

κ 81–132 Die Laistrygonen-Episode wurde erstmals von Kirchhoff (1879, 189ff.) als aus der Argonautenepik übernommen klassifiziert; Meuli (1921, 89–91; vgl. Meuli 1931) hat dies weiter ausgeführt. Der Hauptansatzpunkt für die These ist die κ 108 erwähnte Quelle Artakie, die schon in der Antike mit der zur Stadt Artake nahe Kyzikos gehörigen Quelle Artakie identifiziert wurde, die bei Apollonios im Kontext eines Laistrygonen-ähnlichen Abenteuers der Argonauten genannt ist: Die riesenhaften Γηγενεῖς versuchen mit Felsbrocken die Ausfahrt des Hafens, in dem die Argo vor Anker liegt, zu blockieren, werden aber von Herakles und den übrigen Argonauten getötet. Für Kirchhoff, Meuli und etwa Merkelbach (1969, 201–4) steht damit fest, daß Apollonios im Wesentlichen den Handlungsablauf eines (schriftlich fixierten) Argonautenepos reproduziere, der auch für die Darstellung des κ die Grundlage gebildet habe (zu Vorgeschichte und Entwicklung der Argonautensage vgl. Radermacher 1938, 141–213; Dräger 1993).

Daß der Odysseedichter die Laistrygonengeschichte, zumindest in der Form, die er ihr gegeben hat, nicht aus der Tradition der Irrfahrtenerzählungen des Odysseus entnommen hat, ist von vornherein wahrscheinlich. Die Funktion der Episode besteht vor allem darin, die Zahl der Schiffe von zwölf auf eines zu reduzieren, und weist schon damit auf die Hand des Odysseedichters hin, der vielleicht als erster Odysseus einen Teil der Abenteuer mit seiner gesamten Flotte erleben ließ. Wenn nun auch der ‚Sinn' dieser Geschichte (Vernichtung der Flotte) untrennbar mit der Gestalt unserer Odyssee verbunden ist, so hat der Dichter dafür doch Anregungen verwendet. Das Abenteuer als Ganzes ließe sich zwar auf einzelne Motive eines typischen Märchen-Ablaufs reduzieren (vgl. Heubeck zu 80–132; Crane 1988, 140; Pinsent 1993) und könnte daher vom Dichter selbst ‚geklittert' sein, doch lohnt es, darüber nachzudenken, welche Funktion ein Zitat der Argonauten-Geschichte an dieser Stelle haben könnte. Die Klärung der Zusammenhänge zwischen alter Argonautenepik, Odyssee und Apollonios wird allerdings dadurch erschwert, daß Apollonios genau in jenem Kontext, in dem er die Quelle Artakie erwähnt (1, 957) und den Kampf mit den Gegeneis beschreibt, intensiv homerische Kontexte, vor allem den Kontext der Irrfahrten zitiert. Die Zitate sind weitgehend erfaßt bei Clauss (1993, 153–167); ich begnüge mich daher mit einem Referat des hier Wesentlichen:

— Das bei A.R. 1, 950–2 ausgeführte Verhältnis zwischen Gegeneis und Doliones zitiert das Verhältnis zwischen Kyklopen und Phaiaken (ζ 4–7) und kehrt es ins Gegenteil um: Während in der Odyssee die Kyklopen die Phaiaken durch ihre Feindseligkeit von ihren alten Wohnsitzen vertrieben haben, schaden hier die riesenhaften Gegeneis den friedliebenden Doliones nicht, und das deshalb, weil diese von Poseidon abstammen und unter seinem Schutz stehen (im Gegensatz zur Odyssee, wo Poseidon der Vater des Polyphem ist).

— Die Doliones lassen sich von den Argonauten ihre ‚Geschichte' erzählen (1, 962–3; 980–1), so wie Aiolos von Odysseus (κ 14–6).

— Der Schwiegervater des Kyzikos, genannt im Genitiv Μέροπος Περκωσίου (1, 975), evoziert die Geschichte seiner Söhne, die unter Verwendung derselben Formel Μέροπος Περκωσίου in der Ilias erzählt ist, und zwar zweimal in identischem Wortlaut (Β 831–4 = Λ 329–32): Die beiden Söhne ziehen trotz Warnung des Vaters, eines Sehers, in den Krieg und fallen im Kampf. Genauso hat auch Kyzikos ein Orakel erhalten, nicht gegen die Argonauten Krieg zu führen (1, 969–71), tut dies trotzdem, wenn auch irrtümlich, und fällt.

— Der Kampf der Argonauten gegen die Gegeneis zitiert die Laistrygonen-Episode, vor allem der Vergleich 1, 991 πόντιον οἷά τε θῆρα λοχώμενοι den Vergleich κ 124 ἰχθῦς δ' ὣς πείροντες.

— Die unfreiwillige Rückkehr der Argonauten zu den Doliones zitiert die Rückkehr des Odysseus zu Aiolos, und zwar sowohl im Vokabular (1016 θύελλαι ... ὀπίσω φέρον ≈ κ 48 φέρεν ... θύελλα; 1018 αὖτις εὐξείνοισι Δολίοισιν ≈ κ 55 αὖτις ἐπ' Αἰολίην νῆσον) als auch bezüglich der Struktur der Handlung: Auch die Argonauten werden bei ihrer zweiten Ankunft von den Doliones, die sie beim ersten Mal gastlich aufgenommen haben, schroff abgewiesen, wenn auch hier aufgrund einer tragischen Verkennung der Situation.

Apollonios zitiert somit in der Sequenz Doliones – Gegeneis – Doliones vor allem die Abfolge Aiolos – Laistrygonen, um der Erzählung eine zusätzliche Sinnebene zu verleihen. Es erscheint daher zirkulär, Vorformen der Argonauten-Episode als Quellen der Odyssee zu postulieren. Doch steht fest, daß die Odyssee die Argonautenepik zitiert (vgl. zu μ 55–72), und ist anzunehmen, daß Apollonios den Kampf der Argonauten mit den Gegeneis — abgesehen von den Homerzitaten — nicht *ex nihilo* erfunden hat. Besonders auffällig bleibt in der Odyssee die scheinbar funktionslose Nennung der Quelle Artakie, für die sich nur anführen ließe, daß der Name um der Anschaulichkeit willen genannt sei, wobei die Breite der Schilderung bereits auf den unerwarteten Umschwung angelegt sei. Folgt man nun der These Kirchhoffs, so ist man noch nicht zur Annahme gezwungen, die Odyssee impliziere mit dem Zitat auch jene Lokalisierung der Ereignisse, die bei Apollonios gegeben ist (vgl. Heubeck zu 80–132; nach Schol. A.R. 1, 957 hat allerdings schon Alkaios Artakie bei Kyzikos lokalisiert): Die Quelle wurde möglicherweise erst dann lokalisiert, als die urspünglich im mythischen Raum angesiedelte Argonautensage auf das Gebiet des Pontos festgelegt wurde. Wir könnten also erwägen, daß der Odysseedichter eine nicht näher lokalisierte Begebenheit der Argonautensage zitiert.

Fragt man nach der Funktion eines solchen Zitats, so hat man davon auszugehen, daß die Irrfahrten des Odysseus und die Abenteuer der Argonauten in natürlicher Konkurrenz zueinander standen, wobei gegenseitige Einflußnahme innerhalb der lebenden mündlichen Tradition geradezu unvermeidbar war. Wenn trotzdem die Erwähnung der Quelle Artakie in der Odyssee auf ein analoges (nicht dasselbe!) Abenteuer der Argonauten hinwies (vgl. Kullmann 1991, 125–9; Zweifel bei Hölscher 1988, 171–3), so mußte das einen auffälligen Verweis auf die ‚literarische' Quelle bedeuten, der signalisiert, daß Odysseus mit den Laistrygonen in einen Bereich gerät, den der Hörer mit den Abenteuern der Argonauten assoziiert. Es dürfte nun kein Zufall sein, daß genau an dieser Station die Flotte des Odysseus auf sein eigenes Schiff reduziert wird: Mit dem Umschwenken auf Abenteuer, die die Argonautenfahrt zitieren, schwenkt der Dichter auch auf das für die Argonautik charakteristische e i n e Schiff um. Oder, anders formuliert: Wenn Odysseus, wie mit der Erwähnung von Artakie suggeriert wird, in den Sog der Argonauten-Abenteuer gerät, signalisiert das dem Hörer bereits, daß er alle Schiffe bis auf eines verlieren muß.

κ 82–6 Mit der Beschreibung des Landes der Laistrygonen als Gegend mit kurzen Nächten und langen Tagen (vgl. Heubeck, mit Literatur) scheint signalisiert, daß Odysseus auf seinem Weg endgültig an einen Ort jenseits aller menschlichen Erfahrung geraten ist; das Signal wird sich bei der Ankunft auf Aiaia wiederholen, wenn es heißt, man wisse nicht mehr, wo Sonnenauf- und -untergang liege. Diese Signale sollen jede geographische Lokalisierung der Irrfahrtenstationen ausschließen, jedenfalls die Identifizierung der Quelle Artakie mit der in der Propontis liegenden Lokalität: Die Laistrygonen-Episode der Odyssee zitiert mythologische Gegebenheiten einer Episode der Argonautenepik, nicht aber ihre Lokalisierung innerhalb des den Griechen jener Zeit vertrauten geographischen Bereichs.

κ 112–3 Die Erzählung ist hier extrem gerafft (vgl. Reinhardt 1960, 76). Nach der behaglichen Beschreibung zu Beginn des Abenteuers eilt der Erzähler in wenigen Versen von der Begegnung der Boten mit der Königstochter bis zur Vernichtung der Schiffe. Die Begegnung der Boten mit der Königin ist dementsprechend knapp beschrieben: Sie finden eine Frau vor, groß wie ein Berggipfel, und schrecken vor ihr in Abscheu zurück, worauf diese ihren Mann herbeiruft. Die Kausalabfolge ist vom Erzähler bestenfalls angedeutet, doch besitzt der Hörer einen guten Vergleichsmaßstab, an dem er die dürren Fakten messen kann. Wir haben es mit jenem Handlungsschema zu tun, das auch der Phaiakis zugrundeliegt: Ankunft, Begegnung mit der Königstochter, Geleit zum Königspalast, Empfang durch die Königin, von deren Aufnahme der Empfang durch den König abhängt (vgl. Crane 1988, 140). Die Bedeutung der Arete für die Aufnahme des Odysseus war in ζ und η auffallend thematisiert, der Hörer ist also, sofern er mit dem Märchenschema nicht ohnehin schon vertraut ist (vgl. dazu Pinsent 1993), vorgewarnt: Der ξένος muß alles daransetzen, um sich zuvörderst mit der Königin gutzustellen. Ich meine nun, daß die knappe Angabe zum Verhalten der Boten gegenüber der Laistrygonen-Königin, κατὰ δ' ἔστυγον αὐτήν, das an diesem Punkt entscheidende Fehlverhalten signalisiert: στυγέω ist „stronger than μισέω, for it means *to show hatred*, not merely to feel it" (LSJ). Die Reaktion der Boten, so verständlich sie ist, bildet also den Auslöser für die Aktionen des Antiphates und der Laistrygonen, so sehr diese auch in deren Natur begründet sind. Das zugrundeliegende Märchenschema erfordert nun keine ἁμαρτία der Opfer der Riesen, abgesehen davon, daß sie sich überhaupt in deren Bereich begeben. Der Odysseedichter hat hier also wohl ein Element hinzugefügt, das seiner Tendenz entspricht, den Gefährten die Schuld am Untergang selbst zuzuschreiben. Ursache und Wirkung stehen dabei zwar in keinem Verhältnis zueinander, doch stellt der Erzähler ja vor allem die Vernichtung der Flotte bei den Laistrygonen als unausweichliche Folge der Aiolos-Episode dar; das entscheidende Faktum ist, daß Odysseus statt wie vorgesehen nach Ithaka überhaupt zu den Laistrygonen gelangt. Doch auch innerhalb dieses größeren Kausalzusammenhangs ist ein Element eingebaut, das das charakteristische Fehlverhalten der Gefährten als unmittelbaren Auslöser für die Katastrophe markiert.

κ 135ff. Die Diskussion zur Kirke-Episode kreist um diverse mögliche ‚Quellen': Man debattiert, wie bei anderen Irrfahrten-Abenteuern, über das Verhältnis zur ‚einfachen Geschichte'; man vermutet Herkunft aus der Argonautenepik; und man fragt nach der Beziehung zur Kalypso-Episode und sucht Abhängigkeit in die eine oder andere Richtung nachzuweisen.

Was die Beziehungen zwischen Kalypso und Kirke betrifft, hat Reinhardt (1960, 77–87) schlüssig gezeigt, daß nur die Kirke-Episode eine ‚einfache Geschichte' zur Grundlage hat, während diese der Kalypso-Episode fehlt. Auch andere Hinweise legen nahe, daß die Figur der Kalypso zumindest relativ ‚neu' ist (vgl. zu α 52), während Kirke als bekannt vorausgesetzt ist (vgl. zu ϑ 488); auf die Parallelität der Funktionen von Kirke und Kalypso läßt der Erzähler Odysseus ausdrücklich hinweisen (vgl. zu ι 29–32) und hebt damit wohl die Parallelisierung als eigene Leistung hervor. Die These, daß die Kirke-Erzählung im κ die Gestalt der Kalypso voraussetze, braucht damit nicht weiter verfolgt werden.

Was die Herleitung der Kirke-Episode aus der Argonautensage betrifft, so gibt zwar der Erzähler unmißverständliche Signale, die auf die Zugehörigkeit Kirkes zum Bereich der Argonautensage verweisen (vgl. Kullmann 1991, 125–129): die νῆσος Αἰαίη, die die Zugehörigkeit zum Land Aia bezeichnet (135); Kirkes Bruder Aietes, dessen Epitheton ὀλοόφρων an seine Rolle im Mythos erinnert (137); der gemeinsame Vater Helios, der im Argonautenmythos vielleicht eine Rolle spielte (138); ja sogar der Großvater

Okeanos, der an die Fahrt der Argo über den Okeanos erinnern mag (139); schließlich der Verweis auf die Fahrt der Argo aus dem Munde von Kirke (vgl. zu μ 69–72). Andrerseits ist der Versuch, die Figur der Kirke selbst sowie ein ihrem Wesen entsprechendes Abenteuer für die Fahrt der Argonauten nachzuweisen, als gescheitert zu betrachten: Gerade Meuli, der sich am intensivsten um diesen Nachweis bemüht hat, gelangt zu dem Schluß: „Phineus- und Kirke-Sage sind zwei verschiedene epische Ausgestaltungen des gleichen mythischen Abenteuers und gehören demnach zum ursprünglichen Bestand der Argonautenfabel" (1921, 121). Während der erste Teil dieses Satzes wohl stimmt, wenn er auch der Figur der Kirke nur bedingt gerecht wird, ist der zweite Teil ein evidenter Fehlschluß: Gerade wenn Phineus- und Kirke-Sage zwei Instanzen ein und derselben ‚einfachen Geschichte' sind, konnte die ‚ursprüngliche Argonautensage' nur für eine der beiden Versionen Platz haben. Das kann aber nur eines bedeuten: Wenn der Erzähler mit der Figur der Kirke derart massiv auf den Bereich der Argonautensage verweist, so hebt er explizit den Zitatcharakter der folgenden Episode hervor. Das heißt aber nicht, daß die Kirke-Episode selbst Bestandteil der Argonautenfahrt war, sondern daß sie in unserer Odyssee an die Stelle von anderen Episoden der Argonautenepik tritt; bei der Figur der Zauberin Kirke wird man vor allem an die Zauberin Medea denken (vgl. Crane 1988, 140–143). Das Zitat verweist also auf das Konkurrenzverhältnis zwischen Odyssee- und Argonauten-Irrfahrten und weist der Kirke-Episode innerhalb der Irrfahrten des Odysseus einen Platz zu, der strukturell den analogen Abenteuern innerhalb der Argonautenfahrt entspricht.

Während also die Herleitung der Kirke-Episode aus anderen epischen Quellen nicht gelingt, scheint es fruchtbarer, über das Verhältnis der Version unserer Odyssee zur zugrundeliegenden ‚einfachen Geschichte' nachzudenken. Hier erhebt sich jedoch derselbe Einwand wie bei der Polyphem-Episode: Die Kirke-Episode als Bestandteil der Irrfahrten des Odysseus war beim Hörer wohl als bekannt vorausgesetzt (vgl. zu ϑ 443–5; 448; ι 29–32). Das heißt aber, daß die Hörer die Geschichte von Odysseus und Kirke in epischen Ausgestaltungen kannten, die den Bezugspunkt für die Beurteilung der Version unserer Odyssee bildeten. Es scheint somit sinnvoll, die Untersuchung auf das Verhältnis zu solchen Versionen zu beschränken.

Daß es notwendig ist, sich auf epische ‚Vorlagen' zu beschränken, zeigt die Behandlung der Kirke-Episode bei Page (1973, 49–69): Page konstatiert zunächst mehrere ‚Ungereimtheiten', vor allem die unnötig ausführliche Behandlung von Nebensächlichkeiten im Gegensatz zur knappen Behandlung von wichtigen Motiven. Er stellt dann mehrere Märchen-Varianten der Geschichte daneben und gelangt zu dem Schluß, der Odysseedichter habe konkurrierende Motive unterschiedlicher Versionen kombiniert, ohne sie aufeinander abzustimmen. Als gestaltende Absicht gesteht er dem

Dichter nur zu, daß er die magischen Elemente der Geschichte unterdrükken wolle, versucht aber nicht, in der Konzentration auf andere Elemente eine positive Darstellungsabsicht zu erkennen.

Welche Hinweise gibt es nun darauf, daß hinter der Darstellung der Kirke-Episode andere Versionen liegen? Der Text gibt uns darauf selbst eine Antwort, wenn er mehrmals hervorhebt, daß es jeweils zwei Möglichkeiten zur Fortführung der Handlung gibt. Das Interessante dabei ist, daß die im Text jeweils nicht verfolgte Alternative eine Handlungsführung ergeben würde, die in jeweils einer oder mehreren der bei Page (1973, 49–69) angeführten Märchen-Varianten tatsächlich ausgeführt ist. Es entsteht dadurch der Eindruck, daß der Erzähler an den Knotenpunkten der Handlung signalisiert, daß er sich sowohl für die eine wie auch für die andere Version entscheiden könnte; die jeweils verworfene Alternative bildet damit für den weiteren Handlungsverlauf eine Folie, vor der sich die Eigenheit der ausgeführten Variante besser abhebt. Genau diese Knotenpunkte sind es nun, die in der Darstellung besonders breiten Raum einnehmen:

— Odysseus begibt sich zunächst allein auf Spähgang und erwägt, allein zum Haus der Kirke zu gehen; er besinnt sich aber und bezieht seine Gefährten mit ein (144–155). Die verworfene Alternative besteht also darin, daß Odysseus sein Abenteuer mit Kirke allein erleben würde, wobei dann weder er noch seine Gefährten tatsächlich in Tiere verwandelt würden, sondern nur die Gefahr dazu bestünde, hingegen vielleicht die sexuelle Versuchung durch Kirke stärker in den Vordergrund träte; zu einer solchen Ausführung lassen sich etliche Märchen-Parallelen anführen.

— Odysseus läßt das Los darüber entscheiden, ob seine Gruppe zu Kirke gehen soll oder die des Eurylochos (203–9). Damit zeichnet sich eine Variante ab, in der Odysseus die Rolle einnimmt, die in unserer Odyssee Eurylochos spielt; Odysseus müßte in einer solchen Version sofort, ohne Dazwischentreten eines Vermittlers, auf die Verwandlung der Gefährten reagieren. Auch dazu finden sich Parallelen.

— Odysseus bricht auf, um nur mit Schwert und Bogen bewaffnet die verzauberten Gefährten zu befreien, und trifft erst unterwegs auf Hermes, der ihm das Gegenmittel und Instruktionen gibt (261–307). Dies weist auf Versionen hin, in denen Odysseus keine göttliche Hilfe gegen Kirke benötigt, sondern sie aufgrund seiner eigenen List und Gewalt bezwingt. Diese und die vorhergehende Entscheidung könnten auf ein und dieselbe Alternativversion verweisen; es finden sich jedenfalls Märchen-Varianten, in denen der Held auf solche Weise die Zauberin bezwingt.

Eine ähnliche Erklärung böte sich noch an weiteren Stellen an; ich beschränke mich jedoch auf diese drei Stellen, an denen die jeweils implizierte Alternative am deutlichsten faßbar ist. Es fällt nun auf, daß eben diese

Passagen, wo die Entscheidung zwischen alternativen Handlungsabläufen fällt, breit ausgestaltet sind, während die für die *fabula* zentralen Punkte (Verwandlung der Gefährten, Bezwingung Kirkes durch Odysseus, Rückverwandlung der Gefährten) jeweils in wenigen Versen abgetan werden. Page hat dies als ‚Mißverhältnis' angeprangert. Dieses ‚Mißverhältnis' verrät aber die positive Darstellungsabsicht des Erzählers, der sich weniger auf Passagen, in denen er dem Verlauf einer vorgegebenen Version folgt, konzentriert als auf jene Schnittstellen der Handlung, wo alternative Versionen sich voneinander trennen, wo der Erzähler entscheiden muß, welchem Ablauf er folgen will. Der Dichter verleiht der Erzählung also nicht dadurch höhere Komplexität, daß er den von ihm gewählten Handlungsgang breiter ausführt, sondern verleiht diesem eine Tiefendimension, indem er die jeweils nicht ausgeführte Version in seine Handlung mit hineinnimmt. Den damit erzielten Effekt wird die Interpretation der einzelnen Stellen zeigen.

κ 144–82 Die Episode der Hirschjagd hat Kritik oder Ratlosigkeit ausgelöst; gegenüber dem Eindruck, daß der Hirsch auf etwas anderes hinweise, stehen psychologisierende Erklärungen (Eisenberger 1973, 153 Anm. 17). Zuletzt wurden Deutungen vorgelegt, die die Episode als Reflex bzw. Zitat einer anderen Geschichte bzw. Version erklären (vgl. Scodel 1994, mit Literatur). So meint Roessel (1989), der Hörer müsse den Hirschen auf Kirkes Insel für einen verzauberten Menschen halten, womit die Aktaion-Geschichte evoziert wäre; die Episode sei ein warnendes Exemplum, was mit Odysseus und den Gefährten geschehen könnte. Diese Deutung (abgesehen von der damit implizierten Anthropophagie) läuft aber konträr zum Duktus der Erzählung, in der der erbeutete Hirsch den Gefährten den nach dem Laistrygonen-Abenteuer verlorenen Mut zurückgibt. Der Gedanke, daß Kirke schon andere Menschen in Tiere verwandelt habe, ist in unserem Text sichtlich zurückgedrängt, um nicht die Notwendigkeit ihrer Rückverwandlung wachzurufen; auch die schwanzwedelnden Wölfe und Löwen sind nicht verzauberte Menschen, sondern wilde Tiere, die Kirke durch Behexung gezähmt hat (Heubeck zu κ 213); außerdem befindet sich Kirkes Insel in einem Bereich, in den sonst keine Menschen vordringen (κ 190–2).

In eine andere Richtung zielt Alexander (1991; vgl. van Thiel 1988, 135): Die Episode der Hirschjagd zitiere ein weitverbreitetes Märchenmotiv, wonach der Held der Fährte eines Wildes folgt und bis zur Behausung der Zauberin oder Fee geleitet wird. Alexander folgert daraus, daß die Erzählung im κ eine Version reflektiere, in der Odysseus von dem Hirschen zu Kirke geleitet werde und dort sein Abenteuer allein, ohne Beteiligung der Gefährten, meistere. Weitere Versionen des Märchens, in denen der Weg des Helden bis in die Unterwelt führe, ließen sogar daran denken, daß auch Versionen der Odyssee das Kirke-Abenteuer in der Unterwelt ansiedelten. Wenn man zunächst die Assoziationen zwischen Kirke-Episode und Unterwelt ausklammert (vgl. Crane 1988, 127–134), so scheint die Rückführung auf eine Version, in der der Hirsch eine gut faßbare Funktion innerhalb des Ablaufs des Kirke-Abenteuers hat, verlockend. Die Darstellung der Odyssee bekäme durch das Zitat eine zusätzliche Dimension:

Odysseus läßt die erschöpften und verzweifelten Gefährten beim Schiff zurück und geht auf Ausblick, und zwar, im Gegensatz zur analogen Stelle bei den Laistrygonen (κ 99 ὁρῶμεν), allein. Er erblickt Rauch und beschließt, Nachschau zu halten, ändert dann aber seinen Beschluß dahingehend, zuerst den Gefährten ein Mahl zu bereiten und sie dann auszusenden. Diese Szene hat Kritik erregt: Die Formulierung des ersten Beschlusses mit μερμήριξα (151) gehöre zum Typus einer Entscheidungsszene mit der Erwägung zweier Alternativen, der auch von der Formulierung des zweiten Beschlusses (ὧδε δέ μοι φρονέοντι δοάσσατο κέρδιον εἶναι, 153) vorausgesetzt sei. Nun hat zwar Heubeck (zu κ 151–5, mit Literatur) gezeigt, daß diese Formulierung nicht ohne Parallelen ist, sie bleibt aber trotzdem auffällig. Das Abweichen vom üblichen Typus der Entscheidungsszene hat hier die Funktion, stärker hervorzuheben, daß die Handlung zunächst unmißverständlich in eine ganz bestimmte Richtung drängt, und es bezeichnet die Entscheidung des Odysseus als das bewußte Abweichen von einer ‚Norm'. Damit wird als ‚natürlicher' Ablauf der Dinge suggeriert, daß Odysseus sein Abenteuer mit Kirke allein erlebt.

Dagegen könnte man nun anführen, daß es sich bei der als Alternative genannten und sogleich wieder verworfenen Version um eine ‚unmögliche Alternative' handle, wie sie sich auch am Höhepunkt der Polyphem-Handlung findet: Dort will Odysseus zunächst Polyphem töten, besinnt sich dann aber, weil die Handlung damit ihr vorgegebenes Ziel verfehlen müßte, und schwenkt zu jener Lösung um, die der Tradition entspricht. Vergleicht man die beiden Szenen, so stellt der Text keine formalen Kriterien zur Verfügung, um zwischen einer ‚unmöglichen Alternative' und einer Alternative, die einer in der Tradition verankerten Variante entspricht, zu unterscheiden, ähnlich wie bei Verweisen auf die μοῖρα formal nicht erkennbar ist, ob damit die Traditionalität des Handlungsablaufs oder gerade seine Untraditionalität bezeichnet wird. ‚Unmögliche Alternativen' müssen nicht, wie es bei Polyphem der Fall ist, im Kontext ausdrücklich als solche markiert sein; dies geschieht nur dort, wo die Figuren selbst erkennen, daß die Wahl der betreffenden Alternative ihre Ziele zunichte machen würde; der Erzähler kommentiert Entscheidungen seiner Figuren nicht, sondern überläßt deren Beurteilung dem Wissensstand der Hörer. Im Falle der Kirke-Episode kann somit nur ein Hörer, der Versionen kennt, in denen Odysseus allein zu Kirke gelangt, die doppelte Entscheidung des Odysseus als Zitat und Verwerfung solcher Versionen deuten.

Dasselbe gilt für die Szene der Hirschjagd, wobei es typisch für die Technik des Odysseedichters ist, daß er die beiden Motive (Odysseus geht allein zu Kirke; Odysseus stößt auf dem Weg zu Kirke auf einen Hirschen) in seinem Zitat voneinander getrennt plaziert hat (vgl. zu ι 299–305). Die Ausführung der Hirschjagd, wie sie im κ dargestellt ist, enthält nichts, was einen uneingeweihten Hörer auf die Idee bringen könnte, daß sich dahinter das Motiv des magischen Tieres, das den Helden zur Zauberin geleitet, verberge. Falls es aber solche Versionen gab, mußte für den kundigen Hörer die Assoziation unausweichlich sein. Signifikant ist nun allerdings, welche Funktion der Erzähler dem umgewandelten Motiv verliehen hat: Sowohl die doppelte Entscheidung als auch die Erlegung des Hirschen stellen die Sorge des Odysseus um seine Gefährten in den Vordergrund. Besonders bei der Formulierung der Entscheidungsszene wird deutlich, daß der Dichter sich bemüht, die am nächsten liegende Interpretation in ihr Gegenteil zu verkehren: Wenn Odysseus beschließt, nicht allein auf Erkundung zu gehen, sondern seine Gefährten auszuschicken, so impliziert das zunächst, daß er wieder einmal andere der Gefahr aussetzt, während er selbst in Sicherheit bleibt (so bei den Lotophagen und Laistrygonen; Eurylochos wird ihm ähnliche Vorwürfe bezüglich seines Verhaltens bei Polyphem machen, κ 435–7). Odysseus trifft aber, wie er erzählt, seine Entscheidung gerade aus Fürsorge um die Gefährten: Er will ihnen zunächst ein Mahl bereiten; die weitere Ausführung des Motivs läßt erkennen, wie notwendig diese Stärkung der Gefährten in der gegenwärtigen Situation ist. Die Hervorhebung der Größe des Hirschen und der Anstrengung, die für Odysseus mit seiner Bergung verbunden ist, ist proportional zur Größe der Erschöpfung und Mutlosigkeit der Gefährten, die in der ganzen Kirke-Episode stark hervorgehoben ist; nur die besondere Beute kann bei den Gefährten in der ausweglosen Situation noch einmal den Mut wecken (vgl. Scodel 1994). Das Hirschmotiv ist also voll in den Kontext der Erzählung integriert; der durch das Zitat erzielte Effekt ist für das Verständnis der Szene nicht notwendig, verleiht ihm aber eine zusätzliche Dimension: Die Eigenart der Darstellung dieser Version tritt noch schärfer hervor, wenn der Hörer sie gegen Alternativversionen halten kann.

κ 198–200 Der Erzähler Odysseus greift in einer knapp rekapitulierenden Bemerkung auf die von ihm selbst bereits erzählte Handlung zurück, um die gegenwärtige Situation zu erhellen. Analoge Angaben verweisen sonst ausschließlich auf die Polyphem-Episode (κ 435–7; μ 209–12; υ 18–21); die Rekapitulation bei Aiolos (vgl. zu κ 14–6) bezieht sich nur auf die Zeit vor den Irrfahrten; die Anakephalaiosis (ψ 310–341) zählt alle Abenteuer in chronologischer Reihenfolge auf. Der doppelte Verweis auf Kyklopen und Laistrygonen läßt sich damit erklären, daß das soeben überstandene Lai-

strygonen-Abenteuer den punktuellen Anlaß für die Verzweiflung der Gefährten bildet. Die ansatzweise Zusammenfassung der Irrfahrtenabenteuer
durch die Nennung von zwei Episoden statt nur einer mag aber auch signalisieren, daß die Reihe der Abenteuer an einem vorläufigen Ruhepunkt
angelangt, bzw. eine erste Serie von Katastrophen abgeschlossen ist.

κ 203–9   Die Teilung der Gefährten in zwei gleich große Gruppen enthält
ein Rechenproblem (van Thiel 1988, 136f.): Wenn die Zahlenangabe, daß
Eurylochos 22 Gefährten mitnimmt, nicht beliebig ist (δύω καὶ εἴκοσι als
metrische Erweiterung zur ‚typischen‘ Zahl Zwanzig findet sich ι 241, für
eine besonders große Zahl von Wagen; B 748, für ein Schiffskontingent, das
weniger als die typischen 30/40 Schiffe umfaßt), so geht der Erzähler von
einer Normbesatzung von 50 + 2 Mann aus (so ϑ 35; B 719f.; unglaubwürdig
Stanford, der nach einfacher Addition auf 59 Mann Besatzung kommt), hat
also den Verlust von sechs Gefährten im Verlauf der Irrfahrten einkalkuliert. Odysseus hat bei den Kikonen sechs Gefährten von jedem Schiff verloren, bei Polyphem sechs von seinem eigenen Schiff, bei den Laistrygonen
einen weiteren Mann von seinem Schiff (der κῆρυξ, den Antiphates frißt,
stammt vom Schiff des Odysseus: vgl. κ 95–102). Van Thiel schreibt nun
den Verlust der sechs Gefährten weder dem Kikonen- noch dem Kyklopen-
Abenteuer zu, da er beide Episoden anderen ‚Schichten‘ als die Passage im
κ zuweist, sondern verfällt auf den Ausweg, im κ seien die Verluste vor
Troia einkalkuliert. Mir erscheint plausibler, daß der Verlust der sechs Gefährten bei Polyphem präsent gehalten ist, während die Verluste bei den
Kikonen mißachtet sind und der bei den Laistrygonen verlorene κῆρυξ
nicht in die Zahl der Ruderer einbezogen ist. Umgekehrt erklären die
Scholien, ἐξ γὰρ ἀφ’ ἑκάστης νεὼς ἀπολομένων περιελείποντο μδ΄, ὧν οἱ
ἡμίσεις εἰσὶ κβ΄ (vgl. Eustathios). Der ‚Rechenfehler‘ bleibt bestehen.

Welche Funktion hat nun die ausführliche Beschreibung der Teilung
der Gefährten in zwei Gruppen? Das beschriebene Verfahren des Losens
hebt hervor, daß zwei Möglichkeiten zur Fortführung der Handlung bestehen: Je nach Losentscheid wird entweder Odysseus oder Eurylochos zu
Kirke gehen. Die bei Page angeführten Märchen-Parallelen zeigen Beispiele, in denen der Held mit den Gefährten zur Zauberin geht, dort mit ansieht, wie diese der Reihe nach die Gefährten verwandelt, und zuletzt den
Spieß gegen sie umdreht. Da das Los hier auf Eurylochos fällt, erhält dieser
die Rolle, die dem ‚Helden‘ der Geschichte zustünde. Sein Verhalten ist also nicht daran zu messen, ob es seiner individuellen Situation angemessen
ist, sondern ob er der Rolle innerhalb der Geschichte gerecht wird. Was also, isoliert betrachtet, als vernünftig erscheint, nämlich daß er als einziger
das Haus der Kirke nicht betritt, sondern sich versteckt und dann flieht, ist
vor dem Anspruch des Odysseus augenscheinlich als Feigheit zu bewerten.

Der Dichter zerlegt die Handlung in einzelne Phasen, die einander dialektisch ergänzen: Das Handeln des ‚schlechten' Anführers Eurylochos führt dem Hörer zunächst vor Augen, wie das Kirke-Abenteuer enden würde, wenn ein Held ohne die Qualitäten des Odysseus dessen Platz einnähme; erst in einem zweiten Anlauf greift Odysseus selbst ein. Durch dieses Darstellungsverfahren wird auch das Motiv der Fürsorge des Odysseus um die Gefährten stärker in den Vordergrund gerückt: Schon die strategische Vorgangsweise der Teilung in zwei gleich große Gruppen dient dazu, zur Sicherung gegen feindliche Aktionen (wie bei den Laistrygonen) eine möglichst große Zahl von Männern auszusenden; das Werfen des Loses hebt hervor, daß Odysseus sich selbst von der Gefahr nicht ausnimmt.

κ 261–74   Die ‚unmögliche Alternative', daß Odysseus mit dem Rest der Gefährten fliehen solle, läßt die Entscheidung des Odysseus zur heldenhaften Tat stärker hervortreten und zugleich die Figur des Eurylochos sich schärfer abzeichnen. Eurylochos versagt hier in genau jenem Bereich, in dem er später den Anspruch erheben wird, sich Odysseus zu widersetzen: in der Fürsorge um die Gefährten, auch unter Einsatz des eigenen Lebens. Die Bewertung des Verhaltens des Eurylochos in der Kirke-Episode kann also keinem Zweifel unterliegen. Das ist wichtig, weil die Figur des Eurylochos damit bereits vor Beginn der Thrinakia-Episode, wo er sich vollends zum Gegenspieler des Odysseus aufschwingen wird, eindeutig bewertet ist; der Erzähler signalisiert damit bereits im voraus, daß auch das Verhalten des Eurylochos auf Thrinakia negativ zu bewerten ist.

κ 275–308   Die Begegnung zwischen Odysseus und Hermes verstößt nicht, wie es scheinen könnte, gegen das ‚Jörgensensche Gesetz', da es sich um eine Epiphanie des Gottes handelt, die dem Menschen die Möglichkeit gibt, ihn zu identifizieren. Man wird sogar noch weiter gehen als Jörgensen (1904, 373–5), nach dem Odysseus den Gott aufgrund seines Äußeren erkennt: Der Erzähler Odysseus ist gegenüber dem Akteur Odysseus autonom; die namentliche Bezeichnung des Gottes läßt offen, wie die Identifizierung gelungen ist, ist also verkürzend. Vorausgesetzt könnte eine Selbstvorstellung des Hermes sein, die der Erzähler Odysseus nicht referiert.

Eine andere Frage ist es, warum innerhalb der Irrfahrten nur hier ein Gott Odysseus unterstützt und warum es sich dabei um Hermes handelt. Die Darstellung läßt auch hier hervortreten, daß es sich um einen Knotenpunkt der Handlung handelt, an dem eine Entscheidung darüber fällt, ob die Handlung in die eine oder die andere Richtung weiterlaufen soll: Odysseus ist entschlossen, allein, nur mit Schwert und Bogen bewaffnet, Kirke gegenüberzutreten, befindet sich auf dem Weg zu ihr, langt „beinahe" bei ihr ein (zu ἔμελλον, 275, als typischem Ausdruck einer „Beinahe"-Situation, vgl. zu δ 514–20) und stößt im letzten Moment auf Hermes. Nun bezeichnet zwar Hermes selbst den so projektierten Handlungsverlauf als ,unmögliche Alternative', doch bezieht er sich damit nur auf die Voraussetzungen unserer Version. Fragt man hingegen, ob sich die Geschichte auch ohne göttliches Eingreifen erzählen ließe, so gelangt man zu einer Variante, in der sich Odysseus aufgrund eigener List gegen Kirke behaupten kann, und es ist denkbar, daß es Versionen gab, in denen die Geschichte genau darauf hinauslief. In Märchenparallelen behält der Held gegenüber der Zauberin die Oberhand, indem er die Becher vertauscht (vgl. die Variante bei Page 1973, 67) oder einfach Gewalt anwendet (Page, 62f.). Page hebt hervor, daß die Zauberwurzel μῶλυ, die Hermes Odysseus gibt, später nicht mehr erwähnt wird, obwohl ihre Wirkung vorausgesetzt ist. Die Notwendigkeit göttlicher Hilfe ist in unserer Odyssee deshalb gegeben, weil hier Kirke eine Göttin ist, gegen die der Mensch Odysseus trotz all seiner Listen sich nicht durchsetzen könnte. Trotzdem bedrängt er sie auch hier mit dem Schwert, und auch Kirkes Genealogie könnte darauf hindeuten, daß sie nicht in allen Versionen diesen göttlichen Status hatte: Kirke ist Schwester des Aietes, der zumindest in der späteren Überlieferung der Argonautensage keinen göttlichen Status hatte, wie ganz sicher nicht dessen Kinder Medea und Apsyrtos. Der Auftritt des Hermes vor Odysseus und Kirkes Hinweis auf wiederholten Kontakt mit dem Gott (αἰεί, 330, was die Funktion des Götterboten impliziert), dienen sichtlich dazu, ihren göttlichen Status hervorzuheben. Betont ist damit auch, daß die πολυμηχανίη des Odysseus nur im menschlichen Bereich wirkt sowie daß die Abenteuer des Odysseus entscheidend von göttlichem Einfluß bestimmt sind, der letztlich Ausdruck der μοῖρα ist, und daß Odysseus innerhalb dieser μοῖρα nicht die Möglichkeit hat, seinen Weg nach Hause abzukürzen, sondern nur, die negativen Auswirkungen der einzelnen Abenteuer möglichst gering zu halten.

κ 330–2 Das Motiv der Prophezeiung stellt das Kirke-Abenteuer neben das Polyphem-Abenteuer, das durch eine analoge Prophezeiung vorbestimmt war (vgl. zu ι 507–16). Hier wie dort dürfte das Motiv erst vom Odysseedichter eingeführt sein: Die großen Stationen der Irrfahrten des Odysseus werden damit unabhängig davon, ob sie in der Erzähltradition verankert waren oder nicht, als vom Schicksal festgelegt bezeichnet, so wie später Teiresias das Passieren von Thrinakia und Alkinoos die Versteinerung des heimkehrenden Phaiakenschiffes als unausweichlich beschreiben. Im Vordergrund steht an all diesen Stellen die theologische Deutung des Geschehens, die auch in den Verweisen auf die μοῖρα oder αἶσα impliziert ist: Das Schicksal des Odysseus ist weitestgehend festgelegt, er kann sich nur im Rahmen dieses Schicksals bewähren.

κ 333–87 Die Szenenfolge ist als strukturelle Einheit aufzufassen, die nach der schon beobachteten Manier (vgl. zu ι 299–305) in Teilaspekte aufgespalten ist: Kirke fordert Odysseus auf, mit ihr zu schlafen; Odysseus fordert mit dem Hinweis auf die Verwandlung der Gefährten als Bedingung dafür einen Eid der Göttin; nach dem Akt fordert Kirke Odysseus zum Mahl auf; Odysseus verweigert dies, bis sie die Gefährten zurückverwandelt hat. Page (1973, 56) hat diese Abfolge ins Lächerliche gezogen („Is this the moral code of your right-minded man, that while his friends are in the sty he may share the witch's bed but not her breakfast?") und auf eine Vorlage zurückgeführt, in der der Held die Befreiung der Gefährten durchsetze, bevor er mit der Zauberin schlafe. Demgegenüber hat Dyck (1981) gezeigt, daß die Abfolge sehr wohl einen Sinn ergibt, wenn man den Beischlaf mit der Zauberin nicht als Vergnügen, sondern als gefährlichen Teil der vom Helden zu bestehenden Prüfung auffaßt. Die beigebrachten Folklore-Parallelen (vgl. etwa Pellizer 1979) helfen hier nicht weiter: Falls dort der Held die Zauberin nicht bei der ersten Begegnung überwindet, besteht die Gefahr in der Regel darin, daß die Zauberin den Helden eine Zeitlang liebt, bis sie seiner überdrüssig geworden ist und ihn zu beseitigen oder zu verwandeln sucht. In unserem Text zielen die Signale jedoch in eine andere Richtung: Als Kirke den Gefährten den Zaubertrank reicht, heißt es ἵνα πάγχυ λαθοίατο πατρίδος αἴης (236); Hermes beschreibt Kirkes Absicht gegen Odysseus als μή σ' ἀπογυμνωθέντα κακὸν καὶ ἀνήνορα θήῃ (301); Odysseus fordert die Gefährten zurück, bevor er sich den Annehmlichkeiten von Kirkes ξενία voll hingibt (383–5); nach der Vereinigung aller Gefährten fordert Kirke sie auf, ἀλλ' ἄγετ' ἐσθίετε βρώμην καὶ πίνετε οἶνον, εἰς ὅ κεν αὖτις θυμὸν ἐνὶ στήθεσσι λάβητε (460f.); die Gefährten folgen der Aufforderung für ein volles Jahr (467f.). Bei all dem schimmert implizit die Gefahr durch, daß Odysseus und die Gefährten der Versuchung erliegen, „die Heimat zu vergessen". Dies entspricht dem Leitmotiv der Apologoi schlechthin, daß jedes Abenteuer, das Odysseus zu bestehen hat, entweder zu wenig oder zu viel ξενία bietet (vgl. Most 1989), ist also als Motiv in dieser Form wohl erst vom Odysseedichter in die Kirke-Episode eingebracht. Ich vermute daher, daß der Dichter eine ihm vorliegende Version, in der Odysseus Kirkes Liebe erliegt und dadurch Gefahr läuft, zuletzt von ihr verwandelt zu werden, in das Motiv der übergroßen Gastfreundschaft umgewandelt hat.

Auch die Wendung κακὸν καὶ ἀνήνορα läßt sich diesem Motiv unterordnen: ἀνήνωρ muß nicht „unmännlich" im Sinne von „nicht zeugungsfähig", „impotent" (so wohl bei Hes. Erg. 751) oder gar „ohne Geschlechtsorgane" (vgl. Crane 1988, 63–70) heißen, sondern kann auch „nicht mannhaft" im Sinne von „unheldisch", „unehrenhaft" bedeuten, so wie später ἄνανδρος mit seinen Ableitungen beide Bedeutungen zeigt (LSJ). Die Kombination κακὸς καὶ ἀνήνωρ bedeutet dann, daß Odysseus Gefahr liefe, sein Heldentum zu verlieren, im Banne der Frau zu bleiben und seine Aufgabe, sich selbst und die Gefährten nach Hause zu bringen, zu vergessen.

Wenn diese Deutung richtig ist, so wird auch verständlich, welche Funktion der langen Beschreibung der Tätigkeiten von Kirkes Dienerinnen (348–72) zukommt, die ebenfalls das Mißfallen von Page erregt hat und auch von Heubeck mit dem Hinweis auf die dadurch erzeugte Spannung vor der Rückverwandlung der Gefährten kaum adäquat beschrieben ist. Eine banale Funktion der Beschreibung besteht zunächst darin, daß der Erzähler damit vom Schauplatz des Liebesaktes wegblendet (347), die Arbeiten der Dienerinnen aber trotzdem nur als Hintergrundhandlung markiert, indem er sie mit τέως (348) einleitet und bis 359 durchgehend mit dem Imperfekt beschreibt. Mit dem Wechsel zum Aorist (360), der die folgenden Aktionen als Handlung des Hauptschauplatzes markiert, ist auch der Liebesakt beendet, und Odysseus wird in die Badewanne gesetzt. Die Beschreibung der Tätigkeiten am Nebenschauplatz erspart es dem Erzähler also, die Aktionen am Hauptschauplatz, nämlich den Liebesakt, zu beschreiben, verleiht diesen Aktionen aber gerade dadurch zeitliche Dauer.

Die Ersatzfunktion der Beschreibung reicht aber weiter. Die Ausführlichkeit der Beschreibung, die explizit die Annehmlichkeiten erfaßt, die die Sklavinnen für Odysseus vorbereiten, implizit aber auch die Annehmlichkeiten des nicht beschriebenen Liebesaktes reflektiert, gibt zugleich auch ein Maß für die Versuchung, der Odysseus ausgesetzt ist, und kennzeichnet seine unvermutete Reaktion als heldenhaften Widerstand: Obwohl ihm jeder erdenkliche Luxus angeboten wird, vergißt er darob nicht seine Gefährten. Die langgezogene Beschreibung der Geschäftigkeit der Mägde ist also das eigentliche Zentrum der als Einheit aufzufassenden Szene, in der Odysseus in Versuchung geführt wird und dieser Versuchung widersteht.

κ 422–48 Die zweite Szene, in der Eurylochos eine aktive Rolle spielt, zeichnet ihn stärker noch als die erste als künftigen Gegenspieler des Odysseus und bereitet damit seinen Auftritt in Thrinakia vor. Wichtig ist auch hier, daß die Argumente des Eurylochos zwar aus seiner Figurenperspektive berechtigt erscheinen, für den Hörer aber aufgrund der vorausliegenden Handlung bereits als falsch erkennbar sind: Seine Furcht vor Kirke ist, auch wenn er das nicht wissen kann, zu diesem Zeitpunkt bereits objektiv unberechtigt. Genau darauf beruht aber die Beurteilung seines Verhaltens, die dem Hörer in dieser Szene nahegelegt wird: Eurylochos widersetzt sich Odysseus, weil er sein beschränktes Wissen absolut setzt und nicht auf das größere Wissen des Führers vertraut. Derselbe Gegensatz wird die Thrinakia-Episode bestimmen: Aus der subjektiven Sicht des Eurylochos mag jede seiner Aktionen im μ gerechtfertigt sein; als falsch erweisen sie sich dadurch, daß er das höhere Wissen des Odysseus, das dort durch doppelte Autorität (Teiresias – Kirke) beglaubigt ist, ignoriert. Und auch die Beurteilung der Polyphem-Episode als Resultat der ἀτασθαλία des Odysseus mag aus der Figurenperspektive des Eurylochos berechtigt sein, wird jedoch durch die Situation, in die sie eingebettet ist, Lügen gestraft: Da die Aufforderung des Odysseus, sich zu Kirke zu begeben, nicht, wie Eurylochos behauptet, Ausdruck der ἀτασθαλία ist, ergibt sich als Analogieschluß für den Hörer, daß auch seine Bewertung der Polyphem-Episode falsch ist. Dieser Befund stimmt mit der Darstellung im ι überein und wird durch die Reaktion des Odysseus und der Gefährten bestätigt: Odysseus reagiert wie auf eine heroische Beleidigung, also wie Achilleus gegen Agamemnon in A 188ff., die Gefährten aber halten ihn zurück und vertrauen sich voll ihrem Führer an, womit sie das Verhalten des Eurylochos als Feigheit erklären. Die Szene als strukturelle Einheit läßt also nicht zu, den Vorwurf des Eurylochos gegen Odysseus isoliert zu betrachten und für gerechtfertigt zu erklären; Eurylochos erweist sich gerade durch dieses Urteil als kurzsichtig und als nicht in gleichem Maße zum Führer geeignet wie Odysseus.

κ 441 Wenn Eurylochos als naher Verwandter des Odysseus bezeichnet wird, so ist unwahrscheinlich, daß dieses Verhältnis schon in der Tradition vorgegeben war, so wie die Figur des Eurylochos überhaupt Schöpfung des Odysseedichters sein dürfte: Ihre Funktion besteht ausschließlich darin, das für die Odyssee so zentrale Thema der Sorge des Odysseus um die Gefährten und deren Schuld an ihrem eigenen Untergang zu beleuchten.

κ 446–52 Odysseus und Gefährten gehen in Richtung Kirke; währenddessen (449 τόφρα) badet und bekleidet Kirke die bei ihr verbliebenen Gefährten; die Gruppe um Odysseus trifft diese an, als sie schon beim Mahl sitzen. Damit ist die Gleichzeitigkeit der Abläufe an zwei getrennten Handlungsschauplätzen geradezu thematisiert (vgl. zu κ 569–74).

κ 457–9 Kirke bezeichnet die Abenteuer des Odysseus mit jenen globalen Begriffen, die wiederholt seine Irrfahrten umfassen, nämlich als Leiden auf dem Meer und Begegnungen mit Menschen zu Land, die hier ausdrücklich als feindlich gesinnt bezeichnet sind. Dieses Schema entspricht den in der Odyssee tatsächlich beschriebenen Irrfahrten-Abenteuern nur bedingt, da man kaum von Begegnungen mit Menschen sprechen kann (vgl. zu α 3–4). Andrerseits entspricht die duale Ausdrucksweise gerade bei Kirke dem Ablauf der unmittelbar vorangegangen Abenteuer mit der Abfolge Aiolos – Laistrygonen sowie der Konzentration auf die Leiden der Gefährten. Die Kirke-Episode ist auch strukturell als Endpunkt nach der Katastrophenserie Polyphem – Aiolos – Laistrygonen markiert; die folgende Argumentation Kirkes wird genau dies hervorheben, um den Gefährten eine Berechtigung dafür zu geben, bei ihr eine Zäsur der Irrfahrten einzulegen.

κ 460–8 Die Begründung für das lange Verweilen bei Kirke ist sorgfältig aus der Situation entwickelt und hebt sich dadurch von alternativen Begründungen, die in der Episode angelegt sind, ab. Kirkes Einladung ist an dieser Stelle nicht mehr als Versuchung gekennzeichnet, wie es noch die Aufforderung an Odysseus zum Beischlaf und dann zum Mahl war. Sie erweist sich als notwendig, um die Gefährten, deren auffälligstes Merkmal während der ganzen Episode ihre Mutlosigkeit war, wieder aufzurichten. Der Grund für das Verweilen liegt somit viel mehr bei den Gefährten als bei Odysseus: Die Kirke-Episode zeichnet sich dadurch aus, daß die ungebrochen intensiven Aktivitäten des Odysseus der Untätigkeit, Antriebslosigkeit und Mutlosigkeit der Gefährten gegenübergestellt sind. Dazu paßt, daß auch die Aufforderung zum Aufbruch von den Gefährten ausgehen wird, die nach einem Jahr ihre Mutlosigkeit überwunden haben. Damit wird Odysseus vom möglichen Vorwurf entlastet, daß er sich aufgrund von Kirkes Verlockung ‚verliege‘, während sein langes Ausbleiben in anderen Versionen wohl auch damit begründet war, daß er sich bei einer Frau/Göttin ‚verlegen‘ habe. Unsere Odyssee schwächt dieses Motiv möglichst ab: Odysseus wird gegen seinen Willen von Kalypso festgehalten; er widersteht der Versuchung durch Nausikaa; daß die Kirke-Episode so stark unter das Thema der Fürsorge für die Gefährten gestellt ist, hat die Funktion, Odysseus vom Vorwurf zu befreien, daß er der Becircung erlegen sei.

κ 472–4　Die Aufforderung der Gefährten ist so formuliert, als ob die vom Schicksal bestimmte Heimkehr nur für Odysseus selbst in Frage käme: „Denke jetzt an das Vaterland, wenn es denn bestimmt ist, gerettet zu werden und in das hochgiebelige Haus zu gelangen und in d e i n e Heimat!" Mit diesem Wortlaut schließen die Gefährten implizit für sich selbst die Heimkehr aus. Dieselbe Formulierung bezieht sich nun sonst ausschließlich auf Odysseus (φίλους τ’ ἰδέειν καὶ ἱκέσθαι / οἶκον ἐς ὑψόροφον καὶ ἑὴν (σὴν) ἐς πατρίδα γαῖαν, ε 41f., 114f., η 76f.), und man könnte argumentieren, daß sie formelhaft-mechanisch auf diese Stelle übertragen sei. Doch selbst dann ist eine tragisch-ironische Interpretation gerechtfertigt: Die Gefährten denken zwar an ihrer eigene Heimkehr, zitieren aber mit der gewählten Formulierung das für jede Version verbindliche τέλος, wonach für Odysseus der Nostos garantiert, für die Gefährten aber ausgeschlossen ist.

κ 483–6　Odysseus bezieht sich auf ein Versprechen, von dem bislang nicht die Rede war. Mehrere Erklärungen wären möglich: Das Versprechen ist in Kirkes Eid, der Odysseus die Aufnahme als ξένος garantiert (κ 345), impliziert, da die korrekte Ausführung der ξενία die πομπή enthält (Eisenberger 1973, 160, und fast alle Kommentare); der Erzähler Odysseus setzt nicht berichtete Ereignisse voraus (so die Scholien); oder der Zusammenhang ist durch die Anlehnung an eine Vorlage gestört (Merkelbach 1969, 202). Odysseus erinnert Kirke an ein Versprechen, von dem zuvor nicht die Rede war; Kirke antwortet, Odysseus müsse „zuerst" eine Bedingung erfüllen, was suggeriert, daß sie ihm danach den Heimweg weisen wolle. Das

Versprechen wird also von zwei Seiten als problematisch bezeichnet: Es wurde nie *expressis verbis* gegeben, und es läßt sich nicht auf einfache Weise einlösen. Man könnte das als Verweis auf einen ‚natürlichen‘ Ablauf auffassen, wonach Kirke nach ihrer Überwindung sofort den Weg in die Heimat weist, während in unserer Version der ‚natürliche‘ Ablauf durch die Verpflichtung zur Hadesfahrt unterbrochen ist. Es ist eine alte These der Analyse, daß die Nekyia als ‚später‘ Einschub die ‚ursprüngliche‘ Einheit der Kirke-Episode sprenge. Geht man nicht wie die Analytiker von der Manipulation eines fixierten Textes aus, so hat diese These einiges für sich. Das bedeutet nicht, daß Odysseus vor unserer Odyssee keine Unterweltsfahrt unternahm; die Nekyia kann in anderen Versionen an anderen Stellen der Irrfahrten gestanden sein. Das Motiv des Versprechens hebt aber hervor, daß der Platz, an dem die Nekyia hier eingefügt ist, sich in einen Zusammenhang drängt, der aus anderen Versionen bekannt war: Kirke sollte ‚eigentlich‘ Odysseus den Weg nach Hause weisen; die Hadesfahrt bekommt hier die Funktion, diese πομπή der Kirke überhaupt erst zu ermöglichen.

κ 508 Die Fahrt über den Okeanos verleiht der Irrfahrten-Geographie einen Anhaltspunkt: Odysseus ist bei Kirke an einem Punkt angelangt, wo keine Orientierung möglich ist, d.h. ‚am Ende der Welt‘. Von dort aus kann er nahtlos den Übergang vom Meer in den Okeanos bewältigen, wobei der Eingang zur Unterwelt sich an einem anderen Punkt ‚am Ende der Welt‘ befindet, vielleicht exakt am Gegenpol (Heubeck, mit Verweis auf κ 508 περήσης und λ 13 πείραϑ’); bei der Rückkehr wird er Kirkes Insel als Aufgangspunkt der Sonne identifizieren (μ 1–4). Odysseus befindet sich wohl auch hier auf den Spuren der Argonauten: Die Okeanosfahrt der Argo ist als altes Element der Geschichte für Mimnermos (fr. 11a W.) und die Ehoien (fr. 241 M.-W.) belegt und war wohl auch dem Hörer der Odyssee bekannt. Wahrscheinlich wurde den Argonauten dieser Weg von Medea gewiesen; Kirke könnte somit die Rolle ihrer Nichte zitieren. Während dort aber die Fahrt eine notwendige Handlungsfunktion hatte (den flüchtenden Argonauten ist die Rückkehr auf der Route der Hinfahrt versperrt), scheint in der Odyssee vor allem das Motiv der Argonautik zitiert und überboten: Auch Odysseus muß über den Okeanos fahren, ihn führt dieser Weg aber in einen Bereich, in den nicht einmal die Argonauten vordrangen.

κ 551–60 Die Funktion der Elpenor-Handlung ist in der Forschung hinreichend bestimmt; die Absicht, durch seine Figur eine Klammer zwischen Nekyia, erstem und zweitem Kirke-Aufenthalt herzustellen, ist evident. Damit wird ermöglicht, daß der Weg zurück zu Kirke nicht explizit als Auftrag der Göttin (oder des Teiresias) formuliert werden muß, obwohl sich dies aus ihren Worten natürlich ableiten ließe. Daß die Prophezeiung des Sehers und die Wegweisung durch Kirke analoge Funktion für die Handlung haben und einander ergänzen, tritt so ein wenig in den Hintergrund. Elpenor selbst ist vom Erzähler geradezu als Figur charakterisiert, die kein Recht auf eine Rolle in der Tradition hat (vgl. Heubeck zu κ 551–60).

κ 569–74 Odysseus findet beim Schiff die von Kirke gebrachten Schafe vor, womit die Gleichzeitigkeit des Ablaufs zweier Handlungsstränge thematisiert ist: Nicht nur die jeweils benötigte Zeitspanne ist dieselbe, sondern auch die jeweils zurückgelegte Wegstrecke. In der Odyssee betont der Erzähler die Tatsache, daß parallele Handlungsstränge gleichzeitig stattfinden, während in der Ilias die Tendenz besteht, den Eindruck der Gleichzeitigkeit zu verwischen oder eine Darstellung zu geben, welche zeigt, daß die von zwei unterschiedlichen Handlungssträngen berichteten Aktionen jeweils aufeinander abfolgende Zeitsegmente innerhalb der gemeinsam abgedeckten Zeit ausfüllen. In der Kirke-Episode ist die für die Odyssee übliche Art zeitlicher Parallelität gleich dreimal hervorgehoben: beim Liebesakt von Odysseus und Kirke (vgl. zu κ 333–87); wenn Odysseus die Gefährten vom Schiff zu Kirke führt (vgl. zu κ 446–52); und hier, wo Kirke die Gefährten auf dem Weg überholt, ohne daß sie es bemerken. Die Funktion der Szene ist klar. Obwohl Kirke Odysseus implizit befohlen hat, Widder und Schaf mitzunehmen (κ 527), würde die Angabe, daß er die Tiere von Kirkes Haus mitführt, die Darstellung stören: Der Aufbruch steht im Zeichen von Elpenors Tod, Odysseus erzählt den Gefährten erst auf dem Weg von der notwendigen Hadesfahrt. Das Problem ist dadurch bewältigt, daß Odysseus die Schafe, die er auf der Figurenebene ‚vergessen‘ hat, bereits beim Schiff vorfindet. Beschrieben ist der Vorgang nicht als eine (nach Zielinski verbotene) verdeckte Handlung (die Figur Odysseus findet die Schafe vor und rekonstruiert, wie sie dorthin gelangt sind), sondern als auktorialer Bericht des Erzählers Odysseus, der ebenfalls gegen Zielinskis Regel verstößt.

Odyssee 11

λ 1–640 Das Unterweltsbuch war und ist Spielwiese analytischer und unitarischer Theorien, mit Thesen zu ‚ursprünglichen‘ Versionen und Versuchen zur Ausscheidung ‚später‘ oder interpolierter Teile (vgl. Bona 1966, 53–67; Eisenberger 1973, 160–191; zuletzt Matthiessen 1988, mit Literatur; für die analytische Optik vgl. Merkelbach 1969, 185–191; 219–230). Ausgangspunkt für die Frage, ob man in der Nekyia Spuren anderer Versionen feststellen kann, muß die Beobachtung sein, daß „die Wegweisung des Teiresias nur ein kompositioneller Vorwand für die Einführung der aus anderen Gründen wichtigen Unterweltsfahrt" ist (Matthiessen 22). Die auf Teiresias bezogenen Partien heben sich auch deutlich von den Begegnungen des Odysseus mit den anderen Seelen ab. Teiresias spricht als einzige der

Seelen nur über das Schicksal des Odysseus, während alle anderen auch oder vor allem über sich selbst sprechen; Teiresias als Person hat also eine ganz andere Funktion für die Handlung als die übrigen Seelen.

Einige der gewichtigsten Anstöße, die Analytiker und Unitarier an der Nekyia nahmen, hängen nun unmittelbar oder mittelbar mit der Rolle des Teiresias zusammen. Zunächst wurde schon in der Antike bemerkt, daß die Form, in der Odysseus Kontakt mit den Seelen aufnimmt, einer Totenbeschwörung (Nekyomantie) entspricht, die in Gegensatz zur Begegnung mit vielen, ja theoretisch allen Toten steht, mit der ein Gang durch die Unterwelt vorausgesetzt ist. Die Form der Beschwörung ist zwar in der Odyssee geschickt ausgenützt — Odysseus kann so kontrollieren, mit wem er Kontakt aufnimmt und mit wem nicht —, doch kaschiert der Erzähler sichtlich Widersprüche, die das Festhalten an dieser Form verursacht, wenn Odysseus auch solche Seelen sieht, die nicht zum Ausgang der Unterwelt kommen können. Der Dichter hat also trotz der Schwierigkeiten die Form der Nekyomantie beibehalten, die ursprünglich wohl nur mit der Befragung eines Sehers, nicht mit einer Seelenschau in der Unterwelt verbunden war.

Ein weiteres Problem bildet die Auskunft des Teiresias an Odysseus. Obwohl Odysseus von Kirke geschickt wurde, um den Weg nach Hause zu erfragen, geht Teiresias darauf kaum ein. Er nennt zwar als Ursache für die Verzögerung der Heimfahrt den Zorn des Poseidon, gibt jedoch keinen Rat, wie dieser zum Zweck der Heimfahrt besänftigt werden könnte. Hingegen befiehlt er Odysseus, nach seiner Heimkehr eine Reise ins Binnenland zu unternehmen und dort offenbar einen Poseidon-Kult zu stiften. Teiresias bietet also Hilfe nicht für die Zeit bis zur Heimkehr, sondern nur für die Zeit nach der Heimkehr, wenn der Zorn des Poseidon schon wirkungslos geworden ist (wie die Darstellung der Odyssee selbst, vor allem im ν, zeigt; vgl. zu α 20–1; 74–9). Auch der Ausgangspunkt, von dem aus Odysseus seine Reise ins Binnenland unternehmen soll, ist nicht näher bezeichnet. Nun ist auch dieses ‚Problem' in unserem Text gut kaschiert, die gesamte Teiresias-Rede ist von prophetischer Vagheit bestimmt. Das Gefühl, daß damit auf einen anderen Kontext verwiesen wird, bleibt aber bestehen.

Die Versuche, diese Elemente der Teiresias-Szene auf ältere Gestaltungen der Odysseus-Sage zurückzuführen, kreisten vor allem um das Problem der sogenannten Thesprotis: Die zahlreichen Hinweise auf einen Aufenthalt des Odysseus in Thesprotien, die sich in seinen Trugerzählungen finden, wurden als Reflex einer ursprünglich zusammenhängenden Erzählung gedeutet, in der Odysseus nach seiner Heimkehr nach Ithaka wieder aufgebrochen sei und sich vor allem in Thesprotien aufgehalten habe. In diesem Zusammenhang habe er auch den Auftrag des Teiresias zum Gang ins Landesinnere erfüllt (für eine Behandlung der Thesprotis-These vgl. Merkelbach 1969, 219–230, mit Literatur). Teile dieser Erzählung fanden

sich tatsächlich in der Telegonie des Eugammon erfüllt (§ 115–125 Kullmann). Doch waren die dort geschilderten Abenteuer des Odysseus, soweit
das Referat erkennen läßt, sämtlich aus Angaben der Odyssee heraus- und
weitergesponnen; vor allem aber gelang es Eugammon nicht, Odysseus den
Auftrag des Teiresias in voller Entsprechung zum Wortlaut der Odyssee erfüllen zu lassen: In der Telegonie brach Odysseus nach Elis auf, um seine
Rinderherden zu inspizieren, wurde von Polyxenos bewirtet und kehrte
danach nach Ithaka zurück, um die von Teiresias befohlenen Opfer darzubringen. Das Proklos-Referat läßt hier keinen Platz für einen Gang ins Landesinnere erkennen, und es wäre auch unsinnig, auf der Peloponnes nach
Menschen zu suchen, die das Meer nicht kennen; nach Thesprotien läßt Eugammon Odysseus aber erst im zweiten Anlauf, nach den Opfern, aufbrechen. Der Telegonie-Autor konnte also sichtlich auf keine Tradition zurückgreifen, wonach die Entsühnung des Odysseus gegenüber Poseidon nach
seiner Rückkehr nach Ithaka stattfand, und es war ihm sichtlich nicht möglich, zwischen Teiresias-Orakel und Thesprotien-Aufenthalt eine Verbindung herzustellen, die nicht gegen die Angaben der Odyssee verstieß.

Die Thesprotis-These in ihrer ‚klassischen‘ Form setzt voraus, daß in
die Truggeschichten unserer Odyssee Handlungssequenzen eingebracht
sind, die in der vorhomerischen Tradition (bzw. in einer ‚Vorodyssee‘) ihren Platz nach der Heimkehr des Helden hatten. Das würde bedeuten, daß
zwar die Teiresias-Prophezeiung ‚korrekt‘ auf Ereignisse verwiese, die die
Tradition nach der Heimkehr des Odysseus angesiedelt hatte, daß aber dafür Odysseus in seinen Truggeschichten wiederholt solche Kontexte als bereits erlebte Vergangenheit bezeichnete, die ihm nach der traditionellen
Sagenchronologie noch bevorstanden. Dabei würde es sich zwar um ein
raffiniertes Zitatverhältnis handeln, das von den Interpreten der Thesprotis-These keineswegs entsprechend gewürdigt ist; doch scheint unser Text
dagegen zu sprechen: Die thesprotischen Abenteuer des Odysseus sind
durch ihre Einbettung in seine übrigen Erzählungen unmißverständlich als
Teil eines alternativen Nostos markiert, der sich durch charakteristische
Merkmale von dem in unserer Odyssee als ‚wahr‘ dargestellten Nostos abhebt (vgl. zu ξ 199–359). Will man also den Binnenlandgang des Odysseus
als Teil seines Thesprotien-Aufenthalts verstehen, so ist man zur Annahme
gezwungen, daß unsere Odyssee die durch diesen Gang erzielte Versöhnung mit Poseidon, die in anderen Versionen als Teil der Irrfahrten fun-
gierte, hinter das Ende der erzählten Handlung versetzt hat.

Was spricht unter diesen Voraussetzungen dafür, Auftrag und Erfüllung des Teiresias-Orakels als Reflex einer ‚Thesprotis‘ zu verstehen? Einerseits gehört es zum Wesen des Motivs der Wegweisung, daß die dabei genannten Bedingungen vom Helden vor, nicht nach der erfolgreichen
Heimkehr erfüllt werden müssen. Die Odyssee bietet dafür Parallelen: Pro-

teus weist Menelaos an, in Ägypten den Göttern ein Opfer darzubringen, damit er endlich heimkehren könne; Kirke schickt Odysseus in die Unterwelt, bevor sie ihm den Heimweg weist. Vor allem aber findet sich dieses Motiv in den Trugerzählungen des Odysseus gerade im Kontext der ‚Thesprotis': Odysseus sei von Thesprotien aus nach Dodona aufgebrochen, um die heilige Eiche des Zeus zu befragen, wie er heimkehren solle, offen oder heimlich (ξ 327–30 ≈ τ 296–9). Die Orakelbefragung fungiert innerhalb der Trugerzählung eindeutig als ‚Ersatz' für die Nekyia; doch scheint denkbar, daß sie etwas von einer älteren Tradition wiedergibt, in der die Unterweltsfahrt des Odysseus eben diese geographische Lokalisierung hatte. Der Gang von der Küste Thesprotiens nach Dodona deutet innerhalb der Geographie Griechenlands am ehesten die Möglichkeit für einen Gang in das Binnenland an, der den Anweisungen des Teiresias entspricht. Die Kombination von einerseits realer Prophezeiung des Teiresias, andrerseits fingiertem Gang nach Dodona erweckt den Eindruck, daß Odysseus genau dieses Element, das innerhalb des ‚realen' Ablaufs der Ereignisse aus dem Irrfahrten-Heimkehr-Komplex ausgeklammert ist, in der Trugerzählung als Teil seiner Irrfahrten und als Vorbedingung für seine Heimkehr zitiert.

Hinzu kommt ein weiteres Element, das die Nekyia unserer Odyssee mit dem Thesprotien-Motiv verklammert: Die Angaben zur Lokalisierung des Eingangs zur Unterwelt folgen zwar innerhalb unseres Textes einem einheitlichen Konzept und bringen ihn in präzise Beziehung zur Insel Kirkes (vgl. Heubeck zu λ 14–19); trotzdem hat man immer schon gefragt, was das Volk der Kimmerer an diesem Ort verloren habe. Alle Versuche, dieses mit dem gleichnamigen historischen Volk zu identifizieren, das im 7. Jh. aus dem Norden kommend in die den Griechen bekannten Gebiete einfiel, müssen daran scheitern, daß unser Text ihren Wohnsitz exakt am westlichsten Punkt der Welt, am Rande des Okeanos und im Bereich des Sonnenuntergangs, fixiert. Huxley (1958) hat nun eine andere Erklärung vorgeschlagen: Kirke nennt in ihren Anweisungen an Odysseus die Flüsse Acheron und Kokytos (κ 513f.), letzteren als „Ausfluß der Styx". Die Namen Acheron und Kokytos sind aber in historischer Zeit für zwei Flüsse in Thesprotien belegt (Paus. 1, 17), und an der Mündung des Acheron befand sich eine Halbinsel Cheimerion (vgl. Thuk. 1, 46, mit dem Kommentar von Gomme); ganz in der Nähe befand sich ein Ort Ephyra, den man mit dem in α 259 und β 328 genannten Ephyra identifizieren kann. In diesem Gebiet befand sich auch ein berühmtes Totenorakel, das laut Herodot (5, 97) spätestens seit etwa 600 v. Chr. bestand. Daß die Lokalisierungsangaben in das Gebiet von Nordgriechenland verweisen, bestätigt auch die Erwähnung der Styx: In der Ilias wird der in den Peneios mündende Titaresios als „Ausfluß der Styx" bezeichnet (B 751–5); dies führt, wenn auch von der entgegengesetzten Himmelsrichtung her, in dasselbe Quellgebiet wie beim Kokytos; als

Wohngebiet der Ἐνιῆνες und Περαιβοί wird neben dem Titaresios sogar
ausdrücklich die Gegend um Dodona bezeichnet. Wenn sich das alles auch
nicht zu einem nach heutigen Wissen präzisen geographischen Bild fügt, so
zeichnet sich doch eine in sich stimmige Vorstellung ab: Im Inneren Nord-
griechenlands, tief im Binnenland, vor allem wenn man von Thessalien her
kommt, im weiteren Umfeld von Dodona, entspringen (mindestens) zwei
Flüsse, von denen es jeweils heißt Στυγὸς ὕδατός ἐστιν ἀπορρώξ (B 755 = κ
514). Bereits Pausanias (1, 17, 4–5) leitet aus der Übereinstimmung der Fluß-
namen und wohl auch aus persönlicher Anschauung (er bezeichnet den
Kokytos als ὕδωρ ἀτερπέστατον) die Vermutung ab, Homer habe sich bei
der Beschreibung des Hadeseingangs von den thesprotischen Gegebenheiten anregen lassen. Im Hintergrund steht dabei eine Tradition, wonach
Theseus und Peirithoos in Thesprotien in die Unterwelt abstiegen, obwohl
Pausanias diese Erzählung nur in euhemeristischer Umdeutung gibt: Theseus und Peirithoos hätten die Thesproter überfallen, um die Königsgattin
zu rauben, und seien in der Schlacht besiegt und gefangengenommen worden (weitere Belege dieser Version bei Frazer, zu Apollod. 2, 5, 12). In der
Neuzeit hat man aus den Übereinstimmungen eher den entgegengesetzten
Schluß gezogen: Die Beschreibung bei Homer habe die Benennung der Lo-
kalitäten in Thesprotien angeregt (so Merry – Riddell, Stanford). Die vielen
Hinweise, die bereits in Odyssee und Ilias selbst auf eine Verbindung zwischen Thesprotien und seinem Hinterland einerseits und dem Bereich der
Unterwelt andrerseits hindeuten, lassen es aber als möglich erscheinen, daß
die Beschreibung in κ und λ diese Verbindung bereits voraussetzt.

  Selbst wenn man aber eine ‚Thesprotis‘ als Quelle der Nekyia ansetzt,
ist die Rekonstruktion ihrer Form nicht so einfach, wie das die Analytiker
annahmen: Versatzstücke früherer Versionen lassen sich aus unserem Text
kaum herausschälen, da ja der Dichter in jedem Fall das Zitat der ‚Quelle‘
dem neuen Kontext anpassen konnte. Somit lassen sich bestenfalls stimmige Abläufe für einzelne Motive postulieren, nicht aber ganze Handlungszu-
sammenhänge wiederherstellen. Für die postulierte Thesprotis läßt sich also nicht mit Sicherheit die Form einer Nekyomantie ansetzen, da der Raum
von Thesprotien in alten Erzählungen sichtlich auch als Tor zum Hades betrachtet wurde. *Exempli gratia* möchte ich dennoch einen Ablauf der Handlung einer ‚Vorodyssee‘ vorschlagen, die in unserer Odyssee zitiert ist:

Odysseus wird an die Küste von Thesprotien verschlagen, möglicherweise
nachdem er durch den Sturm des Poseidon Schiff und Gefährten verloren hat.
Er wird vom König der Thesproter aufgenommen und an das Nekyomanteion
am Acheron verwiesen. Dort erhält er den Auftrag zu seiner Binnenland-
Mission, versöhnt so Poseidon, erhält vielleicht auch den Rat, heimlich heimzukehren, und wird danach vom Thesproter-König auf Ithaka abgesetzt.

Diese Version will keine Rekonstruktion geben, sondern nur verdeutlichen, auf welche Art der Odysseedichter mit den Quellen, die er zitiert, umgegangen sein kann. Man könnte zu dieser ‚Variante‘ weitere Vermutungen hinzufügen, so etwa, ob die in der Telegonie zentrale Heirat mit der Thesproter-Königin ebenfalls Bestandteil der ‚alten‘ Thesprotis war (als Parallele oder Alternative zum Aufenthalt bei Kirke und/oder Kalypso), von Odysseus in den Trugerzählungen unserer Odyssee aber aus begreiflichen Gründen unterdrückt ist. Mir kommt es aber nur darauf an zu zeigen, daß sich für eine vorhomerische Thesprotis ein sinnvoller Ablauf herstellen läßt, der den Aufenthalt des Odysseus nicht nach, sondern vor seiner Heimkehr ansiedelt und außerdem auch Orakelbefragung und Binnenlandgang einschließt, was in den üblichen Thesprotis-Rekonstruktionen, die zu eng am Gang der kyklischen Telegonie hängen, nicht gelingt.

Ich gehe also von der Vermutung aus, daß die in der Odyssee zitierte ‚Thesprotis‘ kein eigenes Epos über das Schicksal des Odysseus nach seiner Heimkehr war, sondern eine alternative Version von Irrfahrten und Heimkehr bzw. der Teil einer solchen. Diese Auffassung vertreten schon Wilamowitz (1884, 158–162) und Gercke (1905), jeweils mit weitreichenden Hypothesen. Wilamowitz erfindet eine Odyssee, in der Odysseus, nachdem ihm „die Umschiffung Maleas mehrfach mißglückt ist", quer durch die Balkanhalbinsel bis nach Thesprotien wandert; Gercke rekonstruiert eine Ur-Telegonie, in der Odysseus über Thesprotien heimkehrt, woran sich ohne Freiermord seine Tötung durch Telegonos angeschlossen hätte. Beide Forscher gehen davon aus, daß in der Odyssee ganze Textpartien wörtlich aus dem ‚Urtext‘ übernommen seien. Im Gegensatz dazu versuche ich nicht, größere Zusammenhänge einer Urodyssee oder Urtelegonie zu rekonstruieren. Ich nehme an, daß der Odysseedichter nicht mechanisch aus anderen Zusammenhängen übernimmt, sondern bewußt zitiert. Eine Rekonstruktion im einzelnen ist somit nicht möglich, doch bleibt zu untersuchen, wie der Erzähler die hier vermutete alternative Version in seine Handlung einbaut, welche Funktion er also dem Zitat der Alternative verleiht.

Es scheint sinnvoll, für die Begegnung zwischen Odysseus und Teiresias zunächst die Unterschiede zwischen der Version der Odyssee und der hypothetischen Version der Thesprotis zu definieren. Die Differenzen betreffen einmal die Lokalisierung der Begegnung, die in der Thesprotis wohl an der Stätte eines Totenorakels innerhalb des von Griechen bewohnten Gebietes stattfand, in der Odyssee hingegen am Rande der Welt, jenseits der menschlichen Erfahrung. Zum anderen gibt es den Unterschied in der zeitlichen Einordnung der Episode: In der Thesprotis traf Odysseus wohl erst nach dem Verlust aller Gefährten auf den Seher, der ihm als Bedingung für die unmittelbar bevorstehende Heimkehr seine letzte Aufgabe erteilte. In der Odyssee hat Odysseus noch einen guten Teil der Irrfahrten vor sich und erhält so auch diesbezüglich von Teiresias Anweisungen. Vor allem aber ist die Erfüllung des Auftrags, der Gang ins Binnenland, auf einen Zeitpunkt nach der Heimkehr nach Ithaka hinausgeschoben. Alle diese Differenzen bewirken, daß auch die einzelnen Motive andere Funktionen erhalten. Diese Verschiebungen sollen im Detail zu den einzelnen Stellen besprochen werden. Vorausgeschickt sei hier nur, daß, wie schon längst gesehen wurde, ein wichtiger Aspekt der Nekyia darin besteht, daß Elemente einer Totenbeschwörung mit jenen einer Unterweltsfahrt verbunden sind. Die Verschiebungen gegenüber der Version der Thesprotis können zumindest auch in dem Sinn aufgefaßt werden, daß sie den Charakter des Nekyomanteions mit der Unterweltsschau versöhnen. Zu fragen wird daher vor allem sein, warum der Odysseedichter nicht von vornherein auf die Elemente der Totenbeschwörung verzichtete, warum er also nicht von vornherein Odysseus einen ‚echten‘ Gang durch die Unterwelt machen ließ. Die Antwort auf diese Frage liegt auf der Hand: Der Gang in die Unterwelt war als Motiv mit Herakles und wohl auch bereits mit Theseus und Peirithoos verbunden, transportierte also die Assoziation des Eindringens in einen nicht gestatteten Bereich in Raubabsicht; Herakles als Quelle und Folie für Odysseus wird ja vom Dichter ausdrücklich zitiert (vgl. zu λ 601–27). Dieser Eindruck soll für Odysseus von vornherein vermieden werden, und es ist kein Zufall, daß gerade zu Beginn des Unterweltsbuchs die ausführliche Beschreibung der religiösen Zeremonie steht, mit der das Unternehmen des Odysseus als frommer Akt legitimiert wird.

λ 1–22 Die Beschreibung des Weges bis zum Eingang in die Unterwelt knüpft an Kirkes Anweisungen an (κ 506–16), wiederholt sie aber nur teilweise und fügt Ergänzungen hinzu. Dadurch wird der Doppelcharakter der Mission (Totenbeschwörung / Unterweltsgang) verschleiert: Kirke befiehlt Odysseus zunächst, in den Hades zu gehen (κ 512 αὐτὸς δ’ εἰς Ἀίδεω ἰέναι δόμον εὐρώεντα), beschreibt aber den Platz, wo er das Beschwörungsritual abhalten soll, sichtlich als Stelle unmittelbar vor dem Eingang in den Erebos: Er solle die Schafe beim Opfer gegen den Erebos wenden, sich selbst aber in Richtung Okeanos drehen (κ 527–9); die Seelen der Toten kommen dann tatsächlich aus dem Erebos heraus, und zwar von unten (λ 36f. αἳ δ’ ἀγέροντο / ψυχαὶ ὑπὲξ Ἐρέβευς). Da schon Kirkes Angaben nicht präzise genug sind, Odysseus bei seiner Erzählung im λ aber nur sagt ᾖομεν, ὄφρ’ ἐς χῶρον ἀφικόμεθ’, ὃν φράσε Κίρκη (λ 22), bleibt die Lokalisierung seines Standorts unbestimmt, und es kann der Eindruck aufrechterhalten werden, daß Odysseus sich im Hades befinde: Elpenor sagt zu Odysseus, er werde aus dem Hades zurückkehren (λ 69 ἐνθένδε κιὼν δόμου ἐξ Ἀίδαο); Antikleia fragt ihn πῶς ἦλθες ὑπὸ ζόφον ἠερόεντα; (λ 155; dieselbe Frage richtet Odysseus an Elpenor, 57), und Odysseus antwortet χρειώ με κατήγαγεν εἰς

'Αΐδαο (λ 164; vgl. λ 211 εἰν 'Αΐδαο; 475 "Αϊδόσδε κατελθέμεν). Die ambivalente Vorstellung, daß Odysseus sich sowohl im Hades befindet, als auch
vor dessen Eingang die aus der Unterwelt heraufkommenden Seelen in
Empfang nimmt, ist also von Anfang an aufgebaut (vgl. Crane 1988, 87–9;
93–6). Dadurch entsteht der Eindruck, Odysseus befinde sich zwar im Hades, aber nicht im Erebos, doch ist auch diese Vorstellung nicht konsequent
befolgt: Die Seelen des Teiresias und des Herakles gehen nach dem Gespräch mit Odysseus jeweils δόμον "Αϊδος εἴσω (λ 150, 627), und zuletzt
fürchtet Odysseus, daß Persephone ihm das Gorgonenhaupt ἐξ "Αϊδος her-
ausschicke (λ 635). Die Elemente der Totenbeschwörung lassen sich also in
unserem Text von jenen des Ganges durch die Unterwelt nicht säuberlich
trennen. Unser Text operiert durchgehend mit dem Mittel der Doppeldeu-
tigkeit; daher läßt sich im Verlauf der Handlung auch kein Punkt bestimmen, an dem ein zunächst aufrechterhaltenes Konzept der Totenbeschwörung zugunsten eines Ganges durch die Unterwelt aufgegeben würde.

Der Hervorhebung der Doppelfunktion dienen auch die Ortsangaben,
umso mehr, falls die thesprotische Lokalisierung als bekannt vorausgesetzt
war: Mit der Nennung von Acheron, Kokytos und Kimmerern wird jener
Ort evoziert, an dem Odysseus in thesprotischen Versionen den Kontakt
mit der Unterwelt aufnahm, wenn auch vielleicht in der Form eines Nekyomanteions. Unser Text versetzt nun diese Orte an das Ende der Welt, an
den Rand des Okeanos, und entzieht sie schon damit dem Bereich menschlicher Erfahrung: Odysseus dringt in einen Bereich vor, der nicht jedem
Menschen zugänglich ist und wofür er auch die Anweisungen der Göttin
Kirke benötigt. Der Eindruck, daß sich Odysseus allein schon damit in den
Bereich des ‚Jenseits' begibt, verstärkt sich noch durch die Angaben zu den
Kimmerern: Sie leben im Finstern, ohne Sonnenstrahl, was den Hadesbe-
reich signalisiert. Odysseus ist also schon mit der Landung am Ufer des
Okeanos gewissermaßen in den Bereich des Hades getreten und hat schon
damit jene Leistung vollbracht, die die Helden der Vorzeit, Herakles, Theseus und Peirithoos, erst durch das gewaltsame Eindringen in den Hades
selbst erzielt haben. Auch diese Parallele wird von Herakles ausdrücklich
formuliert werden (λ 618). Durch die Lokalisierung des Hades-Eingangs
am Rande der Welt, im Bereich des Jenseits, wird also in unserer Odyssee
bereits die Totenbeschwörung zu einem Gang in die Unterwelt aufgewertet; durch das Zitat der ‚Quelle', in der die Lokalisation im Diesseits lag,
wird der Hinweis auf die Transformation noch deutlicher hervorgehoben.

λ 23   Die Nennung der zwei Gefährten entspricht der homerischen Tendenz zur Konkretisierung, wie sie in der Ilias in der Benennung der ‚Kleinen Kämpfer' zum Ausdruck kommt, in den Apologoi aber eher die Ausnahme bildet. Der nur hier genannte Perimedes hat mit Sicherheit keine

Grundlage in der Tradition; der sprechender Name bezeichnet seine Handlungsfunktion im unmittelbaren Kontext (vgl. zu κ 441). Eurylochos hingegen ist wohl deshalb erwähnt, um ihn als ‚Unterführer‘ dem Hörer vor seinem entscheidenden Auftritt auf Thrinakia ins Gedächtnis zu rufen.

λ 51–4   Die Angaben zum Tod Elpenors sind ein für den Erzähler Odysseus charakteristischer Nachtrag: Im κ, bei der Erzählung von seinem Tod, war nicht erwähnt, wie Odysseus und die Gefährten darauf reagierten; erst jetzt begründet Odysseus nachträglich ihr Verhalten. Die Technik ist dieselbe, wie wenn Odysseus den Wein des Priesters Maron erst dort erwähnt, wo er für die Handlung Funktion bekommt (vgl. zu ι 196–211). Daß Elpenor unbestattet geblieben ist, wird erst an jener Stelle der Handlung erwähnt, wo ihm sein künftiges Begräbnis garantiert wird.

λ 66–8   Elpenor nennt Penelope, Laertes und Telemachos als noch lebende Angehörige des Odysseus. Das paßt insofern zur Situation, als damit der Tod der Antikleia berücksichtigt ist. Es handelt sich dabei aber vielleicht auch um jene Figuren, die schon in der Tradition als ‚Empfangskomitee‘ des Odysseus auf Ithaka verankert waren (vgl. zu ξ 171–3).

λ 69–70   Wenn Elpenor weiß, daß Odysseus zu Kirke zurückkehren wird, so zeigt er dasselbe übermenschliche Wissen um die Zukunft wie die sterbenden Helden Patroklos und Hektor in der Ilias. Von dieser Rückkehr hat bisher weder der Erzähler noch Kirke selbst ausdrücklich gesprochen. Die Rückkehr zu Kirke wird dadurch als vom Schicksal vorgegeben markiert, und es wird damit der Eindruck abgeschwächt, daß die Hadesfahrt nur dazu diene, Informationen einzuholen, über die Kirke nicht verfügt.

λ 84–6   Antikleia als Mutter des Odysseus und Tochter des Autolykos gehört zweifellos der Tradition an. Ob auch in anderen Varianten thematisiert war, daß Odysseus sie lebend zurückgelassen habe, läßt sich nicht beweisen; Gercke (1905) hat sogar vermutet, Odysseus habe in einer frühen Fassung den Gang in die Unterwelt unternommen, um seine Mutter zu befragen; dann mußte sie aber schon bei seiner Abfahrt nach Troia tot sein. Es wäre aber auch denkbar, daß es Versionen gab, in denen Antikleia bei der Rückkehr des Odysseus noch lebte; in unserer Odyssee könnte ihre Rolle dann von der Amme Eurykleia übernommen sein (vgl. zu α 429–35). In diesem Fall wäre die an sich naheliegende Bemerkung des Odysseus, daß er seine Mutter noch lebend zurückgelassen habe, auch ein Verweis auf Varianten, in denen er sie auch bei seiner Heimkehr noch am Leben antraf.

λ 90   Das Eindringen des Thebaners Teiresias in den Sagenkreis des Odysseus ist mit keinem Wort begründet. Das beweist, als wie selbstverständlich die Kenntnis aller Mythenkreise in der Odyssee vorausgesetzt ist; das Unterweltsbuch zeichnet sich ja dadurch aus, daß Querverweise auch auf all jene Sagenkreise erfolgen, die an anderer Stelle der Odysseehandlung bei bestem Willen nicht hätten untergebracht werden können. Vor allem in den katalogischen Partien tritt hervor, daß die Nennung der Helden und Heldinnen den Charakter des Zitats von Geschichten hat, die dem Hörer aus anderen Kontexten bekannt sind. Auch für Teiresias ist die Kenntnis seiner Rolle im thebanischen Sagenkreis, und somit als berühmtester Seher des gesamten griechischen Mythos vorausgesetzt. Das Faktum, daß seine Person nicht vorgestellt wird, bedeutet natürlich nicht, daß die Rolle, die er in der Odyssee spielt, bereits in der Tradition festgelegt war.

λ 104–17 Teiresias verknüpft die Form, in der Odysseus heimkehren wird, mit dem Verhalten auf Thrinakia. Von den Alternativen, die er für die Heimkehr nennt, entspricht aber nur eine dem durch die Tradition als verbindlich festgelegten Gang der Handlung, während die andere, wonach Odysseus Schiff und Gefährten nach Ithaka rettet, eine ‚unmögliche Alternative' darstellt. Dies ist schon durch die sprachliche Form ausgedrückt: Die Option der Heimkehr aller Gefährten steht im Potentialis (111 κεν … ἵκοισϑε, so auch schon 104), während die Informationen bezüglich der alleinigen Heimkehr des Odysseus im Futurum ausgedrückt sind (114 νεῖαι, 115 δήεις). Damit wird in der Rede des Teiresias unterstrichen, daß die weitere Handlung bereits vorgegeben ist, was zugleich bedeutet, daß auch die Ereignisse auf Thrinakia unabwendbar sind. Die doppelte Motivation der Geschehnisse ist also schon an dieser Stelle angekündigt: Es liegt einerseits im freien Ermessen der Gefährten, welches Verhalten sie auf Thrinakia wählen; andrerseits ist der Ausgang der Episode bereits vom Schicksal festgelegt: Nur wenn sie die für sie verderbliche Wahl treffen, kann die Handlung der Odyssee zu jenem Ende finden, das von der Tradition, und das ist für den Erzähler gleichbedeutend mit dem Schicksal, festgelegt ist.

λ 115–8 Die Angaben zu den Zuständen, die Odysseus zu Hause antreffen wird, sind, wie wir gesehen haben, als von der Tradition vorgegeben markiert, setzen aber eigentlich zwei einander ausschließende Abläufe der Handlung voraus: Die Freier sind einerseits als „übermütige Männer, die dir den Lebensunterhalt aufessen" bezeichnet, und ihr Verhalten wird als βίη charakterisiert (118); andrerseits heißt es, daß sie um Penelope freien und ihr Brautgeschenke geben, was ein ‚regelkonformes' Vorgehen suggeriert. Damit könnte auf zwei alternative Versionen angespielt sein: Die Charakterisierung der Freier als Frevler entspricht der Optik unserer Odyssee, während die korrekt werbenden Freier auf Versionen zurückgreifen, in denen sie keine moralische Schuld trifft; in solchen Versionen mußte jene Optik vorherrschen, die auch die Weblist-Variante bestimmt.

λ 119–20 Dieselbe Alternative liegt dem Gedanken zugrunde, Odysseus werde die Freier entweder durch List oder mit dem Schwert töten. Die

Prophezeiung läßt hier also als noch offen erscheinen, auf welche Weise der Freiermord erfolgen wird. Mit dem δόλος ist aber deutlich die Bogenprobe als Grundlage des Freiermordes vorausgesetzt; damit präsentiert sich die Alternative, nämlich die Tötung der Freier mit offener Gewalt, als ein Handlungsverlauf, der die Bogenprobe geradezu ausschließt. Es sind damit jene zwei Möglichkeiten des Freiermordes bezeichnet, die schon Athene vor Telemachos ausgemalt hat (vgl. zu α 255–66) und die sich im χ zu einer einzigen Aktion vereinen werden (vgl. zu π 269–99).

λ 121–34 Die Prophezeiung des Schicksals des Odysseus nach seiner Heimkehr ist nach unserer Auffassung Zitat einer Handlungssequenz, die Odysseus in anderen Versionen vor seiner Heimkehr erlebte (vgl. zu λ 1–640); das gilt natürlich nur für die Reise ins Binnenland, nicht die Angaben über die Umstände seines Todes. Fragt man nach der Funktion der Verlegung der Binnenlandreise auf einen Zeitpunkt nach der Heimkehr, so fallen zwei Punkte auf: Zunächst formuliert Teiresias nicht den Zweck der Reise; obwohl die Beziehung der Reise auf Poseidon deutlich hervortritt, sagt er nicht ausdrücklich, daß Odysseus dadurch den Gott versöhnen solle. Was aber die Anweisungen an Odysseus betrifft, so erscheint das Signal, an dem Odysseus erkennen soll, daß er sein Ziel erreicht habe, derart ausgefallen, daß an seiner Sinnhaftigkeit gezweifelt wurde; es genügt nicht das Nicht-Erkennen des Ruders, sondern es ist seine Bezeichnung als ἀθηρηλοιγός notwendig. Doch handelt es sich in diesem Teil der Anweisungen des Teiresias um eine Prophezeiung, an deren Erfüllung kein Zweifel offengelassen ist (*contra* Peradotto 1990, 59–93, der von einer „prophecy in the zero-degree" spricht): Während Teiresias für die Ereignisse bis zum Freiermord durchgehend alternative Möglichkeiten nennt, wie die Handlung weiterlaufen könnte, nennt er danach nur mehr einen einzigen möglichen Gang der Ereignisse: Zur Reise ins Binnenland gibt es keine Alternative, und diese Reise, die grammatisch als Imperativ formuliert ist, ist wiederum Voraussetzung für die Umstände des Todes des Odysseus, die Teiresias im Futurum, also als zukunftsgewiß formuliert. Somit sind alle Ereignisse, die Teiresias für die Zeit nach der Heimkehr des Odysseus (d.h. nach dem Ende unserer Odyssee) prophezeit, als zukunftsgewiß bezeichnet.

Das Paradoxon, daß Odysseus auf einen Mann stoßen muß, der sein Ruder mit der ausgefallenen *kenning* ἀθηρηλοιγός bezeichnet, wird durch eine Beobachtung von Hansen (1990) beleuchtet: Hansen teilt die folkloristischen Parallelen zum Binnenlandgang des Odysseus in zwei Gruppen; in der einen erscheint der Gang als Ankündigung zukünftiger Ereignisse, in der zweiten wird er als in der Vergangenheit stattgefunden erzählt. Die Bezeichnung des Ruders mit dem ausgefallenen Terminus entspricht nun exakt dem zweiten Typus, und Hansen schließt daraus, daß die Geschichte von Odysseus in früheren Versionen als vergangene, und nicht als für die Zukunft prophezeite Handlung erzählt worden sei. Wenn wir uns dieser These anschließen (unplausibel Reinhardt 1960, 102f., der im Ausdruck „Hacheltod" ein gesuchtes Orakelrätsel sieht, das Odysseus durch die Erklärung „Worfschaufel" lösen müsse), so gewinnen wir zusätzliche Anhaltspunkte für die Interpretation. Zunächst liegt damit ein weiteres Indiz dafür vor, daß der Binnenlandgang keine Erfindung der Odyssee ist, sondern aus einem Kontext stammt, in dem die Reise als Teil der Handlung erzählt wurde, also vermutlich in der Thesprotis. Fragt man aber, welche Funktion es hat, daß der auffällige Terminus, der ursprünglich Teil der erzählten Handlung war, in unserer Odyssee in den Wortlaut der Prophezeiung übernommen ist, so stellt man fest, daß dieser den Charakter einer zukunftsgewissen Prophezeiung noch stärker hervorhebt: Teiresias weiß sogar, mit welchem Terminus der unbekannte Mann das Ruder bezeichnen wird. Damit tritt hervor, daß das zukünftige Leben des Odysseus vom Schicksal vorgegeben ist, aber auch, daß Odysseus nach dem Freiermord zwar noch Aufgaben, aber keine Gefahren mehr zu bewältigen hat.

Derselbe Effekt gilt damit auch für den Zorn des Poseidon, seine Auswirkungen und seine Besänftigung: Teiresias bezeichnet den Zorn als jene Ursache, die den Nostos des Odysseus behindert, ihn aber nicht verhindern kann. Odysseus wird selbst im schlimmsten Fall seine Heimat erreichen und die Freier töten, ohne zuvor Maßnahmen gegen diesen Zorn ergreifen zu müssen. Auch in diesem Punkt steht also sein Schicksal fest und kann von Poseidon nicht beeinflußt werden. Das Element der Versöhnung wird hinter den Zeitpunkt der Heimkehr verschoben, wird aber nicht einmal ausdrücklich als ein solches bezeichnet, auch wenn die Verpflanzung des Ruders in ein Land fern dem Meere, verbunden mit einem Opfer an Poseidon, nur die Versöhnung des Meeresgottes durch Kultstiftung bedeuten kann. Diese Bedeutung mußte in jenen Versionen, in denen der Binnenlandgang vor der Heimkehr erfolgte, viel stärker zur Geltung kommen; hier wird sie nur zitiert, durch das Zitat aber als ein Element markiert, das für die Heimkehr des Odysseus, und somit für den wichtigsten Bestandteil seiner Geschichte, von untergeordneter Bedeutung ist.

λ 134–7 Während für den Binnenlandgang die faktischen Details minutiös ausgeführt sind, die Deutung der Vorgänge aber offen bleibt, ist das Verhältnis bei den Angaben zum Tod des Odysseus genau umgekehrt: Hier ist die Interpretation der Ereignisse eindeutig, über die Vorgänge selbst fallen aber nur vage Aussagen. Aus dem Wortlaut von 134–7 ist nicht zu entnehmen, welcher Art der Tod ist, der Odysseus ereilen wird; hingegen beurteilt Teiresias diesen Tod deutlich als einen glücklichen: Er wird ἀβληχρός sein (was, unabhängig von der umstrittenen Bedeutung des Wortes, eine positive Aussage sein muß), und er wird ihn in hohem Alter als Herrscher über ein blühendes Volk treffen. Die unweigerlich negativen Konnotationen des Todes, die gerade die folgenden Gespräche im λ beleuchten, sind damit weitgehend ausgeblendet. Darauf liegt sichtlich das Hauptgewicht der Aussage. Die faktischen Umstände des Todes bleiben hingegen im Dämmerlicht vager, ja rätselhafter Angaben; über die Bedeutung der einzigen konkreten Aussage, daß der Tod ἐξ ἁλός kommen werde, ist man überhaupt zu völlig konträren Ansichten gelangt. Diese Vagheit bewirkt, daß die Umstände des Todes des Odysseus in den Hintergrund rücken.

Die Kontroverse um die Bedeutung von ἐξ ἁλός kreist um die Frage, in welchem Verhältnis der von Teiresias prophezeite Tod zu jenen Versionen steht, in denen Odysseus durch seinen Sohn Telegonos (der ‚aus dem Meer' kommt) getötet wird. Die diesbezüglichen Traditionen sind aufgearbeitet von Hartmann (1917), der sich allerdings auf die uns vorliegenden Zeugnisse beschränkt und von einer Rekonstruktion vorhomerischer Versionen ausdrücklich absieht. Hartmann weist nach, daß bereits die kyklische Telegonie die aus der Tradition übernommenen Sagen von Telegonos mit den Angaben der Odyssee zu harmonisieren versucht und daß alle späteren Versionen ebenfalls die Übereinstimmung mit der Odyssee suchen; daher weist unsere Überlieferung keine Version auf, die einen von der Odyssee unabhängigen Handlungsgang aufweist. Einige Forscher vertreten nun die Auffassung, daß die gesamte Telegonos-Sage aus den kryptischen Angaben der Odyssee herausgesponnen sei (Reinhardt 1960, 100–2; Heubeck zu λ 134b–7; implizit auch Hartmann) und daß der Text der Odyssee nur das voraussetze, was sein eigener Wortlaut aussage. Dabei sind sie aber gezwungen, ἐξ ἁλός als „außerhalb des Meeres" zu interpretieren, damit nicht ein Tod aus dem Meer einen Widerspruch zur Versöhnung des Poseidon bilde. Daß es vor unserer Odyssee keinerlei Traditionen über den Tod des Odysseus gab, ist jedoch ganz unwahrscheinlich. Der Andeutungscharakter unseres Textes erklärt sich dann am natürlichsten als vage Anspielung auf eine dem Hörer bekannte Version. Ausgeklammert kann dabei die These von Schwartz (1924, 134ff.; vgl. Von der Mühll 1940, 724–6) bleiben, wonach die Prophezeiung auf einen friedlichen Tod des Odysseus bei den Thesprotern, fern vom Meer (ἐξ ἁλός), abziele (vgl. Reinhardt 1960, 100 mit Anm. 29): Diese Auffassung setzt voraus, daß die Verse aus dem ursprünglichen Kontext gerissen und mechanisch in einen neuen Zusammenhang eingefügt wären. Da aber mehrere Versionen über einen Tod des Odysseus auf Ithaka erkennbar sind, ist es eine sinnvolle Annahme, daß auch mit der Prophezeiung des Teiresias Elemente einer solchen Version zitiert sind.

In unserem Text kann die Fügung ἐξ ἁλός in Verbindung mit dem Verbum der Bewegung ἐλεύσεται von einem unvoreingenommenen Hörer nur so aufgefaßt werden, daß der Tod aus dem Meer heraus zu Odysseus kommt, der sich auf dem Land, nämlich auf Ithaka befindet. Ein Hörer, der Versionen der Telegonos-Sage kannte, konnte nun diese Angabe nur als Anspielung auf die ihm bekannten Umstände des Todes des Odysseus auffassen. Für uns bleibt dabei allerdings die Anspielung notwendig unklar. Ein Ansatzpunkt zur Lösung des Problems könnte in der Geschichte vom Rochenstachel bestehen: Aus diversen Quellen zeichnet sich eine nachhomerische Version ab, in der Telegonos Odysseus mit einem zu einer Speerspitze verarbeiteten (giftigen) Rochenstachel tötete. Diese Version schreibt Hartmann der Telegonie des Eugammon zu und sieht darin den Versuch, der Odysseewendung ἐξ ἁλός einen konkreten Inhalt zu verleihen. Ich kann nicht glauben, daß die gesamte Geschichte von Telegonos erst nachträglich erfunden wurde, um die Prophezeiung des Teiresias in Erfüllung gehen zu lassen. Plausibler erscheint mir, daß in der Version ,Telegonos mit dem Rochenstachel' bereits zwei alternative Versionen miteinander kombiniert sind: eine, in der Odysseus durch Telegonos, und eine, in der er durch einen Rochenstachel starb. Die Anfertigung der im heroischen Kontext absurden (und nicht „höchst altertümlichen": Hartmann, 50) Waffe diente dann bereits dazu, die beiden einander ausschließenden Versionen miteinander zu vereinen. Eine Version, in der Odysseus ohne Begegnung mit Telegonos durch einen Rochenstachel starb, ist für Aischylos bezeugt, und auch wenn es sich dort ebenfalls kaum um die Wiedergabe einer ursprünglichen Version handelt (Teiresias prophezeit Odysseus, daß ein Reiher seinen Kot, in dem ein giftiger Fischstachel verborgen sei, auf sein kahles Haupt fallen lasse), so könnte doch zumindest soviel daran ,alt' sein, daß der Rochenstachel ursprünglich nichts mit Telegonos zu tun hatte. Die ,ursprüngliche' Version dieser Geschichte läßt sich kaum rekonstruieren. Es erscheint jedoch nicht abwegig, die Existenz einer solchen Version vor unserer Odyssee, und damit deren Kenntnis beim Hörer der Odyssee anzusetzen. Die vage gehaltene Prophezeiung des Teiresias in unserer Odyssee würde damit für den Hörer zum Zitat einer ganz bestimmten Version vom Tod des Odysseus, wobei die Todesart zwar nicht beim Namen genannt, aber durch die Formulierung ἐξ ἁλός unmißverständlich zitiert wäre.

Wir können damit zwar die Tradition, auf die unser Text anspielt, nicht besser fassen (spielt der Text mit der Version eines Rochenstachels ohne Beteiligung des Telegonos? Oder ist überhaupt ἔξαλος zu lesen, und der Text negiert an seiner Oberfläche sowohl Rochenstachel- als auch Telegonos-Tradition, evoziert sie aber mit dem klanglichen Anlaut?), können aber die Funktion des Zitats besser bestimmen. Dadurch, daß Teiresias die näheren Umstände des Todes des Odysseus ausblendet und hervorhebt, daß es sich um einen friedlichen Tod nach einem glücklichen Lebensabend handle, erscheint die Prophezeiung für den textinternen Adressaten Odysseus als inhaltlich vage, dafür aber umso mehr als orakelhaft und zukunfts-

gewiß. Der Hörer, der über mehr Informationen als die Figur Odysseus
verfügt, erfährt damit jedoch gleichzeitig, welche Version vom Tod des
Odysseus über das Ende des Textes hinaus ins Auge gefaßt ist, bzw. welche
ausgeschlossen wird. Entscheidend daran ist, daß mit den Ausblicken auf
Binnenlandgang und Tod des Odysseus das Ende der Geschichte, wie sie
unsere Odyssee erzählt, nicht belastet wird: Unsere Version versteht den
Freiermord, ergänzt durch die notwendige Aussöhnung mit den Angehörigen der Freier, als Ende der Irrfahrten und Leiden des Odysseus. Die aus
der Tradition bekannten Geschichten von der Zeit nach der Rückkehr werden dabei nicht ignoriert, aber als im Vergleich zu dem, was unsere Odyssee als die wesentliche Geschichte erachtet, peripher bezeichnet. Die Reaktion des Odysseus, die sich vor allem auf den letzten Teil der Prophezeiung
bezieht (λ 139), bestätigt diese Optik: Odysseus akzeptiert, daß sein weiteres Schicksal in einer für ihn nicht durchschaubaren Weise von den Göttern
bestimmt ist, fragt aber nicht weiter nach (vgl. zu ψ 247–87).

λ 152–224 Fragt man, ob die Begegnung des Odysseus mit seiner verstorbenen Mutter schon vor unserer Odyssee Teil der Tradition war, so hat
man die ‚natürliche' Funktion, die das Motiv im Rahmen der Heimkehrhandlung hatte, zu bestimmen. Diese kann nur darin liegen, daß Antikleia
ihren Sohn darüber informiert, wie die Dinge auf Ithaka stehen, so daß er
sich auf die ihm zuvor unbekannte Situation einstellen kann, ja sich vielleicht überhaupt erst zur raschen Heimkehr entschließt (vgl. Hölscher 1988,
106–11; daß der Held erst aufgrund einer Information über die kritische Situation zu Hause die Heimreise antritt, ist im südslawischen wie im neugriechischen Heimkehrerlied stereotypes Motiv). Daraus ergeben sich zwei
Folgerungen. Zunächst konnte Odysseus in keiner Version den Kontakt zu
seiner Mutter aus eigenem Antrieb zu diesem Zweck anstreben: Wenn sie
zum Zeitpunkt seiner Abfahrt nach Troia noch gelebt hatte, so konnte er
nicht wissen, daß sie inzwischen verstorben war; wenn sie schon gestorben
war, konnte er von ihr keine aktuellen Informationen erhalten. Zweitens:
Wenn der Sinn der Begegnung darin bestand, daß Odysseus vom aktuellen
Stand der Dinge auf Ithaka erfährt, mußte die Unterredung knapp vor seiner Ankunft auf Ithaka stattfinden, damit die Informationen nicht in der
Zwischenzeit von den Ereignissen überholt würden: Je größer der Abstand
zwischen Antikleias Tod und dem Eintreffen des Odysseus auf Ithaka, umso geringer die Funktion der Begegnung für die Handlung. Aus dem ersten
Punkt folgt, daß für eine Befragung Antikleias der Kontext einer Totenbeschwörung unwahrscheinlich ist, da bei einer ‚echten' Beschwörung ja der
Beschwörende selbst den Kontakt mit dem Toten sucht. Es käme daher nur
eine echte κατάβασις oder allenfalls eine Hybridform wie in unserer Odyssee in Frage. Nimmt man noch dazu, daß eine solche κατάβασις möglichst

knapp vor der Heimkehr des Odysseus liegen müßte, so ist es wenig wahrscheinlich, daß dem Hörer der Odyssee solche Versionen bekannt waren.

Die Funktion der Informationen, die Odysseus von Antikleia erhält, wird in der Geschichte von der Heimkehr des Odysseus durch ein weiteres traditionelles Handlungselement erfüllt: Es gehört zu den Erwartungen, die der Hörer an jede Version der Odyssee richtet, daß Odysseus unerkannt heimkehrt und damit die Freier überrascht, wobei die Wiedererkennung mit Penelope thematisiert wird. Es liegt daher nahe, daß Odysseus schon auf dem Weg nach Hause Informationen über die Situation im Palast einholt, ohne sich zu erkennen zu geben. In unserer Odyssee wird diese Funktion durch den Aufenthalt bei Eumaios erfüllt; bestimmte Elemente der Handlung deuten darauf hin, daß sich derselbe Effekt durch eine erste Begegnung mit Laertes erzielen ließe. Im Sinne der ‚einfachen Geschichte‘ gehört zu diesem Handlungselement vor allem, daß Odysseus bei dieser Gelegenheit erfährt, daß Penelopes neue Hochzeit unmittelbar bevorsteht; dieses Motiv fehlt in unserer Odyssee im Gespräch mit Antikleia, aber auch in den Begegnungen mit Eumaios und Laertes, da hier der äußere Zwang des Hochzeitstermins durch die Entscheidung der Penelope ersetzt ist.

Es hat also den Anschein, als wäre ein Handlungselement, das in anderen Versionen seinen typischen Platz nach der Landung des Odysseus auf Ithaka hatte, in unserer Odyssee in die Unterweltsszene transferiert. Die für die traditionelle Form einer solchen Begegnung charakteristischen Motive sind dabei als Zitat beibehalten, jedoch ihrer Handlungsfunktion entkleidet: Odysseus fragt zwar nach dem Befinden von Penelope, Telemachos und Laertes und erhält die entsprechende Antwort; Antikleias Bericht entspricht aber, in Übereinstimmung mit der Chronologie des Epos, dem Zustand vor dem Eintreffen der Freier und signalisiert damit, daß an diesem Punkt der Handlung Odysseus aus Informationen über den Zustand auf Ithaka keinen Nutzen für seine Heimkehr ziehen kann. Der Hörer, der weiß, welche Funktion das hier verwendete Handlungselement in anderen Versionen hat, wird dadurch daran erinnert, daß Odysseus zum Zeitpunkt, da er seine Erlebnisse vor den Phaiaken berichtet, und damit auch bei seinem Eintreffen auf Ithaka, kein konkretes Wissen um die Situation in seinem Haus hat. Er verfügt über die Vorhersagen des Teiresias, die aber nach den Stilregeln des Epos für die Figuren der Handlung, im Gegensatz zum textexternen Publikum, keine zukunftsgewissen Informationen bedeuten; die Angaben seiner Mutter sind aber, wenn er auf Ithaka eintrifft, nicht mehr aktuell. Er ist also in Ithaka auf neue Informanten angewiesen; in diese Rolle werden Eumaios und Telemachos eintreten, und zuvor schon Athene, während eine Begegnung mit Laertes zunächst erwogen, dann aber auf einen Zeitpunkt nach dem Freiermord verschoben wird.

λ 160–9 Antikleias Frage und die Antwort des Odysseus implizieren die Möglichkeit, daß Odysseus den Kontakt mit der Unterwelt nicht vor, sondern nach seiner Heimkehr aufnimmt. Da eine solche Variante aber keine Funktion erkennen läßt, ist dies wohl eine ‚unmögliche Alternative'.

λ 181–7 Geben Antikleias Angaben den Zustand auf Ithaka zum Zeitpunkt des Aufenthalts des Odysseus in der Unterwelt oder zum Zeitpunkt seines Berichts vor den Phaiaken wieder? Abgesehen von analytischer Kritik wurde weitgehend die Meinung vertreten, der Erzähler berücksichtige zwar die chronologische Einordnung des Berichts, nähere Antikleias Bericht jedoch stark dem aus α – δ bekannten Zustand an (vgl. Heubeck zu λ 181–203). Unser Text spricht gegen diese Auffassung: Antikleia erwähnt die Freier mit keinem Wort, woraus der Hörer schließen darf, daß sie von ihnen nichts weiß; Penelopes Trauer ist durch die elfjährige Abwesenheit des Odysseus hinreichend motiviert. Auch die Angaben zu Telemachos lassen nicht darauf schließen, daß er bereits jenes Alter erreicht habe, das er in α – δ hat; die Aussage, daß er frei über seine Güter verfüge und von allen zum Mahl geladen werde, wie es einem Adeligen zustehe, bedeutet, daß ihm nicht jenes typische Schicksal eines Waisenknaben beschieden ist, das Andromache für Astyanax nach Hektors Tod befürchtet, wenn sie sagt, daß er seines Landgutes beraubt und von den Gastmählern der Freunde des Vaters verjagt werden würde (X 484–99); die Worte zielen also gerade auf die Situation des noch nicht erwachsenen Knaben ab. Vor allem steht aber diese Beschreibung eines harmonischen Zustands in deutlichem Gegensatz zu jener Situation, die der Hörer mit α – δ kennengelernt hat. Der Hörer wird damit daran erinnert, daß Telemachos in der Zwischenzeit nicht mehr in jenem idyllischen Zustand verblieben ist, in dem er trotz der Abwesenheit seines Vaters lange Zeit gewesen war; die Differenz zwischen den zwei Zuständen ist damit exakt durch das Auftreten der Freier bezeichnet.

λ 187–96 Die Angaben zu Laertes entsprechen den im Verlauf der Handlung bereits gemachten. Demnach zieht er sich spätestens im zwölften Jahr auf das Landgut zurück und verbleibt dort in unverändertem Zustand bis ins zwanzigste Jahr. Auch hier findet sich kein Fehler in der Darstellung: Nirgends ist gesagt, daß Laertes durch seinen Rückzug auf ein bestimmtes Ereignis reagiert habe; vielmehr entsteht der Eindruck, daß er mit jenen Aktionen, die mit den Auftreten der Freier beginnen, möglichst wenig assoziiert werden soll. Daß das Motiv für seinen Rückzug allein die Abwesenheit seines Sohnes ist, wird vom Text später auch dadurch suggeriert, daß er auf die Nachricht von der Reise des Telemachos mit einer weiteren Verschärfung seines Rückzugs reagiert: vgl. zu π 137–45.

λ 225–330 Der Frauenkatalog wurde von Analytikern, aber auch Unitariern als später Einschub bewertet. Dagegen richten sich Versuche, die Passage als auf der Figuren- und Handlungsebene funktional zu erweisen (vgl. Northrup 1980; Pralon 1985). So zeigt Matthiessen (1988, 31–3), daß die Begegnung des Odysseus mit den Toten erst durch die katalogischen Abschnitte den Charakter der Unterweltsfahrt erhält und über die Wesenszüge einer Totenbeschwörung hinausgreift. Odysseus erlangt also dadurch, daß er — in repräsentativer Auswahl — allen Helden und Heldinnen der Vorzeit begegnet, jenen Status, den Herakles, Theseus und Peirithoos durch ihre Hadesfahrten erlangten, ohne sich dabei mit deren negativen Komponenten zu belasten. Für uns sind die beiden katalogischen Abschnitte deshalb interessant, weil sich in ihnen das Prinzip des zitierenden Hineinspiegelns von Mythen, die außerhalb der verfolgten Handlungslinie liegen, in reiner Form zeigt: Odysseus berichtet von Schicksalen von Figuren, die mit seinem Schicksal, d.h. im Sinne der Erzählung mit seiner Geschichte, nichts zu tun haben. All diese Schicksale sind aber so knapp referiert, daß sie an das Wissen der Hörer um die damit zitierten Geschichten appellieren. Daß es sich dabei um eine beliebige Auswahl handelt, wie Odysseus selbst hervorhebt (328–30), verstärkt noch den Eindruck, daß hier die Macht in Erscheinung treten soll, die der Erzähler über seine Stoffe ausübt. Odysseus zeigt sich damit als Held, der potentiell mit jeder dem Hörer bekannten Heldengeschichte in Verbindung gebracht werden könnte, und unsere Odyssee präsentiert sich als Epos, das potentiell den Stoff aller bekannten Epen aufnehmen und somit letztlich alle anderen Epen ersetzen könnte.

Der Zitatcharakter der einzelnen Abschnitte des Frauenkatalogs ist so offenkundig, daß ich darauf verzichte, die jeweils zugrundegelegte Version zu rekonstruieren (für die Chloris-Genealogie und die darin referierte Geschichte des Melampus vgl. zu o 223–56). Soweit ersichtlich, finden sich in ihnen keine größeren Abweichungen von traditionellen Versionen. Interessieren muß uns jedoch, ob der Dichter sich bei der Auswahl aus dem vorgegebenen Material auf bestimmte Aspekte konzentriert und andere zurückdrängt; für diese Frage genügt indes der Verweis auf die pauschale Antwort bei Matthiessen (1988): Die Schicksale der genannten Frauen lassen sich insofern als Paradigma für das Schicksal von Penelope und Odysseus verstehen, als sie die Möglichkeiten ehelicher und nicht ehelicher Verbindungen schlechthin thematisieren. Im Vordergrund steht aber, daß für jede der Frauen ihre hervorstechende mythologische ‚Leistung' evoziert wird. Das Zitierverfahren zielt hier sichtlich nicht darauf ab, den zitierten Mythos durch Adaptation der Erzählung der Odyssee unterzuordnen.

λ 328–84 Das Intermezzo (vgl. zuletzt Wyatt 1989) demonstriert, wie unsere Odyssee das Prinzip alternativer Handlungsabläufe thematisiert: Im η hat Alkinoos die Abreise des Odysseus auf den folgenden Abend festgelegt; am Ende des ϑ ist alles für die Abfahrt vorbereitet; im Verlauf des Abschiedsmahles beginnt Odysseus jedoch mit seiner Erzählung, die die Bücher ι – μ ausfüllt. Damit wird unweigerlich der rechte Zeitpunkt für das Ablegen des Schiffes versäumt und eine Verschiebung der Abfahrt erzwungen; das bedeutet eine Änderung gegenüber dem bis dahin von den Figuren projektierten Handlungsablauf. Unser Text nimmt nun diese Änderung nicht stillschweigend vor, sondern thematisiert sie auf der Figurenebene. Odysseus unterbricht seine Erzählung sichtlich zu genau jenem Zeitpunkt, als ihm bewußt wird, daß das Weitererzählen eine Verschiebung der Abfahrt erzwingen würde; der Text läßt dabei meiner Meinung nach bewußt in Schwebe, ob an dieser Stelle eine Abreise noch möglich wäre oder nicht. Die Alternativen sind damit deutlich formuliert: Wenn Odysseus gar nicht erzählt hätte, wäre seine termingerechte Abreise gesichert gewesen; wenn er seine Erzählung an dieser Stelle abbräche, könnte Alkinoos die Abmachung vielleicht auch noch einhalten; wenn er aber, wie textinternes und textexternes Publikum erwarten, die Erzählung weiterführt, ist der bis jetzt angezielte Handlungsablauf obsolet geworden und muß durch neue Planung ersetzt werden. Damit stellt sich der Verlauf der Handlung, den unser Text bietet, explizit in Kontrast zu möglichen anderen Verläufen; der epische Erzähler zeigt seine Kontrolle über den Stoff seiner Erzählung.

λ 356–61 Odysseus nennt als hypothetische Möglichkeit, er könnte bei den Phaiaken ein volles Jahr Schätze sammeln, und hebt hervor, daß der so gewonnene Reichtum ihm bei seiner Rückkehr nach Ithaka mehr Autorität sichern würde. Das Motiv des Schätzesammelns zitiert, wie auch an anderen Stellen, alternative Versionen, in denen Odysseus nicht gegen seinen Willen von zu Hause ferngehalten wird, sondern aktiv das Abenteuer sucht (vgl. zu τ 266–99). Mit dem Zusatz der willkommenen Heimkehr wird hier allerdings eine Alternative konstruiert, die die Konfrontation mit den Freiern ausblendet, eine ‚unmögliche Alternative‘, die aber daran erinnert, daß das Motiv der Schätze, die Odysseus nach Hause mitbringt, ‚eigentlich‘ einen Gegensatz zum Motiv der heimlichen Ankunft bildet: ein Hinweis darauf, daß in der Tradition des ‚schätzesammelnden Odysseus‘ der Held vor seiner Heimkehr zwingend alle Reichtümer verlieren mußte?

λ 363–9 Alkinoos sagt, daß die Erzählung des Odysseus dieselben Qualitäten aufweise, die man vom Lied eines guten Sängers erwarte, und bringt damit zum Ausdruck, daß die Erzählung des Odysseus an die Stelle des Epengesangs tritt. Dies entspricht dem Verlauf der Handlung, in der Odysseus mit seinem Bericht sowohl zeitlich als auch thematisch an das dritte Lied des Demodokos anschließt. Man könnte daraus ableiten, daß der Erzähler mit dieser Angabe auch seinen eigenen Status im Verhältnis zum traditionellen Heldengesang definiert, doch greift diese Gleichsetzung zu kurz: Der primäre Erzähler der Odyssee gehört zur selben Gattung wie die

Sänger, die er in seiner Erzählung auftreten läßt; er beruft sich genau wie sie auf die Inspiration durch die Musen, er ist genau wie sie kein Akteur der von ihm berichteten Handlung und kein Augenzeuge. Die Gleichsetzung von Odysseus mit einem Sänger zielt wohl auf etwas anderes. Alkinoos setzt die glaubhafte Weise des Odysseus in Kontrast zu der eines Lügners und Betrügers und hebt dabei hervor, daß ihn im Gegensatz zu diesem μορφὴ ἐπέων und φρένες ἐσθλαί auszeichnen (vgl. Goldhill 1991, 47f.). Der Gegensatz zwischen wahrer und lügenhafter Rede wird damit durch die formale Kategorie der stimmigen und formvollendeten Erzählung definiert; das ist in diesem Kontext notwendig, da Alkinoos über kein anderes Kriterium zur Überprüfung des Wahrheitsgehalts von Odysseus' Erzählung verfügt. Will man die Äußerung des Alkinoos auch als selbstreflexiv-dichtungstheoretische Aussage des Odysseedichters auffassen, so nimmt man sie am besten als Hinweis darauf, daß er den Figurenbericht des Odysseus formal der Erzählung des primären Erzählers angeglichen hat.

λ 406–34 In Agamemnons Bericht von seinem Tod sind die Akzente gegenüber den entsprechenden Berichten an Telemachos durch Nestor und Menelaos bzw. Proteus deutlich verschoben (vgl. zu γ 272–5; δ 521–37). Agamemnon hebt die Menge der mit ihm getöteten Gefährten hervor, erwähnt als erster auch den Tod Kassandras und betont im Gegensatz zu den anderen Darstellungen die aktive Rolle Klytaimestras. Daß diese Akzentuierung nicht allein durch Agamemnons subjektiven Standpunkt bedingt ist (so Heubeck zu 405–34), zeigt sich, wenn Agamemnon im Verlauf des Gesprächs von sich aus den Vergleich zwischen Klytaimestra und Penelope zieht: Nicht nur der Sprecher, sondern auch der Adressat des Berichts bedingt die Auswahl aus dem Material der ‚Geschichte'; der Figurenbericht aus der mythologischen Vergangenheit hat, so wie grundsätzlich in der Ilias, auch hier automatisch den Charakter eines Paradeigmas (vgl. Hölscher 1988, 302–6; Olson 1995, 24–42). So erklärt sich Agamemnons Interesse am Los seiner Gefährten am besten damit, daß Odysseus seine Aufgabe darin sieht, seine Gefährten heil nach Hause zu bringen: Agamemnon ist dies zwar gelungen, seine Gefährten sind aber trotzdem gestorben.

Schwieriger scheint es, in diesem Rahmen die Erwähnung Kassandras zu erklären. Die Nennung ihres Namens ohne weitere Erläuterungen läßt zunächst erkennen, daß Kassandras Figur und Schicksal als bekannt vorausgesetzt sind, wenn auch nicht beweisbar ist, wieviel von der aus der späteren Überlieferung bekannten Geschichte schon für Homer anzusetzen ist. Man hat vor allem bezweifelt, daß schon Homer ihre Rolle als Seherin kenne, und hat erwogen, daß diese Rolle aus ihrem einzigen Auftritt in der Ilias herausgesponnen sei, wo sie als erste den von Achill zurückkehrenden Priamos erblickt (Ω 698–706); doch stellt diese Stelle eher ein verhüllendes

Zitat der Sehergabe dar (Kullmann 1960, 247: „... scheint die Sehergabe Kassandras in merkwürdiger Weise rationalisiert"). Auch das an unserer Stelle vorausgesetzte Spannungsverhältnis zwischen Agamemnon, Kassandra und Klytaimestra, das bei Aischylos mehr zitiert als ausgeführt ist, könnte schon der Ilias bekannt sein: So hat Kullmann (1960, 356f.) vorgeschlagen, Agamemnons Aussagen über Chryseis (A 29–31; 109–15) als Reflex (das hieße besser: als Zitat) der Kassandra-Geschichte aufzufassen.

Damit zeichnet sich ab, daß die Odyssee auf eine Version anspielt, in der Agamemnon Kassandra zu seiner Nebenfrau erklärt und damit bei der Rückkehr Klytaimestra brüskiert. Der Konflikt mußte dort thematisiert sein, Klytaimestra mußte die Ermordung der Nebenfrau betreiben oder selbst vollziehen (so auch schon auf einer Bronzeplatte um 650 v. Chr., vgl. Prag 1985, 58). All dies scheint in unserer Odyssee unmißverständlich vorausgesetzt: Agamemnon erzählt, Klytaimestra habe Kassandra persönlich ermordet, und zwar ἀμφ' ἐμοί; man hat sich also vorzustellen, daß Kassandra sich an den bereits liegenden Agamemnon klammert; das setzt das Bestehen einer engen Bindung voraus, (vgl. T 282–302, wo Briseis um den gefallenen Patroklos klagt, was dort wiederum Zitat einer Klage um Achilleus ist). Akzeptiert man diese Deutung, so wird auch die paradigmatische Aussage der Agamemnon-Rede noch komplexer. Wenn Agamemnon gleich darauf Klytaimestra mit Penelope vergleicht und Odysseus Ratschläge für seine Heimkehr gibt, die von seinem eigenen Schicksal ausgehen, so muß man für diese Parallelisierung auch die Rolle Kassandras mit einbeziehen. Ihre Funktion kann dann nur darin bestehen, zu illustrieren, in welcher Hinsicht Odysseus sich Agamemnons Los zum warnendes Beispiel nehmen soll. Agamemnons Verhalten war wohl schon in der Tradition als problematisch charakterisiert (dies könnte in der angedeuteten Gleichstellung der Chryseis mit Klytaimestra in der Ilias reflektiert sein; vgl. zu α 29–30); Odysseus könnte damit daran erinnert werden, daß die freundliche Aufnahme durch Penelope auch davon abhängt, wie er ihr gegenüber auftritt: Bei einem Verhältnis der ὁμοφροσύνη bleibt die Möglichkeit, die Ehefrau mit dem Gedanken an eine Nebenfrau zu konfrontieren, ausgeschlossen. Das fügt sich gut zur Darstellung unserer Odyssee, wo das Verhältnis des Odysseus zu Frauen (Kalypso, Kirke, Nausikaa) dadurch geprägt ist, daß er die Beziehungen nur aus Notwendigkeit eingeht, ja daß sie letztlich dazu dienen, ihm die Heimkehr zu Penelope zu ermöglichen.

Die unterschiedlichen Darstellungen des Schicksals des Agamemnon innerhalb unserer Odyssee nähren die Auffassung, daß es sich dabei um unterschiedliche Versionen der Geschichte handelt. Diese Optik wurde von Analytikern vorangetrieben, die aufgrund der ‚Widersprüche' unterschiedliche Dichterpersönlichkeiten festmachen wollten (vgl. Bergmann 1970, 5f., mit Literatur). Aber auch der Unitarier Lesky (1967) hat geschlossen, daß unserer Odyssee zwei oder mehr Versionen der Geschichte vorlägen, die in unserem Text zwar harmonisiert seien, aber eben doch verräterische kleine Widersprüche hinterlassen hätten. Dagegen wurde eingewendet, daß es sich nur um scheinbare Widersprüche handle, die dadurch bedingt seien, daß der Odysseedichter eben an jeder einzelnen Stelle dem Atridenmythos einen anderen Sinn abgewinnen wolle (Eisenberger 1973, 181, Anm. 79; Heubeck zu λ 405–34; Hölscher 1988, 309: „die Variationen der Geschichte sind sein Werk"). Es wäre jedoch eine willkürliche Annahme, daß es vor Homer nur eine einzige Version des Orestie-Mythos gegeben hätte und der Odysseedichter als erster, und zwar innerhalb ein und derselben Erzählung, mehrere Varianten erfunden hätte. Natürlicher ist die Annahme, daß schon in der Tradition vor Homer die Sänger die Möglichkeit ausnützten, jeweils ihre eigene Version der Geschichte zu entwerfen, eine Praxis, die die uns bezeugten nachhomerischen Lyriker und Tragiker fortsetzten. Was unsere Odyssee betrifft, so hat der Erzähler sichtlich eine einzige Version der ‚Orestie' entworfen, die er allen Erwähnungen der Geschichte in der Odyssee zugrundelegt, dabei aber jeweils unterschiedliche Aspekte beleuchtet. Diese Basisversion ist jedoch am besten als harmonisierte Fassung konkurrierender Versionen zu verstehen. Das zeigt sich beim Versuch, die diversen Motive auf ihre natürliche Grundfunktion zurückzuführen, wobei die Angaben über belegte nachhomerische Versionen natürlich nützlich sind. Differenzen zeichnen sich vor allem in der Frage ab, an welchem Ort Agamemnon ermordet wird (vgl. zu δ 521–37), wie stark Klytaimestra in den Mord verwickelt ist und ob Orestes nur Aigisthos oder auch seine Mutter tötet. Damit verbinden kann man die Frage, ob Kassandra eine Funktion in der Geschichte hatte oder nicht. Für die Beurteilung der Frage, wie sich der Text unserer Odyssee zu den vorausgesetzten Versionen verhält, ist von zentraler Bedeutung, ob Agamemnon in seinem eigenen Palast (wie bei Aischylos) oder in dem des Aigisthos (wie in der Odyssee) ermordet wird. Ich schlage daher vor, daß unsere Odyssee mindestens zwei Varianten kennt, die ich *exempli gratia* so charakterisieren möchte:

(a) In der ersten Variante verführt Aigisthos Klytaimestra, sie lauern gemeinsam Agamemnon bei seiner Rückkehr auf und erschlagen ihn. Diese Version verläuft am ökonomischsten, wenn Agamemnon in sein eigenes Haus zurückkehrt und ihm dort ein Hinterhalt gelegt wird; bei einer regulären Heimkunft kann man sich auch leicht vorstellen, daß der Konflikt zwischen Klytaimestra und Kassandra funktional eingesetzt wird, und es wird geradezu notwendig, Klytaimestra eine aktive Rolle bei der Überlistung ihres Gatten zuzuteilen. Aigisthos usurpiert mit dem Mord Palast und Herrschaft, Orestes tötet Aigisthos und Klytaimestra in seinem eigenen Vaterhaus.

(b) In der zweiten Variante kommt Agamemnon gar nicht bis nach Hause, sondern fällt schon auf dem Heimweg in die Hände seines Mörders; das mag durch einen Hinterhalt geschehen, oder dadurch, daß Agamemnon, aus welchem Grund immer, in den Palast des Aigisthos gelangt (vgl. zu γ 262–75; δ 514–20). In diesem Fall läßt sich kaum ausmachen, welche Rolle Klytaimestra bei der Überlistung ihres Mannes spielen könnte; und auch für Kassandra zeichnet sich, abgesehen vom Faktum ihres Todes, keine ‚dramatische‘ Funktion ab. Aigisthos führt in dieser Version vielleicht Klytaimestra nach dem Mord in seinen Palast und wird dort von Orestes getötet; der Muttermord müßte hier nicht so stark in den Vordergrund gestellt sein wie in meiner ersten Variante.

Die Existenz dieser oder ähnlicher Varianten vor unserer Odyssee läßt sich im einzelnen nicht beweisen. Geht man aber davon aus, daß der Odysseedichter die Kenntnis solcher unterschiedlicher Varianten voraussetzt, so wird seine Darstellungsweise besser verständlich. Dies betrifft vor allem jene Ereignisse, die Proteus berichtet: Wenn Agamemnon zunächst fast im Herrschaftsbereich des Aigisthos an Land getrieben wird, dann der Gefahr entrinnt und bei sich zu Hause landet, schließlich aber doch nicht nach Hause gelangt, sondern von Aigisthos ‚umgelenkt‘ wird, so scheint das auf den ersten Blick wirr und umständlich. Die Darstellung wird aber bei der Annahme plausibel, daß hier bewußt die beiden konkurrierenden Varianten ins Spiel gebracht und gegeneinander ausgespielt sind. Unser Text konstituiert damit eine Version, die bestimmte Züge der Variante (b) ausdrücklich negiert (Agamemnon gerät nicht durch Zufall oder göttliche Fügung in die Hand seines Mörders), die Handlungszüge der Variante (a) aber mit der Lokalisierung der Variante (b) in Einklang bringt. In die daraus resultierende Version sind Motive beider Varianten aufgenommen, auch wenn sie für die Handlungslinie der jeweils anderen Variante überschüssig wären: Das Motiv des Hinterhalts paßt nicht perfekt zur Bewirtung im Palast, konkurriert auch mit der aktiven Rolle Klytaimestras; die näheren Umstände der Einladung zum Mahl bleiben bewußt unklar, da nicht thematisiert werden soll, ob Agamemnon zuvor sein Haus betritt oder nicht; dies darf wiederum nicht erwähnt werden, weil damit definiert würde, wo sich Klytaimestra bei seiner Ankunft aufhält: Wenn Agamemnon seinen Palast betritt, darf sie nicht bei Aigisthos sein, damit er nicht Verdacht schöpft; wenn Agamemon schon auf dem Weg ‚umgeleitet‘ wird, wird Klytaimestra zu einem Teil des λόχος und darf sich ihm erst mit dem Beginn des Mordens zeigen. Auch die Funktion von Kassandras Teilnahme am Festmahl ist nicht erkennbar. Doch all diese Unstimmigkeiten treten nur dann zutage, wenn man die über die ganze Odyssee verstreuten Informationen zu einer einzigen Version zusammensetzt. Der Odysseedichter selbst hat dies sichtlich gemacht, hat sich darum bemüht, eine einigermaßen stimmige Version, ohne Widersprüche an der Oberfläche, zu konstruieren, und hat kleinere Unstimmigkeiten in Kauf genommen, sofern sie nicht in ein und demselben Kontext auftauchen. Die Kombination möglichst vieler Elemente beider Varianten dient dazu, möglichst viele Aspekte des Atridenmythos in Beziehung zur Handlung der Odyssee zu setzen. Wie das funktioniert, hat zuletzt Olson (1995, 24–42) eindrucksvoll gezeigt: Ein und dasselbe Motiv kann im Paradeigma an verschiedenen Stellen geradezu konträre Funktionen übernehmen; dabei entsteht der Effekt, daß nicht nur die Exemplum-Funktion, sondern auch die zugrundegelegte Geschichte selbst als vieldeutig und ambivalent erscheint, wodurch Spannung und Ironie erzeugt wird. Diese Spannung beruht aber zu einem wesentlichen Teil auch darauf, daß der Hörer, der bereits mit mehreren Versionen der Agamemnon-Geschichte vertraut ist, nie sicher sein kann, welches Element welcher Variante noch in die Version unserer Odyssee eingebaut wird und welche Funktion es im Rahmen des Paradeigmas erhalten wird.

λ 447–9 Agamemnons Erinnerungen an Penelope und Telemachos setzen voraus, daß Agamemnon persönlich auf Ithaka war, womit der Zusammenhang der Kyprien zitiert ist: Odysseus stellt sich, um der Teilnahme am Krieg zu entgehen, wahnsinnig, indem er mit Ochs und Pferd pflügt und Salz in die Furchen streut; Palamedes überführt ihn, indem er Penelope den kleinen Telemachos entreißt und ihn vor den Pflug legt (§ 22 Kullmann; vgl. zu ω 115–9). Die Figur des Palamedes ist weder in Ilias noch Odyssee erwähnt, doch scheint undenkbar, daß es sich dabei erst um eine nachhomerische Erfindung handelt; die Figur ist vielmehr unterdrückt, weil die mit ihr verbundene negative Bewertung des Odysseus in keines der beiden Epen paßt (vgl. Maronitis 1980, 160–177). Die Erwähnung des Telemachos hat in Agamemnons Rede die Funktion, zum Thema der Söhne Telemachos und Orestes überzuleiten. Das Detail, daß Telemachos bei der Abfahrt der Griechen noch an Penelopes Brust hing, hat aber im Redekontext keine unmittelbare Funktion und dürfte exakt die genannte Szene zitieren. Bemerkenswert ist an diesem Zitat, daß damit der Kontext der ‚dunklen‘ Vergangenheit des Helden durchschimmert, die in der dargestellten Handlung nicht aufscheint: Odysseus, der sich vor der Heldenpflicht drücken will, Odysseus, der in seinem ureigensten Element, dem δόλος, von Palamedes besiegt wird, Odysseus, der den Justizmord am Konkurrenten herbeiführt. Das läßt sich vergleichen mit dem Odysseus, der sich Giftpfeile beschafft (vgl. zu α 255–66). Die negativen Komponenten der Odysseus-Figur sind in unserer Odyssee also nicht völlig ignoriert, sondern werden an einzelnen Stellen dem Hörer ins Bewußtsein gerufen, wobei das Zitat aber vor allem auf den Kontrast zwischen ‚altem‘ und ‚neuem‘ Odysseus abzielt.

λ 455–6 Die Aufforderung an Odysseus, heimlich nach Hause zurückzukehren, hat ihre Parallele in ξ 327–30 (= τ 296–9), wo der ‚Bettler‘ in seiner Trugerzählung vor Eumaios bzw. Penelope berichtet, Odysseus sei nach Dodona gegangen, um zu erfahren, ob er heimlich oder offen heimkehren solle (vgl. λ 455 κρύβδην, μηδ' ἀναφανδά mit ξ 330 = τ 299 ἢ ἀμφαδὸν ἦε κρυφηδόν). Agamemnons Rat in der Unterwelt hat also dieselbe Funktion wie der Rat, den Odysseus in seiner fiktiven Nostos-Erzählung von einer übersinnlichen Instanz einholt. Es ist zu vermuten, daß die Einholung dieses oder eines ähnlichen Rates von einer höheren Autorität auch in anderen Versionen erzählt war; so könnte man sich vorstellen, daß die Befragung des Totenorakels, die in anderen Versionen wohl die Stelle der Unterweltsfahrt einnahm, diese Funktion hatte. Wenn das Motiv hier der Seele des Agamemnon in den Mund gelegt ist, so wird damit sichtbar gemacht, daß Agamemnon diese Funktion von Teiresias übernommen hat, der in unserer Odyssee nichts Derartiges sagt. Die Begründung der Warnung aus der menschlichen Erfahrung stellt sich damit in Gegensatz zu der durch die göttliche Autorität verbürgten Warnung durch den Seher.

λ 457–61 Die Aufzählung von Orchomenos, Pylos und Sparta als Orte, an denen Orestes sich aufhalten könnte, entspricht der Figurenperspektive, da Agamemnon nur Vermutungen anstellen kann. Nun kehrt in unserer Odyssee Orestes aus Athen zurück (γ 307), während spätere Quellen sein Exil beim Phoker Strophios lokalisieren, dessen Sohn Pylades zu seinem kanonischen Begleiter wird. Bei den drei von Agamemnon aufgezählten Orten handelt es sich also um ‚unmögliche Varianten', die daran erinnern, daß der Erzähler selbst zwischen (mindestens) zwei traditionell möglichen Alternativen entscheiden mußte. Die Nennung von Pylos und Sparta hat dabei wohl auch die Funktion, an die Reise des Telemachos zu erinnern und die Parallele zwischen ihm und Orestes zu forcieren (Maronitis 1980, 138).

λ 467–70 Die gemeinsame Nennung von Achilleus, Patroklos, Antilochos und Aias zitiert Konstellationen, die uns aus der Ilias bzw. den Angaben über Aithiopis und Kleine Ilias vertraut sind. Die größte Einzelleistung des Aias war die Bergung von Achills Leiche; Antilochos und Patroklos sind parallele Figuren, deren Geschichten sichtlich in Konkurrenz zueinander standen. In der Odyssee ist nun die Handlung der Ilias fast nirgends berührt, während die für die Aithiopis konstitutiven Fakten mehrmals präsent sind: Der Tod des Achilleus gehört in diesen Kontext, Memnon ist zweimal genannt (vgl. zu δ 187–8 und λ 522), und somit ist auch mit der mehrfachen Nennung von Antilochos immer der Kontext der Memnonis mitzitiert. Die Odyssee versteht also die Tötung Memnons als Achills größte Tat, bezeichnet aber gleichzeitig Patroklos als seinen besten Freund. Damit zeichnet sich ein in der Odyssee reflektiertes Konkurrenzverhältnis zwischen Ilias und Aithiopis ab, wobei es bei beiden Epen nur um die in der Tradition festgelegten Inhalte, nicht um die fixierten Texte gehen kann. Dabei zeichnet sich in der Bewertung der beiden Stoffe durch die Odyssee eine interessante Doppelstrategie ab. Was die Fakten der Handlung betrifft, steht unzweifelhaft der Tod des Achilleus, also der Aithiopisstoff im Vordergrund. Die Bedeutung der Ilias wird hingegen sichtlich auf einer anderen Ebene gesehen. Neben der Hervorhebung der Freundschaft des Patroklos (vgl. zu ω 76–9) könnte dies auch daraus hervorgehen, daß für den Odysseedichter Achilleus nach seinem Tod nicht entrückt wird, wie das für den Aithiopisstoff wohl kanonisch war, sondern in den Hades kommt, wie es die Ilias vorsieht. Für diesen Punkt verweise ich auf Edwards (1985), der zeigt, daß die Odyssee das Konzept der Ilias dazu verwendet, um das Schicksal des Odysseus über jenes des Achilleus zu stellen: Auch Odysseus wird nach seinem Tod in den Hades gelangen, doch sein Schicksal ist glücklicher als das Achills, weil ihm zuvor der νόστος beschieden ist.

λ 474   Die Formulierung ἔτι μεῖζον suggeriert, daß Achilleus andere Taten des Odysseus als μεγάλα (sc. mit negativem Unterton) bewertet. Das bezieht sich auf einen Konflikt zwischen Achilleus und Odysseus, der nicht nur auf deren allgemeinem Charaktergegensatz (dazu Nagy 1979, 13–65), sondern auch auf konkreten Taten des Odysseus beruht. Auch wenn offen bleibt, um welche Taten es sich dabei handelt (man könnte auch hier an den Mord an Palamedes denken, vgl. Kullmann 1960, 301 Anm. 1), werden damit die in der Tradition sichtlich fest verankerten ,dunklen' Charakterzüge des Odysseus-Bildes eingeblendet, die für den Handlungszeitraum unserer Odyssee ausgeblendet bleiben.

λ 482–91   Die unterschiedliche Bewertung von Achills Schicksal durch Odysseus bzw. Achilleus steht im Zentrum der Diskussion bei Edwards (1985a, besonders 48–52). Edwards hebt hervor, daß das κλέος-Konzept der Odyssee das κλέος-Konzept der Ilias nicht als falsch erweisen, sondern ergänzen will: Odysseus wird das κλέος im Sinne der Ilias nicht abgesprochen; sein κλέος in der Odyssee wird erst dadurch größer als das des Achilleus, daß ihm zusätzlich zum Kriegsruhm auch noch der Nostos gelingt. Achilleus wiederum stellt das Los eines Theten nicht über das von ihm im Leben erworbene κλέος, sondern nur über seine Stellung im Totenreich; sein κλέος bleibt durch diese Wertung unangetastet, wie die Aussagen des Odysseus, und des Agamemnon in der zweiten Nekyia, bestätigen. Für unsere Perspektive ist dabei wichtig, daß die beim Hörer hier als bekannt vorausgesetzte κλέος-Problematik nicht die spezifische Konstellation unserer Ilias zugrundelegt, sondern sich auch aus jener Stellung Achills ableiten läßt, die seinen sonst in der Odyssee hervorgehobenen Taten entspricht: Vorausgesetzt ist sein Status als ἄριστος 'Αχαιῶν, seine größte Heldentat, die Tötung des stärksten Gegners Memnon (522) und sein glanzvolles Begräbnis. Für das Verständnis des von der Odyssee konstruierten Gegensatzes zwischen Achilleus und Odysseus benötigt man also nicht die Kenntnis des Textes unserer Ilias, ja man könnte geradezu behaupten, daß die Kenntnis der Ilias die Interpreten zu einer falschen Auffassung der Odyssee-Stelle verleitet. Das zeigt die Argumentation Rüters (1969, 252–3), wonach Achilleus mit seinem Wunsch nach einem Theten-Schicksal seine in der Ilias getroffene Entscheidung für κλέος und gegen νόστος als falsch bezeichne. Die dagegen erhobenen Einwände von Edwards sind zwar nicht stichhaltig (demnach entscheide sich Achilleus im T nicht für sein κλέος, sondern für die Rache; doch entscheidet sich Achilleus schon im I implizit gegen νόστος und für κλέος, wenn er seine Meinung aufgrund der Reden des Phoinix und des Aias revidiert und nicht, wie angedroht, am nächsten Tag abfährt); doch zeigt die ganze Szene zwischen Achilleus und Odysseus im λ, daß der Wert des κλέος nicht herabgesetzt werden soll: Das deutlichste Signal dafür ist Achills Freude über das κλέος des Neoptolemos. Die der Ilias eigene tragische Perspektive, daß der Erwerb von κλέος unauflösbar mit dem Verlust des νόστος verknüpft ist (vgl. Edwards 1984), wird in der Odyssee nicht ins Gegenteil verkehrt, so daß selbst ein νόστος ohne κλέος vorzuziehen wäre, sondern dahingehend ergänzt, daß auch der gelungene νόστος κλέος bewirkt und das von Odysseus erreichte Ideal die Verbindung von κλέος durch Kampf und κλέος durch νόστος darstellt.

λ 494–503   In Ω 488–52 vermutet Priamos ebenfalls eine Bedrängung des Peleus durch περιναιέται. Spätere Quellen referieren die Geschichte, Peleus sei von seinem Schwager Akastos (oder dessen Söhnen) vom Throne gestürzt und erst von Neoptolemos restituiert worden. Macleod und Richardson (jeweils zu Ω 488–9) schließen aus der Tatsache, daß die von Priamos skizzierte Lage des Peleus im Kontext der Ilias *exemplum*-Funktion hat, daß die später bezeugte Geschichte aus den Angaben der Ilias und Odyssee herausgesponnen sei; Macleod hält auch die Odyssee-Passage für aus der Andeutung der Ilias abgeleitet. Wenn aber Achilleus im λ darüber Klage führt, daß er seinem Vater nicht zu Hilfe kommen könne, so wird auch hier das Schicksal des Achilleus dem des Odysseus gegenübergestellt: Peleus hat nach Achills Befürchtung dasselbe Schicksal erlitten wie Laertes; doch im Gegensatz zu Peleus wird Laertes, wie die mit anderen Odyssee-Versionen vertrauten Hörer wissen, vom eigenen Sohn wieder in die frühere Position eingesetzt werden. Dabei scheint zugunsten von dieser Perspektive sogar die Existenz des Neoptolemos, der ja genau diese Rolle seines Vaters übernehmen wird, ausgeblendet; für Achills Perspektive ist hier entscheidend, daß er im Gegensatz zu Odysseus seinen Vater nicht mehr selbst ‚erlösen' kann; die Parallele zwischen Achilleus und Odysseus wird durch die Übereinstimmung von λ 499–503 mit α 253–7 unterstrichen, wo Athene-Mentes in Verbindung mit einer analogen Erinnerung (α 257 τοῖος ἐὼν οἷόν μιν ... ἐνόησα) einen analogen Wunsch ausspricht (α 255 εἰ γὰρ νῦν ἐλθὼν ...). Die Vermutungen über das Schicksal des Peleus haben also an beiden

Stellen *exemplum*-Funktion, so daß die Frage nach der Richtung einer direkten Abhängigkeit sinnlos ist. Viel plausibler scheint, daß an beiden Stellen
auf eine Geschichte angespielt ist, in der jenes Schicksal des Peleus, das hier
nur als Vermutung der Figuren aufscheint, tatsächlich erzählt war. Die Vertreibung des Peleus aus seinem Herrschaftsgebiet war schon in den kyklischen Nosten vorausgesetzt (§ 111 Kullmann): Νεοπτόλεμος ... εἰς Μολοσ-
σοὺς ἀφικόμενος ἀναγνωρίζεται Πηλεῖ. Die Funktion des Zitats ist für Ilias
wie Odyssee durchsichtig: Die Vermutung bzw. Befürchtung über das
Schicksal des Peleus wird durch das Wissen des Hörers als richtig erwiesen,
was der mythologischen Parallele zusätzlich tragische Ironie verleiht.

λ 506–40   Der Bericht von den Taten des Neoptolemos setzt bei den Hörern trotz seiner Ausführlichkeit Kenntnis der zentralen Punkte voraus:
Odysseus erwähnt nicht, warum Neoptolemos auf Skyros ist, so daß der
Hörer die Geschichte von Achills Aufenthalt bei Lykomedes und seiner
Verbindung mit Deidameia ergänzen muß. Es bleibt unausgesprochen,
warum Neoptolemos nach Troia geholt wird; vorausgesetzt ist das Orakel,
das den Fall Troias von seiner Teilnahme am Kampf abhängig macht, und
die Tatsache, daß für seine Gewinnung die Überredungskunst des Odysseus und das Versprechen der Hand Hermiones notwendig war (vgl. zu δ
5–9). Auch die Umstände des Kampfes gegen Eurypylos sind nicht ausgemalt, wobei mit der für sich rätselhaften Wendung γυναίων εἵνεκα δώρων
(522) der Anspielungscharakter besonders stark hervortritt (vgl. Heubeck
zu λ 519–22: Priamos besticht die Mutter des Eurypylos, ihren Sohn in den
Kampf zu schicken). Unerwähnt bleiben schließlich die konkreten Taten
bei der Eroberung Troias, obwohl man vermuten kann, daß die Ermordung
des Priamos durch Neoptolemos einen alten Zug des Mythos darstellt.

Überhaupt scheinen die in der Tradition festgelegten problematischen
Charakterzüge des Achill-Sohnes ausgeblendet; diese Färbung des Berichts
ist aber nicht dem Erzähler Homer, sondern dem Erzähler Odysseus zuzuschreiben, der seinem Dialogpartner Achilleus nur Positives über seinen
Sohn berichten will und diese Absicht, wie Achills Reaktion auf den Bericht
beweist, auch erfüllt (λ 538–40). Seine Rede erfüllt, wie Edwards (1985a, 59–
67) zeigt, aber einen weiteren Zweck. Während Odysseus die Qualitäten
des Neoptolemos hervorhebt, signalisiert er gleichzeitig, daß Neoptolemos
ihm selbst untergeordnet war, als hätte er mit der Einholung aus Skyros eine Art Vaterrolle übernommen: Die ἀρετή des Jungen in der Versammlung
wird von jener des Odysseus übertroffen; während der Aktion mit dem
Hölzernen Pferd steht er unter dem Kommando des Odysseus und ordnet
sich damit auch dessen spezifischer Kampfweise, dem λόχος unter. Von
dieser Tendenz unangetastet bleibt allein sein größter Erfolg im Kampf, der
Sieg über Eurypylos, den Odysseus ausdrücklich mit dem größten Erfolg

Achills, dem Sieg über Memnon, vergleicht. Die ganze Passage suggeriert also die Aussage, daß zwar Neoptolemos, so wie vor ihm Achilleus, konkurrenzlos im Kampf war, daß aber der endgültige Erfolg im Krieg nur durch die Kampftaktik und die Leitung des Odysseus möglich wurde. In diesem ,Streit' zwischen Odysseus und Achilleus behält also Odysseus recht, ohne daß dies auf der Figurenebene ausgesprochen würde.

Diese subtile Darstellungsabsicht zeigt sich in einem weiteren Detail: Odysseus erzählt, daß Neoptolemos im Gegensatz zu den anderen Griechen im Hölzernen Pferd keine Furcht zeigte (526–30), und betont damit sein positives Heldentum. Odysseus berichtet dann aber, daß Neoptolemos ihn fortwährend angefleht habe, aus dem Pferd hervorzustürmen zu dürfen. Schon dem unmittelbaren Zusammenhang ist zu entnehmen, daß sich hier der Mut des Neoptolemos in Ungestümheit, ja ungezügelten Leichtsinn verwandelt, der nur durch die Autorität des Odysseus gebändigt werden kann. Der Hörer erfaßt noch besser, daß die typisch Achilleische Eigenschaft das Unternehmen im letzten Moment fast gefährdet hätte, wenn er sich an die Erzählung des Menelaos (δ 271–89) erinnert: Als Helena die im Pferd versteckten Helden herauszulocken versucht, kann allein Odysseus sie zurückhalten; Menelaos formuliert das mit den drastischen Worten, Odysseus habe damit „alle Achaier gerettet". Wenn nun auch das Motiv, weshalb Neoptolemos aus dem Pferd hervorstürmen wollte, heldenhafter war als das der übrigen Griechen, so wäre der Effekt doch derselbe gewesen. Auch mit diesem Detail zeigt sich also, daß die ἀρετή des Neoptolemos, und damit auch die ἀρετή des Achilleus, zwar in ihrem eigenen Bereich unübertroffen blieb, daß sie aber der ganz anders gearteten ἀρετή des Odysseus bedurfte, um die gemeinsame Aktion zum Erfolg zu führen. Die Überlegenheit des Odysseus über Achilleus zeigt sich vielleicht am besten darin, daß Odysseus es versteht, seine Erzählung so zu präsentieren, daß Achilleus die darin enthaltene Kritik nicht einmal begreift.

λ 522 Der Vergleich zwischen Eurypylos und Memnon setzt die Kenntnis des Hörers voraus: Wenn Memnon als „schönster" Held (sc. im Kontext des Trojanischen Krieges und, wie die Gesprächssituation impliziert, auf Seiten der Trojaner) bezeichnet wird, so ist damit vorausgesetzt, daß Memnon als Figur des Mythos, und das heißt als Träger einer Geschichte bekannt ist. Wir kennen nun keine Geschichte, in der Memnons „Schönheit" eine Rolle spielte; wohl aber verleiht jene Geschichte, in der allein Memnon eine Rolle spielte, dem Vergleich zwischen Memnon und Eurypylos eine pointierte Funktion: Memnon war jener Held, den Achilleus als letzten besiegte, ehe er selbst fiel, und er war nach unserem Wissensstand neben Penthesileia und Hektor — beide in der Odyssee nie erwähnt — der einzige Held von Bedeutung, der überhaupt durch Achilleus fiel (die zahlreichen Priamos-

söhne, z.B. Troilos, sind im Mythos sichtlich nicht als ‚Helden' konzipiert).
Nimmt man an, daß diese Konstellation bereits in der Odyssee vorausgesetzt ist, so enthält der Vergleich zwischen Eurypylos und Memnon eine
präzise Funktion für die Gesprächssituation im λ: Odysseus bezeichnet Eurypylos als den „schönsten" Helden, um die Leistung des Neoptolemos
über die aller anderen Griechen zu stellen. Ausgenommen ist Achilleus
selbst, dessen größte Heldentat noch über die Tat seines Sohnes gestellt ist,
indem sein Opfer Memnon als noch „schöner" bezeichnet wird. Das bedeutet ein doppeltes Kompliment des Odysseus an Achilleus: Achilleus ist als
größter Held der Griechen klassifiziert; sein Sohn steht unangefochten an
zweiter Stelle. Bemerkenswert ist dabei, daß damit Hektor, d.h. der Ilias-
stoff, völlig ausgeklammert erscheint; will man die Kenntnis von Aithiopis-
Stoff und Ilias-Stoff voraussetzen, so wäre damit impliziert, daß Achills
Heldenleistung in der Aithiopis über jene in der Ilias gestellt ist.

λ 541–67 Auch der Bericht von der Begegnung zwischen Odysseus und
Aias setzt die Kenntnis vom Streit um die Waffen Achills voraus. Die Verweise auf die Grunddaten der Geschichte sind präzise gesetzt: Odysseus
nennt den Sieg in einem ‚Rechtsstreit' (δικαζόμενος) um die Waffen Achills,
den Thetis einsetzte (ἔϑηκε) und dessen Urteil „die Kinder der Troer" und
Athene sprachen. So unmißverständlich damit auf eine konkrete Version
angespielt ist, so wenig könnte ein ‚uneingeweihter' Hörer daraus allein
die zugrundegelegte Geschichte rekonstruieren: Odysseus sagt nicht ausdrücklich, daß es um die Situation unmittelbar nach Achills Tod geht. Unausgesprochen bleibt auch, in welchem Sinn Thetis den Rechtsstreit (bzw.
die Waffen) „setzte"; es fehlt ja die entscheidende Angabe, daß die Waffen
„dem Besten der Achaier" bestimmt waren. Auch die Rolle Athenes und
der „Kinder der Troer" ist nur zitiert, nicht erklärt. Vor allem aber ist nirgends gesagt, daß Aias Selbstmord beging; Odysseus sagt nur, daß sein
Sieg den Tod des Aias bedingt hat, was voraussetzt, daß der Hörer die Angaben selbst ergänzt. Diese Art des Referats hat sich uns als typisch für die
Zitattechnik der Odyssee erwiesen, die sich, sofern sie sich von als bekannt
vorausgesetzten Versionen nicht entfernt, mit knappen Angaben als Erin-
nerungshilfen begnügt und nur dort ausführlicher zu erzählen beginnt, wo
sie eine gegenüber der Tradition eigenständige Version des Mythos bietet.

Andrerseits läßt sich gerade bei solchen Kurzreferaten aus der Art, wie
einzelne Daten hervorgehoben oder unterdrückt werden, die Darstellungsabsicht des Dichters ablesen. So sind im Falle des Waffenstreits jene Elemente der Erzählung, die auf Odysseus ein ungünstiges Licht werfen könnten, systematisch verschwiegen: das Faktum, daß der „Beste der Achaier"
ermittelt werden sollte (was nach dem Sinn der ‚einfachen Geschichte'
eben nicht Odysseus war); die Umstände, die zur Entscheidung führten;

der Selbstmord des Aias. Maronitis (1980, 168–77) hat dies anhand seiner These erklärt, wonach unsere Odyssee das Odysseusbild gegenüber der früheren Tradition entscheidend zum Positiven abgeändert habe.

Für die Optik unserer Odyssee sind dabei zwei Dinge wesentlich: Odysseus sucht die Versöhnung mit Aias und bestätigt ihm, daß er nach Achilleus alle Griechen an Erscheinung und Taten übertroffen habe, so daß die Griechen seinen Tod wie den des Achilleus betrauert hätten; er formuliert auch den Wunsch, in diesem Wettkampf nie gesiegt zu haben. Dabei vermeidet er aber sorgfältig, Aias den Titel ἄριστος Ἀχαιῶν zuzusprechen, behält sich also implizit vor, diesen Titel zu Recht zuerkannt bekommen zu haben. Auf der anderen Seite nennt Odysseus die Götter bzw. Zeus als die Schuldigen an den Ereignissen: Die Götter hätten die Waffen Achills ausgesetzt, und Zeus habe das griechische Heer mit seinem Haß verfolgt. Die Schuldzuweisung an die Götter erinnert an Agamemnons Verantwortung im T der Ilias und läßt schon damit vermuten, daß Odysseus die Verantwortung von seinen eigenen Schultern wälzen will. Die Zuweisung ist aber auch als Vermutung der Figur Odysseus markiert, die kein Wissen um die Motive des Zeus haben kann; von einer Verfolgung der Griechen durch Zeus ist außerhalb der Ilias nichts bekannt. Die in den Waffenstreit involvierten Gottheiten hat hingegen der Erzähler Odysseus selbst genannt: Thetis und Athene. Daß Thetis sich allen Griechen gezeigt habe, ist in der Odyssee auch anderswo ausgesagt (ω 47–92). Woher Odysseus Kenntnis vom Agieren Athenes hat, ist nicht angegeben, doch bieten sich zwei Erklärungen an. Man könnte vermuten, daß das Jörgensensche Gesetz bei Figurenberichten über die Vorvergangenheit aufgehoben sei; doch zeigen gerade die Berichte der Nostoi, daß zumindest in der Odyssee auf diese Trennung der Ebenen Wert gelegt ist. Plausibler scheint daher eine andere Vermutung: In der Odyssee ist mehrmals erwähnt, daß Athene vor Troia Odysseus offenkundig unterstützt (ἀναφανδὰ παρίστατο, γ 222) und sich ihm persönlich gezeigt habe (das ist mit ν 314–9 und ζ 324–31 impliziert); Odysseus gilt auch in der Ilias als Athenes Liebling (Ψ 782f.), und es liegt nahe, daß diese enge Parteinahme in der Tradition festgelegt und in konkreten Aktionen verfestigt war. Man wird also voraussetzen dürfen, daß auch das Eingreifen Athenes anläßlich des Waffenstreits den Hörern der Odyssee aus Versionen dieser Geschichte bekannt war; dieses Eingreifen konnte dann aber leicht als parteiisch dargestellt sein, und es konnte sich damit auch die Aussage verbinden, es habe mit Odysseus nicht der ἄριστος Ἀχαιῶν den Sieg davongetragen. Schon mit dem Hinweis auf Athene schimmert also eine Variante durch, in der der Tod des Aias als Folge einer ungerechten Entscheidung erfolgte. In der Darstellung unserer Odyssee zitiert der Erzähler Odysseus dieses Element der Geschichte, während der Akteur Odysseus die Aufmerksamkeit des Aias davon weglenkt und die

Schuld am Urteil dem Willen der Götter zuschiebt, was soviel bedeutet, daß der Ablauf der Dinge eben vom Schicksal vorgegeben war. Unser Text weist damit auf die problematische Rolle hin, die Odysseus in anderen Versionen der Erzählung vom Waffenstreit spielte, stellt daneben aber seine eigene Version, in der Odysseus sich selbst von jeder Schuld entlastet.

λ 565–7 Wie kann Odysseus behaupten, daß Aias ihm doch noch geantwortet hätte, wenn dieser sich bereits zurück in den Erebos begeben hat? Welchen Sinn hat die Aussage, daß Odysseus Aias noch fast angesprochen hätte, wo er ihn doch schon zuvor angesprochen hat? Für die Analytiker waren die Verse ein gewaltsamer, schlecht motivierter Übergang zur nachträglich eingefügten Hadesschau. Unitarische Verteidiger führten an, der Erzähler Odysseus verschleiere damit, daß er von Aias eine ‚Abfuhr‘ erlitten habe, und stelle vor den Phaiaken die Situation so dar, als habe er sich aus eigenem Willen nicht weiter um die Versöhnung bemüht (Eisenberger 1973, 184). Diese Deutung würde aber die Aiasszene in Gegensatz zu allen anderen Begegnungen des Odysseus im Hades stellen: Odysseus erweist sich gegenüber Agamemnon, Achilleus und danach auch gegenüber Herakles als der bessere Held. Es liegt daher nahe, daß auch in dieser Szene seine Überlegenheit über Aias dargestellt sein soll. In diesem Sinn hat Maronitis (1980, 175–7) die Verse erklärt: Odysseus erweist sich gegenüber Aias gleich in zweierlei Hinsicht als Sieger. Er bietet ihm die Versöhnung in einer Form an, die seinen ‚alten‘, von der Tradition als heimtückisch markierten Sieg im Waffenstreit von dem Makel reinigt, und er behält über Aias die Kontrolle, indem er das Versöhnungsgespräch aus eigenen Stücken abbricht. Damit ist gesagt, daß der Odysseus dieser Odyssee sogar das, was die Tradition als schlechthin unmöglich gekennzeichnet hat, schaffen könnte, wenn er nur wollte. Das Einschwenken auf jene Linie, die der Tradition entspricht, ist also kein Eingeständnis eines Versagens des Odysseus.

λ 568–600 Die Hadesschau wurde oft zu einem späten Einschub erklärt; einflußreich war vor allem die poetische Suada, mit der Wilamowitz (1884, 129–226) die Partie als Ausfluß orphischer Theologie des 6. Jh.s deutete. Der gewichtigste Einwand gegen die Partie lautete, daß hier das Konzept der Totenbeschwörung aufgegeben sei, Odysseus sich also nicht mehr am Eingang zum Hades, sondern mitten in der Unterwelt befinden müsse, um die Seelen der Toten der Vorzeit zu sehen. Diese Beobachtung ist richtig, doch ist das Schwanken zwischen den zwei Konzepten bereits vom Beginn des λ an vorbereitet (vgl. zu λ 1–22). Die Schau der großen Helden und ‚Sünder‘ ist unerläßlich als Vorbereitung auf die Szene mit Herakles: Die Hadesfahrt des Odysseus kann nur dann als gleichwertig mit jener des Herakles wirken, wenn Odysseus ähnlich umfassende Einblicke und Erfahrungen macht wie sein ‚Vorbild‘. Für Herakles war aber Voraussetzung dieser Erfahrungen das gewaltsame Eindringen in den Bereich der Unterwelt, die Überwindung von Charon und Kerberos, also Aspekte, die für Odysseus vermieden bleiben sollen. Der Text hebt daher auch nicht ausdrücklich hervor, daß Odysseus einen Gang durch die Unterwelt macht, obwohl das mit der Schau jener Gestalten, die nicht zum Hadeseingang kommen können, impliziert wäre. Auch die Verse 563–7 dienen dazu, den Widerspruch zu verschleiern: Odysseus schaut Aias nach, der sich vom Ausgang des Hades wieder in den Erebos zurückzieht; er sagt, daß er ihn fast ein zweites Mal angesprochen hätte, was impliziert, daß er ihm gefolgt wäre; stattdessen tut er, was er auch getan hätte, wenn er Aias tatsächlich gefolgt wäre: Er sieht jene Helden, die sich innerhalb des Hades aufhalten, so als befände er selbst sich ebenfalls dort. Am Ende der Szenenfolge ist der Eindruck wieder verwischt, wenn Herakles nach der Anrede an Odysseus „wieder ins Haus des Hades geht" (627). Die beiden Aspekte (Totenbeschwörung und Unterweltsfahrt) sind also in bewußter Unschärfe miteinander kombiniert.

Über die Funktion der fünf Helden im Rahmen der Nekyia sei hier nicht viel gesagt. Die Hadesschau bildet strukturell das Gegengewicht zum Heroinenkatalog und verstärkt damit den Eindruck zweier symmetrisch um das Intermezzo gruppierten Hälften; auch hier ist der katalogische Aspekt betont, auch hier weitet sich das Blickfeld von jenen Helden, zu denen Odysseus eine persönliche Beziehung hat, zu einer repräsentativen Auswahl aus der griechischen Heldenwelt (vgl. Büchner 1937). Für unsere Optik wichtig ist, daß auch hier die Schicksale der einzelnen Helden nur zitiert, nicht beschrieben sind. Vor allem fällt auf, daß zwar die Lage, in der sich die Helden in der Unterwelt befinden, jeweils exakt definiert ist, hingegen sich nur spärliche Hinweise auf ihr ‚Vorleben' finden. Odysseus sagt nichts über die Taten, die Minos, Tantalos und Sisyphos zu Lebzeiten vollbracht haben; daß deren Kenntnis vorausgesetzt ist, zeigt sich dann, wenn bei Orion und Tityos die entsprechenden Angaben fallen: Wenn bei Tityos ausdrücklich gesagt ist, daß sein Los in der Unterwelt durch die (versuchte) Vergewaltigung Letos bedingt ist, so soll der Hörer einen analogen Kausalkonnex auch bei Tantalos und Sisyphos herstellen. Der Unterschied zwischen jenen Szenen, wo die Verbindung ausdrücklich hergestellt ist, und jenen, wo sie vom Hörer ergänzt werden muß, ließe sich nach der üblichen Praxis der Odyssee damit erklären, daß die Darstellung dort, wo sie der Tradition folgt, sich mit andeutenden Zitaten begnügt, während sie dort, wo der Text die Tradition verläßt oder zumindest für eine von mehreren Varianten votiert, ausführlich wird und keiner Ergänzung durch den Hörer bedarf. Demnach müßte die Odyssee-Version Alternativen für die Schicksale von Orion und Tityos voraussetzen: Man könnte vermuten, daß der mythische Jäger Orion erst in unserer Odyssee seine Jagdtätigkeit auch in der Unterwelt fortsetzt; und man könnte annehmen, daß die Bestrafung des Ti-

tyos in den dem Hörer bekannten Versionen nicht im Hades, sondern auf
Erden erfolgte (wie bei Prometheus). Als Umkehrschluß ergäbe sich daraus, daß Tantalosqualen und Sisyphosarbeit schon dem Hörer der Odyssee
als Unterweltsstrafen bekannt waren (die älteste uns sonst bekannte Quelle
zu Tantalos läßt ihn jedoch die Strafe am Olymp, in Gesellschaft der Götter,
abbüßen: Athen. 281b, aus den 'Ατρειδῶν κάϑοδοι = Nostoi fr. 10 Allen).

λ 601–35 Die Funktion der Szene ist durchsichtig. Herakles selbst vergleicht sein Schicksal mit dem des Odysseus und erzählt, daß auch er als
Lebender in die Unterwelt absteigen mußte. Die Figur des Herakles ist also
als Parallel- und Kontrastfigur zu Odysseus angelegt. Vorausgesetzt ist die
Kenntnis des Mythos: Der Hörer hat die Verfolgung durch Hera und den
Namen des Eurystheus zu ergänzen, auch die übrigen ἄϑλοι sind nur summarisch genannt, ja selbst die Angaben zur Bezwingung des Kerberos sind
so formuliert, daß sie die genaue Kenntnis der Episode voraussetzen. Daß
der Hörer der Odyssee mit Herakles-Epik gut vertraut sein mußte, zeigen
sonstige Verweise auf Herakles in der Odyssee (vgl. zu ϑ 215–28; φ 25–30)
sowie die systematische Verwendung des Schicksals des Herakles als Paradeigma in der Ilias (vgl. Vetten 1989). Es ist also daran festzuhalten, daß die
Odyssee nicht nur auf eine vage „Herakles-Sage" rekurriert und die Einzelheiten jeweils neu erfindet, sondern auf breit ausgestaltete Versionen
der Sage verweist, die man sich in epischer Form vorzustellen hat.

Das ist aus zwei Gründen wichtig. Zum einen verweist unser Text darauf, daß er von einer genau definierten Form des Mythos abweicht, und
hebt damit die Willkür hervor, mit der er Odysseus und Herakles in der
Unterwelt zusammenbringt: Die Begegnung ist nur möglich, wenn Herakles zusätzlich zu seinem kanonischen Nachleben als Gott auch in der Unterwelt repräsentiert ist, was durch die Konzeption des εἴδωλον bewerkstelligt wird. Damit ist zwar wohl nur die kultische Realität in eine erzähleri-
sche Form gekleidet: Herakles wurde sowohl als Heros als auch als Gott
verehrt (vgl. Shapiro 1983). Trotzdem fällt auf, daß die Odyssee nicht so
wie die Ilias (vgl. Σ 117–9) die Erhebung des Herakles zu einem Gott verschweigt, sondern die Künstlichkeit der hier hergestellten Konstellation
hervorhebt, indem sie einen ‚doppelten Herakles' ansetzt.

Zum anderen hat der Herakles dieser Unterweltsbeschreibung, im Gegensatz zu den ‚zeitgenössischen' Toten Agamemnon und Achilleus und in
Übereinstimmung mit den übrigen Helden der Vorzeit (vgl. zu λ 568–600),
auch im Hades alle Wesenszüge an sich, die ihn als Lebenden auszeichneten: Er hält den Bogen schußbereit, blickt furchterregend und erregt auch
unter den Toten Schrecken. Man hat gemeint, daß dieses Erscheinungsbild
‚eigentlich' besser zum ersten Hadesgang des Herakles passe (vgl. Von der
Mühll 1938, mit Verweis auf Dümmler 1901, 144); das Verhältnis zwischen

dem Text unserer Odyssee und der zugrundegelegten Katabasis des Herakles ist dabei schon bei Von der Mühll neoanalytisch gedeutet, wenn er die Übertragung des Motivs in einen neuen Zusammenhang in den Vordergrund stellt. In Widerspruch zu dieser Anschauung steht der oft wiederholte Versuch, als einzige ‚Quelle‘ ein schriftlich fixiertes Heraklesepos anzusetzen, das sich im wesentlichen aus dem Apollodor-Referat rekonstruieren lasse; so geht Robertson (1980) zuversichtlich davon aus, daß das bei Bacch. 5 beschriebene Treffen zwischen Herakles und Meleager in allen Details aus dieser einen epischen Quelle abgeleitet sei (vgl. dagegen Crane 1988, 100–8, mit Verweis auf Hes. fr. 280 M.–W., wo es Theseus ist, der in der Unterwelt auf Meleager trifft). Geht man aber davon aus, daß unsere Heraklesszene bekannte Züge einer breiten epischen Tradition vom Hadesgang des Herakles zitiert, verzichtet man also darauf, die ‚eine‘ Version rekonstruieren zu wollen, so kann man auch andere Motive unseres Textes auf Heraklesmotivik zurückzuführen. Im Zentrum steht die Panik unter den Toten, die Herakles durch sein gewaltsames Auftreten erregt (605f.). Weitere Elemente sind nicht ausdrücklich Herakles zugeschrieben, aber in gebrochener Form auf Odysseus übertragen: Die Begegnung des Herakles mit den Helden der Vorzeit wird bei Odysseus zur Möglichkeit einer Heldenschau reduziert (629, reflektiert auch in der Heldenschau 566–600); die (versuchte) Befreiung von Theseus und Peirithoos wird zum Wunsch des Odysseus, die beiden zu sehen (631); die panische Reaktion des Herakles auf die andringende Masse der Seelen und die Begegnung mit dem Gorgonenhaupt wird zur Furcht des Odysseus vor dem analogen Geschehen (632–5).

Damit zeichnet sich das Bild eines Herakles ab, das über das hinausgreift, was der Text der Figur ausdrücklich zuschreibt, und auch die Funktion der Gegenüberstellung von Odysseus und Herakles wird so besser sichtbar. Herakles ist wie Odysseus als Lebender in den Hades vorgedrungen, dies jedoch in einer Weise, die in jedem Detail in Kontrast zum Unternehmen des Odysseus steht: Er drang gewaltsam in den Bereich der Unterwelt ein, überwand den Kerberos mit Gewalt, befreite Theseus mit Gewalt, hielt die Seelen der Toten mit Gewalt fern und stieß auf Gegengewalt, die er überwand. Im Vergleich dazu ist der Hadesgang des Odysseus ein frommes Unterfangen: Er sucht Kontakt zu den Verstorbenen, dringt in keinen unerlaubten Bereich vor, will nichts aus dem Hades mitnehmen und weicht, sowie er Widerstand vermutet, zurück. Es geht also nicht nur darum, daß die Odyssee mit der Heraklesszene ihre Quelle zitiert, sondern daß sie durch das Zitat ihren Helden definiert. Odysseus erweist sich im Vergleich zu Herakles als der — nach den Kriterien der Odyssee — bessere Held: Er vollbringt mit dem Gang in die Unterwelt die gleiche übermenschliche Leistung wie der größte Held des griechischen Mythos, ohne sich damit in ähnlicher Weise dem Vorwurf der Hybris auszusetzen.

Damit ist also das Konkurrenzverhältnis zwischen den beiden Helden ausgedrückt (Clay 1983, 90–96), aber auch das zwischen dem Dichter der Odyssee und den Sängern von Konkurrenz-Epen. Das wird wohl an keiner Stelle der Odyssee so deutlich wie hier: Der Erzähler Odysseus beschreibt, unmittelbar nachdem er die abschreckende Wirkung des Herakles auf die Toten geschildert hat, die Abbildungen auf dessen ἀορτήρ. Dieser ist schon zu Beginn als σμερδαλέος bezeichnet (609; vgl. Stanford zu λ 609–14); die Abbildungen umfassen teils wilde Tiere (611), teils blutige Kämpfe zwischen Menschen (612). Clay (1983, 94 Anm. 74) sieht darin die ‚Arbeiten des Herakles' ins Bild umgesetzt, womit aber nicht die später kanonischen zwölf Arbeiten, sondern ganz allgemein das Heldenleben des Herakles charakterisiert ist: einerseits der ständige Kampf gegen Bedrohungen der Menschheit, andrerseits die permanente Abfolge von Bluttaten.

Odysseus selbst äußert Abscheu vor diesem Schwertband (613f.), distanziert sich also von dem für Herakles charakteristischen Heldentum, was gut zur Kontrastierung der beiden Gestalten paßt. Odysseus formuliert seine Ablehnung aber nicht als Kritik am Inhalt der Darstellungen, sondern am Künstler, der die Abbildungen geschaffen hat: Er wünscht, daß derjenige, der dieses Kunstwerk geschaffen hat, nichts Weiteres mehr schaffen möge. Der Künstler wird also für die Wirkung des Kunstwerks verantwortlich gemacht, die Wirkung wird aber als Funktion des Inhalts beschrieben. Es ist wohl nicht zu weit hergeholt, wenn man darin auch Kritik an jenen Künstlern sieht, die dafür sorgten, daß die Heraklesepik sich auf die blutrünstigen Aspekte ihres Helden konzentrierte. Man kann dann nicht umhin, dieses Urteil des Erzählers (nicht des Akteurs) Odysseus als poetologische Aussage zu deuten: Nicht nur die Figur Odysseus erweist sich als der Figur Herakles überlegen, sondern auch der Odysseedichter drückt damit seine Überlegenheit gegenüber den Autoren von Herakles-Epik aus.

Mit dieser Interpretation läßt sich vielleicht sogar die schwierige Formulierung der Verse 613–4 besser deuten. Vor allem die Fügung ἐῇ ἐγκάτθετο τέχνῃ gewinnt einen besseren Sinn, wenn man sie auf die Technik der epischen Sänger bezieht: Der Sänger macht ein bestimmtes Thema in einer bestimmten Ausgestaltung zum Bestandteil seines Repertoires. Ich vermute, daß die Formulierung in dieser Bedeutung von der Dichtkunst auf die Bildkunst übertragen ist, und daß damit darauf hingewiesen ist, daß die Kritik des Erzählers sich auch (oder vor allem) gegen die Konkurrenten im Epengesang richtet. Der Dichter identifiziert sich mit seiner Hauptfigur, hält sich aber bewußt, daß er der Schöpfer dieser Figur ist.

λ 626 Die Begleitung des Herakles durch Hermes und Athene kombiniert vielleicht zwei alternative Versionen: Hermes ist traditioneller Geleiter im Bereich des Todes oder des Jenseits (vgl. zu α 96–102; Crane 1988, 34–

40); Athene als Schutzgöttin des Herakles ist auch in der Ilias mehrmals erwähnt. Beide Gottheiten schützen auch den Odysseus unserer Odyssee; für seinen Gang in die Unterwelt benötigt er aber keine göttliche Hilfe, was seine Leistung im Vergleich zu der des Herakles noch größer macht.

Odyssee 12

μ 1–35 Die Szenenfolge des zweiten Aufenthalts auf Aiaia diente Analytikern als Ansatzpunkt zur Aussonderung der Nekyia: Das nächtliche Gespräch am Strand zwischen Odysseus und Kirke wäre eine (poetische) Unschicklichkeit (Wilamowitz 1884, 144), die Anweisungen für die weitere Fahrt wären ursprünglich in Kirkes Haus erfolgt. In der Tat ist es auffällig, daß Odysseus Kirkes Gastfreundschaft nicht ein zweites Mal in Anspruch nimmt, sondern am Strand bleibt, obwohl die Gefährten ohnedies Elpenors Leichnam aus Kirkes Haus holen müssen. Diese Darstellung hat aber eine klare Funktion: Es soll der Eindruck entstehen, Odysseus sei nur nach Aiaia zurückgekehrt, weil er Elpenor die Bestattung versprochen hat; sein Ziel ist nicht Kirke, und das heißt, daß zumindest Odysseus *qua* Figur diese Rückkehr nicht aus Kirkes Anweisungen (κ 490, ἀλλ' ἄλλην χρὴ πρῶτον ὁδὸν τελέσαι …) abgeleitet hat. Erst Kirkes neuerliche Initiative bewirkt, daß er auf Aiaia verweilt und jetzt jene Fahrtanweisungen erhält, die bei seiner Bitte um πομπή in κ 483–6 schon mitgemeint waren. Der Charakter der Nekyia als struktureller ‚Einschub' in die Kirke-Episode bleibt damit zwar sichtbar, verschiebt sich jedoch von der Figurenebene auf die Textebene.

μ 33–6 Kirke befragt Odysseus, wie in knappen Formeln gesagt ist, nach allen Einzelheiten, Odysseus erzählt ihr alles der Reihe nach, worauf sie ihm die ausführlichen Anweisungen zur Heimfahrt gibt. Kirkes Interesse gilt jenen Informationen, die Odysseus von Teiresias erhalten hat, und ihre eigenen Informationen setzen dieselbigen voraus: Kirke weist ihm den Weg bis zu jenem Punkt der Heimfahrt, den Teiresias als einzigen hervorgehoben hat. Die Formulierung verschleiert aber auch hier den Zusammenhang zwischen Teiresias-Prophezeiung und Kirke-Anweisung: Kirkes Fragen und die Antwort des Odysseus entsprechen demselben Schema wie die Erzählungen des Odysseus bei Aiolos (vgl. zu κ 14–6) und zeigen damit ein Verhältnis zwischen ξεῖνος und ξεινοδόκος, das durch den Austausch von Apologoi gegen die πομπή gekennzeichnet ist; auch die Struktur der Phaiakis ist dadurch bestimmt. Durch das Zitat dieser Struktur wird der Eindruck erweckt, daß Odysseus, wie bei Aiolos und den Phaiaken, auch an diesem Punkt der Handlung alle seine Abenteuer erzählen könnte.

μ 36–141 Die Frage, warum der Erzähler Kirke so ausführliche Anweisungen geben läßt, wurde oft damit beantwortet, daß Odysseus ohne das so vermittelte Vorauswissen die Abenteuer des μ nicht bestehen könnte (vgl. Eisenberger 1973, 193). Und tatsächlich wären die Abenteuer, so wie sie unsere Odyssee präsentiert, ohne Kirkes Instruktionen nicht denkbar. Doch lassen sich für jede der drei Episoden Varianten erstellen, in denen Odysseus (bzw. der ‚Held') die Abenteuer ohne göttliche Vorwarnung übersteht. Das liegt auf der Hand für Skylla und Charybdis, wo die Pointe der ‚einfachen Geschichte' geradezu darin besteht, daß der Held erst durch die Vermeidung der einen Gefahr in die andere gerät, und wo unser Text auf dieses Motiv regelrecht hinweist. Auch die Schlachtung der Sonnenrinder mit der darauffolgenden Rache des Gottes ließe sich in einer Form erzählen, in der die Beteiligten nicht oder zu spät gewarnt werden, was der Geschichte allerdings einen völlig anderen Charakter verliehe; vorstellbar wäre eine Version, in der der Held aus eigenen Stücken erkennt, daß es sich um heilige Rinder handelt. Nur bei der Sirenen-Episode scheint zumindest für die spezifische Version unserer Odyssee Kirkes Warnung unerläßlich; gerade hier sind aber Varianten bezeugt, in denen die Sirenen ohne göttliche Vorwarnung bezwungen werden: Bei Apollonios (4, 891ff.) setzt der Argonaut Orpheus den Sirenen seinen Gesang entgegen, schlägt sie also mit eigenen Waffen. Nur für diese Episode scheint zu gelten, daß das Abenteuer mit Odysseus als Protagonist nicht erzählt werden kann, ohne daß er vorgewarnt ist.

Die lange Rede der Kirke hat aber noch weitere Funktionen: Kirke beschreibt den Aufenthaltsort der Sirenen, die Gestalt der Skylla, das Wesen der Charybdis und macht genealogische Angaben zu Skylla und den Heliostöchtern. Dabei handelt es sich um Informationen jener Art, wie sie Odysseus selbst seinen Berichten sonst voranschickt (vgl. zu ι 105–15; 116–41; 181–92; κ 82–6; analog auch κ 135–9); dort ist allerdings dieses Arrogieren des Erzählerstatus legitim, weil für den Hörer jeweils zumindest im nachhinein ersichtlich wird, wie die Figur Odysseus in den Besitz dieser Informationen gelangen konnte. Für die Abenteuer des μ bleibt dies hingegen ausgeschlossen, da es hier jeweils keinen direkten Kontakt zwischen Odysseus und seinem Widersacher gibt: Odysseus fährt in einiger Entfernung an der Sirenen-Insel vorbei und soll nach dem Sinn der Darstellung gar nicht erkennen, was rund um die Sirenen vor sich geht; er erlebt Skylla und Charybdis nur als Wirkung, kann also von sich aus keine Angaben über deren Wesen machen (obwohl natürlich erzählt werden könnte, wie Odysseus Skylla in ihrer ganzen Erscheinung erblickt). Auch die Informationsdifferenz zwischen Odysseus und den nicht informierten Gefährten ist im Skylla-Abenteuer und teilweise auf Thrinakia gezielt eingesetzt. Kirkes Angaben ergänzen also teilweise jene Elemente der Geschichte, die bei einer Erzählung der Abenteuer in der dritten Person der primäre Erzähler einbringen könnte, die dem Ich-Erzähler Odysseus aber nicht in den Mund gelegt werden können; sie tragen aber auch dazu bei, das Vorauswissen des

Odysseus auf der Figurenebene zu funktionalisieren. Hinzu treten Kirkes Angaben zu der alternativen Reiseroute mit dem Verweis auf die Argonautenfahrt und die Wiederholung der Warnung vor den Sonnenrindern.

μ 39–54; 158–200 Die Begegnung mit den Sirenen (vgl. Heubeck zu μ 39–54) ist erstmals für Herodoros von Herakleia (um 400 v. Chr.?) als eines der Argonauten-Abenteuer belegt und bei Apollonios (4, 891–919) und in den orphischen Argonautika (1264–90) erzählt. Die Sirenen werden dort jeweils durch den Gesang des Orpheus bezwungen, wobei sie sich in den Orph. Arg. als Reaktion auf sein Lied vom Felsen stürzen. Bei Apollonios (der in dieser Passage allerdings bewußt die Abenteuer-Abfolge der Odyssee reproduziert, mit jeweils raffinierter Variation der Aufgabenbewältigung) übertönt Orpheus mit seinem Phorminxspiel die Sirenen, so daß ihr Gesang nicht mehr zu hören ist: Die Perversion des tödlichen Sirenengesangs ist übertroffen durch die noch größere Perversion der Musik als Mittel zur Lärmerzeugung; Apollonios erwähnt auch, sichtlich als Kontrast zur Windstille der Odyssee, Wind und ἠχῆεν κῦμα, die die αὐδή der Sirenen ἄκριτος werden lassen. Der Selbstmord der Sirenen ist hier nicht erwähnt, ja scheint sogar ausgeschlossen, wenn der Argonaut Butes auf die Insel der noch immer singenden Sirenen zuschwimmt und von Aphrodite aus der Gefahr entrückt wird. Der Selbstmord ist bildlich im 5. Jh. belegt (Brommer 1983, 85 mit Taf. 35; LIMC, s.v. Odysseus, nr. 155, cf. nr. 150 [?]), literarisch erstmals bei Lykophron (712ff., durch Odysseus); nach Apollodor (epit. 7, 19) und Hygin (fab. 125; 141) war den Sirenen vom Schicksal bestimmt zu sterben, wenn ein Schiff sie passieren könne (dort mit Bezug auf Odysseus).

Aufgrund dieser Überlieferungslage hat Meuli (1921, 91–4) der Argonautenepik auch für das Sirenenabenteuer die Priorität gegenüber der Odyssee zugesprochen, wobei er vor allem zu zeigen versuchte, daß schon für die Frühzeit Orpheus als Sänger der Argonauten denkbar sei. Gegen den Einfluß der Argonautik plädieren Eisenberger (1973, 193–8) und Hölscher (1988, 170–85), der sich hier besonders deutlich gegen die Existenz jeglicher epischer Dichtung vor Homer ausspricht, wenn er sogar den Verweis der Odyssee auf die Ἀργὼ πᾶσι μέλουσα nur als Verweis auf die Argo-Sage klassifiziert (184 Anm. 64). Doch weist unser Text selbst darauf hin, daß die Sirenen zur Fahrtroute der Argonauten gehören (so Kullmann 1991, 125–9): Kirke kündigt Odysseus an, er habe auf dem vorgegebenen Weg nach Thrinakia nach dem Passieren der Sirenen die Wahl zwischen zwei Routen, die durch zwei ähnliche Hindernisse gekennzeichnet seien: hier die Plankten, da Skylla und Charybdis; die Plankten schieden aus den Überlegungen aus, da ihre Bezwingung nur Iason mit seiner Argo möglich gewesen sei. Damit ist mit einiger Gewißheit ein Weg der Argo vorausgesetzt, der ebenfalls an den Sirenen vorbeiführte; ich möchte, über Kullmann

hinaus, auch noch Thrinakia in dieses Zitat miteinbeziehen: Kirke will mit
der Nennung der Alternative ja sagen, daß beide Wege zum selben Ziel
führen; da die Station Thrinakia bereits durch Teiresias vorgegeben ist, hätte die Erwähnung der Plankten keinen Sinn, wenn sie eine Vermeidung
Thrinakias ermöglichte. Daß der Text unserer Odyssee damit die Sirenen
als Teil der Wegstrecke der Argo bezeichnet, scheint gesichert. Die Überlistung der Sirenen durch Odysseus tritt damit ausdrücklich in Konkurrenz
zu ihrer Bezwingung durch die Argonauten; dabei wird man sich aber
nicht an der hybriden Version des Apollonios, die ja selbst die Konkurrenz
zur Odyssee sucht, orientieren (vgl. Hölscher, 180), sondern von einer Version ausgehen, in der Orpheus (bzw. ‚der Sänger‘ der Argonauten) die Sirenen in einer Art ‚Sängerwettstreit‘ zum Schweigen bringt.

Wie hebt sich nun die Version unserer Odyssee von der hier postulierten Argonauten-Variante ab? Im Zentrum des Vergleichs steht die jeweilige
Art der Bewältigung des Abenteuers. Odysseus tritt nicht in Konkurrenz zu
den Sirenen, sondern setzt ihnen eine List entgegen, die ihren Gesang wirkungslos werden läßt. Diese List gehört aber nicht ihm, sondern Kirke, und
die Erzählung hebt hervor, daß das Vorwissen dabei unerläßlich für das
Gelingen ist: Odysseus muß alle Vorbereitungen bereits treffen, bevor er
und die Gefährten die Sirenen überhaupt hören können; das impliziert, daß
es andernfalls zu spät für eine Reaktion wäre. Unser Text weist auf die
Schwierigkeit, die diese Variante der Geschichte macht, ausdrücklich hin:
Trotz Kirkes Vorwarnung ist Odysseus vor das Problem gestellt, rechtzeitig
zu bemerken, wann seine Maßnahmen gegen den Sirenengesang einsetzen
sollen; er muß das Nahen der Gefahr erkennen, bevor er sie wahrnehmen
kann, anstatt, wie in anderen Versionen wohl vorausgesetzt war, auf die
Gefahr erst zu reagieren. Woran erkennt nun Odysseus die Gefahr? Kirke
hat ihren Anweisungen vorausgeschickt, daß auch ein Gott ihn an ihre Ankündigungen erinnern würden (μ 38, μνήσει δέ σε καὶ θεὸς αὐτός); als sich
das Schiff der Sireneninsel nähert, tritt plötzlich Windstille ein, und der Erzähler Odysseus fügt hinzu κοίμησε δὲ κύματα δαίμων (μ 169). Diese Windstille wurde auf unterschiedliche Art interpretiert (vgl. Heubeck zu 167–9);
sie erfüllt aber vor allem die Funktion eines Signals für Odysseus, daß der
Zeitpunkt zur Wappnung gegen die Sirenen gekommen sei. Unser Text
hebt damit die erzähltechnische Schwierigkeit, die mit dieser Version der
Geschichte verbunden ist, hervor, anstatt sie zu verschleiern.

Die Beschreibung der Sireneninsel durch Kirke und die Art, wie das
Ende der Geschichte erzählt wird, hängen miteinander zusammen. Kirke
läßt die Sirenen auf einer Wiese sitzen, umgeben von den Leichen ihrer Opfer. Die Wiese signalisiert, wie etwa in der Beschreibung der Insel Kalypsos, einen idyllischen Ort und steht damit in Gegensatz zu den Felsen, auf
denen die Sirenen in den Vasendarstellungen sitzen. Die Wirkung ihrer

ϑέλξις wird von Kirke mit Formulierungen umschrieben, die sich in das typische Schema des ‚Vergessens der Heimat' fügen, womit in der Odyssee immer die Gefahr ausgedrückt wird, daß der Gast mit zuviel Gastfreundschaft bedacht wird (vgl. Most 1989). Odysseus besteht die Gefahr, indem er sich (wie bei analogen Gefahren) der ‚Gastfreundschaft' entzieht, und nicht etwa, indem er gegen den Gastgeber einen aggressiven Akt setzt. Die Sirenen der Odyssee stehen damit wohl im Gegensatz zu der traditionellen Vorstellung von ihrer Wirkungsweise, wonach sie sichtlich als ‚Todesengel' konzipiert waren, die den unmittelbaren Tod der Betroffenen herbeiführen (vgl. Gresseth 1970). Dieser Aspekt ist in der Odyssee beiseitegeschoben, so wie der Tod der Sirenen hier nicht erwähnt wird. Was diesen Selbstmord betrifft, so hat Reinhardt (1960, 60–2) gezeigt, daß die Erzählperspektive des Ich-Erzählers Odysseus dessen Erwähnung nicht zuließe; der Selbstmord würde aber auch nicht zur Charakterisierung des Abenteuers als Überwindung übertriebener Gastlichkeit im Sinne unserer Odyssee passen. Der Verzicht auf den Selbstmord läßt sich also als positive Darstellungsabsicht unserer Odyssee erklären, und es ist nicht notwendig, jene Version, die immerhin schon auf einem Vasenbild des 5. Jh. erscheint, als nachhomerische Erfindung zu bezeichnen. Wenn der Selbstmord der Sirenen dem Hörer der Odyssee als Folge des Liedes des Orpheus (‚des Sängers' der Argonauten) bekannt war, so stellte sich das Sirenenabenteuer des Odysseus noch stärker in Konkurrenz zur zitierten Variante: Die Überwindung der Sirenen war auch möglich, ohne ihren Tod herbeizuführen.

Im Zentrum der Darstellung unserer Odyssee steht aber das Lied der Sirenen und dessen Wirkung auf Odysseus. Man hat hervorgehoben, daß diese Wirkung nicht in der Art des Vortrags, der Schönheit der Stimme oder in einem magischen Element besteht, wie Kirkes Ankündigung erwarten ließe, sondern ausschließlich im Inhalt des Liedes, der nur angekündigt, nicht ausgeführt wird. Die Verlockung für Odysseus besteht darin, daß die Sirenen ihm — nach Art der Musen des Epos — Wissen versprechen. Einen Schritt weiter geht Pucci (1979; 1987, 209–13), der im Wortlaut des Liedes etliche Ilias-Zitate feststellen will und das von den Sirenen versprochene Lied als die Ilias identifiziert. Ich ziehe es vor, die sprachlichen Parallelen zur Ilias als Evozierung epischer Sprache schlechthin zu betrachten und von einem Zitat von Troia-Epik zu sprechen, so wie sie die Sirenen selbst benennen (189f.). Das damit angesprochene Konkurrenzverhältnis ist also nicht das zwischen fixiertem Iliastext und Odyssee, sondern das zwischen Troia-Epik schlechthin und Odyssee. Die Sirenen bedrohen Odysseus, indem sie versprechen, das ‚bessere' Lied zu singen, das sich mit dem Stichwort Troia-Epik bezeichnen läßt. Odysseus reagiert auf die Herausforderung mit seiner charakteristischen τλημοσύνη, die ihm seinen νόστος sichert. Damit kommt jener Gegensatz zwischen Odysseus und dem Thema der Troia-Epik zum Ausdruck, der in der Odyssee als Gegensatz des Odysseus zu Achilleus, aber auch zu anderen Helden wiederholt thematisiert ist. Odysseus sieht sich derselben Versuchung ausgesetzt wie bei den Liedern des Demodokos, die ihn an seine Vergangenheit als Troia-Held erinnern, als den ihn auch die Sirenen ausdrücklich titulieren (μ 184; vgl. Reinhardt 1960, 60). Odysseus widersteht also, wenn auch nur dadurch, daß er festgebunden ist, der Versuchung, sein eigenes κλέος zu hören, und sichert sich damit jenes höhere κλέος im Sinne der Odyssee, das durch die Erlangung des νόστος erreicht wird.

μ 55–72 Kirke bezeichnet die Fahrt durch die Plankten ausdrücklich als Alternative zur Fahrt zwischen Skylla und Charybdis und thematisiert das Prinzip der Alternativen zusätzlich, wenn sie die Entscheidung über die Wahl zwischen den beiden Möglichkeiten ausdrücklich Odysseus überläßt. Die darauf folgenden Angaben zu den Plankten setzen deren Kenntnis beim Hörer voraus: Die Hinweise auf die Tauben des Zeus lassen sich zwar auch ohne Zusatzinformationen zu einem plausiblen Sinn zusammenfügen, verweisen aber schon mit dem Stil der knappen Angaben auf eine ausführlichere Geschichte und damit auf einen Zusammenhang, der aus dem Wortlaut überhaupt nicht kenntlich wird. Die spätere Überlieferung kennt das Motiv der durch die Plankten fliegenden Tauben als Signal für Iason, um den richtigen Zeitpunkt für das Durchqueren der Plankten zu erkennen (durch Schol. μ 69 erstmals bezeugt für Asklepiades von Tragilos, 4. Jh.); es ist denkbar, daß es sich bei diesen Tauben in frühen Versionen nicht um beliebige profane Tauben handelte, sondern eben um die Tauben des Zeus, deren Kommen (einmal am Tag?) die Argo abwarten mußte. Das Motiv der Tauben des Zeus, das nach Meinung der Interpreten isoliert wirkt, wäre damit in den einzigen Erzählzusammenhang, in dem die Plankten für uns Kontur erhalten, nämlich ihre Bezwingung durch die Argo, gut integriert.

Auch die Angaben zur Argo selbst setzen, abgesehen vom Prädikat πᾶσι μέλουσα, genaue Kenntnis der Geschichte voraus: Genannt ist nur der Name des Schiffes, das Faktum, daß die Durchquerung auf der Fahrt von Aietes her gelang, und Iasons Unterstützung durch Hera; die übrigen Informationen, die diesem Zitat erst Sinn verleihen, hat der Hörer beizustellen. Der Wortlaut bleibt hier so vage, daß man bezweifelt hat, ob die Plankten tatsächlich mit den Symplegaden identisch seien. Dazu verweist aber Heubeck (zu μ 55–72) auf das Phänomen der Göttersprache: Wenn Kirke sagt, daß Πλαγκταί der Name sei, den die Götter den Felsen geben, so impliziert das, daß es einen zweiten, menschlichen Namen gibt; die Nennung des Namens Symplegaden ist wohl vermieden, um die Parallelität der beiden Doppelfelsen — hier Plankten, da Skylla und Charybdis — nicht zu stark hervortreten zu lassen. Damit ist also der Hintergrund einer als bekannt vorausgesetzten Geschichte evoziert, die Vorbild und Kontrastfolie für die Bezwingung eines Hindernisses abgibt, wie es auch Odysseus überwinden muß (für die Belege der Argonauten-Thematik bei Homer vgl. Kullmann 1991, 125–9). Odysseus muß entscheiden, ob er dieselbe Leistung vollbringen will, die bislang nur Iason mit der Argo geglückt ist, oder ob er eine alternative Route wählt. Der Grund, warum Odysseus sich gegen die Plankten-Variante entscheidet, ist in Kirkes Formulierung als weitere Alternative präsent: Selbst die Argo wäre an den Plankten gescheitert, wenn sie nicht von Hera geleitet worden wäre. Damit ist suggeriert, daß die Bezwingung der Plankten nur mit göttlichem Beistand möglich war. Odysseus hat auf seinen Irrfahrten keinen permanenten göttlichen Beistand, wie schon seine eigene Darstellung der Ereignisse trotz ‚Jörgensenscher Beschränkung' deutlich zeigt, und wie er dann in ν 314–23 ausdrücklich formuliert. Die Wahl der Fahrtroute durch die Plankten wird damit für ihn unmöglich.

Das Prinzip der Alternativen ist aber ausdrücklich nicht nur als Prinzip der Handlungsebene, sondern auch der Erzählebene formuliert: Kirke bezeichnet die Argo als πᾶσι μέλουσα, und das heißt auf der Figurenebene nur so viel, daß das Schiff Argo (und damit die Fahrt der Argonauten) bei allen Figuren, die innerhalb der Handlung der Odyssee als zeitgenössisch gedacht sind, Gegenstand des Interesses ist. Doch bereits auf der Figurenebene ist in der Odyssee vorausgesetzt, daß dieses Interesse nur durch die Verbreitung der Geschichte durch das Medium der epischen Erzählung entfacht sein kann; daß Berichte von Fahrtteilnehmern Grundlage für deren Kenntnis sein könnten, ist dadurch ausgeschlossen, daß ausdrücklich von a l l e n Menschen gesprochen ist. Das heißt, daß unser Text die Verbreitung epischer Erzählungen über die Argonautenfahrt als schon zu Lebzeiten des Odysseus bestehend fingiert. Der Erzähler berührt damit dasselbe Phänomen wie in ι 19–20, wo er Odysseus von seinem eigenen bereits bestehenden κλέος sprechen läßt; dort ist auch der einzige weitere Beleg für die Bedeutung von μέλω als „einen hohen Beliebtheitsgrad aufgrund von epischer Erzählung besitzen" (nicht separat ausgewiesen von R. Führer im LfgrE). Auf der Figurenebene tritt Odysseus mit seinen Handlungen in Konkurrenz zu eigenen Handlungen, die bereits im Lied besungen werden (wie es Demodokos exemplifiziert), sowie zu den Handlungen der Argonauten, die Gegenstand des Liedes sind. Dadurch, daß die neuen Aktionen des Odysseus Stoff der Odyssee werden, tritt aber automatisch auch diese Odyssee in Konkurrenz zu den schon vorliegenden Liedern. Die Plankten-Episode der Argonauten-Epik ist somit Teil jenes Konkurrenzliedes, das der Odysseedichter übertrumpfen will; Skylla und Charybdis sollen sich als die ‚bessere' Geschichte erweisen, und der Dichter setzt alles daran, die Gräßlichkeit dieses Abenteuers herauszustreichen (vgl. Eisenberger 1973, 199f.). Das Prinzip, daß die Odyssee sich in Konkurrenz zu bereits bestehenden (mündlichen) epischen Erzählungen setzt und diese übertrumpfen will, tritt an dieser Stelle besonders deutlich hervor.

μ 73–126; 201–59; 426–46 Die Überwindung von Skylla und Charybdis ist durch die ‚Konkurrenz' zu den Plankten als ein Abenteuer bezeichnet, das die Argonauten nicht bestehen mußten; ob seine Bekanntheit trotzdem vorausgesetzt ist, bleibt zunächst offen. Die Skylla ist insofern den Plankten gleichgestellt, als Kirke von beiden sagt, daß sie noch von keinem Schiff ohne Verlust passiert wurden; dies läßt sich als Hinweis darauf verstehen, daß so wie für die Plankten auch für Skylla eine Erzähltradition vorausgesetzt ist. Ob es sich dabei nur um eine Seefahrergeschichte handelte (Merkelbach 1969, 205f.; Eisenberger 1973, 199) oder ob das Abenteuer schon mit Odysseus assoziiert war (Hölscher 1988, 155: „… dürften zum eigensten Bestand der Odysseusgeschichten gehören"), bleibt dabei noch offen. Reinhardt (1960, 91f.) hat als Ansatzpunkt zur Rekonstruktion der ‚einfachen Geschichte' die Trennung von Skylla- und Charybdis-Abenteuer durch den Aufenthalt auf Thrinakia erkannt. Er vermutet, daß Odysseus in früheren Versionen unmittelbar nach dem verlustreichen Passieren der Skylla mit dem Schiff in die Charybdis geriet, Schiff und Gefährten verlor und sich allein auf dem Mastbaum rettete. In dieser Version fehlt jedoch der Clou der Geschichte, wonach der Held gerade dadurch, daß er dem einen, sichtbaren Unheil ausweicht, in ein anderes, zunächst verborgenes hineingerät. Man könnte also eher vermuten, daß unsere Odyssee weitgehend dem Duktus der ‚einfachen Geschichte' folgt und sie nur dadurch erweitert, daß Odysseus auf dem Rückweg zusätzlich noch die Charybdis passieren muß: In unserer Version ist Charybdis als die weithin sichtbare Gefahr, Skylla als die selbst für den vorgewarnten Odysseus unvorhersehbare Überraschung stilisiert. Daß das Verhältnis aber gerade umgekehrt sein muß, läßt vor allem die Beschreibung der Skylla erkennen: Skylla sitzt auf einem hohen Felsen, hat zwölf Beine und sechs Köpfe auf überlangen Hälsen und bellt gewaltig. Diese Merkmale erhalten dann Funktion, wenn der herannahende Held die Bestie erblickt und hört, ihr auszuweichen sucht und dabei in den Sog der Charybdis gerät, die nicht in allen Versionen weithin erkennbar sein muß: Kirke sagt über sie (105–7), daß sie dreimal am Tag einschlürfe und ausspeie, womit die Gefahr zeitlich abgrenzbar sei (μὴ σύ γε κεῖθι τύχοις, ὅτε ῥυβδήσειεν); demnach ist sie, solange sie weder das eine noch das andere tut, nicht als Gefahr erkennbar. Zu diesen Angaben Kirkes stellt sich unsere Version in Gegensatz, wenn sie Odysseus und die Gefährten das wiederholte Einschlürfen und Ausspeien beobachten läßt (237–43).

Die so gewonnene ‚Urfassung' der Geschichte benötigt so wie Reinhardts Version einen auktorialen Erzähler, unterscheidet sich von dieser aber in einem wichtigen Punkt: Das Passieren von Skylla und Charybdis ist hier kein zeitliches Nacheinander zweier kausal unverbundener Katastrophen, sondern Odysseus kommt hier tatsächlich „vom Regen in die Traufe" (Reinhardt 91). Odysseus mag auch in dieser Version einen oder mehrere Gefährten durch Skylla verlieren; entscheidend ist, daß er hier eben dadurch, daß er dem Ungeheuer entrinnen will, in die Charybdis gerät. Ein Indiz dafür, daß auch diese Version bereits mit Odysseus als dem Protagonisten erzählt wurde, besteht darin, daß der Held sich hier durch seine Geistesgegenwart (Reinhardt 92) aus der Charybdis retten kann, während die Gefährten untergehen; es handelt sich dabei um jene urtümlichere Odysseusgestalt, die in unserer Odyssee immer wieder durchschimmert. Daß eine Version, in der Odysseus alle Gefährten in der Charybdis verliert, geradezu zitiert ist, zeigt Kirkes Formulierung, mit der sie Odysseus die Wahl der Skylla anstelle der Charybdis ans Herz legt: ἐπεὶ ἦ πολὺ φέρτερόν ἐστιν / ἒξ ἑτάρους ἐν νηὶ ποθήμεναι ἢ ἅμα πάντας (μ 109–10); damit setzt Kirke als selbstverständlich voraus, daß Odysseus selbst heil davonkommen wird, und erwähnt auch schon das Mittel zu seiner Rettung, den Feigenbaum, der für die Beschreibung der Charybdis, die auf der Figurenebene ja der Warnung des Odysseus auf der ersten Durchfahrt dient, funktionslos ist. Reinhardt verweist darauf, daß die Rettung auf den überhängenden Baum plausibler ist, wenn Odysseus auf dem Schiffsdeck steht; man kann hinzufügen, daß dort, wo Odysseus sich tatsächlich rettet, nicht explizit gesagt wird, daß seine seltsame Konstruktion aus Schiffsbalken und Mastbaum vom Strudel verschluckt wird; der Gang der Handlung ist auch hier als bekannt vorausgesetzt, der Hörer kann die fehlenden Details selbst ergänzen.

　　Man darf also wohl davon ausgehen, daß der Hörer der Odyssee mit Versionen vertraut war, in denen Skylla und Charybdis als ein einziges zusammenhängendes Abenteuer gefaßt waren; dagegen spricht auch nicht, daß Skylla als mythologische Figur sichtlich ein Eigenleben hatte (Von der Mühll 1940, 729f.): Das Passieren der Skylla allein ergibt eine Horrorvision für Seefahrer, aber noch keine Geschichte, die man vom klugen Odysseus erzählen könnte. Für die dem Hörer bekannte Odysseus-Geschichte war wesentlich, daß der Held ohne Vorwarnung mit Skylla konfrontiert wird, der Gefahr zu entrinnen sucht und so sein Schiff in die Charybdis steuert, aus der er sich als einziger retten kann. Die Individualität der Version unserer Odyssee ist vor dem Hintergrund einer solchen Version zu erfassen.

　　Grundlegend für unsere Version ist, daß Odysseus hier von Kirke vorgewarnt ist: Er weiß bereits, was ihn erwartet, er kennt beide Gefahren, und er wird vor die Alternative gestellt, ob er sich dieser oder jener Gefahr aussetzen soll. Aber auch diese Entscheidung wird ihm von Kirke abgenommen: Es steht der Verlust von sechs Mann gegen den aller Gefährten. Odysseus ist also gezwungen, genau jene Gefahr zu wählen, der er in anderen Versionen spontan zu entkommen suchte, und seine Wahl ist damit begründet, daß er so den Ausgang, den die Geschichte sonst haben mußte, abwenden kann: Wenn er sechs seiner Gefährten der Skylla opfert, kann er die übrigen vor der (traditionellen) Vernichtung durch die Charybdis retten und damit der Geschichte einen unerwartet positiven Ausgang verleihen. Kirkes Warnung bewirkt also, daß Odysseus sein Abenteuer so steuern kann, daß die Vernichtung aller Gefährten abgewendet wird.

Schon dies fügt sich zur Tendenz der Apologoi, als für Odysseus wichtigstes Ziel die Rettung der Gefährten darzustellen. Odysseus sucht aber das Resultat noch zusätzlich zu verbessern, indem er eine neue Alternative nennt: Er will im Rahmen der Option, die Gefahr durch Skylla zu wählen, auch den programmierten Verlust der sechs Gefährten nicht akzeptieren, sondern statt dessen das Ungeheuer bekämpfen. Auch damit wird das Motiv der Fürsorge um die Gefährten noch stärker betont (Eisenberger 200). Das Dilemma zwischen dem Bestreben, alle Gefährten zu retten, und der von Kirke hervorgehobenen Notwendigkeit, sechs von ihnen zu opfern, ist im Text in Handlung aufgelöst: Kirke instruiert Odysseus, auf Gegenwehr zu verzichten und sich damit zu begnügen, daß Skylla keine weiteren Gefährten verschlingt; als das Schiff sich dann der Skylla nähert, mißachtet Odysseus den Auftrag (μ 227 λανϑανόμην bezeichnet kein ‚Vergessen‘, sondern ein absichtliches Mißachten: G.C. Wakker, LfgrE s.v. λανϑάνω, 1630, 35) und rüstet sich trotzdem; sein Rüsten bleibt aber folgenlos, weil seine Aufmerksamkeit durch die Charybdis abgelenkt wird; die Handlung läuft so weiter, als hätte er sich nicht gerüstet. Die Mißachtung von Kirkes Anweisung hat also keine negativen Konsequenzen, da sie nur bis zur Absicht, nicht zur Ausführung gelangt. Die Darstellung hebt damit ein weiteres Mal hervor, daß Odysseus bemüht ist, alle Gefährten zu retten, drängt zugleich aber in den Hintergrund, daß dieses Bemühen ein aussichtsloses Unterfangen ist, das das Risiko noch zusätzlich vergrößert.

Der von Kirke vorgezeichnete Gang der Handlung wird somit bei der Ausführung nicht exakt verfolgt. Odysseus ‚korrigiert‘ Kirke noch einmal, wenn er die Informationen über Skylla nicht an die Gefährten weitergibt, damit sie, wie er selbst sagt, nicht zu rudern aufhören. Er stellt damit sicher, daß Kirkes Erfolgsrezept, nämlich die schnellstmögliche Flucht, verwirklicht wird, und vermeidet die Gefahr, die Kirke in seinem bewaffneten Abwehrkampf sieht, nämlich das Verweilen im Bereich der Skylla; gleichzeitig bewirkt er aber, daß für seine Gefährten das Abenteuer denselben Sinn erhält wie in den traditionellen Versionen der Geschichte: Sie weichen der einen, sichtbaren Gefahr aus und geraten dadurch unversehens in eine andere Gefahr; die Funktionen von Skylla und Charybdis sind dabei jedoch vertauscht. Selbst für Odysseus stellt sich, trotz Vorwarnung, dieser Sinn ebenfalls ein: Auch er läßt sich vom Phänomen der Charybdis so stark ablenken, daß er vom Auftauchen der Skylla überrascht wird.

Man könnte also sagen, daß auf unterschiedlichen Ebenen drei Varianten der Geschichte zugleich ablaufen: Odysseus gerät durch Vermeidung der Charybdis unversehens in den Einflußbereich der Skylla; Odysseus opfert bewußt sechs seiner Gefährten, um dem sicheren Tod in der Charybdis zu entgehen; und Odysseus versucht, seine Gefährten sowohl vor der einen als auch der anderen Gefahr zu bewahren. Die Überlagerung der drei Konzepte bewirkt, daß der dem Hörer vertraute Sinn der ‚einfachen Geschichte‘ erhalten bleibt, durch die Vertauschung der Funktionen von Skylla und Charybdis aber pointiert ins Gegenteil verkehrt wird; daß Odysseus auch in dieser Episode als Held charakterisiert wird, der seine Gefährten um jeden Preis retten will; und daß auch diese Episode sich dem Leitmotiv der Irrfahrten einfügt, wonach der Ablauf der Katastrophen vom Schicksal vorgegeben ist und die von Odysseus geforderte Tugend die τλημοσύνη ist.

Unsere Version begnügt sich damit aber nicht. Odysseus passiert nach dem Verlust der Gefährten ein zweites Mal Skylla und Charybdis, und diesmal gerät er in den Bereich der Charybdis, aus dem er sich durch μῆτις und τλημοσύνη rettet. Was zunächst wie ein Anhängsel wirken mag (und von Analytikern als solches kritisiert wurde), wird vor dem Hintergrund der ‚traditionellen‘ Version zu einer besonderen Pointe: Odysseus hat es zwar geschafft, Schiff und Gefährten unter geringstmöglichen Verlusten an Skylla und Charybdis vorbeizulotsen; er selbst entgeht trotzdem nicht dem Los, das die Geschichte für ihn vorgesehen hat, auch wenn er zu diesem Zweck dasselbe Hindernis ein zweites Mal passieren muß. Der Akzent der Charybdis-Episode wird dabei ebenfalls stark verlagert: Im Vordergrund steht jetzt weder die List des Odysseus als Kontrast zum Untergang der Gefährten noch die positive Aussage, daß sich Odysseus aus allen Gefahren retten kann, sondern das über Odysseus verhängte Schicksal, das er nicht durch die traditionelle List, sondern nur durch Geduld und Ausdauer meistern kann. Verdeutlicht ist das im Gleichnis μ 439f.: Was Odysseus am Bestehen des Charybdis-Abenteuers hervorhebt, ist seine Sehnsucht, die lange Mühe möge endlich ein Ende finden; damit bezieht er sich indirekt auch darauf, daß es sich um das letzte Abenteuer der Apologoi, also um das letzte Glied in einer langen Kette von Einzelprüfungen handelt. Das Bild ist im Gleichnis von ν 31–4 wieder aufgenommen: Auch dort bezieht sich die Sehnsucht des Odysseus nach einem Ende des langen Wartens sowohl auf den dritten, ‚toten‘ Tag bei den Phaiaken als auch auf die gesamte Zeit der Irrfahrten, die mit der Abreise von Scheria endlich zu Ende geht. Die Charybdis-Episode steht also in doppelter Hinsicht am Ende der Irrfahrten: Sie zitiert einerseits jenen Punkt der Handlung, an dem Odysseus in anderen Versionen Schiff und Gefährten verlor, faßt andrerseits nochmals in einem prägnanten Bild das Irrfahrten-Grundmotiv der τλημοσύνη zusammen.

μ 127–41; 260–425 Thrinakia ist vom Proömium an als jener Punkt der Irrfahrten bezeichnet, an dem sich das Schicksal der Gefährten entscheidet; für die Struktur unserer Odyssee hat die Episode also zentrale Bedeutung. Für die Frage, ob die Hörer den Frevel an den Heliosrindern schon als traditionelles Abenteuer des Odysseus kannten oder nicht, ist die Beobachtung wichtig, daß diese Episode, im Gegensatz zu allen anderen Irrfahrten-Abenteuern der Odyssee, keine Begegnung mit Gestalten aus dem Märchenbereich enthält: Radermacher (1915, 23–69) hat die Erzählung anhand von Vergleichsmaterial als Legende klassifiziert. Der Sinn der ,einfachen Geschichte' besteht darin, daß Menschen sich am heiligen Gut eines Gottes vergreifen und dessen Rache anheimfallen. Dabei scheint mir die Geschichte nicht nur dann zu funktionieren, wenn die Menschen darum wissen, daß es sich um heiliges Gut handelt: Um den Zorn einer Gottheit zu erregen, bedarf es nicht des Wissens des Menschen um die Folgen seines Tuns. Man könnte sich also vorstellen, daß in anderen Versionen die Gefährten die Heliosrinder schlachteten, ohne sie als zum Gott gehörig zu erkennen; daß die Geschichte dabei einen ganz anderen Charakter hätte, versteht sich von selbst. Die Einsicht der Gefährten in die Folgen ihres Tuns mußte aber schon dann geringer als in unserer Odyssee sein, wenn ihr Wissen um die Heliosrinder nicht durch zweimalige Warnung durch eine göttliche Autorität beglaubigt war, sondern nur auf einer Mutmaßung beruhte.

In unserer Odyssee sind alle Gefährten am Frevel gegen Helios beteiligt und werden alle von seiner Rache getroffen. Die Episode kann in dieser Form also nur am Ende der Irrfahrten stehen und konkurriert mit jenen Abenteuern, in denen Odysseus ebenfalls Schiff und Gefährten verlieren könnte. Nach Reinhardt (1960, 91f.) schiebt sich das Thrinakia-Abenteuer nicht zufällig zwischen Skylla und Charybdis: Der Untergang der Gefährten durch Helios ,ersetzt' ihren Untergang in der Charybdis. In Versionen, in denen die Begegnung mit der Charybdis ihren ,natürlichen' Sinn hatte, konnte das Thrinakia-Abenteuer also nicht in der Form unserer Odyssee erzählt sein. Man scheint somit vor die Wahl gestellt, ob in solchen Versionen der Zorn des Helios nur eine mildere Form annahm oder überhaupt fehlte; letztere Annahme würde nahelegen, daß die Thrinakia-Episode eine Neuschöpfung des Odysseedichters ist. Für eine sichere Entscheidung fehlen uns hier die Kriterien. Man wird aber davon ausgehen, daß die Hörer den Frevel an den Heliosrindern entweder überhaupt nicht als Abenteuer des Odysseus kannten oder nur in einer Form, in der er nicht dieselbe Bedeutung für die Handlung hatte, also nicht zum Untergang aller Gefährten führte. In diesem Zusammenhang gewinnen auch die Beobachtungen zum Verhältnis zwischen Poseidon-Zorn und Helios-Zorn eine weitere Dimension: Auch hier liegt es nahe, daß der auf Odysseus bezogene Poseidon-Zorn eine traditionelle Optik reflektiert, während sich der Helios-Zorn in die für unsere Odyssee spezifische Optik der Schuld der Gefährten fügt. Es scheint also trotz fehlender Zeugnisse für Varianten sinnvoll, die Version unserer Odyssee vor einem solchen Hintergrund zu betrachten.

Weniger relevant dürfte ein möglicher Zusammenhang mit der Argonautenepik sein. Man mag einen Zorn des Helios für die Argonautenfahrt vermuten, wenn er auch in unseren Quellen nirgends aufscheint. Dann bedurfte es dort aber keines Vergehens der Argonauten gegen Helios, da dieser schon als Vater des Aietes Grund zum Eingreifen hatte (so Meuli 1921, 94–7; Merkelbach 1969, 206); sein Eingreifen durfte auch keine größeren Konsequenzen haben, da die Argonauten heil nach Hause kehren mußten. Es ist also unwahrscheinlich, daß die Geschichte der Heliosrinder dem Hörer aus der Argonautenepik bekannt war. Die Figur des Helios selbst verweist hingegen auf den allgemeinen Zusammenhang der Argonautik, wie schon die von Kirke skizzierte Fahrtroute nahelegt: Der Weg führt Odysseus von der Heliostochter Kirke über die Sirenen unter Umgehung der Plankten nach Thrinakia; es hat sich gezeigt, daß die Erwähnung der Argo in μ 69–72 zumindest eine Reiseroute mit den Stationen Sirenen – Plankten – Thrinakia erschließen läßt. Die Konfrontation mit Helios zitiert also wohl ein konkretes Abenteuer der Argonautenfahrt, das aber kaum einen mit unserer Thrinakia-Episode vergleichbaren Handlungsgang aufwies.

Betrachtet man die Thrinakia-Episode, wie sie unser Text bietet, so scheint an Vorauswissen des Hörers nur die Kenntnis des Grundmotivs bzw. der theologischen ‚Maxime' vorausgesetzt: Wer sich bewußt oder unbewußt am heiligen Besitz einer Gottheit vergreift, verfällt deren Rache. Geht man von diesem Motiv aus, so sieht man leicht, daß die Darstellung darauf abzielt, die Schuld der Gefährten am eigenen Untergang möglichst deutlich herauszustellen. Diese (umstrittene) Deutung läßt sich nach den Ausführungen von Friedrich (1987a, gegen Fenik 1974, 208–230) kaum anzweifeln: Die Gefährten werden von Odysseus in drei Stufen davor gewarnt, sich an den Heliosrindern zu vergreifen; sie entscheiden sich zur Tat im vollen Bewußtsein der möglichen Konsequenzen; sie sind dazu nicht durch die Umstände gezwungen, wie das Gegenbeispiel des Odysseus beweist, der sich am Frevel nicht beteiligt; und sie verstoßen damit gegen den Eid, den sie Odysseus geleistet haben. Die Aussage des Textes ist somit unmißverständlich: Die Gefährten könnten sich mehrmals für einen anderen Gang der Handlung entscheiden, wählen aber trotzdem jene Option, die sie in ihren sicheren Untergang führt. Ihr Verhalten wird von Odysseus als ἀτασθαλία bezeichnet (μ 300), so wie vom Erzähler im Proömium (α 7), und fällt damit in dieselbe Kategorie des selbstverschuldeten Todes ὑπὲρ μόρον wie der Tod des Aigisthos und der Freier.

Neben das Motiv, daß die Gefährten trotz aller Bemühungen des Odysseus nicht gerettet werden können, treten weitere Elemente, die sich an Grundmotive der Odyssee anschließen. Der Gegensatz zwischen den Gefährten und Odysseus ist in dieser Episode besonders stark an das Motiv der τλημοσύνη gekoppelt. Als Odysseus die Gefährten auffordert, an der Insel vorbeizufahren, widersetzt sich Eurylochos, indem er Odysseus gerade seine τλημοσύνη vorhält und dagegen die Erschöpfung der Gefährten stellt. Als später die Vorräte zu Ende gehen und man sich durch Jagd und Fischfang ernähren muß, ist es wieder Eurylochos, der diesen Zustand nicht länger ertragen will; daß er dabei vom drohenden Hungerstod spricht, ist reine Rhetorik (Friedrich 1987a). Auch hier beweist Odysseus, wenn er das entgegengesetzte Verhalten wählt, seine τλημοσύνη.

Trotzdem wurde argumentiert, die Gefährten wären an ihrem Untergang schuldlos, da sie in der dargestellten Situation keine andere Wahl hätten als sich an den Rindern zu vergreifen. Dabei stellt sich die Frage, welche Rolle hier der göttliche Einfluß spielt bzw. welche Gottheit es ist, die Odysseus auf Thrinakia festhält. Der Erzähler Odysseus spricht davon, daß ein/der δαίμων ihm Übel gesonnen habe (295), daß Zeus den Sturm gesandt habe (313), daß alle Götter ihn in Schlaf versetzt (337–8) bzw. Zeus und alle Götter ihn dadurch mit ἄτη geschlagen hätten (371–2). Man hat daraus geschlossen, daß Zeus es sei, der die Gefährten in ihr Verhängnis manövriere. Es handelt sich jedoch in all diesen Fällen um Aussagen, die Odysseus aus der Figurenperspektive macht, wo er gemäß Jörgensen den Namen des göttlichen Urhebers nicht nennen kann und „Zeus" göttlichen Einfluß schlechthin bezeichnet (vgl. Friedrich). Dies fügt sich in die Perspektive, unter der Odysseus seine Irrfahrten durchgehend beschreibt: Sein Weg ist von den Göttern bzw. vom Schicksal vorgegeben, er hat keine Möglichkeit, den einzelnen Hindernissen auszuweichen. Sucht man hinter dieser pauschalen Optik doch einen konkreten göttlichen Verursacher, den nur Odysseus nicht benennen kann, so böte sich Poseidon an. Gerade im Zusammenhang mit Thrinakia hat Teiresias Odysseus auf die Verfolgung durch Poseidon hingewiesen (λ 100–3), und es wäre ein leichtes, anstelle des von Odysseus genannten Zeus als Verursacher des Seesturms Poseidon zu substituieren. Der primäre Erzähler gibt uns darüber aber keinen Aufschluß, sondern beschränkt uns auf die Figurenperspektive des Erzählers Odysseus. Der Hörer muß sich mit dieser Optik zufriedengeben und die Lage der Gefährten, in der sie die τλημοσύνη ihres Anführers vermissen lassen, als durch das Schicksal herbeigeführt akzeptieren. Die Erzählung vom Untergang der Gefährten enthält somit eine doppelte Motivation: Daß sie sterben müssen, ist vom Schicksal, d.h. von dem durch die Tradition festgelegten Handlungsgang vorgegeben, wonach Odysseus alleine nach Hause kehren muß; als letzte Ursache für ihren Untergang wird trotzdem ihr eigenes Fehlverhalten bezeichnet, das sie in Gegensatz zu Odysseus stellt.

μ 374–90 Ein gesondertes Problem stellt die Götterszene dar. Die Botschaft von Lampetie an Helios und das Gespräch zwischen Helios und Zeus müßten sich nach Jörgensen der Kenntnis des Odysseus entziehen. Der Verstoß gegen das Jörgensensche Gesetz wird vom Erzähler Odysseus nachträglich korrigiert, indem er seine Informationsquelle angibt: Da er über die Vorgänge am Olymp von der Göttin Kalypso informiert wurde, ist sein Wissen über göttliches Handeln auch im Rahmen der Jörgensenschen Beschränkung legalisiert; insofern ist die Erzählweise mit den Vorgängen um den Seesturm im ε vergleichbar, wo Odysseus erst nach der Information durch Ino-Leukothea Poseidon als Erreger des Seesturms nennt.

Die Korrektur des Verstoßes gegen Jörgensens Regel ist aber durch einen Verstoß gegen das Zielinskische Gesetz erkauft: Nach Zielinski (1901) darf eine Figur der Handlung nur über solche vergangene Aktionen sprechen, die entweder vor dem Einsetzen der Handlung stattgefunden haben oder vom Erzähler bereits abgedeckt worden sind; es ist also ,verboten', verdeckt ablaufende Handlungsstränge im Figurenbericht nachzutragen. Der Bericht des Hermes an Kalypso, auf den sich Odysseus beruft, wurde nun im ε vom Erzähler nicht erwähnt; auch daß Hermes bei einer früheren Gelegenheit Kalypso besucht hätte, scheint durch Kalypsos Bemerkung in ε 88 (πάρος γε μὲν οὔ τι θαμίζεις) ausgeschlossen (vgl. Schol. ε 88).

Es war nun zu beobachten, daß sich der Erzähler Odysseus ähnliche Freiheiten gegenüber der strengen epischen Erzähltechnik auch sonst herausnimmt (vgl. zu ι 196–211), wenn auch nur innerhalb des von ihm selbst abgedeckten Erzählzeitraums: Odysseus läßt in seiner Erzählung zunächst Details aus und trägt sie an späterer Stelle nach. Damit bewegt er sich formal im Rahmen des ,Erlaubten', da er sich im Figurenbericht auf den Zeitraum vor dem Einsatzpunkt der Handlung bezieht, für den Zielinskis ,Verbot' gleichzeitiger Handlungen sichtlich nicht gilt (das zeigt sich besonders deutlich bei den Berichten verschiedener Figuren über die νόστοι).

An unserer Stelle bezieht sich Odysseus aber auf einen Zeitraum, der bereits vom primären Erzähler abgedeckt worden ist. Daß dieser Verstoß (gegen Zielinski, nicht gegen Jörgensen) notwendig ist, weil die olympische Szene für die Darstellungsabsicht des Erzählers Odysseus erforderlich ist, hat man oft gesehen (vgl. Suerbaum 1968, 157–61; Erbse 1972, 12–6): Fehlte die Szene, so könnte Odysseus zwar ebenfalls formulieren, daß Zeus sein Schiff mit dem Blitz getroffen habe, doch wäre damit aufgrund der Jörgensenschen Beschränkung für das textinterne (und textexterne) Publikum der unmittelbare kausale Zusammenhang mit dem Frevel der Gefährten nicht mehr sichtbar; der Blitz des Zeus würde als weitere Instanz jenes Schicksals erscheinen, das die Gefährten bereits dazu getrieben hatte, auf Thrinakia zu landen, dort zu bleiben und die Rinder zu schlachten. Die Aussage, daß die Gefährten aufgrund ihrer ἀτασθαλίαι untergegangen seien, wäre damit nicht mehr abgesichert. Es entsteht also der Eindruck, daß Odysseus am Ende seines Berichts seine Befugnisse als Erzähler überschreitet, um innerhalb des Figurenberichts jene Interpretation der Ereignisse sicherzustellen, die eigentlich nur dem primären Erzähler zusteht.

μ 445–6 Die Verse wurden in der Antike athetiert, weil das Erblicken der Skylla allein für Odysseus ja keine Gefahr bedeute. εἰσιδέειν impliziert aber nicht nur den Sichtkontakt, sondern auch die Konfrontation mit Skylla. Odysseus legt als selbstverständliche Annahme zugrunde, daß er nach dem Passieren der Charybdis ‚eigentlich' noch in den Bereich der Skylla geraten müßte, da dies der ‚natürliche' Weg wäre. Da sich Odysseus hier auf dem Rückweg befindet, bedeutet das ein Verständnis der Geschichte, wonach auf dem ‚Hinweg' die Abfolge ‚von der Skylla zur Charybdis' festgelegt ist. Wir haben auch damit ein Indiz für die ‚ursprüngliche' Form der ‚einfachen Geschichte', die damit von Odysseus ein letztes Mal zitiert wird: Odysseus muß in unserer Version gegen die Erwartungen des Hörers Skylla und Charybdis gleich zweimal passieren, wird dabei aber, ebenfalls gegen die Erwartungen, jeweils nur mit einem der beiden Ungeheuer konfrontiert.

μ 450–3 Mit dem Verweis auf seinen früheren Bericht thematisiert Odysseus seine Kontrolle über die Reihenfolge der Erzählung, die so nur ihm als internem Erzähler möglich ist, während sie dem primären Erzähler gemäß Zielinski verwehrt wäre. Der Ich-Erzähler Odysseus hebt sich damit nicht so sehr von der Art mündlicher Epik schlechthin ab, der eine solche Kontrolle des erzählten Stoffes nicht möglich wäre (so Reichel 1994, 361), sondern hebt rückblickend seine ‚technische' Überlegenheit gegenüber dem primären Erzähler hervor. Vgl. zu α 351–2.

Odyssee 13

ν 4–23 Alkinoos reagiert auf den Abschluß der Erzählung mit der Bekräftigung des πομπή-Versprechens und der Aufforderung an die βασιλῆες, Odysseus weitere Geschenke zu bringen (zu den Dreifüßen vgl. zu ν 361–71), womit er seine bzw. Aretes Ankündigung (λ 339–41; 351–2) einlöst. Dadurch entsteht der Eindruck, daß Odysseus πομπή und Geschenke aufgrund seiner Erzählung erhielte, wie es dem typischen Gastbewirtungs-Schema entspräche (vgl. zu κ 14–6; μ 1–35). Der untypische Handlungsverlauf der Phaiakis, in der Odysseus seine Abenteuer aus keiner formal-gesellschaftlichen Notwendigkeit, sondern aufgrund eines inneren Prozesses erzählt, der erst durch die gastliche Aufnahme ausgelöst wurde, wird durch die zusätzlichen Geschenke und das erneute Angebot der πομπή gewissermaßen in die Bahnen der Typik zurückgeführt.

v 89–92 Die Charakterisierung des schlafenden Odysseus faßt seine Abenteuer in ähnlicher Weise zusammen wie im Proömium (vgl. zu α 3–4) und sonst, hier rekapitulierend, als Signal, daß dieser Lebensabschnitt des Helden abgeschlossen ist. Die Formulierung paßt besser zu unserer Odyssee als die übliche Formel ‚zu Lande – zu Wasser': An die Stelle der Abenteuer zu Lande treten die „Kriege der Männer". Odysseus ist der Held, der den Trojanischen Krieg und die lange verzögerte Heimfahrt gemeistert hat.

v 102 Zu dem Motiv des Ölbaums, das die ganze folgende Szene begleitet (v 122; 346; 372) vgl. zu ι 317.

v 131–8 Poseidon nennt als Alternative zu der dank den Phaiaken geglückten Heimkehr des Odysseus den von ihm selbst geplanten Handlungsgang: Er wollte Odysseus als einen κακὰ πολλὰ παϑόντα heimkehren lassen, wobei durch die Zusage des Zeus von vornherein ausgeschlossen war, daß der νόστος gänzlich verhindert wird. Poseidon unterscheidet also eine mögliche von einer ‚unmöglichen' Alternative: Der νόστος selbst war durch Zeus gesichert, was damit übereinstimmt, daß die Erzähltradition keine Version zuließ, in der Odysseus nicht heimkehrte. Wenn sich aber Poseidon anstelle des Phaiaken-Geleits eine Heimkehr des Odysseus unter vielen Leiden ausmalt, so skizziert er eine Version, in der Odysseus nicht durch die πομπή unfehlbarer Seeleute und nicht mit Schätzen beladen auf Ithaka landet. Man mag dabei an Versionen denken, wo Odysseus bereits vor der Ankunft auf Ithaka den Status eines Bettlers hat (wie in der Trugerzählung an Eumaios, ξ 334–59, was zur Prophezeiung einer Heimkehr νηὸς ἐπ' ἀλλοτρίης, ι 535 = λ 115, paßt), oder wo er nach dem Scheitern seines Schiffes das nackte Leben auf die Heimatinsel rettet (nach einem letzten Abenteuer nach Art der Aiolos-Episode oder der Charybdis, und dann jedenfalls bis zur Landung von Poseidon verfolgt). Impliziert ist damit, daß für Odysseus die Verfolgung durch den Gott mit der Landung auf Ithaka unweigerlich beendet ist: Dies ist sogar in der ‚unmöglichen Alternative' vorausgesetzt. Das zu erkennen, ist wichtig für die Beurteilung von Poseidons Rache an den Phaiaken: Poseidon hat nach den ‚Spielregeln' der Odysseus-Tradition, die die Erwartungen der Hörer festlegen, vom Zeitpunkt der Landung auf Ithaka an keine Gewalt über Odysseus (Hoekstra, zu v 125–87, erwartet somit zu Unrecht weitere Maßnahmen gegen Odysseus). Die Rache an den Phaiaken hat daher nicht nur die Funktion, ihr Verschwinden aus der Sphäre der bekannten Welt zu erklären oder die Rückkehr von der Märchenwelt in die Realität zu markieren (Erbse 1972, 145–8), sondern stellt auch die einzige Möglichkeit dar, Poseidon durch eine letzte Reaktion nicht kommentarlos aus der Handlung ausscheiden zu lassen.

v 139–87 In der Debatte zwischen Poseidon und Zeus werden zwei Handlungsvarianten erwogen. Poseidon schlägt vor, das heimkehrende

Phaiakenschiff zu zerschmettern und ihre Stadt mit einem Berg zu „umhüllen", was gemäß der üblichen Konnotation von καλύπτω bedeutet, daß die Stadt verschüttet und die Einwohner vernichtet würden. Zeus widersetzt sich (wie schon die Anredeformel zeigt) mit einem Gegenvorschlag: Poseidon solle das Schiff angesichts der Phaiaken in einen Felsen verwandeln. Der Sinn dieses Vorschlags muß darin liegen, daß die Phaiaken aus dem ‚Zeichen' selbst die Konsequenzen ziehen, damit es des zweiten Teiles der Strafe nicht mehr bedarf. Es ist daher unumgänglich, in ν 158 die Lesart des Aristophanes μὴ δέ σφιν anstatt des μέγα δέ σφιν Aristarchs und der Handschriften zu lesen. Ich verweise dazu auf Friedrich (1989), der zeigt, daß nur so das von Zeus im α verkündete theologische Konzept gewahrt bleibt; die Bewahrung der Phaiaken vor Poseidons Rache steht damit in Kontrast zur Bestrafung der Freier (vgl. Schwabl 1978, 6; vgl. zu ν 209–14).

Damit bildet die Szene zwischen Zeus und Poseidon auch ein Gegenbild zur Szene zwischen Zeus und Helios im μ. Die beiden Szenen sind keine 200 Verse voneinander entfernt, und die Beziehung auf die Theodizee des Zeus ist auch dazwischen aufrechterhalten: Zeus trifft das Schiff des Odysseus mit seinem Blitz (μ 415–6; Odysseus weiß vom Eingreifen des Zeus aus Göttermund); Zeus verhindert, daß Odysseus in die Gewalt der Skylla gerät (μ 445–6; Figurenperspektive des Odysseus); Alkinoos opfert Zeus (ν 24–5); Alkinoos fordert zum Gebet zu Zeus als dem Schirmherr der πομπή des ξεῖνος Odysseus auf (ν 51–2). Die beiden Götterszenen stehen am Ende der ersten Hälfte der Odyssee, und es handelt sich sichtlich um das Ende einer Vortragseinheit: Zwischen dem Ende des μ und ν 184 bietet sich keine Fuge an, auch nicht bei 92/3, wo bei der Wiederaufnahme die Situation vorausgesetzt ist und nicht verbalisiert wird (*contra* Taplin 1992, 19; 27; 31; Olson 1995, 233). Mit ν 185 hingegen ergibt sich ein Neueinsatz, in dem das Ergebnis der letzten Vortragseinheit in 2½ Versen rekapituliert wird, bevor eine neue Situation aufgebaut wird. Die beiden Götterszenen setzen jeweils den Schlußpunkt unter die ineinander verschachtelten Abenteuerreihen des Odysseus und beleuchten einander damit gegenseitig: Die unterschiedlichen Reaktionen des Zeus auf die Beschwerde des Helios bzw. des Poseidon bilden jeweils den theologischen Kommentar zum Geschehen; während Zeus den Zorn des Helios gegen die Gefährten zustimmend übernimmt, ja sogar selbst exekutiert, mildert er die Rache des Poseidon, die im entscheidenden Punkt von vornherein limitiert war, wesentlich ab. Die ‚archaischen' Rachegelüste der parteiischen Gottheiten unterliegen also der Kontrolle und gleichsam dem ‚moralischen Filter' des Zeus.

Die von Poseidon vorgeschlagene alternative Handlungsführung (Vernichtung der Phaiaken) soll somit die theologische Konzeption der Odyssee beleuchten und nicht Versionen zitieren, in denen der Gott die Phaiaken tatsächlich vernichtete. Wenn in anderen Versionen dessen Zorn bei der Ankunft des Odysseus auf Ithaka ein letztes Mal zum Tragen kam, so zweifellos in der Form, daß der Gott seine Aktion noch vor der Landung setzte und Odysseus sich schwimmend an Land retten mußte. Die Rache an den Phaiaken ist dann in unserer Odyssee Ersatzhandlung, bedingt durch das (‚neue‘, d.h. mit der ‚Erfindung‘ der Phaiakis eingeführte?) Konzept, daß Odysseus mit Schätzen beladen (und damit bereits wieder auf königlichen Status angehoben) auf Ithaka landet; das Zitat der ‚ursprünglichen‘ Rache findet sich bereits im Seesturm des ε.

v 187–96 Der Ablauf der Rachehandlung bis zum Freiermord wird sofort zu Beginn der zweiten Odysseehälfte als Plan Athenes präsentiert. Der Erzähler verkündet programmatisch, daß Odysseus von niemandem erkannt werden solle, bevor der Freiermord vollzogen sei. Dieses Konzept war für den Hörer der Odyssee kaum völlig neu; man kann sich gut vorstellen, daß gerade in knapperen Versionen Odysseus im letzten Moment im Palast erschien und sofort in den Bogenwettkampf eingriff. Doch kannte der Hörer wohl auch Versionen, in denen Odysseus frühzeitig sein Inkognito lüftete, um für den Kampf gegen die Freier Helfer zu gewinnen. Eine solche Version zeichnet sich am deutlichsten für die Figur der Penelope ab, die dafür eingesetzt werden kann, gemeinsam mit Odysseus ein Komplott gegen die Freier zu planen (vgl. zu ω 121–90); auch das Motiv der Waffenbergung scheint Versionen zu zitieren, in denen Odysseus nicht allein gegen die Freier kämpft (vgl. zu π 281–98). Interessant ist an dieser programmatischen Ankündigung vor allem, daß Athenes Plan keineswegs genau in der hier formulierten Form verwirklicht wird. Wenn also zunächst im v scheinbar jede Art von Spannung beseitigt ist, so tauchen an späteren Stellen, wo der einfache Plan korrigiert wird, neue Spannungselemente auf (vgl. Schwinge 1993): Odysseus wird sich freiwillig (Telemachos, Eumaios, Philoitios) und unfreiwillig (Eurykleia) noch vor dem Freiermord zu erkennen geben. Das Spannungsverhältnis zwischen alternativen Handlungsversionen ist daher für den Hörer mit der scheinbaren Festlegung des Handlungsplans auch nur scheinbar aufgehoben. Spätestens wenn Odysseus sich Telemachos zu erkennen gibt, sieht der Hörer, daß der zunächst vorgegebene Plan auch abgeändert werden kann, ja sogar auf ausdrückliche Anweisung Athenes (π 155–77). Damit wird die Erwartung geweckt, daß es im Laufe der Handlung weitere Modifikationen gibt, und diese Erwartung wird vor allem für die Beurteilung der Szene zwischen Odysseus und Penelope im τ wichtig sein, wo es fast zu der einschneidendsten Änderung des Planes kommt, daß Odysseus auch von Penelope erkannt wird. Die Vorwegnahme des Handlungsplans im v dient also dazu, die Spannung des Hörers zu steigern.

v 204–6 Das von Odysseus gemalte Szenario ist in den Trugerzählungen wieder aufgenommen: In ξ 334–7 wird der fiktive Kreter von König zu König weitergeschickt; in τ 270–90 malt der Bettler aus, daß Odysseus von den Phaiaken über mehrere Stationen bis zum König der Thesproter gelangt sei, wobei er die Absicht des Schätzesammelns hervorhebt; das Motiv ist auch in der Aiolosepisode zitiert (vgl. zu κ 38–9). Die Alternative, die in der Odysseus-Tradition zweifellos verankert war, wird hier erst dann erwogen, wenn sie nicht mehr verfolgt werden kann.

v 209–14 Odysseus glaubt, die Phaiaken hätten die Gesetze der Gastfreundschaft gebrochen, und fordert ihre Bestrafung durch Zeus; damit wird die logische Alternative zu dem, was tatsächlich eingetreten ist, zitiert. Das ist nur sinnvoll, wenn Zeus zuvor die — nach der im α verkündeten Ethik ungerechtfertigte — Bestrafung durch Poseidon verhindert oder zumindest abgemildert hat. Auch von hier aus scheint es unerläßlich, den überlieferten Text in v 158 zu ändern.

v 248–9 Die Pointe besteht darin, daß Athene das weit entfernte Troia gerade vor dem weitgereisten Troiakämpfer Odysseus erwähnt (Stanford); doch reicht der Witz weiter. Der Name von Ithaka ist ja geradezu ausschließlich in der Gestalt des Odysseus nach Troia gelangt, und die Rolle des Odysseus vor Troia bestand darin, den Fall der Stadt herbeizuführen; Athene sagt soviel wie: „Ithaka hat Troia erobert", und nennt damit die größte Heldentat jenes Mannes, den sie nicht zu erkennen vorgibt. Der κλέος-Gedanke ist hier also in höchst raffinierter Form eingeführt: Odysseus wird in seiner Heimat, so wie schon zuvor bei den Phaiaken, mit seinem bereits bestehenden Ruhm konfrontiert (und provoziert, sich erkennenzugeben: vgl. Clay 1983, 195, für die Funktion des δόλος der Athene). Unsere Odyssee verweist also wieder darauf, daß sie für Odysseus vor dem Hintergrund des schon vorhandenen κλέος ein neues κλέος entwirft.

v 256–86 Die Trugerzählungen des Odysseus (vgl. Maronitis 1982; Haft 1983/4; Clay 1983, 196f.) können nur bedingt als Hinweise auf alternative Versionen dienen, da Odysseus in ihnen jeweils eine Identität entwirft, die mit seiner eigenen gerade nicht übereinstimmen soll. Die Lebensgeschichte, die sich für den ‚kretischen' Bettler abzeichnet, kann deshalb als Ganzes kein Modell für einen alternativen νόστος des Odysseus abgeben. Im Detail scheint es hingegen plausibel, daß Odysseus einzelne Elemente einfließen läßt, die dem Hörer aus anderen Versionen der Odyssee vertraut waren.

v 271–5 Der Weg von Kreta über Pylos oder Elis oder auf direktem Weg nach Ithaka könnte eine Version widerspiegeln, in der Kreta eine wichtige Station auf dem Heimweg des Odysseus darstellte: vgl. zu α 93.

v 291–5 Die δόλοι des Odysseus, vor allem seine κλόπιοι μῦθοι, haben in der Handlung bislang kaum eine Rolle gespielt, in ausgeprägter Form nur in der Kyklopie; sonst wurde eher die Anwendung der μῆτις hervorgehoben. Das Bild des schlauen Helden, der sich mit seinen Listen sogar mit den Göttern messen könnte und vor keinem Betrug zurückschreckt, entspricht vielmehr dem von der Tradition vorgegebenen Odysseusbild; Athene wird dieses Bild sofort um jene Eigenschaft ergänzen, die in unserer Odyssee zumindest gleichwertig herausgestellt wird, die τλημοσύνη.

ν 300–2 Athene ist zweifellos traditionelle Schutzgöttin des Odysseus, sowohl vor Troia als auch bei der Heimkehr nach Ithaka. Mit der Betonung eines dauernden (αἰεί) Schutzverhältnisses und der Nennung der konkreten Hilfe bei den Phaiaken wird aber suggeriert, daß diese Schutzfunktion auch während des νόστος nicht unterbrochen war. Das läßt vielleicht Versionen anklingen, in denen Odysseus auch während seiner Irrfahrten fortwährend von Athene unterstützt wird, so wie Iason von Hera (μ 72) oder Herakles von Athene (Θ 362–9, wo die dauernde Unterstützung ausdrücklich betont ist; vgl. zu λ 626). Das Eingreifen Athenes während der Irrfahrten würde nun erzähltechnische Probleme bereiten, die sich am einfachsten dadurch überspielen ließen, daß die Form der Ich-Erzählung der Irrfahrten, die eine explizite Erwähnung göttlichen Eingreifens ausschließt, dazu benützt wird, das Problem einfach zu ignorieren. In unserer Version bleibt es aber nur bei einer offenen Formulierung der Figur Athene; Odysseus greift das Problem auf, und die Diskrepanz zwischen einer möglichen Alternativversion und unserer Odyssee wird gewissermaßen ausdiskutiert.

ν 306–10 Das Prinzip der Geheimhaltung wird hier von der Figur Athene formuliert, wobei im Vergleich zur Ankündigung durch den Erzähler (vgl. zu ν 187–96) stärker hervorgehoben ist, daß Odysseus sich überhaupt keinem Menschen zu erkennen geben darf (vgl. 308 μήτ' ἀνδρῶν μήτε γυναικῶν mit 192 ἄλοχος … ἀστοί τε φίλοι τε). Damit wird in den Vordergrund das Prinzip der Geheimhaltung gegenüber den Freiern gerückt, das als verbindlicher Bestandteil aller Versionen angesehen werden muß, und das Thema der τλημοσύνη damit verknüpft.

ν 314–23 Odysseus rekapituliert aus seiner Figurenwarte die Geschichte der göttlichen Einwirkung auf sein Schicksal: Unterstützung durch Athene vor Troia; Zersprengung der griechischen Flotte durch „einen Gott"; keine Unterstützung durch Athene auf den Irrfahrten; Erlösung von den Irrfahrten durch „die Götter"; erstes Auftreten Athenes auf Scheria. Odysseus formuliert damit als Problem, warum Athene ihm während der Irrfahrten nicht beigestanden sei. Die Antwort auf diese Frage liegt nun nicht dort, wo sie Clay (1983) sucht, die einen Groll Athenes gegen Odysseus konstruiert, der darin begründet wäre, daß das Wesen des Helden für die Göttin Konkurrenz und Bedrohung darstellte. Der Grund dafür, daß Athene Odysseus während der Irrfahrten nicht unterstützt, liegt auf mehreren Ebenen. Athenes Antwort selbst enthält bereits zwei ganz unterschiedliche

Rechtfertigungen (vgl. zu v 339–43). Doch hat Clay sicherlich darin recht, daß der Verweis der Göttin auf den Zorn des Poseidon nicht die ganze Wahrheit enthält: Ein zusätzlicher Grund, den sie verschweigt, läßt sich erst aus der Informationsdifferenz zwischen dem Hörer und Odysseus ableiten. Wenn Odysseus formuliert, die Götter hätten ihn aus dem Elend befreit, so weiß der Hörer, daß es Athene war, die seine Rückkehr nach Ithaka initiiert und ihn aus Poseidons Seesturm an den Strand von Scheria gerettet hat. Der Hörer muß daraus erschließen, daß Athene Odysseus auch in einer Form unterstützen konnte, die diesen die Identität des göttlichen Helfers nicht erkennen ließ. Das von Odysseus aufgeworfene Problem reduziert sich damit auf die Frage, warum Athene ihn nicht o f f e n unterstützt hat, und exakt so hat er das Problem auch formuliert (318f. οὔ σ’ ἔτ’ ἔπειτα ἴδον, κούρη Διός, οὐδ’ ἐνόησα / νηὸς ἐμῆς ἐπιβᾶσαν, ὅπως τί μοι ἄλγος ἀλάλκοις).

Ein anderer Aspekt erschließt sich dem Hörer mit der Formulierung des Odysseus, bei der Abfahrt von Troia habe „ein Gott die Achaier zersprengt". Der Hörer kennt aus der Tradition die Geschichte vom Zorn der Athene gegen alle Griechen aufgrund des Aias-Frevels, und er weiß bereits, daß auch unsere Odyssee diese Tradition voraussetzt und in ihre Konstruktion der Vorgeschichte der Handlung einbezieht. Es gab also tatsächlich einen Zorn der Athene, doch nicht, wie Clay annimmt, gegen Odysseus, sondern gegen alle Griechen, und nicht aus Gründen, die sich weder aus der Odyssee noch aus anderen Zeugnissen mit Sicherheit ablesen lassen, sondern aus einem Grund, der bereits für den Odysseedichter ein unabänderlicher Bestandteil des Mythos war. Der Hörer kann also aus den Angaben des Odysseus erschließen, daß Athene von dem Zeitpunkt an, als sie ihre Rache an den Griechen umzusetzen begann, nicht mehr offen für Odysseus eintrat. Das erzähltechnische Problem, vor das die Tradition gestellt war, liegt damit offen zutage: Athene war Schutzgöttin des Odysseus vor Troia; mit ihrer Rache gegen alle Griechen schädigte sie zwangsläufig auch ihren Schützling, ja verursachte vielleicht sogar die Reduzierung seiner Flotte auf ein einziges Schiff und den Beginn seiner Irrfahrten; Athene war andrerseits bei der Heimkehr des Odysseus seine Schutzgöttin und unterstützte ihn aktiv beim Freiermord. Es mußte also einen Punkt innerhalb des durch die Irrfahrten verzögerten νόστος des Odysseus geben, an dem Athene von seiner Schädigerin wieder zu seiner Patronin wurde. Das Problem wurde noch dadurch verschärft, daß die Sänger, sofern sie nur einzelne der Irrfahrten-Abenteuer vortrugen, Athene durchaus auch schon dort aktiv zugunsten des Odysseus eintreten lassen konnten. Es gab also wohl Versionen, in denen Athene Odysseus auf den Irrfahrten unterstützte, und solche, in denen sie es nicht tat. Eine Rechtfertigung des einen oder des anderen Verfahrens war nur dann nötig, wenn der Weg des Odysseus von der Abfahrt von Troia bis zum Freiermord in einer einzigen Erzähleinheit dargestellt wurde; dann mußte thematisiert werden, daß Athene ihren Schützling Odysseus zusammen mit allen Griechen schädigte, und dann mußte der Punkt bezeichnet werden, an dem Athene ihre Schutzfunktion für Odysseus wieder aufnahm. Unsere Odyssee löst das erste Problem, indem sie durch ihre Darstellung erkennen läßt, daß Odysseus durch den Zorn der Athene keinen Schaden davonträgt (vgl. zu ι 67–91); und sie läßt, wie Clay schön gezeigt hat, die Handlung an genau jenem Punkt einsetzen, an dem Athene erstmals wieder o f f e n für Odysseus eintritt. Damit ist aber nicht gesagt, daß Athene, wie Clay annimmt, mit dem Beginn der Odyssee ihren Zorn gegen Odysseus beendet — es gab keinen solchen Zorn —, sondern nur, daß sie ihre Passivität aufgibt und Aktionen setzt, die zunächst den Zorn des Poseidon sein vom Schicksal vorgesehenes Ende finden lassen, und in einem zweiten Schritt aktiv für Odysseus eingreift.

v 333–8 Athene stellt zwei Verhaltensweisen einander gegenüber, die eines Mannes, der sofort nach Hause eilt, um Frau und Kinder zu sehen, und die des Odysseus, der zuvor Penelopes Verhalten überprüfen will. Odysseus selbst wird den Hinweis auf den „anderen Mann" auf das Schicksal Agamemnons beziehen (383–5). Das *exemplum* des Agamemnon läßt auch erkennen, warum die Zuverlässigkeit der Gattin als entscheidendes Kriterium für das Auftreten des Odysseus in seinem Haus hervorgehoben ist: Athene kommentiert keine Absichtserklärung des Odysseus, die gar nicht stattgefunden hat, sondern setzt sein vorsichtiges, abwartendes Verhalten in das Modell eines konkreten Handlungsablaufs um. Das Motiv der Überprüfung von Penelopes Treue ist mit den Grunddaten des Mythos implizit vorgegeben: Odysseus kehrt in allen Versionen verkleidet oder unkenntlich nach Hause zurück, kann daher in jedem Fall Penelope auf die Probe stellen, bevor er sich zu erkennen gibt. Die Einlösung des Motivs ist aber auch dann möglich, wenn Odysseus sich schon vor dem Freiermord zu erkennen gibt, also in Varianten, in denen Penelope in den Freiermord verwickelt ist. Jenes Verhalten des Odysseus, das Athene als konstitutiv für seinen Charakter bezeichnet, bedingt also nicht notwendig, daß er vor Penelope bis zuletzt sein Inkognito wahrt.

v 339–43 Athenes Begründung dafür, daß sie Odysseus während der Irrfahrten nicht offen beistand, besteht aus zwei Argumenten, von denen zumeist nur das zweite beachtet wird: Athene führt an, sie habe die offene Konfrontation mit Poseidon vermieden. Daß diese Rechtfertigung korrekt, wenn auch nicht erschöpfend ist, bestätigt die Handlung der Odyssee. Athene setzt während Poseidons Abwesenheit vom Olymp die erste Aktion zur Einleitung der Heimkehr des Odysseus und initiiert die Telemachos-Handlung; auf der Fahrt des Odysseus nach Scheria tritt sie erst in Aktion, als Poseidon sich abwendet und signalisiert, daß Odysseus nicht länger unter seiner Gewalt steht. Damit ist aber nur der Zeitraum vom Beginn des Zorns des Poseidon bis zur Landung auf Scheria abgedeckt; hingegen ist nicht begründet, warum Athene zuvor nicht offen für Odysseus eintrat. Als Erklärung reicht hier nicht der Nachweis, daß Athene Odysseus in einer Form, die er gemäß dem ‚Jörgensenschen Gesetz' nicht eindeutig zuordnen konnte, in der Höhle des Polyphem unterstützt hat (vgl. zu ι 317). Die Erklärung liegt auf einer anderen Ebene, und sie ist in Athenes erstem Argument angedeutet: Sie habe niemals daran gezweifelt, daß er nach dem Verlust aller Gefährten heimkehren werde. Clay kommentiert das mit „cold comfort there" (204). Was Athene damit sagt, ist aber identisch mit dem, was regelmäßig als unverrückbares Schicksal des Odysseus beschrieben wird; dieses deckt sich mit dem Zwang der Erzähltradition, wonach Odysseus in jeder Version erst nach langer Abwesenheit und ohne Gefährten heimkehren kann. Athene übersetzt damit in die Sprache ihrer Perspektive als personaler Gottheit, was in abstrakter Ausdrucksweise lauten würde: „Es war dir vorbestimmt, daß du alle deine Gefährten verlierst, aber auch, daß du selbst heil heimkehrst".

Dieselbe Doppelseitigkeit von unpersönlichem Schicksal und persönlichem Engagement der Gottheit für den Helden ist bereits zu Beginn der Odyssee ausgedrückt: Dort wird der Zeitpunkt des Handlungseinsatzes definiert als „das Jahr, in dem die Götter Odysseus zugesponnen hatten, nach Hause zu kehren", wobei das dort verwendete Verbum ἐπεκλώσαντο auf den Schicksalsbegriff verweist (vgl. B. Mader im LfgrE, s. v. κλῶσαι: Subjekt zu -κλῶσαι ist θεοί, δαίμων oder Κρονίων, der analoge Begriff (ἐπι)νέω führt aber auf die Moiren oder die αἶσα; vgl. zu α 16–8); die Erfüllung dieses vorbestimmten Schicksals wird aber erst durch Athenes Initiative in Gang gesetzt. Für unsere Stelle bedeutet das, daß Athene zwei Argumente dafür vorbringt, warum sie Odysseus während seiner Irrfahrten nicht offen unterstützt hat: Einerseits hätte ihre Hilfe wenig bewirken können, da sie den vorgegebenen Lauf des Schicksals nicht abändern konnte; andrerseits hätte ein offenes Eintreten für Odysseus einen Konflikt mit Poseidon bedeutet, dessen Funktion für die Handlung gerade darin bestand, daß er das Schicksal des Odysseus (Irrfahrten, Verlust der Gefährten) gleichsam exekutierte (vgl. zu ι 530–5; 551–5). Athene hat tatsächlich erst dort offen eingegriffen, wo sie weder mit dem Schicksal noch mit Poseidon in Konflikt geriet, und sie hat von diesem Punkt an für ihren Schützling das Bestmögliche erwirkt; darauf weist sie hin, wenn sie zu Odysseus sagt, sie habe ihn „allen Phaiaken lieb gemacht" (302): Poseidon hatte vorgesehen, daß Odysseus nackt und mittellos auf Ithaka lande (vgl. zu ν 131–8); dank Athenes Hilfe wurde er von den Phaiaken reich beschenkt und geehrt nach Hause geleitet; das Schicksal, d.h. die Erzähltradition, hatte in diesem Punkt vielleicht beide Möglichkeiten zugelassen (vgl. aber zu ε 41–2). Athenes Rechtfertigung vor

Odysseus beschönigt also nichts, verschweigt auch nichts, bringt aber die komplexe Beziehung zwischen den beiden theologischen Ebenen nur andeutungsweise zum Ausdruck.

v 361–71 Odysseus birgt in der Nymphengrotte alle Schätze, die er von den dreizehn βασιλῆες der Phaiaken erhalten hat (ϑ 389–93), somit auch die dreizehn Dreifüße (v 13f.). In einer verfallenen Grotte bei Polis im Norden Ithakas hat Benton (1934/5) zwölf Dreifüße sowie Spuren eines dreizehnten gefunden, die sich ins 9. Jh. datieren lassen, also mit Sicherheit vor die Entstehung unserer Odyssee. Die auffällige Übereinstimmung wurde von Philologen kaum registriert, da man die Nymphengrotte der Odyssee zumeist mit der Grotte von Marmarospilia im Südteil der Insel identifiziert (vgl. Hoekstra zu v 103–7). Schließt man jedoch den Zufall aus, so bietet sich folgende Deutung an: Der Dichter der Odyssee wußte, daß es auf Ithaka eine dem Heros Odysseus geweihte Höhle gab, in der ,die dreizehn Dreifüße' gezeigt wurden, die Odysseus nach Hause gebracht habe. Er integrierte diese Überlieferung in seine eigene Version (so schon Benton, 53), indem er sie als Geschenk der Phaiaken erklärte, dies aber so unauffällig, daß nur der mit der Tradition vertraute Hörer das ,Aition' nachvollziehen konnte: Daß es sich um dreizehn Könige der Phaiaken handelt, wird nur in ϑ 389–93 gesagt, daß jeder einen Dreifuß schenkt, nur in v 13–4. Das versteckte Zitat ergab vor allem dann eine Pointe, wenn die Volksüberlieferung davon sprach, daß die dreizehn Dreifüße aus der Beute von Troia stammten (einer für jedes der zwölf Schiffe, und einer für den Anführer?). Unser Text hätte damit diese Erklärung schlagend widerlegt (Odysseus brachte nichts von seiner Troia-Beute nach Hause), ohne die Kulttradition (die dreizehn Dreifüße gehen auf Odysseus selbst zurück) anzutasten (vgl. zu ω 413–20).

v 372–81 Sowohl der Erzähler als auch Athene bezeichnen die Freier als schlecht (ὑπερφίαλοι/ἀναιδεῖς), und von Anfang an wird als einzige Möglichkeit erwogen, daß Odysseus ihren Tod herbeiführt. Das spricht dafür, daß die Freier in allen Versionen den Tod fanden, nicht aber, daß sie diesen Tod auch in allen Versionen ebenso verdienten wie in unserer Odyssee. Der Reflex einer anderen Möglichkeit der Darstellung zeigt sich gerade in Athenes Beschreibung der Tätigkeit der Freier: Sie hielten sich seit drei Jahren im Palast auf, indem sie um Penelope freiten und ihr Brautgeschenke gäben. Diese ,neutrale' Beschreibung träfe auch dann zu, wenn die Freier sich über die korrekte Brautwerbung hinaus keine Verfehlungen zuschuldekommen ließen. Auch die Beschreibung von Penelopes Verhalten (vgl. zu β 89–92; β 91–2 = v 380–1) ist ambivalent und deutet die Möglichkeit an, daß sie auch weniger positiv gezeichnet werden könnte als in unserer Version (dazu Felson-Rubin 1994). Das Ziel der Handlung ist somit festgelegt; ihre Motivierung muß aber noch genauer bestimmt werden.

ν 383–5 Die Vermeidung der ‚unmöglichen Alternative', daß Odysseus das Los Agamemnons erleidet, ist an die Hilfe Athenes gekoppelt. Damit ist wohl auf eine Konstante aller Versionen verwiesen: Der Sieg über die Freier wurde, anders als es in der ‚einfachen Geschichte' sein muß, wohl kanonisch durch die Unterstützung Athenes erklärt; diese Optik steht im Vordergrund bei Schwinge (1993), der die Differenz unserer Odyssee zu den ‚Odysseen' darin sieht, wie Athenes Plan laufend durchkreuzt wird.

ν 387–8 Odysseus beruft sich auf Athenes Unterstützung bei der Eroberung Troias, die im Mythos durch Athenes Rolle beim Bau des Hölzernen Pferdes kanonisch verankert war (vgl. ϑ 493; Kl. Ilias, § 81 Kullmann, καὶ Ἐπειὸς κατ' Ἀθηνᾶς προαίρεσιν τὸν δούρειον ἵππον κατασκευάζει).

ν 389–96 Mit dem Wortwechsel zwischen Odysseus und Athene wird ein Szenario entworfen, in dem Odysseus allein, nur mit Hilfe der Göttin, gegen die Freier kämpft; damit ist eine Möglichkeit der Handlung abgesteckt, die am Prinzip der Geheimhaltung bis zum Freiermord streng festhält. Darüber hinaus suggeriert Athenes Antwort auch ein Bild des Freiermordes, das der Typik des homerischen Nahkampfs entspricht und nicht der (hinterlistigen) Ermordung durch Pfeilschüsse: Die Besudelung des Bodens mit Blut und Hirn setzt Verwundung durch Speer oder Schwert voraus. Beide Perspektiven (Odysseus kämpft allein; Kampf mit ‚schweren' Waffen) werden im weiteren Handlungsverlauf aufrechterhalten und erst allmählich modifiziert; Odysseus hält sich noch zu Beginn des τ die Option auf einen Kampf mit schweren Waffen offen und entscheidet sich erst im Verlauf des φ für den Bogen als Waffe; im χ tritt zum Kampf mit dem Bogen der Nahkampf als ergänzendes Element hinzu. Die Möglichkeit einer Alternative zu dem von der Tradition vorgegebenen Freiermord mit dem Bogen wird also auch zu Beginn der zweiten Odysseehälfte programmatisch angedeutet (vgl. zu α 255–66; π 281–98; τ 1–50).

ν 397–403; 429–38 Die Verwandlung des Odysseus durch Athene hat Kritik erregt. Kirchhoff (1879, 538) reklamierte, das Konzept der Verwandlung sei nicht lückenlos durchgehalten, und sah darin einen Ansatzpunkt zur Analyse. Kirchhoffs Diagnose ist unhaltbar (vgl. Erbse 1972, 61–3), doch der Ansatz, daß mit der Verwandlung zwei Konzepte kombiniert seien, ist fruchtbar. Ein analoger Vorgang läßt sich im südslawischen Heimkehrerlied nachvollziehen. Dort gibt es einerseits das Konzept, daß der nach langen Jahren heimkehrende Held schon durch die Umstände so sehr verändert ist, daß der Anagnorismos nur durch ein σῆμα herbeigeführt werden kann. Andrerseits gibt es Lieder eines verwandten Typus, in denen sich der Held (meist als Mönch) verkleidet und dann durch einfache Enthüllung zu erkennen gibt. Diese beiden Typen sind nun in vielen Fällen kombiniert, indem etwa der unkenntliche Held diese Unkenntlichkeit bewußt noch steigert und damit wie eine Verkleidung benützt oder indem der nur verkleidete Held ein σῆμα verwendet, um den Anagnorismos auszulösen.

Überträgt man diese Beobachtung auf die Verwandlung des Odysseus, so sieht man, daß auch hier zwei nur bedingt kompatible Konzepte wirken. Odysseus ist einerseits im Lauf der Jahre so sehr gealtert, daß er nicht mehr automatisch erkannt wird. Dieses ‚natürliche‘ Prinzip der Geheimhaltung wirkt aber nur bedingt, da jederzeit die Gefahr besteht, daß er doch enttarnt wird. Die Verwandlung durch Athene hat andrerseits als Motiv nur dann Sinn, wenn sie absoluten Schutz vor Enttarnung bietet. Im Verlauf der Handlung wirkt nun bald das eine, bald das andere Konzept. Grundsätzlich steht das Motiv der Verwandlung im Vordergrund: Odysseus bewegt sich selbstsicher, ohne Furcht, erkannt zu werden. Der Vorgang der Verwandlung selbst ist aber nicht als übernatürliche Veränderung des Aussehens, sondern als überschneller Alterungsprozeß beschrieben, und das ‚natürliche‘ Motiv kommt dann zum Tragen, wenn diverse Figuren die Ähnlichkeit des Bettlers mit Odysseus hervorheben, und vor allem, wenn sie ihn an seiner Narbe erkennen. Das Motiv der Verwandlung tritt wieder in Kraft, wenn durch Rückverwandlung eine untrügliche Erkennung herbeigeführt wird (Telemachos im π) oder werden soll (Penelope im ψ). Das Motiv der Verwandlung im Sinne einer Verkleidung ist in unserer Odyssee deshalb notwendig, weil Odysseus bereits bei den Phaiaken von Athene verjüngt und verschönt worden ist; das Motiv der physischen Erhöhung des Helden durch eine Gottheit, das aus dem Kontext des Heldenkampfes entlehnt ist (vgl. die ‚Verwandlung‘ des Diomedes in Δ 1ff.), muß folgerichtig auch für die Erniedrigung desselben Helden eingesetzt werden.

v 404–24 Athene gibt den Handlungsplan bis zum π vor, wobei sie die Funktionen der einzelnen Handlungsstränge absteckt. Der Aufenthalt beim Sauhirten (der Name Eumaios fällt erstmals ξ 55; die Figur ist schon einmal beiläufig erwähnt, vgl. zu δ 638–40) hat die Funktion, daß Odysseus sowohl zu einem garantiert loyalen Diener gelangt (405–6), der ihm die nötigen Informationen zur Situation im Palast liefert (πάντα παρήμενος ἐξερέεσθαι), als auch dort die (nach Zielinski notwendig aktionslose) Zeit des verdeckten Handlungsstranges überbrückt, während der Erzähler den Telemachos-Strang von Sparta bis Ithaka nachrückt; mit der zweiten Funktion ist zugleich der Hof des Eumaios als der Ort bezeichnet, wo das erste Treffen zwischen Odysseus und Telemachos stattfinden wird. Daß Odysseus auf dem Weg zum Palast auf einer Zwischenstation Informationen über den aktuellen Stand der Dinge einholt, ist nicht unabdingbar (Odysseus kann schon vor der Ankunft auf Ithaka Bescheid wissen, etwa aufgrund einer Totenbefragung; in unserer Version könnte die Information auch von Athene selbst kommen), dürfte aber zum traditionellen Bestand der Geschichte gehören. Diese Funktion ist nicht an die Figur des Sauhirten gebunden; so ist die Rolle des Laertes in unserer Odyssee regelrecht darauf hin angelegt, daß sie dieselbe Funktion erfüllen könnte. Die Figur des Eumaios muß deshalb aber noch nicht ‚Erfindung' des Odysseedichters sein; das zeigt eine Betrachtung der zweiten Funktion. Der kurze Wortwechsel zwischen Athene und Odysseus über Telemachs Reise nach Sparta läßt die Möglichkeit aufblitzen, daß das Zusammentreffen von Vater und Sohn bei Eumaios auch ohne diese Reise bewerkstelligt werden könnte. Dieselbe Variante hat sich im δ abgezeichnet, wo die Freier annahmen, daß Telemachos nicht die angekündigte Reise angetreten habe, sondern sich „entweder bei den Herden oder beim Sauhirten befinde" (vgl. zu δ 638–40). Denkbar ist also eine Variante, in der Odysseus bei dem Sauhirten (oder einem anderen Getreuen, z.B. Laertes) eintrifft und dort auf Telemachos stößt, der soeben vom Palast kommt. In einer solchen Version gäbe es keine Probleme mit der Synchronisation der Handlungsstränge, Athene müßte keine künstlichen Arrangements treffen, und Odysseus müßte nicht drei (oder vier?) Tage beim Sauhirten warten; das lange Warten bei einer Zwischenstation ist in unserer Odyssee ja nur dadurch ermöglicht, daß das Motiv des Hochzeitstermins der Penelope beseitigt ist und Odysseus nicht ‚im letzten Moment' heimkehrt. Die erzähltechnischen Probleme, die diese Konstellation bewirkt, werden in unserem Text aber nicht überspielt, sondern als Probleme auf der Figurenebene diskutiert. Der Hof des Eumaios wird also der Ort sein, an dem Odysseus sowohl unerkannt Informationen einholt als auch unbemerkt von den Freiern sich seinem Sohn zu erkennen gibt, um mit ihm das Komplott gegen die Freier zu schmieden.

Nach Schwinge (1993, 31–5) plant Athene im ν nur die Rachehandlung durch einen δόλος, den Odysseus gemeinsam mit Telemachos ausführen soll, und berücksichtigt nicht die Komplikationen, die durch die ‚innere Heimkehr' des Odysseus, d.h. die psychologischen Begleiterscheinungen der Annäherung an die Angehörigen, verursacht werden. Damit ist wohl ein wichtiger Aspekt für das Verständnis von Athenes Rolle erfaßt. Was die Rachehandlung betrifft, ist das Verhältnis zwischen dem Vorauswissen der Göttin und ihrer ausdrücklichen Planung aber komplexer. Athene kündigt Odysseus nicht an, daß Telemachos zu Eumaios kommen wird, sondern befiehlt ihm nur, so lange bei Eumaios zu bleiben, bis Telemachos heimgekehrt ist. Da nach dem soeben verkündeten Prinzip der Geheimhaltung ein Treffen von Telemachos und Odysseus bei Eumaios gar nicht nötig wäre (sie könnten einander auch erst im Palast begegnen), kann Odysseus — und der Hörer — an diesem Punkt die Absicht der Göttin noch nicht erkennen. Das deutet darauf hin, daß Athene ihren Handlungsplan bereits zur Gänze entworfen hat, ihn zum Zeitpunkt des ν aber vor Odysseus (und den Hörern) noch geheim hält. Der Hörer erfährt mit ο 38ff., daß Telemachos sich nach der Ankunft auf Ithaka nicht in den Palast, sondern zu Eumaios begeben wird, kann also von diesem Punkt an vermuten (noch nicht sicher wissen), daß es dort zum Anagnorismos kommen wird; Odysseus erkennt erst mit π 11 (oder 23), daß das erste Zusammentreffen mit dem Sohn schon bei Eumaios stattfindet; damit diese Vereinigung auch zur Durchbrechung der Geheimhaltung führt, die (zunächst nur für Telemachos) durch das Prinzip des Komplotts ersetzt wird, benötigt Odysseus erst den ausdrücklichen Auftrag Athenes (π 155–71) und die Rückverwandlung, die dem Hörer signalisiert, daß Odysseus den Anagnorismos aus eigener Initiative gar nicht durchführen könnte, also auf Athenes Regie angewiesen ist.

ν 425–8 Athene steckt ein weiteres Teilziel der Handlung ab: Telemachos wird unbeschadet vom Anschlag der Freier nach Ithaka zurückkehren. Dabei läßt sie offen, wie der Hinterhalt überwunden wird (ἀλλὰ τά γ' οὐκ ὀΐω), deutet mit ihrer Formulierung aber an, daß die Freier mit Gewalt zurückgeschlagen werden könnten: πρὶν καί τινα γαῖα καθέξει / ἀνδρῶν μνηστήρων. Damit ist eine Möglichkeit zur Erreichung des Teilziels angedeutet, die die Erwartungen der Hörer mit Absicht in die falsche Richtung lenkt.

Odyssee 14

ξ 7–9 Die Stellung des Eumaios wird anhand seiner Unabhängigkeit von Penelope und Laertes definiert (vgl. auch zu ξ 449–52), womit zugleich signalisiert wird, daß Laertes für die Handlung dieser Version der Odyssee gewissermaßen ‚entbehrlich' ist: Wir haben bereits erfahren, daß Laertes sich aus Palast und Stadt auf sein Landgut zurückgezogen hat, wo er eine Parallelfigur zu Eumaios bildet. Wenn der Hörer Versionen kannte, in denen Laertes jene Rolle als Zwischenstation des Odysseus auf dem Weg zum Palast einnahm, die in unserer Version von Eumaios erfüllt ist, so konnte er die Angabe, daß Eumaios auf Laertes nicht angewiesen ist, als Hinweis darauf auffassen, daß auch diese Version nicht auf Laertes angewiesen ist und mit Eumaios ihr Auslangen finden wird.

ξ 13–20 Zur Zahl der (noch vorhandenen) Schweine vgl. zu β 93–110.

ξ 29–38 Die Szene, in der Odysseus fast von den Hunden des Eumaios zerrissen wird, die letztlich ja seine eigenen sind, leitet eine Motivkette ein, die in mehreren über die zweite Odysseehälfte verstreuten Instanzen zwei Motive kombiniert. Zugrundegelegt sind die ‚einfachen' Motive (a) Der heimkehrende Held wird zuerst (oder ausschließlich) von seinem geliebten Tier, in unserem Fall einem Hund, erkannt (Folklore-Parallelen bei Beekes 1986); und (b) Der heimkehrende Held löst durch die Wiedererkennung den Tod eines Angehörigen aus (üblicherweise den Tod des alten Vaters

oder der alten Mutter, hervorgerufen durch den Schock der Wiedersehensfreude). Beide Motive sind etwa im südslawischen Heimkehrerlied in zahlreichen Varianten belegt, dort fast immer in ihrer einfachen Grundform
und voneinander getrennt. Daß sie auch in der Odyssee zugrundegelegt
sind, zeigt sich, wenn man die Belege nebeneinander betrachtet:

— An der Stelle im ξ wird Odysseus von jenen Hunden, die eigentlich seine eigenen sind, nicht erkannt und erleidet fast selbst den Tod beim ‚Wiedersehen'.

— Zu Beginn des π nähert sich Telemachos dem Gehöft des Eumaios und wird
von eben diesen Hunden zuerst erkannt. Hier ist es also nicht der Held, sondern sein Sohn, der heimkehrt und in dieser Beziehung explizit mit dem Vater
verglichen wird; der Anagnorismos durch die Hunde hat hier eine abgeleitete
Funktion des Grundmotivs, wenn Odysseus aufgrund des Verhaltens der
Hunde Telemachos als ‚Freund des Hauses' identifiziert (vgl. zu π 1–21).

— Wenig später wird Athene nur von Odysseus und den Hunden, nicht aber
von Telemachos erkannt; die Szene leitet aber die Erkennung des Odysseus
durch Telemachos ein (vgl. zu π 162–3).

— Im ϱ wird Odysseus von seinem alten Hund Argos erkannt; die Erkennung
hat aber nicht zur Folge, daß Odysseus auch von Menschen erkannt wird (eine
häufige Variante im südslawischen Heimkehrerlied), sondern daß der Hund
aus Wiedersehensfreude stirbt; geht man von den zwei Grundmotiven aus, so
wird der Hund Argos damit gleichsam vermenschlicht (vgl. zu ϱ 291–327).

— Im τ beschreibt der ‚Bettler' eine Spange, die Odysseus bei der Ausfahrt
nach Troia getragen habe, und beweist damit Penelope, daß er mit Odysseus
zusammengetroffen sei; die Spange enthält als Abbildung einen Hund, der einen Hasen packt. Hier wird also Odysseus, jedoch nicht der heimkehrende
Odysseus, von Penelope aufgrund ‚seines' Hundes erkannt (vgl. zu τ 226–31).

— Ebenfalls im τ erkennt Eurykleia Odysseus, worauf sie von ihm mit dem
Tod bedroht wird (vgl. zu τ 467–90).

— Im ω schließlich spitzt sich die Wiedererkennungsszene mit Laertes so lange
zu, bis der Greis fast zusammenbricht und Odysseus seine Verstellung aufgibt;
die Reaktion des Laertes wird mit Termini beschrieben, die den Tod assozie-
ren lassen (vgl. zu ω 345–9). Auch hier wird also mit dem Motiv gespielt, daß
der Anagnorismos zum Tod des Angehörigen führt; für Hörer, die Versionen
kannten, in denen Laertes am Ende der Odyssee tatsächlich starb, mußte die
Anspielung unmißverständlich sein. Der Erzähler führt somit die Handlung
immer eindringlicher auf ein dem Hörer bekanntes Ziel hin, nur um im letzten
Moment dem Geschehen eine unerwartete Wendung zu verleihen: Laertes muß
beim Wiedersehen mit Odysseus nicht sterben, sondern wird in der Folge sogar wundersam verjüngt und besteht noch eine eigene kleine Aristie.

Die hier nachgezeichnete Motivreihe kann man auch erkennen, ohne
auf die zwei isolierten Grundmotive zu rekurrieren (vgl. Rose 1979). Der
Zusammenhang zwischen den Anagnorismoi mit Hundebeteiligung und
dem Anagnorismos zwischen Odysseus und Laertes wird aber besser

sichtbar, wenn man das gemeinsame Element ‚Tod des Angehörigen' berücksichtigt. Die Laertes-Szene, deren Deutung nach wie vor umstritten ist,
gewinnt überhaupt erst durch die Annahme, daß Versionen, die den Tod
des Laertes enthalten, mitzitiert sind, eine plausible Kontur.

ξ 43   Mit der Formulierung ἐπ' ἀλλοθρόων ἀνδρῶν δῆμόν τε πόλιν τε ist
wieder die Perspektive ausgedrückt, daß der Aufenthalt des Odysseus ausschließlich in der rein menschlichen Sphäre stattfinde (vgl. zu α 3–4).

ξ 89–95   Die Beschreibung des Verhaltens der Freier durch Eumaios faßt
ihr Verschulden präzise zusammen: Sie kehren, nachdem sie um Penelopes
Hand angehalten haben, nicht mehr in ihre eigenen Häuser zurück, sondern bleiben im Palast, wo sie mutwillig (ἔκηλοι) und unter Ausübung von
Zwang (ὑπέρβιον) den Besitz des Odysseus verringern; Eumaios charakterisiert dieses Verhalten als οὐκ ... δικαίως μνᾶσθαι. Damit zeichnet sich aber
ab, daß in einer Version, in der die Freier ‚korrekt' freien, der Freiermord
nicht jenen Charakter einer Rache haben kann, der uns für die Odyssee als
so selbstverständlich erscheint, daß ihn etwa Schwinge (1993) als traditionelle Vorgabe bezeichnet, gegen die sich erst unsere Odyssee absetze. Die
alternative Version zeichnet sich, wie wir gesehen haben, besonders deutlich mit dem Motiv der Weblist ab, dessen Funktion nur dann voll zur Geltung kommt, wenn die Freier erst nach Aufdeckung des Betrugs (berech-
tigten) Druck auf Penelope ausüben und Odysseus ihre (korrekte) Wiederverheiratung durch Hinterlist verhindert. Man hat eine wesentliche Darstellungsabsicht der zweiten Odysseehälfte darin gesehen, die ‚Schuld der
Freier' hervortreten und damit den Freiermord als berechtigt erscheinen zu
lassen. Diese Darstellungsabsicht wird dann verständlicher, wenn die dabei
angepeilte Optik der ‚Rache' nicht von der Tradition verbindlich vorgegeben war, sondern sich von einer alternativen Optik absetzte.

ξ 122–30   Eumaios setzt mit seiner Formulierung voraus, daß im Lauf der
Jahre wiederholt Fremde mit vergleichbarem Status wie der ‚Bettler' Kontakt mit Penelope und Telemachos gesucht hätten, um ihnen etwas über
den Verbleib des Odysseus zu erzählen. Diese Angabe findet in der Darstellung der Geschehnisse in α – δ keine Bestätigung; Eumaios selbst führt
in ξ 378–85 ein konkretes Beispiel für eine Erfahrung mit einem solchen Betrüger an (vgl. auch zu ϙ 508–21). Es ist wenig wahrscheinlich, daß in alternativen Versionen solche Parallelgestalten zum Bettler Odysseus eine Rolle
spielten, noch viel weniger, daß eine Begegnung zwischen Penelope und
einem Bettler, der ihr (wahre oder falsche) Nachrichten über Odysseus
brachte, dort tatsächlich Bestandteil der dargestellten Handlung war. Hingegen kann man damit rechnen, daß Penelope auch in anderen Versionen
mit einem als Bettler verkleideten Odysseus konfrontiert wurde. Die von
Eumaios genannten vielen Bettler, die Penelope Lügen erzählen und sie

damit zum Weinen bringen, sind somit gleichsam ein Zitat der vielen Versionen, in denen immer derselbe Bettler Odysseus auf Penelope trifft.

ξ **138–47** Die Passage enthält Ironie auf diversen Ebenen: Eumaios hält den Namen „Odysseus" bis zum Schluß seiner Rede zurück, so wie zuvor Athene den Namen „Ithaka" (vgl. zu ν 248–9), ohne dabei auf der Figurenebene die gleiche Wirkung zu erzielen. Eumaios scheut sich, den Namen „Odysseus" auszusprechen, und ersetzt ihn durch die Bezeichnung ἠϑεῖος; damit wird auf die Etymologie des „Haßmann" angespielt, die in Gegensatz zum „sanften" Herrscher Odysseus steht (vgl. Mühlestein 1984); damit lehnt auch die Figur Eumaios die als traditionell vorausgesetzte Etymologie der Odysseusgestalt ab und ersetzt sie durch die Etymologie des ‚vom Gott Gehaßten'. Das von Eumaios gezeichnete Bild des sanften Herrschers fügt sich zur Tendenz unserer Odyssee, die von der Tradition geforderte Gewaltanwendung gegen die Freier zu rechtfertigen. Die Ausführungen des Eumaios gehen aber noch darüber hinaus, wenn er zusätzlich zur Milde des Herrschers (vgl. zu β 230–4) eine emotionale Nähe zwischen sich und Odysseus beschwört, die an eine verwandtschaftliche Beziehung erinnert, wobei der Vergleich mit Vater und Mutter ausdrücklich gebracht wird. Damit wird dem Hörer suggeriert, daß Eumaios in dieser Version ‚eigentlich' die Rolle eines Verwandten des Odysseus einnimmt, was signalisieren könnte, daß der Aufenthalt des Odysseus bei Eumaios an jene Stelle tritt, die in anderen Versionen mit einem Aufenthalt bei Laertes ausgefüllt war.

ξ **156–7** Die Aussage ist höchst ironisch: Odysseus behauptet in einem Kontext, in dem er sich selbst eine neue Identität erlügt, daß ihm Lügner verhaßt seien. Trotzdem ist die Aussage von ihrer Intention und dem Wortlaut der folgenden Ankündigung her als wahr zu bezeichnen: Odysseus ‚lügt' nicht, um sich einen Vorteil zu verschaffen; und seine Ankündigung, daß Odysseus bis zum nächsten Monatswechsel in Ithaka eintreffen werde, hat sich im dem Moment, in dem er sie ausspricht, schon erfüllt. Auf einer höheren Ebene stellt sich die Ironie erneut ein: Odysseus ist jener Held, der nach der traditionellen Auffassung geradezu dadurch konstituiert ist, daß er permanent zu Lüge und Betrug greift, um sich einen Vorteil zu verschaffen; es ist dies das ‚Autolykeische' Wesen des vorhomerischen Odysseus, das Maronitis (1980, 160–177) so treffend charakterisiert hat. Odysseus sagt sich also hier, wenn auch in der Maske des Bettlers, von seiner eigenen Rolle los, und das entspricht dem ‚neuen' Odysseusbild, das in unserer Odyssee gezeichnet ist; Odysseus greift zwar auch hier zu Unwahrheiten, doch nicht, um sich Vorteile schlechthin zu verschaffen, sondern nur, um ein in höherem Sinn ‚moralisch' gerechtfertigtes Ziel zu erreichen. Eine zusätzliche Ebene der Ironie könnte man darin sehen, daß sich fast dieselbe Aussage in der Ilias findet, wo Achilleus auf eine Rede des Odysseus antwortet:

> ἐχθρὸς γάρ μοι κεῖνος ὁμῶς Ἀίδαο πύλῃσιν,
> ὅς χ' ἕτερον μὲν κεύθῃ ἐνὶ φρεσίν, ἄλλο δὲ εἴπῃ. (I 312–3)

Achilleus bezieht sich hier unmißverständlich auf den Gegensatz zwischen ihm und Odysseus (vgl. Nagy 1979, 52f.), und es wäre verlockend, eine Bezugnahme des ξ auf die Iliasstelle anzusetzen. Odysseus würde sich damit nicht nur auf seine traditionelle Rolle beziehen, sondern konkret auf jenen Charakterzug, den Achilleus ihm in einem ganz bestimmten Kontext vorgeworfen hat. Diese Annahme einer Zitatbeziehung der Odyssee auf die Ilias ist allerdings methodisch kaum zu rechtfertigen: Schon im Kontext des I ist der von Achilleus angesprochene Charaktergegensatz durch die Darstellung der Ilias nicht ausreichend begründet; Odysseus ist ja auch in der Ilias nicht als Antiheld gezeichnet, der um seines persönlichen Vorteils willen lügt und betrügt. Achilleus spielt also schon in der Ilias auf einen traditionellen Konflikt mit Odysseus an (so Nagy 1979, 42–58). Die Aussage des Odysseus im ξ greift auf genau diesen traditionellen Gegensatz zurück, korrigiert also nicht die Aussage des Achilleus im I, sondern die auch dort schon zugrundegelegte traditionelle Auffassung vom Charakter des Odysseus. Die Annahme einer Zitatbeziehung auf das I läßt daher für die Stelle im ξ keinen Bedeutungszuwachs erkennen; damit wird aber auch die Frage, ob die Formulierung im ξ den Wortlaut des I voraussetzt, zweitrangig.

ξ 161–4 Nach den vagen Ankündigungen von Athene-Mentes gegenüber Telemachos, daß Odysseus wieder heimkehren werde (α 196–205), prophezeit hier erstmals Odysseus auf Ithaka seine eigene Rückkehr. Er knüpft daran eine konkrete Zeitangabe, die in seiner Prophezeiung vor Penelope wörtlich wiederkehrt (ξ 158–64 = τ 303–7). Wenn auch Etymologie und Bedeutung von λυκάβας unsicher bleiben (vgl. Hoekstra zu ξ 161), legt Odysseus damit sein Kommen unmißverständlich auf den nächsten Neumond fest. Welche Funktion dieser Termin in unserer Odyssee hat, hat Austin (1975, 239–253, im Anschluß an Frühere) zu klären versucht: Der Tag, an dem Bogenwettkampf und Freiermord stattfinden, ist Festtag des Apollon (υ 156; 276–8; φ 258–68), und zwar des Apollon Νουμήνιος (Schol. υ 155); diverse Angaben lassen erkennen, daß die Handlung in der kalten Jahreszeit angesetzt ist. Austin verweist nun darauf, daß die Hinweise auf das Kommen der Schwalben rund um den Freiermord das Kommen des Frühlings signalisieren, und schließt daraus, daß es sich beim angekündigten Termin um jenen Neumond handelt, der das Frühjahr bzw. das Neue Jahr einleitet; seiner daraus abgeleiteten Odyssee-Interpretation im Sinne eines Sonnen- und Mondsymbolismus wird man allerdings nicht mehr Folge leisten.

Einen wichtigen Schritt weiter führt Hölscher (1988, 251–8), der diese Zeitangaben mit dem von Penelope referierten Auftrag des Odysseus verknüpft, sie solle sich dann wieder vermählen, wenn Telemachos der Bart zu

wachsen beginne (vgl. zu σ 158–303); es handle sich dabei um die rituelle
Aufnahme des Jünglings Telemachos in den Stand der Männer, also das,
was im späteren Athen als Eintragung in den Ephebenstand gefeiert wurde, und dieser Festakt sei identisch mit der Neumondfeier zum Jahreswechsel. Odysseus kündige damit sein Kommen für genau jenen Termin
an, den er Penelope selbst gesetzt habe, und Penelope setze, weil sie im τ
die Koinzidenz erkenne, den Bogenwettkampf auf diesen Tag fest.

Hölschers These wurde durchwegs positiv aufgenommen. So schreibt
Erbse (Gnomon 61, 1989, 490): „Mancher Leser des Buches wird sich darüber wundern, daß das alles nicht längst so deutlich gesehen und klar gesagt wurde." Die Antwort darauf fällt leicht: Der Text unserer Odyssee
weist eben nicht darauf hin, daß es sich bei dem Termin um das Epheben-
fest des Telemachos handelt. Hölscher selbst geht auf diese Schwierigkeit
ein (257): „Man wird fragen, ob diese Beziehung Apollons auf die Jüng-
lingsreife, wenn sie denn gemeint sei, im Gedicht nicht deutlicher ausgesprochen sein müßte. Nicht — meine ich — wenn sie als das Selbstverständliche im archaischen Bewußtsein stand." Die dann angeführten „ausdrücklichen Hinweise" innerhalb des Textes haben aber ebenfalls nur Anspielungscharakter. Für Hölschers Konzeption ist klar, daß er das Motiv des
Termins für die Wiedervermählung der Frau und der Reife des Sohnes als
Element der ‚einfachen Geschichte' empfindet, die diesem Baustein unserer
Odyssee zugrundeliege. Damit wird aber deutlich, daß der Verweis auf das
„archaische Bewußtsein" allein nicht genügt, um das Verständnis der ursprünglichen Hörer für das postulierte Motiv zu erklären. Dabei würde sich
ja vor allem die Frage stellen, an welchem Punkt der Handlung der Hörer
den Zusammenhang zwischen dem von Odysseus genannten Termin und
der Ephebie des Telemachos, der im Text nirgends ausdrücklich hergestellt
wird, erstmals erfassen könnte. Die unbefriedigende Antwort darauf würde lauten, daß der Hörer die Zusammenhänge genau dann begreifen müßte, wenn Telemachos sich am bewußten Tag aufmacht, um auf der ἀγορά
am Apollonfest teilzunehmen (υ 144–6), und unmittelbar darauf Eurykleia
von dem Fest spricht (156); nach Hölscher müßte der Hörer dann damit
rechnen, daß Telemachos jetzt durch ein offizielles Ritual für erwachsen
erklärt werde; in unserem Text würden genau diese Erwartungen enttäuscht, da Telemachos mit den Freiern unverrichteter Dinge in den Palast
zurückkehrt, während sich die Ithakesier im Hain des Apollon versammeln
(υ 241–78). Es ist also auszuschließen, daß der Hörer der Odyssee den Text
nur aufgrund seiner religiösen Kenntnisse so auffassen konnte, als sei Telemachos hier offiziell zum Mann geworden.

Hölschers These läßt sich somit nur halten, wenn man davon ausgeht,
daß der Hörer der Odyssee das Motiv des durch Telemachs Mannbarkeit
gegebenen Termins zu Penelopes Wiedervermählung schon als Element

der Odysseus-Geschichte kannte, und daß unser Text diese Kenntnis voraussetzt und auf sie anspielt. Unter dieser Voraussetzung gewinnt Hölschers These allerdings wesentlich an Plausibilität, wie die Interpretation der einzelnen Stellen, an denen das Motiv wirksam ist, zeigen wird.

Wenn Odysseus gegenüber Eumaios den Termin nennt, zu dem Odysseus heimkehren werde, so kann der Hörer daraus nicht erkennen, wie lange es innerhalb der Handlung bis zum Erreichen dieses Zeitpunkts dauern wird, da der Text nicht verrät, wann der nächste Neumond eintreten wird. Ohne Vorkenntnisse handelt es sich für den Hörer also um eine Zeitangabe, die zwar für die Figuren der Handlung, nicht aber für ihn konkret faßbar ist. Wenn der Hörer jedoch Versionen kannte, in denen der Termin, zu dem Penelope sich wieder vermählen mußte, Funktion für die Handlung besaß, so konnte er die Angabe des Odysseus auf diesen Termin beziehen. Damit wurde ihm schon signalisiert, daß das Motiv des Termins in dieser Version seine ‚ursprüngliche' Funktion eingebüßt hat: Odysseus ist hier bereits in Ithaka und kann von dem bewußten Termin sprechen, ohne daß dieser unmittelbar bevorsteht. Tatsächlich werden ja noch drei Tage vergehen, bis es endlich so weit ist; das Motiv des Eintreffens des Helden im — konkret zeitlich gefaßten — letzten Moment ist damit unmißverständlich abgeschwächt. Dem Hörer ist damit signalisiert, daß das ihm bekannte Motiv auch in dieser Version seine Geltung haben wird, wenn auch auf einer anderen Ebene: Die Assoziation zu Telemachs Mannwerdung, die am Motiv des Termins hängt, bleibt aufrecht; der Hörer weiß aber, daß diese Mannwerdung hier schon eingesetzt hat, jedoch in Handlung umgesetzt ist: Sein Aufenthalt in Pylos und Sparta dient dazu, ihm κλέος zu verschaffen (α 95), das heißt, ihn mit den Attributen eines erwachsenen Mannes zu versehen (vgl. Patzer 1991). Der Hörer weiß auch, daß Voraussetzung für das Eintreten des Termins, den Odysseus gegenüber Eumaios nennt, Telemachs Rückkehr aus Sparta ist (vgl. zu ν 404–24). Die Ankündigung schließt also eine Festlegung des Termins im Sinne einer Tageszählung geradezu aus, verweist vielmehr darauf, daß Odysseus sich auch in dieser Version an jenem Termin, der in anderen Versionen wichtiges Element der Handlung war, zu erkennen geben wird. Die Zeitangabe richtet sich also nicht an Eumaios, sondern an den mit dem Motiv vertrauten Hörer.

ξ 171–3 Mit der Aufzählung von Penelope, Laertes und Telemachos erinnert Eumaios an das traditionelle ‚Empfangskomitee' des Odysseus (vgl. zu λ 66–8), schließt sich aber zugleich selbst in den engsten Familienkreis ein. Auch dies ließe sich als Hinweis darauf werten, daß Eumaios in dieser Version eine Rolle spielt, die sonst den Familienmitgliedern vorbehalten war.

ξ 174–84 θρέψαν ... ἔρνεϊ ἶσον (175) zitiert den traditionellen Gleichnistyp des jung gefallenen Kriegers, der mit einem eben herangereiften, vom

Wind entwurzelten Schößling verglichen wird (vgl. Edwards zu P 53–60). Dies signalisiert, unmittelbar nach dem Zitat des Termins, der durch die Erreichung der Mannbarkeit gegeben ist, daß Telemachos an exakt diesem Punkt der Handlung an die Schwelle der ,Jünglingsreife' gelangt ist. Wenn Eumaios dann auf die Gefahr der ihm nach dem Leben trachtenden Freier hinweist, suggeriert das eine Handlungsführung, in der Telemachos durch die Überwindung des Anschlags endgültig zum Mann reift (vgl. zu v 425–8). Unser Text wird diese Erwartung enttäuschen; Telemachos entrinnt den Freiern kampflos, sein κλέος wird sich erst beim Freiermord erfüllen.

ξ 199–359 Die Trugerzählung des Odysseus an Eumaios bietet so wie die an Athene keine konkreten Anhaltspunkte für mögliche Alternativversionen. Das vom ,Bettler' entworfene Schicksal ist, auch abgesehen von den genealogischen und geographischen Angaben, in vielen Punkten mit dem des Odysseus schlechthin unvereinbar; andrerseits wäre es denkbar, einen alternativen Irrfahrtenweg des Odysseus mit vielen hier verwendeten Elementen auszustatten. Bestimmte Charakterzüge des ,Kreters' lassen an den ,alten' Odysseus der vorhomerischen Tradition, besonders an die ungezügelte Abenteuerlust denken; die Angabe, er habe sich nach der Rückkehr von Troia sofort zu neuen Abenteuern aufgemacht, evoziert Versionen, in denen Odysseus bald nach seiner Heimkehr Ithaka wieder verließ. Hingegen weist der ,Kreter' nur wenig von der für Odysseus typischen List auf.

Die intensiven Berührungen mit dem Schicksal des Odysseus beginnen erst mit der Fahrt von Phoinikien nach Libyen (293ff.). Der ,Kreter' erleidet Schiffbruch, und zwar unmittelbar nach dem Aufbruch von Kreta; man kann sich hier kaum des Eindrucks erwehren, daß Kreta als ,letzte Station des Helden' eine Rolle spielt. Der ,Kreter' rettet sich auf den Mastbaum und landet am zehnten Tag an der Küste von Thesprotien. Dies ergibt für die Fiktion eines Berichts, der nicht ins Fabulöse ausgreift, eine unwahrscheinlich lange Strecke, die auf offenem Meer durchquert wird; die Kombination ,Abfahrt von Kreta – Schiffbruch – Landung in Thesprotien' wäre plausibler, wenn die Reise nicht nach Libyen, sondern nach Norden ginge, wie in jener Variante, die Odysseus Athene im v erzählt: Vorstellbar wäre für Odysseus, daß er Ithaka ansteuert, durch einen Seesturm Schiff und Gefährten verliert und nach Thesprotien getrieben wird. Die Parallele der Schicksale wird hier noch durch weitgehend wörtliche Übereinstimmungen mit der Beschreibung des Schiffbruchs im μ unterstrichen: ξ 301 ≈ μ 403, ξ 302–4 = μ 404–6, ξ 305–9 = μ 415–9, ξ 313b = μ 425b, ξ 314 ≈ μ 447. Für den Hörer zitiert Odysseus also seine eigene Erzählung vor den Phaiaken und teilt damit der Fahrt von Kreta nach Thesprotien jene Funktion zu, die in den Apologoi die Fahrt von Thrinakia zu Kalypso hatte. Die Aufnahme durch den Sohn des Thesproterkönigs und den König selbst

versteht sich dann als Parallele zur Aufnahme des Odysseus durch die
Phaiaken. Für den Weg des ‚Kreters' von Thesprotien nach Ithaka ist vor
allem interessant, daß er sich nur hier durch eine List, die eines Odysseus
würdig wäre, aus der Gewalt der Feinde rettet; als Perspektive für alternative Schicksale des Odysseus ergibt sich so eine Möglichkeit, Odysseus anders als durch Schiffbruch, aber trotzdem mittellos und somit als einen
‚echten', nicht nur verkleideten Bettler nach Ithaka gelangen zu lassen.

Auf einer anderen Ebene bewegen sich die Angaben des ‚Kreters' zum
fiktiven Aufenthalt des Odysseus in Thesprotien, die einen unmißverständlichen Hinweis auf eine alternative Irrfahrten-Version mit Thesprotien als
wichtiger Station darstellen (vgl. zu λ 1–640). Thesprotien ist hier die letzte
Station des Odysseus vor der Heimkehr; der Weg nach Dodona ins Landesinnere deckt die Funktion der Nekyia, der Teiresias-Prophezeiung und der
Entsühnung gegenüber Poseidon ab. Odysseus kehrt hier von den Thesprotern geleitet und mit Schätzen beladen nach Ithaka zurück, wobei er aber,
da er in Dodona zweifellos den Rat erhält, seine Ankunft geheim zu halten,
die Schätze in irgendeiner Form verbergen muß; die Angabe, Odysseus habe die Schätze „zusammengesammelt" (323 ὅσα ξυναγείρατ' Ὀδυσσεύς), bezeichnet einen aktiv durch die Welt ziehenden, nicht einen vom Schicksal
getriebenen Helden. Weitere Details dieser Version erschließen sich aus
dem Bericht des Bettlers vor Penelope (vgl. zu τ 269–99). Die Angaben zu
dieser Version stammen vom echten Odysseus, dessen Weg dem Hörer bereits bekannt ist, sind also im Rahmen unserer Odyssee eindeutig als un-
wahr markiert; trotzdem ist denkbar, daß der Odysseedichter die Auseinandersetzung mit konkurrierenden Versionen genau auf dieser Ebene
austrägt: Das Prinzip der Konkurrenz, der ἔρις zwischen Sängern (Hes. Erg.
24–6; vgl. Edwards 1990), die denselben Stoff behandeln, ist besonders raf-
finiert thematisiert, wenn die Version des Konkurrenten in der eigenen
Fassung als Lügengeschichte einer Figur der Handlung wiederkehrt.

ξ 240–2   Auch in der kürzestmöglichen Fassung des Trojanischen Krieges
(neun Jahre Kampf/Eroberung im zehnten Jahr/Heimfahrt; 241–2 ≈ ν 316–
7) ist die Tatsache erwähnt, daß ein Gott die Achaier zerstreut habe. Der
Zorn der Athene bildet also selbst in der beiläufigsten Erwähnung des
νόστος der Griechen ein Grundfaktum des Mythos.

ξ 372–7   Vgl. zu ξ 122–30. Eumaios malt die oben nur angedeutete Konstellation deutlicher aus, wonach in der Vergangenheit Fremde Nachrichten über Odysseus gebracht hätten; als neues Element tritt hinzu, daß solche Fremde von allen im Palast Anwesenden, also auch den Freiern,
befragt würden. Auch hier ist die Funktion einer solchen Szene in alternativen Versionen nicht erkennbar, im Gegensatz zum Auftritt von Athene-
Mentes im α: Dort ist der Bericht über vage Nachrichten von der Heimkehr

des Odysseus nicht Selbstzweck, sondern hat die Funktion, einen zweiten Handlungsstrang neben der Odysseus-Handlung zu eröffnen. Die knappe Angabe des Eumaios reflektiert daher wohl keine Version, in der (viele) Fremde im Palast Nachrichten über Odysseus verbreiten, sondern vielmehr das in (vielen) Versionen ausgeführte Motiv, daß der verkleidete Odysseus im Palast von sich selbst erzählt. Damit zeichnet sich ein interessanter Gegensatz zur Darstellung unserer Odyssee ab: In unserer Version macht Odysseus gegenüber den Freiern keine Angaben über Odysseus, behauptet also nicht, daß er ihm begegnet sei oder Nachrichten über ihn habe; am weitesten geht er diesbezüglich noch, wenn er vor Melantho die Möglichkeit erwähnt, daß Odysseus noch heimkehren könnte (τ 84); das Kommen des Odysseus wird den Freiern nur in der prophetischen Vision des Theoklymenos angekündigt (υ 350–70), wie zuvor in der Prophezeiung des Halitherses (β 171–6). Im Gegensatz dazu lassen die Angaben des Eumaios die Möglichkeit einer Version erkennen, in der Odysseus noch unerkannt auch den Freiern Trugerzählungen über seinen eigenen Verbleib auftischt (dies ein kanonisches Element im südslawischen Heimkehrerlied).

ξ 378–85   Im einzigen ausgeführten Beispiel für einen Fremden, der über Odysseus Lügengeschichten erzählt, finden sich Elemente, die auch in den Fiktionen des Odysseus stehen; vor allem spielt auch hier Kreta eine wichtige Rolle für die Heimkehr des Helden. Die Version unterscheidet sich von allen anderen Varianten aber darin, daß Odysseus hier bereits vor Kreta Schiffbruch erleidet und daß eine Rückkehr mitsamt den Gefährten angekündigt wird. Auch darin könnten sich Elemente anderer Versionen verbergen: Zwar konnte Odysseus wohl in keiner Version die Gefährten nach Ithaka retten; doch bildet die Version des Aitolers dazu keinen Widerspruch, da der fatale Schiffbruch noch auf der Fahrt von Kreta nach Ithaka passieren könnte, wie in der Version des Odysseus an Eumaios. Für das Selbstverständnis unserer Odyssee ist wichtig, daß nicht nur Odysseus selbst, sondern auch andere Figuren Alternativversionen vom νόστος des Odysseus erzählen, die ebenfalls ausdrücklich als Lügen abgelehnt werden.

ξ 449–52   Die Selbständigkeit des Sklaven Eumaios gegenüber Penelope und Laertes (ξ 451 = ξ 9, vgl. zu ξ 7–9) geht so weit, daß er auf eigene Kosten einen Sklaven erwerben kann. Die dahinterstehende Realität bleibt undurchsichtig (vgl. Hoekstra zu ξ 450–2 und ξ 4); die literarische Funktion der — für die Handlung überflüssigen — Angabe liegt darin, den Status des Eumaios weitestgehend dem eines Familienmitglieds des Odysseus anzugleichen. Diesem Zweck dient auch schon der unterschwellige Hinweis, daß Eumaios bei Penelope eine Vertrauensstelle einnehme (ξ 372–4).

ξ 462–506   Der αἶνος vom Mantel-Betrug erhebt den Anspruch, in den Kontext des Trojanischen Krieges zu gehören, weist aber zu keiner relevan-

ten Gegebenheit des Mythos einen Bezug auf. Den einzigen konkreten Anknüpfungspunkt bildet der Charakter des Odysseus; selbst die Figur des
Aitolers Thoas ist wohl auf den Kontext des ξ abgestimmt (vgl. Brennan
1987). Der fingierte Vorfall hat somit keine Grundlage in der Tradition,
sondern ist von der Figur Odysseus für die Situation im ξ erfunden. Auch
hier bestätigt sich das Prinzip, wonach Figurenerzählungen, die die Ereignisse in komprimierter Form und mit starkem Anspielungscharakter berichten, die Kenntnis des Hörers voraussetzen, während breit ausgeführte
Erzählungen Material ausbreiten, das nicht von der Tradition vorgegeben
ist: Der αἶνος des Odysseus setzt nur die Grundkonstellation des Trojanischen Krieges in ihrer allgemeinsten Form voraus, malt aber selbst die dargestellte Situation erschöpfend aus.

Odyssee 15

ο 1–3 Athene warnt vor der Möglichkeit, daß die Freier während Telemachs Abwesenheit seinen Besitz verzehren: eine ‚unmögliche Alternative‘, da die Tradition die rechtzeitige Rückkehr des Odysseus vorschreibt.

ο 15–8 Die Variante, daß Penelope von ihren eigenen Verwandten zur
Hochzeit gedrängt werde, widerspricht der Darstellung unserer Odyssee,
könnte aber in anderen Versionen ein Nebenmotiv gebildet haben; damit
würde übereinstimmen, daß Athene ausdrücklich Geschenke und Brautga-
ben des Eurymachos hervorhebt, was ebenfalls in Gegensatz zur Charakterisierung der Freier unserer Odyssee steht (vgl. zu ο 508–49; π 31–9).

ο 19–26 Daß Penelope Besitz des Odysseus in ihre neue Ehe überführen
könnte, muß in allen Versionen bloße Möglichkeit bleiben. Der in unserer
Version nur latent vorhandene Konflikt zwischen Telemachos und Penelope könnte aber in anderen Varianten ausgeführt gewesen sein.

ο 27–35 Telemachos erfährt erstmals vom geplanten Anschlag der Freier,
erhält aber sogleich Instruktionen, wie er ihm entgehen kann. Athene wiederholt dabei zunächst wörtlich ihre Andeutungen gegenüber Odysseus,
die einen Kampf mit den Freiern erwarten ließen (vgl. zu ν 425–8), korrigiert aber diese Erwartungen mit den konkreten Anweisungen an Telemachos: Er soll den Freiern entgehen, indem er einen inselfernen Kurs
steuert und den gefährlichen Teil der Reise in der Nacht zurücklegt. Damit
ist angekündigt, daß es zu keiner Konfrontation mit den Freiern kommen
und Telemachos unter Athenes Obhut heil nach Ithaka gelangen wird.

ο 36–42 Athene weist Telemachos an, nach der Landung auf Ithaka zu
Eumaios zu gehen, bei ihm die Nacht zu verbringen und durch ihn Penelope von seiner Rückkunft zu verständigen. Sie selbst gibt für diese Strategie

keine Begründung. Auch die Entwicklung der Handlung im π und ϱ läßt
aus Telemachs Warte die Notwendigkeit dieses Umwegs nur bedingt erkennen: Zwar scheint es sinnvoll, daß Telemachos den Freiern auch nach
dem Entrinnen aus der unmittelbaren Gefahr zunächst aus dem Weg geht,
doch wird dieses Motiv im weiteren Verlauf der Handlung nicht fruchtbar
gemacht. Auch der Weg des Eumaios zu Penelope ist auf der Figurenebene
nur schwach motiviert, da Penelope die Nachricht von der Heimkehr ihres
Sohnes auch von der Schiffsmannschaft erhält; auch hier steht im Vordergrund die handlungstechnische Funktion, mit der Entfernung des Eumaios
den nötigen Freiraum für den Anagnorismos zwischen Odysseus und Telemachos zu schaffen. Damit wird unübersehbar, daß Telemachs Weg zu
Eumaios nicht von den Figuren-Interessen bestimmt ist, sondern primär
dazu dient, die Handlungsstränge der Telemachie und der Odysseushandlung zueinanderzuführen. Telemachos benötigt den äußeren Anstoß durch
Athene, um den für ihn überflüssigen Weg zu Eumaios zu wählen. Athenes
Regieanweisung markiert also die Künstlichkeit des Arrangements, durch
das in dieser Version Odysseus und Telemachos bei Eumaios zusammenge-
führt werden. Die erzähltechnische Schwierigkeit wird hier genauso hervorgehoben wie im ν, wenn Athene Odysseus den Auftrag gibt, so lange
bei Eumaios zu warten, bis Telemachos auf Ithaka eintrifft (vgl. zu ν 404–
24). Die Koordination der Handlungsfäden wird ausdrücklich thematisiert.

ο 75–85 Nach der Beteuerung, ein Gast dürfe nicht gegen seine Absicht
festgehalten werden, macht Menelaos zwei Versuche, gegen dieses Prinzip
zu verstoßen. Zunächst versucht er, durch ein Abschiedsmahl Telemachs
Abreise hinauszuzögern; dann macht er ihm das Angebot, mit ihm zusammen durch Griechenland zu reisen, um Schätze zu sammeln. Damit wird
die Motivkette wieder aufgenommen, die im δ begonnen hat und die vielleicht jene Geschichte zitiert, in der Odysseus von Ikarios in Sparta festgehalten werden sollte (vgl. zu δ 174–80; 587–623). Hier ist das Motiv noch mit
einem weiteren Odysseus-Motiv kombiniert: Das Schätzesammeln quer
durch Griechenland ist in unserer Odyssee wiederholt als alternative Perspektive zu den Irrfahrten des Odysseus erwähnt (vgl. zu α 3–4).

ο 105–8 Es finden sich wörtliche Übereinstimmungen zu jener Stelle im Ζ,
wo Hekabe aus ihrem Thalamos eine Opferweihgabe holt:

ἔνθ' ἔσαν οἱ πέπλοι παμποίκιλοι, ἔργα γυναικῶν
Σιδονίων, τὰς αὐτὸς 'Αλέξανδρος θεοειδὴς
ἤγαγε Σιδονίηθεν ἐπιπλὼς εὐρέα πόντον,
τὴν ὁδὸν ἣν Ἑλένην περ ἀνήγαγεν εὐπατέρειαν·
τῶν ἕν' ἀειραμένη Ἑκάβη φέρε δῶρον 'Αθήνῃ,
ὃς κάλλιστος ἔην ποικίλμασιν ἠδὲ μέγιστος,
ἀστὴρ δ' ὣς ἀπέλαμπεν, ἔκειτο δὲ νείατος ἄλλων.   (Ζ 289–95)

Die Übereinstimmung wurde von Analytikern mit der Übernahme aus der
Ilias erklärt, wobei man sich bemühte, die ‚Fehler' des Nachahmers herauszustellen. Heute ist man eher der Ansicht, daß gerade die formelhafte Beschreibung von Objekten besonders stark zur Typisierung und wörtlichen
Fixierung tendiert, so daß eine direkte Beziehung zwischen den beiden
Stellen unwahrscheinlich ist. Auch Usener (1990, 186–8, mit Literatur) hebt
diese Optik hervor, glaubt aber, daß in der Odyssee mit dem weiteren Kontext des Z auch die Begegnung zwischen Hektor und Andromache ‚nachge-
ahmt' sei. Wenn man aber von einem Einfluß der Ilias spricht, der über eine
rein mechanische Übernahme hinausgeht, muß man anders argumentieren.
Bei der Beschreibung von Gewandtruhe und Peplos handelt es sich um eine ‚typische Szene', die keine individuellen Züge aufweisen und jeweils im
typischen Kontext eingesetzt werden soll: ‚Frau sucht aus ihrem Tuchvorrat
zu einem besonderen Anlaß das kostbarste Stück hervor.' Da die homerische Frau selbst webt, scheint es natürlicher, wenn das kostbarste Stück
von der Herrin selbst (Helena) als von Sklavinnen (den Frauen aus Sidon
im Z) angefertigt ist. Im Kontext des Z wird ein Zusammenhang zur Fahrt
des Paris und damit zu Helena und der Ursache des Krieges hergestellt; der
Peplos wird geradezu zu einem Symbol für die Kriegsschuld der Troer und
damit zu einer denkbar ungeeigneten Weihgabe an Athene. Dabei gehen
die Assoziationen automatisch auch zu jener Ilias-Stelle, wo Helena selbst
webt und dabei den Trojanischen Krieg in Kunst einfängt (Γ 125–8). Sofern
man also nicht von Abhängigkeit, sondern von einem Zitatverhältnis zur
Ilias sprechen will, besteht der erste Anknüpfungspunkt in der Figur Helenas. Die Aufmerksamkeit des Hörers wird damit über Hekabes Peplos im Z
auf Helenas Gewebe im Γ gelenkt, und der Hörer kann daraus zusätzliche
Bedeutung für die Szene im o ableiten: Der Peplos, den Helena selbst erzeugt hat und nun Telemachos schenkt, trägt in sich die Erinnerung nicht
nur an sie selbst (126 μνῆμ' Ἑλένης χειρῶν), sondern auch an die Darstellung des Trojanischen Krieges; er ergänzt die Erzählungen von Helena und
Menelaos im δ und wird zum Symbol für die Erfahrung heroischer Identität und Kontinuität, die Telemachos aus Sparta mitnimmt (vgl. zu δ 113–9).

o 113–9 Der Wortlaut ist identisch mit δ 613–9, die Verse fehlen aber in
etlichen Codices, einem Papyrus und vielleicht einem Papyruskommentar.
Die Argumente für und wider die Echtheit sind referiert bei Apthorp (1980,
200–227), der die Verse aufgrund äußerer und innerer Evidenz als nachari-
starchische Interpolation bezeichnet. Was die innere Evidenz betrifft, steht
jedoch nur fest, daß das Fehlen der Verse keine eklatante Sinnstörung bewirken würde; was die äußere Evidenz betrifft, so ist Apthorps Prinzip nur
bedingt anwendbar (vgl. van Thiel, Odyssee-Edition, XIIIf.). Denkbar wäre,
daß ein antiker Philologe die Verse als ‚unpassende' Wiederholung athe-

tiert hat, was dann ihr Fehlen in guten Textzeugen erklärt. Zur Funktion
der Verse im o gehe ich auf die Debatte, die den alten Analytiker-Unitarier-
Streit illustriert, nicht ein, verweise aber auf einen zusätzlichen Aspekt:

Menelaos hat den κρητήρ, den er Telemachos überreicht, als Geschenk
von Phaidimos, dem König der Sidonier, erhalten, als er sich im Zuge seines νόστος bei ihm aufhielt. Das ergibt eine auffällige Parallele zur Geschichte des Peplos im Z (vgl. zu o 105–8): Der Peplos ist dort das Werk jener sidonischen Frauen, die Paris von jener Reise mitgebracht hat, die dem
Raub der Helena diente. Es kann kaum Zufall sein, daß die Beschreibungen
zweier Objekten, die im Text der Odyssee unmittelbar aufeinander folgen
(105–8; 113–9), in unterschiedlicher Weise derart enge Bezüge zu der einen
Beschreibung des Z aufweisen: Die Beschreibung von Helenas Peplos
stimmt wörtlich mit der des Peplos der Hekabe überein, wobei allein die
Angabe zur Herkunft der sidonischen Frauen durch die knappe Bemerkung ‚ersetzt' ist, Helena habe die Gewänder selbst gefertigt; genau diese
‚Lücke' ist gefüllt durch die Geschichte von der Herkunft des κρητήρ, in
der die Reise des Menelaos der Reise des Paris nach Sidon entspricht. Akzeptiert man diese Erklärung, so erhält man auch erstmals eine Antwort auf
die Frage, welche Funktion in unserer Odyssee die Hinweise auf einen
Aufenthalt des Menelaos in Phoinikien haben: Menelaos muß nach der
Sicht der Odyssee auf seinem νόστος dieselben Stationen aufsuchen, die
Paris beim Raub der Helena besucht hat. Man könnte das sogar als Hinweis
darauf verstehen, daß Paris so wie Menelaos in Ägypten gewesen sein
muß, womit auch die Version der ‚Helena in Ägypten' zitiert wäre. Was das
Verhältnis o 113–9 = δ 613–9 betrifft, so kommt die Beziehung, die zwischen
der Reise des Menelaos und der des Paris hergestellt wird, deutlicher im
Kontext des δ zum Ausdruck, wo Menelaos unmittelbar zuvor ausführlich
von seinem Ägyptenaufenthalt erzählt hat. Die Passage ist dann im o aus
dem δ wiederholt, und zur Verdeutlichung der Beziehung auf die Passage
im Z, die mit der Beschreibung des κρητήρ vergegenwärtigt wird, ist hier
das wörtliche Zitat aus der Ilias unmittelbar vorangestellt. Das Iliaszitat ist
damit zuerst nur durch die inhaltliche Beziehung hergestellt, dann aber
durch eine zusätzliche, nun wörtliche Wiederholung markiert.

o 142–83   Die Darstellung hat Kritik hervorgerufen: Telemachos und Peisistratos fahren mit dem Wagen los, Menelaos geht ihnen nach, stellt sich
vor die Pferde und bringt ein Trankopfer dar; Telemachos antwortet, es erscheint ein Vogelzeichen, Peisistratos bittet Menelaos um Deutung, Helena
deutet das Zeichen auf Heimkehr und Rache des Odysseus; Telemachos
dankt und lenkt die Pferde zur Stadt hinaus. Auf der Ebene der homerischen Darstellungstechnik hat Edwards (1975, 61–7) die Unplausibilität dieses Ablaufs plausibel mit der Überschneidung von zu vielen ‚typischen

Szenen' erklärt. Damit ist aber nicht erklärt, welche Funktion die Anhäufung der diversen Szenentypen hier hat. Eine Erklärung mag darin liegen,
daß die Szene des Vogelzeichens, auf die das Vorangehende hingeordnet
ist, voraussetzt, daß sich alle Beteiligten im Freien aufhalten; Telemachos·
muß deshalb bereits aufgebrochen sein, Menelaos muß einen Grund haben,
ihm nachzufolgen; diese Konstellation wäre im Rahmen einer an Szenentypen orientierten Darstellungsweise anders kaum erreichbar. Auch diese
Erklärung belastet aber letztlich den Dichter mit einem ‚Fehler', wenn er
auch hier als positive Darstellungsabsicht erklärt wird. Es ist also ratsam,
eine zusätzliche Funktion der Darstellung zu suchen. Nun fügt sich gerade
das am meisten kritisierte Element der Szene, der durch Menelaos verzögerte Aufbruch des Telemachos, gut zu jenen Stellen, an denen Menelaos
Telemachos bei sich behalten oder zumindest seine Abreise verzögern will.
Hier zeigt sich auch die auffälligste Übereinstimmung mit der bei Pausanias referierten Geschichte von Ikarios, Penelope und Odysseus: ... καὶ ἐξορμωμένης ἐς Ἰθάκην ἐπακολουθῶν τῷ ἅρματι ... (vgl. zu δ 174–80). Der markanteste Zug der Geschichte, daß nämlich Ikarios, der Odysseus (und Penelope) bei sich in Sparta behalten wollte, sogar dem Wagen bis zur Stadt
hinaus folgte, könnte somit in der Odyssee damit zitiert sein, daß Menelaos
dem Wagen des Telemachos zumindest ein gewisses Stück folgt. Die Motivkette würde damit einen markanten Abschluß erhalten.

o 151–3   Das innige Verhältnis zwischen Nestor und Menelaos vor Troia
wird von der Ilias nicht bestätigt. Man könnte an eine Kyprien-Episode
denken, die Proklos so referiert (§ 19f. Kullmann): καὶ πρὸς Νέστορα παρα-
γίνεται Μενέλαος. Νέστωρ δὲ ἐν παρεκβάσει διηγεῖται αὐτῷ ὡς Ἐπωπεὺς
φθείρας τὴν Λύκου θυγατέρα ἐξεπορθήθη, καὶ τὰ περὶ Οἰδίπουν καὶ τὴν Ἡρα-
κλέους μανίαν καὶ τὰ περὶ Θησέα καὶ Ἀριάδνην. Dieses Referat wurde mit
einem Kyprienfragment in Verbindung gebracht:

> οἶνόν τοι, Μενέλαε, θεοὶ ποίησαν ἄριστον
> θνητοῖς ἀνθρώποισιν ἀποσκεδάσαι μελεδῶνας.   (fr. 15 Davies)

Die Kombination der beiden Quellen (vorgeschlagen von Welcker 1849, 99)
läßt vermuten, daß Nestor Menelaos in den Kyprien Trost spendete und
damit zu ihm wahrhaft πατὴρ ὣς ἤπιος war. Die Episode war in mündlicher
Form wohl schon dem Verfasser der Aufschrift auf dem ‚Nestorbecher von
Ischia' bekannt (vgl. Danek 1994/5), war also in der mündlichen Tradition
eine weithin bekannte Geschichte. Der Verweis des Menelaos auf Nestors
Güte muß sich natürlich nicht ausschließlich auf die eine Episode beziehen;
weitere Geschichten konnten das Verhältnis zwischen Nestor und Menelaos ähnlich erscheinen ließen. Wesentlich scheint jedoch, daß die im o angedeutete Konstellation nicht als Spontanerfindung des Odysseedichters
gelten muß, nur weil sie keinen Anhaltspunkt in der Ilias bietet.

o 156–9 Telemachs Wunsch malt eine Variante aus, in der er bei der Heimkehr den Vater bereits im Haus, also schon nach dem Freiermord, antrifft. Telemachos wäre aber in einer solchen Version regelrecht vom Schauplatz entfernt, was keine plausible Alternative ergibt: In Versionen, in denen Telemachos überhaupt eine Rolle spielte, lag seine natürliche Funktion in seiner Beteiligung am Freiermord.

o 176–8 Beide von Helena genannten Alternativen entsprechen, wenn auch zeitlich versetzt, dem Gang unserer Odyssee. Mit der zweiten Möglichkeit, wonach Odysseus bereits „zu Hause" sei, wird aber aus der Figurenperspektive die Möglichkeit heraufbeschworen, Odysseus könnte den Freiermord noch vor Telemachs Rückkehr vollziehen. Die Funktion dieser Optik besteht darin, Telemachos zu größtmöglicher Eile anzutreiben.

o 194–216 Das Vermeiden der Alternative, bei Nestor ein zweites Mal einzukehren, ist durch den zu einer Überlegungs-Entscheidungs-Szene stilisierten Dialog zwischen Telemachos und Peisistratos (202–4) als auffällig markiert. Ob es tatsächlich Versionen gab, in denen Telemachos auch auf dem Rückweg Nestor besuchte oder in denen er auf seinem Rückweg gar nicht bei Nestor Halt machen mußte (etwa wenn er von Pylos mit dem Schiff nach Kreta weitergefahren war, vgl. zu α 93), läßt unser Text offen.

o 223–56 Die lange Genealogie des Theoklymenos hat der Forschung diverse Probleme bereitet. Im Zentrum steht die Frage, welche Funktion die 34 Verse lange Vorstellung einer Figur hat, der im weiteren Handlungsverlauf nur wenige Szenen gewidmet sind (Page 1955, 84). Dabei genügt es nicht, alle Theoklymenos-Szenen des o, ϱ und υ zu analysieren und daraus abzuleiten, daß eine Figur, deren Funktion für die Handlung unbestreitbar ist, auch eine beliebig lange Vorstellung erhalten kann (in diesem Sinne Erbse 1972, 42–54). Angesichts der Diskrepanz zwischen Einführung und Stellung in der Handlung gilt es vielmehr zu fragen, ob der Exkurs eine Aussage enthält, die über den nackten Informationsgehalt der Genealogie hinausgreift. Dabei ist davon auszugehen, daß die Form der Genealogie mit eingelegter Mythenerzählung jene der mythologischen Exempla der Ilias ist, daß es sich im o aber um keinen Figurenbericht, sondern den Bericht des Erzählers handelt (Friedrich 1975, 54f). Diese Differenz macht die entscheidende Schwierigkeit: Der Mythos wird nicht von einer Figur A einer Figur B erzählt, um diese zu beeinflussen, sondern vom Erzähler dem Hörer; es gilt zu klären, ob und inwiefern der Hörer beeinflußt werden soll.

Wesentlich für das Verständnis des Exkurses sind die Beobachtungen von Heubeck (1954, 19–22; 29–32): Die Darstellung der ersten Hälfte, der Melampus-Geschichte, ist fragmentarisch, läßt sich zwar aus dem ebenfalls fragmentarischen Referat derselben Geschichte in λ 281–97 ergänzen, setzt aber die Kenntnis der kompletten Geschichte beim Hörer voraus; wichtige

Gegebenheiten sind in beiden Referaten nur andeutungsweise erwähnt. Die Geschichte mußte also in epischen Versionen ausführlicher dargestellt sein. Während die Pherekydes-Version der Geschichte (vgl. Schol. λ 287) die Kontamination zweier alternativer Versionen bildet (Heubeck 21f.), beziehen sich die Referate des λ und des o auf ein und dieselbe Version: Melampus wird von Iphiklos (nicht Phylakos) gefangengesetzt, prophezeit den Einsturz des Hauses (was impliziert, daß ihm kein Glauben geschenkt wurde) und entkommt selbst der κήϱ (die Pherekydes-Version, in der Melampus die Holzwürmer belauscht und sich aus dem Gefängnis tragen läßt, wobei nur die ‚böse' Wächterin durch den Einsturz umkommt, zeigt den Einfluß rationaler Mythendeutung und klammert zugleich aus Rücksicht auf die alternative ‚Sehertat' des Melampus, die Heilung des Iphiklos, den Tod weiterer Menschen aus).

Daß diese Angaben zu Melampus ein Licht auf seinen Urenkel Theoklymenos werfen, wurde längst gesehen. Mit seiner Genealogie wird dieser als Mitglied einer berühmten Seherfamilie eingeführt, was seinen Prophezeiungen entsprechendes Gewicht verleiht, allerdings nur für die Hörer, nicht für die Figuren der Handlung, denen die Genealogie ja verborgen bleibt. Man hat auch beobachtet, daß in der Version des o (im Gegensatz zum λ) für das Schicksal des Melampus das Motiv der Flucht bzw. des Exils im Vordergrund steht, womit jener Aspekt beleuchtet ist, der den ersten Auftritt des Theoklymenos bestimmt. Diese Beobachtungen lassen bereits eines erkennen: Die Erzählung vom Schicksal des Melampus hat, wie vermutet, *exemplum*-Charakter; sie richtet sich an den Hörer und fordert ihn auf, Informationen, die er über Melampus erhält, auf Theoklymenos zu übertragen. Dabei ist darauf zu achten, welche Aspekte der Geschichte in den Hintergrund gedrängt und welche besonders hervorgehoben sind.

Zunächst fällt auf, daß jene Sehertat, die eigentlich das Zentrum der rekonstruierten Geschichte des Melampus bildet, in der Version des o überhaupt nicht erwähnt wird, obwohl sie eine exzellente Parallele zu jener Szene abgäbe, die den markantesten Auftritt des Theoklymenos in der Odyssee enthält: Melampus prophezeit bei Iphiklos den Einsturz des Hauses, entgeht aber selbst dem Tod; genauso prophezeit Theoklymenos im υ den Freiern den baldigen Untergang, dem er selbst sich entzieht. Gerade dieser Aspekt soll aber im o in den Hintergrund treten; die Szene im υ bedarf sichtlich nicht der Deutung durch die Melampus-Geschichte. Der Aspekt, der die Darstellung zwischen der durch das Fluchtmotiv gebildeten Klammer (228/238) dominiert, ist vielmehr ein anderer, nämlich das Verhältnis zwischen Melampus und Neleus. Neleus ist als Gewalttäter dargestellt, der während der Abwesenheit des Melampus dessen Besitz in Beschlag nimmt. Melampus gelingt es bei seiner Rückkehr, Rache zu nehmen — also sichtlich seinen Besitz zurückzuerlangen — und die ihm zustehende

Tochter des Neleus in seine Hand zu bekommen; die Formulierung καὶ ἐτί-
σατο ἔργον ἀεικὲς / ἀντίθεον Νηλῆα (236f.), in Verbindung mit der folgenden Flucht des Melampus, suggeriert sogar, daß Neleus dabei getötet wird.

Diese Elemente finden sich in keinem weiteren Zeugnis der Geschichte, und man spürt die Verlegenheit der Scholiasten (BQ), den Wortlaut zu
erklären: ἢ τὰ ἴδια χρήματα ἀναλαβὼν τὸν κατέχοντα ἐτιμωρήσατο. τιμωρία
γὰρ ἦν ἀφαιρήσεσθαι χρημάτων τὸν περὶ χρήματα ἄπληστον. Und weiter:
Μετὰ τὸ ἐνεχθῆναι τὰς βοῦς Νηλεὺς οὐ παρεῖχε τὴν κόρην ἕως ὅπου μάχῃ
νενίκηται ὑπὸ τῶν Ἀμυθαονιδῶν. Da auch diese Schlacht in anderen Quellen
nicht erwähnt wird, drängt sich der Verdacht auf, daß alle jene Elemente
der Geschichte, die im o zur negativen Charakterisierung des Neleus beitragen, keine Bestandteile der ‚ursprünglichen' Geschichte sind, sondern
vom Odysseedichter für die Aussage des *exemplum* ‚erfunden' wurden. Dieses Verfahren eines freien Umgangs mit dem überlieferten Mythos ist von
den mythologischen Paradeigmata der Ilias her bekannt (Meleager im I;
Niobe im Ω; vgl. Willcock 1964) und wurde von Heubeck (1954, 31) auch
für unser *exemplum* vermutet, allerdings nur für den Aspekt des φεύγειν.
Das Verhältnis zwischen Melampus und Neleus rückt aber ein anderes, für
die Odyssee zentrales Motiv in den Vordergrund: Melampus ist ein Held,
dem die Heimkehr verwehrt ist, während sich ein anderer seines Besitzes
bemächtigt; es gelingt ihm aber, heimzukehren und Rache zu üben. Zugrundegelegt ist also das Muster der Heimkehr des Odysseus, mit dem sich
einige Elemente des Melampus-Mythos nur schlecht vereinen lassen. Melampus wird damit zu einem mythischen Vorbild für Odysseus umstilisiert,
seine Heldentat besteht weniger in der Prophezeiung als in der damit er-
wirkten Heimkehr und Wiedereinsetzung in seine Rechte.

Dies wirft ein zusätzliches Licht auf die Figur des Theoklymenos, auf
die ja der Hörer das ‚mythologische Exemplum' des Melampus umzulegen
hat: Mit der Vorgabe seines mythologischen ‚Urbildes' werden auch auf ihn
Erwartungen projiziert, die ihn zum Typus des ‚Heimkehrers' stilisieren.
Neben das Bild des klassischen Sehers, das die Darstellung dominiert, treten also die Züge des Heimkehrers, und er wird damit in einem gewissen
Sinn zum Double des Odysseus stilisiert. Daß gerade dieser Aspekt des
Theoklymenos, seine Funktion als eine Art Doppelgänger des Odysseus,
nicht von der Hand zu weisen ist, wird sich aus weiteren Indizien zeigen.

Im Gegensatz zur mythologischen Erzählung steht im genealogischen
Katalog das Bestreben im Vordergrund, die Sehergabe des Theoklymenos
über die direkte Familienlinie auf den großen Stammvater und mythischen
Seher schlechthin zurückzuführen. Die dabei ausgeführten genealogischen
Verzweigungen lassen vermuten, daß die Figur des Theoklymenos nicht in
der Tradition verankert war: Er stammt, wie man leicht sieht, aus einer Ne-
benlinie der Familie, während die große Tradition der Sehergabe innerhalb

der Familie durch Melampus und Amphiaraos repräsentiert ist. Ich vermute nun, daß der Odysseedichter die traditionelle Genealogie der Familie manipuliert hat, um seinen Seher Theoklymenos als Melampodiden zu legitimieren; ein Vergleich mit der bei Paus. 6, 17, 6 angeführten Version der Melampus-Genealogie kann uns dabei auf die Spur führen, an welcher Stelle die Erweiterung ansetzt. Pausanias will die Verbindung von Melampus zu Klytios aufzeigen und liefert eine einfache genealogische Kette: Melampus – Mantios – Oikles – Amphiaraos – Alkmaion – Klytios. Im o ist diese Kette zwischen Mantios und Oikles unterbrochen, und nicht Mantios ist der Stammvater der berühmten Familienlinie, sondern sein Bruder Antiphates. Es handelt sich dabei um das schwächste Glied in der von der Tradition festgelegten Kette der Melampodiden: Unumstößlich sind Angaben zu jenen Figuren, die Hauptträger von Geschichten sind, also zu Melampus und Amphiaraos; damit darf auch am Namen des Melampus-Sohnes und des Amphiaraos-Vaters nicht gerüttelt werden. Die Verbindung zwischen Mantios und Oikles, zwei Gestalten, von denen wir über ihre genealogische Funktion hinaus wenig wissen, läßt sich hingegen leicht aufbrechen. Ich denke, daß Homer an dieser Stelle ansetzt, den traditionellen Melampus-Sohn Mantios von der Linie, die von Melampus zu Amphiaraos führt, abkoppelt und für eine ‚neue' Linie, die zu Theoklymenos führt, beansprucht. Der Sohn des Mantios und Vater des Theoklymenos, Polypheides, über den es ebenfalls keine Geschichten gibt, erhält seine Sehergabe gleichsam durch Querübertragung aus der traditionellen Seherlinie. Die Sehergabe springt nach dem Tod des Amphiaraos auf die ‚neue' Linie über; Polypheides muß aus Argos, dem Sitz der traditionellen Linie, auswandern, da die Tradition nichts von einem weiteren Seher des Geschlechts nach Amphiaraos in Argos wußte (vgl. van der Valk 1986, 79f.). Wenn diese Vermutung stimmt, so hätten wir ein weiteres Indiz für die oft geäußerte Annahme, daß die Figur des Theoklymenos nicht in der Tradition verankert, sondern vom Odysseedichter eigens für ihre Funktion in der Odyssee ‚erfunden' ist.

o 272–6 Die Angaben zur Flucht des Theoklymenos sind in sich nicht ganz stimmig. Dieser hat ein Mitglied seiner Phyle erschlagen, wird von dessen Verwandten verfolgt und befindet sich auf der Flucht; soweit handelt es sich um das in Ilias und Odyssee gut belegte typische Motiv. Auch daß Theoklymenos als möglichst sicheres Fluchtmittel ein Schiff wählt, fügt sich dazu. Doch wenn ein Mörder zu Schiff flieht, geschieht das möglichst bald nach der Tat und vor allem unmittelbar vom Tatort aus. So begibt sich der ‚Kreter' in seiner fingierten Lebensgeschichte unmittelbar nach dem Mord am verhaßten Rivalen an Bord des Schiffes (ν 272 αὐτίκ' ἐγὼν ἐπὶ νῆα κιὼν ...); komplizierter ist das bei der Lebensgeschichte des Tlepolemos (B 661–70), weil dort das Motiv ‚dringliche Flucht' mit dem Motiv ‚reguläre

Ausfahrt zu einer Koloniegründung' kombiniert ist (Tlepolemos muß trotz
der Drohungen der Verwandten des Getöteten zuerst Schiffe bauen und
Kolonisten sammeln, tut dies dafür aber αἶψα). Theoklymenos ist hingegen,
anstatt sofort in Hyperesia/Argos Zuflucht auf einem Schiff zu suchen,
quer durch die Peloponnes geflohen, bevor er in Pylos endlich auf Telemachos gestoßen ist. Damit wird Theoklymenos auch zu einem Mann, der
bereits viel herumgekommen ist (κατ' ἀνθρώπους ἀλάλησθαι 276) und gewinnt weitere Parallelen zur Gestalt des Odysseus.

In diesem Zusammenhang ist zu beachten, daß Telemachos Theoklymenos an Bord nimmt, ohne seinen Namen oder Herkunft zu erfahren. Das
hat verschafft dem Hörer einen Informationsvorsprung bezüglich der Sehergabe des unbekannten ἱκέτης (Erbse 1972, 42–54; Bannert 1988, 81–7).
Unterstrichen wird damit aber auch, daß Telemachos eben nicht weiß, wer
es ist, den er mit sich nach Ithaka zurückbringt. Theoklymenos ist auf Ithaka ein anonymer Fremder, der Prophezeiungen über das baldige Kommen
des Odysseus macht, nicht anders als Odysseus selbst; vergleichen läßt sich
damit die Anonymität des Odysseus bei den Phaiaken. Man könnte daher
vermuten, daß Theoklymenos in unserer Odyssee eine Rolle verkörpert,
die in anderen Versionen von Odysseus selbst eingenommen war. Damit
würde sich eine Variante abzeichnen, in der Telemachos auf die Suche nach
dem Vater geht und mit einem unbekannten Fremden zurückkehrt, der
niemand anderer als Odysseus selbst ist. Will man über den Ort ihrer Begegnung Mutmaßungen anstellen, so bietet sich nicht Pylos an — die um-
ständliche Flucht des Theoklymenos signalisiert ja, daß es sich dabei nicht
um eine ‚natürliche' Variante des Motivs handelt —, sondern Kreta: Kreta
spielt in den fiktiven Biographien des Odysseus eine große Rolle, sowohl
als sein Geburtsort als auch als Ausgangspunkt für seine Flucht, die ihn
schließlich nach Ithaka führt; Kreta taucht aber auch in einer *varia lectio* als
Zielpunkt der Reise des Telemachos auf (vgl. zu α 93). Damit verfestigt sich
der Eindruck, daß unser Text aus verschiedenen Blickwinkeln auf alternative Versionen verweist, in denen Telemachos nach Kreta fährt und Odysseus von Kreta nach Ithaka kommt. Die Figur des Theoklymenos hat dann
die Funktion, den Odysseus solcher Versionen zu zitieren: Die Szene im ο
ist Zitat der ersten Begegnung zwischen Telemachos und Odysseus; die
weiteren Theoklymenos-Szenen zitieren Szenen, in denen sich der verstell-
te Odysseus als Seher geriert und seine eigene Ankunft voraussagt.

Damit ist auch erklärt, warum Theoklymenos in unserer Odyssee trotz
der pompösen Vorstellung im ο im Verlauf der Handlung eine so bescheidene Rolle spielt: Die umfangreiche Szene seines ersten Auftritts im ο soll
den Charakter des Zitats, das seine Figur darstellt, hinreichend kenntlich
machen; seine wenigen weiteren Auftritte führen das Zitat fort, und für
den Hörer wird damit deutlich, daß Theoklymenos nur die Aufgabe hat,

jene aus anderen Versionen bekannten Aspekte des Odysseus zu übernehmen, die der Held selbst in dieser Version nicht erfüllt.

o 304–39   Odysseus malt als Alternative zu Athenes Plan eine Handlung
aus, wo er ohne Unterstützung durch Telemachos oder Eumaios im Palast
eintrifft und daher auch nicht deren Schutz vor den Freiern genießt. Da
durch Athenes Regieanweisungen festgelegt ist, daß Odysseus bei Eumaios
bis zu Telemachs Eintreffen warten muß, ist ein früheres Aufbrechen sowohl auf der Text- als auch auf der Figurenebene undenkbar: Nur Athene
könnte für Odysseus diesen Plan korrigieren. Eumaios bestätigt Athenes
Plan, wenn er den Bettler auffordert, bis zu Telemachs Rückkehr bei ihm zu
bleiben; aus der Perspektive des Odysseus ist sein Vorschlag daher nur als
Test der Gastfreundschaft des Eumaios intendiert. Für den Hörer konnten
damit aber Versionen zitiert sein, in denen Odysseus allein in den Palast
kam, wobei sich bei einer solchen Handlungsführung gegenüber dem Verlauf unserer Odyssee nicht viel ändern würde: Auch dort würde Odysseus
den Kontakt mit Penelope suchen (314) und bei den Freiern betteln (316);
dort müßte er jedoch tun, was er in unserer Version nur halbherzig vorschlägt, nämlich sich den Freiern als Hausdiener anbieten (317–24). Die
Antwort des Eumaios auf diesen Vorschlag bezeichnet das Wesen der Differenz zwischen den einander so gegenübergestellten Versionen: Ein Odysseus, der den Freiern dient, ist nur möglich, wenn die Freier positiver gezeichnet sind; er ist ausgeschlossen in unserer Version, wo ihre Hybris so
weit geht, daß selbst ihre Diener luxuriös gewandet sind; mitzuhören ist
dabei, daß auch dies auf Kosten des Hausherrn geht. Damit schimmert
auch hier eine Version durch, in der die Freier gleichsam ‚korrekt' um Penelope anhalten, so daß ihre Ermordung moralisch fragwürdig bleibt.

o 347–60   Die Erkundigung nach Laertes (nicht nach Antikleia) ist auf der
Figurenebene notwendig, da Odysseus nicht wissen kann, ob Laertes noch
am Leben ist. Die Antwort signalisiert, daß Laertes knapp vor dem Tod
steht, daß es also für Odysseus höchste Zeit wäre, ihn aufzusuchen und
seine Rückkehr zu melden. Damit ist wieder einmal die Möglichkeit the-
matisert, daß Odysseus auf seinem Weg nach Hause Station bei Laertes auf
seinem Landgut macht; angedeutet könnte damit auch die Möglichkeit
sein, daß Laertes im Kontext der Heimkehr seines Sohnes stirbt.

o 361–70   Die Angaben zur engen Beziehung zwischen Eumaios und Antikleia sollen den Hörer überraschen (vgl. Minchin 1992). Schon daß Odysseus eine Schwester (oder mehrere, wie der Superlativ ὁπλοτάτην andeutet)
hat, ist sonst nirgends erwähnt; Ktimene hat auch keine Funktion für die
Handlung. Traditionell wirkt hingegen die Angabe, die Linie des Odysseus
stütze sich bereits seit vier Generationen auf jeweils nur einen Stammhalter
(π 117–20). Der Odysseedichter füllt also eine vom Mythos unbesetzte Leer-

stelle aus. Mit der Angabe, daß Eumaios Antikleias Ziehsohn war, wird dieser noch mehr zum Familienmitglied stilisiert; seine Funktion für die Odysseushandlung, die bisher vor allem auf der Textebene durch Parallelisierung zur Rolle des Laertes beleuchtet war, bekommt damit eine neue, für unsere Odyssee individuelle Erklärung auf der Figurenebene.

o 403–84 Die Biographie des Eumaios bietet formal keine Anhaltspunkte, um ihre Traditionalität zu beurteilen. Die königliche Herkunft des Sauhirten soll den Hörer überraschen (vgl. Minchin 1992), kann also kein traditionelles Element der Odysseus-Geschichte sein. Daß die Geschichte einen trefflichen Kommentar zu den wichtigsten Themen der Odysseus-Handlung liefert, hat Olson (1995, 135–9) gezeigt; auch das spricht für ihre Nicht-Traditionalität. Falls Eumaios (bzw. ‚der Sauhirt‘) schon in anderen Versionen eine Rolle spielte, war er also wohl nur als typischer Hirte gezeichnet.

o 491–2 Daß der Fremde durch viele Städte der Menschen gekommen sei, stimmt mit seiner fiktiven Biographie überein. Das unterstützt die Vermutung, daß an all jenen Stellen, wo ähnliche Aussagen über Odysseus fallen, eine Tradition im Hintergrund steht, in der diese Charakterisierung auch für ihn volle Gültigkeit hatte (vgl. zu α 3–4).

o 503–7 Telemachos begründet gegenüber seinen Gefährten nicht, warum er nach der weiten Reise nicht nach Hause mitfährt. Auf der Figurenebene hat er keine logische Erklärung für sein Tun; er könnte nicht einmal anführen, daß er damit dem Anschlag der Freier ausweiche, da er davon ja nur durch die Warnung Athenes Kenntnis hat, darüber also nur als von einer Ahnung sprechen könnte. Die künstlichen Arrangements der Handlung, die von Athene eingeleitet worden sind (vgl. zu ν 404–24), erhalten also bis jetzt keine nachträgliche Rechtfertigung durch menschliche Motivation.

o 508–49 Die Szene wurde scharf kritisiert: Es sei unverständlich, warum Telemachos seinen Gast ausgerechnet zu seinem schlimmsten Feind sende, aber auch warum er dann seine Meinung ändere. Merkelbach (1969, 70f.) hat daraus eine Szene seines Dichters A rekonstruiert, in der Telemachos auf dem Weg zu Eumaios auf Theoklymenos stoße (vgl. zu δ 638–40) und ihn deshalb notgedrungen ‚abschieben‘ müsse; Telemachs unmotivierte Meinungsänderung sei dem Dichter B zu verdanken, wobei offen bleibt, warum der Dichter A Theoklymenos ausgerechnet zu Eurymachos schickt. Auch Page (1955, 83–88) bewertet die ‚Probleme‘ rund um Theoklymenos als ‚Fehler‘ des Dichters, führt sie aber darauf zurück, daß der Seher in anderen Versionen eine wichtigere Rolle gespielt habe und sein Auftreten in unserer Odyssee nur einen Reflex davon darstelle. Im Gegensatz zu ‚klassischen‘ Analytikern hält er die Details der ‚Urversion‘ für nicht erschließbar, urteilt aber so (88): „we can say no more than that, in some other version of the story, his presence was indispensable …; if, in that version, Theoclymenus were Odysseus himself in disguise, much that is now obscure would be instantly clear as day, but much too would remain inscrutable."

Diese Idee ist weitergeführt bei Lord (1960, 170–174), der vor allem den Aspekt der Überlagerung von Szenentypen herausarbeitet. Auch er bietet aber keine Erklärung dafür, warum Telemachos in einer früheren Version Theoklymenos (bzw. den verkleideten Odysseus) zu Eurymachos schickte. Man weist hier darauf hin, daß Telemachos von Athene die (falsche) Information erhalten hat, die Hochzeit von Penelope und Eurymachos stehe unmittelbar bevor (vgl. zu o 15–8), so daß er automatisch auf Eurymachos komme. Aber damit ist die Frage nur verschoben: Warum kann Telemachos Athenes Angabe für plausibel halten? Wir werden damit auf die Frage nach der Rolle des Eurymachos verwiesen.

Für Eurymachos hat Fenik (1974, 198–205) gezeigt, daß er und Antinoos als *character doublets* konzipiert sind: Die zwei Führer der Freier haben unterschiedliche Charakterzüge, ergänzen einander und werden in parallelen Szenen einander gegenübergestellt. Eurymachos ist positiver gezeichnet als der brutale Antinoos, sein Wesen ist durch Schmeichelei und Verstellung gekennzeichnet, doch auch er ist negativ bewertet und gemäß der Theologie der Odyssee ‚schuldig'. Im Rahmen unserer Version wäre es also plausibel, daß Penelope Eurymachos wählt, obwohl ihr andere Freier wie Amphinomos (vgl. zu π 394–405) lieber sind; daß Telemachos zu dieser Ansicht gelangt, hängt auch damit zusammen, daß er sich über Penelopes wahre Absichten im Unklaren ist (vgl. Felson-Rubin 1994, 67–91). Rechnet man nun mit Versionen, in denen Theoklymenos (oder Odysseus) tatsächlich zu Eurymachos geschickt oder von ihm aufgenommen wurde, so war dieser Freier, der in unserer Odyssee nur einige positive Züge trägt, dort viel positiver dargestellt; so konnte der Gegensatz zwischen ‚guten' und ‚bösen' Freiern in einer solchen Version stärker hervorgehoben sein, wodurch aber die Ermordung der ‚guten' Freier moralisch bedenklich wurde.

Vor dem Hintergrund einer solchen alternativen Rolle des Eurymachos erhielte die Szene am Strand zusätzliche Bedeutung: Telemachos verweist seinen Gast zuerst an jenen Freier, bei dem er auch in anderen Versionen Quartier fand; das Zitat markiert dies aber als Zumutung in einer Version, in der Eurymachos so negativ gezeichnet ist. Die Korrektur durch Telemachos, die im Text durch die günstige Prophezeiung des Theoklymenos hinreichend motiviert ist, bedeutet damit auch eine Korrektur gegenüber jenen anderen Versionen: Für die Konzeption unserer Odyssee sind alle Freier, wenn auch nicht im gleichen Ausmaß, ‚böse'; hier ist eine Handlung, in deren Verlauf Theoklymenos (oder gar Odysseus selbst) sich in die Hand eines Freiers begibt, nicht mehr denkbar.

o 539–46 Der Dialog zwischen Telemachos und Peiraios hebt die Parallelen zwischen Theoklymenos und Odysseus hervor: Theoklymenos soll bei Peiraios bleiben, bis Telemachos ihn abholt (542–3), so wie Odysseus bei Eumaios auf Telemachos warten soll (ν 411–5); Peiraios ist genauso bereit, den Fremden aufzunehmen (545–6) wie Eumaios in ο 335–6. Theoklymenos wird damit noch deutlicher als Double des Odysseus markiert.

Odyssee 16

π 1–14 Die Erkennung des Telemachos durch die Hunde ist als Parallel-szene zur Nicht-Erkennung des Odysseus im ξ aufgebaut (vgl. zu ξ 29–38), unterstrichen durch ein kleines Detail: In beiden Szenen läßt Eumaios als Reaktion auf seine Wahrnehmung etwas fallen, im ξ das Schuhleder, im π einen Krug. Das Motiv der Erkennung durch Hunde findet sich nur hier in seiner ,natürlichen' Form: Der Heimkehrer wird von seinen Hunden er-kannt, was seine Identität auch einem Angehörigen verrät. Das Motiv ist hier andrerseits in doppelter Hinsicht deriviert: Der Heimkehrer ist nicht der lange Vermißte, sondern sein Sohn, der nur verreist war; und die Er-kennung durch die Hunde ist ,entwertet', weil Telemachos nicht als Unbe-kannter heimkommt, sondern ohne Mühe identifiziert wird. Das dahinter-liegende Grundmuster (Odysseus wird von seinen Hunden begrüßt und dadurch von einem Angehörigen erkannt) schimmert aber deutlich durch.

π 14–21 Es wurde zu Recht darauf hingewiesen, daß Eumaios mit seiner überschwenglichen Begrüßung des Telemachos an die Stelle des Odysseus tritt. Dies ist durch das Gleichnis verstärkt, in dem die Rollen ausdrücklich als Vater und Sohn bezeichnet sind. Legt man das Gleichnis jedoch streng auf das Verhältnis von Odysseus und Telemachos um, so sind die Rollen von Vater und Sohn im Gleichnis vertauscht: Für eine Begrüßung zwischen Odysseus und Telemachos ist nicht die Heimkehr des Telemachos, sondern die des Odysseus relevant; nicht Odysseus hat wegen seines Sohnes „viele Leiden erduldet", sondern Telemachos wegen seines Vaters. Damit fällt das Gleichnis in die Kategorie der ,reverse similes' (Foley 1978), die sich nicht auf vertauschte Geschlechterrollen beschränken. Die Situation im Gleich-nis, in dem der Vater den lange erwarteten Sohn begrüßt, zitiert die latente Situation, daß Telemachos den heimgekehrten Vater begrüßt, und hebt damit die Wechselseitigkeit der Gefühle hervor. Auf eine andere Personen-konstellation würde das Gleichnis jedoch exakt passen: Der Empfang des Sohnes durch den Vater entspricht dem Verhältnis zwischen Odysseus und Laertes. Falls Eumaios typologisch jene Funktion übernommen hat, die in anderen Versionen der Figur des Laertes zukam, so konnte der Hörer hin-ter Telemachs Begrüßung durch Eumaios wohl auch das ,Vorbild' einer Be-grüßungsszene zwischen Laertes und Odysseus erkennen.

π 27–9 Kirchhoff (1879, 510) sah in diesen Versen ein Indiz für eine ‚Urodyssee' ohne Telemachie, da die Worte des Eumaios einer Konstellation entsprächen, in der Telemachos vom Palast direkt zu Eumaios gekommen ist. Doch ist Eumaios zu Recht verwundert sei, wenn Telemachos nach seiner Reise zunächst ausgerechnet zu ihm kommt (vgl. Page 1955, 79). Die Reaktion des Eumaios entspricht also dem Kontext unserer Odyssee und weist darüber hinaus: Die Angabe zu Telemachs üblichem Verhalten ist einer der vielen Puzzlesteine zur Konstruktion einer Vergangenheit in der Odyssee (vgl. Jones 1992, 85), fügt sich also zu analogen Angaben (zu π 29 vgl. zu β 305). Zugleich wird damit ein alternativer Handlungsgang sichtbar, wonach Telemachos im Rahmen einer anderen Konstellation zu Eumaios gelangt. Die Verse sind nicht der wörtlich erhaltene Rest einer Urodyssee ohne Telemachie, reflektieren aber sehr wohl das Motiv, daß Telemachos auch ohne den ‚Umweg' über Pylos und Sparta direkt zu Eumaios (oder zu einer analogen Figur) gelangen könnte (vgl. zu δ 638–40).

π 31–9 Telemachos liefert hier erstmals auf der menschlichen Ebene ein plausibles Motiv dafür, warum er nicht zusammen mit seinen Gefährten bis in die Stadt gefahren ist: Er will sich zunächst vergewissern, daß Penelope während seiner Abwesenheit nicht geheiratet hat. Die Möglichkeit, daß Penelope zur Heirat gezwungen werden könnte, wurde von Athene als Grund dafür genannt, warum Telemachos möglichst schnell heimkehren solle (vgl. zu o 15–8), nicht aber als Grund für seinen Zwischenaufenthalt bei Eumaios; sein Umweg wird damit nachträglich funktionalisiert.

Gleichzeitig fällt auf, daß die beiden zusammengehörigen Stellen typologisch ‚eigentlich' dem Heimkehrer selbst gehören (so Hölscher 1988, 108): Das Motiv, daß der Held am fernsten Punkt der Reise durch eine übermenschliche Figur gewarnt wird, daß ‚die Frau' unmittelbar vor der Heirat stehe, und daraufhin schleunigst nach Hause reist, ist für die Figur des Odysseus auf etliche Teilmotive aufgeteilt, findet sich vollständig aber nur für Telemachos, dessen Reise „der Odysseedichter [eher: die Tradition] … nach dem Muster des Sucher- und Irrfahrermärchens erfunden hat". Das gilt auch für das Gespräch zwischen Telemachos und Eumaios: Die atemlose Frage „Komme ich noch zurecht?" gehört typologisch dem Heimkehrer selbst, für den sie eine wesentliche Funktion des Zwischenhalts auf dem Weg nach Hause ausmacht. Odysseus selbst muß diese Frage an Eumaios nicht stellen, da er schon im ν von Athene informiert wurde. Die ‚Übertragung' der Frage auf Telemachos in Anwesenheit des unerkannten Odysseus verleiht dem Motiv eine neue Funktion: Odysseus findet Athenes Angaben zu Penelopes Treue aus der menschlichen Perspektive bestätigt, und zwar mit jenen Worten, die schon Antikleia in der Unterwelt gebraucht hat (π 37–9 = λ 181–3); dort hat Odysseus die Frage an einen Menschen gerich-

tet, und dort entsprach die Antwort nicht jenem Szenentypus, der die ra-
sche Heimkehr des Helden auslöst. Hier erfährt Odysseus auch, daß Telemachos darum bemüht ist, die Interessen seines Vaters zu wahren.

Die Beschreibung von Penelopes Verhalten entspricht den Erwartungen der Hörer im π, da sich an ihrem Verhältnis zu den Freiern seit ihrem
letzten Auftritt im δ nichts geändert haben darf (,Zielinskisches Gesetz'),
widerspricht aber den Erwartungen Telemachs, der auf eine Heimkehr im
letzten Moment gefaßt war. Das Motiv des ,gerade noch', das in Telemachs
Frage impliziert ist, zitiert somit Versionen, in denen dieses ,gerade noch'
in Form eines konkreten Hochzeitstermins in Szene gesetzt war, ein Motiv,
das in unserer Odyssee ins Psychologische umgesetzt ist: Penelope kann
exakt zum Zeitpunkt der Heimkehr des Odysseus dem Druck der Freier
nicht mehr standhalten und setzt von sich aus den Termin zur Entscheidung fest. Damit geht das Handlungsmotiv der ,Heimkehr im letzten Moment' verloren; es ist nur mehr in Athenes ,Lüge' an Telemachos zitiert.

π 63–4   Ein weiterer Beleg für die Irrfahrten πολλὰ βροτῶν ἐπὶ ἄστεα (vgl.
zu α 3–4), auch hier wieder nicht auf Odysseus selbst, sondern auf den von
ihm dargestellten Fremden verwendet (vgl. zu ο 491–2).

π 69–89   Telemachos lehnt es ab, den ,Bettler' in den Palast zu führen, und
begründet das mit seiner schwachen Stellung und der Gewalt der Freier;
das ergibt eine Parallele zur Verweisung des Theoklymenos an Eurymachos bzw. Peiraios. Daß Odysseus gar nicht in den Palast gelangt, wäre natürlich eine ,unmögliche Alternative'; doch konnte Odysseus in anderen
Versionen Schwierigkeiten haben, in den Palast eingelassen zu werden.

π 73–7   Als Alternative zur gültigen Situation (vgl. zu π 31–9), wird eine
Konstellation ausgemalt, in der Penelope den besten und reichsten der
Freier heiratet. In dieser Form zielt das auf eine Odyssee ohne Bogenprobe,
also eine ,unmögliche Alternative'; im Hintergrund schwebt aber die Möglichkeit, daß Penelope noch vor der Ankunft des Odysseus den Hochzeitstermin festlegt. Die Konkurrenz zwischen den alternativen Konzepten ist
hier in Penelopes Inneres verlegt: Penelope schwankt, welchen der beiden
von der Tradition vorgezeichneten Kurse sie wählen soll.

π 95–8   Von den drei genannten Möglichkeiten entspricht keine der Situation der Odyssee. Während aber Telemachos die dritte als ,unmögliche
Alternative' ausdrücklich zurückweist (Odysseus hat, wie schon seine Bezeichnung als „Vater des Telemachos" in der Ilias zeigt, traditionell nur
den einen Sohn mit Penelope), sind die beiden ersten (π 95–6 = γ 214–5) als
Grundlage alternativer Versionen denkbar: Telemachos kann als Schwäch-
ling gezeichnet sein, der sich den Freiern nicht widersetzt (dies das Bild
vor dem Einsetzen der Handlung, vgl. zu β 305), oder das Volk von Ithaka
kann gegen das Haus des Odysseus Stellung beziehen (vgl. zu β 71–4).

π 99–107 Das hypothetische Auftreten des Fremden gegen die Freier führt auf eine Form des Freiermordes ohne Bogenwettkampf, bezeichnet diese aber im Gegensatz zum analogen Wunsch Athenes gegenüber Telemachos (vgl. zu α 255–66) als wenig aussichtsreich.

π 108–11 Die detaillierten Angaben zum Verhalten der Freier sind an dieser Stelle auf der Figurenebene nur bedingt gerechtfertigt. Den verschwenderischen Umgang mit Wein und Brot mag Odysseus aus Angaben des Eumaios erschlossen haben, die Mißhandlung von Fremden aus dem, was Telemachos soeben geäußert hat. Vom Umgang der Freier mit den Mägden war aber bislang noch nicht die Rede, weder in der Darstellung des Erzählers noch in Figurenreden. Denselben Vorwurf wird Telemachos vor den Freiern erheben (π 107–9 = υ 317–9), dort offenbar aus berechtigtem Figurenwissen. Die Verse wurden von Analytikern als später Zusatz behandelt (vgl. jedoch Wilamowitz 1927, 139f., der meint, daß gerade das Ausbreiten von Details, die auf keiner Kenntnis beruhten, das Ethos des Redenden verrate; die Kommentare bieten Verlegenheitserklärungen).

Nun zeigt gerade der Zusammenhang dieses Gesprächs (vgl. zu π 137–53), daß man die Kenntnisse von Erzähler und Hörer nicht penibel gegen die der Figuren aufrechnen darf, und es gibt zweifellos bei Homer wie in jeder erzählenden Literatur Fälle, wo der Erzähler seinen Figuren Wissen verleiht, das sie nach der Darstellung der Handlung nicht haben dürften (vgl. Kakridis 1982). Was die Behandlung der Mägde durch die Freier betrifft, hat aber auch der Hörer bis zum Zeitpunkt des π vom Erzähler keine Angaben erhalten, die die Aussage des Odysseus bestätigen. Außerdem lassen die Angaben im weiteren Verlauf der Handlung zwei gegensätzliche Aspekte des Motivs erkennen: Die Mägde erscheinen bald als unschuldige Opfer der Freier (π 108–9 = υ 318–9; χ 37 δμωῇσίν τε γυναιξὶ παρευνάζεσθε βιαίως), bald als willige Beischläferinnen, die für ihr schamloses Verhalten büßen müssen (υ 6–8; χ 424; 444–5). Das gewaltsame Vorgehen der Freier gegen die Mägde wird nur in Figurenreden erwähnt, nie in Handlung umgesetzt. Von dieser Warte aus gesehen ist Telemachs Vorwurf gegen die Freier (υ 318–9) ebensowenig gerechtfertigt wie die Vermutung des Odysseus (π 108–9); der Vorwurf des Odysseus gegen die Freier im χ (37 βιαίως) steht sogar in offenem Widerspruch zu seinen Beobachtungen der vorangegangenen Nacht (υ 6–8): Die Mägden werden von den Freiern nicht vergewaltigt, sondern begeben sich unter Scherz und Gelächter zu ihren Beischläfern. Nun sind für die Darstellung unserer Odyssee beide Aspekte wichtig: Die Gewalt der Freier gegen die Mägde gehört zum Bild ihrer gegen das Haus des Odysseus gerichteten ὕβρις; die Komplizenschaft der Mägde begründet deren Schuld und rechtfertigt das vorsichtige Vorgehen des Odysseus. Die Kombination der Motive ist für den Hörer dadurch plausibel gemacht, daß die Alternativen einander in der Handlung nicht begegnen. Es ist nun gut vorstellbar, daß der Hörer mit einem oder beiden Motiven aus anderen Versionen vertraut war. Vor allem die überraschende, von der Darstellung der Handlung her unberechtigte Vermutung im π würde so besser verständlich: Odysseus, der sich noch kein eigenes Urteil über das Verhalten der Freier bilden konnte, charakterisiert ihr Verhalten genau so, wie es dem Hörer aus diversen Versionen bekannt ist, und legt damit eine Folie fest, von der sich individuelle Abweichungen im weiteren Verlauf der Handlung abheben werden. Vgl. zu υ 318–9; χ 37; χ 313–6.

π 117–20   Zur Traditionalität der Genealogie des Odysseus vgl. zu ο 361–70.

π 130–4   Die handlungstechnische Funktion des Ganges des Eumaios besteht darin, durch seine Entfernung den Anagnorismos zwischen Odysseus und Telemachos zu ermöglichen (vgl. Olson 1995, 144). Das Motiv der geheimen Meldung an Penelope wird hingegen nur zur Hälfte wirksam: Daß Telemachos zurückgekehrt ist, erfahren auch die Freier, und zwar von dem von der Schiffsmannschaft ausgesandten Herold (vgl. zu π 328–41); wo sich Telemachos aufhält, erfährt nur Penelope von Eumaios. Doch auch das Motiv, daß Telemachos sich zunächst vor den Freiern versteckt, bleibt in der Folge wirkungslos, da Telemachos am nächsten Tag ohne Vorsichtsmaßnahmen in den Palast zurückkehrt; der neuerliche Anschlag der Freier wird dabei nicht durch Telemachs Vorsicht, sondern durch den Widerstand des Amphinomos verschoben. Der Text weist somit darauf hin, daß die Meldung des Eumaios keinen Einfluß auf den weiteren Gang der Handlung hat. Man kann darin ein Indiz dafür sehen, daß das Motiv aus seinem ursprünglichen Kontext gerissen ist: Die geheime Meldung an Penelope erhielte dann Bedeutung, wenn der Heimgekehrte nicht Telemachos, sondern Odysseus wäre. Ob dem Hörer nun solche Versionen bekannt waren, bleibt fraglich; das Motiv wäre dann sinnvoll, wenn Odysseus vor dem Freiermord keine Gelegenheit zu einem Gespräch mit Penelope erhält und trotzdem die Bogenprobe als Komplott gegen die Freier gestalten will. Falls der Hörer mit solchen Versionen vertraut war, mußte er die Szenenfolge im π als Signal dafür verstehen, daß in unserer Odyssee dieser Handlungsgang ausgeschlossen bleibt.

π 137–53   Das ausführliche Eingehen auf Laertes rückt wieder einmal die Möglichkeit, ihn in die Handlung einzubeziehen, in den Vordergrund: Eumaios schlägt vor, dem Greis die Botschaft von der Ankunft seines Enkels zu überbringen, und Telemachos lehnt dies ab. Die Funktion dieser Erörterung wird besser sichtbar, wenn man das damit verbundene erzähltechnische Problem betrachtet. Eumaios geht davon aus, daß Laertes von der Abreise des Telemachos und vom Mordplan der Freier erfahren hat. Das steht scheinbar in Widerspruch zu δ 735–57: Dort will Penelope, sofort nachdem sie von Telemachs Abreise erfahren hat, Laertes benachrichtigen; ihr Vorschlag wird von Eurykleia ausdrücklich abgelehnt, so daß der Hörer den Eindruck erhält, daß Laertes von der Abwesenheit seines Enkels nichts erfährt. Dieser Eindruck wird im π korrigiert: Laertes hat von Telemachs Abreise erfahren, wobei nicht gesagt wird, auf welchem Weg, hat darauf aber seine Isolation, die bereits in der Abwesenheit des Odysseus begründet und durch Antikleias Tod noch gesteigert war, weiter forciert.

Der in der Handlung nicht aufscheinende Informationsfluß zwischen Palast und Laertes-Gehöft scheint gegen ‚Zielinskis Gesetz' zu verstoßen, da er verdeckte Aktionen voraussetzt. Der gleiche Einwand ließe sich gegen das Wissen des Eumaios um die Vorgänge im Palast, um Telemachs Abreise nach Pylos und um den Anschlag der Freier erheben. Dies ist aber nicht als ‚poetische Freiheit' zu werten (so Wilamowitz 1927, 140), sondern als eine in der Odyssee systematisch angewendete ‚Lizenz' gegenüber dem Verbot verdeckter Handlung: Vorgänge im Umkreis des Palasts sind, sofern sie nicht explizit als geheim bezeichnet sind, an allen Schauplätzen auf Ithaka bekannt, ohne daß die Informationswege gesondert angegeben werden müssen (zur Verbreitung von Information als Grundlage für κλέος vgl. Olson 1995, 1–23); dies gilt jedoch nur, solange durch die verdeckte Information keine Handlung ausgelöst wird. Laertes weiß daher so wie Eumaios von Telemachs Abreise. Für Eumaios lassen sich darüber hinaus die Informationswege aus dem Text erschließen: Zwar sagt er ausdrücklich, er gehe nur mehr in die Stadt, wenn Penelope nach ihm sende (ξ 372–4), schickt aber täglich einen Hirten in den Palast, um den Freiern einen Eber zu liefern (ξ 26–8). Auf analogem Weg kann Laertes von der Abfahrt des Telemachos und Eumaios von der Reaktion des Laertes erfahren haben.

Was bedeutet es nun, wenn Telemachos das Angebot des Eumaios, Laertes von seiner Rückkunft zu verständigen, ablehnt und statt dessen vorschlägt, Penelope solle eine Dienerin zu Laertes schicken? Die Begründung auf der Figurenebene, Eumaios soll sich nicht zu lange aufhalten, ist zwar plausibel, da dieser sogar ohne den Umweg über Laertes erst am Abend zurückkehren wird (π 452–3). Die Differenz zwischen der Meldung durch Eumaios und der durch die Dienerin besteht jedoch darin, daß deren Gang nicht in der Handlung aufscheint: Schon bei der Meldung an Penelope ist dieser Auftrag nicht mehr explizit angeführt, sondern nur in der Formulierung enthalten, Eumaios richte alles aus, was Telemachos aufgetragen habe (π 338–9). Vom Auftrag Penelopes an eine Dienerin und von deren Weg zu Laertes wird nicht mehr berichtet; die Szene zwischen Laertes und Odysseus im ω läßt offen, ob Laertes schon von Telemachs Rückkunft weiß; wenn Laertes in keiner Weise auf Telemachs Anwesenheit reagiert, kann das signalisieren, daß er ihn nicht mehr als verreist betrachtet hat (ω 362ff.).

Damit zeichnet sich die Funktion der Debatte zwischen Eumaios und Telemachos ab. Es geht nicht darum, ob Laertes von Telemachs Rückkehr verständigt wird oder nicht; die Darstellungstechnik der Odyssee garantiert, daß er davon auf jeden Fall erfährt. Es geht vielmehr um die Art, wie Laertes die Nachricht erhält, allerdings nicht um die Person des Boten, sondern darum, ob dieser Botengang vom Erzähler dargestellt wird oder als ,verdeckte Handlung' abläuft. Vorausgesetzt ist dabei, daß die explizit dargestellte Überbringung einer Botschaft den Benachrichtigten automatisch in die Handlung miteinbezieht und Aktionen von seiner Seite bewirkt. Der Vorschlag des Eumaios würde also bedeuten, daß Laertes in die Handlung einbezogen wird, was nur heißen kann, daß es zu einem Treffen zwischen Odysseus und Laertes vor dem Freiermord käme. Wenn Telemachos diesen Vorschlag ablehnt, lehnt er damit ab, daß Laertes für die Handlung bis zum Freiermord eine Rolle spielt. Der in dem kurzen Wortwechsel diskutierte alternative Handlungsgang zitiert somit Versionen, in denen Laertes auf dem Weg des Odysseus in den Palast eine Rolle spielt.

π 162–3 Die die Göttin wahrnehmenden Hunde fügen sich in die Motivreihe der Erkennung durch Tiere (vgl. zu ξ 29–38), tragen aber nur am Rande zum Anagnorisis-Motiv bei: Wahrgenommen wird nicht Odysseus (oder Telemachos), sondern Athene, die einen Anagnorismos herbeiführt.

π 167–219 Die Erkennungsszene zwischen Odysseus und Telemachos hat Spekulationen zur Form dieses Anagnorismos in einer ,Urodyssee' ohne Telemachie ausgelöst. Doch eine Version, in der Telemachos direkt vom Palast aus zu Eumaios gelangt (vgl. zu δ 638–40), läßt sich mit dem Handlungsgang des π beim besten Willen nicht vereinen: Eumaios dürfte dann nicht mehr in den Palast geschickt werden, aus dem Telemachos ja eben erst gekommen wäre, noch dürfte er Zeuge des Anagnorismos werden, weil man sonst seine Rolle völlig umschreiben müßte; er könnte auch nicht einfach entfernt werden (Schadewaldt 1959, 392), da damit der Grund für Telemachs Besuch wegfiele (Eisenberger 1973, 222). Die Form der Erkennungsszene ist also fest mit ihrem Kontext verbunden.

Einen anderen Ansatz verfolgt Schwinge (1993, 39–53). Er unterscheidet zwischen jenen Zielen des Anagnorismos, die durch die Planung Athenes festgelegt sind, und den ,Hindernissen', die auf dem Weg dorthin auftreten und von Odysseus, jetzt ohne Athenes Anleitung, überwunden werden müssen. Schwinge trennt damit den ,äußeren' Anagnorismos, der auf das Ziel der Rache ausgerichtet ist, von einem ,inneren' Anagnorismos, der die emotionale Annäherung und Öffnung des Telemachos gegenüber seinem Vater voraussetzt. Dieses Konzept erweist sich als fruchtbar, um das Spezifische der Erkennungsszene herauszupräparieren. Es stellt sich jedoch die Frage, ob damit wirklich ein Durchblick auf frühere Versionen gewonnen ist, denen die psychologische Komponente unserer Odyssee fehlte und deren Handlung ganz auf den Vollzug der Rache beschränkt war.

Das Problem, das sich mit der Erkennung durch Telemachos stellt, besteht darin, daß Odysseus gegenüber seinem Sohn über kein echtes σῆμα verfügt. Telemachs Widerstand gegen die Erkennung ist also durch die äußere Konstellation und nicht erst durch die psychologische Vertiefung der Handlung bedingt. In Versionen, die diesen Widerstand nicht thematisieren wollten, mußte Telemachos auf andere Art von der Identität des Vaters überzeugt werden, etwa durch das Zeugnis eines Dritten, der Odysseus an einem σῆμα erkennt, was aber eine grundlegend andere Handlungskonstellation voraussetzt: Der Anagnorismos mit Telemachos konnte dann entweder erst an einem späten Punkt der Handlung stattfinden, wenn Odysseus sich bereits im Palast jemandem zu erkennen gegeben hat (Penelope, Diener/innen), oder noch auf der Zwischenstation, sofern eine weitere Figur in das Geheimnis eingeweiht wird (Eumaios; Laertes). Man wird also mit Schwinge das Spezifische der Erkennungsszene unserer Odyssee darin sehen, daß Telemachos zunächst Zweifel an der Identität seines Vaters hat und erst durch die emotionale Annäherung überzeugt wird. Der Grund dafür liegt aber darin, daß der Erzähler den Anagnorismos mit Telemachos in der Reihe der Erkennungsszenen an die erste Stelle stellt und damit die Komplikationen, die Athene in ihrer Planung im v nicht berücksichtigt (d.h. der Initiative des Odysseus überlassen) hat, gleichsam erzwingt. Wie auch sonst, werden die Komplikationen, die sich durch die ,neue' Konstellation ergeben, vom Text nicht überspielt, sondern regelrecht thematisiert.

π 235–69 Odysseus fragt nach der Anzahl der Freier, um zu entscheiden, ob für den Freiermord zusätzliche Helfer herangezogen werden müssen. Telemachos impliziert in seiner Antwort, daß, Kampfkraft und Intelligenz seines Vaters einberechnet, sie zu zweit höchstens gegen „zehn oder zwanzig" Freier eine Chance hätten, gegen die 108 Freier mit ihren Dienern aber auf verlorenem Posten stünden, und fordert die Beiziehung weiterer Helfer. Odysseus nennt Athene und Zeus als Helfer und fragt, ob das ausreiche. Telemachos akzeptiert zögernd, worauf Odysseus bekräftigt, daß die beiden Götter sie im offenen Kampf unterstützen werden.

Damit verkehrt sich die Argumentation im Verlauf des Dialogs in ihr Gegenteil: Odysseus geht zunächst davon aus, daß er zusammen mit Telemachos nur eine kleine Zahl von Freiern bezwingen könne, wobei er die göttliche Hilfe bereits miteinbezieht; seine Frage zielt ja mit dem Gegensatz νῶι … μούνω ἄνευϑ' ἄλλων / ἄλλους nur auf zusätzliche menschliche Helfer. Telemachos versteht die Frage ganz in diesem Sinn, erachtet menschliche Helfer für notwendig, läßt aber mit dem Terminus ἀμύντωρ bereits die Möglichkeit eines göttlichen Beistands mitschwingen. Odysseus greift nur mehr diesen Aspekt auf, ohne auf die ursprünglich thematisierten menschlichen Helfer einzugehen; Telemachos ist von dem Schwenk der Argumentation sichtlich überrascht, findet aber kein Gegenargument; Odysseus stößt nach und fixiert das auf den Kopf gestellte Argument, wechselt dann aber sofort das Thema und geht in der Folge davon aus, daß bezüglich der Zahl und Art der Helfer Übereinstimmung erzielt sei. Diese Art der Gesprächsführung ist charakteristisch für die Odyssee (vgl. Beßlich 1966). Auf der Figurenebene hat der Schwenk in der Argumentation die Funktion, die unerwartete Schwierigkeit, mit der sich Odysseus konfrontiert sieht (die Freier sind zahlreicher als erwartet, doch stehen keine Bundesgenossen zur Verfügung), zu überspielen. Odysseus legt damit einen Handlungskurs fest, wonach er allein, nur mit Telemachs Hilfe, gegen alle Freier kämpfen wird, wobei, wie er gleich darauf präzisiert, sie beide voll gerüstet, die Freier aber waffenlos sein werden. Damit sind die anderen Möglichkeiten, die im Laufe des Gesprächs erwogen wurden, verworfen.

Die verworfenen Möglichkeiten sind auf der Figurenebene ‚unmögliche Alternativen': Odysseus hat weder Einfluß auf die Zahl der Freier noch kann er die gegen die Übermacht nötigen Bundesgenossen herbeizaubern. Auf der Textebene handelt es sich hingegen um alternative Handlungsführungen, die sehr wohl in anderen Versionen verwirklicht sein konnten. Vor allem Telemachs Angabe, es handle sich nicht um „zehn oder zwanzig" Freier, wurde als Reflex einer Version mit nur zwanzig Freiern verstanden: van Thiel (1988, 199) spricht von einer Anspielung der ‚Spätodyssee' auf die ‚Frühodyssee'; Merkelbach (1968, 100) formuliert: „A polemisiert also gegen eine ältere Darstellung (R), die nur zwanzig Freier kannte". Da beide Analytiker hier von einer Anspielung auf eine Version sprechen, deren Wortlaut in diesem Kontext nicht erhalten sei, kommt meine Auffassung der ihren hier sehr nahe. Der Unterschied besteht darin, daß ich nicht glaube, daß die postulierte Version an anderen Stellen unseres Textes im Wortlaut erhalten und mit anderen Versionen kombiniert ist; nach meiner Überzeugung ist das Verhältnis zwischen ‚Vorlagen' und ‚unserer Odyssee' überall dasselbe: Unsere Odyssee hat ein einheitliches Konzept, zitiert aber laufend andere Versionen (im Sinne der ‚Anspielung' oder ‚Polemik' Merkelbachs und van Thiels). So auch hier: Unsere Odyssee zitiert als Möglichkeit (die der Hörer vielleicht als in anderen Versionen verwirklicht kannte) eine Handlungsführung, in der Odysseus und Telemachos ohne die Hilfe weiterer Menschen eine überschaubare Anzahl von Freiern besiegen. Sie zitiert vielleicht auch dem entgegengesetzte Versionen, in denen Odysseus erst eine Schar von Verbündeten sammelt und dann die Freier (die jetzt auch mehr als „zehn oder zwanzig" sein können) im offenen Kampf niedermacht. Als Ergebnis der Diskussion ergibt sich eine ‚neue' Kombination der zwei (traditionellen) Versionen, die vorläufig paradox erscheinen muß:

Odysseus wird ohne Verbündete gegen die große Zahl der Freier antreten. Damit stellt sich dem Hörer die Frage, wie dieser scheinbar unmögliche Handlungsplan in die Tat umgesetzt werden kann; es wird sich zeigen, daß die Auflösung des ‚Rätsels' unmittelbar damit zusammenhängt, welche Waffen Odysseus benützt und wie sich die Gegenwehr der Freier gestaltet.

π 274–80 Die Voraussagen zur Behandlung des Odysseus durch die Freier werden weitgehend eintreffen, außer daß Odysseus an den Füßen zur Tür geschleift wird. Dieses Motiv wird im Boxkampf zwischen Odysseus und Iros auftauchen, wo Iros droht, seinen Konkurrenten zur Tür hinauszuschleifen (σ 10 εἶκε, γέρον, προθύρου, μὴ δὴ τάχα καὶ ποδὸς ἕλκῃ), dann aber selbst durch Odysseus dieses Schicksal erleidet (σ 101 εἶλκε διὲκ προθύροιο λαβὼν ποδός). Daß die Freier den verkleideten Odysseus mißhandeln und beschießen, mag ein traditionelles Motiv sein; auch die Reaktion des Telemachos kann in anderen Versionen Funktion gehabt haben, vor allem wenn er Odysseus noch nicht erkannt hatte und durch das Eintreten für den ξεῖνος seine ‚gute' Gesinnung bewies. Vielleicht kam es in solchen Versionen sogar zur äußersten Erniedrigung des Odysseus, die in unserer Version vermieden, ja ins Gegenteil verkehrt ist: Odysseus kann selbst als Bettler den Spieß umdrehen und das Los, das die Tradition ihm zugedacht hat, seinem Konkurrenten, der die Partei der Freier vertritt, bereiten.

π 281–98 Die ‚Waffenbergung' gilt als klassisches Zetema der Odyssee. Das Problem läßt sich kurz skizzieren: Im π weist Odysseus Telemachos an, auf ein verabredetes Zeichen hin heimlich die Waffen aus dem Megaron zu entfernen und nur zwei Garnituren zurückzulassen; für den Fall, daß die Freier nachfragen sollten, wird eine Ausrede vorbereitet; der Plan zielt darauf ab, daß Odysseus und Telemachos nur im Vertrauen auf ihre bessere Ausrüstung und auf göttliche Unterstützung den Kampf gegen die Freier eröffnen. Es wurde nun kritisiert, daß dieser Plan nur zu einer Version der Odyssee passe, in der der Bogen keine Rolle im Freiermord spiele; daß dieser Plan im τ unmotiviert abgeändert werde, wenn Odysseus bei der Waffenbergung plötzlich mithelfe, dabei aber keine Waffen für sich selbst zurücklasse; daß die hier und nochmals im τ angekündigte Ausrede vor den Freiern gar nicht zur Anwendung komme. Vorgeschlagen wurde schon in der Antike die Athetese von π 281–98; Kirchhoff (1879, 560–597) hielt hingegen die Ausführung des Plans im τ für eine späte Zutat; während Unitarier die Änderung des Plans aus dem Handlungsverlauf erklärten (Erbse 1972, 3–41; Eisenberger 1973, 227–9; Hölscher 1988, 237–41), haben Analytiker (Woodhouse 1930, 158–68; Page 1955, 92–7; Merkelbach, 1968, 93f.; van Thiel 1988, ad loc.) daran festgehalten, daß sich im π, im τ, im χ und dann im ω unterschiedliche Konzeptionen des Freiermordes spiegelten, die auf unterschiedliche Versionen der Odyssee zurückzuführen wären.

Zur Beurteilung der Stelle im π ist es nötig, das Motiv der Waffenbergung weiterzuverfolgen. Eine erste Bestätigung erfährt die Planung, wenn der Erzähler in σ 155–6 ankündigt, Amphinomos werde durch den Speer des Telemachos sterben. Der Plan wird aber bereits im τ abgeändert: Nachdem Vater und Sohn allein im Megaron verblieben sind, wiederholt Odysseus den Auftrag, einschließlich der Ausrede gegenüber den Freiern, und führt ihn gemeinsam mit Telemachos aus; dabei läßt er allerdings nicht wie im π geplant die zwei Waffengarnituren zurück; der alte Plan, nur mit Schwert, Schild und Lanze den Kampf gegen die Freier zu eröffnen, ist also aufgegeben, ohne daß an seine Stelle schon ein neuer getreten wäre (vgl. zu τ 1–50).— Während des Gesprächs mit dem Bettler im τ kündigt Penelope für den nächsten Tag die Bogenprobe an (vgl. zu τ 570–87); irgendwann zwischen dieser Ankündigung und dem φ muß Odysseus den Entschluß fassen, den Bogen als Waffe gegen die Freier einzusetzen, ohne daß der Text eine punktuelle Entscheidung erkennen ließe (vgl. zu υ 22–55); Telemachos erwartet unmittelbar, bevor Penelope die Bogenprobe verkündet, noch immer eine Eröffnung des Kampfes ohne Bogen (vgl. zu υ 384–6).— Im Verlauf des υ und φ erweisen sich die vorbereiteten Ausreden als überflüssig: Keiner der Freier fragt, wohin die Waffen aus dem Megaron verschwunden sind. Odysseus trifft im φ Vorbereitungen zum Freiermord, die ganz auf den Bogen als Waffe abzielen; die spontan hinzugewonnenen Helfer Eumaios und Philoitios werden instruiert, ihm den Bogen in die Hand zu spielen und die Türen zu sichern, nicht aber mitzukämpfen (vgl. zu φ 228–41).— Nach der Tötung des Antinoos suchen die Freier spontan nach den Waffen, finden sie aber nicht vor (vgl. zu χ 21–33). Odysseus erschießt mit dem Bogen eine Reihe von Freiern, doch entwickelt sich die Handlung sofort wieder weg vom Motiv des Erschießens wehrloser Opfer: Die Freier greifen zu ihren Schwertern, Telemachos muß einen Anstürmenden mit dem Speer erschießen und besorgt daraufhin für alle vier Mitstreiter (Telemachos, Odysseus, Eumaios und Philoitios) ‚schwere' Waffen. Es erfolgt eine Rüstung bzw. Umrüstung, und die Partei des Odysseus kämpft gemeinsam weiter. Auch den Freiern gelingt es, sich Waffen zu beschaffen, so daß es zu einem Kampf zwischen gleich Gerüsteten kommt, wobei die Partei des Odysseus dank der Unterstützung durch Athene-Mentor die Oberhand behält.— Als der tote Freier Amphimedon im Hades vom Freiermord berichtet, erwähnt er die Waffenbergung, stellt den Kampf aber so dar, als habe es keine Gegenwehr der Freier gegeben (vgl. zu ω 121–90).

Zur Beurteilung des Motivs genügt also nicht der Hinweis auf unterschiedliche Konzeptionen des Freiermordes, weil damit letztlich suggeriert wird, der Dichter unserer Odyssee hätte Bruchstücke inkompatibler Versionen miteinander kombiniert. Es genügt aber auch nicht der Hinweis, daß das Motiv an jeder einzelnen Stelle aus der Figurenperspektive seine Berechtigung habe, da damit zwar die analytische Kritik entschärft, nicht aber die Funktion der mehrfachen Abänderung des Planes erfaßt wird. Einen Schritt weiter führt Hölscher (1988, 237–41), der die Motivkette ganz unter dem Aspekt des „Unvorhergesehenen" betrachtet: Odysseus entwirft im π einen Plan, der das Unmögliche — den Kampf zweier Bewaffneter gegen 108 Unbewaffnete — möglich erscheinen läßt, indem er statt konkreter Angaben zur Durchführung auf die Hilfe der Götter setzt. Wenn dann bei der Entfernung der Waffen im τ auch für Odysseus und Telemachos keine Waffen übrigbleiben, scheint dieser Teil des Planes aufgehoben, ohne daß an seine Stelle etwas Neues tritt. Die Spannung für den Hörer, mit welchen Waffen der Freiermord durchgeführt wird, bleibt dadurch so lange aufrecht, bis Penelope den Bogen holt, ja nach Hölscher sogar, bis Odysseus auf Antinoos schießt. Mit der Umrüstung des Odysseus und der unvermuteten Bewaffnung der Freier taucht aber sofort ein weiteres Überraschungselement auf: Es kommt doch noch zum Kampf mit den schweren Waffen, mit dem der Hörer nicht mehr gerechnet hat (vgl. Olson 1995, 144–60).

Hölscher hat damit etwas Wesentliches erfaßt. Daß allerdings der Begriff der Überraschung auch ihm problematisch erscheint, zeigt sein Argument gegen einen möglichen Einwand (241): „Man sage nicht, der Zuhörer wisse diesen Ausgang doch von vornherein. Hier geht es um die Formen des Erzählens, und Dichtung wird allemal gelesen wie zum erstenmal." Damit gesteht er indirekt ein, daß jeder Hörer der Odyssee mit dem Bogen als Waffe des Odysseus vertraut sein mußte, und schließt aus, daß es Versionen gab, in denen andere Waffen eine Rolle spielten oder gar der Freiermord als großer Kampf zwischen zwei voll bewaffneten Parteien dargestellt war. Für Hölscher ergibt sich diese Perspektive, da er von der Version unserer Odyssee direkt auf das Motiv der ‚einfachen Geschichte' zurückgreift (237): „Die einfache Geschichte von der Heimkehr des Verschollenen hatte kein Geschäft damit, wie es dazu kam, daß der Unerkannte bei der Bogenprobe sich enthüllte und über die Nebenbuhler Herr wurde: die Koinzidenz von Freierwahl und Heimkehr war das im Märchen Gegebene."

Damit hat Hölscher auf einer bestimmten Ebene recht: Das Problem, wie ein einzelner gegen eine große Übermacht bestehen kann, stellt sich nicht, solange eine Geschichte nur summarisch erzählt wird. Ein Beispiel dafür liefert das Referat von der Heldentat des Tydeus (Δ 391–8): Agamemnon erzählt in acht Versen, wie sich ein Hinterhalt von fünfzig Mann bildete, wie Tydeus sie alle erschlug und nur einen der zwei namentlich genannten Anführer „nach Hause schickte". Diese Darstellung steht im mythologischen Referat, läßt also nicht erkennen, wie diese Version in ausführlicher Darstellung gestaltet sein mochte. Geht man aber davon aus, daß es schon vor der Ilias umfangreiche epische Versionen der ‚Sieben gegen Theben' gab, so wie auch Versionen der Odyssee, die mehr als die ‚einfache Geschichte' Hölschers waren, so kommt man um die Frage nicht herum, wie jeder einzelne Sänger die Umsetzung des einfachen Motivs (Freiermord im Rahmen der Bogenprobe) in eine ausführliche Erzählung bewältigte. Diese Aufgabe stellte sich bei jeder epischen Version der Odyssee aufs neue, und es mußte dabei zu unterschiedlichen Ergebnissen kommen.

Für unsere Odyssee kann die Kenntnis von Versionen, in denen die Bogenprobe dazu führte, daß Odysseus die Freier mit dem Bogen erschoß, vorausgesetzt werden. Fraglich ist hingegen, ob in ihr auch Versionen vorausgesetzt sind, in denen der Bogen als Waffe keine Rolle spielte, sondern der Freiermord nur mit ‚schweren Waffen' erfolgte. Analytiker haben solche Versionen vor allem aufgrund des Planes des Odysseus im π postuliert: Hier sei ein Handlungsgang greifbar, der ohne Bogenprobe auskomme, wobei Odysseus, unterstützt von Dienern / Verbündeten, die Freier im offenen Kampf töte. Daß nun die Stelle im π für diese These kein verläßliches Zeugnis ist, hat sich schon an der Struktur des Dialogs zwischen Odysseus und Telemachos gezeigt, wo Odysseus die Frage, wie der Kampf gegen die Übermacht funktionieren solle, abblockt, indem er auf die Götter rekurriert (vgl. zu π 235–69). Man hat oft formuliert, daß Odysseus im π noch gar keinen konkreten Plan habe, sondern nur vor Telemachos seine Entschlossenheit demonstrieren wolle. Wenn unser Text den Plan des Odysseus damit aber als ‚eigentlich' undurchführbar markiert, so ist er als Zeugnis für eine Version, in der genau dieser Plan tatsächlich zur Anwendung kam, nur bedingt verwendbar. Auszuschließen ist jedenfalls, daß die Verse π 281–98 aus einer solchen Version wörtlich übernommen wären.

Operiert man nun wie Hölscher mit der Annahme, daß die Diskrepanz zwischen der Planung des Odysseus und deren Ausführung im χ ein Spannungselement in die Darstellung bringt, so hat man zu berücksichtigen, daß der Hörer aus seiner Kenntnis anderer Versionen bereits Erwartungen in die Handlung mit einbrachte. Der Hörer mußte es für ein mögliches, ja notwendiges Element der Handlung halten, daß Odysseus als Sieger aus der Bogenprobe hervorgeht und mit dem Bogen die Freier erschießt; er konnte vielleicht bereits damit rechnen, daß im Zuge des Freiermordes auch andere Waffen eingesetzt werden. Damit verschiebt sich aber das Spannungsverhältnis, das für den Hörer von der ersten Planung im π bis zum Beginn des Freiermordes im χ aufgebaut wird, beträchtlich: Die Spannung besteht für den Hörer schon im π nicht nur darin, daß der Plan des Odysseus undurchführbar erscheint, sondern vor allem auch darin, daß der Bogen als Waffe in den Überlegungen nicht aufscheint.

Unter dieser Voraussetzung erhält das Motiv der Waffenbergung aber für den Hörer eine deutlich andere Färbung. Die Waffenbergung ist schon durch die Darstellung im π als unzureichende Methode charakterisiert, um im heroischen Kampf die Freier zu überwinden; es verbleibt eine Leerstel-

le, die durch die Götter gefüllt werden muß. Für einen mit anderen Versionen vertrauten Hörer lädt diese Leerstelle regelrecht dazu ein, vom Bogen
als Mordwaffe ausgefüllt zu werden: Nur wenn Odysseus statt mit (oder
zusätzlich zu) den geplanten ‚schweren Waffen‘ gegen die Freier mit dem
Bogen vorgeht, wird ihm ihre Waffenlosigkeit den entscheidenden Vorteil
verschaffen. Der Hörer bezieht die Spannung somit aus der Differenz zwischen seinem Wissen um den Bogen als traditionelle Mordwaffe, die im π
gerade durch ihre Nicht-Erwähnung suggeriert wird, und dem Nicht-Wissen bzw. Noch-Nicht-Wissen der Figuren der Handlung. Diese Spannung
wird gesteigert, wenn Odysseus mit der erfolgten Waffenbergung im τ eine
Situation schafft, die ohne den Bogen überhaupt keinen Sinn mehr ergäbe;
sie wird ein erstes Mal aufgelöst, wenn Penelope am Ende des τ die Bogenprobe festsetzt und Odysseus ihr zustimmt, so daß für den Hörer kein
Zweifel mehr bestehen kann, daß der Bogen die bis jetzt freigehaltene
Leerstelle einnehmen wird. Daß der Text die Entscheidung der Figur Odysseus für den Bogenkampf nirgends verbalisiert, ist unerheblich, weil für
den Hörer die Entscheidung auf der Textebene schon im τ gefallen ist. Der
Hörer kann noch Spannung aus dem Informationsgefälle zwischen den Figuren ziehen, wenn Telemachos noch immer auf einen Kampfbeginn ohne
Bogen wartet (υ 384–6), oder wenn die Freier im φ arglos mit dem Bogen
hantieren. Erst mit dem Schuß auf Antinoos, oder sogar erst mit dem Dialog zwischen Odysseus und Eurymachos, ist die Spannung fürs erste aufgelöst, da alle Figuren auf denselben Informationsstand angehoben sind: Die
Freier erkennen die fatale Bedeutung des Bogens in der Hand des Bettlers
und registrieren erst jetzt die List der Waffenbergung. Der Spannungs-
bogen, der durch die von der Tradition suggerierte Erwartung des Bogens
als Mordwaffe bedingt ist, kommt damit zu seinem natürlichen Abschluß.

Wenn unmittelbar darauf das Motiv der ‚schweren Waffen‘ wieder
auftaucht und dann bis zur letzten Konsequenz ausgekostet wird, stellt das
für den Hörer zweifellos eine Überraschung dar. Doch verleiht der Erzähler
damit nicht der Handlung eine völlig neue, durch den bisherigen Verlauf
nicht vorbereitete Wendung, um „auch *sein* Gedicht … auf die heroische
Höhe der Ilias [zu] bringen" (Hölscher 241). Das Motiv der ‚schweren Waffen‘ war ja längst eingeführt, und die Erwartung des Hörers wird mit dem
scheinbaren ‚Sieg‘ des Bogens als Mordwaffe nur in die Irre geführt. Um
das besser beurteilen zu können, müssen wir aber auch den größeren Kontext des Waffen-Motivs quer durch die Handlung verfolgen.

Die Frage, mit welchen Waffen Odysseus die Freier bekämpfen soll, ist
gelegentlich unter dem allgemeinen Aspekt subsumiert, ob Odysseus offen
oder heimlich nach Ithaka zurückkehren soll. In dieser allgemeinsten Formulierung findet sich die Alternative in Agamemnons Rat, Odysseus solle
nicht wie er selbst offen, sondern heimlich heimkehren (vgl. zu λ 455–6),

und in den Trugerzählungen, wo Odysseus das Orakel von Dodona befragt, ob er offen oder heimlich heimkehren solle (ἢ ἀμφαδὸν ἦε κρυφηδόν, ξ 329–30 = τ 298–9). In Formulierungen, in denen diese Alternative auf die Situation des Freiermordes umgelegt ist, heißt es analog dazu, die Tötung solle „entweder durch List oder offen mit dem scharfen Erze" erfolgen. Diese Alternative nennt Teiresias, aber auch Athene für den Fall, daß Telemachos die Freier töten müsse (λ 120 ... κτείνῃς ἠὲ δόλῳ ἢ ἀμφαδὸν ὀξέι χαλκῷ; α 296 ... κτείνῃς ἠὲ δόλῳ ἢ ἀμφαδόν). Damit ist ein Rahmen abgesteckt: Es gibt grundsätzlich zwei Möglichkeiten, die Freier zu töten, im offenen Kampf oder durch List. Alle weiteren Erörterungen oder Ankündigungen zu diesem Thema fallen in eine der beiden Kategorien.

Das Auftreten des Odysseus unter den Freiern wird zum ersten Mal im Gespräch zwischen Athene und Telemachos thematisiert (vgl. zu α 255–66). Athene formuliert den Wunsch, Odysseus möge in voller Rüstung, mit Helm, Schild und zwei Speeren, erscheinen und den Kampf eröffnen, und knüpft daran die Überzeugung, daß dann alle Freier getötet würden. Von diesem Wunsch gerahmt ist die Erinnerung an eine Reise des Odysseus zu dem Zweck, Pfeilgift zu besorgen. Damit sind die zwei Möglichkeiten, den Freiermord zu bewerkstelligen, einander gegenübergestellt. Das eine ist ein Auftreten im Stil des klassischen, ,iliadischen' Helden, der den offenen Kampf sucht; das andere ist der heimtückische Mord durch Giftpfeile. Damit sind die zwei in Frage kommenden Kampfarten bewertet; der Kampf mit dem Bogen ist aufgrund der Gegenüberstellung als reiner δόλος markiert, der nichts Heroisches an sich hat. Athene bringt dies durch die Angabe zum Ausdruck, Ilos in Ephyra habe Odysseus das Gift aus Scheu vor der νέμεσις der Götter verweigert. Athenes Wunsch nach einem Auftreten des Odysseus als ,klassischer' Kämpfer wird damit zugleich zu einer Ablehnung der Möglichkeit, den Freiermord als prononcierten δόλος mit Giftpfeilen durchzuführen. Wesentlich ist dabei, daß durch die Assoziation der Pfeile mit Gift suggeriert wird, daß der Bogen, der ja für die Heimkehrhandlung konstitutiv ist, generell negativ bewertet wird. Für den Hörer muß sich damit, verbürgt durch Athenes göttliche Autorität, bereits hier die Erwartung einstellen, daß in dieser Version der Freiermord den Charakter eines heroischen Kampfes haben und der Bogen als Mordwaffe, zumindest *qua* δόλος, keine Rolle spielen wird.

Das Thema wird das nächste Mal in der Versammlung im β angeschnitten. Der Freier Leiokritos malt aus, was geschähe, wenn Odysseus zurückkäme und die Freier zu vertreiben versuchte: Er würde dabei der Übermacht unterliegen (εἰ πλεόνεσσι μάχοιτο β 251). Damit ist das Problem, das der Gegensatz zwischen den beiden Kampfformen impliziert, erstmals formuliert: Die Ermordung der Freier durch List widerspricht nach der Auffassung Athenes dem Heldenkodex, dem der Odysseus dieser Version verpflichtet ist; der offene Kampf gegen die Freier bleibt aber unrealistisch, solange Odysseus auf sich allein gestellt ist.

Noch deutlicher tritt dieses Dilemma in den Vermutungen der Freier über Telemachs Absichten hervor (vgl. zu β 325–36). Nach dessen Drohung, den Freiern „ein böses Los zu bereiten" (β 316 πειρήσω, ὥς κ’ ὕμμι κακὰς ἐπὶ κῆρας ἰήλω), erwägen sie, auf welchem Weg er ihren Tod herbeiführen könnte: Er könne aus Pylos oder Sparta Bundesgenossen herbeiholen, oder er könne sich Gift aus Ephyra besorgen, um ihnen den Wein zu vergiften. Es ist dies dieselbe Alternative (offener Kampf — List), diesmal übertragen auf Telemachos als Rächer; der Bezug zu Athenes Vision im α ist unterstrichen durch den Verweis auf Ephyra als Herkunftsort des Gifts. Die Befürchtungen der Freier stellen wieder eine ‚ehrenhafte‘ Weise des Freiermordes einer ‚unehrenhaften‘ gegenüber; wenn auch hier vom Bogen keine Rede ist, wird doch über den Bezugspunkt des Gifts aus Ephyra suggeriert, daß ein Freiermord, der nur auf dem Bogen als δόλος basiert, als Meuchelmord zu qualifizieren ist. Zugleich wird thematisiert, daß der offene Kampf gegen die Freier nur Aussicht auf Erfolg hat, wenn Telemachos (bzw. Odysseus) eine hinreichende Zahl von Verbündeten auf seiner Seite hat.

Das Motiv ist auf neue Weise umspielt in der Reaktion des Menelaos auf Telemachs Bericht von den Zuständen auf Ithaka. Menelaos verwendet zwei Bilder. Zunächst illustriert er das Verhältnis zwischen Freiern und Odysseus mit einem Gleichnis von einem Löwen und einer Hirschkuh mit ihren Jungen; dann erinnert er an einen Ringkampf des Odysseus auf Lesbos (vgl. zu δ 341–6) und schließt daran den Wunsch, daß Odysseus ebenso gegen die Freier auftreten möge, da dies den Untergang der Freier bedeuten würde; der Gedanke erscheint im selben Wortlaut wie die Vision Athenes (δ 345–6 = α 265–6). Beide Bilder, Gleichnis und *exemplum*, beziehen sich auf den Kampf eines einzelnen gegen einen unterlegenen Gegner, lassen sich also nicht unmittelbar auf das Verhältnis zwischen Odysseus und den Freiern umlegen. Wesentlich ist aber, daß beide Bilder einen Auftritt des Odysseus gegen die Freier suggerieren, der dem ‚klassischen‘ Heldenideal entspricht: Das Gleichnis von Löwe und Hirschkuh repräsentiert, so seltsam auch die Details anmuten, jenen traditionellen Gleichnistypus, der Überlegenheit und Sieg des Helden im offenen Kampf illustriert; der Ringkampf des Odysseus signalisiert ebenfalls Wehrhaftigkeit und offenes Auftreten, klammert also ebenfalls List und Heimtücke aus. Wir haben damit die erste Aussage einer menschlichen Figur, die es für möglich hält, daß Odysseus die Freier in heroischer Manier, nicht durch einen δόλος bezwingt. Für den Hörer wird damit die Erwartung weiter in eine bestimmte Richtung gedrängt: Die Möglichkeit eines Freiermordes, der nicht als List zu qualifizieren ist, tritt immer mehr in den Vordergrund, und der Kampf mit dem Bogen scheint immer deutlicher ausgeschlossen zu werden.

Dieser Eindruck wird im ϑ wieder relativiert (vgl. zu ϑ 215–28). Odysseus hebt vor den Phaiaken seine Qualitäten als Bogenschütze hervor, berichtet, daß er vor Troia nur von Philoktetes übertroffen wurde, schränkt dann aber ein, er wolle sich nicht mit den Bognern der früheren Zeit messen, wobei er auf den frevelhaften Charakter des Bogenschießens eines Herakles oder Eurytos hinweist. Damit sind zwei Arten des Bogenkampfes gegenübergestellt: Vor dem Hintergrund der negativ bewerteten Schützen der Vorzeit hebt sich der Bogenkampf des Odysseus und seiner Zeitgenossen ab. Als entscheidendes Kriterium tritt dabei hervor, daß Odysseus und Philoktet vor Troia im Rahmen des regulären heroischen Kampfes auftraten, womit impliziert ist, daß dies bei Herakles und Eurytos, die die Götter herausforderten, nicht der Fall war: Diese Herausforderung bedeutet den auf sich allein gestellten Einzelkämpfer, der es mit jedem Gegner aufnimmt. Damit erhält der bis jetzt nur grob umrissene Gegensatz zwischen den zwei Kampfarten eine neue Definition. Nicht der Bogen als Waffe schlechthin wird negativ bewertet, sondern nur eine bestimmte Art seines Einsatzes; diese Art ist mit den Figuren des Herakles und des Eurytos assoziiert und als frevelhaft bezeichnet. Als ebenso frevelhaft ist aber von Athene im α die Verwendung von Pfeilgift bezeichnet, und damit ist sichtlich dieselbe Art der Bogenverwendung angesprochen. Dagegen hebt sich der Bogenkampf der Troiakämpfer als positiv bewertet ab; das kommt auch dadurch zum Ausdruck, daß nur Philoktet namentlich genannt wird, dessen einziger überlieferter Pfeilschuß schon durch seine Funktion im Mythos positiv bewertet ist: Ihm gelingt es, Paris zu bestrafen, er ist also der Vollstrecker der mythologischen Gerechtigkeit. Für den Hörer, der diese Angaben in seine Erwartungen bezüglich des Freiermordes mit einbaut, ergibt sich daraus eine neue Perspektive: Es erscheint wieder möglich, daß Odysseus die Freier mit dem Bogen erschießt, sofern er sich nicht der Technik der Frevler früherer Generationen bedient, sondern den Bogenkampf einer Kampfweise unterordnet, die dem Heldenethos der Troiakämpfer entspricht. Odysseus muß sich auch dabei als vollwertiger Held erweisen; der Kampf mit dem Bogen darf nicht den Charakter eines δόλος oder eines Meuchelmordes haben, der den Zorn der Götter hervorrufen würde.

Unter dieser Perspektive wird auch die Alternative zwischen einer heimlichen und einer offenen Rückkehr des Odysseus neu bewertet. Wenn der Bogen als Waffe nicht automatisch in die Kategorie des δόλος fällt, ist die heimliche Rückkehr nicht mehr an den Bogen gekoppelt, schließt aber auch die offene Rückkehr den Bogen nicht mehr aus. Schon bevor Odysseus und Athene im ν mit der konkreten Planung des Freiermordes beginnen, ist der Hörer somit darauf vorbereitet, daß es bei der Entscheidung zwischen offenem Kampf und δόλος nicht nur um die Festlegung der Mordwaffe geht.

Betrachtet man vor diesem Hintergrund die Szene zwischen Odysseus und Athene im ν von neuem, so fällt noch mehr auf, wie vage die Instruktionen der Göttin sind: Sie legen zwar die nächsten Handlungsschritte präzise fest, lassen jedoch völlig offen, auf welche Weise der Freiermord selbst ablaufen soll. Das betrifft sowohl die Wahl der Waffen als auch die Frage, ob Odysseus Bundesgenossen heranziehen soll. Für beide Punkte weisen Athenes Worte allerdings in eine bestimmte Richtung, die eine Entscheidung zwischen den zuvor schon thematisierten Alternativen suggeriert. Was die Art der Auseinandersetzung mit den Freiern betrifft, so evozieren Athenes Worte unmißverständlich einen Kampf mit ‚schweren Waffen‘: Das Blut und Hirn der Freier, das den Boden beflecken soll, suggeriert Kampf nach Art der Ilias (vgl. zu ν 389–96). Andrerseits befiehlt Athene Odysseus, sich niemandem zu erkennen zu geben, womit sie auszuschließen scheint, daß Odysseus für den Freiermord Helfer um sich schart.

Damit tut sich ein Dilemma auf: Odysseus soll zwar den Freiermord heimlich, also als δόλος, vorbereiten, den Freiermord selbst jedoch als offenen Kampf durchführen. Die Spannung zwischen den Alternativen — hie δόλος des Einzelkämpfers, da offener Kampf vieler Verbündeter gegen die Freier — liegt also schon in Athenes Anweisung begründet. Odysseus selbst muß einen Weg finden, der beiden Ansprüchen gerecht wird, wobei er von Athene kaum noch weitere Instruktionen erhält: Was das Geheimhaltungsprinzip betrifft, so weist sie ihn noch im π an, Telemachos in das Komplott einzubeziehen; in der Folge entscheidet aber Odysseus allein, wann er weitere Helfer in den Racheplan einweiht: Die Hirten und Laertes werden im Gespräch mit Telemachos im π ausgeschlossen; Eurykleia wird im τ durch Odysseus zur Geheimhaltung verpflichtet (während Athene verhindert, daß Penelope Odysseus erkennt); Eumaios und Philoitios werden von Odysseus im φ spontan eingeweiht und in den Freiermord eingebunden. Athene hebt das Geheimhaltungsprinzip also nur für Telemachos auf, Odysseus selbst erweitert unmittelbar vor dem Freiermord den Kreis seiner Partei, um im offenen Kampf mit den Freiern bestehen zu können.

Noch mehr ist Odysseus bei der Wahl der Waffen auf sich allein gestellt. Er trifft seine Planungen so, daß das von Athene suggerierte Prinzip des heroischen Kampfes gewahrt bleibt, ohne die konkrete Durchführung ins Auge zu fassen, ergreift dann die Gelegenheit, die ihm der Bogen bietet, und reagiert schließlich gemeinsam mit Telemachos im Verlauf des Kampfes auf die wechselnden Situationen. Am deutlichsten tritt die Aufgabenverteilung zwischen Held und Göttin im υ hervor (vgl. zu υ 29–30): Odysseus fragt, wie er allein den Kampf gegen die Freier beginnen solle; Athene antwortet nur, daß er mit ihrer Hilfe die Herausforderung meistern werde, gibt aber keine konkreten Anweisungen. Die Gewißheit der Göttin entspricht dem von der Tradition vorgegebenen Handlungsziel; die Ungewißheit des Odysseus entspricht der Spannung der Hörer, wie dieses Ziel erreicht werden kann, ohne daß dabei die Erwartungen verletzt werden, die die Einlösung einander scheinbar widersprechender Motive nahelegen.

Planung und Durchführung der Waffenbergung im π und τ fügen sich damit in ein größeres Programm ein. Odysseus versucht mit seinen Aktionen Vorbereitungen für den Freiermord zu treffen, die die Verwirklichung der von Athene vage formulierten Prinzipien ermöglichen, ist sich aber bewußt, daß darin keine vollständige Lösung des Problems liegt, und füllt diese Leerstelle der Planung mit dem Verweis auf die Hilfe der Götter auf. Die Planung im π gehört der Figur Odysseus, nicht dem Erzähler, so wie die Änderung des Planes im τ, wo er auf die geänderten Bedingungen reagiert. Die Komplikationen im Verlauf des χ greifen dann weit über alles hinaus, was im Zuge der Planungen einkalkuliert war; der Kampf zwischen zwei mit ‚schweren Waffen' ausgestatteten Parteien ist das, was Odysseus konsequent zu vermeiden suchte, entspricht aber der von Athene — und schon zuvor von anderen Figuren — suggerierten Kampfvorstellung; er bedeutet für den Hörer eine Überraschung, aber auch eine Einlösung der Erwartung, die noch über das vom ihm Einkalkulierte hinausschießt.

Für die Beurteilung des Motivs der Waffenbergung im Rahmen unserer Odyssee ergeben sich daraus weitere Schlußfolgerungen. Berücksichtigt man die Funktion der Planung im π, so ist die Annahme unnötig, daß die Waffenbergung aus Versionen übernommen wäre, in denen sie zum Kampf in jener Form führte, wie sie Odysseus im π vorschwebt, nämlich als Kampf zweier Schwerbewaffneter gegen mehr als hundert Un- bzw. Halbbewaffnete. Das Motiv der Waffenbergung erhält im Gegenteil erst im Rahmen eines δόλος seine volle Funktion, nämlich um optimale Bedingungen für die Ermordung der Freier mit dem Bogen zu schaffen (z.B. in der Form, daß Odysseus Penelope bezüglich der Bogenprobe instruiert, während Telemachos die Waffen entfernt); vorausgesetzt ist damit eine Form des Freiermordes, in der die Erzählung auf jegliche Gegenwehr der Freier verzichtet. Wenn es hingegen schon vor unserer Odyssee Versionen gab, in denen der Freiermord als heroischer Kampf des Odysseus dargestellt war, so konnte das Motiv der Waffenbergung dort keine entscheidende Rolle spielen, da der Kampf gegen Wehrlose nicht gut als Heldentat im Sinne der Ilias empfunden werden konnte. Ob es solche Versionen nun gab, bleibt unentscheidbar. Für das Verständnis unserer Odyssee ist wichtiger, daß der Erzähler hier von Anfang an die Perspektive einer heroischen Rache-Aristie des Odysseus eröffnet und diese gegen das Modell einer heimtückischen Ermordung der wehrlosen Freier absetzt. Das Motiv der Waffenbergung zitiert dieses Modell, das in unserer Version überwunden werden soll, und weist damit auf die Widerstände hin, die der ‚natürliche Lauf der Geschichte', das heißt die Erwartungshaltung, die der Hörer aufgrund seiner

Kenntnis der traditionellen Versionen hat, gegen die Verwirklichung der ‚heroischen Perspektive' leistet.

π 299–320 Odysseus gibt an Telemachos das Prinzip der Geheimhaltung weiter (vgl. zu ν 187–96). Wenn er sagt, Laertes, Eumaios, Penelope und die (Haus-) Sklaven dürften nicht von seiner Identität erfahren, so signalisiert das im Zusammenhang mit den Instruktionen für den Freiermord, daß diese Personengruppe auch als Helfer im Kampf ausgeschlossen wird. Damit wird ein Handlungsgang ausgeschlossen, worin Penelope Anteil am Komplott hat, indem sie die Bogenprobe bereits als Auftakt zum Freiermord festsetzt; damit wird auch endgültig ausgeschlossen, daß Laertes noch vor dem Freiermord in die Handlung einbezogen wird. Daß es sich dabei keineswegs um die einzige Möglichkeit handelt, die Geschichte zu erzählen, daß also die Planung des Odysseus auch in diesem Punkt durchbrochen werden könnte, zeigt schon der Gang unserer Odyssee selbst: Im τ kommt es fast so weit, daß Penelope ihren Mann erkennt; danach verläuft die äußere Handlung exakt so weiter, als ob sie ihn tatsächlich erkannt hätte: Penelope setzt im Einverständnis mit Odysseus die Bogenprobe fest. Was Eumaios betrifft, so stößt Odysseus selbst unmittelbar vor Beginn des Freiermordes seine Planung um und weiht ihn und Philoitios in das Komplott ein. Die Odyssee zitiert also auch an dieser Stelle alternative Handlungsverläufe, indem sie sie von einer Figur der Handlung ablehnen läßt.

Wenn Odysseus in weiterer Folge vorschlägt, die Diener und Mägde auf die Probe zu stellen und ihre Loyalität zu testen, so scheint das in Einklang mit dem Prinzip der Geheimhaltung zu stehen. Telemachs Antwort macht jedoch klar, daß dieser Vorschlag bedeuten würde, daß Odysseus von einem σταθμός zum anderen zöge, um Kontakt mit allen Dienern aufzunehmen; damit würde einerseits der Aufenthalt des Odysseus bei Eumaios mehrmals wiederholt, andrerseits würden Figuren, die, zumindest was ihre räumliche Stellung betrifft, eine exakte Parallele zu Laertes bilden, in die Handlung einbezogen. Fragt man nach der Funktion der von den Figuren erwogenen und abgelehnten Handlungsführung, so zeigt gerade Telemachs Begründung für die Ablehnung, daß die Überprüfung der Loyalität der Diener die Handlung in dem von Odysseus geplanten Sinn nicht fördern würde: Bei Wahrung der Geheimhaltung bringt das Wissen um die Einstellung der Diener keine Vorteile für die Durchführung des Freiermordes; deren Erprobung ließe sich also auch auf einen späteren Zeitpunkt verschieben. Unser Text gibt aber einen Hinweis auf eine andere Funktion der Überprüfung der Diener: Unmittelbar vor dem Freiermord befragt Odysseus in aller Kürze Eumaios und Philoitios, wie sie auf die Rückkehr ihres Herrn reagieren würden, erhält die gewünschte Antwort, gibt sich sogleich zu erkennen und fordert sie auf, am Freiermord mitzuwirken.

Dasselbe Motiv ist im Ansatz auch für die Dienerinnen festzustellen: Odysseus hat im φ bereits eruiert, welche der Mägde loyal bzw. illoyal sind; wenn er nun veranlaßt, daß die Mägde die Türe zum Megaron versperren (φ 235–9), so wird dieser Befehl von Eurykleia, der einzigen, die bereits um seine Identität weiß, ausgeführt (φ 380–7). Auch hier wird also die Loyalität der Dienerin indirekt für das Gelingen des Freiermordes ausgenützt.

Es liegt daher nahe, auch den Vorschlag des Odysseus, die Diener zu prüfen, als Verweis auf die Möglichkeit, weitere Helfer zu rekrutieren, aufzufassen. Diese Ansicht wurde abgelehnt, weil man Odysseus den, wie man meinte, unsinnigen Plan nicht zutrauen könne. So meint Eisenberger (1973, 230), Odysseus denke hier nur daran, „manchen der Knechte auf die Probe zu stellen"; Erbse (1972, 34) nimmt sogar an, daß Odysseus den Vorschlag nicht ernst meine, sondern nur die Urteilsfähigkeit seines Sohnes erproben wolle. Wilamowitz (1927, 144–6) sieht im Vorschlag zwar die Absicht, die Diener als Helfer zu gewinnen, betrachtet die Stelle aber als Erfindung eines jüngeren Zudichters, der begründen wolle, warum Odysseus nicht, wie es später bei der Machtergreifung von Tyrannen üblich war, zunächst Volk um sich schare. Das Problem löst sich aber auf, wenn man die Absicht der Figur Odysseus von der Absicht des Textes trennt. Die Figur Odysseus beabsichtigt im Augenblick des Vorschlags tatsächlich nur, die Diener auf ihre Treue zu überprüfen, so wie auch die Überprüfung der Mägde erst nach dem Freiermord zu Konsequenzen für die Handlung führt. Der Text verweist aber unmißverständlich auf die Möglichkeit, die Diener in den Freiermord einzubeziehen. Mit Vorschlag und Ablehnung wird also auf eine alternative Handlungsführung verwiesen, die über das hinausgreift, was der Absicht der Figur Odysseus entspricht.

Diese Auffassung vertritt schon Woodhouse (1930, 169–193), allerdings unter einer anderen Optik. Woodhouse weist alle Elemente, die auf einen Kampf mit ‚schweren Waffen' hindeuten, seiner ‚Saga von Odysseus' zu, die eine quasi-historische Überlieferung dargestellt hätte. In ihr hätte es sich nicht um Freier, sondern um Usurpatoren gehandelt, und Odysseus hätte zusammen mit Eumaios, Philoitios, Laertes, Dolios und dessen sechs Söhnen seine Gegner (fünfzehn an der Zahl) mit Speer und Schwert niedergekämpft. Der Odysseedichter hätte diese Geschichte mit dem *folktale* des Heimkehrers und anderen Elementen kombiniert, die Fakten der Überlieferung dabei aber auch dort, wo sie in Widerspruch zum *folktale* stünden, gleichsam aus Respekt vor der ‚historischen Wahrheit' beibehalten. Das Ergebnis der Analyse ist also eine Zerlegung des Textes in einzelne Schichten, deren Kombination immer wieder Elemente ohne Funktion für den neuen Kontext erkennen ließe. Gegenüber diesem Ansatz gilt es zu klären, welche Funktion die Verweise auf andere Versionen — hier also auf das, was Woodhouse die ‚Saga von Odysseus' nennt — in unserem Text haben.

Odysseus schlägt eine Aktion vor (Aufsuchen weiterer Diener), die in unserer Handlung nur die von ihm genannte Funktion haben kann (Überprüfung der Loyalität); der Hörer kennt dieses Handlungselement aus alternativen Versionen, in denen es eine andere, weiterreichende Funktion hat (Gewinnung von Helfern). Telemachos lehnt den Vorschlag mit einem für die Handlung unserer Odyssee hinreichenden Argument ab (unnötige Verzögerung); der Hörer kann dazu ergänzen, daß das Handlungsmotiv in dieser Version keinen Platz hat, weil seine Hauptfunktion (Gewinnung von Helfern) in Widerspruch zu dem vereinbarten Prinzip der Geheimhaltung (π 301–3) und dem Verzicht auf Helfer (π 235–69) steht. Die Ablehnung der Alternative hebt damit auch das Dilemma, das die Instruktionen Athenes bewirken, hervor: Das Prinzip der Geheimhaltung schließt aus, viele Helfer zu rekrutieren, die einen ‚heroischen' Kampf erst plausibel machen würden. Der Vorschlag des Odysseus bezeichnet jene Stelle innerhalb der Handlung, an der das aus anderen Versionen bekannte Element der Sammlung loyaler Diener einsetzen müßte; mit der Ablehnung des Vorschlags distanziert sich unsere Version ausdrücklich von diesem Element und zeichnet einen Handlungsgang vor, der sich an eben dieser Stelle vom Gang der zitierten Alternativversionen abspaltet.

π 322–41 Die Meldung von Telemachs Ankunft ist auffällig gedoppelt. Die soeben im Hafen eingelangten Gefährten senden einen Herold zu Penelope, der die gleiche Botschaft überbringen soll wie der in π 130–53 von Telemachos losgeschickte Eumaios. Die beiden Boten treffen noch auf dem Weg zusammen, langen gemeinsam im Palast ein und verkünden beide ihre Botschaft, der Herold laut und öffentlich, Eumaios nur für Penelope hörbar. Der Unterschied der beiden Botschaften liegt dabei sichtlich nicht in ihrem Inhalt: Die Worte des Eumaios werden vom Erzähler nur referiert als „alles, was ihm der liebe Sohn zu erzählen aufgetragen hatte"; der Herold hat den Auftrag, zu berichten, daß Telemachos sich ἐπ' ἀγροῦ aufhalte und das Schiff in die Stadt vorgeschickt habe. Das Mehr an Information, das in Telemachs Auftrag enthalten war, nämlich die Weisungen bezüglich Laertes, spielt dabei keine Rolle: Diese werden hier nicht ausdrücklich erwähnt und haben für die weitere Handlung keine Funktion (vgl. zu π 137–53). Worin sich die beiden Botschaften unterscheiden, ist vielmehr der Umstand, daß Eumaios die Meldung heimlich, der Herold aber öffentlich, für die Freier vernehmlich, überbringt. Die Doppelung der Figuren ist somit eingesetzt, um den Gegensatz zwischen heimlicher und öffentlicher Botschaft zu thematisieren. Der Herold durchkreuzt Telemachs Absicht, der Eumaios angewiesen hat, niemanden außer Penelope von seinem Aufenthaltsort wissen zu lassen, da ihm viele nachstellten (π 133–4). Damit wird deutlich, daß diese Intention des Botengangs, nämlich die Nachricht von

Telemachs Ankunft vor den Freiern geheimzuhalten, nicht verwicklicht wird. Der Weg des Eumaios behält damit für den weiteren Verlauf der Handlung keine Funktion, da alles, was er Penelope ausrichtet, auch ohne sein Zutun erledigt würde: Penelope erfährt auch vom Herold, daß ihr Sohn heil zurückgekehrt ist und wo er sich befindet (ich plädiere dafür, die Ein-Vers-Rede des Herolds in π 337, ἤδη τοι, βασίλεια, φίλος πάις εἰλήλουϑε, so wie die Meldung des Eumaios nur als Referat jenes Inhalts aufzufassen, der ihm von den Gefährten des Telemachos aufgetragen wurde).

Damit wird zweierlei signalisiert. Zunächst hat nicht die Botschaft des Eumaios, sondern nur die des Herolds weitere Konsequenzen: Während Penelope keine Aktionen setzt, reagieren die Freier auf die Nachricht. Damit wird der Weg des Eumaios als ‚eigentlich' überflüssig markiert, zumindest was die Botenfunktion betrifft. Dies hebt noch stärker hervor, daß sein Weg eine zweite Funktion hat: Eumaios mußte vom Gehöft entfernt werden, um der Erkennungsszene zwischen Telemachos und Odysseus Platz zu machen. Damit kommt zum Ausdruck, daß die Funktion dieses Weges nicht auf der Figurenebene, sondern auf der Handlungsebene liegt.

Was die Funktion der Geheimhaltung der Botschaft an Penelope angeht, so kann man noch weitere Überlegungen anstellen. Wenn die Doppelung der Boten signalisiert, daß die Durchkreuzung von Telemachs Absicht für den Fortgang der Handlung keine Rolle spielt, so läßt das durchblicken, daß es auch eine Art von Botschaft geben könnte, bei der die Geheimhaltung unabdingbar wäre. Diese Alternative ist vom Erzähler sogar thematisiert: Bevor Eumaios abends zum Gehöft zurückkehrt, verwandelt Athene Odysseus wieder in den alten Bettler, „damit nicht der Sauhirt ihn erkenne und Penelope die Botschaft überbringe" (π 457–9). Als alternativer Handlungsverlauf ist also projiziert, daß Eumaios Penelope nicht von der Ankunft des Telemachos, sondern des Odysseus verständigt; in diesem Fall dürften die Freier natürlich nichts davon erfahren. Man könnte in den verstreuten Angaben somit einen Verweis auf Versionen sehen, in denen Eumaios (bzw. ein Hirte) Penelope von der Ankunft ihres Mannes verständigt; diese geheime Meldung hätte natürlich nur Sinn als Teil des Komplotts gegen die Freier, wenn also Penelope auf diesem Weg aufgefordert wird, die Bogenprobe zu initiieren. Ob es solche Versionen tatsächlich gab, muß fraglich bleiben, da darin jede Möglichkeit zur Erprobung von Penelopes Treue wegfallen mußte. Es bleibt jedoch der Eindruck, daß der Erzähler mit der Möglichkeit eines solchen Handlungsverlaufs zumindest spielt.

π 371–82 Antinoos nennt drei Möglichkeiten, wie die Handlung weiterlaufen könnte. Bei der ersten, (a), handelt es sich um eine für die Freier unerwünschte Entwicklung; zu deren Vermeidung schlägt er zwei Wege vor, (b) und (c), wobei er suggeriert, daß nur (b) zum Ziel führen kann, (c) aber die logische Konsequenz der Nichtbefolgung von (b) wäre. Mit der Möglichkeit (a), der Auflehnung des Volkes von Ithaka gegen die Freier, ist eine politische Konstellation skizziert, die nicht unmittelbar in Handlung umgesetzt werden könnte, die aber den Reflex einer allgemeinen Konstellation bildet: Wenn die Stimmung des Volkes sich gegen die Freier richtet (wie schon in der Volksversammlung im β angedeutet und von Penelope im δ als Möglichkeit erwogen, vgl. zu δ 735–41), so kann das Funktion für die Heimkehrhandlung erhalten; so könnte Odysseus unter den Bürgern von Ithaka Verbündete sammeln, sich also auch politisch die Stimmung gegen die Freier zunutze machen. Doch bleibt fraglich, ob sich dieses Motiv noch mit dem von der Tradition vorgegebenen Handlungselement der Bogenprobe vereinbaren ließe. Denkbar wäre auch, daß in anderen Versionen das politische Element, das in unserer Odyssee mehrmals nur zitiert scheint, mehr Gewicht hatte, aber so wie in unserer Version erst nach dem Freiermord voll zum Tragen kam, etwa in der Form, daß Odysseus ins Exil getrieben wurde. Eine konsequent ‚politische' Odyssee, wie sie Woodhouse mit der ‚Saga von Odysseus' rekonstruiert hat, läßt sich aus den verstreuten Hinweisen unserer Odyssee hingegen nicht ablesen.

π 383–7 Der Plan, auf dessen Verwirklichung Antinoos drängt, ist ein zweiter Anschlag auf Telemachos mit genau abgesteckten Konsequenzen. Während der erste Anschlag noch ausgeführt wird, aber mißlingt, kommt es beim zweiten Mal nicht einmal mehr so weit. Amphinomos widersetzt sich und fordert die Einholung der Zustimmung von Διὸς θέμιστες, die dann gar nicht erfolgt. Der nicht ausgeführte Anschlag wirkt wie eine schwache Doublette zum ersten Versuch, unterscheidet sich von diesem aber durch den neuen Schauplatz: Telemachos soll jetzt auf dem Land oder auf dem Weg zurück in die Stadt ermordet werden. Man wird nun keinesfalls mit Versionen der Odyssee rechnen, in denen Telemachos tatsächlich einem Anschlag zum Opfer fiel. Hingegen kann man sich gut vorstellen, daß die Freier versuchen, Telemachos auf Ithaka zu beseitigen. Das würde zu jener Variante passen, die an einigen Stellen durchzublitzen scheint (Dichter A bei Merkelbach, vgl. zu δ 638–40): Danach würde Telemachos direkt vom Palast zu Eumaios gehen, dort auf Odysseus treffen und auf dem Rückweg dem Anschlag der Freier entgehen. Dabei läßt sich aus den verstreuten Angaben unseres Textes keine zusammenhängende ‚Urfassung' rekonstruieren. Unser Text zitiert an verschiedenen Stellen Motive eines alternativen Handlungsgangs, paßt sie aber jeweils den Erfordernissen des neuen Kontextes an. Auch hier sind Vorschlag und Ablehnung des zweiten Anschlags kein totes Motiv. So erfährt erst mit dem Gedanken an einen zweiten Anschlag der auf der Figurenebene zunächst unmotivierte Umweg des Telemachos über Eumaios eine nachträgliche Begründung. Durch die

Nennung der Alternativen läßt Antinoos aber auch die Stellung der Freier deutlich hervortreten: Aus taktischen Gründen müßten sie Telemachos beseitigen, da sonst ihre Situation auf Ithaka unhaltbar würde (b). Sie können sich aber weder dazu entschließen noch zu einem Rückzug auf eine ordnungsgemäße Brautwerbung (c). Die Szene demonstriert somit durch den Verweis auf die Alternativen zur Fortführung der Handlung, warum die Freier einerseits scheitern, andrerseits zu Recht bestraft werden.

π 387–92   Die Möglichkeit (c), der Rückzug auf eine korrekte Brautwerbung, wird von Antinoos nur als warnendes Beispiel erwähnt und nicht weiter verfolgt. Damit ist eine alternative Handlungsführung zitiert, die in anderen Versionen als Verhalten der Freier, das von Anfang an als korrekt einzustufen ist, aufscheinen konnte, etwa in Verbindung mit der ‚Weblist-Variante' bzw. der ‚Komplott-Variante'. Die Ablehnung dieser Alternative durch die Freier hebt auch hier ihre Schuld hervor.

π 394–405   Amphinomos wird knapp nach seinem ersten flüchtigen Auftritt (π 351–7) ausführlich vorgestellt; dies ließe sich das als Hinweis darauf deuten, daß seine Figur dem Hörer aus der Tradition nicht bekannt war. Seine positive Charakterisierung durch den Erzähler ist aber vor allem als Versuch zu werten, Reflexe anderer Versionen, in denen die Freier generell freundlicher gezeichnet waren, in die Komposition dieser Version zu integrieren: Amphinomos ist ein Freier, der sich zwar ausdrücklich als Nicht-Frevler von der Masse der Freier abhebt, sich deren Treiben aber trotzdem anschließt. Die Frage der Schuld der Freier, die in jeder Version der Odyssee ein Problem darstellen mußte, ist in unserem Text mit der Figur des Amphinomos ausdrücklich thematisiert. Gerade dadurch, daß er den ‚korrekten' Freiern anderer Versionen angenähert wird, zeigt sich umso deutlicher, warum er in unserer Odyssee trotzdem zu Recht fallen muß.

π 418–20   Der von Penelope genannte Gegensatz zwischen dem Ruf und den Taten des Antinoos könnte Spontanerfindung des Erzählers sein, um dasselbe Thema zu illustrieren wie zuvor in der Rede des Antinoos selbst, der erwähnt, daß die Freier nicht mehr so wie früher mit der Unterstützung der Bevölkerung rechnen können. Auffallend bleibt dabei, daß dieses hohe Ansehen des Antinoos in unserem Text sonst keine Rolle spielt. Will man darin den Reflex der Antinoos-Figur anderer Versionen sehen (vgl. zu α 383), so bleibt fraglich, welche Funktion seine Stellung als bester Redner und Ratgeber dort haben konnte. Es ist daher für den Hörer eher nur die traditionelle Rolle des Antinoos als ἄριστος κούρων (χ 29–30) vorausgesetzt, während die Bezugnahme auf seine βουλή, die ihn auch als geschickten Redner bezeichnet (so West zu α 383ff.; diese Gabe ist vielleicht traditionell, wie der Vatersname Eupeithes vermuten läßt), eigens dazu eingeführt ist, um den Gegensatz zwischen seinem früheren Ruf und seinem derzeitigem

Status, zwischen dem hohen Ansehen und den schändlichen Taten zu verdeutlichen.

π 421–33 Die Episode von der Rettung des Eupeithes durch Odysseus hat *exemplum*-Charakter nach Art eines mythologischen Paradeigma: So wie Odysseus einst dem Vater des Antinoos das Leben gerettet hat, soll dieser jetzt dem Sohn des Odysseus das Leben bewahren. Die Episode ist in allen für ihr Verständnis nötigen Details ausgeführt und setzt kein Wissen beim Hörer voraus. Auch steht die Aktion des Eupeithes in Widerspruch zu seinem sprechenden Namen: Weder rät er zu guten Taten noch kann er das Volk überzeugen, sondern muß sogar unter den Schutz eines Mächtigeren flüchten. Das spricht dafür, daß die Episode keine Grundlage in der Tradition hat, sondern vom Erzähler für den Kontext dieser Stelle ‚erfunden' ist.

π 435–47 Die Vermutung, daß die Geschichte des Eupeithes ‚erfunden' ist, wird dadurch gestützt, daß unmittelbar darauf Eurymachos Kindheitserinnerungen an Odysseus einflicht, die dieselbe *exemplum*-Funktion haben, aber kaum traditionell sein können: Die Fütterung des kleinen Eurymachos konnte in keiner ‚Odyssee' Teil der Handlung sein; als nachträglicher Figurenbericht konnte das belanglose Detail aber kaum den Status einer traditionellen Geschichte erlangen.— Man könnte spekulieren, ob die vorgespielte Fürsorge des Eurymachos Versionen reflektiert, in denen er sich tatsächlich so verhielt (vgl. zu ο 508–49). Doch wird mit den zwei Ausblicken in die Vergangenheit vor allem der Gegensatz zwischen Antinoos und Eurymachos beleuchtet: Antinoos hat die Aggressivität vom Vater geerbt; Eurymachos war schon als Kind ein (scheinbarer) Freund der Familie.

π 454–9 Der Erzähler begründet die Rückverwandlung des Odysseus damit, daß Eumaios sonst Penelope seine Ankunft melden könnte. Doch könnte Odysseus ihn ja daran hindern; bei einem Anagnorismos wäre eher zu erwarten, daß Odysseus Eumaios zur Geheimhaltung verpflichtet. Mit der Befürchtung sind aber vielleicht Versionen zitiert, in denen die Handlung tatsächlich diesen Verlauf nahm (vgl. zu π 322–41); dann mußte Odysseus weiter bei Eumaios bleiben und erst unmittelbar zur Bogenprobe im Palast erscheinen; die Meldung an Penelope hatte dann die Funktion, diese aus der Distanz in das Komplott gegen die Freier einzubeziehen. Unser Text zitiert vielleicht einen solchen Handlungsverlauf, weist mit dem Zitat aber darauf hin, daß der Plan Athenes eine andere Entwicklung festlegt.

π 461–77 Nach van Thiel (1988, 203) fand der Gang des Eumaios in der ‚Spätodyssee' als verdeckte Handlung statt, so daß seine Meldung von der Rückkunft des Freierschiffs auch für den Hörer eine neue Information darstellte. Damit rekonstruiert van Thiel eine Version, in der ‚Zielinskis Gesetz', das den Figurenbericht von verdeckt abgelaufener Handlung verbietet, eklatant mißachtet ist; absurderweise hätte damit erst der ‚Redaktor' die konsequente Beachtung der erzähltechnischen Konvention eingeführt. Der Bericht des Eumaios an Telemachos ist nach Zielinski nur gestattet, weil seine Beobachtungen, die er ja auf einem ‚verdeckten' Weg gemacht hat, Aktionen betreffen, die zuvor schon vom Erzähler berichtet wurden. Unser Beispiel dient dazu, den Zusammenhang zwischen dem Informationsgefälle der Figuren der einzelnen Handlungsstränge und deren Ausgleich durch komplexe Synchronisationsvorgänge zu thematisieren; der Gegensatz zwischen Wissen und Nicht-Wissen, vollständigem und unvollständigem Wissen, Wahrheit und Lüge ist ja ein Lieblingsthema des Odysseedichters (vgl. Beßlich 1966). Hier liegt die Pointe darin, daß im selben Moment, da ein Wissensausgleich bezüglich der Ankunft des Freierschiffs hergestellt wird, das Informationsdefizit des Eumaios thematisiert wird: Telemachos lächelt wissend seinem Vater zu, ohne daß der Sauhirt es bemerkt; die Identität des Odysseus bleibt Eumaios weiter verborgen.

Odyssee 17

ϱ 1–25; 182–99   Der Ablauf entspricht exakt den Anweisungen des Odysseus (π 270–3): Telemachos soll zuerst aufbrechen, Odysseus soll sich von Eumaios in die Stadt (d.h. in den Palast) geleiten lassen. Der Ablauf steht aber in Gegensatz zum Rat des Eumaios, der Bettler solle sich nicht unter die Freier begeben (ο 303–46), und zur ersten Erklärung des Telemachos, in der er ausdrücklich ablehnte, den noch unbekannten Bettler als ξεῖνος in sein Haus aufzunehmen, und als Alternative vorschlug, ihn entweder zu beschenken und weiterzuschicken oder bei Eumaios zu verpflegen (π 56–89). Der Widerspruch wird im Text nicht explizit begründet. Für den Hörer ist er durch die Planung von Odysseus und Telemachos im π obsolet geworden; für Eumaios präsentiert er sich als spontaner Sinneswandel des Telemachos, als Ausdruck der Willkür der Herren über die Sklaven (ϱ 185–9). All dies hat im Text Funktion: Die Absicht des Eumaios und die erste Absicht des Telemachos dienen der Figurencharakterisierung; zugleich wird damit (neben der ‚unmöglichen Alternative', daß Odysseus wieder aus Ithaka weggeschickt wird) mit mehreren Verweisen immer deutlicher ein möglicher alternativer Handlungsgang skizziert: Athene fordert Odysseus auf, bei Eumaios zu warten und die Lage zu sondieren (ν 404–11); Eumaios fordert ihn zum Bleiben auf (ο 335–6); Telemachos bietet ihm an, er möge bei Eumaios bleiben und sich vom Palast aus mit Gewand und Nahrung versorgen lassen (π 82–4); und schließlich heißt es, Eumaios würde, falls er Odysseus erkennen sollte, Penelope Meldung erstatten (π 454–9). Kombiniert man diese Angaben mit den Verweisen auf die Möglichkeit, weitere Helfer zu sammeln, so zeichnet sich ein alternativer Handlungsverlauf ab, in dem der Aufenthalt des Odysseus im σταϑμός eine andere Funktion erhält als in unserer Version: Odysseus plant von einer sicheren Zwischenstation aus die Intrige, knüpft Kontakte mit Parteigängern im Palast und sammelt Helfer, mit denen er im rechten Moment aufbricht, um den Freiermord zu beginnen. Unser Text verweist mehrmals auf diese Möglichkeit der Handlungsführung, stellt dagegen aber das konkurrierende Prinzip der Geheimhaltung. Für das Verständnis der Motivreihe ist es dabei nicht unabdingbar, daß der Hörer eine solche Handlungsführung aus anderen Versionen kannte; bei entsprechender Vorkenntnis war es für ihn aber leichter, die Hinweise auf den alternativen Handlungsverlauf zu erfassen.

ϱ 36–166 Die Szenenfolge ist auffällig: Telemachos kommt zu Hause an, wird von Penelope begrüßt und nach dem Erfolg der Reise befragt; er geht darauf nicht ein, schickt sie fort und begibt sich auf die Agora, wo er erstmals wieder den Freiern begegnet und Theoklymenos übernimmt; nachdem er mit diesem im Palast eingelangt ist, gebadet und gespeist hat, befragt ihn Penelope neuerlich; jetzt gibt er seinen Reisebericht und referiert die Auskunft des Proteus, wonach Odysseus bei Kalypso festgehalten sei; Theoklymenos mischt sich ein und weissagt, daß Odysseus schon in Ithaka sei; Penelope reagiert nur mit einem Wunsch, worauf der Blick des Erzählers kurz zu den Freiern und gleich darauf zu Odysseus schwenkt. Die Szenenfolge wurde als ungeschickt zusammengestoppelt kritisiert (vgl. Merkelbach 1969, 74), kann aber schon für sich selbst befriedigend als Ausdruck von Telemachs Emanzipation erklärt werden (vgl. Russo zu ϱ 48–53): Dieser übernimmt die Rolle als Hausherr und weist der Mutter ihre Rolle zu.

Die Aufspaltung der Unterredung zwischen Mutter und Sohn markiert trotzdem die dazwischenliegende Sequenz als Einschub in einen Zusammenhang, der bezüglich Szenentypik und Handlungslogik eine strukturelle Einheit bildet (vgl. Wehrli 1959, 234 Anm. 20): Ankunft, Bad, Bewirtung, Bericht. Doch ist bereits die ,vorzeitige' erste Frage der Penelope als Durchbrechung der gesellschaftlichen und epischen Konvention markiert. Die analytische Erklärung, wonach Telemachs Gang in die Stadt ein später Einschub in einen ursprünglich intakten Zusammenhang sei, löst also das Problem nicht, da in unserem Text die Überlagerung der Motivlinien regelrecht thematisiert wird. Das entspricht einer Technik, die sich in der Odyssee auch sonst beobachten läßt, wie z.B in der doppelten Götterversammlung im α und im ε. Auch dort wird das Problem (Ingangsetzung der Odysseushandlung) zuerst formuliert, dann aufgeschoben und zuletzt neu aufgenommen, wobei die inzwischen abgelaufene Handlung die Situation neu definiert. In der Szenenfolge des ϱ wird zunächst suggeriert, daß Telemachos den Bericht sofort nach der Ankunft geben könnte; dann schiebt sich ein neuer Motivstrang dazwischen, und als er endlich von der Reise berichtet, wird der zusätzliche Motivstrang in die Situation mit aufgenommen: Theoklymenos korrigiert Telemachs Bericht, der ja dem Wissensstand des δ und nicht dem des ϱ entspricht, und bringt damit, wenn auch auf der Basis einer Weissagung, auch Penelope auf den aktuellen Informationsstand.

ϱ 65–70 Die knappen Angaben beschreiben politische Realität: Telemachos wird von den Freiern umringt, die ihm scheinheilig schöntun, weicht ihnen aber aus und sucht den Kontakt mit seinen Parteigängern, die ihn „nach allen Einzelheiten ausfragen". Impliziert ist damit, daß Telemachos von seiner Reise berichtet und mit ihnen die politische Situation auf Ithaka erörtert. Die nur angedeutete Szene hat befremdet (Wilamowitz 1927, 150: „Was Telemach mit diesen Freunden tat, wird kaum verständlich mit ἐξερέεινον ἕκαστα abgemacht. Was war das, und wie beantwortete er es?"), was begreiflich ist, da hier eine politische Ebene der Handlung angedeutet wird, die für die Rachehandlung keine Rolle spielt und erst wieder im ω zur Geltung kommt. Die kurze Szene hat jedoch genau diese Funktion, auf die politische Ebene zu verweisen: Sie erinnert den Hörer daran, daß die Rachehandlung in keinem politischen Vakuum abläuft und daß es auch in diesem Stadium noch vorstellbar wäre, der Handlung eine politische Dimension zu verleihen. Telemachs ‚konspirative Sitzung' mit seinen Parteigängern unter den Bürgern von Ithaka könnte Ausgangspunkt für eine Handlungsentwicklung sein, in der die loyalen Kräfte gesammelt und — so die logische Konsequenz — in die Maßnahmen gegen die Freier eingebunden werden. Der Hörer weiß an diesem Punkt der Handlung aber bereits, daß eine solche Entwicklung die Einweihung der potentiellen Helfer in die Anwesenheit des Odysseus voraussetzen würde, was gegen das Prinzip der Geheimhaltung verstieße; so muß die Erwähnung der potentiellen Helfer ein Ausblick auf eine alternative Handlungsführung bleiben.

ϱ 204–11 Die ausführliche Beschreibung der Quelle, bei der die Begegnung mit Melanthios stattfindet ist ein realistisches Element, „ein Stück räumlich erfahrener Landschaft", das dadurch Funktion für die Handlung erhält, daß der „heilige Ort ... die Szenerie ... für die Beleidigung des Bettlers ... und Eumaios' Gebet zu den Nymphen um Rückkehr seines Herrn" wird (Hölscher 1988, 192f.). Der Ort der Begegnung könnte aber zusätzliche Bedeutung haben. Die Quelle als Ort der Begegnung erscheint in der Odyssee auch, wenn die Kundschafter des Odysseus im Land der Laistrygonen die Königstochter beim Gang zur Quelle treffen (κ 105–8); die Situation ist analog zu den Begegnungen zwischen Odysseus und Nausikaa beim Wäschewaschen am Fluß (ζ 85ff.), zwischen Odysseus und der als Hirte-Herrschersohn verkleideten Athene am Strand, ebenfalls bei einem Nymphen-Heiligtum (ν 219ff.), oder zwischen dem ‚Bettler' und dem Thesproterprinzen, wo die näheren Umstände nicht bezeichnet sind (ξ 314ff.). Die Quelle

als Ort, wo der (seine Identität verbergende) Fremde erstmals in ein Gastverhältnis aufgenommen wird, erscheint auch im Demeterhymnus (98ff.).
Zur typischen Szene erstarrt ist dieses Schema im südslawischen Heimkehrerlied, wo der Held in einigen Varianten erstmals an der Quelle wieder
auf Mitglieder seiner Familie stößt, die ihn unerkannt nach Hause geleiten
(vgl. etwa SCHS 14, 8, 1150ff.). Es scheint daher möglich, daß die Quelle als
typischer Ort für die Aufnahme eines Fremden empfunden ist, und daß
auch für die Ankunft des Odysseus auf Ithaka ‚die Quelle‘ in anderen Versionen eine Rolle spielte. Die Begegnung zwischen Odysseus und Melanthios an der Quelle mag dann dem Hörer andeuten, daß dies ‚eigentlich‘
der Ort wäre, wo der Fremde in den Schutz des Hauses aufgenommen werden müßte; der typologische Hintergrund könnte den Kontrast zwischen
dem ‚frommen‘ Ambiente und dem Frevel des Melanthios noch verstärken.

ϱ 223–8　Der von Melanthios nicht ernst gemeinte Vorschlag, Odysseus als
Arbeiter in seinen σταϑμός aufzunehmen, fügt sich in eine Reihe analoger
Bemerkungen: Wenig zuvor hat Eumaios den Wunsch geäußert, Odysseus
als σταϑμῶν ῥυτήρ bei sich zu behalten (ϱ 186–7); später wird Eurymachos
den ‚Bettler‘ auffordern, für ihn Feldarbeit zu verrichten, und Odysseus
wird die Aufforderung als Herausforderung an Eurymachos retournieren
(σ 356–75). Diese Motivkette fügt sich in die spezifische Darstellungsabsicht
der hierarchischen Umwertung von Stadt und Land in unserer Odyssee
(vgl. Edwards 1993): Der Aufenthalt auf dem Land, der von der Partei der
Freier verächtlich betrachtet wird, wird von der Partei des Odysseus (und
dem Erzähler) systematisch aufgewertet. Es ist daher kaum vorstellbar, daß
diese spezifische Optik der Odyssee in anderen Versionen soweit verwirklicht war, daß Odysseus beim Aufenthalt in einem σταϑμός tatsächlich zur
Arbeit eingesetzt wurde: Eine solche Tätigkeit mußte den *plot* behindern,
der für die Zwischenstation(en) auf dem Land primär die Funktion des
Sammelns von Informationen und von Helfern gegen die Freier vorsah.

ϱ 229–32　Zu der Ankündigung des Motivs der Mißhandlung des Odysseus in seinem eigenen Haus vgl. zu π 274–80.

ϱ 235–8　Die Überlegungs-Entscheidungs-Szene weicht auffällig von der
üblichen Form ab: Wenn sonst Alternativen genannt werden, entscheidet
sich der Held für die zweite der genannten Möglichkeiten. Nur hier wählt
Odysseus eine dritte Möglichkeit, die aber lediglich darin besteht, nichts zu
tun (vgl. Russo zu ϱ 235–8, mit Verweis auf Arend 1933 und Voigt 1972).
Die Stelle bildet den Auftakt zu einer Reihe von Entscheidungsszenen, in
denen sich Odysseus durch die spontane Reaktion auf eine Handlung der
Freier-Partei jeweils fast verrät (σ 90ff., υ 10ff.; vgl. Friedrich 1975, 179 Anm.
76). Das Zitat der üblichen Form der Entscheidungsszene hebt hervor, daß
die Situation für Odysseus eigentlich nur eine einzige mögliche Reaktion

vorsähe, daß seine Zurückhaltung also nur dadurch erreicht wird, daß er gleichsam über das Menschenmögliche hinaus reagiert (vgl. zu ι 299–305).

ρ 260–73 Der Eindruck, den Odysseus gewinnt, als er sich dem Palast nähert, entspricht der Situation, wie sie dem Hörer aus den Angaben über das Treiben der Freier vom α an vertraut ist, wie sie aber auch Odysseus nach seinem Informationsstand erwarten muß. Die Hervorhebung von Musik und Feststimmung könnte aber zusätzlich eine Situation suggerieren, in der das Motiv des Feierns eine besondere Funktion hat. So hat Hölscher (1988, 103–6) gezeigt, daß in unserer Odyssee das Motiv der ‚Heimkehr im letzten Moment‘ eine wichtige Rolle spielt, wenn auch in mehrere Elemente aufgespalten und transformiert. Hölscher hebt aus seinem Parallelmaterial das Motiv hervor, daß der Held sein letztes Abenteuer im Jenseitsbereich erlebt, dort von der unmittelbar bevorstehenden Wiedervermählung seiner Frau erfährt, von einem übersinnlichen Wesen in Windeseile nach Hause befördert wird und gerade noch ‚im letzten Moment‘ eintrifft.

Die Heimkehr des Helden ‚im letzten Moment‘ als Grundmotiv der ‚einfachen Geschichte‘ bestimmt aber auch viele Varianten des südslawischen und des neugriechischen Heimkehrerliedes, wo das Motiv des ‚letzten Abenteuers im Jenseits‘ oder der ‚übernatürlich raschen Heimfahrt‘ bestenfalls noch in schwachen Reflexen aufscheint. Die Dramatik des ‚gerade noch‘ ist also auch dann gesichert, wenn der Held ohne Vorwissen, nur aufgrund des ‚glücklichen Zufalls‘ beim Eintreffen in seinem Hause in die Hochzeitsgesellschaft hineinplatzt. Man kann sich daher, unabhängig von der Frage, ob die märchenhaft schnelle Heimfahrt des Odysseus mit dem Motiv des Hochzeitstermins zu tun hat, gut vorstellen, daß in anderen Versionen der Odyssee sein Eintreffen im Palast als ‚gerade noch rechtzeitig‘ dargestellt war; auch in unserer Version bestimmt ja dieses Motiv, wenn auch auf die psychologische Ebene verlagert, die Handlung. Fragt man, in welchen konkreten Handlungsdetails sich solche Versionen von unserer Odyssee unterscheiden konnten, so gibt unser Text selbst einige Hinweise:

Wenn Odysseus noch im ρ aufgefordert wird, mit Penelope zusammenzutreffen, und dies auf den Abend verschiebt, so eröffnet das die Möglichkeit, daß die Abfolge ‚Anagnorismos mit Penelope – Bogenprobe – Freiermord‘ noch am Tag des Eintreffens des Odysseus im Palast stattfindet (vgl. zu ρ 507–606); daß Odysseus als Bettler (nicht als offizieller Gastfreund) in seinem eigenen Haus eine Nacht verbringt, ist ja nicht selbstverständlich (vgl. zu τ 60–95). Auch das in unserem Text nur zitierte Motiv des Termins der Wiedervermählung, der mit Telemachs Mannwerdung und deren offizieller Verkündigung am Apollonfest gegeben ist (vgl. zu ξ 161–4), suggeriert ein Eintreffen des Odysseus ‚im letzten Moment‘. Selbst noch die Darstellung der Entscheidungsfindung, die zur Ansetzung der Bogenprobe durch Penelope führt, könnte so verstanden werden, daß Odysseus den Termin der neuen Hochzeit nicht mehr beeinflussen kann (vgl. zu τ 570–87). Daß der Tag, an dem die Entscheidung fällt, jener Tag ist, für den Penelope ihre Wiedervermählung festgesetzt hat, wird schließlich im ψ durch die Darstellung der fingierten Hochzeitsfeier suggeriert (vgl. zu ψ 131–52). Aber auch das mit dem Motiv von Telemachs Mannwerdung konkurrierende Motiv der Weblist erfordert ‚eigentlich‘, daß Penelope von den Freiern zur Hochzeit gezwungen wird und den Termin nicht selbst bestimmen kann; auch für dieses Grundmotiv scheint es am wirkungsvollsten, wenn Odysseus erst während der Hochzeitsfeier unter den Freiern auftaucht; wenn die Vermutung stimmt, daß bei ‚ursprünglicher‘ Anwendung des Weblistmotivs die Freier sich nicht im Haus festsetzen, sondern ‚korrekt‘ freien und erst nach Aufdeckung der List Penelope unter Druck setzen, indem sie den Hochzeitstermin festlegen, so kann es bei konsequenter Verfolgung dieses Motivs auch erst am Tag der Entscheidung zur Versammlung aller Freier im Haus kommen; Odysseus hätte demnach zuvor gar keine Gelegenheit, die versammelten Freier in seinem Haus anzutreffen (vgl. zu β 93–110). Es gibt somit etliche Indizien dafür, daß unsere Odyssee Versionen voraussetzt und zitiert, in denen Odysseus beim ersten Wiedereintritt in sein Haus die Freier bereits im Rahmen der Hochzeitsfestlichkeiten vorfindet. Die Thematisierung der Feststimmung beim Eintreffen des Odysseus vor seinem Hause könnte daher den Hörer an Versionen erinnern, in denen das Motiv eine handfeste Funktion hatte, und könnte damit auf Übereinstimmungen und Abweichungen hinweisen.

ϱ 274–85   Die Befürchtung des Eumaios, daß der Bettler noch vor Betreten des Hauses von den Freiern mißhandelt würde, und die Antwort des Odysseus, daß er an Schläge gewöhnt sei, fügen sich in die Reihe diesbezüglichlicher Ankündigungen, die den drei Würfen auf Odysseus vorangehen. Die Aussage des Odysseus ist trotzdem auffällig, weil mit der Formulierung οὐ γάρ τι πληγέων ἀδαήμων οὐδὲ βολάων (283) vorausgesetzt scheint, daß er schon seit langer Zeit ein Bettlerdasein friste, was in Widerspruch zu seinem Lebensbericht im ξ steht. Die gleich darauf folgende Einschränkung, er beziehe sich auf seine Erfahrungen κύμασι καὶ πολέμῳ, klingt dabei wie ein Korrekturzusatz, allerdings nicht des Dichters (so Kirchhoff, 1879, 515, der ϱ 285 als Interpolation aus ε 224 erklärt), sondern der Figur Odysseus. Man wird aber kaum annehmen, daß in anderen Versionen Odysseus schon vor dem Zusammentreffen mit den Freiern Schläge erhielt, sondern eher, daß Odysseus in vielen Versionen Schläge von den Freiern erhielt; der Erzähler ließe dann die Figur ihre eigene traditionelle Rolle zitieren.

ϱ 291–327   Die Argos-Episode wurde häufig besprochen, am eindringlichsten von Goldhill (1988, 9–19), der die Vielschichtigkeit der Szene anhand des in der Odyssee aufgebauten Assoziationsfeldes „Hund" im Rahmen des Heimkehr- und Erkennungsmotivs darstellt. Aufschlußreich für das Verständnis ist die Beachtung jener Motivkette, die mit der Beinahe-Zerfleischung des Odysseus durch die Hunde des Eumaios beginnt (vgl. zu ξ 29–38). Konzentriert man sich auf diese wenigen Szenen, kommt deutlicher zum Vorschein, daß das Motiv der Erkennung (oder Nicht-Erkennung) durch Hunde in allen Fällen mit dem Todesmotiv kombiniert ist: Die Hunde des Eumaios töten beinahe Odysseus; ihr freundlicher Empfang des Telemachos und ihre Furcht vor Athene stehen dazu in einem pointierten Gegensatz; Argos stirbt selbst; der Hund auf der Spange tötet einen Hasen; dazuzunehmen ist noch das „bellende Herz" des Odysseus, der seine Mägde töten will wie ein „nicht-erkennender Hund" (vgl. zu υ 6–22). Im Vordergrund dieses Schemas steht also der Gegensatz zwischen Hunden, die den Fremden nicht erkennen und deshalb töten wollen, und Hunden, die den Herrn erkennen und sich freundlich verhalten. Vorausgesetzt ist dabei das Motiv, daß die Erkennung des Hausherrn durch den Hund auch seine Erkennung durch Angehörige bewirkt: Diese Weiterführung des Motivs findet sich sowohl zu Beginn des π, wo Telemachos von den Hunden und dadurch auch von Odysseus als „Bekannter" identifiziert wird, als auch, wenn auch in sehr abgewandelter Form, im τ, wo Penelope den Odysseus der Erzählung des Bettlers anhand des Hundes auf der Spange ‚erkennt'.

Vor diesem Hintergrund tritt auch ein sonst wenig beachteter Aspekt der Argos-Szene hervor: Die Wirkung der Szene auf den Hörer beruht nicht zuletzt darauf, daß zwischen dem Hund und seinem Herrn ein stilles Einverständnis hergestellt wird, ohne daß Eumaios, der der Szene beiwohnt und sogar zu einem Gespräch über den Hund herangezogen wird, dies registriert. Die Darstellung unseres Textes hebt beide Aspekte, sowohl die Anwesenheit des Dritten als auch dessen Ausgrenzung vom Erkennungsprozeß, indirekt hervor: Unmittelbar vor der Szene diskutieren Eumaios und Odysseus, auf welche Weise sie das Haus betreten sollen, und beschließen, daß Eumaios vorangehen und Odysseus ihm folgen solle — und zwar mit einem gewissen Abstand, der besonders thematisiert wird. Nach diesem Wortwechsel, jedoch noch bevor Eumaios ins Haus tritt, erblickt Odysseus den Hund und spricht Eumaios auf ihn an. Eumaios antwortet und betritt das Haus. Die Argos-Szene unterbricht also, wie so oft in der Odyssee, einen scheinbar ‚natürlichen' Zusammenhang. An der Textoberfläche sind die beiden Szenen nebeneinandergestellt, ohne daß ausdrücklich eine Beziehung zwischen ihnen hergestellt wird. Man kann diese Anordnung der Szenen aber unschwer als Hinweis darauf deuten, daß die Erkennungsszene zwischen Odysseus und Argos ‚eigentlich' genau in jenen Zwischenraum hineinpassen würde, der zuerst so auffällig thematisiert wird, dann aber von keiner Handlung ausgefüllt wird: Nachdem Eumaios das Haus betreten hat, wird Odysseus nicht, wie befürchtet, von einem der Freier vor der Türe mißhandelt, sondern betritt selbst das Haus, ohne daß sich in der Wartezeit irgendwelche Aktionen ereignet hätten.

Die Handlungsführung bezeichnet also die Anwesenheit des Eumaios während der Argos-Szene als auffällig und gibt auch den Grund dafür an, warum seine Anwesenheit ‚stört': Eumaios könnte sich dem Anagnorismos gleichsam anschließen. Auch dieses Motiv scheint allerdings nur indirekt auf. Es wird nicht thematisiert, daß Eumaios das Verhalten des Hundes registrieren könnte — die Darstellung hebt hervor, daß Argos bereits so schwach ist, daß seine Reaktion auf den Anblick des Odysseus nur mehr von diesem selbst richtig gedeutet werden kann —; hingegen heißt es ausdrücklich, daß Odysseus s e i n e Reaktion auf die Reaktion des Hundes vor Eumaios verbirgt. Die Gefahr, daß Eumaios Odysseus erkennt, wird also dadurch vermieden, daß Odysseus den Vorgang der Anagnorisis kontrollieren kann. Daraus folgt weiter, daß die Altersschwäche des Argos nicht nur ein biologisch-realistisches Detail ist, sondern innerhalb jener Konstellation, die durch die Anwesenheit des Eumaios gegeben ist, eine wichtige Funktion für die Handlung erfüllt. Die Tatsache, daß Argos sich nicht mehr bewegen kann, verhindert, daß er seine Wiedersehensfreude stärker als durch Schwanzwedeln und Aufstellen der Ohren zum Ausdruck bringt. Die zweite ‚Reaktion' des Hundes kann hingegen, obwohl sie auffälliger als die erste ist, von Eumaios nicht mehr wahrgenommen werden: Argos stirbt erst, nachdem Eumaios endlich das Haus betreten hat.

Obwohl damit Odysseus mit dem Hund alleine bleibt, entzieht der Dichter dem Hörer aber durch seine charakteristische Technik des Perspektivenwechsels (vgl. zu κ 333–87) auch die Beschreibung der Reaktion des Odysseus auf den Tod seines Hundes, indem er sofort nach der Todesmeldung den Blick wieder auf Eumaios richtet (van Thiel 1988, 208, sieht in der Angabe zum „sentimentalen Tod des Hundes … das für [den Redaktor] charakteristische Hin und Her der Perspektive"). Durch diese Szenentechnik wird der Tod des Argos als ein von der Erkennungsszene abgetrenntes Motiv markiert. Man könnte das, wenn auch nicht im Sinne der Analytiker, als Hinweis darauf betrachten, daß der Tod im Zusammenhang einer Erkennungsszene ‚eigentlich' in einen anderen Zusammenhang gehört.

ϱ 328–35 Eumaios betritt die Halle; Telemachos erblickt ihn sofort, nickt ihm mit dem Kopf zu und winkt ihn so zu sich; Eumaios setzt sich zu ihm und wird bewirtet. Obwohl dies inhaltlich nicht anstößig ist (van Thiel 1988, 208, bezeichnet die Szene als „biotische Umstandskrämerei"), fällt auf, daß damit ein Motiv verwendet ist, das sonst für das geheime Einverständnis zwischen Odysseus und Telemachos verwendet wird: Bei der Planung der Waffenbergung kündigt Odysseus an, er werde Telemachos als

Signal mit dem Kopf zunicken (π 283 νεύσω μέν τοι ἐγὼ κεφαλῇ); bei der Ausführung der Waffenbergung wird das Zeichen nicht verwendet; Odysseus nickt Telemachos aber zu, nachdem er den Bogenschuß getan hat, und Telemachos versteht dies als Signal zum Kampf. Das stille Einverständnis zwischen Telemachos und Eumaios, für das die Handlung zunächst keinen Anlaß gibt — Eumaios weiß nichts vom Geheimnis des Telemachos —, erweist sich aber sofort als auf Odysseus bezogen: Telemachos ruft, kaum daß er den Bettler erblickt, Eumaios wieder zu sich (die Wendung ἐπὶ οἷ καλέσας, 342, ist dabei wörtlich aus 330 wiederholt) und weist ihn an, dem Fremden Fleisch und Brot zu bringen und zum Betteln bei den Freiern aufzufordern. Telemachs Nicken zitiert damit gleichsam das Einverständnis zwischen Telemachos und Odysseus und bezieht Eumaios in das Rachekomplott ein, noch bevor dies auf der Figurenebene wirksam wird.

ϱ 360–4 Bei der Diskussion um die „Schuld der Freier" wurde vor allem der Frage nachgegangen, inwiefern das kollektive Verhalten der Freier ihre Ermordung durch Odysseus rechtfertige (Erbse 1972, 113–142; Saïd 1979); dabei scheint es sich jedoch vor allem um ein Problem der modernen Erklärer zu handeln. Ein Aspekt, der beim Versuch, die Handlungsweise des Odysseus zu rechtfertigen, wenig berücksichtigt wurde, besteht darin, daß Odysseus die Freier nicht nur aus Rache, sondern schon aus Notwehr töten muß: So wie sie mehrfach planen, den ihren Plänen im Weg stehenden Telemachos zu ermorden (δ 657ff; π 361ff.; υ 241–7), so drohen sie auch an, den Hausherrn Odysseus, falls er doch noch heimkehren und sie aus seinem Palast weisen sollte, zu ermorden (vgl. zu β 246–51). Unser Text läßt also die Überlegung, daß Odysseus sich mit dem Kollektiv der Freier auch gütlich einigen könnte, erst gar nicht aufkommen; die Frage, ob die Größe der ‚Schuld' der Freier ihre ‚Bestrafung' durch Odysseus rechtfertige, bedeutet demgegenüber eine Verengung der Fragestellung.

Ausdrücklich thematisiert wird in unserem Text hingegen die Frage, ob und inwiefern alle Freier dasselbe Ausmaß an ‚Schuld' auf sich laden bzw. warum sie alle den Tod finden müssen. Dieser Fragenkomplex wurde zuletzt eindringlich von Hölscher (1988, 264–271) besprochen, der zu Recht darauf hinweist, daß unsere Odyssee dieser Frage nicht ausweicht, sondern gerade das Problematische hervorhebt, das darin besteht, daß Odysseus auch die weniger — ja man möchte sogar meinen, die überhaupt nicht — ‚Schuldigen' bestraft: Vor allem mit dem Freier Amphinomos und dem Opferseher Leiodes werden Figuren entworfen, die das Treiben der Freier nicht billigen oder ihm sogar entgegenwirken, trotzdem aber sterben müssen; und auch hier gibt es noch Abstufungen: Amphinomos fällt im Zuge des Kampfes, so daß man sagen könnte, daß Odysseus ab dem Zeitpunkt des Kampfbeginns eben keine Möglichkeit mehr hat, zwischen ‚gerechten' und ‚ungerechten' Freiern zu differenzieren; wer auf der Seite der Freier mitkämpft, muß fallen. Leiodes hingegen wird erst getötet, als der Kampf schon beendet ist und obwohl er vor Odysseus hervorhebt, er habe sich nichts zuschulden kommen lassen und sei nur Opferseher der Freier gewesen; Odysseus tötet ihn trotzdem mit dem Argument, daß auch er die Ziele der Freier verfolgt habe. Hölscher (1988, 268) spricht hier von einer „Unverhältnismäßigkeit der Rache" und von einem gewollten Widerspruch, der darin bestehe, daß „der Dichter für diese Opfer Sympathie erweckt hat". Doch zeigt gerade die Behandlung von Amphinomos und Leiodes besonders deutlich, wo der Erzähler die Grenze zwischen Mitschuld und Unschuld angesetzt haben will.

Wenn Amphinomos sich im π dem Mordplan des Antinoos gegen Telemachos widersetzt, so wird er damit noch nicht automatisch von jeder Verantwortung freigesprochen: Antinoos hat den Vorschlag gemacht, entweder Telemachos zu töten oder nur mehr ‚ordnungsgemäß', d.h. jeder von seinem Haus aus, um Penelope zu freien. Amphinomos will dem Mordplan nicht zustimmen, solange es kein Zeichen des Zeus dafür gebe, plädiert aber auch nicht für die ordnungsgemäße Freite, sondern besetzt gemeinsam mit den anderen Freiern wieder das Haus des Odysseus. Auch im υ, als die Freier wieder über die Ermordung des Telemachos beraten, erkennt Amphinomos zwar das ungünstige Zeichen des Zeus und rät den Freiern vom Mordplan ab, widersetzt sich aber nicht grundsätzlich dem widerrechtlichen Treiben, sondern fordert sogar dazu auf, sich in den Palast zu begeben (υ 241–7); dies erfolgt schon nach jener Szene, in der ihm Odysseus geraten hat, die Schar der Freier zu verlassen, um der möglichen Rache des Hausherrn zu entgehen (σ 146–57). So positiv Amphinomos sich also aus der Masse der übrigen Freier abhebt, so wenig läßt der Erzähler Zweifel daran, daß auch er Verantwortung an jenem Treiben der Freier trägt, das zumindest das Prädikat ὕβρις verdient und dem nur durch den Freiermord ein Ende gesetzt werden kann. Odysseus und mit ihm — daran kann kein Zweifel bestehen — der Erzähler setzen die Grenze zwischen Mitschuld und Unschuld also erst dort, wo die Teilnahme an den Taten der Freier nicht mehr freiwillig erfolgt: Leiodes wird noch getötet, weil er aus freien Stücken beteiligt war, wobei das Für und Wider der Argumentation vor seinem Tod erkennen läßt, daß die subjektiven Motive dafür irrelevant, weil nicht überprüfbar sind; der Sänger Phemios hingegen wird verschont, weil er nur unter dem Zwang der Freier in den Palast gekommen ist; ebenso der Herold Medon, von dem der Hörer weiß (und Telemachos vor Odysseus bestätigt), daß er sich aktiv für das Haus des Odysseus eingesetzt hat.

Die Frage, ob es eine Abstufung in der Schuld der einzelnen Freier gibt, ist also vom Erzähler und von seiner Figur Odysseus sehr aufmerksam behandelt. Die Verse ϱ 360–4, die die Auseinandersetzung des Odysseus mit den Freiern einleiten, scheinen demnach der Behandlung des Problems regelrecht als Motto vorangestellt zu sein, das sich allerdings als ein Paradoxon präsentiert: Athene treibt Odysseus an, vor den Freiern zu betteln, damit er erkenne, welche von ihnen rechtgesinnt und welche frevlerisch seien. Damit scheint unmißverständlich das Motiv angeschnitten, daß die ‚Schuldigen' bestraft und die ‚Unschuldigen' verschont werden sollten, vor allem nachdem bereits thematisiert worden ist, daß die Diener und die Mägde des Odysseus auf ihre Loyalität hin geprüft werden sollten, ein Motiv, das im χ eben dazu führt, daß die Rechtgesinnten verschont und die Frevler bestraft werden. Bevor Odysseus aber noch damit beginnt, die Freier auf ihre Gesinnung hin zu prüfen, fügt der Erzähler als Erläuterung zu Athenes Absicht hinzu: „Aber nicht einmal so sollte/wollte sie auch nur einen vor dem Unheil bewahren". Die Wirksamkeit des Motivs der Überprüfung scheint damit, noch bevor es überhaupt in Handlung umgesetzt wird, geleugnet; der Wortlaut scheint zu implizieren, daß es unter den Freiern auch solche gibt, die es verdienen, verschont zu werden, daß Athene aber sogar diese der Rache des Odysseus anheimstellt. Der scheinbare Widerspruch hat etliche Forscher veranlaßt, die Verse zu tilgen (vgl. dazu Eisenberger 1973, 234). Aber auch die Verteidiger der Verse scheinen sich damit abzufinden, daß mit diesem Widerspruch auf ein ethisches Defizit des Freiermordes hingewiesen werde. Aus der Warte der *oral theory* ist dies ausdrücklich formuliert bei Russo (zu ϱ 364): Da Athene auch die wohlgesinnten Freier nicht verschonen wolle, sei es seltsam, daß sie Odysseus überhaupt zu der Überprüfung antreibe. Homer benutze dabei aber ein altes *folktale*-Motiv, ohne sich um die logische Konsistenz zu kümmern, was „a characteristic trait of oral poetry" sei.

Gegen diese Deutung spricht schon, daß der Erzähler auf die scheinbare Inkonsistenz geradezu hinweist, indem er den Widerspruch sprachlich markiert (ἀλλ' οὐδ' ὥς), also die zwei konkurrierenden Konzepte einander gegenüberstellt, einerseits die Scheidung zwischen Guten und Schlechten, andrerseits die von vornherein feststehende Kollektivbestrafung. Für Hölscher zeigt sich darin der Kontrast zwischen der Märchenmentalität (259: „Das Märchen hat kein Geschäft damit, seine Bösewichter ... einem scheußlichen Tod zu überantworten") und unserer Odyssee (267: „Es ist aber wiederum klar, daß diese Differenzierung erst auf der Stufe des reifen Epos möglich war; in der einfachen Geschichte haben die Freier auch nur eine einfache Rolle, die Funktion des Widersachers"). Setzt man aber voraus, daß unsere Odyssee nicht der erste Versuch war, die ‚einfache Geschichte' in die epische Form umzusetzen, so konnte auch die Konzeption der ‚Überprüfung der Freier' dem Hörer bereits aus epischen Versionen bekannt sein; dies umsomehr, da es sich ja auch hierbei um ein ‚einfaches Motiv', um ein *folktale*-Schema handelt. Unser Text thematisiert also, daß die Behandlung der Freier durch Odysseus zwei konkurrierenden Konzeptionen folgen könnte, die vielleicht beide schon in ‚reiner' Form in epische Versionen umgesetzt worden waren. Die Individualität unserer Version besteht dann nicht darin, daß sie eine neue Konzeption gegen eine alte die Oberhand gewinnen läßt, sondern daß sie einen Weg findet, durch den das Paradox gelingt, beide miteinander zu kombinieren.

ϱ 365–506   Die Szenenfolge ‚Betteln des Odysseus – Konflikt mit Antinoos – Reaktion Telemachs und der anderen Freier – Kommentar Penelopes' setzt das in 360–4 angekündigte Programm ein erstes Mal in Handlung um: Odysseus stellt die Freier auf die Probe, wobei sich alle ihm gegenüber korrekt verhalten und allein Antinoos als ἀθέμιστος erscheint. Der Gegensatz zwischen ihm und den ἐναίσιμοι tritt noch stärker hervor, wenn die restlichen Freier sein Verhalten scharf tadeln, womit sie mit Telemachos übereinstimmen; in der τις-Rede der Freier (482–7) wird sogar auf den Gegensatz ὕβρις – εὐνομίη hingewiesen, so daß die Masse der Freier zumindest für die Beurteilung dieser einen Situation der Kategorie der ἐναίσιμοι zugezählt werden muß. Der Widerspruch zwischen dem Konzept einer Trennung zwischen ‚Guten' und ‚Schlechten' einerseits und einer Kollektivbestrafung aller Beteiligten andrerseits ist damit noch schärfer hervorgehoben; doch gibt es zwei Aspekte, die diesem Widerspruch entgegenwirken.

Das eine ist der Kommentar, mit dem Penelope die Szenenfolge abschließt. Auch Penelope hebt zwar die Freveltat des Antinoos hervor und erkennt an, daß die übrigen Freier den Bettler korrekt behandeln; sie fällt jedoch auch über diese das Urteil ἐχθροὶ μὲν πάντες, ἐπεὶ κακὰ μηχανόωνται (499). Damit läßt die Figur Penelope selbst in einem Kontext, in dem sie die ὕβρις des einen Frevlers hervorhebt, keinen Zweifel daran, daß es für sie alle Freier sind, die ihr Schaden zufügen (κακὰ μηχανόωνται), und daß diese deshalb ihr nicht nur verhaßt, sondern auch objektiv ἐχθροί sind, d.h. bekämpft werden müssen. Damit ist letztlich die programmatische Position Athenes bestätigt: So sehr es Unterschiede zwischen den einzelnen Freiern gibt, so sehr ist es notwendig, daß sie alle vernichtet werden.

Was aber den auch darin implizierten Widerspruch betrifft, so ist darauf hinzuweisen, daß es sich hier nur um eine erste Szene der Überprüfung der Freier handelt. Mit der Gegenüberstellung von Antinoos und den übrigen Freiern ist nur eine Ausgangsposition bezogen, die im Verlauf der weiteren Handlung sukzessive modifiziert und präzisiert wird. Während hier noch das Konzept der Scheidung zwischen ‚Guten' und ‚Schlechten' dominiert, wird auf dem Weg zu Bogenprobe und Freiermord in etlichen Einzelszenen immer deutlicher herausgearbeitet, daß Antinoos nicht der einzige ‚Schuldige' ist. Je länger sich Odysseus als Bettler unter den Freiern aufhält, umso mehr wendet sich ihre Stimmung gegen ihn, so daß zuletzt

nicht mehr der Frevler Antinoos die Ausnahme unter der Masse der Gut-
willigen bildet, sondern der gemäßigte Agelaos allein gegen die Masse der
grölenden Freier steht, die nicht einmal die letzte Warnung des Theoklymenos verstehen (υ 321ff.). Ein Mittel, dessen sich der Erzähler bedient, um
diese Entwicklung des Motivs der ‚Überprüfung der Freier‘ hervorzuheben, ist die Wiederholung des Wurf-Motivs: Odysseus wird nicht nur von
Antinoos mit einem Schemel beworfen, sondern ein weiteres Mal von Eurymachos (σ 346–421), sowie ein drittes Mal von Ktesippos mit einem Rin-
derfuß (υ 284–345). Die mit diesem ‚Dreimal-Schema‘ gezeichnete Entwicklung erfaßt das Verhältnis zwischen den Freiern einerseits und Odysseus
bzw. Telemachos andrerseits (dazu ausführlich Bannert 1988, 88–120), berührt aber auch die Beurteilung der Freier als Gruppe: Wenn die Ausgangsposition darin besteht, daß allein Antinoos den Bettler beschießt und alle
anderen Freier dagegen protestieren, so verschiebt jeder weitere Schuß das
Verhältnis zwischen ‚guten‘ und ‚schlechten‘ Freiern. Wenn die programmatische Definition der Ausgangssituation durch Athene also zunächst den
Eindruck erweckt hat, daß auch die ‚guten‘ Freier der kollektiven Bestrafung anheimfallen werden, so läßt die Weiterentwicklung des Themas immer deutlicher hervortreten, daß in Wahrheit keiner der Freier dieses Prädikat verdient. Die Szenenfolge, in deren Zentrum der Schemelwurf des
Antinoos steht, bildet somit nur eine erste provokante Umsetzung des Di-
lemmas in Handlung und den Hintergrund für die weiteren Abwandlungen des Schemas, die den scheinbaren Widerspruch der Programmverse
360–4 auflösen: Die Szene erfüllt einerseits voll und ganz das Schema der
Differenzierung, beharrt andrerseits auf dem Konzept der Kollektivbestrafung, ohne es noch ausdrücklich zu begründen. Erst die weitere Entwicklung wird die gleichzeitige Berechtigung beider Konzepte erweisen.

ϱ 479–80 Zu der Androhung, daß Odysseus an Fuß oder Hand durch das
Haus gezerrt würde, vgl. zu π 274–80. Antinoos hat die Ankündigung des
Melanthios, daß Odysseus mit Schemeln beworfen würde (vgl. zu ϱ 229–
32), soeben ein erstes Mal wahrgemacht. Seine eigene Drohung wird sich
nicht erfüllen; Odysseus wird sogar seinerseits den Bettler Iros, der ihm
dasselbe androht, am Fuß aus dem Haus hinausschleifen (σ 100–2).

ϱ 484–7 Die Vermutung der Freier, es handle sich beim Bettler um einen
Gott, trägt dazu bei, das Motiv der ‚Prüfung der Freier‘ zu beleuchten. Un-
terlegt ist der ganzen zweiten Odysseehälfte das Schema der θεοξενία (vgl.
Kearns 1982). Obwohl Odysseus selbst kein Gott in Verkleidung ist, die
Vermutung der Freier also auf eine ‚unmögliche Variante‘ zielt, wird das
Schema der Theoxenie dadurch unterstrichen, daß Odysseus in jenen Si-
tuationen, in denen die Prüfungssituation besonders auffällig ist, gleichsam
im Auftrag Athenes handelt: Vor dem Schemelwurf des Antinoos treibt sie

ihn an (ϱ 360–4); vor den Würfen des Eurymachos bzw. des Ktesippos heißt
es, daß Athene die Freier zu Schandtaten antreibe, um Odysseus noch mehr
gegen sie aufzubringen (σ 346–6 = υ 284–6). Damit zeigt sich deutlich, daß
unsere Odyssee auch selbst alternative Handlungsvarianten konstruiert,
die nicht aus anderen Versionen entnommen sein können.

ϱ 507–606 Penelope ruft Eumaios und befiehlt ihm, den Bettler zu ihr zu
bringen, um ihn nach Odysseus auszufragen; Eumaios richtet den Befehl
aus; Odysseus lehnt, wie er sagt, aus Furcht vor Attacken der Freier, ab und
schlägt ein Gespräch am Abend, nach dem Auszug der Freier, vor; Eumaios
richtet dies aus und fügt hinzu, daß auch für Penelope ein Gespräch unter
vier Augen πολὺ κάλλιον sei; Penelope akzeptiert; Eumaios macht sich auf
den Weg zu seinem σταϑμός, um am nächsten Morgen wieder im Palast zu
erscheinen; es wird allmählich Abend.— Diese umständlich wirkende Abfolge wurde von Analytikern heftig getadelt (vgl. dazu Eisenberger 1973,
238–241). Der Ablauf motiviert die Verschiebung des ersten Gesprächs zwischen Odysseus und Penelope auf den Abend; damit ist auch die Möglichkeit der Anagnorisis hinausgezögert und der Freiermord auf den nächsten
Tag verschoben, da er nicht gut vor dem hier bereits angekündigten Gespräch stattfinden kann, die Freier zu dessen Zeitpunkt aber nicht mehr im
Haus sein werden. Wenn das Gespräch an die Abwesenheit der Freier gekoppelt ist, hebt das zugleich den geheimen Charakter des Treffens hervor
und suggeriert einen Inhalt des Gesprächs, der über die von Penelope er-
hofften Nachrichten vom verschollenen Odysseus hinausreicht. Der Hörer
kann diese Signale dahingehend interpretieren, daß das Treffen zum Anagnorismos und in der Folge zur Einbeziehung Penelopes in das Komplott
gegen die Freier führen wird. Gleichzeitig signalisiert der angefangene und
dann wieder unterbrochene Handlungsbogen (vgl. zu ϱ 36–166) die Möglichkeit eines einfacheren Ablaufs: Odysseus könnte Penelopes Einladung
sofort Folge leisten, sich noch am selben Tag, an dem er im Palast eingetroffen ist, ihr (heimlich) zu erkennen geben und sogar noch für diesen Tag
Bogenprobe und Freiermord in Gang setzen. Der Punkt der Handlung, an
dem Penelope unter diesen Voraussetzungen die Bogenprobe setzen könnte, wäre dann durch ihren Auftritt vor den Freiern im σ zitiert, in dem ja
ein stilles Einverständnis zwischen den Ehegatten suggeriert ist. Die um-
ständliche Szene (Eisenberger betont zu Recht, daß der Dichter einen geradlinigeren Ablauf hätte herstellen können, indem er Penelope den Bettler
von vornherein für den Abend bestellen läßt) thematisiert somit die Verschiebung des Freiermordes auf den nächsten Tag und lenkt die Erwartung
der Hörer auf eine umfangreiche Anagnorisis- und Planungsszene zwischen Odysseus und Penelope hin: Erst durch die Verschiebung ergibt sich
die Gelegenheit zu einem ausführlichen und intimen Gespräch, das die

notwendigen Voraussetzungen dafür liefert, den Freiermord ungestört vorzubereiten. Daß der Freiermord ‚eigentlich' noch an diesem Tag stattfinden sollte, wird auch die Betrachtung des σ zeigen, das in einer ganzen Reihe von Szenen die Motivabfolge ‚Bogenprobe – Freiermord' vorwegnimmt.

ϱ 508–21   Für das Ausfragen des unerkannten Bettlers durch Penelope als traditionellen Bestandteil der Heimkehrhandlung vgl. zu ξ 122–30. Wenn Eunmaios mit dem Wunsch antwortet, die Achaier mögen schweigen (513), so bezieht er sich darauf, daß Penelope wiederholt Fremde befrage und sich von ihnen belügen lasse (vgl. zu ξ 122–30; ξ 372–89). Wenn Eumaios dann aber die Erzählkunst des Bettlers preist (womit er eigentlich diesen als einen besonders ‚gefährlichen' Achaier bezeichnet) und mit dem Gesang eines ἀοιδός vergleicht, ja sogar jene Angaben des Bettlers über den Verbleib des Odysseus wiedergibt, die er im ξ nicht als wahr akzeptiert hat, dann zeigt das, daß er jener θέλξις, die er im ξ noch abzuwehren versuchte (ξ 387 μήτε τί μοι ψεύδεσσι χαρίζεο μήτε τι θέλγε), bereits erlegen ist.

ϱ 537–40   Wieder einmal verbindet sich die Erinnerung an den wehrhaften Odysseus der Zeit vor dem Trojanischen Krieg mit der Hoffnung und Erwartung auf gewaltsame Rache an den Freiern durch Odysseus und Telemachos. Der Gedanke an List scheint auch hier ausgeklammert.

ϱ 544–7   So wie in ihrer Reaktion auf den Schemelwurf des Antinoos hebt Penelope auch hier hervor, daß alle Freier getötet werden müßten, und führt als Begründung den aggressiven Akt an, der durch die Besetzung des Palastes gegeben ist (532–7). Auch für sie reicht also die individuelle Differenzierung zwischen den einzelnen Freiern nicht aus, um irgendeinen von ihnen von der Bestrafung auszunehmen.

ϱ 564–8   Odysseus führt als Beweis für die ὕβρις der Freier an, ihm habe keiner von ihnen beigestanden, als ihn Antinoos beschossen habe. Damit erfährt jene Szenenfolge eine neue Deutung (vgl. zu ϱ 365–506). Was zunächst wie eine unmißverständliche Trennung zwischen dem einen ‚bösen' und den vielen ‚guten' Freiern gewirkt hat, erweist sich aus der Perspektive des Odysseus als Zeichen für die Mitschuld aller Freier.

ϱ 586–8   Auch in der Reaktion der Penelope wird ein weiteres Mal die ὕβρις der Freier als ὕβρις eines Kollektivs hervorgehoben.

ϱ 595–7   Ein weiterer Hinweis auf die böse Absicht der Freier, diesmal aus dem Mund des Eumaios. Damit ist, nachdem das Motiv der Überprüfung der Freier zum ersten Mal umgesetzt worden ist, innerhalb einer kurzen Textspanne mehrmals auf die Schuld aller Freier hingewiesen. Das Paradoxon der Programmverse von ϱ 360–4 löst sich allmählich auf.

ϱ 600   Telemachs Befehl an Eumaios, am nächsten Morgen ἱερήια καλά in den Palast zu bringen, ist als erster Hinweis auf das Apollonfest aufzufassen, das den Hintergrund für den Freiermord liefert, in der Darstellung der Ereignisse des nächsten Tages aber nur ganz beiläufig eingeführt wird (vgl. zu ξ 161–4; υ 156). Der Hinweis ist nur für einen mit der traditionellen Koppelung von Apollonfest und Freiermord vertrauten Hörer erkennbar.

Odyssee 18

σ 1–119 Die Iros-Episode wurde oft auf ihre komischen Elemente hin betrachtet, die den Kampf der beiden Bettler als Parodie des Aristieschemas ausweisen. Zahlreiche Übereinstimmungen markieren auch die Parallelen zu dem Kampf zwischen Odysseus und den Freiern. Iros wird dadurch zu einem warnenden Beispiel für die Freier, und das Lachen der Freier signalisiert ihre Blindheit gegenüber der drohenden Gefahr (vgl. Levine 1982). Die Parallelen weisen aber, worauf Krischer (1992) hingewiesen hat, noch in eine andere Richtung. Die Herausforderung des Odysseus durch Iros wiederholt die Herausforderung durch Euryalos bei den Phaiaken. Dort ist der Zusammenhang derjenige von Sportwettkämpfen, und die Situation im ϑ wurde als Reflex einer Geschichte erklärt, in der der unbekannte Fremde zu Wettspielen anläßlich der Hochzeit der Königstochter zurechtkommt, sich beteiligt und damit ihre Hand gewinnt (Woodhouse 1930, 54–65). Auch die Freier führen Sportwettkämpfe durch, wenn auch nur zum Zeitvertreib und nicht im Zusammenhang mit dem Motiv der Wiederverheiratung der Penelope (δ 625–7 = ρ 167–9). Krischer hat daraus eine ältere Version der Odyssee erschlossen, die noch nicht die (erst aus dem Herakles/Eurytos-Mythos entlehnte) Bogenprobe kannte, sondern Odysseus im Zuge von Wettspielen den Bogen in die Hand bekommen und ohne den Umweg einer ‚Probe' die Freier erschießen ließ. Diese geistreiche Hypothese liefert ein in sich plausibles Modell für die Entwicklung der Handlungsabfolge ‚Anwesenheit der Freier – Erscheinen des Odysseus – Bogenprobe – Freiermord'. Bezweifelt muß dabei jedoch werden, daß erst der Dichter unserer Odyssee das Motiv der Bogenprobe aus dem Herakles-Mythos entlehnt habe. Selbst wenn unser Text gleichsam auf die ‚Entlehnung' hinweist, indem er Odysseus den Bogen des Eurytos besitzen läßt, beweist das nicht, daß vorhomerische Versionen der Odyssee den berühmten Bogenschuß des Odysseus noch nicht kannten. Eher ist daran zu denken, daß andere Versionen die Abfolge ‚Bogenprobe – Freiermord' vor allem als heimtückisches Komplott und als typische List des Odysseus interpretierten, unsere Odyssee hingegen mit dem Verweis auf den Bogenkampf zwischen Herakles und Eurytos das traditionelle Odysseus-Motiv heroisch aufwerten will. Geht man nun davon aus, daß es vor unserer Odyssee nicht nur eine, sondern verschiedene Versionen der Geschichte gab, in denen jeder Sänger die

Möglichkeit der Variation nützen konnte, so liegt es nahe, daß auch die Einbettung des Motivs der Bogenprobe nicht überall gleich verlaufen mußte, sondern, teils in Abhängigkeit von anderen Variablen, immer neu interpretiert wurde. Das Motiv der Sportwettkämpfe und das Motiv der Bogenprobe mußten sich dabei durchaus nicht gegenseitig ausschließen.

Erhellend ist hier ein Blick auf die Tradition des südslawischen Heimkehrerlieds. Dort hatten die Sänger zweifellos viel mehr Freiheiten, da dort die typische Geschichte der Heimkehr des Helden zur Wiedervermählung seiner Frau nicht nur von dem einen Helden Odysseus, sondern von vielen verschiedenen Helden erzählt wurde. Dort gibt es nun mannigfaltige Möglichkeiten, den Helden die Wiedererkennung und den (fakultativen) Freiermord gestalten zu lassen. Neben typischen Erkennungszeichen wie einem Ring, einer Narbe oder einem Pferd, das den Herrn erkennt, gibt es auch das Motiv, daß die Teilnehmer der Hochzeitsgesellschaft („Svaten") Wettkämpfe austragen, der verkleidete Held daran teilnimmt und den Bräutigam besiegt; und es gibt das der Bogenprobe vergleichbare Motiv, daß der Held als einziger sein eigenes Schwert, an dem sich alle versuchen, aus der Scheide ziehen kann und damit ohne Verzögerung die Svaten (oder nur die ‚Bösen' unter ihnen) tötet. Hier lassen sich nun die unterschiedlichsten Kombinationen der einzelnen Erkennungsmotive, die ‚eigentlich' ja in Konkurrenz zueinander stehen, beobachten. So kann der Held in den Wettspielen den Bräutigam besiegen, dann aber sich heimlich rüsten und mit dem ‚Freiermord' beginnen (SNP 6, 76); er kann durch seinen Sieg den Bräutigam aber auch so erzürnen, daß es fast zu einem offenen Kampf kommt, der erst im letzten Moment gütlich beigelegt wird (Buturović 7).

Innerhalb dieser Tradition gibt es ein einziges Lied (vgl. Banović 1951), in dem der Bogen in derselben Funktion wie in der Odyssee eingesetzt ist. Dieses Lied kann — auch aus vielen anderen Gründen — als von unserer Odyssee abhängig erwiesen werden, und es stellt eine gelungene Kombination aus dem typischen Heimkehrerschema der südslawischen Tradition und einzelnen Motiven der griechischen Odyssee dar (vgl. Danek 1995; 1996). Was nun das Motiv der — innerhalb der Tradition neuen — Bogenprobe angeht, so ist es hier höchst wirkungsvoll in das ‚alte' Schema integriert. Der Held instruiert im voraus Sohn und Frau, was sie zu tun haben; die Freier beginnen mit den üblichen Sportwettkämpfen, in die sich der als Bettler getarnte Held einmischt und jeweils siegt; im rechten Moment präsentieren Frau und Sohn den Bogen als weiteres Sportgerät, das zugleich über die Hand der Frau entscheiden soll; keiner der Freier kann den Bogen spannen; der Bettler spannt den Bogen, trifft das Ziel, erschießt drei der vier Freier und begnadigt den als ‚gut' charakterisierten vierten. Die Bogenprobe ist hier also, und zwar mit dem Charakter einer List, unmittelbar an das Schema der Wettkämpfe angeschlossen; für einen Außenstehenden, der weder mit der südslawischen Tradition noch mit der Odyssee vertraut ist, wäre dies kaum als Kombination heterogener Elemente zu erkennen.

Was läßt sich daraus für die Odyssee gewinnen? Man wird wohl Krischer in seiner Auffassung zustimmen, daß das Motiv der Wettkämpfe der Freier in früheren Versionen der Odyssee mehr Bedeutung hatte; dies schließt allerdings nicht aus, daß auch in solchen Versionen die Sportwettkämpfe bereits mit dem Motiv der Bogenprobe verbunden waren. Fragt man danach, warum in unserer Odyssee das Motiv der Wettkämpfe der Freier so weit an den Rand gedrängt ist, so besteht eine Antwort darin, daß hier die Freier vor allem als in der Halle prassend dargestellt sind, was dem Zweck dient, die Unrechtmäßigkeit ihres Verhaltens stärker zum Ausdruck zu bringen; die Wettkämpfe, die notwendigerweise außerhalb des Hauses stattfinden, passen somit eher zu Versionen, in denen die Freier nicht den Palast besetzt halten. Diese Sportwettkämpfe, die in unserer Version keinen Platz mehr haben, sind gleichsam ersetzt durch ihr Zitat in den Wettkämpfen bei den Phaiaken; und Zitatcharakter muß man dann auch der Iros-Szene zusprechen: Hier ist die einzige Gelegenheit, bei der sich Odysseus im eigenen Haus in einer Art von sportlichem Wettkampf mißt, allerdings nicht mit den Freiern selbst, sondern mit dem die Freier-Partei repräsentierenden Bettler. Odysseus kann hier ein erstes Mal seine Überlegenheit gegenüber den Freiern beweisen und diese damit provozieren; das Motiv ist dabei allerdings durch das Aristie-Schema so stark überlagert, daß der Charakter des Sportwettkampfes kaum noch erkennbar ist. Derselbe Vorgang läßt sich im σ noch einmal beobachten, wenn es auch zwischen Eurymachos und Odysseus zu einer Art Wettkampf kommt; auch dort wird das Sport-Motiv nur zitiert und in einen anderen Lebensbereich transferiert (es handelt sich dort um ein Wettpflügen, und Odysseus erweitert die Herausforderung in provokanter Weise um das Motiv des Heldenkampfes), wobei es bei der verbalen Herausforderung bleibt (vgl. zu σ 346–411). Die Iros-Szene spielt also gemeinsam mit den anderen Szenen des σ (bis zu Penelopes Auftritt unter den Freiern) Situationen durch, die ‚eigentlich' in den Kontext des Kampfs zwischen Odysseus und den Freiern gehören. Das gesamte σ, das durch den indirekten Dialog zwischen Penelope und Odysseus im ϱ (vgl. zu ϱ 507–606) als Einschub und als retardierendes Element innerhalb eines ‚natürlichen' Handlungsablaufs markiert ist, nimmt somit in verfremdenden Zitaten Szenen vorweg, die erst im Kontext der Bogenprobe und des Freiermordes in ihrer vollen Funktion zur Geltung kommen.

σ 10–2   Die Drohung des Iros nimmt ein bereits mehrmals erwähnte Motiv auf: vgl. zu π 274–80; ϱ 229–32; ϱ 479–80. Die Beziehung auf diese Stellen wird dadurch verstärkt, daß Iros ausdrücklich verkündet, es entspräche der Absicht der Freier, wenn er Odysseus am Fuß schleifte. Die Drohung des

Iros wird damit zu einer Drohung der Freier; wenn Odysseus in σ 100–1 seinerseits Iros an den Füßen aus dem Haus schleift, ist Iros damit noch deutlicher als Stellvertreter der Freier gekennzeichnet und der Sieg über den Bettler als Vorwegnahme des Sieges über alle Freier markiert.

σ 46   Die Komik des Bettler-Zweikampfs wird unter anderem dadurch erzielt, daß der Kampf wie ein förmliches Duell zweier bewaffneter Helden inszeniert wird, wobei die verwendeten Formulierungen heroischen Kontext evozieren und damit den Kontrast zur jämmerlichen Realität noch deutlicher spürbar machen. Die Formulierung des Antinoos, ὁππότερός δέ κε νικήσῃ κρείσσων τε γένηται, ist in diesem Zusammenhang besonders auffällig: Sie kehrt nur noch wieder im Kontext des Zweikampfs zwischen Paris und Menelaos in der Ilias, und zwar einmal Γ 71, wo Paris die Bedingungen für das Duell definiert, und ein zweites Mal Γ 92, wo Hektor diesen Vorschlag vor Griechen und Troern wörtlich wiederholt. Die Übereinstimmung (nicht erwähnt bei Usener 1990) macht nicht den Eindruck einer in der Tradition fixierten formelhaften Wendung: Sie taucht auch in ihren Einzelbestandteilen nicht mehr auf, ist dafür wegen der Überbrückung der Mittelzäsur metrisch auffällig (vgl. Kirk zu Γ 71–2; Ameis-Hentze im Anhang zu σ 46). Somit entsteht der Eindruck, daß die Odyssee mit der wörtlichen Übernahme sehr wohl den Zitatcharakter des Verses hervorheben will. Das Zitat zielt dabei jedoch nicht auf den Kontext des Γ mit der Figurenkonstellation Paris – Menelaos, sondern auf die in jener Szene implizierte strukturelle Situation, die feierlich-rituelle Definition der Kampfbedingungen als Element eines heroischen Duells, und damit den Kontext des Heldenepos im strengen Sinn. Der Zitatcharakter zeigt sich auch hier darin, daß die übernommene Formulierung in einem Kontext auftaucht, der für den evozierten Typus untypisch ist.— Zu 48–9 vgl. zu υ 178–82.

σ 55–9   Auch die Bekräftigung der Kampfbedingungen durch den feierlichen Eid zitiert den Kontext des öffentlich-politischen Vertragsabschlusses, und auch dieses Element findet sich am ausführlichsten im Rahmen des Duells zwischen Paris und Menelaos im Γ, wenn auch hier ohne wörtliche Übereinstimmungen. Die von Odysseus genannten Bedingungen zitieren mit ihrem Vokabular ebenfalls ‚heroische' Kontexte, ohne daß sich hier konkrete Vorbildstellen anbieten: ἐπὶ ἦρα φέρων (γ 164, π 375; 3x Ilias) bezeichnet das Verhalten eines Niedriger- zu einem Höhergestellten, so daß die Vorstellung, daß einer der Freier sich zum Bettler Iros so verhalten könnte, lächerlich wirkt; die Formel χειρὶ βαρείῃ (2x Ilias, + 8x βαρείῃ χειρὶ etc.) ist in der Odyssee sonst nicht belegt, evoziert also Heldenkampf; auch die Wendung ἶφι δαμάσσῃ (3x Ilias, neben 7x ἶφι μάχεσθαι) steht in der Odyssee nur noch σ 156, dort vom Tod des Amphinomos durch Telemachos, also im ‚heroischen' Kontext des Freiermordes. Der Zitatcharakter ist

hier durch die Übertragung kommuner epischer Formeln in einen anti-
heroischen Kontext konstituiert.

σ 119–57 Die Szene nimmt das Thema der Differenzierung zwischen
‚guten' und ‚schlechten' Freiern auf und definiert präziser als bisher, worin
die Berechtigung der Ermordung der ‚guten' Freier liegt, wobei beide
Aspekte für die Figur des Amphinomos besonders deutlich herausgearbeitet sind. Wenn Amphinomos Odysseus Brot und Wein reicht und dazu einen Segenswunsch ausspricht, der sein Mitleid mit dem Bettler erkennen
läßt, so wird er damit in pointierten Gegensatz zu Antinoos gestellt, der
wortlos den vereinbarten Siegespreis hinlegt. Odysseus bezeichnet Amphinomos aufgrund seiner Tat ausdrücklich als „verständig" und schreibt
ihm einen positiven Charakter zu. Gerade diese Wesensart, die ihn von den
übrigen Freiern abhebt, bezeichnet Odysseus dann aber als Grund für seine
lange Mahnrede (129 τοὔνεκά τοι ἐρέω) und gibt damit zu verstehen, daß
die an den ‚guten' Freier gerichtete persönliche Warnung bereits das Resultat seiner Überprüfung ist; Odysseus will nicht, wenn es zum Freiermord
kommt, die ‚guten' Freier verschonen, sondern ihnen das rechtzeitige Entkommen ans Herz legen. Worin die Schuld aller Freier liegt, daran läßt
Odysseus keinen Zweifel: Sie vergreifen sich an seinem Besitz und an Penelopes τιμή (144). Odysseus schlägt damit einen alternativen Handlungsgang
vor, wonach die Trennung zwischen ‚guten' und ‚schlechten' Freiern bewirkt, daß die ‚guten' sich von den Freveltaten der ‚schlechten' distanzie-
ren, d.h. sich zumindest auf jene ‚korrekte' Art der Werbung zurückziehen,
die Antinoos in π 387–92 als Alternative zum Mordplan gegen Telemachos
vorschlug, nämlich den Palast zu verlassen und von ihren eigenen Häusern
aus ἕδνα an Penelope zu schicken. Damit könnte auf eine Version angespielt sein, in der es von vornherein eine Trennung zwischen ‚guten' und
‚schlechten' Freiern gab; ausgeschlossen wird dabei die Lösung, daß im
Zuge des Freiermordes noch ein Teil der Freier verschont wird. Die Schuld
der ‚guten' Freier wird damit eindrucksvoll definiert, analog zu der Schuld
des Aigisthos und der Schuld der Gefährten des Odysseus: Sie verharren in
ihrem Verhalten, obwohl sie sich bewußt bleiben, daß es falsch ist, und
auch ausdrücklich vor den Folgen ihres Tuns gewarnt sind.

σ 138–40 Wenn Odysseus sagt, er habe πολλὰ ἀτάσθαλα begangen, indem
er βίη und κάρτος eingesetzt habe, so könnte man diese Elemente der fiktiven Biographie des Bettlers als Zitate jener Charakterzüge des Odysseus
auffassen, die in anderen Versionen eine größere Rolle spielen mußten:
Man könnte an einen Odysseus denken, der auf den Irrfahrten als tollkühn
und abenteuerlustig gezeichnet war, oder an Odysseus als Mörder des Palamedes. Dagegen spricht, daß bei der negativen Zeichnung des Odysseus-
bildes βίη und κάρτος, aber auch der Adelshochmut (σ 140) zweifellos nicht

im Vordergrund standen, da diese Eigenschaften ja in Widerspruch zum charakteristischen δόλος des Odysseus stehen. Die Reminiszenz des Bettlers ist also primär nach dem Beispiel der Freier fingiert, um ein warnendes Exempel zu bilden.

σ 158–303   Penelopes Auftritt vor den Freiern gehört zu den meistdiskutierten Szenen der Odyssee. Kaum ein Interpret kann sich dem Eindruck entziehen, daß Penelopes Verhalten, so wie es hier dargestellt ist, zumindest etwas Ambivalentes an sich hat. Dementsprechend unterschiedlich waren die vorgebrachten Deutungsversuche, die sich zumeist auf die Frage konzentrierten, was Penelope ‚eigentlich' beabsichtige: Penelope betrüge bewußt die Freier, im Sinne der Weblist; Penelope gebe ihren Widerstand auf und verspreche den Freiern freiwillig die baldige Hochzeit; Penelope handle in stiller Übereinkunft mit Odysseus, also schon in Hinblick auf das Komplott der Bogenprobe und des Freiermordes; Penelope leiste naiv Widerstand gegen die Freier; Penelope wolle vor allem für den Bettler eintreten. Es ist nicht möglich, auf alle vorgebrachten Argumente einzugehen; Hinweise und Referate finden sich bei Byre (1988) und Katz (1991, 78–93); nachzutragen ist vor allem Siegmann (1987, 97–123); van Thiel (1988, 216–219); Hölscher (1988, 243–250); Schwinge (1993, 63–72); Felson-Rubin (1994, 22f.; 28f.). Hier soll versucht werden, die unterschiedlichen Handlungsmotive, die Penelopes Auftritt zugrundeliegen, zu isolieren, um daraus abzuleiten, welche Absicht dem Text (und nicht der Figur der Penelope) zugrundeliegt. Dabei lassen sich relativ klar vier Grundmotive voneinander unterscheiden, die in der Szenenabfolge von Penelopes Entschluß, vor die Freier zu treten, bis zu ihrer Rückkehr in das Gemach wirksam sind: (a) Hinhaltung der Freier durch List; (b) Abwehr der Gewalt der Freier durch verzweifeltes Aufrechthalten des Widerstands; (c) Planung des Freiermordes aufgrund der Rückkehr des Odysseus; und schließlich (d) Aufgabe des Widerstands und Hochzeit mit einem der Freier. Um zu verstehen, auf welche Weise diese vier Grundmotive die Szenenfolge gleichzeitig bestimmen, müssen wir sie zunächst getrennt voneinander betrachten.

(a) Die Hinhaltung der Freier durch List ist als Motiv dadurch präsent, daß Penelope die Freier durch ihr Erscheinen betört und ihr Verlangen nach der Hochzeit steigert. Diese Absicht des Auftritts wird vom Erzähler der Göttin Athene zugeschrieben, die Penelope eingibt, vor die Freier zu treten: Ausdrücklich auf die Intention der Göttin bezogen, heißt es ὅπως πετάσειε μάλιστα / θυμὸν μνηστήρων (160f.). Daß es sich dabei um Athenes und nicht Penelopes Absicht handelt, wird verdeutlicht, wenn Penelope selbst es gegenüber Eurynome ablehnt, sich für den Auftritt zurechtzumachen, und sie hierauf von Athene in Schlaf versetzt und im Schlaf verschönt wird (187–97). Diese von Athene bewirkte Schönheit betört die Freier, sobald Penelope vor sie tritt; die Wirkung wird vom Erzähler als starker sexueller Reiz beschrieben (212–3). Nach dem Dialog zwischen Penelope und Telemachos faßt Eurymachos Penelopes Wirkung auf die Freier in Worte: Sie sei für alle so begehrenswert, daß sie ihr Verhalten, nämlich im Palast zu bleiben und auf ihre Chance zu warten, nicht aufgeben würden (244–9). Diesen Reiz nützt Penelope aus, wenn sie die Freier dazu auffordert, ihr die von der Sitte geforderten ἕδνα zu bringen (274–80); die Aufforderung ist zwar in die Form eines Tadels gekleidet und erweckt den Anschein, daß es Penelope primär darum ginge, das gewaltsame Vorgehen der Freier anzuprangern; ihre Wirkung besteht aber darin, daß die Freier den Tadel akzeptieren und Geschenke bringen. Die Darstellung der Aktionen durch den Erzähler sowie der Wortlaut von Penelopes Rede lassen dabei keinen Rückschluß darauf zu, welche Absicht Penelope mit ihrem Tadel verfolgt. Auch die Reaktion des Odysseus, die als Aussage des Erzählers wiedergegeben ist, bezieht sich, was den Aspekt der List betrifft, nur auf den Erfolg der Aktion, nicht auf die damit eventuell verbundene Absicht Penelopes: Odysseus freut sich, weil sie durch ihre freundlichen Worte den Freiern den Sinn betört und ihnen Geschenke entlockt (281–3). Der Effekt dieser List tritt ein, wenn Antinoos in seiner Rede die Geschenke verspricht (285–7) und Penelope sie erhält (290–303).

(b) Während also das Motiv der Hinhaltung der Freier durch List vor allem als Aspekt der Handlungsebene auftritt, scheint Penelopes Motivation auf der Figurenebene hauptsächlich durch das Motiv der Abwehr der Gewalt der Freier durch verzweifelten Widerstand gegen die drohende Hochzeit geprägt, das in enger Verbindung mit dem Wunsch steht, Odysseus möge nach Hause kommen. Dieses Motiv taucht erstmals in Penelopes Rede an Eurynome auf, wenn sie vor sich selbst ihren Wunsch, vor die Freier zu treten, zu rechtfertigen sucht. In den Vordergrund rückt sie dabei ihre Mahnung an Telemachos, μὴ πάντα μνηστῆρσιν ὑπερφιάλοισιν ὁμιλεῖν,/ οἵ τ' εὖ μὲν βάζουσι, κακῶς δ' ὄπιθεν φρονέουσι (167–8). Die Abwehr der Freier steht auch im Vordergrund, wenn Penelope Eurynomes Ansinnen, sich zu schminken, zurückweist und sagt, ihre Schönheit sei seit der Abfahrt des Odysseus nach Troia unwiderruflich verloren (178–81). Noch stärker drückt diese Einstellung ihr Todeswunsch aus, den sie als unmittelbare Reaktion auf den ‚Schönheitsschlaf‘ äußert: Sie blockt damit jenes Gefühl ab, das die Verschönerung, die auf die Wirkung auf die Freier abzielt, in ihr bewirkt, und läßt nur das Gefühl der Sehnsucht nach Odysseus zu (199–205). In ihrer Rede an Telemachos beschränkt sie sich dann ganz auf die Behandlung des Bettlers; ich stimme hier Beßlich (1966, 140f.) zu, der in der Kritik an Telemachos implizite Kritik Penelopes an den Freiern sieht. Damit geht sie, allerdings ohne es zu wissen, auf ihren Gatten zu, protestiert aber jedenfalls gegen die Gewalt der Freier gegenüber dem Bettler, die ihrer

Meinung nach von Telemachos nicht unterbunden wird (221–5). Telemachs Antwort beschäftigt sich in ihrem ersten Teil ebenfalls nur mit der Frage, wie der Gewalt der Freier entgegnet werden kann (227–232). Penelope wehrt dann in ihrer Antwort an Eurymachos dessen Kompliment ab, blockt damit den Gedanken ab, sie könnte in den Freiern Gefühle hervorrufen, und wiederholt, daß ihre Schönheit mit der Abfahrt des Odysseus verloren sei; hier schließt sich der ausdrückliche Wunsch an, daß Odysseus zurückkehren möge, und Penelope bezeichnet ihren derzeitigen Zustand als ἄχος (251–6). Auch in der Kritik am Verhalten der Freier, mit der sie ihnen indirekt die Geschenke herauslockt, steht die Abwehr ihres gewaltsamen Verhaltens im Vordergrund; dem Wortlaut nach fordert Penelope nicht Geschenke ein, sondern bezeichnet nur dieses Verfahren als die Norm, zu der das gegenwärtige Verhalten der Freier im Gegensatz stehe (274–80).

Als Anerkennung dieser Intention der Penelope ist dann auch die Reaktion des Odysseus auf ihre Rede zu verstehen, wenn er die Differenz zwischen der Wirkung ihres Auftritts und ihrer Intention realisiert; der viel diskutierte Nachsatz des Erzählers zum Grund für die Freude des Odysseus (281–3) fügt sich am ehesten in diese Motivlinie ein: Gemäß der Formulierung des Erzählers freut sich Odysseus, weil Penelopes Aktion die Betörung und Überlistung der Freier bewirke, ihr Sinn jedoch anderes begehre (νόος δέ οἱ ἄλλα μενοίνα). Damit kann Odysseus nicht meinen, daß Penelopes verborgene Absicht darin bestehe, die Freier zu betören und zu überlisten; dies ist ja gerade die Wirkung der Aktion, die im Gegensatz zur Absicht stehe. Die verborgene Absicht kann also nach der vom Erzähler dem Odysseus zugeschriebenen Ansicht nur darin bestehen, daß sie unerschütterlich an ihrer Treue zum Gatten festhält, keine neuerliche Hochzeit anstrebt und nur danach trachtet, die Freier so lange wie möglich hinzuhalten; damit drückt der Satz νόος δέ οἱ ἄλλα μενοίνα exakt dasselbe aus wie derselbe Wortlaut im Munde des Antinoos, β 92, und der Athene, ν 381. Diese Absicht Penelopes wird letztlich auch von Antinoos anerkannt, wenn er an die Ankündigung, Geschenke zu bringen, die Drohung anschließt, die Freier würden nicht von der Besetzung des Palastes ablassen, bis Penelope einen von ihnen zum Gemahl gewählt hätte (288–9); damit attestiert er ihr, daß sie auf jenem Verhalten beharre, das die Freier erst dazu gebracht habe, Druck auf sie auszuüben: ihre beharrliche Weigerung, Odysseus von sich aus für verloren zu geben und sich für einen der Freier zu entscheiden.

(c) Das dritte Motiv, die Planung des Freiermordes aufgrund der Rückkehr des Odysseus, läßt sich nicht leicht von Teilaspekten des zweiten Motivs trennen. Der Unterschied besteht vor allem darin, daß für das Motiv (b) Penelopes Figurenperspektive ausschlaggebend ist, also ihre Treue zu und Sehnsucht nach Odysseus im Vordergrund steht, während das Motiv (c) dieselbe Konstellation aus dem Wissen des Hörers beleuchtet, daß

Odysseus bereits da ist und die Rache an den Freiern plant. Penelopes Aktionen fügen sich somit sehr wohl in diese Motivlinie, doch ohne daß ihr dies bewußt würde; im Vordergrund steht hier das Bewußtsein der Hörer sowie jener Figuren, die mehr wissen als Penelope und die Freier: Odysseus, Telemachos und Athene. Dieses Figuren-Dreieck ist gleich zu Beginn der Szene präsent, wenn der Erzähler hinter Penelopes Handeln Athenes Absicht hervorhebt, Penelope vor ihrem Gatten und ihrem Sohn mehr als zuvor „geehrt" werden zu lassen (161–2). Athene, Odysseus und Telemachos können also als einzige hinter diesen Aktionen mehr ‚Sinn' erkennen als alle anderen Beteiligten, indem sie sie jenem Geschehen unterordnen, von dem nur sie wissen: den Vorbereitungen zum Freiermord. Odysseus und Telemachos werten Penelopes Handlungsweise somit nicht nur als Ausdruck ihrer Standhaftigkeit, sondern auch als Voraussetzung für das Gelingen des Freiermordes. Penelopes Eintreten für den Bettler (221–5), das für sie selbst an der Oberfläche nur darauf abzielt, die Gewalt der Freier im Zaum zu halten, gewinnt für Telemachos und Odysseus die zusätzliche Bedeutung, daß sie sich damit für den noch unerkannten Odysseus einsetzt und somit seine Position im Kreise der Freier stärkt; sie trägt damit, wenn auch unbewußt, zum Gelingen des Freiermordes bei. Dies kommt zum Ausdruck, wenn Telemachos dem Kampf gegen Iros paradeigmatische Funktion zuweist und den Freiern dasselbe Schicksal wie dem bezwungenen Bettler wünscht. Ebenso erhält Penelopes Aussage, daß bei einer Rückkehr des Odysseus auch ihr κλέος größer würde, eine Zusatzbedeutung: Sie selbst meint damit nur die Abwehr der Freier und will so ihre Treue zum Ausdruck bringen; Odysseus und Telemachos, und mit ihnen der Hörer, wissen aber, daß die Rückkehr des Odysseus ihr deshalb κλέος verleihen wird, weil sie durch ihr Verhalten den Freiermord ermöglicht. Und ebenso erhält die Freude des Odysseus (281–3) eine weitere Dimension: Er freut sich, weil Penelopes Verhalten ihre treue Gesinnung verrät und trügerische Wirkung auf die Freier ausübt, freut sich aber auch, weil erst diese Kombination die Weiterführung des Racheplans gegen die Freier ermöglicht, sich also — für Penelope unbewußt — in das Mordkomplott einfügt.

(d) Schließlich steht unüberhörbar das vierte Motiv im Raum, wonach Penelope genau bei dieser Gelegenheit den Widerstand aufgeben und einen der Freier zum Mann küren könnte, wobei der Sinn ihres Auftretens darin läge, daß sie endlich den Hochzeitstermin nennt. Dieses Motiv ist bereits vorausgesetzt, wenn Penelope sich ihres für sie ungewohnten Wunsches bewußt wird, darauf mit einem verlegenen, unkontrollierten Lachen reagiert (vgl. Russo zu σ 163) und den Wunsch, vor die Freier zu treten, gleich zweifach als auffällig bezeichnet: οὔ τι πάρος γε steht neben ἀπεχθομένοισί περ ἔμπης (164–5). Penelope wird sich somit schon in ihrer ersten Reaktion auf ihre plötzliche emotionale Regung der Gefahr bewußt, die ihr

Hintreten vor die Freier bedeutet. Eurynome reagiert darauf, indem sie Penelope rät, sich zu schminken, ihre Trauer aufzugeben und die Folgen daraus zu ziehen, daß Telemachos erwachsen geworden sei (170–6); es ist dies eine unmißverständliche Aufforderung zur Wahl eines neuen Ehemannes. Eurynome interpretiert somit Penelopes Wunsch, vor die Freier zu treten, als Ausdruck des Verlangens, sich den Freiern als heiratswillig zu präsentieren. Für dieses Motiv spielt das Erreichen des Mannesalters durch Telemachos eine entscheidende Rolle, und Eurynome kombiniert es gleichsam automatisch mit der Wiedervermählung der Mutter; Penelope selbst greift das Motiv in ihrer Anrede an Telemachos auf und hebt hervor, daß er jetzt erwachsen sei, zieht daraus zunächst aber die entgegengesetzte Folgerung: Seine innere Reife entspreche nicht dem äußeren Anschein (215–20). Das Motiv läßt sich aber selbst für Penelope, die sich mit aller Kraft der Wiederverheiratung widersetzt, nicht völlig vermeiden. In ihrer Antwort an Eurymachos, der das Thema der Werbung angeschnitten hat, referiert sie den Auftrag, den Odysseus ihr vor der Abfahrt nach Troia gegeben habe: Sie solle ihm die Treue halten, bis Telemachos der Bart wachse; dann solle sie heiraten, wen sie wolle, und das Haus verlassen (257–71).

Welche Funktion dieses Referat in der gegebenen Situation ‚eigentlich‘ haben müßte, liegt auf der Hand: Soeben hat Eurynome zu Penelope gesagt, daß Telemachos das von Odysseus bezeichnete Alter erreicht habe; wenn Penelope nun vor den Freiern diesen Auftrag verkündet, so gibt sie ihnen damit ‚eigentlich‘ zu verstehen, daß der Zeitpunkt erreicht sei, wo sie sich zu entscheiden habe; Verkündigung des Termins und Wahl des Bräutigams müßten ‚eigentlich‘ Hand in Hand gehen. Penelope biegt jedoch auch hier ab, spricht die notwendige Folgerung („… deshalb wähle ich den Freier X zu meinem Mann“, oder „… deshalb nenne ich die Bedingungen, wonach ich meinen neuen Mann wähle“) nicht aus, sondern verschiebt die Entscheidung auf eine vage Zukunft: Die Ankündigung des Odysseus sei jetzt gerade dabei, sich zu erfüllen (271 τελεῖται), und es werde eine Nacht kommen, in der sie in Erfüllung gehe. Damit sind zwei Dinge unmißverständlich klargemacht. Einerseits handelt es sich, zumindest innerhalb der dargestellten Handlung, um die erste und einzige Deklaration Penelopes vor den Freiern, in der sie ihre Wiedervermählung ausdrücklich an eine Terminangabe koppelt. Bei der Ankündigung der Bogenprobe im φ spricht sie nicht davon, daß diese Entscheidung durch einen zeitlichen Termin oder das Eintreffen eines konkreten punktuellen Ereignisses bedingt sei, sondern verweist nur vage auf den von den Freiern ausgeübten Druck (φ 68–72). Nur hier im σ wird also eine Situation evoziert, in der Penelope ihr Warten auf Odysseus aufgibt, weil eine bestimmte Zeitspanne, innerhalb derer er zurückkommen könnte, verstrichen ist. Damit zitiert Penelopes Auftritt vor den Freiern unmißverständlich eine Szene, in der Penelope tat-

sächlich aufgrund des Termins die Entscheidung verkündet, einen der Freier zum Mann zu nehmen; darin liegt die natürliche Funktion des Motivs
von der Mannwerdung des Telemachos, wie vor allem Hölscher gezeigt hat
(vgl. zu ξ 161–4). Auf der anderen Seite wird gerade damit deutlich, daß es
sich bei der Verkündigung durch Penelope eben nur um das Zitat einer Situation handelt, in der sie ihre Entscheidung tatsächlich trifft. Die ‚natürliche' Folge dieser Verkündigung ist so stark präsent, daß etwa van Thiel
(1988, 216–9) meint, die Szene stamme aus der ‚Spätodyssee', in der Penelope bereits an dieser Stelle den Bogenwettkampf für den nächsten Tag angekündigt hätte. Im Kontext unserer Odyssee hat das Motiv jedoch eine
komplexere Funktion: Dadurch, daß Penelope die logische Schlußfolgerung
eben nicht ausspricht, signalisiert der Text, daß das Motiv der Mannwerdung des Telemachos hier auch nicht jene zentrale Bedeutung für Penelopes Entscheidung hat wie in anderen Versionen; es handelt sich hier nur
mehr um eines von mehreren Motiven, die zu Penelopes Entscheidung führen, deren Komplexität durch die Unterredung zwischen Penelope und
Odysseus im τ eindrucksvoll dargestellt ist (vgl. zu τ 570–88).

Diese Aufgliederung der Handlungsmotive läßt erkennen, daß es für ein
Verständnis der Szene nicht ausreicht zu fragen, was Penelope mit ihrem
Auftritt intendiere. Für jede der an der Handlungssequenz beteiligten Figuren stellt sich bereits Penelopes Motivation in einem anderen Licht dar;
jede der Figuren interpretiert noch zusätzliche Bedeutungsebenen in die
Handlung hinein; nur der über den Figuren stehende Hörer kann schließlich die unterschiedlichen Perspektiven zusammenschauen. Für das Verständnis des Hörers ist aber entscheidend, daß er die volle Valenz jener
Motive, die in der Darstellung der Handlung nur angedeutet und nicht explizit ausgeführt sind, aufgrund seiner Kenntnis anderer Versionen erfassen kann, in denen sie jeweils ihre volle Funktion entfalteten. Ich stimme in
dieser Hinsicht mit den Interpretationen von Katz und Felson-Rubin überein, die jeweils versuchen, der Vielschichtigkeit der Handlung gerecht zu
werden und die Szene nicht auf eine einzige Bedeutungsebene festzulegen.
Sowohl Katz als auch Felson-Rubin konzentrieren sich allerdings auf Penelopes Figurenperspektive und betrachten die einander überlagernden und
konkurrierenden Handlungsmotive zu sehr in ihrer abstrakten Bedeutung.
Katz registriert in der Szene vor allem das Prinzip „indeterminacy"; Felson-
Rubin (28f.) stellt die von ihr herausgearbeiteten Handlungsschemata
TEASE, DALLIANCE und COURTSHIP AND MARRIAGE fest. Beide fragen nicht
danach, welche Funktion die jeweils festgestellten Handlungsmotive im
Rahmen der dem Hörer bekannten Odysseus-Geschichte erfüllen könnten.
Genau diese Frage soll hier gestellt werden: Wenn der Hörer der Odyssee
bereits mit anderen Versionen der Geschichte vertraut war, konnte er jedes

einzelne der hier auftauchenden konkurrierenden Handlungsmotive einer bestimmten Variante zuordnen, in der es seine volle Funktion entfaltete. Daß tatsächlich jedes der vier Handlungsmotive einen bestimmten Verlauf der Heimkehrerhandlung impliziert, zeigt die neuerliche Betrachtung der Motive, jetzt in einer anderen Reihenfolge:

ad (a) Das Motiv der Hinhaltung der Freier durch List ist für sich allein nicht lebensfähig, solange die List nicht aufgedeckt und Penelope zur Hochzeit gezwungen wird (vgl. zu β 93–110). Die Auffassung von Penelopes Aktion, mit der sie den Freiern Geschenke herauslockt, als List ist also nur als Zitat einer umfassenderen Konstellation verständlich, in der diese List einerseits die Freier über einen längeren Zeitraum hinhalten soll (was im σ nicht der Fall ist, da hier ja bereits am nächsten Tag die Entscheidung fällt), andrerseits erst durch ihre Aufdeckung die Entscheidung erzwungen wird (was im σ ebenfalls nicht zutrifft, da die Geschenke der Freier in der weiteren Handlung keine Rolle mehr spielen). Es scheint daher sinnvoll, den Aspekt der List als Zitat jener Konstellation zu betrachten, die in anderen Versionen vor allem durch das Motiv der Weblist in Handlung umgesetzt war und in unserer Version sowohl durch das dreimalige Zitat der Weblist als auch durch Aussagen über Penelopes Verhalten präsent ist, in denen es als ein listiges Hinhalten der Freier dargestellt ist (vgl. zu β 89–92). Die Szene, in der Penelope den Freiern Geschenke herauslockt, setzt also gleichzeitig die ‚einfache Geschichte‘ der Weblist und den Dauerzustand der Versprechungen an alle Freier in eine epische Situation um.

ad (d) Die Festsetzung des Hochzeitstermins aufgrund der Mannwerdung des Telemachos ist, wie oben gezeigt wurde, in unserer Version nur als Möglichkeit präsent. Daß es sich dabei um das Zitat einer Konstellation handelt, in der die Nennung des Hochzeitstermins unmittelbar aus der Verkündigung der Mannbarkeit abgeleitet wurde, geht schon daraus hervor, daß Penelope selbst in ihrer Rede vor den Freiern die einzig logische Konsequenz, die ihr Bericht vom Auftrag des Odysseus haben könnte, nicht zieht, das Motiv also im Raum stehen läßt. Damit ist die Kenntnis von Versionen vorausgesetzt, in denen dieses Motiv seine volle Handlungsfunktion entfaltete, z.B. in folgender Form: Penelope verkündet an jenem Tag, den der ausziehende Odysseus vorgegeben hat, ihre Hochzeit mit einem der Freier und nennt die Bogenprobe als Voraussetzung dafür; Odysseus trifft in Ithaka ein, als diese Entscheidung bereits gefallen ist (wobei er sich der chronologischen Übereinstimmung nicht bewußt sein muß), platzt in die Hochzeitsfeierlichkeiten (die Bogenprobe) hinein und überwindet die Freier; der damit bezeichnete Termin kann, wie auch unsere Odyssee suggeriert, von vornherein als ein besonderer Festtag markiert sein, an dem die Mannwerdung des Telemachos in einem speziellen Festakt öffentlich erklärt wird. In unserer Odyssee ist nun gerade der Aspekt des Termins, der in der ,einfachen Geschichte' für das Motiv zentral sein muß, auffällig zurückgedrängt. Während schon seit dem Einsetzen der Handlung im α immer wieder davon gesprochen wird, daß Telemachos erwachsen geworden ist, wird dieses Ergebnis niemals auf einen exakt definierten Termin eingeschränkt. Auch Penelope spricht vor den Freiern nur von einem Prozeß, der sich allmählich einem Endzustand annähere. Die Bindung des Motivs an einen Termin wird in unserem Text ja nie direkt erwähnt und läßt sich nur in Kombination mit den Angaben zum Apollonfesttag, an dem Bogenprobe und Freiermord stattfinden, erschließen. Der Text signalisiert damit, daß für diese Version der Geschichte das Motiv der Mannwerdung des Telemachos seinen Sinn nicht darin erfüllt, daß es den Termin für Hochzeit bzw. Freiermord bezeichnet. Der Zusammenhang zwischen dem Termin des Apollonfestes und der Bogenprobe wird von keiner der Figuren der Handlung benannt; für die Hörer war er nur dann ersichtlich, wenn sie mit Versionen vertraut waren, in denen er ausdrücklich thematisiert war.

ad (c) Das Motiv des Komplotts gegen die Freier ist, wie wir gesehen haben, auf die Auswirkungen von Penelopes Aktionen auf Odysseus und Telemachos beschränkt und berührt nicht Penelopes Figurenperspektive. Die gesamte Konstellation der Handlungssequenz muß im Hörer trotzdem die Assoziation hervorrufen, als ziele die Aktion auf die Vernichtung der Freier ab: Penelope tritt vor die Freier, während Odysseus bereits unter ihnen anwesend ist; sie stellt in den Mittelpunkt ihrer Anrede an die Freier das Thema der Mannwerdung des Telemachos, das seine natürliche Grundlage im Motiv der Ankündigung des Hochzeitstermins hat; sie hat bereits den Kontakt mit Odysseus gesucht, wenn sie sich auch der Identität des Bettlers nicht bewußt ist; damit war bereits eine Konstellation zitiert, in der sich Odysseus seiner Frau zu erkennen gibt, bevor sie vor die Freier tritt (vgl. zu ϱ 507–606); die Reaktion des Odysseus auf Penelopes Aktion gemahnt an ein stilles Einverständnis der beiden. Suggeriert ist damit eine Situation, in der Penelope im Einvernehmen mit Odysseus scheinbar in eine neue Ehe einwilligt, nur um damit die Voraussetzungen für den Freiermord zu schaffen. Wenn Analytiker das Gefühl hatten, unsere Szene im σ müsse ,ursprünglich' ihren Platz nach dem Anagnorismos zwischen Odysseus und Penelope gehabt haben, so ist dieses Gefühl keineswegs unberechtigt. Unsere Szene ist allerdings nicht Versatzstück eines älteren Zusammenhangs, sondern steht bewußt in jenem Kontext, den unser Text mit dem σ bietet, zitiert dabei aber einen Zusammenhang, der den Hörern aus anderen Versionen bekannt sein mußte. Mit diesem Zitat bekommt die Szene eine zusätzliche Bedeutungsebene: Vor dem Hintergrund von Versionen, in denen Penelope aktiv und bewußt zum Gelingen des Komplotts beiträgt, tritt noch deutlicher hervor, daß ihr Mitwirken hier auf einer anderen Ebene liegt: In unserer Odyssee tut sie das Richtige, ohne dessen Wirkung zu beabsichtigen; an die Stelle der Absprache tritt das innere Einverständnis der Gatten. Man könnte dies bereits als einen ersten Hinweis darauf auffassen, daß es in dieser Version nicht unbedingt zum Anagnorismos vor dem Freiermord kommen muß. Viel eher wird man es aber als Signal dafür werten, daß das Einverständnis der Gatten, das bereits in dieser Szene demonstriert ist, sich bis zum Freiermord noch weiter verstärken wird. Im Hörer wird damit die Erwartung aufgebaut, daß im Verlauf des τ das Aufeinander-Zugehen von Odysseus und Penelope sich bis zum Anagnorismos fortsetzen muß, so daß Penelope noch in das Komplott einbezogen werden kann. Diese Erwartung wird das abendliche Gespräch zwischen den beiden dominieren, in dem die Linie, die geradlinig auf den Anagnorismos zusteuert, im letzten Moment gewaltsam abgebrochen wird. Eine wesentliche Funktion von Penelopes rätselhaftem Auftritts vor den Freiern besteht somit darin, den Hörer auf diese falsche Fährte zu locken.

Damit ist für jene drei Handlungsmotive, die in der Szenenabfolge des σ nur als potentiell wirksam präsent sind, jeweils das Szenario durchgespielt. Es hat sich gezeigt, daß hier nicht nur abstrakte Handlungsmotive im Spiel sind, wie sie von Felson-Rubin herauspräpariert wurden, sondern damit auch konkrete Abläufe zitiert werden, die den Gang der Odyssee in anderen Versionen bestimmen und den Hörern als solche bekannt sein konnten. Für alle drei Motive hat sich aber auch gezeigt, daß die Darstellung im σ ihnen gerade keine konkreten Auswirkungen für die Handlung zuweist, womit signalisiert wird, daß unsere Version sich von jenen anderen Versionen abhebt. Für die Funktion der Sequenz auf der Figurenebene, im Gegensatz zur Textebene, bestätigt sich damit nur jenes Verhalten Penelopes gegenüber den Freiern, das vom Beginn an die Handlung bestimmt hat, nämlich: (b) Penelope hält ihren Widerstand aufrecht, und zwar ohne (a) konkrete Maßnahmen zu setzen (Motiv der List), ohne (d) die Heirat herbeiführen zu wollen (Termin) und ohne (c) in Absprache mit Odysseus zu handeln (Komplott). An der Oberfläche der Handlung bestätigt sich somit also allein das vierte Motiv (b), der Widerstand gegen die Aggression der Freier als wirksam, während die drei zitierten Motive signalisieren, welche Bedeutung Penelopes Auftritt noch enthalten könnte bzw. auf einer subtilen psychologischen Ebene vielleicht a u c h enthält.

σ 311–45 Der kurze Wortwechsel zwischen Odysseus und den Mägden setzt ein erstes Mal in konkrete Handlung um, was bisher nur als abstrakte Konstellation im Text sichtbar war: Ein Teil der Mägde steht auf der Seite der Freier, bildet somit für das Vorgehen des Odysseus eine potentielle Gefahr. Dies findet seinen Ausdruck schon darin, daß die Mägde, allen voran Melantho, die als einzige der untreuen Mägde individuelle Züge erhält,

den Bettler genauso behandeln, wie es die Freier tun. Das Motiv, an dem
sich der Konflikt zwischen Melantho und Odysseus hier entfaltet, zielt aber
noch auf etwas anderes: Odysseus befiehlt den Mägden, das Megaron zu
verlassen und ihn allein mit den Freiern zurückzulassen; Melantho hingegen fordert ihn auf, seinerseits das Haus zu verlassen. Das Resultat der
Szene ist, daß Odysseus tatsächlich alleine mit den Freiern zurückbleibt,
die Aufgabe der Mägde übernimmt und dabei, wie der Erzähler sagt, alle
beobachtet und Überlegungen zum bevorstehenden Freiermord anstellt.
Die Entfernung der Mägde aus der Halle präsentiert sich damit schon im
Rahmen dieser Szene als notwendige Voraussetzung für die Durchführung
des Freiermordes; das Motiv wird seine Wirksamkeit für die Handlung ein
erstes Mal zu Beginn des τ erhalten, wenn Telemachos und Odysseus die
Waffen aus der Halle tragen, ohne daß die Mägde anwesend sind; vor allem wird sie aber Odysseus im φ in analoger Weise aussperren, bevor er
mit dem Freiermord beginnt; das Motiv ist zweifellos erst dort in seiner
‚ursprünglichen' Funktion eingesetzt. Man wird daraus schließen, daß im
Kontext des σ, wo die Entfernung der Mägde zumindest für den Zeitraum,
bis die Freier das Haus verlassen, keine starke Handlungsfunktion hat, das
Motiv vor allem seine ‚ursprüngliche' Funktion zitiert und damit eine Konstellation vorstellt, in der Odysseus noch am Tag seiner Ankunft im Palast
mit dem Freiermord beginnt. Die Szene fügt sich damit in die Tendenz des
gesamten σ, in dem der ‚verschobene Freiermord' auf verschiedenen Ebenen vorweggenommen, zitiert oder symbolisch dargestellt ist.

σ 319   Mit der Aussage πολυτλήμων δὲ μάλ' εἰμί läßt der Erzähler Odysseus sein eigenes Epitheton πολύτλας zitieren (vgl. Russo zu σ 319, mit Verweis auf Griffin 1987a, 101). Diese Art von reflektierter Bezugnahme auf die
Tradition ist charakteristisch für das Zitierverhalten der Odyssee: Es wird
nicht auf einzelne, genau zu identifizierende Vorbildstellen Bezug genommen, sondern auf als bekannt vorausgesetzte Konstellationen.

σ 346–411   Die Auseinandersetzung des Odysseus mit Eurymachos gehört in die Sequenz der Wurfszenen, bildet also Fortsetzung und Steigerung der analogen Szene mit Antinoos (vgl. zu ϱ 365–506). Mit dem Motiv
der Herausforderung zum Wettkampf, das die Rede des Odysseus bestimmt, wird aber an die Iros-Szene angeknüpft und eine Thematik angeschnitten, die in enger Verbindung mit dem Freiermord steht: Schon der
Bettlerwettkampf beginnt als sportliche Herausforderung, endet aber mit
der Demütigung des Iros, die auf Niederlage und Tod der Freier voraus-
weist. Diese Assoziation ist in der Rede des Odysseus noch deutlicher ausgesprochen: Odysseus beginnt mit einer Herausforderung des Freiers mit
rein sportlichem Charakter, dem Wettmähen und Wettpflügen; dann lenkt
er über zu einer analogen Konkurrenz im Bereich des Heldenkampfes, wo-

bei er sich mit Eurymachos als Kampfgenosse und nicht als Gegner messen will (ähnlich äußert sich Odysseus zu Agamemnon in Δ 351–5); Odysseus lenkt den Gedanken aber noch weiter, indem er direkt die Möglichkeit anspricht, daß Eurymachos sich dem Kampf mit dem zurückgekehrten Odysseus stellen müßte und dabei die Flucht ergriffe. Die Motivabfolge läßt sich somit als Zitat einer Konstellation auffassen, in der die Abfolge ‚Bogenprobe – Freiermord' als Übergang vom sportlichen Wettkampf zum Kampf auf Leben und Tod gefaßt ist. Diese Konstellation bestimmt durchaus auch unsere Version; der sportliche Aspekt könnte aber, wie die Anspielungen im Iros-Kampf und in der Wurfszene des Eurymachos zeigen, in anderen Versionen noch stärker zum Ausdruck gekommen sein (vgl. zu σ 1–119).

σ 384–6 Ausgemalt wird eine Form des Freiermordes, in der die Freier, sobald sie die Situation realisieren, die Flucht ergreifen und Odysseus die Fliehenden mit den Pfeilen beschießt. Eine solche Handlungsentwicklung ist im Text nochmals angedeutet: Im φ läßt Odysseus, um die Flucht der Freier zu verhindern, das Hoftor versperren; die Freier versuchen nach dem ersten Schuß des Odysseus, sich den Weg zur Tür hinaus freizukämpfen. Der provokante Vorwurf an Eurymachos erzeugt im Hörer somit die Erwartung, daß die Freier vor Odysseus die Flucht ergreifen werden; die Gegenwehr, die sie im χ leisten werden, erweist sich auch im Rahmen dieses Motivs als ein von langer Hand geplanter Überraschungseffekt.

σ 416–7 Wenn Amphinomos die Freier auffordert, weder Odysseus noch einen der Diener zu mißhandeln, so läßt sich das darauf beziehen, daß Eurymachos soeben mit dem Schemel den Mundschenk getroffen hat, noch dazu wo Amphinomos gleich darauf den Mundschenk auffordern wird, den Wein für das letzte Trankopfer einzuschenken. Doch ist fraglich, ob dieser οἰνοχόος unter die „Diener, die sich im Haus des Odysseus befinden", zu reihen ist. Dagegen spricht vor allem, daß dieselbe Formulierung auch nach dem Wurf des Ktesippos begegnet, wo weit und breit von keiner Mißhandlung von Dienern die Rede ist (σ 416–7 = υ 324–5; σ 417 = ρ 402, υ 298). Eher wird damit wohl ein pauschaler Vorwurf gegen die Freier formuliert, der bereits in der Tradition verankert war: vgl. zu π 108–11; die Gewalt der Freier könnte in anderen Versionen also vor allem darin bestanden haben, daß sie den Mägden Gewalt antun und die Diener mißhandeln. Die Version unserer Odyssee würde sich damit auch in der Darstellung der Schuld der Freier als deutlich subtiler erweisen: Von unmittelbarer Gewaltanwendung ist hier nirgends die Rede; der mehrmals erwähnte Verkehr mit den Mägden ist zwar formal ein Übergriff gegen den Besitz des Odysseus, geschieht aber mit lustvoller Billigung der Betroffenen. Die Schuld der Freier äußert sich auf diversen anderen Ebenen und ist nicht an einfachen Handlungsmotiven festzumachen.

Odyssee 19

τ 1–50   Die Abweichungen in der Ausführung der Waffenbergung gegenüber dem im π formulierten Plan (vgl. zu π 281–98) haben die Forscher
beunruhigt; man argumentierte, daß der homerische Stil vollkommene
Übereinstimmung zwischen Ankündigung und Ausführung einer Aktion
verlange, eine Modifikation in der Ausführung aber vom Erzähler oder von
einer Figur der Handlung thematisiert zu werden pflege. Doch wird diese
Forderung der Darstellungsweise der Odyssee nicht gerecht: Es ist geradezu charakteristisch für den Stil der Odyssee, daß zwischen der Ankündigung einer Aktion und deren Ausführung stillschweigend Modifikationen
vorgenommen werden bzw. daß zusammengehörige Strukturelemente, die
nach strenger Logik ‚eigentlich' vollkommen aufeinander abgestimmt sein
sollten, Leerstellen aufweisen. Für die Dialogtechnik hat das Beßlich (1966)
eindrucksvoll nachgewiesen; für die Szenentechnik, vor allem die Technik
der eingeschobenen und aufgeschobenen Szenen, ist auf Hölscher (1939)
und Fenik (1974) zu verweisen. Auch wir konnten oft feststellen, daß zwischen Ankündigung und Ausführung einer Aktion Handlung eingeschoben wird, die die Voraussetzungen für die auszuführende Aktion verändert; wenn dann die Ausführung von der Ankündigung abweicht, so hat
die Differenz Funktion, auch wenn diese im Text nicht ausdrücklich aufscheint. Das markanteste Beispiel für diese Technik ist die doppelte Götterversammlung im α und im ε, wo die im α angekündigte Ausschickung des
Hermes im ε unter den neuen Voraussetzungen stattfindet, die durch die
Handlung des α – δ geschaffen wurden; in kleinerem Rahmen ist etwa der
Aufschub von Telemachs Berichts an Penelope im ϱ charakteristisch (vgl.
zu ϱ 36–166). Auffällig im Rahmen der Odyssee kann also nicht sein, daß
zwischen Ankündigung und Ausführung der Waffenbergung eine Diskrepanz besteht, sondern allenfalls, daß es sich hier um das Schema Ankündi-
gung-Ausführung im strengen Sinn handelt und diese Tatsache noch durch
die wörtliche Wiederholung einer Versgruppe unterstrichen ist (π 286–94 =
τ 5–13; auf diverse Tilgungsversuche gehe ich nicht ein). Allerdings bezieht
sich die wörtliche Wiederholung nicht auf das Ankündigung-Ausführungs-
Schema: Die aus dem π wiederholte Passage betrifft nicht den im τ ausgeführten Handlungsteil, sondern die Ausreden, die Telemachos gegenüber
den Freiern vorbringen soll; es handelt sich also im τ um eine Wiederholung der Ankündigung vom π, und auch für diesen Teil des Motivs der
Waffenbergung ist bezeichnend, daß die Ausführung dann nicht mit der
Ankündigung übereinstimmen wird: Telemachos wird die vorbereiteten
Ausreden gar nicht benötigen, da die Freier keinen Verdacht schöpfen.
   Für das Verhältnis zwischen Ankündigung im π und Ausführung im τ
ist vor allem die Funktion zweier Diskrepanzen zu klären. Die eine besteht

darin, daß Odysseus im π Telemachos aufträgt, auf sein geheimes Zeichen hin die Waffen alleine zu entfernen, während im τ Odysseus seine Aufforderung laut wiederholt und bei der Ausführung selbst mithilft. Diese Änderung ist als Änderung des Planes auf der Figurenebene aus der zwischen dem π und dem τ liegenden Handlung erwachsen. In der Situation, die sich mit dem Anfang des τ ergeben hat, ist es für Odysseus nicht nötig, das Signal an Telemachos vor den Freiern geheimzuhalten, da diese bereits das Haus verlassen haben. Die Planung des Odysseus im π sah also vor, daß er das Zeichen auch dann geben müßte, wenn er keine Gelegenheit hätte, nach dem Abgang der Freier im Haus zu verbleiben. Die im π imaginierte Situation könnte somit darauf hinauslaufen, daß Odysseus selbst zusammen mit den Freiern am Abend das Haus verließe und beim Hinausgehen Telemachos zuzwinkerte (so Erbse 1972, 34). Daß Telemachos die Waffenbergung alleine vornimmt, weil Odysseus nicht im Haus ist, bildet grundsätzlich ein plausibles Motiv: Die Tatsache, daß Odysseus am Abend im Palast bleibt, statt gemeinsam mit den Freiern zu gehen, ist vor allem durch die Schmähreden der Melantho als auffällig, also vielleicht als ‚Neuerung' unserer Odyssee markiert (vgl. zu σ 304–45; τ 60–95). Die damit angenommene Szene, in der Telemachos nächtens alleine Waffen schleppt, scheint trotzdem nicht überzeugend. Die Änderung der Planung des Odysseus läßt sich aber mit einem anderen Motiv in Verbindung bringen: Wir haben festgestellt, daß im ϱ eine Handlungsführung signalisiert wird, in der Odysseus noch an dem Tag, an dem er in den Palast gelangt, eine geheime Unterredung mit Penelope hat, die noch am selben Tag zu Bogenprobe und Freiermord führt; diese Handlungsführung, die mit Penelopes Aufforderung an den Bettler sich ankündigt, wird dadurch auf den nächsten Tag verlegt, daß Odysseus die Begegnung mit der Gattin auf den Abend verschiebt; das σ besteht weitgehend aus Szenen, die den so aufgeschobenen Freiermord symbolisch vorwegnehmen und damit das Signal, daß er schon jetzt stattfinden könnte, verstärken. Geht man nun davon aus, daß Odysseus die Waffenbergung im π zunächst für eine solche Konstellation geplant hat, so wird der Grund für die Änderung verständlich: Odysseus hat zuerst damit gerechnet, daß der Freiermord noch am selben Tag stattfindet; dann müßte Telemachos die Waffenbergung allein vornehmen, da ja die Anwesenheit der Freier zu berücksichtigen wäre. Odysseus hat demnach seinen Plan im τ stillschweigend abgeändert, da sich für ihn die Chance ergeben hat, am Abend im Palast zu bleiben. Der Aufschub des Freiermordes beeinflußt somit auch das Motiv der Waffenbergung.

Doch gibt es eine zweite Differenz zwischen Ankündigung im π und Ausführung im τ: Im π befiehlt Odysseus, Telemachos solle zwei Garnituren Waffen im Megaron zurücklassen, so daß sie zum gegebenen Zeitpunkt damit auf die Freier losstürmen könnten. Im τ ist davon keine Rede mehr, es werden also alle Waffen aus dem Megaron entfernt; zu Beginn des Freiermordes hat dann tatsächlich nur Telemachos seine persönliche Bewaffnung bei sich: Schwert und Speer, also das, was der Freigeborene stets bei sich trägt, wobei man im Haus nur das Schwert am Mann trägt, den Speer aber ablegt; Telemachos hat φ 433 seinen Speer rechtzeitig ergriffen; wo die Freier ihre Speere abgelegt haben, verschweigt der Erzähler. Die Bewaffnung des Odysseus und der zwei Hirten muß hingegen erst jetzt nachgeholt werden. Auch hier handelt es sich aus der Figurenperspektive um eine stillschweigende Korrektur der Planung, wobei sich eine negative und eine positive Komponente trennen lassen. Negativ formuliert hat Odysseus aus dem Verlauf des ersten Tages im Palast erkannt, daß sein ursprünglicher Plan, die Freier zu zweit mit Schwert und Speer zu bekämpfen, von vornherein zum Scheitern verurteilt wäre. Er läßt also im τ diesen Teil des Planes fallen, ohne ihn noch durch einen anderen zu ersetzen. Positiv formuliert hat der Verlauf von ϱ und σ aber auch erbracht, daß die verzweifelte Notlösung, die Freier bei der ersten Gelegenheit zu überrumpeln, obsolet geworden ist: Odysseus ist es gelungen, bis zum Abend im Palast zu bleiben, ohne von den Freiern enttarnt zu werden; er wird sich in Ruhe mit Penelope unterreden können, und dabei wird sich ihm eine andere, bessere Möglichkeit eröffnen, den Kampf gegen die Freier aufzunehmen.

Diese psychologisierende Deutung der Figurenperspektive hat als solche keine Basis im Text, da der Erzähler über die Motivation des Odysseus nichts aussagt. Doch gibt es dafür eine andere Grundlage: Das Motiv der Waffenbergung war dem Hörer aus anderen Versionen bekannt, und zwar als Teil jener List, die über die Bogenprobe zum Freiermord führte. Von dieser Warte aus konnte der Hörer die Planung im π nur so deuten, daß Odysseus eine Version des Freiermordes plane, in der *ceteris paribus* die Bogenprobe fehlt, da er keine Gelegenheit sehe, sie zu initiieren. Im τ hat sich die Situation geändert: Die im ϱ angekündigte Begegnung zwischen Odysseus und Penelope steht unmittelbar bevor, Penelopes Auftritt vor den Freiern hat bereits ein Einverständnis zwischen den Gatten signalisiert. Wenn Odysseus in dieser Lage seinen Plan dahingehend abändert, daß der Kampf mit Schwert und Speer aufgegeben wird, so kann der Hörer das nur als Signal dafür werten, daß das Motiv der Waffenbergung seiner ‚natürlichen‘ Funktion näherkommt; seine Erwartung muß damit noch stärker darauf festgelegt werden, daß im Gespräch zwischen den Gatten die Bogenprobe als die einzig sinnvolle Ergänzung der Waffenbergung beschlossen wird. Diese Funktion der Abänderung des Planes gegenüber dem π präsentiert sich dem Hörer nicht als Absicht der Figur Odysseus, sondern als eine ‚Absicht‘ der Handlung, die durch Übereinstimmungen und Differenzen zum Handlungsablauf anderer Versionen suggeriert ist.

τ 15–30 Aussperrung der Mägde und Rechtfertigung des Bleibens des Bettlers setzen das erstmals im σ angeschlagene Motiv fort, das ‚eigentlich' in den Kontext des Freiermordes gehört (vgl. zu σ 304–45; τ 60–95).

τ 44–6 Die Bedeutung von ἐρεθίζω ist hier umstritten. Der unmittelbare Kontext läßt nicht erkennen, zu welchem Zweck Odysseus seine Frau „erzürnen" oder „provozieren" sollte; in der Unterredung selbst wird Odysseus nicht bewirken, daß Penelope „erzürnt", „provoziert" wird, sondern nur daß sie klagt und ihn genau ausfragt. Man wollte daher für ἐρεθίζω eine abgeschwächte Bedeutung anzusetzen („provoke to curiosity": LSJ; im Sinn von πειράομαι, „prod": Russo zu τ 45), oder es gar nicht auf das Gespräch zwischen den Gatten beziehen (Thornton 1970, 84–7). Russo und Rutherford verweisen darauf, daß der Vorgang des ἐρεθίζειν als Teil des πεῖρα-Schemas aufzufassen sei, gehen dem Gedanken aber nicht weiter nach. Daß das Erzürnen, das Erregen von Emotionen, als notwendiger Bestandteil der πεῖρα, immer in enger Verbindung mit dem Erkennungsvorgang, gefaßt ist, zeigen etliche Beispiele der Odyssee: Mit dem ἐρεθίζειν testet der noch Unerkannte die Reaktion des zu Überprüfenden und provoziert eine emotionale Reaktion; aufgrund dieser Reaktion entscheidet er nicht nur, wie er sein jeweiliges Gegenüber einordnen und behandeln soll, sondern auch, ob er sich zu erkennen geben soll oder nicht. Dieses Schema ist in unserer Odyssee in seiner ‚reinen' Form allerdings nicht angewendet, sondern läßt sich nur aus diversen Variationen ableiten:

Im Gespräch zwischen Athene und Odysseus im ν ist es Athene, die Odysseus zu einer emotionalen Reaktion verleiten will; sie gibt sich dann aber gerade deshalb zu erkennen, weil Odysseus nicht emotional reagiert und damit ihren ‚Test' besteht. In den Erkennungsszenen mit Telemachos sowie mit Eumaios und Philoitios fehlt das Element des ἐρεθίζειν weitgehend, da auch das πεῖρα-Element entweder unterdrückt oder von der Anagnorismos-Szene weggerückt ist. Im Umgang mit den Freiern provoziert Odysseus laufend emotionale Reaktionen; da dadurch die Freier negativ bewertet werden, kann aber natürlich kein Anagnorismos folgen. In der Unterredung zwischen Odysseus und Penelope im τ fehlt das angekündigte Element des ἐρεθίζειν fast völlig, da Odysseus, wie sich zeigen wird, die Erkennung vermeiden will. In der Anagnorismos-Szene des ψ hat es eine wichtige Funktion, allerdings in der unerwarteten Form, daß nicht Odysseus seine Frau reizt, sondern sie ihn: Auf die Nachricht, daß sein Bett aus dem Schlafzimmer entfernt sei, reagiert er spontan und emotional, worauf ihn Penelope als ihren Gatten anerkennt. Das ἐρεθίζειν steht schließlich im Zentrum der Anagnorismos-Szene zwischen Odysseus und Laertes im ω, wo viel gerätselt wurde, warum Odysseus seinen alten Vater so sehr quäle, obwohl die Situation dies doch gar nicht erfordere. Auch hier gibt sich

Odysseus erst aufgrund der starken emotionalen Reaktion des Laertes zu erkennen.

Vor diesem Hintergrund bekommt die Ankündigung des Odysseus, daß er in der abendlichen Unterredung Penelope und die Mägde „reizen" wolle, ein besonderes Gewicht. Es wird damit nahegelegt, daß er die Mägde auf ihre Gesinnung testen wolle, womit nicht die Absicht des Anagnorismos verbunden ist: Der Test richtet sich von vornherein nur an die untreuen Mägde, kann also nur negativ enden; trotzdem ist bezeichnend, daß die einzige treue Magd, die an der folgenden Szene beteiligt ist, von Odysseus unbeabsichtigt sehr wohl zu ‚ihrer' emotionalen Reaktion und ‚ihrem' Anagnorismos gelangt. Was Penelope betrifft, kann der Hörer die Ankündigung nur so fassen, daß Odysseus die πεῖρα bis zur logischen Konsequenz des Anagnorismos vorantreiben wird. Das Signal legt also die Erwartung auf eine Anagnorismos-Szene fest, und der Hörer wird damit bewußt in die Irre geführt: Im ersten Teil des Gesprächs zwischen Odysseus und Penelope wird die Annäherung so weit vorangetrieben, bis der Anagnorismos fast erfolgt und erst im letzten Moment abgewendet wird. Die Verwendung von ἐρεθίζω in der Ankündigung des Gesprächs soll somit den Hörer bereits auf jenes Erkennungsschema einstimmen.

τ 60–95 Die zweite Auseinandersetzung zwischen Odysseus und Melantho thematisiert nochmals (vgl. zu σ 328–9; τ 15–30), daß der Bettler am Abend das Haus nicht verlassen hat, und markiert damit das Verbleiben im Haus als auffällig. Das ließe sich als Zeichen dafür werten, daß andere Versionen ein solches Übernachten des Bettlers im eigenen Haus nicht kannten. In unserer Odyssee ist, wie wir gesehen haben, diese Nacht mit der Verschiebung des Freiermordes auf den nächsten Tag gekoppelt. Die auffällige Verschiebung bedingt und ermöglicht also auch den auffälligen Aufenthalt des Bettlers über die Nacht.

τ 85–8 Für den Hinweis auf Apollon verweist Stanford auf die Funktion des Apollon κουροτρόφος; Rutherford fragt als einziger Kommentator nach seiner Funktion und schreibt: „There may also be some anticipation of the imminent feast-day of Apollo, on which the slaughter will take place, executed with Apollo's weapon, the bow." So sehr die Verbindung einleuchtet, so wenig befriedigt die Erklärung durch den vagen Begriff „anticipation". Schlagend ist deshalb gerade für die Deutung dieser Stelle die Erklärung von Hölscher (1988, 257; vgl. zu ξ 161–4): Telemachos werde dadurch erwachsen, daß er am Festtag des Apollon κουροτρόφος dazu erklärt werde; es handle sich um das Fest, das am nächsten Tag stattfinde, dem Tag des Mondwechsels, für den Odysseus gleich darauf seine Rückkehr voraussage; Odysseus spiele also mit dem Hinweis auf Apollon darauf an, daß Telemachos am nächsten Tag in den Stand der Männer erhoben werde.

Dieser in sich stimmige Zusammenhang ist nun allerdings nirgends im Text ausdrücklich formuliert. Setzt man beim Hörer nur die Kenntnis kultischer Zusammenhänge voraus, so könnte der vage Verweis auf Apollon in diesem Kontext entweder bedeuten, daß Telemachos bereits erwachsen sei oder daß seine ‚Mannwerdung' unmittelbar bevorstehe, ohne daß ein Termin kenntlich würde. Für den Hörer wäre es also nicht möglich, einen Zusammenhang zwischen dem Hinweis auf die Funktion Apollons und der Terminangabe herzustellen, die Odysseus vor Eumaios gemacht hat (ξ 161–4) und im Gespräch mit Penelope wiederholen wird (τ 306–7). Dieser Zusammenhang leuchtet durch die verstreuten Hinweise nur dann durch, wenn er dem Hörer bereits aus Versionen vertraut war, in denen er ausdrücklich als handlungsbestimmend dargestellt war. Will man also der Interpretation Hölschers, ohne die der Hinweis auf Apollon ja ins Leere zielt, folgen, so muß man die in unserer Odyssee verstreuten Angaben zu diesem Motiv durchgängig als Zitate auffassen, die auf einen Zusammenhang verweisen, der für unsere Odyssee eben nicht (mehr) handlungsbestimmend ist, sondern durch komplexere Motivik ersetzt ist: Telemachs Mannwerdung ist hier kein einfaches Handlungsmotiv, das als punktuelle Terminangabe auftritt, sondern ein psychologischer Prozeß, der durch Telemachs Aktionen zum Ausdruck kommt; der letzte Schritt zur Vollwertigkeit des Jünglings erfolgt hier nicht durch einen kultischen Akt, sondern durch seine Mithilfe am Freiermord, der zeitgleich mit diesem Kultakt abläuft.

τ 107–29   Penelope wiederholt in ihrer Antwort die Aussage, die sie schon gegenüber Eurymachos gemacht hat (τ 124–9 = σ 251–6), welcher jedoch nicht vom ihrem κλέος, sondern vor allem von ihrer äußeren Erscheinung gesprochen hat (σ 249). Hier stimmen Rede und Gegenrede exakt überein: Odysseus sagt, daß Penelopes κλέος (bereits) bis zum Himmel reiche; Penelope entgegnet, daß ihr κλέος (noch) größer würde, wenn Odysseus zurückkäme. Das entspricht dem Gang der traditionellen Odyssee-Handlung, wonach Penelope ihren Platz in der Geschichte schon durch den Widerstand gegen die Freier hat, ihre Funktion als Hauptfigur aber erst dadurch erfüllt, daß sie gemeinsam mit Odysseus bis zum *happy ending* gelangt; der Wortwechsel erfüllt auch seine Funktion im πεῖρα-Schema, da Penelopes Antwort ihre Treue zu Odysseus bestätigt. Man ist aber versucht, dem Dialog eine zusätzliche, metatextuelle Bedeutung abzulesen: Wenn Odysseus Penelope ein bereits bestehendes κλέος bestätigt, so kann das der Hörer auch auf jene Penelope-Gestalt beziehen, die ihm schon bekannt ist, nämlich die Penelope der Odysseus-Geschichte schlechthin bzw. ihre traditionelle Funktion in dieser Geschichte; κλέος bedeutet den Ruhm, der durch epische Geschichten verbreitet wird, und diese Geschichten selbst; Penelopes κλέος s i n d die Geschichten, die es über sie gibt. Mit Penelopes ‚Korrektur' würde dann ausgedrückt, daß die Geschichte in dieser Version noch nicht an ihr Ende gelangt ist, daß dieses κλέος erst fertigerzählt werden muß. Damit ist auch gesagt, daß das κλέος, das diese Odyssee darstellt, die κλέα aller anderen Versionen überragt; diese Odyssee verschafft Penelope mehr κλέος als alle vorangegangenen Versionen.

τ 130–3 Zu den Angaben zur Herkunft der Freier vgl. zu α 245–7.

τ 134–5 Die Verse erinnern an die Aussage des Eumaios, daß Penelope alle Fremden nach dem Verbleib des Odysseus ausfrage und von allen belogen werde (vgl. zu ξ 122–30), wobei die „vielen Fremden" dort wohl die vielen Versionen widerspiegeln, in denen jeweils der eine Fremde, Odysseus, vor Penelope tritt. Analog dazu könnte man hier vermuten, daß die drei ‚Berufsgruppen', die Penelope aufzählt, nicht nur jene Personen charakterisieren, mit denen sie in der von unserer Odyssee fingierten Vergangenheit konfrontiert wurde (vgl. Jones 1992), sondern auch jene, in deren Gestalt Odysseus in anderen Versionen vor Penelope auftreten konnte. Genannt wären damit alternative Rollen zum Bettler Odysseus; für unsere Odyssee ist dabei auffällig (und wurde von analytischer Seite moniert), daß Odysseus bald wie ein rechtloser Bettler, bald wie ein ξεῖνος mit Anspruch auf Gastrecht behandelt wird. Auch dies stellt wohl eine Kombination von ursprünglich alternativen Varianten dar.

τ 137–61 Penelopes Darstellung der Weblist stimmt bis auf winzige durch die Figurenperspektive bedingte Abweichungen mit der Version des Antinoos im β und der des Amphimedon im ω wörtlich überein (vgl. zu β 93–110). Obwohl auch hier die Folgen der Aufdeckung nur ganz vage formuliert sind, verrät der Kontext hier am deutlichsten, daß die erzwungene Fertigstellung des Leichengewands nach der Konstellation unserer Odyssee keine unmittelbaren Konsequenzen gezeitigt hat: Die Aufdeckung der Weblist gehört schon zu Beginn der Handlung zur Vergangenheit; seitdem ist ein beträchtlicher Zeitraum verstrichen, ohne daß die Freier auf Penelope direkten Druck ausgeübt hätten; daß die Freier erst als Reaktion auf die Weblist das Haus besetzt hätten, ist gerade durch Penelopes Wortlaut ausgeschlossen, wonach die Weblist ihrerseits eine Reaktion auf den Druck der Freier darstellt. Konsequenterweise nennt Penelope die Aufdeckung auch nur als einen von drei Gründen, die ihre Wiedervermählung unumgänglich machen: Neben den Druck der Freier tritt noch das Drängen der Eltern und die Ungeduld des Telemachos, bedingt durch seine Mannwerdung.

τ 172–202 Die Version der fiktiven Biographie, die Odysseus vor Penelope gibt, ist von allen Trugerzählungen am stärksten ‚historisch' stilisiert, fingiert also am genauesten einen historischen Kontext für das Zusammentreffen zwischen dem ‚Bettler' und Odysseus und bereitet damit vor, daß sie einer Überprüfung der Daten durch Penelope standhalten muß. In dieser Version scheint der von der Tradition vorgegebene Aufenthalt der Griechen in Aulis (vgl. Kullmann 1960, 262f.) ausgeblendet: Odysseus wird auf der Fahrt nach Troia (187 ἱέμενον Τροίηνδε) bei Malea abgetrieben, Idomeneus ist bei dessen Eintreffen auf Kreta schon auf dem Weg nach Troia (193 οἰχομένῳ ... Ἴλιον εἴσω). Doch hat die ‚Auslassung' Funktion: Nur wenn die lange Verzögerung der Abfahrt in Aulis ausgeblendet bleibt, kann der Bettler seine erfundene Begegnung mit Odysseus so stilisieren, daß sie Eindruck auf Penelope macht: Er wird so gewissermaßen zum letzten Menschen, der Odysseus gesehen hat, bevor er endgültig nach Troia abfuhr.

τ 203   Zur Übereinstimmung des Verses mit Hes. Theog. 27f., ἴδμεν ψεύδεα πολλὰ λέγειν ἐτύμοισιν ὁμοῖα,/ ἴδμεν, εὖτ' ἐθέλωμεν, ἀληθέα γηρύσασθαι, bemerkt Rutherford: „What matters for the Odyssey is that the hero's persuasive falsehoods associate him with the art of the poet." Damit thematisiert der Erzähler auch, daß es zu jeder Geschichte beliebig viele Alternativversionen gibt, die jeweils in sich plausibel sein können (vgl. Maronitis 1983, 288 Anm. 8).

τ 204–12   Penelopes Reaktion auf die Trugerzählung und die Gegenreaktion des Odysseus lassen die πεῖρα-Funktion des zugrundegelegten Szenentypus deutlich hervortreten (vgl. zu τ 44–6): Penelopes Weinen ist genau jene starke emotionale Äußerung, die die Gesinnung der ‚Überprüften' verraten soll, wie es im negativen Sinn die Schemelwürfe des Antinoos und des Eurymachos sind. Geht man vom Schema des Grundmotivs aus, so wäre die angemessene Reaktion des Odysseus auf Penelopes Sinnesäußerung die Auslösung des Anagnorismos. Berücksichtigt man aber die charakteristischen Erzählschemata der Odyssee, so ist die Zurückhaltung des Odysseus hier noch nicht automatisch als Signal dafür zu werten, daß das einfache Grundschema (Provokation – emotionale Reaktion – Anagnorismos) für diese Szene endgültig suspendiert ist: Entsprechend der Tendenz zur logischen Aufspaltung komplexer Motivzusammenhänge setzt zunächst, nachdem die Reaktion des Odysseus nur als zurückhaltend charakterisiert wurde, eine Gegenbewegung ein: Nachdem Odysseus Penelope getestet hat, testet Penelope den Bettler auf seine Glaubwürdigkeit; erst nachdem sozusagen Gleichstand zwischen den ‚Testpartnern' hergestellt ist, spricht Penelope unmißverständlich das aus, was die Provokation durch Odysseus bezweckt hat, nämlich daß sie ihren Mann für tot hält; erst nachdem die Reaktion der Penelope derart vervollständigt ist, schreitet Odysseus dem Anagnorismosschema entsprechend weiter voran, indem er jetzt Angaben macht, die unmißverständlich seine baldige Ankunft verraten; als Reaktion darauf akzeptiert Penelope den Bettler — zwar nicht als ihren Mann, aber als ξεῖνος und als Mensch. Überblickt man die gesamte Szene bis zur Fußwaschung, so ist das zugrundegelegte Anagnorismos-Schema also durchaus eingehalten; das πεῖρα-Element ist aber verdoppelt, und die Erkennung ist dadurch verhindert, daß Odysseus nicht offen seine Identität preisgibt, sondern nur verhüllt seine Anwesenheit verrät, wodurch der Anagnorismos auf eine symbolische Ebene verlagert ist. Mit der Fußwaschungsszene schwenkt dann die Handlung auf einer bestimmten Ebene in ein neues Schema über, nämlich das des ungewollt herbeigeführten Anagnorismos.

τ 215–57 Die Passage, in der Penelope den ξεῖνος nach Beweisen für seine Zusammenkunft mit Odysseus befragt, wurde von Maronitis (1983) eingehend besprochen. Maronitis arbeitet heraus, daß die Szene exakt jenem Typus entspricht, wonach der Held Erkennungszeichen für seine eigene Identität anbietet, daß sie somit an die Stelle einer Anagnorismos-Szene tritt; das direkte Erfragen von σήματα findet sich nur hier, nicht im ψ, wo Penelope das Zeichen des Bettes aus Odysseus im Rahmen einer πεῖρα herauslockt (das ‚typische' Schema enthält die Laertesszene im ω).

Maronitis sieht in der Passage zwei Iliaszitate versteckt: Die Beschreibung der Wirkung des Odysseus (bzw. seiner Goldspange und des χιτών) auf die kretischen Frauen sei inspiriert durch die Szene im Γ, wo Helenas Auftritt die gleiche Wirkung auf die Greise von Troia ausübt; und die Nennung des κῆρυξ Eurybates zitiere dessen Nennung in B 183f., auch dort in Verbindung mit einer χλαῖνα. Was den Helena-Auftritt betrifft, so ist die Ähnlichkeit der beiden Szenen wohl zu vage, um von Zitatwirkung sprechen zu können, vor allem wenn man die sonst übliche Funktion des Zitats in der Odyssee bedenkt. Dabei soll nicht bestritten werden, daß die Beschreibung der Wirkung des Odysseus auf die kretischen Frauen in Methode und Wirkung der Helena-Szene des Γ sehr nahe kommt. Doch ist mit der Bestaunung der χλαῖνα durch die kretischen Frauen eher ein Lob Penelopes durch Odysseus intendiert: Die χλαῖνα stammt von Penelopes Hand; das Staunen der Frauen richtet sich weniger auf den Besitzer des Gewands als auf die Kunstfertigkeit der Herstellung. Odysseus macht damit Penelope das Kompliment, daß keine andere Frau sie an τέχνη übertreffe.

Was hingegen die Figur des Eurybates betrifft, scheint es schwer, den Bezug auf die Ilias auszuschließen. Man könnte zwar argumentieren, daß es sich um einen konventionellen Heroldsnamen handle, und daß gerade die Ilias dies belege: Dort taucht einmal ein Eurybates als Herold des Agamemnon auf (A 320), einmal der ausdrücklich als Ithakesier bezeichnete Herold des Odysseus (B 183–4), und einmal ein nicht näher definierter Herold Eurybates, den Agamemnon mit jener Bittgesandtschaft zu Achilleus mitschickt, an der auch Odysseus teilnimmt (I 170, vgl. Hainsworth *ad loc.*).

Plausibler ist aber eine andere Erklärung: Eurybates wird bei seiner ersten Erwähnung in der Ilias ausdrücklich als θεράπων des Agamemnon bezeichnet, und zwar gemeinsam mit Talthybios, der an fünf weiteren Stellen der Ilias in dieser Funktion auftaucht und sichtlich Agamemnons ‚Hauptherold' abgibt. Bei der nächsten Erwähnung eines Eurybates suggeriert der genaue Wortlaut, vor allem die Reihenfolge der einzelnen Angaben, daß seine Definition als Herold des Odysseus spontan aus den Bedürfnissen des unmittelbaren Zusammenhangs geboren ist: Nachdem Odysseus Athenes Aufruf, die Flucht der Griechen zu stoppen, registriert hat, heißt es:

βῆ δὲ θέειν, ἀπὸ δὲ χλαῖναν βάλε· τὴν δ' ἐκόμισσε
κῆρυξ Εὐρυβάτης Ἰθακήσιος, ὅς οἱ ὀπήδει.　　　　(B 183f.)

Odysseus schickt sich an zu laufen, wirft als Zeichen seiner Hast die χλαῖνα ab; diese [fällt nicht achtlos zu Boden, sondern] wird aufgehoben, und zwar von einem Herold; dieser trägt den Namen Eurybates; doch handelt es sich [nicht um den bereits erwähnten Diener des Agamemnon, sondern] um einen Ithakesier, und er ist Gefolgsmann des Odysseus (das Verbum ὀπήδει bezeichnet dieselbe Funktion wie der Begriff θεράπων in A 320).

Wenn man den Text so liest, kann man sich des Eindrucks kaum erwehren, daß die zusätzlichen Angaben zu Eurybates hier vor allem die Funktion haben, ihn vom homonymen Herold des Agamemnon zu unterscheiden, was impliziert, daß die Ilias ihn nicht als traditionelle Figur behandelt. Wenn nun in der Odyssee ein Eurybates als Herold des Odysseus genannt wird, so gibt es, da diese Figur sonst in der Odyssee nie auftaucht, also auch kaum in der Odyssee-Tradition verankert war, nur zwei mögliche Erklärungen: Entweder der Name ist als typischer Heroldsname gewählt, und die Übereinstimmung mit der Iliasstelle beruht auf Zufall; dies würde der Auffassung entsprechen, daß die Odyssee sich üblicherweise nicht punktuell auf einzelne Stellen der Ilias bezieht, sondern dort, wo Zitatwirkung feststellbar ist, jeweils nur den Typus der zitierten Stelle evoziert; in diesem Fall wäre damit dann eben kein Zitat der Ilias intendiert. Die andere Möglichkeit würde hingegen implizieren, daß die Odyssee sich sehr wohl auf jenen Herold bezieht, der in der Ilias als Herold des Odysseus genannt ist. Damit wäre aber, da ja die Bezeichnung des Herolds im B sichtlich punktuell für die individuelle Situation geprägt ist, auch der Bezug auf diese punktuelle Stelle mitgegeben.

Überblickt man nun den Duktus der gesamten Rede des Odysseus, so scheint offenkundig, daß alle darin aufgeführten Beweisstücke kaum traditionell mit der Figur des Odysseus verbunden sein konnten. Sowohl Goldspange (vgl. zu τ 226–31) wie χιτών zielen symbolisch auf das Verhältnis zwischen Odysseus und Penelope ab, sind also wohl exakt für diesen Gesprächszusammenhang konzipiert. Auch die Beschreibung des Eurybates zeichnet eine so betont individuelle Erscheinung, daß man nicht glauben möchte, daß sie aus der Tradition übernommen wäre. In der langen Reihe von σήματα steht der Name des Eurybates ganz am Ende und erweck schon damit den Eindruck, daß der Erzähler (nicht die Figur Odysseus) ihn sich als Schlußpointe aufgespart hat. Für die Beweiskraft der σήματα auf der Figurenebene bildet der Name ja fast eine Antiklimax: Den Namen des Herolds des berühmten Odysseus könnte der Bettler noch am ehesten auf anderem Weg in Erfahrung gebracht haben; die exakte Beschreibung von Spange, χιτών und Aussehen des Herolds kann Penelope viel eher von seiner Glaubwürdigkeit überzeugen. Für den Hörer stellt sich das Verhältnis jedoch genau umgekehrt dar: Spange, Kleid und Aussehen des Herolds sind für ihn als Erkennungszeichen nicht überprüfbar, da sie sichtlich in keiner Tradition stehen; ihr Wert als σήματα wird für ihn erst aus Penelopes Reaktion ablesbar. Anders ist es mit dem Namen des Eurybates: Dieser ist für die Hörer überprüfbar, allerdings nur für jene Hörer, die die einzige Stelle der Ilias (und damit, wie wir vermuten, die einzige ‚Stelle' der gesamten epischen Tradition) im Ohr hat, an der Eurybates als Herold des Odysseus genannt ist. Der vom Bettler genannte Name des Herolds erhält dann besondere Beweiskraft dadurch, daß genau auf jene Figur verwiesen ist, von der die Tradition nichts weiß, von der also nur ein ‚Kenner' wissen kann. Die Pointe des Verweises liegt also darin, daß die spezifische Beweiskraft des Namens an den Figuren vorbei direkt auf den Hörer zielt; der intertextuelle Bezug hat keine Funktion auf der Figurenebene (pointiert gesagt „kann Penelope nicht die Ilias auswendig": Maronitis 1983, 283), sondern wirkt nur als Pointe auf der Textebene. Es läßt sich kaum bestreiten, daß die Nennung des Eurybates im Kontext des τ mit der Annahme dieses raffinierten Zitats mehr Funktion erhält als ohne sie; die gesamte Rede des Odysseus erhält durch dieses Spiel mit der Tradition und mit den Textebenen einen dezidiert metatextuellen Charakter.

Als Konsequenz aus dieser Deutung ergibt sich, daß die Odyssee zumindest an dieser Stelle von einem fixierten Text der Ilias ausgeht und ihn voraussetzt, da sich dieses winzige Detail einer Information kaum erhalten konnte, solange der Text der Ilias keine feste Gestalt angenommen hatte. Doch steht auch hier nicht der Wortlaut der Formulierung im Vordergrund, sondern ihr Inhalt *qua* Informationsgehalt der zitierten ‚Geschichte' („Eurybates aus Ithaka war Gefolgsmann des Odysseus"). Die Stelle erfüllt damit alle Voraussetzungen, um als Zitat im vollwertigen Sinn erachtet zu werden: Die zitierte Stelle in der Ilias erweist sich als für ihren individuellen Kontext geschaffen, und die Odysseestelle gewinnt durch die Annahme des Zitats eine zusätzliche Bedeutungsebene. Wenn man dieses Zusammentreffen nicht als Zufall erklären will, ist man gezwungen, das Zitat aus der Ilias, und zwar aus dem Text der uns erhaltenen Ilias, anzuerkennen.

τ 226–31 Die bildliche Darstellung auf der Spange fügt sich in die Motivreihe ‚Hund/Tod' in Anagnorismos-Szenen (vgl. zu ξ 29–38), wenn auch nur indirekt: Der Hund auf der Spange ist nicht derjenige, der (nicht) erkennt, sondern bewirkt nur, daß der Besitzer des Artefakts erkannt wird. Die Darstellung auf der Spange enthält aber eine weitere Bedeutungsebene: Der die Beute jagende/ergreifende Hund ist als erotisches Symbol belegt (Felson-Rubin 1994, 58); die Spange wurde Odysseus von Penelope beim Abschied als ἄγαλμα übergeben (256–7), symbolisiert also die erotische Verbundenheit der Ehepartner; mit der Beschreibung der Darstellung erinnert der Bettler Penelope an diese erotische Beziehung, und diese Erinnerung trägt dazu bei, Penelope und den Fremden einander näher zu bringen.

τ 253–4 Penelope stellt zwei Konzepte einander gegenüber: Der Fremde war für sie zuvor ein ἐλεεινός, hatte also den Status eines ἱκέτης, der jedem Bettler zukommt, womit aber nur ein ‚Anrecht' auf Almosen verbunden ist; jetzt hingegen, da er sich als ξεῖνος des Odysseus erwiesen hat, will sie ihn als αἰδοῖος und φίλος behandeln, d.h. eben als ξεῖνος, womit ein ‚Anrecht' auf vollwertige Aufnahme im Haus und auf Geschenke einhergeht. Im weiteren Handlungsverlauf wird dieser Wandel in der Konzeption allerdings keine Konsequenzen haben: Penelope bietet Odysseus zwar ein Lager an, er lehnt es aber ab; am nächsten Tag wird er von den Freiern weiter wie ein Bettler behandelt; wenn er von Penelope und Telemachos als ξεῖνος, oder sogar ausdrücklich als ξεῖνος des Telemachos bezeichnet wird (φ 313), so nur, um ihn vor der Aggression der Freier zu schützen; als ξεῖνος bezeichnet wurde Odysseus aber schon ab dem ξ, auch von den Freiern. Diese Ambivalenz verweist auf die Vermischung zweier Konzepte, die vielleicht ‚ursprünglich' separat verwendet waren: Odysseus spielt in seinem Haus entweder die Rolle eines ‚echten' Bettlers, der gegenüber den Freiern keinerlei Schutz in Anspruch nehmen kann und ihren Mißhandlungen ausgesetzt ist; oder er ist von vornherein als vollwertiger ξεῖνος deklariert, so wie Theoklymenos, der, wiewohl dies nicht durch alte ξενία verbürgt ist, unter den Freiern einen höheren Status genießt als der Bettler Odysseus. Unsere Odyssee vermischt die zwei Konzepte miteinander, um je nach Situation die eine oder die andere Komponente stärker hervortreten zu lassen.

τ 265–7 Der Vergleich zwischen Odysseus und anderen Ehemännern bezeichnet exakt den Unterschied zwischen der ‚traditionellen' Odysseusfigur und dem Odysseus unserer Odyssee: Penelopes Verhältnis zu Odysseus muß in jeder Fassung der Geschichte davon bestimmt sein, daß sie um ihn trauert, da er nun einmal ihr angetrauter Ehemann ist und sie ihm in ehelicher Verbindung (φιλότητι μιγεῖσα) einen Sohn geboren hat, da dies die unabänderlichen Grundfakten des Mythos sind. In unserer Version geht Penelopes Sehnsucht aber weit darüber hinaus: Hier ist Odysseus auch ein Held, der um seiner selbst willen begehrenswert ist; auch Penelopes Sehnsucht ist daher größer als die um einen ‚gewöhnlichen' Ehemann.

τ 269–99 Die Version von der Heimkehr des Odysseus, die der Bettler Penelope erzählt, illustriert das Prinzip des ψεύδεα λέγειν ἐτύμοισιν ὁμοῖα: Kombiniert sind zwei Versionen der Irrfahrten, von denen die eine mit der vom Erzähler als ‚wahr' beglaubigten Version unserer Odyssee, die andere mit jener Trugerzählung übereinstimmt, die der Bettler bereits Eumaios gegeben hat. Kombiniert sind also Elemente der Märchenwelt-Erzählungen (Thrinakia, Phaiaken) mit dem realistisch anmutenden Aufenthalt bei den Thesprotern. Dabei fällt auf, daß innerhalb des ohnehin sehr schmal gewählten Ausschnitts aus den ‚wahren' Abenteuern eine Station übersprungen ist: Odysseus gelangt in dieser Version ohne den Umweg über Kalypso direkt von Thrinakia nach Scheria. Der Grund für diese Auslassung ist nicht, daß Odysseus seiner Gattin das Detail seiner Verbindung mit der Göttin ersparen möchte (*contra* Stanford zu τ 270ff.; in der Anakephalaiosis wird Odysseus sehr wohl davon erzählen, ψ 333–7), sondern daß erst so innerhalb der Irrfahrten-Chronologie ein Zeitraum frei wird, der mit den alternativen Irrfahrten aufgefüllt werden kann. Erst so kann der Bettler behaupten, daß Odysseus nach seiner Abreise von den Phaiaken „schon längst" zu Hause wäre, wenn er nicht beschlossen hätte, durch die Welt zu wandern und Schätze zu sammeln. Die beiden Versionen sind damit hintereinandergereiht: Odysseus hat zuerst gemeinsam mit den Gefährten die Abenteuer in der Märchenwelt erlebt und ist danach allein auf Wanderschaft durch die ‚reale' Welt gegangen.

Damit sind auch auf einer anderen Ebene zwei Konzepte miteinander kombiniert: Nach der ‚wahren' Version ist Odysseus darauf bedacht, sich und die Gefährten möglichst heil und rasch nach Hause zu retten, und sieht in jedem Aufenthalt eine unliebsame Verzögerung der Heimreise; nach der ‚falschen' Version verlängert Odysseus seine Abwesenheit von zu Hause absichtlich immer weiter, und als Motiv dafür wird ausdrücklich angeführt, daß dieser Weg ihm als κέρδιον erscheine; als herausragende Eigenschaft des Odysseus wird überhaupt sein Sinn für κέρδος genannt. Damit wird unmißverständlich auf die Rolle des Odysseus in alternativen Versionen angespielt, in denen er sich weniger durch μῆτις und τλημοσύνη auszeichnete als durch δόλος und κέρδος. Daß die beiden Konzepte eigentlich in Konkurrenz zueinander stehen, ist in der Rede des Bettlers dadurch verwischt, daß für die angeführten Märchenstationen der Charakter des passiven Getriebenseins nicht hervorgehoben ist. Die Kombination der alternativen Versionen macht trotzdem sinnfällig, daß es sich eben um Alternativen handelt: Odysseus kann nur entweder viele Jahre bei Kalypso ‚gefangen' sein oder aktiv durch die Welt wandern; er kann nach der Logik der Geschichte nur entweder von den Phaiaken ohne viel eigenes Zutun reich beschenkt werden oder von Land zu Land ziehen, um Schätze zu sammeln. Stellt man die jeweiligen Alternativen einander gegenüber, so sieht man, daß es sich bei den ‚wahren' Versionen unserer Odyssee, so gut sie auch jeweils motiviert sind, nur um Ersatzmotive handelt: Der Aufenthalt bei Kalypso dient dazu, die in der Geschichte vorgegebenen zehn Jahre aufzufüllen; die Beschenkung durch die Phaiaken verhindert, daß Odysseus mittellos auf Ithaka eintrifft und damit seinem ‚traditionellen' Wesen nicht mehr gerecht wird. Es ist kein Zufall, daß der Erzähler Odysseus ausgerechnet diese Details nebeneinanderstellt: Kaum irgendwo in unserer Odyssee wird das Prinzip der Alternativversionen stärker thematisiert.

τ 300–7 Die Ankündigung der baldigen Ankunft des Odysseus wiederholt wörtlich die entsprechende Ankündigung gegenüber Eumaios (τ 303–8 = ξ 158–62; vgl. zu ξ 161–4). Kombiniert man dies mit dem Wissen um das Apollonfest, das am folgenden Tag, dem Tag des Freiermordes stattfindet, so verkündet der Bettler Penelope damit: „Bis morgen wird Odysseus eintreffen". Für den Hörer kann sich diese Erkenntnis jedoch nur im Rückblick einstellen: Abgesehen von der umstrittenen Bedeutung von λυκάβας (für die Aussage des Odysseus böte sich am ehesten die Bedeutung „Mondjahr" an; τοῦδ' αὐτοῦ λυκάβαντος hieße dann „noch innerhalb des laufenden Mondjahres", der Zusatz zum kommenden Mondwechsel würde diese Angabe für den Hörer weiter präzisieren), gibt es auch an dieser Stelle noch keinen Hinweis darauf, wann innerhalb der Handlung der nächste Mondwechsel eintreten wird. Die Prophezeiung des Bettlers enthält also die präzise Terminangabe zwar auf der Figurenebene (*contra* Schwinge 1993, 81 Anm. 85); der Hörer kann dies aber nicht nachvollziehen, da ihm im Gegensatz zu den Figuren die Orientierung am handlungsinternen Mondkalender fehlt. Im Zentrum der Interpretation sollte daher nicht die Frage stehen, warum die Figur Odysseus den Termin nicht präziser formuliert (warum er also nicht unverblümt sagt: „Morgen wird Odysseus kommen"), und auch nicht, ob und in welcher Weise die Figur Penelope den Hinweis versteht (nach Eisenberger 1973, 263, kleidet Odysseus die Wahrheit in orakelhaften Ton, damit Penelope keinen Verdacht schöpfe, woher er sein Wissen beziehe; nach Olson 1995, 157, versucht Odysseus, Penelope durch die Ankündigung seiner baldigen Rückkehr von einer vorzeitigen Hochzeit abzuhalten). Was es zu klären gilt, ist vielmehr die Funktion der Diskrepanz zwischen dem Wissen der Figuren und dem der Hörer.

Geht man davon aus, daß die Ankunft des Odysseus zum Jahreswechsel, und zwar zu jenem Termin, der das Erreichen der Mannbarkeit des Telemachos und Penelopes Wiederverheiratung am Apollonfest bezeichnet, bereits in der Erzähltradition verankert war, so mußte der Hörer die Terminangabe des Bettlers, und zwar sowohl die vor Eumaios im ξ als auch die vor Penelope im τ, als Zitat der bekannten Konstellation auffassen. An der ersten Stelle, im ξ, konnte er damit rechnen, daß die Erfüllung des Ter-

mins noch einige Tage auf sich warten lassen muß: Vorbedingung für das
‚Erscheinen' des Odysseus war Telemachs Rückkehr aus Sparta. Die Zeitangabe enthielt für den Hörer also nur die Information, daß der Freiermord
noch innerhalb des laufenden Monats erfolgen werde. Im τ, im Gespräch
zwischen Penelope und Odysseus, hat sich die Situation insofern geändert,
als der Freiermord sich nicht mehr beliebig lange hinauszögern läßt: Odysseus kann als Bettler nicht länger unter den Freiern verweilen, ohne Verdacht zu erregen; auch die Annäherung zwischen den Ehepartnern signalisiert dem Hörer, daß Odysseus nicht mehr lange unerkannt bleiben kann.
Aufgrund dieser Zuspitzung der Situation kann der Hörer erwarten, daß
der Anagnorismos zwischen Odysseus und Penelope und damit Bogenprobe und Freiermord unmittelbar bevorstehen; für den Freiermord bietet sich
nach den Hinweisen im ρ und σ, daß der Freiermord für diesen Tag gerade
noch einmal aufgeschoben ist, der folgende Tag immer stärker an. Der Hörer erwartet also allmählich einen unmißverständlichen Hinweis darauf,
daß der nächste Tag tatsächlich der Tag des Freiermordes sein wird.

Genau dieser Hinweis wird dem Hörer mit der Prophezeiung des
Odysseus aber wieder vorenthalten, und man könnte sagen, daß diese Verweigerung der Information hier geradezu als Pointe erfolgt; der Text weist
den Hörer regelrecht darauf hin, daß er ihm die entscheidende Angabe
vorenthält, während die Figuren bereits im Besitz des Wissens sind: Der
Hörer weiß aufgrund seiner Kenntnis des traditionellen Motivs, daß mit
dem Verweis auf λυκάβας und Mondwechsel der präzise Termin des Freiermordes genannt ist, weiß aber nicht, wie der Mond zum Zeitpunkt des τ
steht, kann also den Termin innerhalb der Chronologie der Odysseehandlung nicht festlegen. Er wird damit regelrecht dazu aufgefordert, die Figuren zu beobachten, um aus ihren Reaktionen und Äußerungen Hinweise zu
entnehmen, die ihm dabei helfen, den Termin zu entschlüsseln.

Die Terminangabe baut also Spannung auf, vor allem in Bezug auf die
Frage, wann Odysseus sich Penelope zu erkennen geben wird oder sie ihn
erkennt. Dabei ist vorausgesetzt, daß Freiermord und Wiedererkennung
durch Penelope zeitlich nicht unmittelbar aufeinanderfolgen müssen. Die
Situation des τ suggeriert viel eher, daß Odysseus sich noch während des
Gesprächs zu erkennen gibt, während der Freiermord frühestens am nächsten Tag stattfinden kann. Die Formulierung der Terminangabe ἐλεύσεται
ἐνθάδ' Ὀδυσσεύς (τ 306) ist dabei vage genug, um zu beiden Punkten der
Handlung zu passen. Nur dadurch, daß auf der Textebene der Stand des
Mondes nicht definiert ist, wird es also überhaupt möglich, daß der Hörer
weiter im Unklaren verbleibt, ob es im Verlauf des Abends zum Anagnorismos zwischen Odysseus und Penelope kommen wird oder nicht.

Diese Erwartung wird im folgenden systematisch weiter gesteigert, bis
Eurykleia Odysseus erkennt und ihre Erkenntnis Penelope mitteilen will;

erst an diesem Punkt legt der Text endgültig fest, daß es an diesem Abend nicht mehr zum Anagnorismos durch Penelope kommen soll. Unmittelbar danach setzt Penelope die Bogenprobe für den nächsten Tag an, und Odysseus bekräftigt ihren Entschluß mit den Worten, „eher wird Odysseus nach Hause kommen, ehe die Freier die Bogenprobe bestehen" (vgl. zu τ 583–7). Erst mit dieser Angabe ist die Spannung aufgelöst und die Terminangabe auch für den Hörer präzisiert: Der angekündigte Mondwechsel fällt tatsächlich auf den nächsten Tag, für den die Bogenprobe jetzt festgelegt ist. Die Übereinstimmung der beiden Terminangaben ist durch wörtliche Wiederholung unterstrichen: Die Prophezeiung τοῦδ' αὐτοῦ λυκάβαντος ἐλεύσεται ἐνθάδ' Ὀδυσσεύς (306) ist durch die Versicherung πρὶν γάρ τοι πολύμητις ἐλεύσεται ἐνθάδ' Ὀδυσσεύς (585) wiederaufgenommen und präzisiert. Wenn mit der ersten Terminangabe, die den traditionellen Zeitpunkt der Rückkehr des Odysseus zitiert, der Hörer über die chronologische Einordnung innerhalb der Handlung unserer Odyssee noch im Unklaren gelassen wird, so entspricht dies also der Strategie des Erzählers, aus dem Vorauswissen des Hörers um die traditionelle Geschichte Spannung abzuleiten.

τ 309–16 Penelopes Reaktion auf die Prophezeiung des Bettlers ist in sich widersprüchlich: Penelope sagt, sie werde den Bettler reich belohnen, falls seine Prophezeiung sich erfüllt, behandelt ihn aber bereits jetzt gastfreundlich, obwohl sie davon überzeugt ist, daß die Voraussagungen nicht eintreffen werden, und führt ihre bescheidene Bewirtung darauf zurück, daß ihr nicht jene Möglichkeiten als Gastgeber zustünden wie dem Hausherrn Odysseus selbst. Der bereits zuvor thematisierte Konflikt zweier Konzepte (Odysseus als Bettler bzw. ξεῖνος, vgl. zu τ 253–4) wird damit gleichsam als Kompromiß erklärt: In unserer Odyssee kann der Fremde nicht als vollwertiger ξεῖνος behandelt werden, weil der Spielraum von Penelope und Telemachos wegen des Drucks der Freier beschränkt sind. Odysseus schwebt daher in einem Zustand zwischen einem ξεῖνος, als den ihn die ihm Wohlgesinnten betrachten, und einem Bettler, als den ihn *de facto* alle behandeln.

τ 313–4 Wenn Penelope die Ankündigung der baldigen Rückkehr ihres Gatten so glatt von sich weist, obwohl sie den Bettler nicht einfach als Lügner abtut, so steht im Vordergrund natürlich die Psychologie der Frau; auf der Textebene wird dem Hörer damit weiterhin jeder Hinweis auf den exakten Termin von Anagnorismos und Freiermord verwehrt, der auf der Figurenebene so ausdrücklich thematisiert wurde.

τ 317–24 Die von Penelope vorgeschlagene Behandlung würde den Bettler in den Status eines vollwertigen ξεῖνος erheben: Kleidung, Waschung, Salbung, Bettung, und nicht zuletzt der Ehrensitz neben Telemachos. Bei Befolgung dieses Vorschlags würde der Bettler nicht anders behandelt, als es Odysseus selbst als Hausherr zustünde, und man könnte formulieren, daß Penelope auf dieser Ersatzebene den Bettler bereits als ihren Mann anerkennt. Die Ablehnung durch Odysseus signalisiert damit, daß er den Anagnorismos noch weiter hinausschieben will.

τ 325–34 Penelope sieht ihre Überlegenheit über alle anderen Frauen davon abhängig, daß sie den fremden Bettler nicht vernachlässigt in der Halle sitzen läßt. Das impliziert, daß es Frauen gibt, die sich diese Nachlässigkeit gegenüber Fremden zuschulden kommen lassen. Man wird dabei kaum an andere Gestalten und Situationen des Mythos denken, sondern an Versionen der Odysseus-Geschichte, in denen es Penelope selbst ist, die den Bettler nicht so behandelt, wie es einem ξεῖνος zusteht. Die Penelope unserer Version erweist sich mit dem Zitat der Variante allen anderen Penelope-Versionen als überlegen und fügt dem noch hinzu, daß damit nur sie κλέος, also gewissermaßen die erfolgreiche Umsetzung in das Lied verdiene.

τ 343ff. In der reichen Diskussion zur Fußwaschungsszene konzentrierten sich die Interpreten vor allem auf zwei Hypothesen: Odysseus wünsche und fördere — gegen die Aussage des Textes — seine eigene Wiedererkennung; und Penelope erkenne im Verlauf der Szenenabfolge ihren Gatten doch. Für viele Analytiker war die Fußwaschungsszene ursprünglich Teil einer Odyssee, in der Odysseus seine Erkennung bewußt herbeiführte und auch von Penelope erkannt wurde; die Szene wäre im ursprünglichen Wortlaut erhalten und nur am Ende gekappt und umgebogen (Wilamowitz 1884, 49–66; Merkelbach 1969, 1–15; 94–101). Auf einer anderen Ebene bewegt sich die von Harsh (1950) initiierte psychologische Umdeutung der Szene: Danach erkenne Penelope ihren Mann nicht bewußt, nähere sich ihm aber unbewußt immer mehr an, so wie auch Odysseus emotional immer mehr auf seine Gattin zugehe, so daß am Ende des τ zwar kein Anagnorismos, aber eine innere Übereinstimmung der Ehepartner erreicht sei, die erst die gegenseitige Abstimmung ihrer Aktionen ermögliche (vgl. Russo 1982; Latacz 1992; für die Theorie, daß Penelope Odysseus tatsächlich erkenne, vgl. zuletzt Winkler 1990, 147–56, mit der Antwort von Olson 1995, 153 Anm. 30). Beide Interpretationsmodelle können hier nicht voll gewürdigt werden; der analytische Ansatz ist bei Erbse (1972, 72–97) und Siegmann (1987, 1–123) widerlegt. Während der psychologisierende Ansatz darauf abzielt, die scheinbaren logischen Widersprüche der Szene als in der Natur der menschlichen Psyche begründet zu rechtfertigen, will man heute oft die Widersprüche als solche akzeptieren und darauf zurückführen, daß der Dichter einer vorgegebenen Szenentypik mit ihren eigenen Gesetzen verpflichtet sei (vgl. Fenik 1974, 39–47; Emlyn-Jones 1984). Zuletzt hat Griffin (1987, 29–32) vorgeschlagen, daß jene Version, die die Analytiker als den ursprünglichen Kontext der Szene postulieren, dem Dichter unserer Odyssee tatsächlich bekannt gewesen sei, daß er aber bei der Erstellung unseres

Textes die konkurrierenden Varianten nicht sauber auseinandergehalten habe, da er mehr auf den punktuellen Effekt der einzelnen Motive als auf den logischen Zusammenhalt der Gesamtszene geachtet habe.

Betrachtet man die Fußwaschungsszene im Kontext des gesamten Gesprächs zwischen Odysseus und Penelope, so laufen unverkennbar Handlungsmotive nebeneinander her, die auf einer logischen Ebene einander widersprechen. Dies betrifft vor allem zwei Punkte. Zunächst deklariert der Text unmißverständlich, daß Odysseus im Verlauf des τ nicht erkannt werden will, weder von Penelope noch von Eurykleia. Dies entspricht dem Programm, das er im ν von Athene erhalten und im π an Telemachos weitergegeben hat. Im τ ist das nicht nur daran erkennbar, daß Odysseus die angenommene Rolle des Bettlers nicht aufgibt; es ist auch explizit formuliert, wenn Odysseus sich plötzlich der Narbe bewußt wird und versucht, trotzdem nicht erkannt zu werden, und wenn er Eurykleia nach der Erkennung verbietet, das Geheimnis preiszugeben. Trotz dieser eindeutigen Absicht handelt Odysseus jedoch mehrmals in einer Weise, die suggeriert, daß er in Wirklichkeit seine Enttarnung geradezu anstrebe. So werden seine Hinweise auf das unmittelbar bevorstehende Kommen des Odysseus immer stärker, so daß der Hörer bis zur Unterbrechung des Gesprächs immer mehr erwarten muß, daß Penelope ihn endlich erkennt; so bewirkt er mit der Bitte, daß ihm eine alte Dienerin die Füße waschen solle, daß ausgerechnet seine Amme, die als einzige Anwesende die Narbe mit Sicherheit erkennen kann, sich seiner annimmt. Odysseus steuert also durch einige seiner Aktionen auf eine Erkennung zu, wehrt diese aber durch andere ab.

Dieselbe Ambiguität läßt sich für Penelopes Handlungsweise beobachten. Auch hier vermerkt der Erzähler ausdrücklich, daß Penelope Odysseus nicht erkennt, da Athene ihr im entscheidenden Moment den Sinn abwendet. Andrerseits trifft sie unmittelbar nach der Fußwaschungsszene den Entschluß zur Bogenprobe, gibt also objektiv gesehen das Warten auf Odysseus auf und entscheidet sich für eine neue Ehe; viele Interpreten haben diesen Entschluß nur für den Fall als verständlich erachtet, daß sie Odysseus schon erkannt hat und darauf vertraut, daß er allein die Bogenprobe meistern kann. Wichtig ist an dieser Stelle der Handlung auch, daß Odysseus Penelope in ihrem Beschluß bekräftigt, so daß derselbe Effekt entsteht, als wenn die Ehepartner die Bogenprobe gemeinsam beschlössen.

Die Handlung steuert somit vom Beginn des τ bis zur Fußwaschung immer deutlicher auf einen Anagnorismos zu, und zwar auf eine Erkennung durch Penelope, nicht durch Eurykleia. Deutlich ist auch, daß nach Penelopes verhindertem Anagnorismos die Handlung so weiterläuft, als hätte Odysseus sich zu erkennen gegeben und plante mit Penelope das weitere Vorgehen gegen die Freier. Der Hörer wird also vor und während der Fußwaschungsszene auf eine falsche Fährte gelockt: Er soll mit immer größerer Zuversicht erwarten, daß Penelope im Verlauf der Szene Odysseus erkennt. Dabei zeichnen sich zwei unterschiedliche Arten der Erkennung ab. Während des ersten Dialogs zwischen Penelope und Odysseus steht im Vordergrund, daß der Bettler immer deutlichere Hinweise auf Odysseus gibt, so daß sich im Hörer die Erwartung auf den entscheidenden Hinweis aufbaut, der es Penelope ermöglicht, ihren Mann zu identifizieren. Wenn Penelope jedoch auch den letzten dieser Hinweise von sich weist (vgl. zu τ 312–3), signalisiert das dem Hörer, daß diese Linie, die auf eine von Odysseus willentlich ausgelöste Erkennung abzielt, ins Leere gelaufen ist und diese Erwartung nicht erfüllt wird. Das fallengelassene Motiv wird aber sofort durch ein neues ersetzt: Mit der ersten Erwähnung der Fußwaschung tritt immer stärker das Motiv der Erkennung wider Willen in den Vordergrund, das die folgende Szene dominiert. Hier folgt ein Signal auf das andere, wobei drei Motivgruppen hervorstechen: das Motiv des Risikos (Odysseus versucht die Erkennung zu vermeiden); das Motiv der Ähnlichkeit zwischen dem Bettler und Odysseus; und sprachliche Erscheinungen des Textes, die dem Hörer den Vollzug der Erkennung vortäuschen. In der Abfolge des Textes lassen sich folgende Details aufzählen:

343–8: Odysseus will sich von keiner der Dienerinnen die Füße waschen lassen und läßt nur eine alte Frau zu. Diese Entscheidung wurde seit der Antike diskutiert (vgl. Russo), da Odysseus damit eben jene Frau ,auswählt', die ihn als einzige an der Narbe erkennen kann. Man steht also vor der Wahl, ob Odysseus die Erkennung bewußt herbeiführen will (so die Analytiker, bezogen auf die ,ursprüngliche' Form der Szene), oder ob er einen Fehler begeht, den man dem „Listenreichen" nicht zutraut. Der Odysseus unserer Odyssee begeht nun durchaus Fehler (vgl. Fenik 1974, 45, wo jedoch nicht alle Beispiele überzeugen), doch steht an dieser Stelle nicht das Motiv des ,Fehlers', sondern die Vermeidung einer Gefahr im Vordergrund: Odysseus will, wie Eurykleia bestätigt (372–4), von keiner der jungen Mägde gewaschen werden, da er den Konflikt mit ihnen meidet, und wünscht sich eine alte Frau, die er (so ist impliziert) für loyal halten kann. Daß gerade diese eine neue Gefahr für ihn darstellt, ahnt er im Augenblick ebensowenig wie der Hörer. Im Moment der Entscheidung stellt Eurykleia für Odysseus also die beste Wahl dar (vgl. Büchner 1931, 132).

350–2: Penelope bezeichnet den Bettler als den ihr liebsten ξεῖνος und führt als Begründung dafür Eigenschaften an, die auch charakteristisch für Odysseus sind (πεπνυμένα ἀγορεύειν; εὐφραδέως). Damit lehnt sie sich noch an das den vorangegangenen Dialog dominierende Motiv der Sympathie zum Bettler an; gleichzeitig tritt aber schon ein erstes Mal ganz unscheinbar das Motiv der Ähnlichkeit zwischen dem Bettler und Odysseus in Kraft.

353–5: Penelope bezeichnet Eurykleia ausdrücklich als Amme des

Odysseus; damit wird das Risiko einer Erkennung deutlich, da niemand Odysseus besser kennt als sie (vgl. Rutherford *ad loc.*).

357–8: Wenn Penelope zur Formulierung ansetzt νίψον σοῖο ἄνακτος ..., so suggeriert der Kontext dem Hörer, Penelope habe den Bettler endlich erkannt und wolle etwas Ähnliches sagen wie „Wasche deines Herren Füße" (Russo *ad loc.*). Mit der sprachlichen Finte, die dem Text und nicht der Figur Penelope gehört, wird für den Hörer die Erwartung aufrechterhalten, daß die Fußwaschung zur Erkennung durch Penelope führen wird.

358–60: Penelope vermutet, daß Odysseus zu diesem Zeitpunkt gleich an Händen und Füßen sei wie der Bettler. Damit wird das Motiv der Ähnlichkeit erstmals ausdrücklich formuliert. Äußere Ähnlichkeit, gerade von Händen und Füßen, ist ein Mittel, um Menschen zu identifizieren: Telemachos wird in Sparta von Menelaos und Helena aufgrund seiner Ähnlichkeit mit Odysseus identifiziert, wobei jene Szene von einem Schema deriviert ist, in dem der Gesuchte aufgrund der Ähnlichkeit mit sich selbst erkannt wird (vgl. zu δ 141–3; δ 149f. κείνου γὰρ τοιοίδε πόδες τοιαίδε τε χεῖρες / ὀφθαλμῶν τε βολαὶ κεφαλή τ' ἐφύπερθέ τε χαῖται; das Motiv der Ähnlichkeit des Telemachos zu Odysseus schon α 208, κεφαλήν τε καὶ ὄμματα). Auch damit signalisiert der Text die bevorstehende Erkennung durch Penelope.

363–78: Der Text suggeriert, daß Eurykleia zu Beginn der Rede die anwesende Penelope apostrophiert (τέκνον); mit dem Wechsel zur maskulinen Form (ἔχοντα) wird dann eher eine Anrede an den anwesenden Bettler suggeriert, auf den auch die ersten Angaben gut passen (Verfolgung durch Zeus); die folgenden Angaben lassen aber immer deutlicher erkennen, daß die Amme das Schicksal ihres Herrn Odysseus beklagt. Beim Hörer stellt sich damit für kurze Zeit der Verdacht ein, daß sie die Identität des Bettlers durchschaut habe und ihn selbst als Odysseus apostrophiere. Der Verdacht löst sich erst auf, wenn Eurykleia in ihrer Anrede an Odysseus abrupt von der zweiten in die dritte Person wechselt (369 τοι; 370 κείνῳ) und danach wieder zur Apostrophe, jetzt aber an den Bettler, wechselt: Erst jetzt steht für den Hörer fest, daß für Eurykleia der Bettler und Odysseus nach wie vor zwei verschiedene Personen sind. Auch diese sprachliche Finte gehört dem Text, nicht der Figur Eurykleia; auch hier täuscht der Text dem Hörer vor, die Erkennung wäre schon vollzogen, und suggeriert, daß Odysseus in der gegebenen Situation auch ohne σήματα erkannt werden könnte, und zwar sowohl von Penelope als auch von Eurykleia.

370–2: Eurykleia verweist auf die Ähnlichkeit der Schicksale von Odysseus und dem Bettler. Auch dies ist ein Indiz dafür, daß sie ihr Gegenüber jetzt schon aufgrund der Situation identifizieren könnte.

378–81: Eurykleia hebt die physische Ähnlichkeit zwischen Bettler und Odysseus hervor und nennt dabei ausdrücklich δέμας, φωνή und πόδες. Damit ist noch deutlicher als mit der ersten Andeutung durch Penelope

(358–60) auf die Möglichkeit hingewiesen, daß Odysseus allein aufgrund seines Äußeren, auch ohne σῆμα, spontan erkannt werden könnte.

383–5: Odysseus bestätigt die angesprochene Ähnlichkeit. Damit entkräftet er auf der Figurenebene prophylaktisch jenes Argument, das aus der Ähnlichkeit die Identität ableiten könnte (die vielen Menschen, die laut ‚Bettler' die Ähnlichkeit bereits feststellten, bestätigen implizit auch die Existenz zweier verschiedener Personen); auf der Textebene wird damit aber das Risiko der Enttarnung noch stärker hervorgehoben.

Mit der abschließenden Bemerkung ist das Ende eines weiteren Handlungsabschnitts markiert, und der Text geht im Rahmen des Themas der Erkennung des Odysseus zu einer nächsten Phase über. Während im ersten langen Gespräch zwischen Odysseus und Penelope das zentrale Motiv war, daß der Bettler Informationen über Odysseus preisgibt und damit auch immer mehr seine eigene Identität verrät, ist es vom Beginn des Themas der Fußwaschung an darum gegangen, daß der Bettler spontan erkannt werden könnte, und zwar vor allem anhand seiner physischen Ähnlichkeit mit Odysseus. In dieser zweiten Phase war Eurykleia dem Dialog zwischen Penelope und Odysseus schon hinzugesellt, doch ließ der Text keinen Zweifel daran, daß die Erwartung der Hörer noch immer darauf zielen soll, daß Odysseus (auch) von seiner Gattin erkannt wird. Mit dem Übergang zur nächsten Phase, der eigentlichen Fußwaschungsszene, taucht eine neue Facette des Erkennungsmotivs auf, und das Blickfeld wird jetzt ganz auf Odysseus und Eurykleia eingeschränkt: Im Gegensatz zur vagen Gefahr einer Erkennung, die vorher drohte, handelt es sich plötzlich um ein konkretes σῆμα, das eine unwiderlegbare Identifizierung des Helden ermöglicht, der er sich nicht entziehen kann. Diese Art der Erkennung ist unabhängig von der Situation, von der Einbettung in eine Stimmung der Annäherung zwischen Odysseus und Penelope; und Odysseus könnte auch dann an der Narbe erkannt werden, wenn Eurykleia (und Penelope) zuvor noch nicht registriert hätten, daß der Bettler dem vermißten Helden ähnlich sieht.

Was die Einschränkung des Blickfelds auf Odysseus und Eurykleia angeht, so hebt der Text hervor, daß das σῆμα der Narbe auf die Amme abzielt und nicht in gleicher Weise auf Penelope wirken könnte: Im Gegensatz zu Penelope war Eurykleia schon im Haus, als Odysseus vom Eber verletzt wurde; der Text hebt dies hervor, indem er den Kontakt von Odysseus zu Autolykos durch Eurykleia herstellen läßt und anmerkt, daß sie auch von den Details der Eberjagd und der Verwundung weiß: Odysseus hat nach der Heimkehr von Autolykos die Geschichte seiner Verwundung genau erzählt (462–6). Überzeugend ist daher de Jongs Vermutung (1985), die Erzählung von der Narbe des Odysseus stelle einen mentalen *flashback* Eurykleias dar: Diese Annahme paßt gut zu der Beobachtung, daß die Erkennungsszene ganz auf das Verhältnis zwischen Odysseus und Eurykleia konzentriert bleibt, und sie erklärt den ‚Verstoß' gegen Zielinskis Gesetz, wonach Erzählernachtrag von Vorgeschichte verboten, Figurennachtrag jedoch erlaubt ist. Die Möglichkeit, daß auch Penelope an der Erkennung teilnehmen könnte, ist gleichsam nur in Parenthese abgewehrt (476–9).

Das Motiv der Erkennung ist daher innerhalb der Fußwaschungsszene selbst auf den Aspekt beschränkt, ob bzw. daß Odysseus anhand des untrüglichen σῆμα identifiziert wird. Daß die Wahrnehmung der Narbe unweigerlich zum Anagnorismos führt, steht dabei nicht in Frage. Dementsprechend leicht läßt sich das Motiv quer durch die Szene verfolgen:

388–91: Odysseus erkennt plötzlich das Risiko der Narbe und rückt vom Feuer weg, um die Erkennung zu vermeiden. Das zweimalige „jäh" (389 αἶψα; 390 αὐτίκα) unterstreicht, daß mit der Narbe ein neues Motiv, und damit eine neue, andersartige Gefahr der Erkennung aufgetaucht ist.

392–475: Eurykleia erkennt die Narbe und damit Odysseus, und sie spricht aus, daß sie den Anagnorismos vollzogen hat. Der *flashback*-Bericht hat unter anderem (vgl. unten, zu τ 390–468) auch die Funktion, die Narbe als wesentlichen Teil der Identität des Odysseus zu bestätigen: Weder kann Eurykleia Zweifel am Anagnorismos haben, noch kann Odysseus die Erkennung abwehren, sobald erst die Narbe entdeckt ist.

476–7: Eurykleia will die eindeutige Information an Penelope weiterleiten, wobei auch hier der Text keinen Zweifel daran läßt, daß auch Penelope aufgrund dieser Information den Anagnorismos vollziehen müßte.

478–9: Penelope bemerkt nichts von den Vorgängen, was der Text als auffällig markiert: Athene „wendet" Penelope den Sinn, d.h. daß Penelope ‚eigentlich' den Anagnorismos mitvollziehen müßte. Der Hörer erhält damit bestätigt, daß Penelope von der gesamten Fußwaschungsszene ausgeschlossen ist und am Motiv ‚Erkennung durch σῆμα' nicht teilhat.

479–86: Odysseus verbietet Eurykleia, ihren Anagnorismos jemandem mitzuteilen. Die unfreiwillige Erkennung anhand des σῆμα bleibt also ausdrücklich auf Eurykleia beschränkt, die (neben Argos) als einzige in unserer Odyssee den Helden ohne sein Zutun, ja gegen seinen Willen erkennt.

Mit dem folgenden Dialog zwischen Odysseus und Eurykleia, der das Motiv der Erkennung selbst nicht berührt, wird der Kontext der Fußwaschung beendet. Wenn danach das Gespräch zwischen Penelope und Odysseus erneut einsetzt, so übt das, was während der Fußwaschung stattgefunden hat, auf die weitere Handlung zumindest nach außen hin keine Wirkung aus. Andrerseits verhält sich Penelope weiter so, als hätte der Kontakt mit dem Bettler in ihr irgend etwas ausgelöst. Sie weiht ihn noch weiter in ihre persönliche Situation ein, sie fragt ihn weiter um Rat in Angelegenheiten, die eigentlich nur sie und ihren Gemahl betreffen, und sie trifft zuletzt in seiner Gegenwart die Entscheidung zur Bogenprobe. Damit wird eine Linie fortgesetzt, die mit dem ersten Teil des Dialogs vor der Fußwaschung begonnen hat: Während dort der Bettler Informationen über Odysseus lieferte und Penelope darauf reagierte, erfährt jetzt der Bettler von Penelope Dinge, die Odysseus interessieren müssen. Vorausgesetzt ist hier also jenes innere Einverständnis, das im ersten Teil des Dialogs hergestellt wurde, nicht aber der in der Fußwaschungsszene erfolgte Anagnorismos durch Eurykleia. Daraus lassen sich zwei Schlußfolgerungen ableiten:

(a) Was die von den Analytikern formulierte Frage betrifft, ob die Szenenabfolge bis zur Fußwaschung in der uns überlieferten Form ursprünglich darauf angelegt war, zu einer Erkennung durch Penelope zu führen, so läßt die Untersuchung der zugrundeliegenden Motive den Schluß zu, daß es einen solchen ‚ursprünglichen‘ Zusammenhang nie gegeben hat: In der Form, wie sie unser Text bietet, steuert die Beziehung zwischen Penelope und dem Bettler nur auf ein inneres Einverständnis sowie potentiell auf einen von Odysseus selbst ausgelösten Anagnorismos hin. Während das in τ 343–385 wirksame Motiv, daß der Bettler aufgrund seiner physischen Ähnlichkeit spontan identifiziert werden könnte, noch mit der Möglichkeit spielt, daß auch Penelope an einem solchen Anagnorismos teilhaben könnte, gehört die durch die Fußwaschung ausgelöste Erkennung mittels des σῆμα ausschließlich Eurykleia. Unser Text weist auch darauf hin, daß Penelopes Einbeziehung in diesen Anagnorismos dramatisch ausgesprochen flach wäre, da dann gerade die Erkennung der Ehepartner nur über die Vermittlung einer dritten Person zustandekäme. Hinzu kommt, daß die Szenen nach der Fußwaschung als ein Element, das für einen Anagnorismos durch Penelope notwendige Voraussetzung wäre, noch den ‚Treuetest‘ in der Form des Traumes, den Penelope erzählt, enthalten. Die analytische These, wonach die Szenenfolge bis zur Fußwaschung im uns überlieferten Wortlaut aus einem älteren Textzustand stammt, in dem sie zur Erkennung durch Penelope geführt hätte, ist demnach auszuschließen.

(b) Auf der anderen Seite ist festzuhalten, daß die Erkennung durch Eurykleia für die äußere Handlung keine Konsequenzen hat, da weder diese selbst noch Odysseus in den folgenden Gesängen bis zum Freiermord ihr neues Wissen ausnützen (vgl. zu φ 380–5). Das zeigt, daß der Anagnorismos durch Eurykleia nur Stellvertreterfunktion hat: Er steht als Platzhalter an der Stelle eines Anagnorismos durch Penelope, der, wenn er an dieser Stelle der Handlung erfolgte, notwendigerweise Konsequenzen für den *plot* haben müßte. Unser Text zitiert damit die Möglichkeit, daß die Erkennung durch Penelope an dieser Stelle der Handlung stattfindet, benennt aber zugleich die Form, wie diese Erkennung vonstatten gehen müßte: nicht durch ein σῆμα und gegen den Willen des Odysseus, sondern indem dieser selbst sich nach Überprüfung der Einstellung seiner Gattin zu erkennen gibt. Mit den Szenen nach der Fußwaschung werden damit jene Handlungsteile zitiert, die auf eine solche Erkennung automatisch folgen müßten: die gemeinsame Planung der weiteren Handlungsschritte bis hin zur Bogenprobe, die bereits als Voraussetzung des Freiermordes konzipiert ist.

Die Möglichkeit, daß die abendliche Begegnung zwischen Penelope und dem Bettler in einen Anagnorismos der beiden Ehegatten mündet, ist dem Hörer also während der gesamten Szenenfolge unmißverständlich vor Augen gehalten, auch wenn klar ist, daß der Text den Hörer damit auf eine falsche Fährte lockt. Für die Annahme, daß damit die Kenntnis anderer Versionen der Odyssee vorausgesetzt ist, in denen die hier suggerierte alternative Handlungsführung tatsächlich ausgeführt war, sprechen einige Argumente. Zunächst ist es wenig wahrscheinlich, daß den Hörern eine Konstellation, die der unserer Odyssee entspricht, bereits aus der Erzähltradition vertraut war: Zu gekünstelt ist die Situation, daß Eurykleia Odysseus erkennt, während die im selben Raum befindliche Penelope vom ganzen Vorgang nichts bemerkt; der Erzähler markiert diese Konstellation ausdrücklich als etwas der Erwartung Zuwiderlaufendes, wenn er sagt, daß Athene die Erkennung durch Penelope verhindere. Damit tritt aber klar zutage, daß die ‚natürliche‘ Funktion der abendlichen Unterredung zwischen Penelope und dem Bettler nur darin bestehen kann, zum Anagnorismos zu führen; unser Text suggeriert dies ja schon dadurch, daß er den privaten Charakter des Gesprächs hervorhebt (vgl. zu ϙ 507–606). Es ist daher wahrscheinlich, daß der Hörer nur mit Versionen vertraut war, in denen entweder Odysseus sich in einem geheimen Gespräch seiner Gattin zu erkennen gab oder in denen er aufgrund eines σῆμα wie der Narbe von Eurykleia (oder einem anderen loyalen Vertrauten) erkannt wurde. Die Kombination dieser beiden Konzeptionen stellt daher wohl eine eigentümliche Leistung unserer Odyssee dar, die ihre Wirkung nicht zuletzt daraus bezieht, daß der Hörer aufgrund seines Vorwissens erwarten muß, daß es auch in dieser Version zum Anagnorismos zwischen Odysseus und Penelope kommt. Diese Erwartung wird im τ enttäuscht, doch wird ihre Berechtigung geradezu bestätigt in der Version der Ereignisse, die Amphimedon in der Unterwelt liefern wird (vgl. zu ω 121–90): Der tote Freier trägt als jene Deutung des Ablaufs, die sich den Uneingeweihten als selbstverständlich anbietet, vor, Odysseus hätte sich Penelope zu erkennen gegeben und mit ihr gemeinsam die Bogenprobe als Komplott gegen die Freier inszeniert.

All das liefert noch keinen stringenten Beweis dafür, daß Versionen der Geschichte, in denen sich Odysseus schon vor dem Freiermord Penelope zu erkennen gab, tatsächlich existierten. Für das Verständnis unserer Odyssee ist jedoch wichtig, daß bei einer solchen Annahme der Anspielungscharakter und die Ironie des Textes für den Hörer stärker hervortreten mußten: Nach diesem Verständnis lädt der Text den Hörer in der ersten Phase des Gesprächs zwischen Odysseus und Penelope regelrecht dazu ein, die traditionelle Erkennungsszene zu erwarten; der Hörer muß die diesbezüglichen Signale dann automatisch in diesem Sinne aufnehmen, vor allem wenn der Bettler in seinen Aussagen über Odysseus den falschen Angaben immer mehr Wahrheit beimengt und zuletzt unmißverständlich ankündigt, daß Odysseus in allernächster Zukunft heimkehren werde, und zwar κρυφηδόν. Wenn unser Text diese Handlungslinie im letzten Moment kappt, so muß der vorinformierte Hörer dies als gezielte Verweigerung der aus der Tradition bekannten Abfolge auffassen. Ebenfalls erst vor diesem Hintergrund wird das Verhältnis zwischen Penelopes Aktionen nach der Fußwaschungsszene und dem Vorangegangenen nachvollziehbar: Penelope hat zwar, wie der Text unmißverständlich sagt, Odysseus nicht erkannt und erkennt ihn auch jetzt nicht; für das Verständnis des Hörers handelt sie aber trotzdem so, als hätte diese Erkennung stattgefunden. Bezieht man die alternative Version, die im Text nie explizit aufscheint, in das Verständnis der Szenenfolge mit ein, so wird die Aussage des Textes eindeutiger: In der uns vorliegenden Version werden zwei Konzepte, die einander auszuschließen scheinen, zugleich verwirklicht: Odysseus kann sein Konzept der Geheimhaltung vor Penelope aufrechterhalten, kann also mit größtmöglicher Sicherheit auf den Freiermord zugehen; Penelope setzt aber trotzdem genau jene Aktionen, die Odysseus den Freiermord erst ermöglichen und zu denen er sie, wenn er nach Belieben handeln könnte, selbst veranlassen würde. Odysseus bringt also Penelope dazu, den Bogen gleichsam schon als Mordinstrument gegen die Freier ins Spiel zu bringen, und bleibt dennoch von ihr unerkannt. Diese komplexe Konstellation konnte der Hörer dann besser entschlüsseln, wenn er die zugrundeliegenden ‚einfachen‘ Varianten der Geschichte bereits aus der Erzähltradition kannte.

Mit dieser Interpretation ist zweifellos nur eine von mehreren Sinnebenen erfaßt, die die besonders vielschichtige Handlung des τ besitzt; ich denke aber, daß dem Hörer gerade die Erfassung dieser Vielschichtigkeit wesentlich erleichtert wurde, wenn er von einfacheren Modellen ausgehen konnte, die ihm bereits ein Vorverständnis suggerierten.

τ 390–468 Das Verhältnis des Narben-Exkurses zur Haupthandlung wurde seit der Interpretation von Auerbach (1964, 5–27) häufig diskutiert (vgl. Friedrich 1975, 55–58; Lynn-George 1988, 2–27). Ich gehe hier nur der Frage nach, ob hier Geschichten erzählt oder zitiert werden, deren Kenntnis beim Hörer vorausgesetzt ist, und welche Funktion das Zitat (oder, im Falle der Nicht-Traditionalität, das fingierte Zitat) im Kontext der erzählten Handlung aufweist. Was die erste Frage betrifft, so scheint es berechtigt, auf den Exkurs, der auktorial vom Erzähler berichtet wird, dieselben Kriterien anzuwenden, die für Figurenberichte von Vorgeschichte entwickelt wurden: Zu trennen ist zwischen Berichten, die ausführlich und aus sich selbst verständlich sind, und solchen, die knapp bzw. ‚zu knapp' gehalten sind und voraussetzen, daß der Hörer selbst Informationen ergänzt, um zu einem einheitlichen Ganzen zu gelangen. Die Diagnose scheint hier eindeutig: Der größte Teil des Narbenexkurses ist so ausführlich erzählt, daß keine weiteren Informationen nötig sind; der einzige Teil der Erzählung, in dem offensichtlich auf bekannte Tatsachen angespielt wird, sind die zu Beginn gegebenen Angaben zu Autolykos; hier erfolgt in wenigen Worten eine Charakterisierung des Autolykos, die zahlreiche Taten des Helden voraussetzt. Das paßt gut zu der Diagnose, daß man sich die Geschichte von Eberjagd und Verwundung des Odysseus kaum als eine Erzählung vorstellen kann, die ursprünglich unabhängig von der Funktion existiert hätte, die sie in unserem Kontext ausfüllt, nämlich die Herkunft der Narbe, an der Odysseus erkannt werden kann, zu erklären. Genau umgekehrt verhält es sich mit den Angaben zum Wesen des Autolykos und zur Namensgebung des Odysseus: Hier ist die Funktion für den unmittelbaren Kontext, die Erkennung durch Eurykleia, nicht auf den ersten Blick einsichtig.

Was das Verhältnis zwischen der beiden Teile des Exkurses betrifft, so scheint klar, daß mit beiden Partien ein wesentliches Stück der Identität des Odysseus erfaßt werden soll; dies macht guten Sinn in einem Kontext, in dem es darum geht, daß Odysseus erkannt wird. Keiner weiteren Erklärung bedarf dabei der zweite Teil des Exkurses; kontrovers behandelt wurde hingegen der erste Teil, in dem es um das Verhältnis zwischen Autolykos und Odysseus und sozusagen um das geistige Erbe des Autolykos geht. Zwei Meinungen stehen hier einander gegenüber. Auf der einen Seite wurde vermutet, daß mit den negativen Seiten des Autolykos (Meineid, Diebstahl, Zorn) Charakterzüge einer ursprünglicheren Odysseusgestalt vergegenwärtigt seien, die der Text gleichsam nur als sein Erbgut zitiere, um hervorzuheben, wie sehr sich der Odysseus unserer Version von der düsteren vorhomerischen Sagengestalt abhebe (Maronitis 1980, 152–204). Dagegen steht die schlagende Beobachtung von Köhnken (1976, 111f.), daß die Angabe zum zürnenden Autolykos (τ 407f. πολλοῖσιν γὰρ ἔγωγε ὀδυσσάμενος τόδ' ἱκάνω / ἀνδράσιν ἠδὲ γυναιξὶν), deren Begründung für Autolykos selbst in der Luft hängt, sich ausgezeichnet auf den Ὀδυσσεὺς ὀδυσσάμενος der Situation des τ übertragen läßt: Odysseus zürnt den Freiern, und er verkündet Eurykleia, daß er auch den Mägden zürne und sie genauso wie die Freier töten wolle. Mit der Namensgebung durch Autolykos scheint also ein Wesenszug des Odysseus auf Autolykos übertragen, ganz wie es in den mythologischen Exempla der Ilias üblich ist.

Die Positionen von Maronitis und Köhnken lassen sich jedoch miteinander vereinen: Die Passage scheint geradezu zu demonstrieren, wie aus dem ‚autolykeischen', dem ‚vorhomerischen' Odysseus der Odysseus unserer Odyssee wird. Von Autolykos sagt der Erzähler, er habe alle Menschen in der Kunst des Meineids und Diebstahls übertroffen. Dabei handelt es sich zweifellos um ‚alte' Charaktereigenschaften des Autolykos, die in der Form von traditionellen Geschichten festgelegt waren. Nicht diese Eigenschaften ‚vererbt' Autolykos jedoch seinem Enkel bei der Namensgebung, obwohl sie sehr gut zu jenem Bild des Odysseus passen würden, das sich uns als das ‚vorhomerische' abzeichnet; er überträgt auf ihn vielmehr das Wesen eines ‚Zürnenden', das unsere Odyssee — im Gegensatz zu Meineid und Diebstahl — als moralisch neutral bewertet. Über die weiteren Tätigkeiten des Autolykos wird nichts gesagt; der Text begnügt sich mit dem Zitat. Innerhalb der im Exkurs referierten Handlung ist von negativen Zügen des Autolykos nichts zu bemerken. Die Fähigkeit zum Zürnen, die er auf seinen Enkel überträgt, erweist sich aber jetzt als notwendige Voraussetzung für die Bewältigung der Herausforderung des Freiermordes.

Die Analyse bestätigt damit die Diagnose zur Traditionalität des Exkurses: Während die Erzählung von Eberjagd und Verwundung des Odysseus keine Spur von Anspielungen auf andere Versionen zeigt, setzt der Kontext der Namensgebung durch Autolykos die Kenntnis traditioneller Geschichten voraus. Gerade das Zitat dieser Geschichten dient hier aber nur dazu, den Hintergrund für die neue Konstellation abzugeben, in die unsere Odyssee das Verhältnis zwischen dem Meisterdieb Autolykos und seinem Enkel Odysseus stellt. Die Länge des Exkurses, die Auerbach als Ausdruck parataktischer Gesinnung gewertet hat, erweist sich damit als Folge der Funktionalisierung der Vorgeschichte für den unmittelbaren Kontext der Haupthandlung.

Wenn für die im Narbenexkurs erzählte Geschichte hier bezweifelt wird, daß sie dem Hörer bereits aus der Tradition, d.h. aus anderen Versionen der Odyssee bekannt war, so sagt das noch nichts darüber aus, ob nicht die Narbe selbst als Erkennungszeichen des Odysseus schon vorgegeben war. So könnte man sich vorstellen, daß die Narbe selbst schon früher als σῆμα verwendet war (so Peradotto 1990, 146), daß aber erst der Odysseedichter um ihren Ursprung eine Geschichte geformt hat. Dagegen spricht allerdings, daß alle Umstände, unter denen die Narbe im τ zur Erkennung des Odysseus führt, ganz auf die Erkennung durch die alte Amme zugeschnitten sind: Die Narbe am Oberschenkel ist als ein Zeichen stilisiert, das nur die Dienerin anläßlich der Fußwaschung, keinesfalls aber die Herrin Penelope zufällig entdecken kann. Aus dem gleichen Grund kann die Narbe auch nicht gut als σῆμα dienen, das Odysseus selbst aktiv zu seiner Identifizierung einsetzt: In welcher Situation sollte Odysseus vor Penelope das Gewand hochschlagen, um die Erkennung herbeizuführen? Da die ganze Situation des τ aber darauf angelegt ist, daß der Hörer eine — zuerst willentlich von Odysseus herbeigeführte, dann eine unwillentliche — Erken-

nung durch P e n e l o p e erwartet, scheidet die Narbe als Mittel für eine
solche Form der Anagnorisis aus. Die Narbe ist aber durch den Exkurs vor
allem auch als ein Wesensmerkmal des Odysseus charakterisiert, zu dem
Eurykleia eine engere Beziehung hat als Penelope: Sie läßt den Lebensabschnitt von der Geburt bis zur Mannwerdung gegenwärtig werden, in dem
Odysseus noch unter der Obhut von Eltern und Amme stand.

Andrerseits wird die Narbe als jenes Erkennungszeichen präsentiert,
das als einziges bei allen folgenden Anagnorismoi verwendet ist: Odysseus
zeigt sie im φ Eumaios und Philoitios als einziges Beweismittel; Eurykleia
bietet sie — vergeblich — als einen ihrer Beweise vor Penelope im ψ auf;
Odysseus nennt sie vor Laertes neben seinem Wissen um die geschenkten
Obstbäume. In dieser Hinsicht erscheint die Narbe geradezu als das abge-
droschenste Identifizierungsmittel, das nur bei Sklaven ohne zusätzliche
Hilfe wirkt; man könnte dies als Indiz dafür bezeichnen, daß der Text gerade damit auf die Traditionalität des Motivs hinweisen möchte, die in unserer Version in neuer Art übersteigert ist. Es scheint daher nicht undenkbar, daß die Narbe sehr wohl das in der Tradition verankerte Erkennungszeichen des Odysseus schlechthin war; in diesem Fall hat der Dichter unserer Odyssee das Motiv übernommen, es aber so umgewandelt, daß aus dem
rein äußerlichen σῆμα ein Erkennungsmittel wird, das dem spezifischen
Verhältnis zwischen Odysseus und seiner Amme in ganz besonderer Weise
entspricht. Man müßte dann doch vermuten, daß die Narbe als traditionelles σῆμα nur mit dem Typus der von Odysseus aktiv herbeigeführten Erkennung verbunden war, nicht aber mit dem der spontanen, nicht geplanten Identifizierung. Das würde bedeuten, daß der Hörer unserer Odyssee,
obwohl er mit der Narbe als σῆμα des Odysseus durchaus vertraut war, von
der Erkennung bei der Fußwaschung genauso überrascht wurde wie Odysseus selbst: Die Überraschung, deren Bedeutung für das Verständnis des
Textes Olson (1995, 155f.) zu Recht hervorhebt, besteht in der unvermuteten Situation, nicht im Motiv der Erkennung durch die Narbe.

τ 467–90   Der Anagnorismos durch Eurykleia ist der spezifischen Situation angepaßt: Eurykleia darf nicht laut jubeln, Odysseus unterbindet ihren
emotionalen Ausbruch sofort, um nicht verraten zu werden. Auffallend ist
dabei, daß er seine Amme mit dem Tod bedroht, und zwar zweifach: Nicht
nur droht er, sie zusammen mit den übrigen Mägden zu töten, falls sie ihn
verrate (487–90); schon der spontane Griff an ihre Kehle (480 φάρυγος λάβε)
ist nicht nur ein Versuch, sie am Reden zu hindern (dazu vergleichbar wäre
δ 287–9, wo Odysseus im Hölzernen Pferd Antiklos den Mund zuhält, bis
die kritische Situation vorbei ist, ἐπὶ μάστακα χερσὶ πίεζε, … τόφρα δ' ἔχ',
ὄφρα …), sondern ebenfalls eine Todesdrohung. Odysseus droht Eurykleia
also, sie sofort zu töten, falls sie ihn in der unmittelbaren Situation preisge-

be, oder auch später, falls sie ihre Entdeckung weitererzähle. Damit stellt sich dieser Anagnorismos im weitesten Sinne in die Reihe jener Szenen, wo eine (Nicht-)Erkennung fast (oder tatsächlich) zum Tod eines Beteiligten führt (vgl. zu ξ 29–38): Eurykleia erkennt ihren heimgekehrten Herrn und bezahlt dies fast mit dem Leben. Zitiert ist damit ein Szenentypus, in dem die Erkennung des Odysseus zum Tod eines Familienmitglieds führt; in unserer Odyssee findet sich dieser Typus nur in Abwandlung, wenn statt eines Verwandten der Hund Argos vor Wiedersehensfreude stirbt (vgl. zu φ 291–327), und wenn Laertes zuerst fast stirbt, dann aber auf wundersame Weise sogar verjüngt wird (vgl. zu ω 345–9). Der Anagnorismos durch Eurykleia zitiert nur diesen traditionellen Szenentypus, und nicht etwa eine Version, in der Odysseus Eurykleia tatsächlich tötete.

τ 488–502   Der kurze Wortwechsel zwischen Odysseus und Eurykleia läßt zwei unterschiedliche Konzepte erkennen. Nach dem einen tötet Odysseus die Freier, ohne sich zuvor mit der Frage aufzuhalten, welche Mägde auf seiner Seite stehen und welche nicht; dem entspricht Eurykleias Angebot, nach dem Freiermord bei der Sichtung der Mägde mitzuhelfen. Nach dem anderen Konzept benötigt Odysseus dazu keine Hilfe, da er sich selbst über die Loyalität der Mägde Klarheit verschafft; dazu müßte er sie einem ausdrücklichen Test unterziehen, um die treuen von den untreuen trennen zu können. Beide Konzepte konnten in diversen Versionen in ‚reiner‘ Form realisiert sein. Unsere Odyssee kombiniert Motive beider Konzepte: Odysseus erhält Klarheit über die Einstellung der untreuen Mägde, ohne sie einem ausdrücklichen Test zu unterziehen; nach dem Freiermord benötigt er trotzdem Eurykleia, um sich Sicherheit über alle Sklavinnen zu verschaffen. Somit kann die Untreue eines Teiles der Mägde in Handlung umgesetzt werden, ohne daß diese in den Freiermord einbezogen werden müssen; die einzige loyale Magd, die eine wenn auch nicht explizite (vgl. zu φ 380–5) Helferfunktion erhält, bleibt Eurykleia selbst.

τ 509–34   Der mythologische Vergleich bleibt im einzelnen undurchsichtig. Worin die Ähnlichkeit zwischen Penelopes verzweifelter Überlegung und der Klage der Nachtigall besteht, ist mit dem Wortlaut des Textes nicht festgelegt. Zweifellos zu kurz greift es, wenn man das *tertium comparationis* in der Bewegung der Stimme der Nachtigall einerseits und Penelopes Überlegung andrerseits faßt (Ameis-Hentze; Rutherford zu τ 518–24). Dagegen wendet Fränkel (1921, 82f.) zu Recht ein, daß der gesamte Verlauf der mythologischen Erzählung als Parallele zur Situation der Handlung herangezogen werden muß. Fränkels eigene Interpretation bleibt aber vage, da der referierte Mythos für uns nicht greifbar ist. Selbst die Scholien zur Stelle, die sichtlich auf zusätzliches Material zurückgreifen, helfen nicht weiter; gerade für die für das Verständnis des Gleichnisses entscheidende

Frage, warum Aedon (bzw. die Nachtigall) ihren Sohn getötet habe, bieten sie zwei verschiedene Versionen: Aedon wollte aus Eifersucht ihren Neffen töten und traf aus Versehen Itys, oder sie tötete sowohl den Neffen als auch (absichtlich?) ihren Sohn. Eine vollkommene Erklärung des Vergleichs ist also nicht möglich, da man nicht den gesamten Verlauf des vorausgesetzten Mythos erkennen kann. Damit bestätigt sich das schon öfter formulierte Prinzip: Je knapper eine Geschichte aus der Vorvergangenheit referiert ist, umso mehr ist deren Kenntnis beim Hörer vorausgesetzt. Die ‚Aussage‘ der Geschichte kann dabei für die Zwecke des Vergleichs (des *exemplum*) sogar gewaltsam umgebogen sein; der Vergleich (das *exemplum*) beruht trotzdem auf der gesamten Geschichte, ohne deren Kenntnis kein komplettes Verständnis zu erlangen ist (vgl. zu υ 61–82).

Für die Vergleichsfunktion des Mythos ist entscheidend, daß alle Phasen der referierten Geschichte für Penelopes Situation relevant sind: Penelope klagt und trauert jede Nacht, so wie die Nachtigall klagt; die Klage bezieht sich in beiden Fällen auf einen Verlust, wobei bei Penelope nicht ausgesprochen werden muß, um welchen Verlust sie klagt, während für die Nachtigall ausdrücklich formuliert ist, daß sie ihren Sohn betrauert, den sie selbst getötet hat. Auch Penelopes Sorge bewegt sich aber um ihren Sohn, und für diesen Aspekt hat das mythische Beispiel der Nachtigall warnende Funktion: Penelope spricht aus, daß jede Entscheidung bezüglich ihrer Wiedervermählung auch ihren Sohn betrifft, ja sie formuliert ihr Dilemma ganz aus der Warte des Telemachos. Damit ergibt sich eine interessante Verschiebung: Penelope vergleicht ihren Zustand, in dem sie fürchtet, eine Entscheidung zu treffen, die ihrem Sohn schaden könnte (ein weiteres Zuwarten würde ganz konkret sein Leben bedrohen), mit der Klage der Nachtigall, die nur mehr darüber trauern kann, daß sie eine solche Entscheidung bereits getroffen hat. Bezieht man diese beiden Zustände aufeinander, so signalisiert Penelopes Furcht, daß jede Entscheidung Telemachos schaden werde. Dies ist ausgedrückt, wenn Penelope gleich darauf Telemachos zwei konträre Wünsche bezüglich ihrer Heirat zuschreibt, auch wenn sie diesen Gegensatz in ein chronologisches Nacheinander auflöst: Telemachos habe früher gewünscht, daß sie nicht wieder heirate; seit er erwachsen sei, wünsche er aber, daß sie das Haus verlasse. Damit sind zwei konträre Konzepte genannt: Telemachos läßt keine Heirat der Mutter mit einem der Freier zu, bzw. Telemachos drängt auf eine neuen Ehe. Beide Konzepte konnten, je für sich, in anderen Versionen der Odyssee im Vordergrund stehen; unser Text vereint sie miteinander nicht nur als chronologische Abfolge, sondern auch als konkurrierende Wünsche im Inneren des Telemachos.

τ 535–69 Penelopes Traum vom Adler und den Gänsen sowie die doppelte Auslegung innerhalb und außerhalb des Traums entziehen sich nach

Ausweis der vorliegenden Deutungen einer ‚logischen' Erklärung. Gefragt
wurde nach dem Grund für Penelopes Trauer über den Tod der Gänse innerhalb des Traums, aber auch nach der Funktion der Doppelschichtigkeit
(Odysseus deutet das Traumgeschehen einmal innerhalb, einmal außerhalb
des Traums). Für die versuchten Erklärungen verweise ich auf Latacz (1992,
mit Literatur), dessen Deutung darauf abzielt, daß Penelope dem Bettler ihren Traum und ihre Gefühlslage nicht unverhüllt mitteilen kann und will.
In unserem Kontext interessiert aber ein anderer Aspekt der Darstellung.

Entscheidend für das Verständnis ist, daß es bereits innerhalb des
Traums zwei Ebenen gibt, die als zwei Phasen des Traumgeschehens markiert sind. Auf der ersten Ebene tötet der Adler die Gänse, Penelope rezipiert den Vorgang nur im Hinblick auf die realen Folgen, klagt also um die
toten Gänse *qua* Gänse (so überzeugend Marquardt 1985, 43 Anm. 12). Erst
auf einer zweiten Ebene erklärt der Adler die symbolische Aussage des
Vorgangs, wobei der Erzähler gemäß dem Schema der Szenenspaltung den
Adler zunächst wegfliegen und dann ein zweites Mal erscheinen läßt. Erst
damit wird dem realen Vorgang ein symbolischer Gehalt zugesprochen.
Das ist auffällig, weil nach homerischer Anschauung der Vorgang zwischen
Adler und Gänsen *per se* Symbolgehalt hat: Das Erscheinen von Adlern ist
immer als Vogelzeichen gedeutet; in der Odyssee werden Vogelzeichen oft
auf das Kommen des Odysseus bezogen; Helena deutet den Raub einer
Gans durch einen Adler als Zeichen für die baldige Rache des Odysseus an
den Freiern (o 160–81). Penelope reagiert also in der ersten Traumphase auf
den Vorgang ‚falsch', doch nicht indem sie dem Geschehen eine falsche
symbolische Bedeutung unterlegt oder auf den richtigen Symbolgehalt
‚falsch' reagiert, sondern indem sie gar keinen Symbolgehalt erkennt.

Die Deutung auf zwei Ebenen verstärkt den Eindruck, daß Penelope
die symbolische Aussage des Traumgeschehens nicht vorbehaltlos akzeptieren kann. Mit der gedoppelten Deutung scheint eine einfachere Situation
durch, in der der reale Odysseus ein reales Vogelzeichen (oder eventuell
einen ‚einfachen' Traum) interpretiert und sich dabei (so wie der Adler der
zweiten Traumphase) zu erkennen gibt. In unserem Text findet das nicht
statt; stattdessen bezeichnet sich zunächst der Adler innerhalb des Traums
als Odysseus, und danach interpretiert der Bettler, in dem Penelope noch
immer nicht ihren Mann erkennt, den Traum. Die doppelte Deutung verstärkt die Ironie der Situation: Der Interpret der Symbolik ist in beiden Fällen derselbe, der Odysseus der realen Handlung kann also nur die Worte
des Traum-Odysseus bestätigen. Gerade diese Doppelung macht sichtbar,
warum Penelope die Deutung nicht akzeptieren kann: Auch wenn nicht
gesagt wird, wie die Penelope des Traums (d.h. der zweiten Traumphase)
auf die Worte des Adlers reagiert, läßt der Text doch erkennen, daß die erwachte Penelope, die die Gänse noch lebend im Hof erblickt (552–3), die

Gültigkeit der Deutung bezweifelt, da sie erkennt, daß das Vogelzeichen nur im Traum stattgefunden hat. Die Interpretation des Adlers, der ausdrücklich betont, daß es sich beim Geschehen nicht um einen Traum, sondern um ‚Wirklichkeit' handle (547 οὐκ ὄναρ, ἀλλ' ὕπαρ ἐσθλόν), muß ihr nach dem Erwachen daher als fragwürdig erscheinen. Der Bettler aber hat keinen direkten Zugriff auf das Vogelzeichen, sondern nur auf den Traum; deshalb kann Penelope seine Bestätigung der Deutung des Adlers mit dem pauschalen Verweis auf die Fragwürdigkeit von Träumen zurückweisen.

Diese Hinweise können Erklärungen, die die psychologische Situation der Annäherung zwischen Penelope und dem Bettler nachzeichnen (vor allem Russo 1982; Latacz 1992), nicht ersetzen. Sie machen aber nachvollziehbar, wie der Text dem Hörer suggeriert, daß Penelope anhand der ihr zur Verfügung stehenden Informationen Odysseus gar nicht erkennen k a n n : Im Gegensatz zur evozierten (vielleicht als traditionell zitierten) Situation, in der Odysseus vor Penelope ein reales Vogelzeichen (oder einen ‚einfachen' Traum) auslegt und sich selbst zu erkennen gibt, hat es Penelope hier nur mit einem Vogelzeichen innerhalb eines Traums, mit einem Adler, der sich im Traum als Odysseus bezeichnet, und mit einem realen Bettler, der diese Deutung bestätigt, zu tun. Die Zeichen sind — im Vergleich zur ‚einfachen' Version — zu kompliziert, um ihnen vertrauen zu können.

τ 570–87 Auch die Frage, warum Penelope ausgerechnet in dieser Situation die Entscheidung zu Bogenprobe und Wiedervermählung trifft (zu vernachlässigen sind Deutungen, wonach Penelope zu gar keiner neuen Ehe entschlossen wäre; Penelope sagt unmißverständlich, daß sie am nächsten Tag das Haus verlassen werde), kann nicht in allen Nuancen beleuchtet werden. Während Interpreten früher meist von Penelope ein einziges Motiv für ihren Entschluß forderten und, da der Text sich diesbezüglich nicht festlegt, ihre Entscheidung als unverständlich (oder in analytischer Sicht als Fragment einer ‚ursprünglichen' Odyssee mit einfacher Konzeption) tadelten, wurde in jüngerer Zeit die Vielschichtigkeit dieser Entscheidung herausgearbeitet, am klarsten zuletzt von Felson-Rubin (1994, 33f.; vgl. auch Schwinge 1993, 87f.), die in dem Entschluß die Verwirklichung von zumindest zwei verschiedenen Handlungslinien sieht, die aus Penelopes Perspektive möglich sind: COURTSHIP AND MARRIAGE und LOYALTY AND CUNNING. Gerade hier zeigt sich aber, daß das Konzept der alternativen Handlungslinien, so sehr es zum Verständnis der Vielschichtigkeit des Textes beiträgt, nicht auf Penelopes Figurenperspektive beschränkt ist. Die alternativen Handlungslinien, als deren gleichzeitiges Ergebnis der Hörer Penelopes Entschluß rezipiert, werden vom Hörer nicht als Motivationslinien der Figur Penelope, sondern als alternative Linien, auf denen die Odysseehandlung ablaufen könnte, verstanden. Diese Linien sind ihm nicht deshalb präsent, weil er sie aus den Penelopes Handlungen zugrundeliegenden Motiven herausliest, sondern weil er sie aus anderen Versionen als jeweils in konkrete Handlung umgesetzt kennt. Unter dieser Optik lassen sich die ‚Gründe', die zu Penelopes Entscheidung führen, in Abweichung von Felson-Rubins Ansatz als Kombination von mindestens drei Motiven beschreiben, welche in ihrer jeweils ‚ursprünglichen' Form nicht komplementär, sondern als Alternativen bestanden haben müssen:

(a) Penelope selbst hat gesagt, daß sie nach dem Scheitern der Webliste keinen Ausweg mehr weiß, um den Freiern noch länger Widerstand zu leisten (vgl. zu τ 137–61). Das entspricht der ‚natürlichen' Funktion des Weblist-Motivs, wonach die Aufdeckung des Betrugs in direkter Konsequenz zur Festsetzung eines Termins zur Wiedervermählung Penelopes führt.

(b) Penelope selbst führt auch an, daß Telemachs Mannwerdung eine Änderung ihres Verhaltens erzwingt und die Wahl eines Freiers unausweichlich macht (τ 530–4; vgl. τ 159–61). Das paßt zu dem vor den Freiern referierten Auftrag des Odysseus, daß sie wieder heiraten solle, wenn Telemachos der Bart sprieße (vgl. zu σ 158–303), ein Motiv, das in seiner ‚natürlichen' Funktion einen exakten Termin für die Hochzeit enthält, wie er auch in unserer Odyssee mit den Angaben zum Apollonfest suggeriert ist.

(c) Während die ersten beiden Motive implizieren, daß der heimkehrende Odysseus die Festsetzung des Hochzeitstermins nicht mehr beeinflussen kann, sondern erst im letzten Moment in die Handlung eingreift, suggeriert eine Motivlinie, die im ϱ beginnt und in der zustimmenden Reaktion des Odysseus auf die Ankündigung der Bogenprobe kulminiert, einen Handlungsverlauf, in dem Odysseus sich zu erkennen gibt und gemeinsam mit Penelope das Vorgehen gegen die Freier plant, wo also Penelope sich mit der Setzung der Bogenprobe der Identität des Bettlers bereits bewußt ist und wo auch bereits geplant ist, daß Odysseus als einziger den verlangten Schuß vollbringen und danach die Freier töten wird.

Diese Konzentration auf nur drei Handlungsmotive wird der psychologischen Situation der Penelope unserer Odyssee zweifellos nicht voll gerecht; sie hat aber deshalb ihre Berechtigung, weil diese drei Motive die Erwartungen der Hörer besonders stark bestimmen mußten. Allen drei Motiven ist nun gemeinsam, daß sie *qua* Motive im Text präsent sind, vom Hörer also nicht verkannt werden können, daß aber keines von ihnen die Handlung in seiner ursprünglichen Form direkt beeinflußt; die drei Gründe bestimmen Penelopes Entschluß zur Bogenprobe nur indirekt, in einer ins Psychologische umgesetzten Form:

(a) Das Scheitern der Webliste hat nicht dazu geführt, daß die Freier Penelope sofort zur Festsetzung des Hochzeitstermins zwingen. Der aus der Aufdeckung resultierende Druck der Freier bewirkt jedoch, daß Penelope keine weitere Möglichkeit sieht, ihrem Werben durch List zu entgehen (τ 157–8; die Bogenprobe ist also nicht als weitere List Penelopes aufzufassen); der äußere Zwang ist in inneren Druck transformiert.

(b) Auch in bezug auf die Mannwerdung des Telemachos bleibt das Motiv des exakten Termins im Hintergrund, obwohl es unmißverständlich zitiert ist. Die Mannwerdung des Sohnes ist von einem punktuellen Termin in einen Prozeß, der als Handlung dargestellt wird, verwandelt, und ihre Folge besteht jetzt darin, daß Penelope die Mannbarkeit ihres Sohnes als Zustand wahrnimmt, der auf sie einen immer stärkeren Druck ausübt.

(c) Das dritte Motiv empfanden viele Forscher als so stark präsent, daß sie Penelope ein bewußtes oder unbewußtes Wissen um die Anwesenheit des Odysseus zuschrieben. Diese Auffassung ist problematisch, weil sie nur von Penelopes Figurenperspektive ausgeht und nicht die für die Hörer prägenden Handlungslinien nachvollzieht. Für die Wirkung von Penelopes Entschluß auf die Hörer ist die Ironie der Situation entscheidend, daß Penelope mit Sicherheit n i c h t weiß, daß der Bettler Odysseus ist, dennoch aber so handelt, als wüßte sie es. Das Motiv des Komplotts gegen die Freier ist also zitiert, die Erkennung des Odysseus durch Penelope, die dafür vorausgesetzt wäre, ist aber transformiert in ein Gefühl der Vertrautheit Penelopes für den Bettler, das in ihr jene Zuversicht auslöst, die sie überhaupt erst den Zustand der Untätigkeit beenden und eine Entscheidung treffen läßt. Das Zitat des Komplott-Motivs ist kräftig markiert, wenn Odysseus ankündigt, daß kein Freier den Bogen spannen werde, ehe Odysseus zurückkehrt, wobei die Ironie und Ambivalenz auch in der sprachlichen Form aufscheint: die Konstruktion πρίν + *Inf.* kann entweder bedeuten, daß kein Freier je den Bogen spannen werde, unabhängig davon, ob Odysseus je zurückkehre oder nicht (damit wäre die Bogenprobe als List Penelopes markiert, da die Freier, nachdem alle am Bogen gescheitert sind, aufgrund der zuvor akzeptierten Bedingungen die Werbung aufgeben müßten), oder daß Odysseus tatsächlich zurückkehren werde, bevor es noch einem der Freier (d.h. am nächsten Tag) gelungen sei. Während Penelope die Aussage wohl im ersten Sinn auffassen muß, weiß der Hörer aufgrund des ihm bekannten *plots*, daß die folgende Handlung den zweiten Sinn bestätigen wird. Aus der Figurenperspektive betrachtet, stellt der Entschluß für Penelope also kein Komplott dar (daß er trotzdem ‚gerechtfertigt‘ ist, zeigt zuletzt Foley 1995), während Odysseus ihn bereits als ein solches interpretiert.

Die unterschiedlichen Figurenperspektiven bilden damit jene Ambivalenz ab, die der Text für den Hörer dadurch entstehen läßt, daß er alternative Handlungsverläufe nebeneinander zitiert und für jeden von ihnen signalisiert, daß er für die Handlung unserer Odyssee äußerlich nicht, auf einer subtilen Ebene aber wieder doch bestimmend ist.

Odyssee 20

υ 6–24 Odysseus überlegt, ob er die Mägde, die sich gerade vor seinen Augen als untreu erweisen, töten soll, formuliert also einen alternativen Handlungsgang, in dem dies tatsächlich stattfindet. Ob diese Variante je Chancen auf Verwirklichung hatte, muß danach beurteilt werden, ob man einer solchen Beseitigung der illoyalen Dienerschaft noch vor dem Freiermord eine Funktion für die Handlung zuweisen kann. Unser Text gibt darauf keine direkten Hinweise; doch stellt die Präsenz von illoyalen Dienern für das Gelingen des Freiermordes natürlich ein Risiko dar, was in unserer Odyssee im χ in der Rolle des Melanthios in Handlung umgesetzt ist: Der Freiermord kann erst nach seiner Ausschaltung zu Ende geführt werden. Ein verwandtes Motiv ist auch im Zusammenhang mit den Mägden eingesetzt: Bei ihnen sorgt Odysseus schon vor Beginn des Freiermordes dafür, daß sie den Ablauf nicht beeinflussen, indem er die Tür versperren und sie so am Eintreten hindern läßt. Das Motiv, daß die illoyalen Mägde schon vor dem Freiermord ausgeschaltet werden, ist unserer Version also nicht fremd; im υ findet es sich jedoch nur als spontaner Reflex des Odysseus, der es sofort selbst als kontraproduktiv für das Handlungsziel bezeichnet (dies bedeutet der Verweis auf das Verhalten in der Höhle des Kyklopen).— Zum Motiv des Hundes, der den Fremden nicht erkennt und (wie der Vergleich mit Odysseus nahelegt) daher töten will, vgl. zu ξ 29–38.

υ 29–30 Unmittelbar nach Ankündigung der Bogenprobe für den folgenden Tag muß die Überlegung des Odysseus, wie er allein gegen alle Freier den Kampf beginnen solle, dem Hörer einen Handlungsablauf suggerieren, in dem er allein mit dem Bogen gegen die Freier kämpft. Die Mithilfe des Telemachos, die ab dem π systematisch vorbereitet, in ihrer Form aber bis jetzt nicht exakt festgelegt wurde, scheint dabei ausgeblendet. Der Hörer muß also erwarten, daß Odysseus am nächsten Tag versuchen wird, den Bogen in die Hand zu bekommen, um ohne Unterstützung die Freier zu erschießen. Dieser Ablauf entspricht der ‚natürlichen‘ Funktion des Motivs der Bogenprobe: Der Einzelne bekommt eine Waffe in die Hand, mit der er eine Überzahl von Wehrlosen bezwingt. Der Dialog mit Athene zeigt aber, daß die Figur Odysseus sich hier der Möglichkeiten, die ihm der Bogen bietet, noch keineswegs bewußt ist. Der Hörer weiß also an diesem Punkt schon, daß der Bogen beim Freiermord eine Rolle spielen wird, weiß aber noch nicht, ob Odysseus dies schon weiß (vgl. zu π 281–29).

υ 39–40 In seiner Frage an Athene wiederholt Odysseus seine Überlegung, weist aber noch verstärkt auf die Überzahl der Freier hin. Das signalisiert, daß im Gegensatz zu Versionen, in denen Odysseus die Freier auf eigene Faust bezwingt, dies hier unmöglich ist: Obwohl sich für Odysseus soeben die neue Möglichkeit des Bogenkampfs eröffnet hat, ist er in der Konstellation unserer Odyssee trotzdem auf zusätzliche Hilfe angewiesen.

υ 41–51 Der Wortlaut des Textes definiert die Aktion des ὑπεκπροφυγεῖν nicht und setzt somit voraus, daß der Hörer mit der damit angeschnittenen Problematik vertraut ist: Nach dem Freiermord ist das Handlungsziel für Odysseus noch nicht erreicht; zu den notwendigen Konsequenzen gehört die Bewältigung der gesellschaftlichen Folgen der Bluttat, nämlich die Auseinandersetzung mit den Angehörigen der Freier; als einzig mögliche Option erscheint die Entziehung vor der Rache durch Flucht (ὑπεκπροφυγεῖν), das heißt der Gang ins Exil. Nichts davon ist im Text hier ausgesprochen; die Handlung des ψ und ω macht es aber undenkbar, daß an andere Folgen des Freiermordes gedacht wäre. Man könnte nun meinen, daß die Folgen einer Bluttat im Rahmen der gesellschaftlichen Konventionen so selbstverständlich waren, daß der Text sich den ausdrücklichen Hinweis darauf ersparen konnte. Plausibler scheint jedoch, daß für den Hörer damit nicht (nur) ein gesellschaftliches Verhaltensmuster, sondern (auch) eine aus anderen Odyssee-Versionen bekannte Handlungskonstellation zitiert ist. Dabei fällt auf, daß hier nicht exakt jener Ablauf bedacht wird, der dann im ω stattfindet: Athene skizziert eine Situation, in der Odysseus mit seiner Beute entkommen kann, obwohl er von den (rechtmäßigen) Besitzern verfolgt wird, d.h. daß er sich deren Rache durch Flucht entziehen kann. Dies findet aber im ω gerade nicht statt: Odysseus zieht sich dort zwar zurück, stellt sich dann aber dem Kampf; das Ergebnis dieser Auseinandersetzung paßt nicht zu der Definition, daß man sich der Rache entzieht, sondern zielt darauf ab, daß man auch noch die Rächer bezwingt (vgl. zu ω 472–88). Damit zeichnet sich ein alternativer Handlungsverlauf ab, in dem Odysseus sich nach dem Freiermord den Rächern durch Exil entzieht. Der Reflex einer solchen Tradition findet sich im Proklos-Referat der Telegonie, wo Odysseus Ithaka wieder verläßt und weitere Jahre in der Ferne verbringt, ehe er endgültig heimkehrt. Unser Text scheint im υ eine solche Version als die einzig plausible Perspektive für ein Leben nach dem Freiermord zu zitieren; der in der Handlung verwirklichte Ablauf des ψ und ω spielt dann mit der Erwartung der Hörer, indem er die traditionelle Geschichte sukzessive korrigiert und zuletzt zu einem Ende der Odyssee findet, das ohne Perpetuierung der Rache und ohne Exil des Odysseus auskommt.

υ 61–82 Das mythologische Gleichnis ist bis jetzt nicht befriedigend erklärt. Schwierigkeiten macht die Tatsache, daß wir über den zugrundegelegten Mythos nur das wissen, was der Text selbst und die Scholien uns verraten, wobei auch die Analogie der im Gleichnis angesprochenen Situation zu Penelopes Zustand nicht evident ist. Hinzu kommt, daß der Mythos von den beiden Pandareos-Töchtern nicht unabhängig von dem soeben erzählten Los der in eine Nachtigall verwandelten Pandareos-Tochter (vgl. zu τ 509–34) zu sehen ist; aber auch hier läßt sich kein Zusammenhang greifen.

Das Referat des Mythos in den Scholien läßt erkennen, daß der Erklärer Schwierigkeiten hat, die ihm zur Verfügung stehende Version mit den im Gleichnis genannten Daten in Einklang zu bringen. Im Vordergrund steht die Grundgegebenheit des Mythos, der Betrug des Pandareos und seiner Frau an Zeus, ihre Flucht und die Vernichtung durch den Gott. Das Schicksal der Töchter (im Gleichnis bleibt ihre Zahl unbestimmt, das Scholion versieht zwei mit Namen, Kleothera und Merope, und trennt von diesen die dritte, Aedon) macht im Zusammenhang damit Schwierigkeiten: Obwohl sie nach dem Wortlaut des Gleichnisses unzweifelhaft zuerst zu Waisen werden und erst dann von den Göttinnen (als Ersatzeltern) aufgezogen werden, kommentiert das Scholion (zu 67): προέθηκε τὸ κεφάλαιον· ὕστερον γὰρ συνέβη. καὶ γὰρ οὐκ ὀρφανὰς αὐτὰς ἀνεθρέψατο ’Αφροδίτη, ἀλλὰ πρὸ τῆς ὀρφανίας. Aus diesem Hinweis auf eine sichtlich ‚kanonische‘ Version läßt sich ersehen, wie in unserem Text der Mythos zum Zweck des Vergleichs umgeformt ist und welche Aspekte Penelope in den Vordergrund rückt. Geht man davon aus, daß der Mythos sich für die Pandareos-Töchter auf die einfache Information konzentrierte, daß sie, während ihre Eltern von Zeus getötet wurden, von den Harpyien hinweggerafft wurden, so passen alle zusätzlichen Angaben des Gleichnisses bestens zu Penelopes Situation: So wie die Mädchen verwaist sind und sichtlich lange Zeit von den Göttern umsorgt werden, fühlt sich auch Penelope seit der Abfahrt des Odysseus nach Troia ‚verwaist‘. So wie die Mädchen von den Göttinnen mit Schönheit, Verstand und Kunstfertigkeit bedacht werden, besitzt auch Penelope diese Eigenschaften, ohne daraus Nutzen ziehen zu können. So wie Aphrodite zu Zeus geht, um für die Mädchen die Ehe zu erbitten, hat auch Penelope schon den Entschluß gefaßt, eine neue Ehe einzugehen. Was sie jetzt noch wünschen kann, ist, daß ihr Entschluß durch ihren plötzlichen Tod zunichte gemacht wird, so wie die Pandareos-Töchter unmittelbar vor der Hochzeit entrafft wurden. Auch die Beziehung zwischen den scheinbar disparaten Mythen von Pandareos-Töchtern in τ 509–34 und im υ verleiht Penelopes Wunsch eine zusätzliche Funktion: Sie zieht das Schicksal jener Töchter, die noch vor der Hochzeit starben, dem der Aedon vor, die den eigenen Sohn tötete, eine Konstellation, mit der Penelope im τ ihre Entscheidung, einen der Freier zum Mann zu nehmen, gleichgesetzt hat.

Bei dieser Deutung beleuchtet die mythische Geschichte Penelopes Situation sehr gut: Im Vordergrund steht für sie, daß mit dem Entschluß zur Bogenprobe ihre Wiedervermählung schon in die Wege geleitet ist und sie nur noch im plötzlichen Tod einen Weg sieht, um der Ehe zu entkommen. Es liegt daher nahe, daß all jene Details des Mythos, die unmittelbar auf dieses Vergleichsziel bezogen sind, nicht in der Tradition fixiert waren, sondern erst von Penelope bzw. vom Dichter hinzugefügt wurden. Mit dieser Annahme stimmt überein, daß in der Erzählung genau jene Elemente keiner inhaltlichen Ergänzung bedürfen, während die Ausgangssituation des Mythos zitathaft nur knapp umrissen ist: τῇσι τοκῆας μὲν φθῖσαν θεοί. Dieses Faktum des Mythos ist beim Hörer mit all seinen Umständen als bekannt vorausgesetzt, während die für den Vergleich relevanten Details ausführlich beschrieben werden müssen, weil sie für den Hörer neu sind.

υ 92–4 Odysseus wähnt im Zwischenzustand zwischen Traum und Wachen, Penelope trete ihm zu Häupten und erkenne ihn. Das läßt an eine Konstellation denken, in der Penelope den Bettler spontan, ohne sein Zutun, erkennt und von sich aus den Anagnorismos einleitet. Der Text spielt also auch hier mit der Möglichkeit jenes Szenarios, das im τ als potentielles Ziel der Handlung, auf das die Erwartungen der Hörer eingestimmt sind, im Hintergrund schwebt (vgl. zu τ 343ff.).

υ 98–9 Odysseus charakterisiert den Einfluß der Götter auf sein bisheriges Leben ganz im Rahmen der ‚Jörgensenschen Ebene': Er geht davon aus, daß die Götter als Kollektiv ihn lange Zeit im Unglück festgehalten, zuletzt aber auch im Kollektiv nach Hause geleitet hätten. Odysseus wendet hier also nicht einmal jenes Wissen um die Götterhandlung an, das er im Lauf der Handlung bereits erworben hat, trennt also nicht zwischen den ihm wohlgesinnten Göttern und Poseidon bzw. Helios. In der pauschalen Aussage aus der beschränkten menschlichen Perspektive sind die Götter fast synonym mit dem Schicksalsbegriff.

υ 118–9 Das Argument der Magd, die Freier seien daran schuld, daß sie mehr Getreide mahlen müsse, als sie bewältigen könne, stellt sich zu dem Motiv, daß die Freier sich gegen die Dienerschaft Übergriffe zuschulden kommen ließen (vgl. zu π 108–11). Daß die Freier Gewalt gegen die Mägde anwenden, ist in unserer Version nirgends in Handlung umgesetzt; das hier erwähnte Detail zeigt, inwiefern sie ihnen trotzdem Leid zufügen: Die ὕβρις besteht schon in ihrer Anwesenheit im Haus des Odysseus und dem damit verbundenen Übergriff gegen Besitz und Gesinde.

υ 124–46 Telemachs ausführlich beschriebener Aufbruch, sein Gang auf die Agora und die mit 257 vorausgesetzte Rückkehr wurden scharf getadelt (vgl. Focke 1943, 342f.; van Thiel 1988, 237f.): Der Gang hätte keine Funktion für die Handlung, ja Telemachos könnte auf der Agora gar niemanden antreffen, da ja der Apollonfesttag sei. Beurteilt man nur Telemachs Figurenperspektive, so hat sein Gang tatsächlich keine sichtbare Funktion. Auf der Handlungsebene schafft er immerhin die Gelegenheit für die Freier, einen neuen Anschlag auf Telemachos auf der Agora oder auf dem Hin- oder Rückweg ins Auge zu fassen. Telemachs Weg liefert also den Hintergrund für den schon im Ansatz abgebrochenen dritten Mordplan.

Betrachtet man die Szene aber aus der Perspektive der Hörererwartungen, so ergibt sich ein anderes Bild. Der Hörer weiß, daß heute der Tag ist, an dem Bogenprobe und Freiermord stattfinden werden. Er ist auch mit dem Motiv vertraut, daß dieser Termin, wie Penelope im σ ausdrücklich verkündet hat, mit Telemachs Mannwerdung zusammenhängt (vgl. zu ξ 161–4). Wenn nun am Morgen dieses Tages Telemachos zur Agora aufbricht, um sich, wie der Text ausdrücklich sagt, unter die Bürger von Ithaka zu begeben (146), so kann der Hörer vermuten, daß dieser Gang etwas mit seiner Aufnahme in die Gemeinschaft der erwachsenen Männer zu tun hat. Zugrundegelegt müssen dabei Versionen sein, in denen Telemachos an dem bewußten Termin im Rahmen des Apollonfests offiziell in den Rang eines Epheben (bzw. des gesellschaftlichen Analogons) erhoben wurde. Einen solchen Ablauf muß der Hörer also erwarten, wenn es heißt, daß sich Telemachos auf die Agora begibt. Diese Erwartung wird jedoch in unserer Version enttäuscht: Mit υ 257 ist Telemachos stillschweigend wieder in den Palast zurückgekehrt, und es ist keine Rede davon, daß er jetzt zum Mann erklärt worden wäre, ja es ist nicht einmal eine Begegnung mit den Bürgern von Ithaka erwähnt worden. Damit ist in der Version unserer Odyssee die Gelegenheit für eine rituelle Markierung des Termins sichtlich ungenützt verstrichen, und der Hörer erhält auch die Bestätigung dafür, daß die Mannwerdung des Telemachos hier nicht in dem rituellen Akt besteht: Wenig später heißt es, daß die Bürger von Ithaka ihr Apollonfest (sc. ohne Freier und ohne Telemachos) begehen (vgl. zu υ 276–8). Unser Text hebt damit hervor, daß die Mannwerdung des Telemachos und der damit verbundene Termin für Penelopes Wiedervermählung hier auf einer anderen Ebene präsent sind und nicht auf ein rein chronologisches Erzählmittel beschränkt bleiben. Es handelt sich somit um ein regelrechtes Zitat der alten Konzeption: Statt die Hinweise auf die traditionelle Verbindung zwischen Mannbarkeit des Telemachos, Apollonfest und Freiermord einfach zu tilgen, weist der Dichter mit dem Zitat ausdrücklich darauf hin, daß der ‚alte‘ Zusammenhang im neuen Kontext keine sichtbare Funktion mehr hat.

υ 131–3 Telemachs Schelte gegen Penelope könnte, wenn sie begründet wäre, auf mindestens drei alternativen Konstellationen zu unserer Odyssee beruhen: Penelope könnte den noch nicht erkannten Bettler schlecht behandeln, während der bereits eingeweihte Telemachos sie dafür tadelt; Penelope könnte den schon erkannten Bettler zur Tarnung schlecht behandeln, während der nicht eingeweihte Telemachos den ἱκέτης schützt; Penelope könnte aber auch den bereits erkannten Odysseus gut behandeln, während Telemachos in ihm nur den Bettler sieht; gerade das letzte Motiv würde seine Schelte an den wiederholt geäußerten Vorwurf anknüpfen, daß Penelope jedem dahergelaufenen Fremden ihr Vertrauen schenke (vgl.

zu ξ 122–30). In unserem Text zielt Telemachs Kritik an der Mutter darauf, daß sie Fremde grundsätzlich freundlich behandle, aber gerade bei dem Bettler, den er bereits als seinen Vater erkannt hat, eine Ausnahme gemacht haben könnte. Die Ironie der Situation besteht darin, daß sowohl Telemachos wie Eurykleia von der Identität des Bettlers wissen, beide aber so tun, als ginge es ihnen nur um die Einhaltung des Gastrechts.

υ 149ff. Die ausführliche Beschreibung der Anweisungen Eurykleias und der Vorbereitungen für die Bewirtung der Freier bilden auf der Textebene ein naturalistisches Gemälde der Zustände, wobei die Länge der Beschreibung dem entscheidenden Tag des Freiermordes einen entsprechenden Auftakt verleiht (Eisenberger 1973, 276). Auf der Figurenebene weist Eurykleia die Mägde nur darauf hin, daß ein Festtag sei, um zu begründen, warum mit einem frühen Eintreffen der Freier zu rechnen sei. Die Beschreibung signalisiert aber auch, daß an diesem Tag besonders umfangreiche Vorbereitungen getroffen werden; so bringt Eumaios gleich drei Eber; vor allem das Eintreffen des Philoitios von jenseits des Meeres ist kein alltägliches Ereignis. Damit ist suggeriert, daß der Tag auch für die Freier einen besonderen Anlaß darstellt. Dem Hörer wird damit (zusätzlich zu seinem Wissen, daß an diesem Tag die Bogenprobe stattfinden wird) das Motiv der Hochzeitsfeierlichkeiten suggeriert, die in anderen Versionen mit der Bogenprobe und dem Freiermord zusammenfallen mußten.

υ 156 Das Fest, das am Tag des Freiermordes stattfindet, ist hier erstmals ganz beiläufig genannt. Der Hörer erfährt noch immer nicht, daß es sich um ein Fest des Apollon handelt (vgl. zu υ 276–8), und es ist keine Rede davon, daß dieses Fest für die Ereignisse im Haus eine besondere Bedeutung hätte. Für den Hörer, der das Motiv aus anderen Varianten kannte, mußte die Erwähnung aber bereits hier signalisieren, daß, obwohl der mit der Mannwerdung des Telemachos verbundene Termin für die Handlung dieser Odyssee keine Bedeutung mehr hat und Penelopes Hochzeit nicht mehr auf den Tag des Apollonfestes festgelegt ist, am Zusammentreffen der Termine hier dennoch festgehalten ist (zur Bedeutung Apollons für den Freiermord vgl. Schwabl 1978, 24 Anm. 39; 26).

υ 166–71 Die Frage des Eumaios bezieht sich auf die Zeitspanne zwischen seinem Abgang am späten Nachmittag und dem Abend des Vortags; Odysseus rekapituliert in seiner Antwort also bereits erzählte Handlung. Thematisiert wird die Möglichkeit einer alternativen Handlung, in der die Freier dem Bettler mehr Respekt schenken und damit, so wäre zu ergänzen, eine differenziertere Form der Bestrafung verdienen. Vor diesem Hintergrund tritt die ὕβρις der Freier unserer Version noch deutlicher zutage.

υ 178–82 Der Unmut des Melanthios über die Anwesenheit des Bettlers hat eine gesellschaftliche Grundlage: Melanthios wirft ihm vor, er bettle

nicht „gemäß der Ordnung", indem er nicht zu anderen Häusern weiter-
ziehe. Als ‚Bettlercode' zeichnet sich damit ab, daß ein fremder Bettler nur
einen einzigen Tag in einem Haus verweilen darf (das gibt auch der ver-
sprochenen ‚Dauerstellung' für den Sieger im Bettlerwettkampf, σ 48–9,
erst ihre Bedeutung). Diese Annahme fügt sich zu jenen Signalen im Text,
die die Übernachtung des Bettlers Odysseus im Haus als auffällig markieren (vgl. zu σ 328–9; τ 60–95), und erhebt die ‚gesellschaftliche Regel' in den
Rang einer Erzählkonvention der Odyssee-Tradition: Da Odysseus nur einen Tag als Bettler in seinem Haus bleiben kann, ist er gezwungen, noch
am Tag seiner Ankunft den Freiermord zu vollziehen; das ist selbstverständliche Voraussetzung all jener Versionen, in denen Odysseus erst am
Tag der neuen Hochzeit auf Ithaka eintrifft. Die Übernachtung des Odysseus verstößt damit gegen die ‚Regel' aller Varianten.

υ 194–6   Das Motiv der Erkennung des Odysseus aufgrund seiner äußeren
Erscheinung taucht hier in der abgewandelten Form auf, daß Philoitios in
dem Bettler spontan den König erkennt.

υ 204–6   Der emotionale Ausbruch, der die Bemerkung des Philoitios zu
den Parallelen zwischen dem Bettler und Odysseus begleitet, verweist darauf, daß das Motiv der Ähnlichkeit ‚eigentlich' in den Zusammenhang einer Erkennungsszene gehört (vgl. zu τ 44–46).

υ 209–12   Obwohl die biographischen Angaben zu Philoitios im Gegensatz zu denen seines ‚Doubles' Eumaios äußerst knapp bleiben, ist nicht zu
verkennen, daß der Dichter hier einen Lebenslauf entwirft, der in der Konstellation unserer Odyssee Funktion haben soll: Odysseus hat seinerzeit
Philoitios ‚wie ein Vater' behandelt und sich dadurch die Loyalität des
Sklaven verdient. Der Lebenslauf des Philoitios stützt sich daher wie der
des Eumaios trotz seiner Kürze kaum auf traditionelle Fakten.

υ 224–34   Philoitios spricht davon, daß Odysseus im Falle seiner Rückkehr die Freier „die Hallen entlang auseinandertreiben" würde. Dieselbe
Vorstellung fand sich in Telemachs Wunsch zu Beginn der Odysseehandlung (υ 224f. ≈ α 115f.); während dort damit aber sichtlich keine spezifische
Optik bezüglich der Art der Rache an den Freiern verbunden ist (Telemachos wünscht einfach ein Ende der Freierplage), wird der Rachemodus hier
thematisiert: Odysseus sagt in seiner Antwort an Philoitios ausdrücklich,
daß Odysseus die Freier töten werde, und korrigiert damit gewissermaßen
seinen Diener, der wie Telemachos im α die Art der Rache gar nicht ins
Blickfeld rücken wollte. Als Alternative zum Ablauf in unserer Odyssee
zeichnet sich damit ab, daß Odysseus zwar sehr wohl mit Gewalt (und dem
Bogen) gegen die Freier vorgehen, sich jedoch damit begnügen könnte,
durch wenige gezielte Schüsse die Masse der Freier in Panik zu versetzen
und in die Flucht zu treiben. Unsere Odyssee setzt sich hier vielleicht von

Halle unansehnlich geworden (π 288–90 = τ 7–9), drückt dieselbe Einstellung aus. Telemachs Rede ersetzt also die Rechtfertigung der Waffenbergung und rückt vor dem Hintergrund des wohl traditionellen Motivs ein komplexeres Verhältnis zwischen ihm und den Freiern ins Bild. Telemachos tritt hier den Freiern bereits mit größerer Autorität entgegen, als dies der Fall wäre, wenn er seine vorbereitete Rechtfertigungsrede hielte.

υ 276–8 Der Schwenk auf einen anderen Schauplatz macht gerade durch seine Kürze das Nebeneinander der Handlungsstränge sichtbar und hebt dem Hörer ins Bewußtsein, woran die Freier und Telemachos nicht teilnehmen. Das Fest, das an jenem Tag, der dem Hörer schon als der Tag des Freiermordes bewußt ist, begangen wird, ist hier erstmals als Fest des Apollon bezeichnet. Daß dieses Fest für die Handlung Bedeutung hat, kann der Hörer auch an dieser Stelle nur dann erfassen, wenn ihm der Zusammenhang zwischen Apollonfest, Mannbarkeit des Telemachos und Hochzeit der Penelope als traditioneller Bestandteil der Geschichte bekannt ist (vgl. zu ξ 161–4). Gerade mit diesem ‚Kameraschwenk‘ wird dem Hörer aber besonders deutlich signalisiert, daß das Apollonfest für unsere Odyssee eben nicht die vertraute Bedeutung hat: Telemachos nimmt ja nicht am offiziellen Festakt teil, kann also auch nicht, wie es das Analogon der Ephebenfeier nahelegt, bei diesem Anlaß offiziell in den Stand der erwachsenen Männer aufgenommen werden. Der unmittelbare Kontext, in dem sich der Schwenk auf das Fest befindet, signalisiert nun deutlich, was in unserer Odyssee an die Stelle des traditionellen Motivs tritt: Telemachos erreicht hier den Status des Mannes nicht, indem er offiziell dazu erklärt wird, sondern indem er den neuen Status durch sein Verhalten beweist: Soeben hat er selbstbewußt die Verantwortung für das Haus des Vaters übernommen; erstmals haben auch die Freier diese neuerworbene Autorität akzeptiert.

υ 292–8 Telemachos hat Odysseus gleich zu Beginn des neuen Tages ausdrücklich als ξεῖνος bezeichnet und im Gegensatz zum Vortag auch als solchen behandelt (υ 257–62: Odysseus erhält Tisch und Stuhl, wenn auch von niedrigstem Rang, und wird so von der Schwelle, auf der er am Vortag saß, emporgehoben; 281–3: Odysseus erhält den gleichen Anteil am Opfer wie die Freier). Jetzt reagiert der Freier Ktesippos darauf, indem er den Gegensatz zwischen den Konzepten ‚Bettler‘ und ‚Gastfreund‘ zum Thema seiner sarkastischen Rede macht. Das Verhalten der Freier wird damit im Rahmen des Konflikts zwischen zwei Konzepten, die alternative Handlungsmöglichkeiten bilden, dargestellt: Odysseus ist teils Bettler, teils ξεῖνος; dieses Teils-Teils ist aber ausgedrückt als ein Ringen zwischen Telemachos und den Freiern, die nicht akzeptieren, daß Odysseus als ξεῖνος definiert wird.

υ 318–9 Telemachos nennt als Vergehen der Freier die Gewaltanwendung gegen ξεῖνοι und den gewaltsamen respektlosen Umgang mit den Mägden.

Der Vorwurf erfolgte wörtlich so schon aus dem Munde des Odysseus (vgl. zu π 108–11). Dort war keiner der beiden Vorwürfe berechtigt, weder aus der Figurenperspektive des Bettlers noch für den Hörer, der bis zu jener Stelle kein solches Vorgehen der Freier beobachten konnte. Inzwischen hat sich einer der beiden Vorwürfe bestätigt: Die Freier behandeln Gastfreunde mit Gewalt, wie ihr Umgang mit Odysseus zur Genüge beweist (der Plural ξείνους ist nur rhetorisches Mittel). Das zweite Detail ist nach wie vor unbestätigt: Zwar schlafen einige der Mägde mit einigen der Freier, doch auf freiwilliger Basis (υ 6–8); andere Mägde leiden unter der Anwesenheit der Freier, doch nicht aufgrund direkter Gewaltanwendung (υ 105–19). Die Formulierung scheint auch hier nur auf einen Vorwurf zu verweisen, der den Freiern in vielen Versionen gemacht werden konnte (vgl. zu χ 37).

υ 324–5 Ähnlich verhält es sich mit der Aussage des Agelaos, die Freier sollten weder den ξεῖνος noch einen der Sklaven im Haus des Odysseus mißhandeln: Von Gewalt gegen die Sklaven konnte bisher ebenfalls keine Rede sein; es scheint hingegen denkbar, daß die Freier in anderen Versionen durch solche Übergriffe charakterisiert waren. Auch die negative Charakterisierung der Freier unserer Odyssee ist somit komplexer als die jener Versionen, in denen sie nur als Gewalttäter dargestellt waren.

υ 328–33 Das Argument des Agelaos enthüllt die Unrechtmäßigkeit des Verhaltens der Freier: Wenn er sagt, daß Penelope und Telemachos, solange noch Hoffnung auf Rückkehr des Odysseus bestand, die Freier zu Recht hinhielten, so würde dem entsprechen, daß die Freier während dieser Zeit Penelope noch nicht bedrängt, jedenfalls nicht den Palast besetzt hätten. Selbst in der höflichsten Formulierung eines ‚guten‘ Freiers verrät sich also die Schuld der Freier, die nicht mehr rückgängig gemacht werden kann.

υ 334–44 Ein letztes Mal vor dem Freiermord wehrt Telemachos die ‚offiziellen‘ Absichten der Freier ab, wonach Penelope den würdigsten Bewerber wählen und das Haus verlassen, er selbst aber den väterlichen Besitz behalten solle. Telemachos antwortet, daß er eine solche Vorgangsweise zwar befürworte, gegen den Willen der Mutter aber nicht erzwingen wolle. Aus Telemachs Figurenperspektive ist das hier nur mehr ein Lippenbekenntnis, da er ja schon von der Rückkehr des Odysseus weiß. Auch das Angebot der Freier ist aber vor dem Hintergrund ihrer Ambitionen, mit Penelopes Hand die Herrschaft über Ithaka zu erlangen, und der Mordpläne gegen Telemachos nur mehr ein Scheinangebot. In Versionen, in denen die Handlung auf das Motiv der Weblist konzentriert war, konnte das Verhalten der Freier tatsächlich in diesem ehrenhaften Rahmen dargestellt sein; der Dialog zwischen Agelaos und Telemachos erinnert dann ein letztes Mal daran, daß die Freier sich auch ‚korrekter‘ verhalten könnten, hier aber aufgrund ihrer ὕβρις fraglos den Tod verdienen.

υ 345–72   Die Szene rund um die Vision des Theoklymenos gehört wohl zu den individuellsten Erfindungen des Odysseedichters: Die Beschreibung des Zustands der Freier, die die Kontrolle über sich verlieren (nach Rutherford 1992, 68, gibt die Beschreibung bereits die Vision des Theoklymenos wieder, ohne sie als solche zu bezeichnen, womit dem Hörer suggeriert wird, daß die Vision der Realität entspreche), die Vision selbst und dann auch noch die verdeutlichenden Worte gegenüber Eurymachos sind exakt auf die Situation innerhalb der Handlung abgestimmt und konzentrieren sich ganz auf die blutige Schlacht des χ und den Tod der Freier. Der markanteste Auftritt des Theoklymenos innerhalb der Handlung erweist sich damit wohl als unabhängig von der Tradition, was gut zu den übrigen Beobachtungen zur Figur des Sehers paßt (vgl. zu ο 223–56). Wenn er dann unvermutet auf Dauer aus der Handlung ausscheidet, signalisiert das, daß er seine Funktion erfüllt hat, die darin bestand, einen Teilaspekt des unerkannt zurückgekehrten Odysseus zu übernehmen.

υ 384–6   Telemachos wartet ständig darauf, ob Odysseus den Kampf gegen die Freier eröffne. Das entspricht seiner Figurenperspektive, da er noch nichts von der Bogenprobe weiß, also auch nicht ahnt, mit welchen Waffen sein Vater den Kampf beginnen will. Damit ist unmittelbar vor dem Beginn des Bogenwettkampfs an jene Motivlinie erinnert, die mit dem Thema der Waffenbergung eingeleitet wurde (vgl. zu π 281–98): Telemachos ist noch immer auf einen Kampf mit schweren Waffen gegen die wehrlosen Freier gefaßt; diese Möglichkeit haben sich Vater und Sohn aber schon dadurch verbaut, daß sie nicht, wie zuvor geplant, für sich selbst Waffen bereitgelegt haben (vgl. zu τ 1–50). Das Motiv der Bogenprobe zielt andrerseits darauf ab, daß Odysseus allein gegen die Freier kämpft (vgl. zu υ 29–30); mit dem Verweis auf den kampfbereiten Telemachos schiebt sich daneben die Erwartung auf einen Kampf, an dem auch Telemachos teilnimmt. Die Spannung für den Hörer besteht somit darin, wie diese beiden ‚eigentlich‘ inkompatiblen Motive miteinander kombiniert werden können. Die Auflösung der Spannung wird erst im Verlauf des Freiermordes erfolgen.

Odyssee 21

φ 1–4   Athene gibt Penelope ein, „den Freiern Bogen und Äxte zu setzen“, und zwar „als Geräte des Wettkampfs und als Ursache ihrer Ermordung“. Man sah einen Widerspruch darin, daß Athene Penelope antreiben muß, obwohl diese schon selbst den Entschluß zur Bogenprobe gefällt hat (Wilamowitz 1927, 51). Doch sind damit genau jene zwei Aspekte bezeichnet, die die Situation gleichzeitig bestimmen (vgl. van Nortwick 1983): Penelope hat die Entscheidung in der festen Absicht getroffen, einen neuen

Mann zu wählen; Athene führt die Bogenprobe herbei, um den Freiermord
in Gang zu bringen. Gegenwärtig sind damit zwei alternative Handlungs-
konzepte: Nach dem einen setzt Penelope unter dem Druck der Freier die
Bogenprobe noch vor der Rückkehr des Odysseus an, der noch rechtzeitig
eintrifft, um die Bogenprobe zum Freiermord umzufunktionieren. Nach
dem anderen Konzept handelt es sich um ein gemeinsames Komplott von
Penelope und Odysseus, und der Bogenwettkampf dient von vornherein
dazu, Odysseus die Waffe in die Hand zu spielen. Mit der Erwähnung
Athenes, die das Prinzip der Rache verkörpert, erinnert der Erzähler an
diese zwei zugrundeliegenden Motivlinien; besonders prägnant daher die
Bezeichnung des Bogens als ἀέθλια καὶ φόνου ἀρχήν, die die Perspektive
Penelopes und jene Athenes nebeneinanderstellt. Mit der Bezeichnung des
Bogens als „Auslöser des Mordes" ist aber die Vertrautheit der Hörer mit
dieser Form der Geschichte unmißverständlich vorausgesetzt.

φ 13–41   Die Geschichte von der Herkunft des Bogens des Odysseus wirft
etliche Fragen auf. Die Erklärer stimmen darin überein, daß die Begegnung
zwischen Odysseus und Iphitos reichlich konstruiert wirkt und nicht nach
alter Tradition aussieht. Zieht man die Ausführlichkeit der Angaben als
Kriterium heran, so stellt man fest, daß jene Fakten, die den Weg des Odysseus betreffen, aus der Darstellung gut verständlich sind: Die Messenier
hatten aus Ithaka Vieh mitsamt Hirten geraubt, Odysseus war vom Volk
gesandt worden, die Beute zurückzufordern, und war zu Ortilochos, dem
König der Messenier (γ 489), gelangt. Diese Darstellung läßt an Klarheit
nichts zu wünschen übrig: Der Akt der Messenier war ein Piratenstück,
Odysseus trat als Diplomat auf; wie die Sache ausging, muß in diesem Erzählkontext nicht mehr interessieren. Ganz anders hingegen der Weg des
Iphitos: Zwar beginnt seine Geschichte ganz parallel zu jener des Odysseus,
doch erfahren wir hier nicht, wer die zwölf Stuten samt Maultieren ent-
wendet hat. Auch die Angaben zum Ausgang seiner Mission stiften mehr
Verwirrung als Klarheit: Iphitos trifft nach seiner Begegnung mit Odysseus
auf Herakles, der ihn, obwohl Gastfreund, tötet. Wir erfahren nicht, ob
Iphitos zufällig oder absichtlich zu Herakles gelangt, noch warum Herakles
ihn tötet; der Text verrät nur, daß Herakles die Pferde behält, schreibt ihm
also eine Rolle im Pferderaub zu, ohne damit sein Verhältnis zu Iphitos zu
klären. Es scheint also, daß der auf Odysseus bezogene Teil der Erzählung
kein Vorwissen des Hörers voraussetzt und durchgehend ‚neue' Fakten
enthält, während die Geschichte von Herakles und Iphitos nur dann einen
Sinn ergibt, wenn man sie in einen größeren Zusammenhang einordnet.
      Zwei Fragen stehen somit im Vordergrund: Wie verhält sich die Epi-
sode von Herakles und Iphitos zu der Geschichte, die später als ‚Eroberung
von Oichalia' epische Gestalt annahm (dazu Burkert 1972)? Und welche

Funktion hat die Einbeziehung dieses Sagenkreises für den Zusammen-
hang der Herkunft des Bogens des Odysseus? Zuletzt meinte Schischwani
(1995), es gebe keine Beziehung zu dem Mythos von der Werbung des He-
rakles um Iole, der Bogenprobe, der verweigerten Braut und der Rache des
Helden; Eurytos sei durch Apollon gestorben (ϑ 226–8), Herakles habe die
Stuten (nach der Erklärung der Scholien) von Autolykos gekauft, der sie
Iphitos gestohlen habe, und es habe vor dem Mord an Iphitos gar kein
Gastverhältnis zwischen Herakles und der Familie des Eurytos gegeben.
Die Erzählung lasse somit den Bogen des Eurytos sogar unter Vergewaltigung der durch die Tradition festgelegten Sagenchronologie in die Hände
des Odysseus kommen. Diese Lösung kann nicht befriedigen, weil sie un-
terstellt, daß der Dichter, nur um zwei Sagenstränge kurzschließen zu können, die Geschichte von Herakles und Iphitos, die innerhalb des Odyssee-
Kontextes gar keinen Sinn ergibt, aus dem Nichts erfunden hätte.

Nun finden sich schon in den Scholien Hinweise auf eine Version, die
die Begegnung zwischen Herakles und Iphitos mit der Werbung um Iole in
Verbindung bringt, allerdings nur in der negativen Formulierung, daß der
Dichter diese Version nicht kenne (BQ zu υ 22): τὸν γὰρ Ἰόλης ἔρωτα οὐκ
οἶδεν ὁ ποιητής, οὐδὲ ὡς ἀποτυχὼν τοῦ ἔρωτος τῆς Ἰόλης ἔκλεψε τὰς ἵππους
Εὐρύτου. Referiert ist die Geschichte im Schol. V, wo offenbleibt, ob Herakles die Pferde gestohlen habe, wo es aber heißt, dieser habe Iphitos aus
Rache getötet, weil er trotz bestandener Bogenprobe Iole nicht erhalten habe. Ergänzt wird diese Version bei Diodor 4, 31, 2, wo es von Herakles
heißt: ὁ δ' ἀποτυχὼν τῆς μνηστείας διὰ τὴν ἀτιμίαν ἐξήλασε τὰς ἵππους τοῦ
Εὐρύτου, während bei Apollodor (2, 6) jene Version ausgeführt ist, die Autolykos mit dem Diebstahl belastet. Damit drängt sich der Verdacht auf,
daß sich hinter diesen konkurrierenden Versionen, die beide sichtlich die
anspielungshaften Daten der Odyssee ergänzen wollen, die Auseinandersetzung antiker Philologen um die Frage verbirgt, ob der Odysseedichter
die Sage von der Werbung des Herakles um Iole kenne oder nicht. Beide
Versionen scheiden damit als unabhängige Zeugnisse für jenen Mythos,
dessen Kenntnis der Text der Odyssee sichtlich voraussetzt, aus.

Somit lassen sich keine präzisen Angaben über jenes Verhältnis zwischen Iphitos und Herakles ermitteln, dessen Kenntnis beim Hörer aufgrund des Anspielungscharakters des Textes vorausgesetzt sein muß (so
auch Hölscher 1988, 67–75; 165, der die Begegnung zwischen Odysseus und
Iphitos jedoch auf ein Suchermärchen zurückführt; vgl. Burkert 1972). Daß
der berühmte Bogenwettkampf um die Hand Ioles dabei in irgendeiner
Form eine Rolle spielt, liegt auf der Hand: Es müßte schon ein großer Zufall
sein, wenn in der Odyssee an zwei Stellen Herakles und Eurytos (bzw. dessen Sohn Iphitos) ausdrücklich in Verbindung mit ihren Bogenkünsten gemeinsam genannt werden (vgl. zu ϑ 215–28), ohne daß der Mythos der

klassischen Konfrontation der beiden Bogenschützen bereits bekannt gewesen wäre. Die Genealogie des Bogens suggeriert damit, daß Odysseus jene Waffe in die Hand bekommt, mit der schon einmal ein Wettkampf um die Hand einer Frau stattgefunden hat. Noch einen Schritt weiter geht Krischer (1992) mit der These, daß das Motiv der Bogenprobe überhaupt erst von der Eurytos-Sage auf die Odyssee übertragen sei. Diese Annahme ist für ein frühes Stadium der Odysseus-Sage sehr verlockend, kann aber für die Version unserer Odyssee kaum stimmen. Das zeigen die zahlreichen Stellen innerhalb unseres Textes, wo die Kenntnis des Motivs der Bogenprobe beim Hörer vorausgesetzt ist; daß der Text Odysseus die Waffe nur zu dem Zweck besitzen läßt, um sie für den Kampf um Penelope aufzubewahren, ist ausgesagt, wenn es heißt, daß Odysseus den Bogen nie in den Krieg mitnahm, sondern als μνῆμα seiner Gastbeziehung zu Iphitos zu Hause aufbewahrte; der Bogen sollte also nur für jene Funktion, die bereits von seinem ersten Eigner Eurytos her berühmt war, aufbewahrt bleiben.

Diese Beziehung wird allerdings in unserem Text nicht ausdrücklich genannt, sondern bleibt ganz im Hintergrund. Daß Odysseus den Bogen ‚erbt‘, der sowohl über die Hand Ioles entschieden hat, wie er über die Hand Penelopes entscheiden wird, ist auch die einzige Parallele zwischen den beiden Sagenkreisen. Bei den Aspekten, die in unserem Text im Vordergrund stehen, dominiert hingegen der Gegensatz zwischen Odysseus und Herakles. Im Zentrum steht dabei das Motiv der ξενία: Odysseus begründet durch den Waffentausch ein Gastverhältnis mit Iphitos, das allerdings nie bis zur gemeinsamen τραπέζη gelangt (35f.); Herakles tötet Iphitos, obwohl eine durch τραπέζη besiegelte Gastfreundschaft besteht (28f.); der Bogen hat mit diesem Mord nichts mehr zu tun, da Iphitos ihn bereits zuvor an Odysseus übergeben hat. Damit wird signalisiert, daß der Mord des Herakles an Iphitos eben nicht in unmittelbarem Zusammenhang mit dem Bogenwettkampf um Iole steht, sondern puren Frevel darstellt.

Denkt man weiter, so sieht man, daß das Thema der Gastfreundschaft auch für die Verwendung des Bogens gegen die Freier eine wichtige Rolle spielt: Zentral für die Rache des Odysseus ist das Motiv, daß die Freier gegen das Gastrecht verstoßen haben. Der Bogen als Symbol der ξενία dient also dazu, den Gegensatz zwischen Odysseus und Herakles zu definieren: Gerade dadurch, daß er nicht das Instrument der Rache des Herakles an Iphitos war, macht er das Unrecht, das in der Ermordung des Iphitos liegt, noch deutlicher sichtbar. Wenn hingegen Odysseus den Bogen gegen die Freier richtet, so verbleibt er streng im Rahmen des Gastrechts, das der Bogen repräsentiert. Odysseus hebt sich also gerade durch die Verwendung ein und desselben Bogens von der Figur des Herakles ab: Während Herakles Gewalt und Unrecht repräsentiert, steht Odysseus für Recht und Bewahrung der Gastfreundschaft. Diese Deutung trifft sich mit der Diagnose von Clay (1983, 89–96), die für die Geschichte des Bogens ebenfalls den Gegensatz zwischen Herakles und Odysseus in den Vordergrund rückt. Die Figur des Herakles dient in unserer Odyssee durchgehend dazu, vor der negativen Folie die Gestalt des Odysseus in ihren positiven Charakterzügen hervorzuheben (vgl. zu λ 601–35) und auch sein Verhalten, sowohl was die Irrfahrten als auch was den Freiermord betrifft, gegenüber anderen Versionen zu rechtfertigen, in denen er nicht so positiv gezeichnet war.

φ 68–79 Penelope stellt in ihrer Rede vor den Freiern, in der sie die Bogenprobe formal verkündet, ihre Entscheidung völlig unter den Aspekt des Zwangs, den die Freier auf sie ausüben. Dabei scheidet sie jedoch zwischen dem vorgeblichen Ziel der Freier (der angestrebten Hochzeit) und dem tatsächlich verfolgten Zweck (der Ausbeutung des Hauses). Penelope klammert damit alle anderen Motive, die ihren Entschluß darüber hinaus noch bestimmen (vgl. zu τ 570–87), aus und konzentriert sich nur auf das Motiv, daß sie dem Druck der auf die Hochzeit drängenden Freier nachgibt. Zugleich hebt der Text aber hervor, daß dieses Motiv hier nicht im Sinne jener Versionen Gültigkeit hat, in denen das Verhalten der Freier eine gewisse Berechtigung aufwies oder von Penelope sogar provoziert war: In dieser Version sind die Freier nicht ehrlich um Penelopes Hand bemüht, sondern benützen sie als Vorwand, um sich am Besitz des Odysseus zu vergreifen.

φ 98–100 Der vorausdeutende Hinweis des Erzählers hat nicht die Funktion, durch Vorwegnahme der kommenden Ereignisse die Spannung zu verringern; dies wäre die einzig mögliche Erklärung für den Fall, daß der Freiermord mittels des Bogens dem Hörer noch nicht bekannt wäre. Die Vorausdeutung appelliert vielmehr an einen dem Erzähler und dem Hörer gemeinsamen Wissensvorsprung gegenüber den Figuren, setzt also die Kenntnis des folgenden Handlungsablaufs beim Hörer voraus und erinnert auch daran, daß Antinoos unter den Freiern der Hauptschuldige ist und als erster die Bestrafung verdient.

φ 101–12 Telemachs Lachen hat der Forschung Kopfzerbrechen bereitet. Vorgeschlagen wurde, daß Telemachos lache, weil er die Möglichkeit zum Freiermord mittels des Bogens erfasse (Büchner 1940; Fernández-Galiano zu φ 102) oder weil er auf die unfreiwillige Ironie des Antinoos reagiere, der sagt, er habe Odysseus gesehen, als er noch νήπιος war (Olson 1993/4, mit weiteren Verweisen). Die Erklärer gehen davon aus, daß Telemachos spontan lache und dies nachträglich vor den Freiern zu rechtfertigen suche, um keinen Verdacht zu erregen. Doch müßte eine Abfolge ‚versehentliches Lachen – Rechtfertigung‘ vom Erzähler auch in diesen zwei Stufen präsentiert werden. In der Darstellung unseres Textes weist hingegen Telemachos die Freier selbst auf sein Lachen hin, der Hörer erfährt also erst aus seinem Mund, daß ihm zum Lachen zumute sei. Es empfiehlt sich daher eine Trennung zwischen Figurenperspektive und Handlungskonstellation.

Telemachs Lachen ist vergleichbar mit Penelopes Lachen vor ihrem Auftritt vor den Freiern (vgl. zu σ 158–303). In beiden Fällen ist das Lachen Ausdruck der Verlegenheit gegenüber einem plötzlichen Verlangen, das der sonstigen Absicht der Figur widerspricht. Bei Penelope ist es der Konflikt zwischen dem Verlangen, vor die Freier zu treten und über die bevorstehende Hochzeit zu sprechen, und ihrer grundsätzlichen Ablehnung der Freier. Bei Telemachos ist es der Konflikt zwischen dem Wunsch, eine neue Hochzeit der Mutter zu verhindern, und dem Antrieb, Penelope zur neuen Ehe zu bestimmen, um das eigene Erbe zu retten. Mit diesem (vielleicht schon traditionellen) Konflikt begründet Telemachos vor den Freiern, warum er nicht versucht, die Bogenprobe zu verhindern. Wenn er dann in derselben Rede ankündigt, er selbst wolle den ersten Schuß tun, so scheint diese Erklärung für sein Lachen die Harmlosigkeit seiner Absicht zu bestätigen. Für den Hörer, der mit dem traditionellen Verlauf der Bogenprobe vertraut ist, wird damit aber signalisiert, daß Telemachos die Möglichkeiten des Bogens schon erkannt hat und versucht, die Waffe in die Hand zu bekommen. Der Text bezeichnet nirgends ausdrücklich den Punkt, an dem Telemachos den Plan des Vaters, die Bogenprobe zum Freiermord umzufunktionieren, begreift, so wie er auch nirgends den Punkt bezeichnet, an dem Odysseus selbst diesen Plan faßt. Für den Hörer, der weiß, daß Telemachos zu den Freiern nicht die Wahrheit sagt (Telemachos weiß, daß Odysseus schon da ist, akzeptiert also den Hochzeitsbeschluß seiner Mutter nicht), ist damit aber hier genau dieser Punkt bezeichnet.

φ 113–39 Telemachs Versuch, selbst den verlangten Schuß zu tun, reflektiert das Motiv der Mannwerdung (vgl. Bannert 1988, 55f.; Hölscher 1988, 258; Moreau 1992; Olson 1995, 176, scheint hingegen Telemachos ödipodale Motive zu unterstellen) und macht deutlich, daß Telemachos den Freiern überlegen, also für den Kampf bestens gerüstet ist. Wenn es ihm dann aber fast gelingt, den Bogen zu spannen, und er von Odysseus abgehalten werden muß, so signalisiert das, daß damit die Handlung in eine bestimmte Richtung gelenkt und erst im letzten Moment wieder abgebogen wird. Es ist also zu fragen, welchen Verlauf die Handlung nähme, wenn Telemachos tatsächlich den Freiern zuvorkäme. Für einen Hörer, der mit dem traditionellen Ablauf ,Bogenprobe – Freiermord' vertraut ist, muß ein Gelingen von Telemachs Versuch signalisieren, daß die Bogenprobe zu Ende wäre, bevor sie noch richtig angefangen hat, und Telemachos (wie er auf der Figurenebene wohl tatsächlich beabsichtigt) sogleich selbst mit dem Freiermord beginnen könnte. Damit wäre der traditionelle Ablauf auf den Kopf gestellt, und es gäbe keine Perspektive, um die Handlung wieder in die traditionellen Bahnen zurückzuführen. Telemachs Versuch signalisiert dem

Hörer also, daß der Sohn nicht in den traditionellen Verlauf des Freiermordes mittels des Bogens integriert werden kann: Den Bogen kann immer nur einer bedienen, und dieser eine muß Odysseus sein. Die Rolle des Helfers, die für Telemachos seit dem π vorgesehen ist, erfordert eine andere Art der Einbindung in die Rachehandlung. Telemachos, und mit ihm der Hörer, muß weiter auf eine Antwort auf die Frage warten, wie der Freiermord ablaufen soll. Damit wird auch der Einschubcharakter des Folgenden markiert: Wenn Odysseus dann tatsächlich seinen Schuß tut, hat er in der Zwischenzeit zwei weitere Helfer hinzugewonnen; erst mit deren Hilfe wird die Kombination von traditionellem Bogenkampf und heroischem Kampf mit schweren Waffen möglich sein.

φ 140ff. Die Aufforderung des Antinoos läßt erwarten, daß alle Freier sich am Bogen versuchen, bevor Odysseus an die Reihe kommt. Beschrieben wird zuerst ausführlich der vergebliche Versuch des Leiodes, der vom Erzähler (150f. πρὶν γὰρ κάμε χεῖρας ἀνέλκων / ἀτρίπτους ἁπαλάς) und von Antinoos (172–3) als besonders schwächlich charakterisiert wird; damit wird eine aufsteigende Reihe vom Schwächsten der Freier bis zum natürlichen Endpunkt, dem Stärksten, der die größte Gefährdung für den Plan des Odysseus darstellt, signalisiert; danach werden die Versuche aller übrigen Freier nur pauschal als Hintergrundhandlung bezeichnet, während der Erzähler sich dem Anagnorismos zwischen Odysseus und den Hirten vor dem Haus zuwendet (der Schwenk wird mit der Verwendung des Imperfekts ab 184 signalisiert; wenn der Erzähler das Scheitern aller außer den zwei stärksten Freiern vorwegnimmt, ist das als Vorgriff vor dem Blickwechsel zu werten; noch weiter geht Olson 1995, 106–8, der Eumaios und Philiotios ‚eigentlich‘ bereits aufgrund der Aufforderung des Antinoos, 85–90, das Haus verlassen läßt); zuletzt sind nur noch Eurymachos und Antinoos, die „besten" und stärksten Freier (187) übrig; der Versuch des Eurymachos wird wieder beschrieben; Antinoos, der stärkste der Freier, verzichtet dann aber auf seinen Versuch bzw. verschiebt ihn auf den nächsten Tag. Damit wird offengelassen, ob Antinoos nicht doch fähig wäre, den Bogen zu spannen, was signalisiert, daß es in dieser Version durchaus nicht selbstverständlich ist, daß sich alle Freier als Schwächlinge erweisen und Odysseus mit ihnen leichtes Spiel hat. Nicht zufällig erschießt Odysseus in unserer Version Antinoos als ersten der Freier, und zwar bevor er versucht hat, die Bogenprobe zu bestehen: Antinoos stellt für Odysseus die größte Gefahr dar (Olson 1995, 198). Diese Konstruktion der Handlung bewirkt aber auch, daß Odysseus an den Bogen gelangt, bevor der Wettkampf noch zu Ende ist, bevor sich also die Freier die Frage stellen müssen, wie ihre Werbung um Penelope jetzt weitergehen solle. Wenn Odysseus in den Wettkampf eingreift, ist er also der letzte, aber nicht der letzte in der Reihe der Bewerber; die Handlung kann damit die Vorteile, die beide Abläufe je für sich aufweisen, miteinander kombinieren.

φ 152–62   Die Rede ist einem Opferseher angemessen: Leiodes prophezeit den Tod vieler Freier, ohne daß die Anwesenden den Sinn seiner Worte verstünden: Die Formulierung ... κεκαδήσει/ θυμοῦ καὶ ψυχῆς (153–4) wird von Antinoos in seiner Antwort sichtlich nur als metaphorisch interpretiert, obwohl Leiodes selbst sie unmißverständlich damit kommentiert hat, daß es besser sei zu sterben. Leiodes repräsentiert also die Rolle des Warners, der zu Beginn des Bogenkampfes die unheilvolle Rolle, die der Bogen für die Freier haben wird, voraussagt, ohne daß ihm geglaubt wird. Die nicht verstandene Vorhersagung dient somit dazu, die Blindheit der Freier hervorzustreichen.

Ähnlich verhält es sich mit der zweiten Aussage des Leiodes: Wenn alle Freier sich am Bogen versucht hätten, sollten sie die Werbung um Penelope beenden, und diese solle jemand anderen heiraten, nämlich keinen aus der Schar der Freier, die sich ihrer als nicht würdig erwiesen hätten. Dies entspricht dem Konzept, daß Penelope die Bogenprobe als List aussetzt, um die Werbung der Freier ein für allemal zu beenden: Wenn sich keiner als würdig erweist, hat auch jeder das Recht auf sie verwirkt. Damit wird ein Konzept zitiert, das in unserer Odyssee nicht wirksam ist, da Penelope hier ja ernstlich beabsichtigt, durch die Bogenprobe die Entscheidung zugunsten eines der Freier herbeizuführen. Es ist aber denkbar, daß in anderen Versionen die Bogenprobe als zweite List der Penelope, in Analogie zur Weblist, genau diese Figurenabsicht erfüllen sollte. Vorausgesetzt mußte in solchen Versionen dann aber sein, daß Penelope genau weiß, daß keiner der Freier den Bogen meistern kann, vielleicht weil damit ein Trick verbunden ist (vgl. zu φ 393–400). Leiodes zitiert also auch hier einen Verdacht, der in anderen Versionen vielleicht von den Freiern offen ausgesprochen sein konnte, der in unserer Version aber keine Funktion für die Handlung hat und von den Freiern auch gar nicht verstanden wird; auch hier markiert der Verweis auf die Variante die Blindheit der Freier.

φ 188ff.   Man hat moniert, der Erzähler lasse Eumaios und Philoitios das Haus ohne Grund verlassen. Obwohl man erklären könnte, daß die treuen Diener den entscheidenden Schuß nicht mit ansehen wollen, oder die Aufforderung des Antinoos ins Spiel bringen könnte (φ 85–90: Olson 1995, 106f.), weist die Darstellung unseres Textes geradezu darauf hin, daß es sich hier um den letzten Zeitpunkt handelt, zu dem die loyalen Hirten noch in die Rachehandlung miteinbezogen werden können. Das Thema der Mithilfe von Dienern wurde bis jetzt von der Handlung bewußt ferngehalten (vgl. zu π 299–320); der Hörer wurde ganz auf die Erwartung festgelegt, daß niemand in den Racheplan eingeweiht werden dürfe; was Telemachs

Teilnahme am Freiermord betrifft, scheint die mit dem π initiierte Handlunglinie immer mehr in eine Sackgasse zu münden, da der Text während des φ nicht erkennen läßt, wie der Sohn den mit dem Bogen agierenden Vater unterstützen soll. Die Einbeziehung der Hirten muß den Hörer also überraschen, und wenn der Erzähler die Figurenbewegung nicht motiviert, verstärkt das den Eindruck, daß die Handlung einen plötzlichen Schwenk erfährt. Auf der Textebene bedarf der Gang der Hirten vor das Haus natürlich keiner Rechtfertigung: Ihr Anagnorismos mit Odysseus holt nur nach, was gegenüber anderen Versionen immer wieder aufgeschoben war.

φ 209–11 Die Aussage des Odysseus stimmt mit der Darstellung unseres Textes nicht überein: Selbst wenn man sie auf die männliche Dienerschaft beschränkt, hat Odysseus schon mit weiteren Sklaven zu tun gehabt, die ihm nicht feindlich gesinnt sind (den Mitsklaven des Eumaios), während Melanthios als einziger explizit auf der Seite der Freier steht. Der Text suggeriert hier aber, daß die lange Zurückhaltung des Odysseus und die sorgfältige Überprüfung der Gesinnung a l l e r Sklaven notwendig war: Erst jetzt, unmittelbar vor dem entscheidenden Augenblick, kann er sich sicher sein, wenigstens zwei Sklaven identifiziert zu haben, die ihm bedingungslos ergeben sind und in die Rachehandlung einbezogen werden können. Damit ist ein alternativer Handlungsgang evoziert, in dem vor dem Freiermord mehr Sklaven als hier überprüft werden; das ‚Zitat' erinnert den Hörer daran, daß in dieser Version andere Motive dominiert haben.

φ 217–20 Zur Narbe als ‚abgedroschenes' σῆμα vgl. zu τ 390–468.

φ 231 Odysseus spricht in Zusammenhang mit der Planung des Freiermordes von einem σῆμα. Das suggeriert dem Hörer zunächst ein Signal für den Beginn des Angriffs, in Analogie zu jenem Nicken, mit dem Odysseus Telemachos signalisieren wollte, die Waffen zu entfernen (π 283 νεύσω μέν τοι ἐγὼ κεφαλῇ), und jenem, mit dem er ihm dann tatsächlich den Kampfbeginn signalisieren wird (φ 431 ἐπ' ὀφρύσι νεῦσεν). Tatsächlich kündigt Odysseus hier nicht ein Signal, ein σῆμα im eigentlichen Sinn an, sondern eine konkrete Handlungssituation, die bereits unmittelbar bevorsteht, und auf die die Hirten reagieren sollen. Das Vokabular spiegelt also eine Handlungskonstellation wider, in der Odysseus mit seinen Helfern langfristig vorausplant, wer in welcher Situation welche Aufgaben zu übernehmen hat; man könnte dabei an eine Einbeziehung der Hirten noch auf dem Land (als Alternative zu Telemachos?) denken. Auch damit ist signalisiert, daß in unserer Version das langfristige Planen des Freiermordes durch spontanes Reagieren auf die jeweilige Situation ersetzt ist.

φ 235–41 Die die Mägde betreffenden Anweisungen sollen einen alternativen Handlungsverlauf verhindern: Die Mägde sollen während des Freiermordes nicht das Megaron betreten. Was soll damit verhindert werden?

Man könnte daran denken, daß die illoyalen Mägde den Freiern zu Hilfe eilen oder ihnen zumindest Waffen reichen, wie es Melanthios im χ tatsächlich tun wird. Doch könnte der bloße Befehl an die Mägde ein solches Verhalten kaum verhindern. Das Schließen der Megarontüre soll also eher einen Fluchtversuch der Freier verhindern und dient damit demselben Zweck wie das Versperren der Hoftüre. Als alternativer Handlungsverlauf ist damit vergegenwärtigt, daß die Freier alles versuchen, um die Flucht vor den Pfeilen zu ergreifen, ja auch daß einigen Freiern dies tatsächlich gelingt. Ein solcher Verlauf des Freiermordes mußte vor allem dann unumgänglich sein, wenn Odysseus völlig auf sich allein gestellt war und nicht wie in unserer Version massive Vorsichtsmaßnahmen ergreifen konnte.

φ 249–55   Eurymachos stellt zwei alternative Folgen des Versagens der Freier einander gegenüber: Mit der Bemerkung, er könne auch eine andere Frau heiraten, geht Eurymachos über die logische Konsequenz hinweg, daß die Bogenprobe in der von Penelope inszenierten Form eine List darstellt, die zu einem Ende der Werbung der Freier führt: Wer dabei versagt, scheidet für alle Zukunft als möglicher Mann Penelopes aus (vgl. Krischer 1993). Der Text unterstreicht damit, daß dieses Motiv in unserer Version nicht wirksam ist, und stellt dem jene Konsequenz gegenüber, die das Scheitern der Freier hier hat: Der Verlauf der Bogenprobe erweist, daß die Freier Odysseus nicht ebenbürtig sind, daß sie im folgenden Kampf zu Recht unterliegen und nicht etwa einer heimtückischen List zum Opfer fallen. Das bestätigt auch der Verweis auf den damit verbundenen Nachruf der Freier: Unsere Odyssee ist darum bemüht, das κλέος der Freier als ein negatives κλέος zu erfassen, indem sie ihr Scheitern als ἐλεγχείη definiert. Die Freier fallen hier weder der List der Penelope noch dem Hinterhalt des Odysseus zum Opfer, sondern ihrem eigenen Mangel an heroischen Qualitäten.

φ 256–72   Die Rede des Antinoos leitet zum dramatischen Höhepunkt des Bogenwettkampfs über. Während aber die Erwartungen der Hörer darauf konzentriert sind, daß Antinoos als der Stärkste der Freier (vgl. zu φ 140–3) den Versuch unternimmt und dem Ziel näher kommt als alle anderen (van Thiel 1988, 250, schlägt als Variante vor, daß Antinoos den Bogen spannt und die Äxte verfehlt; das konnte in Versionen, in denen die Freier nicht so negativ gezeichnet waren, einen brauchbaren Spannungseffekt abgeben), wählt unser Text ein anderes Mittel, um Spannung zu erzeugen: Antinoos benützt seine Autorität, um den Wettkampf zu unterbrechen bzw. auf den nächsten Tag zu verschieben. Sein Argument dafür (der Apollonfesttag sei ungeeignet für Wettkämpfe) signalisiert dem Hörer, daß die Handlung damit in ein falsches Geleise geriete: Es ist ja gerade der Festtag des Apollon, den die Tradition für Bogenkampf und Freiermord vorsieht; Apollon als Gott des Bogens ist der Garant dafür, daß Odysseus die Ermordung der

Freier mittels des Bogens gelingt (vgl. Schwabl 1978, 26). Die Verschiebung auf den nächsten Tag würde also bedeuten, daß der Zusammenhang mit dem traditionellen Motiv verlorenginge und letztlich die Verbindung von Bogenprobe und Freiermord auseinanderbräche. Der Hörer ist dadurch mit einer Situation konfrontiert, die ihm wohl aus keiner Version bekannt war: Odysseus läuft Gefahr, den Freiermord gar nicht beginnen zu können, weil die Bogenprobe abgebrochen wird, bevor noch alle Freier angetreten sind. Für den Hörer stellt sich damit die Frage, wie der Held die unvorhergesehene Situation meistern wird. Und Odysseus meistert die Situation: Während er selbst am Ende des ϱ den Freiermord um einen Tag verschoben hat, gelingt es ihm hier, die neuerliche Verschiebung abzuwehren. Der Erzähler demonstriert damit seine souveräne Kontrolle über den traditionellen Stoff: Er kann in die Geschichte nach Belieben einen Tag einschieben, läßt sich dazu aber nicht von scheinbaren Vorgaben der Handlung zwingen.

φ 273–84 Odysseus bittet die Freier um den Bogen, indem er die Verlegung des Wettkampfs auf den nächsten Tag ausdrücklich gutheißt und für sich selbst nicht den Anspruch erhebt, in den Kampf um Penelopes Hand einzugreifen. Damit reagiert Odysseus auf die neue Situation: Gerade der Abbruch des Wettkampfs ermöglicht es ihm, den Bogen zu fordern, ohne den Verdacht zu erwecken, er wolle etwas anderes erreichen als seine Kraft mit den Freiern zu messen. Die Reaktionen der Freier bestätigen diese Taktik: Antinoos ist nur wegen der sozialen Anmaßung des Bettlers empört; Eurymachos befürchtet wie schon zuvor, ein Erfolg des Bettlers könne die Schande der Freier vergrößern; beide erkennen nicht die dahinter verborgene Gefahr, daß der Bettler ihnen Penelopes Hand streitig macht.

φ 288–310 Das Eurytion-Paradeigma in der Antinoos-Rede ist ein gutes Beispiel für die Schwierigkeiten der Forschung, dem charakteristischen Anspielungsstil der Odyssee auf die Schliche zu kommen. Das mythologische *exemplum* in der Figurenrede, das die Aussageabsicht des Sprechers durch ein Beispiel verdeutlicht („so handelten die Helden damals, deshalb handle auch du heute so", oder „… deshalb handle du nicht so"), gehört fest zur Ausdrucksweise der Ilias, findet sich hingegen in der Odyssee nur vereinzelt. Dieses Faktum an sich erschien der Forschung immer schon als charakteristisch für den Stil der Reden der Odyssee, in der die Sprecher ihre Absicht, den Gesprächspartner zu beeinflussen, eher zu verschleiern suchen (vgl. dazu Beßlich 1966). Warum dieses typische Stilmittel der Ilias im Einzelfall dann doch auch in der Odyssee auftaucht, erscheint also erklärungsbedürftig, wenn man sich nicht mit einer Erklärung wie „hübsche Einlage" (Wilamowitz 1927, 58) begnügen will. So deutet Heubeck (1954, 26) das Exemplum mit dem „Bestreben …, die Tradition der Ilias-Exempla durch eine möglichst enge Anlehnung an deren Form und Aufgabe auch in der Odyssee zu erhalten", womit er eher seine Ratlosigkeit verrät. Worin sich dieses Odyssee-Exemplum von den geradlinig-einfachen *exempla* der Ilias unterscheidet, sieht man aber erst, wenn man den gesamten referierten Kentaurenmythos zur Situation der Odyssee in Beziehung setzt.

Ein erster Ansatz dazu findet sich bei Schröter (1950, 12f.): Antinoos spreche nicht aus, daß Eurytions κακὰ ἔργα darin bestanden, daß er eine Frau begehrte, die ihm nicht zustand, weil er damit zugeben würde, daß der Bettler Anspruch auf Penelope erhebt („Antinoos hat im φ nun einmal die verzweifelte Rolle, Zweideutigkeiten gegen sich selbst zu sagen"); das *exemplum*, das er auf den Bettler anwende, richte sich gegen ihn selbst, und statt Odysseus würden er und die Freier das Schicksal des Eurytion erleiden. Noch stärker ist die Ironie des *exemplum* hervorgehoben bei Friedrich (1975, 39f.): Antinoos beziehe die Anmaßung des Eurytion nur auf die soziale Anmaßung des Bettlers, der sich auf eine Stufe mit den Freiern stelle; im Zentrum stehe der Begriff der ἄτη, den Antinoos auf den Bettler anwende, der aber auf ihn selbst und die Freier zurückfalle. Auch Friedrich meint, daß das πῆμα, das Antinoos dem Bettler verkündigt, sein eigenes sei.

Die Ironie des Exemplums läßt sich noch präziser fassen, wenn man sich auf die Form des Mythenreferats konzentriert. Die von Antinoos erzählte Geschichte konzentriert sich völlig auf das Schicksal des Eurytion, das, soweit es für die paradigmatische Aussage relevant ist, in allen Details nachgezeichnet ist: Er gelangt zu den Lapithen, ins Haus des Peirithoos, betrinkt sich, begeht einen Übergriff, die Gastgeber geraten in Zorn, zerren ihn zur Türe hinaus (zu diesem Motiv vgl. zu π 274–80) und schneiden ihm Nase und Ohren ab. Dieser Teil der Geschichte ist durch die Erzählung vollständig abgedeckt, der Hörer benötigt keine weiteren Informationen. Für die Einbettung der Geschichte in ihren größeren Zusammenhang sind hingegen beim Hörer sichtlich Kenntnisse vorausgesetzt: Bei welcher Gelegenheit kam der Kentaur in das Haus des Peirithoos? War er allein oder in Begleitung anderer Kentauren? Worin bestanden seine Vergehen, die Antinoos nur mit der Formulierung μαινόμενος κάκ' ἔρεξε umschreibt? Welche chronologische Beziehung bestand zwischen dem genannten Zwischenfall und dem Kampf zwischen Lapithen und Kentauren, auf den mit 303, ἐξ οὗ Κενταύροισι καὶ ἀνδράσι νεῖκος ἐτύχθη, angespielt ist?

Es ist offenkundig, daß der Hörer diese Informationslücken auffüllen muß, um die hervorgehobene Episode in ihren ‚historischen' Zusammenhang stellen zu können. Seit der Antike wurde dabei immer wieder zwanglos auf die bekannte Form der Schlacht zwischen Lapithen und Kentauren zurückgegriffen: Der Anlaß des Übergriffs sei die Hochzeit des Peirithoos, Eurytions Untat die Vergewaltigung (oder der Raubversuch) der Hippodameia, die Bestrafung des Übeltäters durch die Lapithen löse die Abwehrmaßnahmen der übrigen, ebenfalls anwesenden Kentauren aus.

Es kann kaum bestritten werden, daß diese oder eine ähnliche Version als bekannt vorausgesetzt ist; zu deutlich ist der Anspielungscharakter des Referats, vor allem die gezielte Unterschlagung der Art der Untat und der Verweis auf das νεῖκος zwischen Kentauren und „Männern". Die Version des Antinoos fügt sich allerdings nicht nahtlos in die kommune Tradition der Kentauromachie: Das Referat erweckt den Eindruck, als wäre Eurytion allein bei den Lapithen zu Gast gewesen, da er sonst ja nicht ohne weiteres verstümmelt werden könnte; und der Verweis auf das νεῖκος, das sich als gleichsam historische Folge aus diesem Anlaß ergeben habe, scheint darauf zu deuten, daß Antinoos darin zwei unterschiedliche Vorfälle sieht. Erkannt ist die Diskrepanz bei van Thiel (1988, 250f.), der 303f. seinem Redaktor zuweist: „Der ‚gelehrte' Hinweis auf den Kampf zwischen Lapithen und Kentauren scheint falsch zu sein, denn die Geschichte Eurytions steht ganz für sich, d.h. sie ist Variante zur bekannten Kentauromachie." Ich glaube, daß diese Beobachtung teilweise richtig ist: Die Geschichte von der Verstümmelung Eurytions ist tatsächlich Variante zur Kentauromachie, doch keine traditionelle, sondern eine von Antinoos für das *exemplum* ‚erfundene' Variante, die auf das Schicksal, das Odysseus durch den Menschenverstümmler Echetos droht, hinweist (vgl. σ 85–7, wo die Freier dieselbe Drohung an Iros richten). Mit dem Hinweis auf den Streit zwischen Kentauren und Lapithen versucht nicht ein Nachdichter, einen nicht existenten Zusammenhang zwischen zwei konkurrierenden Varianten herzustellen, sondern demonstriert der Sprecher Antinoos sein Desinteresse an diesem größeren Aspekt der Geschichte: Anstatt zu fragen, inwiefern die Fortsetzung des Mythos für den Vergleich von Belang ist, blendet er nochmals zurück auf die Figur des Eurytion und demonstriert damit seine Blindheit gegenüber den für die Situation tatsächlich relevanten Aspekten der Geschichte: Im weiteren Verlauf der Odyssee wird sich nicht die von Antinoos erzählte Version der Geschichte erfüllen, nach der nur ein einziger Kentaur aufgrund des Übergriffs, dessen Natur belanglos wäre, durch Verstümmelung bestraft wurde. Das Paradeigma paßt vielmehr auf das Verhalten aller Freier und weist damit vielleicht auf Versionen, in denen alle Kentauren sich an den Lapithen-Frauen zu vergreifen suchten; die Folge dieses Übergriffs war dann keine Bestrafung, wie sie einem Bettler zustünde, sondern ein heroischer Kampf, bei dem die Aggressoren vernichtend geschlagen wurden.

Die Analyse zeigt somit eindrucksvoll, worin die Differenz dieses mythologischen Exemplums zu den Paradeigmata der Ilias besteht. Betrachtet man nur die oberflächliche Aussage des Exempels, die mit der Figurenperspektive des Antinoos übereinstimmt, so kann man keine Abweichung vom Typus der Ilias feststellen. Der erzählte Mythos läßt sich nach der Auffassung des Antinoos direkt auf die Handlungssituation übertragen und soll dem Angesprochenen als unmißverständliche Warnung dienen: „Wenn du dich weiter so verhältst wie bisher, wirst du dasselbe Schicksal wie Eurytion erleiden." Die beim Hörer als bekannt vorausgesetzte traditionelle Version des Mythos erbringt jedoch die entgegengesetzte Aussage des Paradeigma, und zwar gegen die Absicht des Antinoos, doch verständlich für die eingeweihten Figuren der Handlung (Odysseus, Telemachos, die zwei Hirten) und die Hörer des Textes: Das Beispiel fällt auf den Sprecher selbst zurück (vgl. zu β 119–20), der den Übergriff, vor dem er den Bettler noch warnt, bereits längst selbst begangen hat, so daß die Bestrafung unausweichlich geworden ist. Die für den Stil der Odysseereden so typische Ironie tritt somit noch deutlicher zutage, wenn man berücksichtigt, wie der Dichter das Vorwissen seiner Hörer um die behandelten Mythen einsetzt.

φ 311–79   Penelope setzt sich dafür ein, daß der Bettler den Bogen erhält, zunächst gegenüber Antinoos, dann noch deutlicher gegenüber Eurymachos; Telemachos spricht ihr daraufhin das Recht ab, über den Bogen zu entscheiden, und reklamiert dieses Recht für sich, ohne es sogleich in die Tat umzusetzen; nachdem sich Penelope entfernt hat, will Eumaios dem Bettler den Bogen bringen, wird aber von den Freiern bedroht, worauf er innehält; jetzt gibt Telemachos ihm ausdrücklich den Befehl, Odysseus den Bogen zu geben, und Eumaios tut dies.

In dieser Abfolge sticht vor allem der Wortwechsel zwischen Telemachos und Penelope hervor: Wozu entzieht der Sohn seiner Mutter das Recht, den Bogen weiterzugeben, wenn er danach selbst ihre Absicht in die Tat umsetzt? Nun haben zwar Telemachs scharfe Worte eine konkrete Handlungsfunktion: Durch sie wird Penelope aus dem Megaron entfernt, so daß der Freiermord, bei dem sie nicht anwesend sein soll, beginnen kann; es ist fraglich, ob Penelope in ausführlichen epischen Versionen während des Freiermordes in der Halle blieb und Augenzeugin des Gemetzels wurde (vgl. zu φ 356–8). Denkbar wären aber Varianten, in denen sie gar nicht an der Bogenprobe teilnahm, sondern entweder den Agon schon am Vortag ankündigte (vgl. zu σ 158–303) oder gleich nach der Ankündigung sich zurückzog und nicht erst mitten in der Szene mühsam entfernt werden mußte. Doch müßte der Erzähler, nur um das erzähltechnische Problem zu bewältigen, Penelope gar nicht erst für den Fremden eintreten lassen.

Eine Erklärung der Doppelung des Eintretens für den Fremden durch Penelope bzw. Telemachos im analytischen Sinn hat Merkelbach (1969, 7–9) versucht: Wir hätten hier die Kombination von Teilen zweier Versionen vor uns; in der einen habe der Anagnorismos zwischen Odysseus und Penelope bereits stattgefunden, und Penelope versuche bewußt, ihrem Gatten den Bogen zuzuspielen; in der anderen sei Penelope gar nicht anwesend, und Telemachos nehme seinen Vater vor Antinoos in Schutz. Diese These benötigt, sofern man mit der Kombination fester Textstücke rechnet, zu viele

Hilfsargumente; man müßte mit weitgehenden Eingriffen des Redaktors rechnen, und die wiedergewonnenen ‚Urversionen‘ wären im überlieferten Wortlaut trotzdem nicht wirklich gelungen.

Das Bild ändert sich, wenn man statt dessen annimmt, daß der Dichter konkurrierende Versionen miteinander kombiniert und ohne die Zwänge eines vorgegebenen Wortlauts zu einer Einheit verschmilzt, die auf die zugrundeliegenden ‚einfachen‘ Motive verweist. Unter dieser Annahme paßt die Szenenfolge glatt in das Konzept unserer Odyssee; wirksam sind dabei nicht zwei, sondern drei konkurrierende Konzepte: (a) Penelope versucht Odysseus bewußt (eventuell gegen Telemachs Willen) den Bogen zuzuspielen; (b) Telemachos unterstützt den Vater gegen die Freier (ohne direkte Einmischung Penelopes); (c) Eumaios bringt seinem Herrn wie vereinbart den Bogen, vielleicht unbemerkt von den Freiern. Diese drei Motive können, jedes für sich allein, diverse Versionen bestimmt haben; jede der drei Figuren kann in einer Version Odysseus allein zum Bogen verholfen haben, wenn auch jede auf eine andere Weise und mit anderer Autorität. In unserer Version sind nun alle drei Motive wirksam, doch in modifizierter Form: Penelope unterstützt zwar die Absicht des Bettlers, doch ohne um seine Identität zu wissen, womit sie ihre Sympathie für den Bettler und ihre Opposition gegen die Freier zeigt. Eumaios versucht zwar, wie ursprünglich geplant (vgl. zu φ 231), seinem Herrn den Bogen zu bringen, scheitert aber fast am Widerstand der Freier. In beiden Fällen ist es erst Telemachos, der ein Machtwort spricht und die Absicht Penelopes bzw. des Eumaios gegen die Freier durchsetzt. Telemachs Widerspruch gegen Penelope zitiert damit regelrecht die Variante: Es ist in dieser Version eben nicht Penelopes Eingreifen, das Odysseus zum Bogen verhilft, sondern seines; und auch beim Eingreifen des Eumaios erweist sich die Hilfe des Sohnes als wichtig. Unser Text schließt damit die konkurrierenden Versionen nicht aus, weist ihnen aber innerhalb der größeren Einheit eine neue Funktion zu.

φ 323–33 Der Wortwechsel zwischen Eurymachos und Penelope läßt ihre unterschiedliche Optik hervortreten, wobei beide danach fragen, welche Art von κλέος die Handlung der Odyssee hervorrufen könnte (323 φάτιν; 331 εὐκλείας). Die Version des Eurymachos hält sich eng an die ‚einfache Geschichte‘: „Schwächere Männer freien um die Frau eines trefflichen Mannes und können nicht den Bogen spannen; doch da kommt ein dahergelaufener Bettler, spannt den Bogen und schießt durch das Eisen“. Penelope hingegen hebt hervor, daß die Freier das Haus des edlen Mannes verzehrt und entehrt hätten; bereits darin bestehe ihr ἔλεγχος, ihr negatives κλέος vor der Nachwelt, nicht erst in der Überwindung durch Odysseus. Penelope hebt damit die Optik unserer Odyssee, in der die Freier moralische Schuld haben, scharf von der traditionellen Optik der ‚einfachen Geschichte' ab, in der die Freier sich erst durch das Ergebnis der Handlung als die Verlierer der Geschichte erweisen.

φ 337–42 Mit dem Versprechen, den Fremden vollständig auszustatten und ihm beliebiges Geleit zu gewähren (zu dem Motiv vgl. Schwabl 1992), verleiht Penelope ihm endgültig den Rang eines vollwertigen ξεῖνος (vgl. zu τ 253–4). Die Frage ist damit aber weiterhin nur für Penelope selbst entschieden; die Freier verweigern Odysseus nach wie vor den Bogen, behandeln ihn damit als Bettler und verweigern ihm das Gastrecht.

φ 356-8 Der ‚unzeitige Schlaf' hat Kritik hervorgerufen, da er auf der Figurenebene psychologisch unglaubwürdig wirkt: Penelope fällt in ihrem Gemach in Schlaf, obwohl im Megaron gerade die von ihr selbst herbeigeführte Entscheidung darüber getroffen wird, wer ihr neuer Ehemann werden soll. Sie verschläft damit auch den Freiermord und muß zu Beginn des ψ erst von Eurykleia geweckt werden. Zur Erklärung dieser Auffälligkeit hat Hölscher (1988, 279–283) auf die in vielen Traditionen belegte ‚einfache Geschichte' hingewiesen, in der die Gattin des Heimkehrers selbst den Wettkampf inszeniert, ihr noch unerkannter Mann als einziger vor ihren Augen die Probe besteht und sich mit diesem σῆμα ihr bereits zu erkennen gibt. Varianten dieses Motivs finden sich auch im südslawischen Heimkehrerlied, wo es oft das Schwert des Verschollenen ist, das nur der unerkannte Bettler aus der Scheide ziehen kann; in einem Lied erkennt die Frau ihren Mann sogar am charakteristischen Laufstil, mit dem er den sportlichen Wettlauf der Hochzeitsgäste gewinnt (vgl. Banović 1951, 147–156). Nach Hölscher hat dieses Motiv allerdings nur in der möglichst knapp erzählten ‚einfachen Geschichte' Platz und müßte in jeder epischen Gestaltung notwendig verdrängt werden, da es undenkbar sei, daß Penelope während des Freiermordes, wenn dieser breiter dargestellt sei, anwesend bleibe. Dagegen wendet sich Schwinge (1993, 101–4), der annimmt, daß Penelope in den ‚vorhomerischen' epischen Odysseen während des Freiermordes anwesend war, wobei der Freiermord dort jedoch gerafft berichtet sein mußte. Mir scheint das Problem nicht so sehr in der Ausführlichkeit der Darstellung zu liegen als in der Art, wie Odysseus den Freiermord vollzieht: In unserer Odyssee, in der es im χ zu einer regelrechten Schlacht mit den Freiern kommt, wäre Penelope höchst gefährdet, so daß sie rechtzeitig entfernt werden muß; in einer Version, in der Odysseus nur den Bogen als Waffe benützte und die Zahl der Freier nicht so hoch war, konnte Penelopes Anwesenheit kaum als störend empfunden sein; dabei ist Schwinge zuzugeben, daß bei einer solchen Konstellation die Darstellung des Freiermordes schon aufgrund der Umstände nicht so viel Raum in Anspruch nehmen konnte wie in unserer Odyssee. Wichtiger erscheint mir Schwinges Auffassung, daß es sich bei Penelopes Entfernung aus dem Megaron und ihrem Schlaf nicht nur um eine Verlegenheitslösung des Dichters handle, der sich gezwungen sehe, die Motivführung der ‚einfachen Geschichte' abzuändern (so Hölscher 1988, 282f.), sondern daß sich damit „die Odyssee pointiert gegen die vorausliegenden Odysseen stelle" und der Odysseedichter damit den Willen zeige, „kontrafaktisch zu [der traditionellen Gestaltung] ein Neues zu schaffen" (102). In unserer Version ist damit erreicht, daß die Anagnorismos-Szene zwischen Odysseus und Penelope vom Freiermord getrennt wird und Eigenständigkeit gewinnt und daß es überhaupt zu etwas wie einem ‚inneren Anagnorismos' kommen kann, der nicht ausschließlich an äußeren Zeichen hängt. Der von Athene bewirkte Schlaf markiert das Abbiegen von der zunächst angepeilten Handlungslinie als auffällig: Anstatt dem Freiermord beizuwohnen und Odysseus schon aufgrund seines Schusses wiederzuerkennen, verschläft Penelope in dieser Version buchstäblich die gesamte Szenenfolge. Sie versäumt damit wie schon im τ die ‚natürliche' Gelegenheit zum Anagnorismos; der Anagnorismos im ψ muß dann unter erschwerten Bedingungen ablaufen.

φ 380–5 Eumaios gibt den Auftrag des Odysseus (vgl. zu φ 235–41) nur sinngemäß weiter: Wenn auch der Wortlaut, was die Verschließung der Türe betrifft, identisch bleibt, so richtet er ihn nicht an „die Frauen", sondern an Eurykleia und bezeichnet ihn als Befehl des Telemachos. Die stillschweigende Abänderung korrigiert den Plan („die Frauen" als Kollektiv wären nicht vertrauenswürdig), weist aber auch auf die Ironie der Situation hin: Eumaios weiß nicht, daß auch Eurykleia in das Geheimnis eingeweiht ist, und beruft sich deshalb statt auf Odysseus auf Telemachos.

φ 393–405 Für die Überprüfung des Bogens durch Odysseus erwägen die Freier, er besitze entweder selbst einen solchen Bogen oder wolle sich einen solchen nachbauen; der Erzähler führt als dritten Grund an, Odysseus wolle überprüfen, ob der Bogen nicht während seiner langen Abwesenheit Schaden genommen habe. Die Erwägungen der Freier sind ironisch gemeint: Ein Bettler (für den die Freier ausschließen, daß er je wieder „nach Hause" kommen wird) kann keinen Bogen „zu Hause liegen haben" und kann sich kein kostbares Sportgerät zulegen. Beide Vermutungen drücken also den Hohn der Freier über die in ihren Augen skandalösen Konstellation aus, daß der Bettler es wagt, den ‚heroischen' Bogen überhaupt in die Hand zu nehmen, und zeigen damit zugleich, daß die Freier den Ernst der Situation noch immer nicht erfaßt haben. Die Vermutungen hätten jedoch ein ganz anderes Gewicht, wenn die Freier Odysseus nicht als Bettler, sondern als ξεῖνος betrachteten, da sie dann eine solche Begründung durchaus ernst nehmen könnten; vor allem wäre denkbar, daß Odysseus selbst derartige Vorwände benützt, um den Bogen in die Hand zu bekommen (so tatsächlich in der südslawischen ‚Odyssee-Variante' bei Banović 1951a). Der

Vorwand, den Odysseus in anderen Versionen benützt hätte, wäre damit in eine doppelt ironische Vermutung der Freier umgewandelt.

φ 406–30 Mit einer Reihe von Motiven wird der Freiermord dem Epengesang gleichgesetzt: Der Erzähler vergleicht den Vorgang des Einspannens der Bogensehne mit dem Aufziehen einer neuen Saite auf einer Phorminx; die Sehne, die von Odysseus ein erstes Mal ausprobiert wird, „singt schön" (411), gibt also einen Klang von sich wie ein Musikinstrument (oder, wie der Erzähler dann ausführt, wie eine Schwalbe); unmittelbar nach dem erfolgreichen Schuß kündigt Odysseus gegenüber Telemachos in verdeckter Ausdrucksweise an, er wolle die Freier mit „Gesang und Phorminxspiel" (430) bewirten. Die damit intendierte Aussage läßt sich nicht verkennen: In Odysseus fallen die Rollen des Erzählers und des Akteurs der Handlung zusammen. Seine Tat, die ihm κλέος verschafft, ist nicht zu unterscheiden von der Erzählung, durch die dieses κλέος weitertransportiert wird; mit dem berühmten Bogenschuß ist jener Punkt der Handlung erreicht, an dem Odysseus mit seiner Tat die Erzählung gleichsam einholt, an dem die Figur Odysseus und der Erzähler miteinander verschmelzen; die Tat des Freiermordes existiert nur *qua* Erzählung. Der Dichter weist damit selbstbewußt auf seine Funktion des Erzählens hin, wohl gezielt in einem Kontext, wo die traditionelle Handlungsführung ihm gar keine Möglichkeit gibt, sich von anderen Versionen abzusetzen: Der Pfeilschuß ist als einer der verbindlichsten Bauteile jeder Version der Odyssee zu betrachten. Der Erzähler hebt vielleicht gerade deshalb hervor, daß selbst in einem Bereich der Erzählung, der keine ‚Originalität' zuläßt, die Taten der Helden nur dadurch existieren, daß sie immer neu erzählt werden.

φ 411 Der Vergleich des Bogenklanges mit dem Gesang der Schwalbe hat symbolische Bedeutung (vgl. zuletzt Borthwick 1988). Entscheidend ist dabei der von Austin (1975, 247–251) herauspräparierte Zusammenhang: Die Schwalbe gilt als Symbol des Frühlings, der Wiederkehr des Neuen Jahres, und fügt sich damit in die Motivkette, die den Termin der Wiederverheiratung Penelopes (und der Rückkehr des Odysseus) auf das Apollonfest zu Beginn des Neuen Jahres festlegt (vgl. zu ξ 161–4). Besonders interessant ist Austins Hinweis auf die Eiresione, das Lied, das nach der herodoteischen Homervita der umherziehende Homer auf Samos gesungen habe, und zwar zur Zeit der νουμηνίαι im Winter; das Lied, das später lange Zeit von den Kindern, die sich zum Apollonfest sammelten, gesungen worden sei (c. 33 Allen), enthält die Formulierung νεῦμαί τοι νεῦμαι ἐνιαύσιος ὥστε χελιδὼν / ἔστηχ' ἐν προθύροις (v. 476f. Allen). Damit stellen sich wohl auch andere ‚Schwalbenlieder' in denselben kultischen Kontext, und der Zusammenhang zwischen Schwalbenlied und Apollonfest war für den griechischen Hörer automatisch präsent. Für die Interpretation der Odysseestelle ergeben sich daraus zwei Möglichkeiten: Entweder zielt der Vergleich zwischen Bogen und Schwalbe direkt auf die kultische Verbindung ab, signalisiert also, daß der Pfeilschuß des Odysseus mit dem Kommen der Schwalbe, dem Kommen des Neuen Jahres und dem Fest des Apollon zusammenfällt, und unterstreicht damit die Bedeutung, die das in anderen Versionen breiter ausgeführte Motiv des Termins auch für diese Version hat.

Denkbar wäre aber auch, daß der Vergleich eine in anderen Versionen gegebene Konstellation zitiert, in der das Schwalbenlied selbst eine Rolle spielte. Unser Text stellt für diese Vermutung keine direkten Hinweise zur Verfügung; doch formuliert Odysseus immerhin selbst so, daß Mahl und Lied zum Bild der Ermordung der Freier werden (vgl. auch den Bezug von φ 430 auf α 152, die erste Schilderung des Treibens der Freier). Nun gibt es das Motiv, daß der heimkehrende Held sich nicht durch eine Aktion oder ein σῆμα, sondern ein symbolisches Lied zu erkennen gibt, in etlichen Belegen im südslawischen Heimkehrerlied. Dort singt der Held ein Lied, das eine ähnliche symbolische Aussage hat wie der Traum, den Penelope im τ Odysseus erzählt: Die Schwalbe (hier feminin, als Symbol für die Gattin) baut über viele Jahre ihr Nest, bis Gefahr droht, daß das Nest zerstört werde; da kommt der Falke (maskulin, Symbol für den Helden) und wendet die Gefahr ab. Es wäre nun denkbar, daß ein ähnliches symbolisches Lied auch in der Odyssee-Tradition eine Rolle spielte: Odysseus singt während des Apollonfests ein Lied, mit dem er sich selbst als die (maskuline) Schwalbe bezeichnet, also als den Hausherrn, der rechtzeitig zum Termin wieder heimgekehrt ist. Der in unserem Text überlieferte Traum Penelopes vom Adler und den Gänsen hätte dann dieses Motiv bereits transformiert (mit Wahl des Zeus-Vogels) und in eine ganz andere Umgebung (aber immerhin auch in einen Anagnorismos-Kontext) gestellt; an der ‚ursprünglichen' Stelle, wo Odysseus selbst sich unmittelbar vor dem Pfeilschuß zu erkennen gibt, wäre das Motiv nur mehr in der Form des Zitats, das den Bogenschuß mit dem Anagnorismos durch das Schwalbenlied gleichsetzt, erhalten. Diese Vermutung ist natürlich hochspekulativ und unbeweisbar; das Motiv des Schwalbenliedes erhielte damit aber für den Text, den unsere Version der Odyssee bietet, eine besonders raffinierte Funktion.

φ 416–23 Seit der Antike wurde diskutiert, worin die Aufgabe der Bogenprobe eigentlich besteht. All jene Theorien, die voraussetzen, daß die Äxte an einer bestimmten Stelle ein Loch hätten, durch das der Pfeil gehen müsse (etwa das Stielloch, oder ein Ring zum Aufhängen der Axt am Stielende; vgl. Page 1972, 95–113), kämpfen mit der Schwierigkeit, daß in unserem Text kein Loch erwähnt ist. Eine andere Lösung stammt von Burkert (1973; vgl. Walcot 1984, mit weiterem Material; MacLeod 1984): Ägyptische Pharaonen demonstrierten Kraft und Herrschaftsanspruch, indem sie mit Pfeilen Kupferbarren durchbohrten, die die Form von Quadern mit konkav gewölbten Längsseiten hatten, also an die Gestalt der Doppelaxt erinnern; Metallbarren dieser Form wurden auch im Bereich der mykenischen Kultur gefunden, es handelt sich um die übliche Handelsform für Bronze und Kupfer (vgl. Forbes 1967, 24f.); der Name πέλεκυς ist als Gewichtsmaß bezeugt (Schol. T zu Ψ 851), vielleicht schon im Mykenischen (Burkert 1973, 76).

Aufgrund dieser Fakten läßt sich eine plausible Linie, die zur Entstehung der Geschichte vom Bogenschuß des Odysseus führt, nachzeichnen: Im Bereich der mykenischen Kultur gab es (vage) Kenntnis davon, daß das Schießen auf Kupferbarren dem König vorbehalten sei und zur Legitimierung seines Herrschaftsanspruchs diene. Dies wurde in eine Erzählung umgeformt, in der der zurückgekehrte König mittels des Pfeilschusses, der ihn als den wahren Herrscher auswies, seine Konkurrenten ausschaltete. Das Motiv wurde dann ins Mythische überhöht, an die Stelle des Kupfers trat das besonders kostbare Eisen, das die Aufgabe erschwerte; als weitere Steigerung kam die Vervielfachung des Ziels hinzu, aus der einen ‚Axt‘ wurden zwölf Äxte; die Zahl Zwölf läßt sich dabei mit dem Apollonfest am Monatsanfang in Verbindung bringen (Burkert 1973, 77 Anm. 32), vor allem mit Bezug auf das Neujahrsfest, das den Abschluß des Kreislaufs der zwölf Monate bildet. Das Erzählmotiv wurde irgendwann fest mit der Figur des Odysseus verbunden und in der Erzähltradition dann nur mehr in dieser Form weitergegeben. Jedem Hörer mußte daher der Bogenschuß des Helden als fester Bestandteil seiner ‚Biographie‘ gut bekannt sein; das bedingte, daß die technischen Details des Schusses keiner genaueren Erörterung bedurften, da sie — nicht aufgrund natürlicher Anschauung, sondern aufgrund der Erzähltradition — als bekannt vorausgesetzt werden konnten.

Mit dieser Deutung werden alle Versuche überflüssig, die Lücken der Anschauung, die unser Text aufweist, damit zu erklären, daß der Dichter unserer Version selbst gar keine konkrete Vorstellung (mehr) davon gehabt hätte, worin die Bogenprobe bestehe. Die Diskrepanz zwischen der im ägyptischen Bereich nachgewiesenen Leistung des Pharao und der fiktionalen Leistung des mythischen Helden Odysseus besagt nur, daß der Erzähler (so wie die Erzähler anderer Versionen) keinen unmittelbaren Zugang zu der Jahrhunderte zurückliegenden historischen Kunstübung hatte; er konnte deshalb aber sehr wohl eine präzise Vorstellung davon haben, wie der Schuß seines Helden durch die zwölf Äxte gemeint war. Die Angaben, die der Text unserer Odyssee macht, decken den hier postulierten Vorgang nicht lückenlos ab. Gerade das ist nicht als Zeichen dafür zu werten, daß der Dichter sich über seine eigene Unsicherheit in der Anschauung hinwegschwindelt und sich nicht festlegt, auf welche Art die Äxte aufgestellt seien und inwiefern der Pfeil „durch die Äxte" dringe. Es wäre ja völlig unplausibel, daß unser Dichter in dieser Frage überhaupt keine Meinung gehabt und sich deshalb vor einer Lösung gedrückt hätte. Der Eindruck der Unbestimmtheit, der sich heute einstellt, beruht vielmehr darauf, daß in unserem Text der Vorgang für ein Publikum beschrieben ist, das mit dessen Einzelheiten gut vertraut war. Wir hätten damit ein sicheres Indiz darauf, daß die technischen Details des berühmten Bogenschusses keine Variation zuließen; der Dichter unserer Version hielt sich an den von der Erzähltradition verbindlich vorgegebenen Ablauf und beschrieb ihn so, daß weder ihm noch dem eingeweihten Hörer auffallen mußte, daß diese Beschreibung aus sich allein nicht ohne weiteres verständlich ist.

φ 423–34 Die Rede des Odysseus an Telemachos ergänzt und verdeutlicht das Nicken, das das Signal zum Angriff darstellt. Dieses Signal tritt an die Stelle des ursprünglich vereinbarten Signals zur Waffenbergung (π 283 νεύσω μέν τοι ἐγὼ κεφαλῇ). Die geheime Verständigung zwischen Vater und Sohn hat somit nicht in Verbindung mit dem Nebenmotiv der Waffenbergung stattgefunden, sondern ist auf den wichtigeren Einsatz zum Freiermord verschoben worden. Mit dieser Motivübertragung erinnert der Erzähler, unmittelbar bevor Odysseus beginnt, mit dem Bogen auf die Freier zu schießen, daran, daß mit Telemachos als ‚Komplizen‘ des Odysseus eine Handlungslinie eingeleitet wurde, die einen Kampf beider Helden gegen die Freier mit schweren Waffen erwarten ließ (vgl. zu π 281–98). Im Verlauf des τ, υ und φ hat sich jedoch gegen diese Erwartung immer stärker die konkurrierende Auffassung breitgemacht, wonach Odysseus die Freier alleine mit dem Bogen bezwingen würde; auch die Hinzuziehung der Hirten im φ ließ zunächst nur eine Hilfsfunktion der beiden vermuten. Wenn sich jetzt Telemachos mit Schwert und Speer rüstet, wird der alte Faden von neuem aufgenommen; eine Vereinigung der beiden Fäden zeichnet sich aber derzeit noch nicht ab, der Hörer darf noch weiter gespannt bleiben.

Odyssee 22

χ 6–7 Odysseus kündigt an, er wolle nach Beendigung des Wettkampfs sich an einem anderen Ziel versuchen. Soweit ist seine Aussage aus dem Zusammenhang begründet: Odysseus spricht jetzt die Freier an, nachdem er mit φ 424–30 dieselbe Mitteilung bereits an Telemachos gerichtet hat. Beide Aussagen geschehen in verhüllter Form (vgl. Schröter 1950, 19), der Freiermord ist das eine Mal als „Nachtmahl für die Achaier", dann als „ein anderes Ziel" bezeichnet. Von diesem anderen Ziel sagt Odysseus jedoch, daß es „noch kein Mann je getroffen habe" (σκοπὸν ἄλλον, ὃν οὔ πώ τις βάλεν ἀνήρ). Wörtlich genommen ergäbe das entweder die absurde Aussage, daß vor Odysseus noch niemand mit dem Bogen auf Menschen geschossen hätte, oder die Banalität, daß noch niemand Antinoos oder die Freier er-

schossen habe. Eine andere Erklärung hat deshalb Nagler (1990) vorgeschlagen: Der Verweis des Odysseus auf die ‚Neuheit' seines Schusses markiere den problematischen Übergang vom symbolischen ἄεθλος zum blutigen Kampf innerhalb des eigenen οἶκος und bezeichne damit ein αἴτιον: „...
the slaughter of the suitors is an aitiological myth for the use of violence to
maintain even domestic order — in modern terms, for the foundation of the
state" (351). Die Figur Odysseus füge sich damit zu der analogen Tendenz
des Erzählers im Proömium, Odysseus von der Verantwortung am Tod der
Gefährten sowie der Freier freizusprechen. Diese symbolische Interpretation läßt sich nicht halten, wie Nagler selbst zu erkennen gibt, wenn er zugesteht, daß Odysseus damit auf der Figurenebene lüge, da es natürlich schon
zuvor Agone gegeben habe, die in blutigen Kampf geartet seien. Damit
stellt sich die Frage nach einer Erklärung, die der Aussage des Odysseus
auch auf der Figurenebene einen befriedigenden Sinn verleiht.

Die Aussage des Odysseus impliziert, daß es sich bei dem neuen Ziel
nicht nur um ein anderes Ziel handelt, sondern um eine ganz besondere
Herausforderung: Dieses Ziel ist noch von niemandem erreicht worden,
was vor allem die Schwierigkeit der Aufgabe unterstreicht. Nur ein besonders hervorragender Held kann diese Leistung vollbringen. Odysseus bezieht sich damit sichtlich nicht nur auf den Schuß gegen Antinoos, sondern
auf den gesamten bevorstehenden Freiermord, zu dem die Tötung des Anführers nur den Auftakt darstellt. Die Leistung des Odysseus besteht also,
wie der Erzähler wenig später hervorhebt (12–4), darin, daß er es wagt, allein gegen die Masse der Freier den Kampf zu beginnen. Der Text bezeichnet damit auf der Handlungsebene Odysseus als Helden, der eine größere
Leistung vollbringt als alle anderen Helden, und hebt ihn gleichsam als
den ‚besten Helden aller Zeiten' hervor.

Es ist allerdings fraglich, ob auf der Textebene der Vergleich zwischen
dem Freiermord des Odysseus und den Heldentaten anderer Helden intendiert ist. Vielmehr scheint der Erzähler mit der Hervorhebung der besonderen Leistung seines Helden die Darstellung des Freiermordes seiner
Version von der anderer Versionen abzuheben: Heute besteht Konsens darüber, daß der Odysseedichter den Freiermord zu einer Aristie im Stil der
Ilias aufwertet, indem er die Handlung vom traditionell vorgegebenen Bogenkampf zum Kampf zweier gleichwertig gerüsteter Parteien umschwenken läßt (vgl. vor allem Schröter 1950; zuletzt Hölscher 1988, 235–242; für
einzelnes vgl. zu χ 119–25). Die Ambition des Dichters, mit seiner Darstellung im χ die Konkurrenz zu überbieten, ist also unverkennbar. Dazu fügt
sich gut, daß diese Darstellungseinheit unmittelbar vor der ersten Aktion
als ‚Neuheit' angekündigt wird.

Die ‚Neuheit des Zieles' ist daher auf zwei Ebenen gegeben: Für die
Figur Odysseus besteht sie darin, daß er einen Kampf auf sich nimmt, der

im Bereich der Mythologie nichts Vergleichbares kennt (wobei man immerhin an diverse Heldentaten des Herakles denken könnte). Auf der Textebene besteht die Neuheit aber darin, daß diese Version alles übertreffen wird, was je in der Darstellung des Freiermordes versucht wurde; der metaphorische σκοπός liegt in der Überbietung der Sänger-Konkurrenz. Die Mittel, mit denen das erreicht wird, kann der Hörer an diesem Punkt der Handlung noch nicht erkennen, ja er wird vom Text geradezu in die Irre geführt, da die Ankündigung sich völlig auf den Bogen konzentriert. Unsere Version hält jedoch eine Überraschung bereit: Odysseus wird sich zwar nicht als Überheld beweisen, jedoch zusätzlich zum ,unheroischen' Bogenkampf sich auch noch als ἀριστεύων im heroischen Stil bewähren.

χ 11–4   Der Erzähler beschreibt den Überraschungseffekt, der im Schuß des Odysseus liegt, indem er unmerklich von der subjektiven Perspektive des Antinoos zur objektiven Perspektive der relevanten Handlungsmotive gleitet: Für Antinoos besteht die Überraschung darin, daß der Bettler in einer Situation schießt, in der er persönlich nicht auf Kampf gefaßt ist, nämlich während des Mahles. Für die Konstellation der übergreifenden Handlung wichtiger ist, daß Odysseus als einzelner gegen so viele den Kampf aufnimmt. Der Erzähler markiert damit, worin das Unerwartete, d.h. die Neuheit seiner Version des Freiermordes liegt: Nicht im Überraschungselement schlechthin, sondern darin, daß Odysseus den Angriff alleine startet. Dies muß den Hörer umso mehr überraschen, als Odysseus sich bereits der Hilfe von drei weiteren Personen vergewissert hat; anstatt mit ihnen gemeinsam den Angriff zu beginnen, wagt er das Unvermutete und nimmt es in der ersten Kampfphase allein mit seinen Gegnern auf.

χ 21–33   Die Darstellung der Reaktion der Freier auf die Erschießung des Antinoos wurde kritisiert (vgl. Fernández-Galiano). Wenn der Erzähler bemerkt, daß der erste Blick der Freier sich an die Wand richtet, wo die Waffen hängen sollten, so kann das nur bedeuten, daß sie instinktiv die Notwendigkeit sehen, sich vor dem Aggressor zu schützen, nicht ihn zu bestrafen. Ihre Rede an Odysseus zeigt davon aber keine Spur: Hier geht es ihnen nur um die Bestrafung des Mörders (die sie auch mit ihren Schwertern vollziehen könnten), und der Erzähler fügt ausdrücklich hinzu, daß die Freier in der Überzeugung sprechen, Odysseus hätte Antinoos versehentlich erschossen. In unserem Text stehen also zwei Reaktionen der Freier nebeneinander, die einander scheinbar ausschließen, und man wird darin die Kombination zweier alternativer Konzepte des gesamten Ablaufs des Freiermordes sehen. Das Problem ist nicht durch die oft vorgeschlagene Athetese von v. 24–5 zu lösen. Das Suchen der Freier nach Waffen knüpft organisch an das Motiv der Waffenbergung an, führt aber vor allem jenes Motiv fort, das uns schon bei der Betrachtung des Verhältnisses zwischen Ankündigung und Ausführung beschäftigt hat: Während Odysseus seinen Sohn zweimal instruiert hat, welche Ausrede er vor den Freiern bezüglich des Verbleibs der Waffen verwenden solle, fällt diesen ihr Fehlen im Verlauf des υ und φ überhaupt nicht auf (vgl. zu π 281–98). Dieses Motiv der Blindheit ist jetzt ein weiteres Mal gesteigert: Die Freier registrieren das Fehlen der Waffen erst, als sie sie benötigen würden, stellen aber selbst da noch keinen Konnex zum tödlichen Schuß des Bettlers her. Wenn also der Erzähler die Freier jetzt erstmals das Fehlen der Waffen bemerken läßt, zitiert er damit eine mögliche Reaktion darauf (spät, aber doch ahnen die Freier das gegen sie gerichtete Komplott), ersetzt sie aber durch eine andere, die ihre Blindheit noch stärker hervortreten läßt.

χ 37 Vgl. zu π 208–11; υ 318–9. Die Formulierung des Vorwurfs ist noch deutlicher als an den früheren Stellen und hilft mit, dort die Bedeutung von ῥυστάζω zu klären. Der Vorwurf der Vergewaltigung von Mägden bleibt auf die Figuren Odysseus und Telemachos beschränkt und wird vom Erzähler nirgends bestätigt; aber auch die beiden sagen in anderem Kontext, daß die Mägde sich den Freiern freiwillig hingaben. Der Erzähler läßt also denselben Tatbestand je nach Kontext unter gegensätzlichen Gesichtspunkten betrachten und erreicht damit, daß in seiner Version beide Konzepte gleichzeitig gültig sind: Die Freier machen sich durch den sexuellen Übergriff der ὕβρις gegen den οἶκος des Odysseus schuldig; die Mägde können trotzdem wegen Untreue gegen ihren Herrn belangt werden.

χ 42–3 Vers 43 ist schlecht bezeugt und wird vielfach athetiert (van Thiel hält ihn, druckt aber sogar 43a, der kaum bezeugt ist: 43a sei ‚Variante‘ zu 42–3). Der Vers gibt jedoch Sinn, wenn man ihn in Beziehung zu Vers 24 setzt: Nach dem Tod des Antinoos schauen die Freier sich nach den Waffen um (πάντοσε παπταίνοντες), ohne den Ernst der Lage zu erfassen; erst nach der Rede des Odysseus schauen sie sich erneut um (πάπτηνεν δὲ ἕκαστος), jetzt mit anderer Intention. Die Wiederholung des Verbums und die Szenenspaltung heben also hervor, daß die Freier erst jetzt jene Reaktion zeigen, die eigentlich schon nach dem Schuß auf Antinoos angemessen gewesen wäre: Die Phase der Blindheit ist erst beendet, als es längst zu spät ist.

χ 46–7 Von Übergriffen der Freier auf dem Land wird im Text nicht berichtet; der nur kurz erwogene Mordanschlag auf Telemachos ἐπ' ἀγροῦ (π 383–4; vgl. van Thiel 1988, 257) ist damit kaum gemeint, da Eurymachos diesen Bereich der Schuld ja ausdrücklich auf Antinoos abwälzt. Odysseus bezeichnet damit die Folgen, die die Okkupation des Palastes durch die Freier auf seinen gesamten Besitz gehabt hat.

χ 48–53 Wenn Eurymachos die ganze Schuld auf Antinoos abschiebt, so läßt das an eine Version denken, in der der politische Aspekt der Aktivitäten der Freier stärker im Vordergrund steht. Unsere Version nennt diese

Möglichkeit, rückt sie aber in den Hintergrund, weil sie sich auf den Aspekt des Frevels gegen den οἶκος des Odysseus konzentriert, um die Schuld der Freier und die Berechtigung der Rache zu begründen: Odysseus kämpft hier nicht um die alte Position als Herrscher, sondern stellt seine unbestrittenen Rechte als Herr über seinen Besitz wieder her.

χ 54–9 Eurymachos greift zu der in dieser Situation natürlichen Ausrede: Der einzig schuldige Freier sei verdientermaßen mit dem Tod bestraft worden, alle anderen sollten begnadigt werden. Damit greift er die im Text schon mehrmals angedeutete Möglichkeit auf, daß die Freier nicht als Kollektiv, sondern nur in Abwägung ihres Anteils an der Schuld bestraft würden. Es bleibt nun fraglich, ob es je Versionen gab, in denen Odysseus einige Freier am Leben ließ; für uns ist die Beobachtung wichtig, daß unser Text solche Alternativen nicht stillschweigend unter den Tisch fallen läßt, sondern explizit als Denkmöglichkeit nennt und dann verwirft.

χ 65–7 Odysseus nennt als Alternativen für die Freier Gegenwehr oder Flucht, kündigt aber an, daß keiner dem Tod entkommen werde, und fordert damit die Freier implizit zum Kampf auf. Das Motiv des offenen Kampfes, im Gegensatz zur heimtückischen Ermordung von Wehrlosen, ist damit schon zu Beginn des Freiermordes präsent und dominiert die Darstellung auch bis zum Zeitpunkt der ‚Umrüstung': Breit dargestellt sind nur die Tötungen des Eurymachos und des Amphinomos, beide bei einem Gegenangriff; die Erschießung weiterer Freier durch Odysseus ist nur pauschal genannt und als ein ἀμύνεσθαι charakterisiert, das die Zeitspanne überbrückt, bis Telemachos die Waffen für den offenen Kampf gebracht hat (106; 116). Es ist also unmöglich, in der Darstellung unserer Odyssee zwei Textschichten voneinander zu trennen, in denen der Freiermord einerseits als Kampf mit dem Bogen gegen Wehrlose, andrerseits als Kampf zwischen gleich bewaffneten Parteien dargestellt wäre. Unsere Version setzt beide Konzepte voraus und kombiniert sie von Beginn an miteinander, wobei jeweils jene Aspekte in den Vordergrund treten, die das Heldentum des Odysseus betonen: Odysseus stellt sich als einzelner gegen die Übermacht der Freier zum Kampf, meistert aber auch die heroische Herausforderung der offenen Schlacht zwischen Schwerbewaffneten souverän.

χ 70–8 Eurymachos nimmt die Herausforderung an: Wenn die Freier keine Gegenwehr zeigten, bestünde die Handlung des Freiermordes tatsächlich darin, daß Odysseus die Wehrlosen mit seinen Pfeilen erschießt; mit dem Aufruf zur Gegenwehr wird diese Optik auch aus der Perspektive der Freier als für unsere Odyssee nicht gültig abgewehrt. Eurymachos formuliert für die Freier ein Handlungsziel, das vielleicht zum Teil den Handlungsgang anderer Versionen reflektiert: Zwar ist kaum denkbar, daß es in anderen Versionen den Freiern gelang, Entsatz aus der Stadt zu organisieren, da die Schlacht zwischen den Parteien dann doch zu große Dimensionen annehmen hätte müssen. Das Motiv der Flucht an sich liegt aber nahe, und es ist denkbar, daß in anderen Versionen einem Teil der Freier die Flucht gelang; gerade dadurch verbliebe auch die Aufgabe für Odysseus in einem realistischeren Rahmen, da er dann nicht mehr so viele Gegner zu überwinden hätte. Das Motiv der (versuchten) Flucht ist in unserer Odyssee mehrfach präsent (vgl. zu φ 235–41); es handelt sich also auch hier um einen möglichen Handlungsverlauf, der von den Freiern wiederholt in Erwägung gezogen und von Odysseus sorgfältig verhindert wird.

χ 89–99 Der Tod des Amphinomos paßt bereits in die aus dem Aristieschema der Ilias bekannte Typik des Kampfes mit schweren Waffen: Amphinomos greift mit dem Schwert an, Telemachos trifft ihn, dem Vater zu Hilfe eilend, von hinten mit dem Speer in den Rücken, springt wieder zurück, ohne seine Waffe zu bergen, und eilt zu Odysseus. Damit ist der Auftakt zum Kampf mit den schweren Waffen gemacht: Telemachos selbst hat bereits mit dem Speerkampf begonnen, und er kündigt an, für alle vier schwere Waffen zu holen; das weitere Bogenschießen des Odysseus präsentiert sich nur als Überbrückung der Zeit bis zum Beginn des gemeinsamen Kampfes. Der Text suggeriert dadurch, daß der einsame Kampf des Odysseus mit dem Bogen die kürzest mögliche Dauer innerhalb des Freiermordes einnimmt; zum frühest möglichen Zeitpunkt geht der Kampf in eine heroische Schlacht über. Die Tötung des Amphinomos greift dem Beginn des Gruppenkampfes sogar voraus und stellt das weitere schon unter das Motto des gemeinsamen Kampfes von Odysseus, Telemachos und den Hirten mit den schweren Waffen. Amphinomos fällt, ohne daß der Text seinen Status als ‚guter‘ Freier berührt: Seine Schuld erweist sich zuletzt darin, daß er gemeinsam mit den anderen gegen Odysseus die Waffen ergreift.

χ 106–7 Auch Odysseus konzentriert sich ganz auf das von Eurymachos den Freiern vorgegebene Ziel, sich den Weg zur Türe freizukämpfen, um aus dem Palast zu entkommen. Damit ist ein weiteres Mal die Möglichkeit präsent, daß den Freiern (oder zumindest einigen von ihnen) die Flucht gelingt und Odysseus nur einen Teil von ihnen tötet.

χ 120–5 Die Umrüstungsszene des Odysseus weist große Ähnlichkeit mit der Umrüstung des Teukros in der Ilias (O 478–82) auf, und man hat gefragt, ob gemeinsame Verwendung eines Formeltyps, Abhängigkeit oder Zitat vorliegt. Die beiden Szenen gehören zum größeren Typus der Rüstungsszene, der in der Ilias in unterschiedlichen Ausformungen vorliegt (dazu ausführlich Danek 1988, 203–229). Während man davon ausgehen kann, daß dieser Typus fest in der Tradition verankert war, von den Sängern aber, vor allem was die Breite der Ausführung betrifft, nach Belieben verwendet wurde, herrscht in der Ilias eine strenge Formalisierung vor: Die zahlreichen Instanzen gliedern sich einerseits in eine beschränkte Anzahl von Fällen, in denen die Rüstungs- (oder Ankleide-)Szene breit ausgeführt ist und damit die Funktion der Hervorhebung der sich rüstenden Figur, der Ankündigung einer aristieartigen Aktion und der Bedeutsamkeit dieser Aktion für das Aufbauschema der Ilias erfüllt; andrerseits in alle Fälle, wo das Faktum der Rüstung zwar vorliegt, jedoch nur mit einer möglichst kurz gehaltenen allgemeinen Angabe („Held X rüstet sich") abgetan wird. Im Rahmen dieses in der Ilias konsequent eingehaltenen Stilisierungsprinzips gehört die Teukrosrüstung zu einem speziellen Untertypus, der alle Fälle erfaßt, in denen das Rüstungselement zwar stärker als beim Minimaltypus ausgeführt ist, durch die Abweichung vom ‚Volltypus' aber signalisiert, daß es sich um eine defiziente Form der Rüstung handelt. Ich meine, daß diese Markierung solche Fälle in der Ilias als auffällig bezeichnet und die Umkehr zur üblichen Funktion der Einleitung einer Aristie hervorhebt.

Von diesem Untertypus gibt es streng genommen nur zwei Fälle, in denen einzelne Rüstungsteile genannt sind: In Ξ 9–12 ergreift Nestor Schild und Speer, bevor er aus dem Zelt tritt, um in der Folge jene Diskussion der Fürsten herbeizuführen, die zu einer neuen Initiative in der Schlacht führt; es handelt sich um eine unvollständige Rüstung, und der Erzähler hebt hervor, daß Nestor den Schild seines Sohnes Thrasymedes ergreift, während dieser sich mit Nestors Schild in der Schlacht befindet. Damit wird die folgende Aktion des Nestor deutlich als ‚Ersatzaristie' und zusätzlich als ‚defektive Aristie' gekennzeichnet: Nestor wird nicht in die Schlacht ziehen, sondern nur über Maßnahmen beraten, und auch diese Beratung wird zu keinem entscheidenden Ergebnis führen (vgl. Danek 1990).

Im O fordert Aias in der höchsten Bedrängnis der Griechen Teukros auf, die Troer mit dem Bogen zu bekämpfen. Teukros gehorcht, und er erhält ein kurzes Aristieelement: Seine Waffen werden genannt (443f.), er schießt auf die Troer (444), und sodann wird beschrieben, wie er den Wagenlenker des Polydamas trifft (445–57); danach zielt er auf Hektor, doch Zeus läßt seine Bogensehne reißen (458–65); er klagt, und Aias fordert ihn auf, sich umzurüsten (er nennt dabei Speer und Schild, 474); Teukros legt den Bogen ins Zelt und rüstet sich um. Dabei wird für jeden der erwähnten Rüstungsteile genau ein Vers verwendet (479–82), weitere Ausschmückung fehlt; v. 481 (= χ 124), wo der Helm ausführlicher beschrieben ist, fehlt in den meisten Handschriften und durchbricht das beobachtete Gestaltungsprinzip; ich plädiere dafür, ihn nicht zu halten, im Gegensatz zum χ, wo genau diese Ausschmückung Funktion hat. Teukros tritt wieder zu Aias, und der Kampf geht weiter, ohne daß der Held im weiteren Verlauf noch erwähnt wird. Die Rüstungsszene leitet hier also keine Aristie oder aristieartige Aktion ein, sondern steht n a c h dem kurzen Erfolgslauf des Helden; die Umrüstung signalisiert also geradezu, daß mit dem Fortlegen des

Bogens die Aristie des ‚Bogners' Teukros auch schon wieder beendet ist.
Für diese Deutung ist entscheidend, daß der Dichter die Rüstungsszene bereits mit der Form der Ausführung als nicht zum ‚Maximaltypus' gehörig
markiert: Zwar sind die einzelnen Rüstungsteile aufgezählt, um den Vorgang der Umrüstung sichtbar zu machen; da aber weder die Rüstungsteile
mit schmückenden Angaben bedacht sind noch sonstige Elemente der Erhöhung eingesetzt sind, wie sie für das Ausgangsschema der Aristie charakteristisch sind (dazu Krischer 1971), signalisiert der Text, daß es sich hier
geradezu um die Negation der ‚großen Rüstungsszene' handelt.

Die Form der Umrüstungsszene des O hat also im Rahmen der Typik
der Ilias eine exakt definierte Funktion: Der Untertypus ‚Umrüstung' ist
innerhalb der Ilias singulär, doch konzentriert sich die Aussage der Szene
nicht auf das Faktum der Umrüstung, sondern auf die Ankündigung einer
Nicht-Aristie; Teukros hat seine Aristie unwiderruflich hinter sich gebracht, mit dem Umrüsten verzichtet er endgültig auf die Waffe, mit der
allein er Erfolg hatte. Bei der Frage nach dem Verhältnis dieser Szene zur
Umrüstung im χ ist es wichtig, diese Funktion im Auge zu behalten.

Die Umrüstung des Odysseus ist — neben etlichen mehr oder weniger
breit dargestellten Ankleideszenen — die einzige ausgeführte Rüstungsszene der Odyssee. Dabei gibt es weitgehende wörtliche Parallelen zur
Teukrosrüstung (ausführlich besprochen bei Usener 1990, 95–103); die einzige Formulierung, die nur an diesen beiden Stellen steht, ist allerdings χ
122 ≈ O 479, αὐτὸς δ' (αὐτὰρ ὅ γ') ἀμφ' ὤμοισι σάκος θέτο τετραθέλυμνον,
während alle anderen gemeinsamen Formulierungen als formelhafte Bestandteile des Gesamttypus ‚Rüstungsszene' zu erachten sind. Das Adjektiv
τετραθέλυμνος ist sonst nicht belegt, heranzuziehen ist das ebenfalls selte-
ne προθέλυμνος (dazu Danek 1988, 64–6; für eine andere Deutung vgl. Janko zu N 130–1). Obwohl das Wort archaisch wirkt, scheint es problematisch
zu postulieren, daß es sich bei der Fügung σάκος θέτο τετραθέλυμνον (gebildet als Ersatz für die ‚ungetrennte' Formel σάκος ἑπταβόειον: Hoekstra
1965, 94f.) um eine alte Formel handelte, die in der Ilias nur zufällig kein
zweites Mal belegt, in der Odyssee aber unabhängig von der Ilias aus der
Tradition übernommen wäre; diese Möglichkeit müßte man annehmen,
wenn man die zwei Umrüstungsszenen als Belege eines eigenen formelhaften Untertypus der Rüstungsszene postulieren wollte. Nun scheint das
nicht ausgeschlossen (die Ilias könnte diese Traditionslinie unterdrückt haben, indem sie alle großen Rüstungsszenen nach demselben Schema ablaufen läßt und nur für die singuläre Umrüstung den anderen Typus verwendet), bleibt aber unbeweisbar. Nur wenn man dieser Annahme folgen will,
ergibt sich für die Umrüstungsszene im χ die einfache Optik, daß der Dichter den Typus der Rüstungsszene in seiner traditionellen Unterform ‚Umrüstung' verwendet hat (so Whallon 1969, 11; Janko zu O 479–82)).

Gegen diese Annahme wenden sich Schwabl (1982, 23f.; 1986, 46) und Usener (1990, 95–103). Und tatsächlich sind die Übereinstimmungen zwischen den beiden Szenen zu groß, als daß man nur an eine gemeinsame Verwendung des Typus denken könnte. Neben den wörtlichen Übereinstimmungen ist auch der Zusammenhang in beiden Szenen der gleiche: Es handelt sich jeweils um die Umrüstung eines Bogenschützen zum schweren Kämpfer, nachdem sich ergeben hat, daß der Held mit dem Bogen nicht mehr weiterkämpfen kann. Es liegt daher nahe, daß die eine Stelle bewußt oder unbewußt in Abhängigkeit von der anderen geschaffen ist. Hier reicht es nun nicht aus, nur nach der Richtung der Übernahme zu fragen, da man damit keinen Gewinn für das Verständnis der ‚sekundären' Stelle erzielen kann; wichtiger scheint die Frage nach der Wirkung, die diese Übernahme auslösen soll: Geht es um die mechanische Wiederverwendung einer einmal geprägten Formulierung oder kann man von einem Zitat sprechen, mit dem die zitierte Stelle und ihr Kontext evoziert werden, um dem neuen Zusammenhang eine zusätzliche Bedeutungsebene zu verleihen?

Eine solche Erklärung versucht Schwabl (1982, 23f.): Der Odysseedichter evoziere die erfolglose Umrüstung des Teukros, „die in der Ilias in einem Zusammenhang der bittersten Verlassenheit steht", um mit dem Kontrast, den die erfolgreiche Umrüstung des Odysseus dazu bildet, noch stärker „das wunderbare Wirken der göttlichen Hilfe zur Darstellung [zu bringen]". Diese Deutung ist wohl die einzig mögliche, wenn man von einem Zitat in der üblichen ‚literarischen' Verwendungsweise sprechen will: Nur so wird der Zusammenhang, in dem die zitierte Formulierung sich in der Vorlage befindet, für die Aussage der zitierenden Passage bedeutungsvoll, und es ergibt sich dabei ein raffinierter Effekt: Die an sich ‚neutrale' Rüstungsszene wird durch das Zitat des ‚negativen' Vorbilds mit einer besonders ‚positiven' Konnotation versehen.

Als Alternative zu dieser Erklärung bietet sich eine andere Möglichkeit an, wobei der einzige ausschmückende Vers, der sich in der Odyssee-Szene findet, in der Ilias hingegen in den meisten Handschriften fehlt (χ 124 = O 481), die Richtung weist: Im Gegensatz zur Ilias will der Odysseedichter die Rüstungsszene nicht möglichst knapp gestalten, sondern mit einem Element versehen, das in der Ilias charakteristisch für den Typus der ‚großen' Rüstungsszene ist. Das Zitat aus der Ilias — sofern es als solches intendiert ist — will dann nicht die individuelle Stelle der Teukrosrüstung mit all ihren Besonderheiten, die sie zu einer ‚negativen' Rüstungsszene werden lassen, sondern nur den Typus der großen Rüstungsszene evozieren. Die Rüstung des Odysseus zitiert also nicht die verunglückte Aristie des Teukros, sondern den Typus der aristieeinleitenden Rüstungsszene schlechthin. Von einem Zitat, und nicht nur von der Verwendung einer ‚typischen Scene', kann man dabei zweifellos trotzdem sprechen: Die Rüstung des Odysseus erfolgt an einem Ort und in einer Situation, die für die ‚klassische' Verwendung einer Rüstungsszene höchst ungewöhnlich sind: nicht auf dem Schlachtfeld vor Beginn des Kampfes, angesichts eines Feindes, dem man in einer heroischen Monomachie entgegentritt, sondern im Haus, inmitten eines blutigen Gemetzels, wo eigentlich gar keine Zeit für das langsame, sorgfältige Umrüsten bliebe. Die ausgeführte Rüstungsszene, die den typischen Kontext der ‚klassischen' Rüstungsszene evoziert, signalisiert damit dem Hörer, daß Odysseus durch dieses formvollendete, stilisierte Ergreifen der heroischen Waffen auf die Stufe des heroischen ἀριστεύων emporgehoben wird. Das Zitat setzt das Signal: „Jetzt beginnt Odysseus, der ja schon dabei ist, die wehrlosen Freier mit der fragwürdigen Waffe des Bogens hinzumetzeln, mit einer Aristie, die sich mit den Aristien eines Achilleus (oder analoger Helden) messen kann."

χ 126–38 Der Vorschlag des Agelaos, durch die Hintertür aus dem Palast zu fliehen, um Entsatz zu holen, zielt auf eine ‚unmögliche Alternative', da in keiner Version die zu Hilfe eilenden Ithakesier Odysseus töten konnten; aber auch daß Odysseus sich bloß einer Verstärkung der Freier stellen und sie ihm Kampf besiegte mußte, scheint undenkbar. Trotzdem hat der Vorschlag des Agelaos wohl einen für die Odysseus-Geschichte relevanten Hintergrund: Wenn in Varianten der Erzählung auch nur einem der Freier die Flucht gelang, so mußte Odysseus damit rechnen, daß die alarmierten Angehörigen der Freier gemäß dem gesellschaftlichen Code sofort Rache planen. Die ‚klassische' Möglichkeit, dieser zu entgehen, mußte in der Flucht bestehen, da die einzige Alternative dazu ein regelrechter Bürgerkrieg wäre. Flucht, d.h. Exil als Folge des Freiermordes, ist in der außerhomerischen Tradition gut bezeugt; von einer kriegerischen Auseinandersetzung mit den Angehörigen der Freier findet sich hingegen, abgesehen von der Darstellung im ω selbst, keine Spur. Das Motiv der Flucht ist auch in unserer Odyssee als selbstverständlich vorausgesetzt, wenn Odysseus über die Folgen des Freiermordes nachdenkt (vgl. zu υ 41–51) oder wenn er sich am Tag nach dem Freiermord auf das Land begibt, ohne dafür einen im Rahmen der Handlung plausiblen Grund anzubieten (vgl. zu ψ 131–40).

Der Vorschlag des Agelaos evoziert damit einen alternativen Handlungsverlauf, der dem Hörer präsent sein mußte: Im Verlauf des Freiermordes sind ein oder mehrere Freier aus dem Palast entkommen; Odysseus verläßt daher unmittelbar nach dem Ende seines Tötungswerkes das eben erst zurückerkämpfte Haus und begibt sich auf Flucht vor den Angehörigen der Freier. Dieser Ablauf schließt eine (lange) Erkennungsszene mit Penelope nach dem Freiermord aus, setzt also voraus, daß die Erkennung der Gatten schon vor (oder mit) dem Freiermord stattgefunden hat; unsere Odyssee thematisiert auch diese Problematik, wenn sie die Wiedervereinigung der Gatten im ψ ausdrücklich erst durch ein Element des Aufschubs, das die Rache verzögert, ermöglicht (vgl. zu ψ 130–40). Der Vorschlag des Agelaos wird sowohl durch den Erzähler abgeblockt, der vermerkt, daß Odysseus Eumaios auf die Überwachung des Fluchtwegs angesetzt hat, aber auch durch die Figur des Melanthios, der begründet, warum die Flucht in dieser Version leicht vereitelt werden kann. Die kurze Erwägung der Flucht leistet also zweierlei: Sie erinnert daran, daß das Entkommen einzelner Freier mit allen logischen Konsequenzen durchaus denkbar wäre; und sie bestätigt dem Hörer, daß in dieser Version Odysseus aufgrund seiner Planung den Freiermord ohne Zeitdruck zu Ende bringen und danach den Anagnorismos mit Penelope herbeiführen kann.

χ 139–46   Die Versorgung der Freier mit Waffen stellt die eigentliche Überraschung im Verlauf des Freiermordes dar (vgl. zu π 281–98). Erst jetzt wird das Verschwinden der Waffen aus der Halle von der Partei der Freier nicht nur registriert, sondern auch als List des Odysseus erkannt. Das Motiv der Waffenbergung, das seit dem π die Planung des Freiermordes bestimmt hat, erreicht also erst hier seinen unerwarteten Höhepunkt: Nicht nur hat Telemachos — gegen die ursprüngliche Planung — im Verlauf des Kampfes erst Waffen besorgen müssen, um den eingeplanten Waffenvorteil doch noch herzustellen; im Gegenzug besorgen sich jetzt die Freier aus derselben Quelle ebenfalls Waffen und zwingen Odysseus, sich dem regulären Kampf mit Gleichbewaffneten zu stellen. Das Motiv der Waffenbergung, das nach seiner ‚natürlichen‘ Funktion die problemlose Tötung von Wehrlosen ermöglichen sollte, führt also nach mehrfachem Schwenk der Handlung in letzter Konsequenz gerade zum Gegenteil, nämlich zum heroischen Kampf von Gleichbewaffneten gemäß der klassischen Aristieform.

χ 151–9   Als Alternative zum tatsächlich eingetretenen Handlungsverlauf vermutet Odysseus, daß eine der Mägde von den Gemächern aus die Freier mit Waffen versorgt. Das Motiv ist vorbereitet, wenn Odysseus im φ Anweisung gibt, daß die Mägde die Tür zum Megaron von innen verschließen und während des Freiermordes nicht öffnen sollen (vgl. zu φ 235–41); daß die Tür zu den Gemächern nur von der Innenseite, nicht vom Megaron aus geöffnet werden kann, geht aus χ 390–400 hervor, wo Telemachos durch die Türe hindurch Eurykleia ruft und diese darauf öffnet. Damit wird also mehrmals eine Möglichkeit genannt, wie sich die Untreue der Mägde stärker als in unserer Odyssee äußern könnte.

χ 160–77   Die Debatte über die Maßnahmen gegen Melanthios ist ein schönes Beispiel dafür, wie das Prinzip der alternativen Handlungsführung thematisiert wird. Eumaios schlägt in Form einer Entscheidungsfrage für die Behandlung des Melanthios zwei Möglichkeiten vor; beide scheinen angesichts der Situation realisierbar und könnten konventionelle Formen der

‚Bestrafung des Verräters unter den Dienern' bilden. Odysseus ersetzt die beiden Varianten durch eine dritte Möglichkeit, die den Eindruck einer individuelleren Form der Bestrafung macht und die Auseinandersetzung mit Melanthios ausführlicher darstellt. Die Bestrafung findet nicht, wie im Vorschlag des Eumaios, entweder sofort oder später statt, sondern sowohl als auch: Melanthios wird sofort auf schmerzhafte Weise gefesselt, nach der Beendigung des Freiermordes aber zusätzlich grausam verstümmelt und getötet (oder nicht getötet: Davies 1994). Der Erzähler demonstriert damit für eine nebensächliche Begebenheit, wie zwei einander scheinbar ausschließende alternative Handlungsführungen kombiniert werden können.

χ 184–6 Die zwei Verweise auf Laertes im Rahmen des Freiermordes haben nicht nur ausschmückende Funktion. Die Beschreibung des Schildes erinnert daran, daß Laertes am Freiermord selbst nicht teilnehmen kann, weil er bereits zu alt und schwach ist, aber auch daß Laertes nach wie vor am Leben ist. Die zweite Erwähnung verschiebt die Optik ein Stück weiter: Phemios überlegt, ob er an den Zeusaltar flüchten solle, „wo Laertes und Odysseus ja viele Schenkel von Rindern verbrannt hatten" (334–6); auch hier ist zunächst nur vom vergangenen Ruhm des Laertes die Rede; wenn aber Odysseus Phemios und Medon anweist, das Megaron zu verlassen, und die beiden sich an den Zeusaltar setzen (375–80), so wird sichtbar, daß Odysseus seine alte Stellung im Haus wieder eingenommen hat und damit auch Laertes aus dem freigewählten ‚Exil' heimkehren kann. Die flüchtigen Erwähnungen erinnern also daran, daß Laertes im Hintergrund der Handlung stets präsent war und daß die Logik der Ereignisse jetzt erfordert, ihn wieder in den Haushalt des Odysseus einzubeziehen. Damit ist noch nicht zwingend gesagt, daß die Einholung des Laertes auch innerhalb der Handlung dargestellt werden muß. Für all jene, die das Ende der Odyssee bei ψ 296 (oder knapp davor bzw. danach) ansetzen, bleibt aber zu bedenken, daß dann Laertes mit den zwei flüchtigen Nennungen zum letzten Mal in der Handlung erwähnt wäre. Mir scheint, daß die beiden Einblendungen eher dazu dienen, an ein Motiv zu erinnern, das in weiterer Folge noch einmal aufgenommen wird, als den Ersatz für dessen Ausführung zu bilden.

χ 202 Der Vers ist fast identisch mit χ 115, wo die Diener sich ein erstes Mal gerüstet zu Odysseus stellen. Analoge Stellen hat man vielfach als Indiz für den nachträglichen Einschub einer Szene gewertet (vgl. zu ψ 100–2). Davon kann hier keine Rede sein, da die zwischen den beiden Rahmenversen liegende Melanthios-Handlung erst die Voraussetzungen für die Rüstung der Freier und damit für den folgenden Kampf liefert. Es handelt sich um eine in unserem Text konsequent durchgeführte Technik, wobei durch die Wiederholung eines ‚Rahmenverses' signalisiert wird, daß die Handlung nach einem ‚Einschub', d.h. nach dem Schwenk zu einem anderen Handlungsstrang, wieder zu ihrem Ausgangspunkt zurückkehrt, wo sie unter den geänderten Voraussetzungen weitergeführt wird.

χ 205–50 Der Auftritt von Mentor/Athene bedeutet wieder einen ‚Einschub' in den geradlinigen Ablauf der Handlung, einen weiteren Aufschub des Kampfbeginns zwischen den bereits gerüsteten Parteien, nun ohne unmittelbare Auswirkung auf den danach doch beginnenden Kampf: Obwohl Athene ankündigt, Odysseus tatkräftig beizustehen, sagt der Erzähler ausdrücklich, daß sie zunächst noch nicht in den Kampf eingreift, Odysseus noch nicht den Sieg verleiht, sondern nur seine Wehrkraft auf die Probe stellt (236–8). Damit findet die erste Phase des Waffenkampfs ohne ihre aktive Einwirkung auf Odysseus statt, die Göttin macht nur die Geschoße der Freier wirkungslos (256; 273); erst in der zweiten Phase, mit dem Übergang zum Nahkampf, versetzt sie durch das Hochheben der Aigis die Freier in Panik (297–8). Damit deutet der Erzähler an, daß er die Bezwingung der übermächtigen Freier auch durch göttliche Unterstützung erklären könnte, für seine Version aber weitgehend darauf verzichtet: Hier ist die Leistung Odysseus allein zuzuschreiben, Athenes Hilfe beschränkt sich auf die moralische Einwirkung auf die Freier. Odysseus steht also unter göttlichem Schutz, doch ersetzt dieser nicht die menschliche Leistung.

χ 208–9 Die Berufung des Odysseus auf frühere ‚gute Taten' fügt sich in das Bild des guten Herrschers Odysseus, das mehrmals beschworen wird.

χ 219–23 Die Drohungen der Freier gegen Mentor heben die politische Dimension des Freiermordes ins Bewußtsein: Wenn die Freier für den Fall ihres Sieges über Odysseus seinen Mitstreitern die Rache an ihren Familien androhen, so erinnert das daran, daß die Odysseus-Handlung in keinem gesellschaftlichen Vakuum spielt, daß der Kampf im Palast keinen Schlußstrich unter das Geschehen auf Ithaka setzt. Obwohl die Drohung eine ‚unmögliche Alternative' beibringt (die Freier müßten sich dazu ja gegen Odysseus durchsetzen), erinnert sie daran, daß auch im anderen Fall, wenn also Odysseus wie erwartet die Freier bezwingt, mit weiteren gesellschaftlichen Folgen zu rechnen ist: Odysseus kann sich an den Familien der Freier schadlos halten (wie er später ankündigt, vgl. zu ψ 356–8), und die Angehörigen der Freier können versuchen, Rache zu nehmen.

χ 226–30 Wenn Athene Odysseus an seine Leistungen vor Troia erinnert, so zeichnet sie das Idealbild eines ἀριστεύων: Odysseus hat nicht nur die Aktion des Hölzernen Pferdes geleitet und sich damit den Titel ‚Stadtzerstörer' verdient, sondern hat sich auch im Kampf bewährt. Er erweist sich damit in beiden Bereichen (Wehrkraft und List) als vollkommener Held. Dieses Bild steht wohl im Gegensatz zum traditionellen Odysseus-Bild, wo einem Plus an Geisteskraft ein Minus an heldischer Tapferkeit gegenüberstand. Es ist bezeichnend, daß gerade dieses untraditionelle Bild des Troia-

kämpfers Odysseus als Vorbild für die überraschende Variante des Freiermordes *qua* Kampf zwischen zwei schwerbewaffneten Parteien dient.

χ 241–3 Die hier einsetzende Reihe von Freiernamen-Katalogen erinnert
an die aus der Ilias bekannte Technik, durch Anhäufung von Namen, sei es
von Siegern oder Verlierern, den Eindruck von Masse zu vermitteln, der
nach der traditionellen epischen Technik durch die Beschreibung kollekti-
ver Handlungen allein kaum erzielt werden kann (vgl. Strasburger 1954); es
kann dabei keine Rede davon sein, daß die hier namentlich genannten
Freier als einzige noch am Leben wären (so Fernández Galiano zu 241–329).
Fragt man, ob die Namen aus der Tradition übernommen oder für den unmittelbaren Kontext ‚erfunden‘ sind, stellt man eine erstaunliche Ökonomie
fest: Mit der Liste der hier erwähnten Namen sind sämtliche Freier ‚aufgearbeitet‘, die im Verlauf der Odyssee je namentlich erwähnt wurden, sei es
anläßlich eines regelrechten Auftritts (Leiokritos Euenorides, β 242–57; Ktesippos, υ 287–308; Agelaos Damastorides, υ 321–44) oder einer kurzen Erwähnung (Eurynomos, β 22; Eurydamas, σ 297; Peisandros Polyktorides, σ
299). Die übrigen fünf Freier sind hier erstmals erwähnt; von ihnen wird
Amphimedon in der zweiten Nekyia eine Rolle spielen (ω 102–90). Man
wird daraus noch keine Rückschlüsse auf den Grad der Traditionalität der
Freiernamen ziehen; gerade bei den nur ein einziges Mal genannten Freiern wird man aber vermuten, daß der Dichter sie aufgrund der Improvisa-
tionstechnik für die Bedürfnisse der Kataloge geschaffen hat: Im ersten Katalog (mit insgesamt sechs Namen) sind es drei ‚neue‘ Freier, die nach
jeweils einem ‚alten‘ Freier den Vers ‚auffüllen‘, Amphimedon (vgl. zu ω
102–19) und Demoptolemos (242), bzw. Polybos (243); im zweiten Katalog
füllen Euryades und Elatos zusammen mit den Namen ihrer Bezwinger einen einzigen Vers (267). Man wird also sagen, daß der Odysseedichter sein
Material bemerkenswert gut unter Kontrolle hat, wenn er keinen der bereits erwähnten Freier ‚entschlüpfen‘ läßt, daß er aber auch mittels souveräner Beherrschung der improvisierenden Katalogtechnik mühelos die er-
forderliche Anzahl von Freiernamen generiert, um der Szenenfolge das
nötige Gewicht zu verleihen; dies spricht gegen das methodische Postulat
von Visser (1987; 1988), der bei seiner Rekonstruktion homerischer Formu-
lierungstechnik davon ausgeht, daß die Figurennamen für die Versbildung
als dominante sinngebende Elemente vorgegeben seien.

χ 310–80 Die Szenenfolge, in der nach Abschluß des eigentlichen Freiermordes Odysseus über das Los von drei Personen entscheidet, die im weiteren Sinn auch der Partei der Freier angehören, ist als Einheit zu betrachten. Dabei sind zwei Aspekte interessant: die Beziehung der Bittszenen zur
Hikesie-Szene zwischen Lykaon und Achilleus (Φ 34–135) und das Faktum,
daß Odysseus ausgerechnet einen Sänger verschont.

Was das Verhältnis zwischen der Tötung des Leiodes und der des Lykaon betrifft, wurde aufgrund der wörtlichen Übereinstimmungen argumentiert, die Odyssee-Szene zitiere die Passage der Ilias und damit deren Kontext (Pucci 1987, 127–142; Usener 1990, 131–140; Goldhill 1991, 103f.). Mit dem Zitat sei Odysseus an den rasenden Achilleus des Flußkampfes angeglichen, und die unterschiedliche Begründung für die Ablehnung der Hikesie hebe den Unterschied zwischen dem blinden Wüten Achills und der auf den rechtlich-ethischen Aspekt konzentrierten Rache des Odysseus hervor. Gerade mit diesem Argument, das den Kontrast zwischen den beiden Szenen betont, wird aber deutlich, daß das Zitat sich nur auf den allgemeinen Typus ‚Hikesie-Szene in der Schlacht' bezieht, nicht auf den individuellen Kontext des Φ: Hikesie-Szenen müssen auch vor und neben der Ilias zum Repertoire ‚typischer Scenen' gehört haben; es gehört, wie Thornton (1984, 113–142; vgl. Pedrick 1982) gezeigt hat, zur individuellen Aussageabsicht der Ilias, daß innerhalb der dargestellten Schlachthandlung keine einzige Hikesie erhört wird. Für die Darstellungsabsicht der Odyssee dürfte somit nicht relevant sein, daß die Szene zwischen Odysseus und Leiodes die eine Szene zwischen Achilleus und Lykaon zitiert und damit eine Parallele zwischen der Erbarmungslosigkeit der beider Helden herstellt, sondern daß in der Odyssee zwei Szenen nebeneinandergestellt sind, in denen zwei alternative Möglichkeiten verwirklicht sind: Odysseus verwirft die Bitte des Leiodes, erhört aber die des Phemios. Die Odyssee zitiert damit den Typus, um beide Varianten, die in ihm schon angelegt sind, einander gegenüberzustellen. Der Zitatcharakter konstituiert sich dabei vor allem darin, daß die Begründung für die Nicht-Erhörung ganz im Rahmen des in der Ilias Belegten verbleibt, während die Begründung für die Erhörung sich stark vom üblichen Schema abhebt: Nicht-Erhörung wird in der Ilias jeweils mit einem Motiv für die Tötung des spezifischen Opfers begründet (Agamemnon gegen die Antimachos-Söhne, Λ 136–42; Achilleus gegen den Priamos-Sohn Lykaon, Φ 105; vergleichbar die kollektive Verfolgung aller Troer aufgrund des Helena-Raubes, Ζ 55–60, bzw. aufgrund des Todes des Patroklos, Φ 99–105; eine Ausnahme bildet nur Κ 447–53, wo das kalte Kalkül vorherrscht). Auch Odysseus begründet die Tötung des Leiodes damit, daß dieser als Opferseher dieselben Ziele wie die Freier verfolgt habe. Der Grund für die Erhörung einer Hikesie in der Schlacht liegt hingegen darin, daß die Milde dem Helden ein hohes Lösegeld einbringt (Ζ 46–50; Κ 378–81; Λ 131–5; Φ 35–41). Bei der Erhörung der Bitte des Phemios (und des Medon) weicht Odysseus deutlich von diesem Schema ab, wenn er anerkennt, daß die beiden keine Bestrafung verdienen. Die ganze Szenenfolge zielt also darauf ab, die Begründung für die Verschonung des Sängers (und des Herolds) in den Vordergrund zu rücken; die Nicht-Verschonung des Opfersehers bildet dazu nur die Folie, die das typische Muster zitiert.

Das Wesen der Szene liegt also darin, daß das Schicksal des Opfersehers dem des Sängers (und des Herolds) gegenübergestellt wird; die drei Figuren werden dadurch miteinander verglichen, die Argumente für bzw. gegen ihre Verschonung in Beziehung gesetzt. Alle drei Figuren haben ,offizielle' Funktionen, und es läge die Vermutung nahe, daß die Entscheidung über Tod oder Leben jeweils mit der Funktion des Betroffenen zu tun hat. Bei einer Bewertung der drei ,Berufe' würde man spontan die rituelle Funktion des Opfersehers am höchsten ansetzen, doch ist es nicht Leiodes, sondern Phemios, der aufgrund seines Berufs verschont wird. Während Leiodes sich in seiner Bitte vor allem auf sein Verhalten unter den Freiern beruft und seine Rolle als Opferseher nur nebenbei erwähnt, steht bei Phemios die Berufung auf den Sänger-Status im Zentrum der Bitte. Odysseus benützt das ,Priesteramt' sogar als Argument gegen Leiodes: Gerade diese Funktion weise ihn als vollverantwortliches Mitglied der Freier aus.

Die Optik des Odysseus bestätigt die Darstellung des Erzählers: Leiodes ist bei seiner ersten Vorstellung (φ 144–7) als Parallelfigur zu dem ,guten' Freier Amphinomos stilisiert, von dem an dieser Stelle bereits gesagt ist, daß er als Mitläufer sterben wird (σ 155–6); Leiodes ist dann auch der erste, der sich am Bogen versucht, so daß der Vorwurf des Odysseus, er habe wie alle Freier die Hochzeit mit Penelope ersehnt, objektiv bestätigt ist. Das Priesteramt des Leiodes ist damit als Argument entwertet, obwohl in anderen Versionen Odysseus gerade einen Priester aufgrund seiner Kultfunktion verschont haben könnte: Zu vergleichen ist die Verschonung des Priesters Maron bei den Kikonen (ι 196–211). Bei Annahme eines solchen Hintergrundes würde die Nicht-Verschonung des ,Priesters' bei gleichzeitiger Verschonung des Sängers noch pointierter.

Auch in der Phemios-Szene ist zunächst die Alternative zwischen ,rituellem' und ,persönlichem' Argument thematisiert: Phemios überlegt, ob er an den Zeusaltar flüchten oder Odysseus persönlich um sein Leben bitten solle. Auch hier wird das ,rituelle' Argument verworfen, Phemios setzt auf die Bitte, die seinen Status als Sänger in den Vordergrund rückt. Diese Bitte besteht neben dem Verweis darauf, daß er von den Freiern zum Singen gezwungen wurde, also nicht ihrer Partei angehörte, ausschließlich in dem Argument, daß er wegen seines Status als Sänger nicht getötet werden dürfe. Phemios definiert diesen Status, indem er auf knappem Raum dreimal auf seine enge Beziehung zur göttlichen Sphäre verweist (346 ϑεοῖσι, 347 ϑεός, 349 ϑεῷ). Unabhängig davon, welche Funktion die einzelnen Aussagen über die Sangeskunst exakt erfüllen (die Details der Definition sind umstritten, vgl. Segal 1994, 138–9, mit Verweisen; zu αὐτοδίδακτος vgl. Dougherty 1991), läßt sich erkennen, daß der Sänger genau jene religiöse Komponente ins Spiel bringt, die bei der Behandlung des Opfersehers in so auffallender Weise fehlt. Man wird nicht umhin können, die daraus resultierende Aussage als programmatisch für die gesamte Odyssee zu bezeichnen: Odysseus verschont nicht den, der sich auf eine rituelle Funktion berufen kann, sondern wertet einerseits die individuelle Verantwortung an den Aktionen der Freier, respektiert andrerseits die Ausnahmestellung des Sängers. Damit wird der Sänger geradezu zur höchsten ‚religiösen' Instanz stilisiert, womit die Odyssee auch auf den hohen gesellschaftlichen Rang von Dichtung und implizit auch auf ihre eigene Bedeutung hinweist.

χ 313–6 Leiodes nennt als einzige Missetat der Freier, an der er nicht beteiligt gewesen sei, ihr Verhalten gegenüber den Mägden, ohne dieses genauer zu definieren. Auch hier (vgl. zu π 108–11) scheint den Übergriffen der Freier gegenüber den Frauen mehr Bedeutung zugemessen, als ihnen in der Darstellung unserer Odyssee zukommt; bei penibler Betrachtung läßt sich zumindest festhalten, daß keine diesbezügliche Aktion beschrieben ist, die als εἰπεῖν τι ἀτάσθαλον bezeichnet werden könnte.

χ 334–6 Vgl. zu χ 184–6.

χ 381–2 Odysseus kontrolliert, ob einer der Freier sich versteckt hat, und stellt fest, daß alle tot sind. Damit wird das Motiv wiederholt, das soeben für Medon ausgeführt wurde: Der Herold hatte sich unter einem Stuhl in einer Rinderhaut verborgen und war erst auf Telemachs Fürsprache hervorgekrochen. Als Möglichkeit wird damit suggeriert, daß Odysseus selbst einen Freier entdecken und töten könnte. Unser Text hebt damit nochmals hervor, daß Odysseus alle Freier im ‚regulären Kampf' getötet hat; der Aristie-Status bleibt gewahrt, der Aspekt des Meuchelmordes zurückgedrängt.

χ 407–16 Wenn Eurykleia zu einem ὀλολυγμός über die getöteten Freier ansetzt und Odysseus dies als οὐχ ὁσίη zurückweist, so ist das bezeichnend für die religiöse Sicht der Odyssee, aber auch für den Lernprozeß des Odysseus seit seiner Begegnung mit Polyphem (vgl. zu ι 475–9). Odysseus sagt auch hier, daß seine Opfer aufgrund ihrer eigenen Taten von der μοῖρα θεῶν bezwungen wurden, so wie er Polyphem vorgehalten hat, er sei von Zeus wegen der Verletzung des Gastrechts bestraft worden. Odysseus verzichtet hier aber auf das Element des εὔχεσθαι, das ihm im ι den Fluch des Kyklopen und die Verfolgung durch Poseidon eingebracht hat. Damit rückt Odysseus in seiner Beurteilung des Freiermordes auch von einer Optik ab, die die Tötung der Freier als seine eigene selbständige Leistung darstellen würde. Wenn Odysseus sich stärker als Instrument der Gottheit interpretiert, so grenzt der Erzähler damit seine Darstellung von möglichen Versionen ab, in denen der Aspekt der hinterlistigen Ermordung im Vordergrund steht, und rückt den ethisch-rechtlichen Aspekt der Rache ins Zentrum.

χ 417–24 Odysseus befragt Eurykleia, welche Mägde ‚gut' bzw. ‚schlecht' gewesen seien. Dies scheint seiner im τ geäußerten Absicht zu widersprechen, wo er ein entsprechendes Angebot der Amme mit der Begründung abgelehnt hat, er könne die Mägde selbst auf ihre Gesinnung überprüfen. Dieses Problem ließe sich mit Spuren möglicher Versionen in Verbindung bringen, in denen die Mägde im Verlauf des Freiermordes die Freier zu unterstützen versuchen (vgl. zu χ 151–9): Odysseus hätte in solchen Versionen tatsächlich Gelegenheit gehabt, die ungetreuen Mägde zu identifizieren und sofort zu töten. Doch soll hier wohl vor allem noch einmal thematisiert werden, daß der Erzähler beide möglichen Modelle miteinander kombiniert und treue wie ungetreue Mägde nebeneinander hat agieren lassen.

χ 428–32 Eurykleia schlägt vor, Penelope zu benachrichtigen; Odysseus befiehlt ihr, zuvor die ungetreuen Mägde zu holen. Gemäß dem Einschub-Schema wird damit signalisiert, daß die Rachehandlung erst abgeschlossen ist, wenn nach den Freiern auch die ungetreuen Mägde bestraft sind.

χ 440–73 Odysseus befiehlt Telemachos und den Dienern, die Mägde mit dem Schwert zu töten; Telemachos lehnt dies dann aber als einen καθαρὸς θάνατος ab und führt die Mägde dem Tod durch Erhängen zu; das Abweichen vom Befehl ist in einer Rede ausdrücklich thematisiert, die Tötung durch das Schwert damit einem anderen Typus von Mägden zugeordnet. Unabhängig von der Möglichkeit des Zitats einer alternativen Handlungsführung hat das Motiv hier die Funktion, die Tötung der Mägde sowie des Melanthios deutlich von der Tötung der Freier abzuheben: Nur die Freier haben den Tod im ‚heroischen‘ Kontext verdient, die Diener hingegen werden so bestraft, wie es den Verrätern ihres Herrn zusteht.

χ 481–501 Odysseus gibt Eurykleia drei Befehle: Sie solle Schwefel bringen, Penelope holen und alle Mägde versammeln; Eurykleia schlägt ihm vor, sich zuerst umzuziehen, womit impliziert ist, daß er nicht in Lumpen vor die Mägde und seine Gattin treten solle; Odysseus lehnt den Vorschlag ab; Eurykleia bringt Schwefel, und Odysseus reinigt sein Haus; Eurykleia holt die Mägde, diese begrüßen Odysseus herzlich, womit impliziert ist, daß seine Lumpen die Erkennung nicht behindern; mit dem Beginn des ψ holt Eurykleia Penelope, und es kommt zur breit ausgeführten Anagnorismos-Szene; die Begegnung scheitert im ersten Anlauf, da Penelope die Identität ihres Mannes nicht anerkennt; der Erzähler (ψ 95) und Odysseus (115–6) führen dies auf seinen zerlumpten Zustand zurück; es kommt zu einer Unterbrechung der Erkennungsszene, in der Odysseus badet, sich umkleidet und von Athene verschönt wird; die Begegnung mit Penelope wird von neuem aufgenommen, und jetzt ‚gelingt‘ der Anagnorismos.

Der Wortwechsel zwischen Odysseus und Eurykleia bereitet massiv den ‚Einschub‘ von ψ 117ff. vor, in dem Odysseus Anweisungen zum Bad und zur simulierten Hochzeitsfeier gibt und selbst badet und sich umkleidet, bevor er das Gespräch mit Penelope fortsetzt. Dieses Intermezzo wur-

de wiederholt als Zutat eines Nachdichters ausgeschieden, so von Schadewaldt (1959), der durch das Zwischenspiel die Struktur der Anagnorismos-
Szene grob gestört sah; dabei mußte er den Teil des Dialogs zwischen
Odysseus und Eurykleia, der die Frage des Kleiderwechsels betrifft, ebenfalls seinem Dichter B zuweisen. Andere Analytiker wollten nicht hinneh-
men, daß Odysseus dann nicht nur blutverschmiert vor Penelope träte,
sondern von ihr auch in diesem Zustand akzeptiert würde und ohne Bad
das Ehebett bestiege. So meint van Thiel (1988, 263): „Odysseus muß auch
in [der Frühodyssee] gebadet und die Kleider gewechselt haben, bevor er
mit Penelope zusammentraf ..." Da es nicht möglich ist, einen ‚ursprünglichen' Zusammenhang durch einfaches Ausscheiden der zwei Passagen herzustellen, ohne weitere Adaptationen zu postulieren, empfiehlt es sich, zunächst nach der Funktion der uns vorliegenden Szenenabfolge zu fragen, in
der Bad und Kleiderwechsel des Odysseus so auffällig thematisiert sind.

Durch die Parallelsetzung der Handlungselemente und den Vorschlag
einer alternativen Handlungsführung (Erkennung durch die Mägde / durch
Penelope; Erkennung in den blutbeschmierten Lumpen / nach dem Kleiderwechsel) wird thematisiert, daß das Gelingen der Anagnorismoi nicht
selbstverständlich ist; die Mägde akzeptieren Odysseus spontan, Penelope
verweigert hingegen in mehreren Stufen die Erkennung. Eurykleias Vorschlag hängt zusammen mit ihrem ersten Vorschlag, Penelope noch vor der
Bestrafung der untreuen Mägde zu benachrichtigen (vgl. zu χ 428–3;
Schwinge 1993, 103). Damit wird deutlich, daß Odysseus mit Penelope erst
nach dem kompletten Abschluß des Freiermordes zusammentreffen, sich
selbst aber in der blutigen Kleidung, also als derjenige, der die Rache an
den Freiern vollzogen hat, präsentieren will. Wenn Odysseus von seinen
Mägden ohne Anstoß akzeptiert wird, so erkennen sie ihn gerade dadurch,
daß er sich durch die blutigen Kleider als der Rächer darstellt: Sie erkennen
im Rächer automatisch den Herrn. Damit ist auf das Motiv verwiesen, daß
Odysseus seine Identität durch Pfeilschuß und Freiermord beweist, daß er
sich also dadurch zu erkennen gibt, daß er als einziger den Bogen des
Odysseus spannen kann. Dieses Motiv wirkt in unserer Version nur implizit auf die Freier; seine ‚natürliche' Funktion legt aber nahe, daß auch Penelope ihren Mann auf diesem Weg erkennen könnte. Dies ist das Grundmotiv der ‚einfachen Geschichte', das auch in epischen Versionen der Odyssee
verwirklicht sein konnte (vgl. zu φ 356–8); unsere Version zitiert es in der
abgewandelten Form, daß Odysseus sich dadurch zu erkennen gibt, daß er
sich als der Rächer ausweist (vgl. auch zu ψ 1–84).

Der Wortwechsel mit Eurykleia verdeutlicht also die Absicht des
Odysseus, die Erkennung durch Penelope und die Mägde herbeizuführen,
indem er sich als derjenige präsentiert, der die Rache vollzogen hat. Damit
ist für den Hörer die Erwartung festgelegt, daß Penelope Odysseus ohne

zusätzliche Erkennungszeichen akzeptieren wird. Diese Erwartung erfüllt sich für die erste der beiden als parallel angekündigten Handlungslinien: Odysseus wird von den Mägden allein aufgrund der Tatsache, daß er die Freier ermordet hat, erkannt und akzeptiert. Die kurze, für den Handlungsablauf scheinbar belanglose Szene der sentimentalen Begrüßung zwischen Odysseus und den treuen Mägden bildet also nicht nur ein realistisches Detail; sie gibt auch das Muster für die folgende Erkennungsszene mit Penelope, für die der Hörer einen ähnlichen Verlauf zumindest vermuten kann: Auch Penelope könnte, sobald sie erfährt, daß der Bettler, der sich als Odysseus bezeichnet, den Bogen gespannt und die Freier getötet hat, spontan auf ihn zueilen und ihn umarmen; so ist es oft im südslawischen Heimkehrerlied, wo die Frau den ‚Haupt‘-Anagnorismos nur aus dem Hintergrund mitverfolgt, dann aber hervorstürzt und ihren Mann begrüßt. Unser Text wird diese Erwartung enttäuschen: Im Verlauf des ψ wird das vorgelegte Muster systematisch konterkariert, Penelope mißt dem Faktum, daß der Fremde die Freier getötet hat, keine Beweiskraft zu, und die blutigen Kleider, die nach Absicht des Odysseus (d.h. nach dem Signal des Erzählers) die Erkennung erleichtern müßten, stehen dieser sogar im Wege. Odysseus hat seine ‚Investitur‘, die mit dem Leitmotiv des Kleider-Versprechens wiederholt angekündigt war (vgl. Schwabl 1992), selbst noch ein letztes Mal aufgeschoben und dadurch ungewollt die Erkennung durch Penelope verzögert; er muß seinen Plan ändern, wobei diese Abänderung dem Erzähler auch dazu dient, jene Motive zu verfolgen, die parallel zu der im Vordergrund stattfindenden Anagnorisis im Hintergrund weiterlaufen.

Odyssee 23

ψ 1–84   Die Szene im Obergeschoß, in der Eurykleia Penelope vom Kommen des Odysseus und vom erfolgten Freiermord benachrichtigt, bildet ein Vorspiel zur Begegnung zwischen Penelope und Odysseus, die erst dadurch als vollwertige Erkennungsszene definiert wird; wenn Penelope Eurykleias Botschaft akzeptierte, so träte sie Odysseus gegenüber, nachdem sie ihn schon erkannt hat, und es würde sich nur um eine Begrüßungsszene handeln. Der für den Hörer nach dem bisherigen Handlungsverlauf zweifellos unerwartete Widerstand Penelopes (vgl. zu χ 481–501) legt somit die Voraussetzungen fest, unter denen die Wiedererkennung stattfinden wird. Dies geschieht dadurch, daß in vier Redepaaren Eurykleia Beweise für die Rückkehr des Odysseus vorlegt und Penelope keinem von ihnen Glauben schenkt, ohne jeweils ein konkretes Gegenargument vorzubringen:

(a) Eurykleia stellt die einfache Behauptung auf, daß Odysseus zurückgekehrt sei und die Freier getötet habe;

(b) Eurykleia beruft sich auf das Wissen (d.h. den Anagnorismos) des Telemachos;

(c) Eurykleia berichtet vom Freiermord und definiert damit Odysseus ausdrücklich als den Rächer;

(d) Eurykleia beruft sich auf ihre eigene Erkennung des Odysseus und nennt hier das σῆμα der Narbe als Beweismittel.

Gegen diese Beweise stellt Penelope zunächst schlicht ihre Ungläubigkeit und vermutet dann einen Gott am Werk, während Odysseus schon längst tot sei. Die Debatte läßt damit erkennen, daß die im Verlauf der Handlung bis zu diesem Zeitpunkt verwendeten Beweise für die Identität des Odysseus im Falle der Penelope nicht ausreichend sind, da diese all dem, was als ‚äußere Zeichen' bezeichnet werden könnte, keinen Glauben schenkt: Sie vertraut keinem Gewährsmann (Telemachos, Eurykleia), keinem klassischen σῆμα (Narbe) und nicht dem Indiz des Freiermordes. Das macht die Notwendigkeit der Verlagerung des Anagnorismos auf eine andere Ebene sichtbar. Die folgende Handlung wird zeigen, daß Penelope nach einem ‚inneren' Anagnorismos sucht und gefühlsmäßig davon überzeugt werden will, daß der ihr Gegenübersitzende tatsächlich der ihr vertraute Odysseus von seinerzeit ist. Auch wenn man keine übertrieben symbolisch-psychologische Deutung forcieren will, scheint es doch bedeutend, daß die Erkennung zuletzt über ein ‚Zeichen' erfolgt, das den intimsten Bereich der Beziehung zwischen den Ehepartnern betrifft, die Vereinigung im Ehebett. Das Bett ist in diesem Sinne also kein ‚äußeres' Zeichen, es ist als isoliertes σῆμα mit rein faktischer Beweiskraft kaum vorstellbar; das Zeichen des Bettes beweist Penelope vielmehr, daß der Fremde mit ihr intim vertraut war, und stellt damit zugleich wieder das Gefühl der Initimität her, das für sie notwendig ist, um ihre emotionale Sperre zu überwinden und Odysseus als ihren Ehemann anzuerkennen.

Ein ähnliches Vordringen der σήματα bis in den Bereich des Intimsten findet sich im Typus des neugriechischen Heimkehrerliedes, wo der letzte Beweis ebenfalls soviel bedeutet wie: „Ich habe mit dir geschlafen!" (vgl. Kakridis 1971a). Die Verlagerung des Anagnorismos über eine symbolische Ebene auf einen ‚inneren' Bereich ist in ganz analoger Weise auch bei der Wiedererkennungsszene mit Laertes zu beobachten. Auch dort trifft das ‚Zeichen' der Obstbäume ins Zentrum der Beziehung zwischen Vater und Sohn: Es berührt die Übergabe von Besitz, die Initiierung der Sukzession zwischen Laertes und Odysseus und die Ernennung des Sohnes zum rechtmäßigen Nachfolger der Geschlechtslinie. Die Parallele läßt noch besser erkennen, worauf die Erkennungsszene der Penelope abzielt: Penelope will Odysseus nicht *qua* Odysseus, sondern *qua* Ehemann erkennen. Die Szene zwischen Penelope und Eurykleia, die das Vorspiel zum Vorgang des ‚inneren Anagnorismos' bildet, stellt dabei dar, von welchen Möglichkeiten eines ‚äußeren Anagnorismos' sich diese Version abhebt. Erinnert wird dabei an Gelegenheiten zur Wiedererkennung durch Penelope, die sich an früheren Punkten der Handlung boten: Telemachos hätte seiner Mutter die Ankunft des Odysseus verraten können (29–31); Penelope hätte beim Freiermord anwesend sein oder ihn (wie die Mägde) hinter verschlossenen Türen verfolgen können (35–51); und sie hätte Odysseus selbständig bzw. über Eurykleias Vermittlung an der Narbe erkennen können (73–7). Die Gestaltung unserer Odyssee hebt sich somit nicht gegen eine einzige Alternativversion ab, sondern evoziert drei Varianten des Anagnorismos zwischen Odysseus und Penelope, um zuletzt ihre eigene Version dagegenzuhalten.

ψ 85–95 Penelopes mögliche Verhaltensweisen sind zweimal in Form von Alternativen formuliert: Penelope überlegt, ob sie Odysseus aus der Distanz ausfragen, d.h. auf die Probe stellen solle (ich verstehe die Bezeichnung des Odysseus als φίλος πόσις als vom Erzähler fokalisiert; sie bietet jedenfalls kein Indiz dafür, daß Penelope ihn schon akzeptiert hätte; vgl. de Jong 1994, 42f.), oder ob sie zu ihm treten, sein Haupt küssen und seine Hände ergreifen solle (85–7). Damit ist nochmals thematisiert, daß sie Eurykleia entweder Glauben schenken kann oder nicht. Es entspricht der Darstellungsweise der Odyssee, wenn Penelope dann weder das eine noch das andere tut: Sie geht zwar auf Distanz, spricht Odysseus aber auch nicht an, wofür sie dann von Telemachos gerügt wird. Die zwei verworfenen Alternativen würden den Anagnorismos jeweils auf das Faktische reduzieren. Daß Penelope eine andere Art der Erkennung benötigt, geht aus dem zweiten Paar von Alternativen hervor: Penelope erkennt in ihrem Gegenüber bald ihren Mann, bald nicht (93–5). Damit ist signalisiert, daß sie Odysseus spontan erkennen muß; ihr eigenes Empfinden muß ihr anzeigen, daß es sich um den Ersehnten handelt, und nicht äußere Merkmale. Der Erzähler nennt als Grund für das Nicht-Erkennen allerdings einen äußeren Grund, nämlich die „schlechten Kleider" des Odysseus. Für Penelopes Empfinden trägt also der Status des Odysseus, der durch sein εἶδος repräsentiert wird, entscheidend zu seiner Identität bei: Das Gefühl der Sicherheit kann sich erst einstellen, wenn sie ihn in seiner früheren Gestalt vor sich sieht.

ψ 96ff. Die eigentliche Erkennungsszene verläuft nicht geradlinig. Der Dialog schwenkt immer wieder scheinbar vom Thema der Erkennung ab, bevor er durch das Gespräch zwischen Telemachos und Odysseus überhaupt unterbrochen wird; nach dem Intermezzo wird der Prozeß der Wiedererkennung neu aufgenommen, wobei scheinbar die zu Beginn gegebenen Umstände neu aufgerollt, tatsächlich aber die durch die Ereignisse der Digression geänderten Bedingungen berücksichtigt werden. Die Digression wurde von der Analyse einhellig als nachträglicher Einschub in eine ursprünglich straff gestaltete Erkennungsszene verurteilt; sie wurde ausführlich als für die Darstellung notwendig erklärt von Kilb (1973, 109–173; vgl. Hölscher 1988, 284–296; Schwinge 1993, 104–124). Bezüglich der analytischen Fragestellung verweise ich auf die spezifisch odysseische Technik des Einschubs einer Szene in einen scheinbar abgeschlossenen Zusammenhang, die auch für unsere Szene konstitutiv ist (vgl. Beßlich 1966, 83–96; Fenik 1974, 61–104; zuletzt Katz 1991, 166–170). Diese Technik, die vom Erzähler zusätzlich dadurch markiert ist, daß der Neueinsatz durch wörtliche Wiederaufnahme den Beginn der Szenenfolge zitiert (ψ 168–70 = 100–2), dient auch sonst dazu, einen alternativen Handlungsverlauf anzupeilen, dann aber den solcherart angekündigten Handlungsplan einer ‚Korrektur' zu unterziehen (vgl. zu ϱ 36–166; χ 202). In unserem Fall schaffen die in der Digression stattfindenden Aktionen in mehrfacher Beziehung bessere Voraussetzungen dafür, daß der Anagnorismos zwischen den Gatten ungestört abläuft. Auf der Figurenebene bewirken sie, daß Penelope den durch das Bad verschönten Odysseus besser erkennt; die in der Digression eingeleiteten Maßnahmen haben aber auch zur Folge, daß das Wiederfinden der beiden Gatten jetzt in ungestörter Atmosphäre vor sich geht: Durch die mit dem vorgetäuschten Hochzeitslärm erzielte Tarnung sind die zu erwartenden Folgen des Freiermordes fürs erste hinausgeschoben, der Hörer kann sich darauf verlassen, daß die Anagnorismos-Szene, so ausführlich sie auch werden mag, keine Störung erfährt. Der Szeneneinschub kommentiert also in doppelter Weise, daß der zunächst eingeschlagene Handlungsweg nur eine knapp gehaltene Anagnorismos-Szene zulassen würde: einerseits dadurch, daß ohne die Unterbrechung die Szene zielstrebig (wie von der Analyse gefordert) auf die Erkennung zusteuern würde, andrerseits dadurch, daß ohne die Absicherung nach ‚außen' die Szene vor dem ständig drohenden Hintergrund der Entdeckung des Freiermordes stattfände, so daß sie nicht in jenem friedlichen Endpunkt ausklingen könnte, den die von Athene verlängerte Nacht bedeutet. Die Wirkung des τέλος, das mit der Vereinigung der Gatten erzielt ist, beruht auf dieser Abgrenzung gegenüber alternativen Lösungsmodellen: Die Tatsache, daß alle zukünftigen Ereignisse ins Auge gefaßt sind, ohne daß sie einen Schatten auf die Gegenwart werfen, ermöglicht es erst, daß die Vereinigung von Odysseus und Penelope als der endgültige Zielpunkt ihres Aufeinander-Zustrebens erscheint und nicht als ein nur scheinbares *happy ending*, das die Geschichte an einem beliebigen Punkt kappt und alles weitere ausblendet.

ψ 100–2 = 168–70   Der Vorwurf an Penelope, keine andere Frau würde ihren Mann nach zwanzigjähriger Abwesenheit so distanziert empfangen, erinnert an Athenes Lob für Odysseus im ν: Jeder andere Mann würde sofort nach Hause eilen, um Frau und Kinder zu begrüßen; nur Odysseus

verhalte sich vorsichtig und abwartend (vgl. zu ν 333–8). Mit dieser Parallele tritt der odysseushafte Charakter Penelopes in der Wiedererkennungsszene hervor (Katz 1991, 163), und damit wird auch klar, daß ihre Charakterisierung zwar auf der Figurenebene als Tadel intendiert ist (jedenfalls
von Telemachos; nicht notwendig auch von Odysseus, dem das versteckte
Lob im Rahmen des Katz-und-Maus-Spiels um die πεῖϱα gut zuzutrauen
wäre), auf der Handlungsebene aber ein Lob für die Penelope dieser Version bedeutet, da die Formulierung diese Version gegen mögliche andere
Versionen abgrenzt. Während Athenes Lob im ν von Odysseus sofort mit
dem *exemplum* von Agamemnons Los kommentiert wird, kommt für die Alternative zu Penelopes Verhalten nur ihr eigenes Verhalten in anderen
Versionen in Frage. Damit fügt sich Telemachs Tadel in die Reihe der Hinweise auf eine alternative Handlungsführung, in der Penelope Odysseus
ohne Verzögerung erkennt und als ihren Mann annimmt. Die Odyssee
kommentiert damit ihre eigene Darstellungsweise.

ψ 118–22; 137–40 Odysseus formuliert als gesellschaftlich-epische Norm,
daß jede Art von Tötung Flucht und Exil des Täters zur Folge haben muß,
schiebt diese Perspektive dann aber mit dem vagen Hinweis weg, daß man
sich aufs Land zurückziehen und weiteres überlegen wolle. Wenn dieses
Thema hier angeschnitten wird, so signalisiert das dem Hörer, daß die unmittelbaren Folgen des Freiermordes noch als Teil der Handlung dargestellt werden müssen: Die Ankündigung der konkret und unmittelbar bevorstehenden Bedrohung durch die Angehörigen der Freier läßt nicht zu,
daß das Epos mit einem vorgespiegelten Heile-Welt-Schluß endet. Daraus
ergibt sich zwingend, daß, wer das ‚Ende der Odyssee' ab ψ 297 (oder einer
benachbarten Stelle) dem Odysseedichter absprechen will, auch die Digression entfernen muß; damit ist aber der Methode der Schichtenanalyse Tür
und Tor geöffnet, da mit der Digression auch die Ankündigung des Motivs
des Kleiderwechsels fällt (vgl. zu χ 481–501). Ein Schluß der Odyssee bei ψ
296 ist also aus einer grundsätzlich unitarischen Optik nicht vertretbar.

Für die hier verfolgte Perspektive ist interessanter, in welcher Weise
über die möglichen Reaktionen auf die Folgen des Freiermordes gesprochen wird. Die erste Erwähnung durch Odysseus präsentiert zunächst dem
Hörer als selbstverständlich, daß der Freiermord die Rache durch die Angehörigen zur Folge hat. Die Formulierung läßt die Möglichkeit einer Alternative nicht zu, und das heißt wohl, daß die Rache der Angehörigen ein
in der Tradition so stark fixiertes Datum war, daß der Hörer an eine alternative Handlungsführung gar nicht denken konnte. So formuliert Odysseus zunächst auch als einzig denkbare Reaktion, daß man die Flucht er-
greife, d.h. ins Exil gehen müsse, und die so skizzierte Perspektive scheint
wiederum von der Tradition für die Odysseus-Geschichte vorgezeichnet.

    Die Lösung, die Odysseus in seiner zweiten Rede vorschlägt, bestätigt
die Festlegung auf diesen Handlungsgang, signalisiert aber zugleich schon,
daß innerhalb des vorgegebenen Fluchtmotivs nach einem neuen Ausweg
gesucht wird: Odysseus schlägt zwar Flucht vor, doch nicht Flucht aus dem
Einflußbereich der Ithakesier ins Exil, wie es auch Eupeithes, der Wortfüh-
rer der ‚Rächer', als einzig sinnvolle Reaktion des Odysseus sieht (vgl. zu ω
426–37). Was er vorschlägt, ist nur eine vorläufige Lösung, nämlich den
Rückzug auf das „baumreiche Landgut" (139), wo man weitere Überlegungen anstellen solle. Damit ist das für diesen Punkt der Handlung traditionelle Motiv der Flucht vor der Rache in doppelter Weise aufgeschoben:
Nicht nur wird die Flucht dank der vorgetäuschten Hochzeit, die die unmittelbare Gegenwart absichert, auf einen späteren Zeitpunkt verschoben;
es bleibt vorläufig auch noch offen, ob aus dem Gedanken an Flucht tatsächlich der Gang ins Exil entsteht. Der Hörer wird also durch die vage
Ankündigung der Abänderung des traditionellen Ablaufs in Spannung
versetzt, und die Lösung des ω wird schon hier als etwas Neues vorbereitet. Die Formulierung verweist dabei sowohl auf die Notwendigkeit eines
weiteren Vorgehens als auch auf die Ratlosigkeit des Odysseus: Dieser will
den Vorgang des φράζεσθαι, der schon jetzt notwendig ist (φραζώμεθ' 117,
φράζεσθαι 122), auf dem Landgut wiederholen (φρασσόμεθ' 140), hofft dort
aber auf das Eingreifen des Zeus. Schon hier ist also angekündigt, daß nur
das massive Eingreifen der Götter den scheinbar unabänderlichen Fortlauf
des Geschehens unterbrechen kann, wonach Odysseus entweder Ithaka
verlassen oder sich dem endlosen Kreislauf der Vergeltung stellen muß.
Das endgültige, ‚politische' (und nicht nur private) *happy ending* kann also
nur durch die Einwirkung eines *deus ex machina* erzielt werden.

ψ 131–52 Die vorgetäuschte Hochzeitsfeier hat Funktion auf mehreren
Ebenen (vgl. Heubeck zu ψ 141–52): Sie schafft den notwendigen Zeitaufschub vor dem Einsetzen der Rache der Angehörigen der Freier, womit signalisiert wird, daß ein Anagnorismos zwischen Odysseus und Penelope,
der erst nach dem Freiermord stattfindet, ‚eigentlich' sehr schnell ablaufen
müßte, da an diesem Punkt innerhalb des traditionellen Handlungsgefüges
nur wenig Platz dafür bleibt; und sie bewirkt, daß die Wiedererkennung
der Ehegatten ohne Zeitdruck ablaufen kann. Damit eng verbunden,
schafft sie nicht nur den zeitlichen, sondern auch den inhaltlichen Rahmen
für die Annäherung zwischen Odysseus und Penelope: Der zweite Teil der
Anagnorisis-Szene, also Wiedererkennung und Vereinigung im Ehebett,
findet vor dem Hintergrund einer fingierten zweiten Hochzeitsfeier der
Penelope statt, die zugleich eine Erneuerung ihrer ersten Hochzeit darstellt. Wichtig ist in diesem Zusammenhang, daß die Hochzeitsfeier, die
vor dem Bad des Odysseus beginnt, erst mit der Vereinigung im Ehebett

endet (ψ 295–9) und so eine Klammer für die ‚Hochzeit' der beiden bildet. Der ‚Hochzeitslärm' ermöglicht zugleich, daß vor allem Telemachos von der Bühne entfernt wird und der zweite Teil des Anagnorisis-Gesprächs in einem intimeren Rahmen stattfinden kann: Gerade die lärmenden Aktivitäten im Megaron bewirken, daß die Ehegatten ungestört sind; dies zeigt der Vergleich mit dem Gespräch zwischen Athene/Mentes und Telemachos im α, das vor dem Hintergrund des Gesangs des Phemios unbelauscht von den Freiern abläuft. Mit der Inszenierung der fingierten Hochzeitsfeier erweist sich Odysseus vor Penelope auch als souveräner Organisator, der in die Rolle des von allen anerkannten Hausherrn schlüpft (vgl. Schwinge 1993, 113), und liefert seiner Frau ein charakteristisches Beispiel seiner μῆτις; der δόλος, als der sich der Hochzeitslärm präsentiert, dient damit geradezu als ein σῆμα des πολύμητις, an dem ihn Penelope identifizieren soll, ist also gleichsam seine erste Antwort auf Penelopes Forderung nach σήματα.

Neben diesen Funktionen, die die Integration des Hochzeits-Motivs in den Kontext unserer Odyssee außer Frage stellen, scheint ein weiterer Aspekt wichtig. Nach einer Idee von Fränkel (1927, 9) hat Merkelbach (1959, 132f.) gezeigt, daß die Reaktion der Passanten nicht notwendig mit einer Täuschungsabsicht einhergehen muß; er schreibt das Hochzeitsfest als natürlichen, naiven Abschluß der Handlung seinem Dichter A zu, während die raffinierte Täuschungsabsicht eine Zutat des Dichters B darstelle. Statt der analytischen Optik führt indes wohl eher der Versuch zum Ziel, die ‚natürliche' Funktion des Hochzeitsmotivs in der ‚einfachen Geschichte' zu ergründen. So hat Tolstoi (1934, 272f.) gezeigt, daß in etlichen Traditionen (wie auch der südslawischen) der Held der Heimkehrergeschichte erst in dem Moment zu Hause eintrifft, als die Hochzeitsfeier seiner Frau schon im Gang ist. Übertragen auf die Odysseus-Geschichte würde das bedeuten, daß Penelope ihre Hochzeit für einen bestimmten Tag festsetzt, die Freier bereits mit dieser Erwartung in den Palast kommen, Odysseus dazustößt und erst im Rahmen der Hochzeitsfeier (von der die Bogenprobe ein Teil ist) sich zu erkennen gibt und die Freier tötet (vgl. zu ϱ 260–73). Der Lärm des Festes ist dann nicht simuliert, sondern findet anläßlich von Penelopes Hochzeit statt, die im letzten Moment durch Odysseus verhindert wird; die Reaktion der Passanten (sofern man annehmen will, daß es sich dabei um ein traditionelles Motiv und nicht um eine typisch ironische Erfindung unserer Odyssee handelt) bezieht sich dann auf Penelopes tatsächlichen Entschluß zur Wiederverheiratung und auf den realen ‚Hochzeitslärm', hat also nichts von der Ironie unserer Version an sich. Der Kommentar der Passanten wäre dann auch plausibler, da sie dann schon im voraus vom Hochzeitstermin wüßten; man könnte dabei auch hier an das Motiv des Termins denken, der mit dem Apollonfest und mit Telemachs Mannbarkeit zusammenhängt.

Geht man von einem solchen traditionellen Hintergrund des Motivs des ‚Hochzeitslärms' aus, so gewinnt seine Verwendung in unserer Odyssee eine zusätzliche Funktion. Die hier nur fingierte Hochzeitsfeier zitiert die Festlichkeiten, die in anderen Versionen als die reale Begehung der ‚falschen' Hochzeit stattfanden, und schafft damit ein zusätzliches Element der Verstellung: So wie die ‚Hochzeit' in anderen Varianten der Geschichte die Voraussetzung dafür war, daß Odysseus Penelope wieder für sich gewinnt, so ist die ‚Hochzeit' auch hier die Voraussetzung für die Vereinigung der Gatten. Durch den Verweis auf die andere Form der Hochzeit wird aber der doppelte Charakter dieser Hochzeit noch deutlicher sichtbar: Es handelt sich sowohl um die ‚falsche' Hochzeit, wenn auch nur für die getäuschte Außenwelt, als auch um die ‚echte' Hochzeit, wenn auch nur in einem symbolischen Sinn. Das Verhältnis zwischen Wahrheit und Trug wird so noch komplexer, die Passanten-Reaktion erhält noch mehr Ironie: Sie bezieht sich nicht mehr auf einen realen Sachverhalt, der zum verfrühten Kommentar führt (Odysseus wird im letzten Augenblick doch erscheinen), sondern auf einen falschen, weil fingierten Sachverhalt, der unwissentlich zum korrekten Kommentar führt (Penelope heiratet tatsächlich, jedoch nicht den ‚falschen', sondern ihren eigenen ersten Mann).

ψ 171–230 Die πεῖρα um das gemeinsame Ehebett (vgl. zuletzt Zeitlin 1995) ist in unserem Text so inszeniert, daß der Gesprächsablauf als spontan, von keiner der beiden Seiten geplant erscheint: Obwohl Odysseus darauf gefaßt ist, daß Penelope ihn auf die Probe stellt (114 πειράζειν) und intime Erkennungszeichen einfordert (110 σήμαθ᾽, ἃ δὴ καὶ νῶι κεκρυμμένα ἴδμεν ἀπ᾽ ἄλλων) und obwohl er mit der List der fingierten Hochzeitsfeier bereits eine als σῆμα intendierte Probe seiner Wesensart gegeben hat, hat er, wenn er jetzt die Sprache auf das Bett bringt (171 στόρεσον λέχος), nicht die Absicht, ein σῆμα ins Spiel zu bringen. Ungewollt gibt er damit aber Penelope die Gelegenheit, das Motiv des Bettes aufzugreifen und ihren Mann auf die Probe zu stellen. Das Bett als σῆμα präsentiert sich also in unserem Text als Überraschung, als ein Motiv, das nicht in jeder beliebigen Situation als Beweismittel eingesetzt werden könnte, sondern nur aufgrund des zufälligen Verlaufs des Gesprächs gleichsam in diese Rolle hineinwächst. Das Bett enthält auch nicht deshalb ein Geheimnis, weil es als Geheimnis geplant wurde, sondern weil es den intimsten Bereich der Ehe betrifft: Die Beschreibung der Herstellung von θάλαμος und λέχος rund um den Ölbaumstamm konzentriert sich darauf, daß Odysseus dabei einen innersten Bereich des Hauses herstellt (dazu vgl. Katz 1991, 178–82); Penelopes Zusatz, daß nur sie beide und die Magd Aktoris (dazu vgl. zu ψ 227–9) von dem Zeichen wußten, hebt hervor, daß sonst niemand Zutritt zu diesem intimsten Bereich hatte und hat. Das Bett ist also kein beliebiges Objekt, über das Odysseus und Penelope zufällig geheimes Wissen teilen, sondern es ist das Symbol für die Intimität der Ehepartner schlechthin. Der Text inszeniert das Motiv des Bettes als etwas, von dem zunächst niemand seinen zeichenhaften Charakter vermuten würde, das sich dann zunächst als σῆμα in rein technischem Sinn erweist (188 μέγα σῆμα), und erst zuletzt als Zeichen im Sinne eines Erkennungszeichens.

Fragt man vor diesem Hintergrund, ob das Bett als Erkennungszeichen für Odysseus schon in der Tradition festgelegt war oder eine Neuschöpfung unserer Version ist, so lassen sich zwei Kriterien heranziehen. Das eine ist das wiederholt formulierte Prinzip, wonach Selbstgenügsamkeit und Breite der Darstellung für individuelle Schöpfung sprechen, während lükkenhafte Beschreibung und Anspielungscharakter Kenntnis von traditionellem Material voraussetzen. Nach diesem Kriterium muß die Geschichte von der Anfertigung des Bettes zweifellos als Neuschöpfung des Odysseedichters angesehen werden, die keine Kenntnis des Motivs voraussetzt; der Wortlaut der Beschreibung erfaßt die exakte Konstruktion des θάλαμος (*contra* Zeitlin 1995, 146), so daß der Hörer das Phantasieprodukt des Erzählers präzise nachvollziehen kann. Wichtiger erscheint mir, daß unser Text das Bett geradezu als etwas präsentiert, das ‚eigentlich‘ nicht als σῆμα im üblichen Sinn verwendet werden kann. Damit wird signalisiert, daß es sich beim Bett um kein traditionelles σῆμα handelt, sondern um eine in einem Objekt verkörperte Konstellation, die nur aufgrund der gemeinsamen Erinnerung der Ehegatten als Beweis der Zusammengehörigkeit dienen kann. Somit läßt sich zwar nicht zwingend ausschließen, daß das Ehebett schon in anderen Versionen als Erkennungszeichen verwendet war. Unser Text setzt die Kenntnis solcher Versionen aber nicht voraus, ja er will mit dem untraditionellen σῆμα sichtlich nicht nur Odysseus, sondern auch den Hörer überraschen. Wir haben es also mit derselben Erzähltaktik zu tun wie in der Erkennungsszene mit Eurykleia im τ, wo die Narbe ebenfalls im letztmöglichen Augenblick als Überraschung für Odysseus, der darauf nicht mehr reagieren kann, eingeführt wird (vgl. zu τ 343ff., besonders zu 388–91). In beiden Fällen präsentiert also der Text das Erkennungszeichen als ‚untraditionell‘, wobei sich dies jedoch mehr auf die jeweiligen Umstände der Erkennungsszene als auf das Objekt des Zeichens selbst bezieht.

ψ **174–6** Die Verse haben den Interpreten Schwierigkeiten bereitet, vor allem da man Penelopes Aussage aus analytischer Sicht nicht auf den Inhalt der Digression beziehen wollte. Formal stellen die drei Verse eine Entgegnung auf den Vorwurf des Odysseus dar, daß Penelope auf ihrer Distanz zu ihm beharre. Penelope nennt zunächst zwei alternative Möglichkeiten: Sie könnte Odysseus offen ablehnen (μεγαλίζεσθαι, ἀθερίζειν) oder ihrem emotionalen Antrieb, ihn anerzuerkennen, bedingungslos nachgeben (λίην ἄγασϑαι). Dagegen stellt sie ihre ‚mittlere' Position, die auf dem gesicherten Wissen um die Vergangenheit beruht (μάλα δ' εὖ οἶδ') und die emotionale Komponente ausklammert. Der Text vergegenwärtigt damit noch einmal mögliche Versionen, in denen Penelope entweder beim Anblick des ‚enttarnten' Odysseus die Erkennung spontan vollzieht, oder in denen ihre Ablehnung (allerdings des noch ‚verkleideten' Bettlers) heftiger ausfällt.

ψ 190   Zur symbolischen Bedeutung des Ölbaums vgl. zu ι 317.

ψ 209–230   Im Zentrum von Penelopes Rechtfertigung des langen Hinauszögerns der Erkennung steht der Vergleich mit Helena, den man oft als unpassend empfunden hat (vgl. Katz 1991, 182–7, mit Literaturangaben). Auf der anderen Seite meinte man, Penelope wolle mit der Nennung Helenas ausdrücklich die Ambivalenz ihres Verhaltens rechtfertigen (Katz 1991, 187), oder sie rechtfertige Helenas Verhalten, um ihr eigenes zu entschuldigen, da sie sich bewußt geworden sei, ebenfalls mit dem Gedanken an Verrat ihres Mannes gespielt zu haben (Felson-Rubin 1993, 39f.). Schon in der Antike sah man in den Situationen von Helena und Penelope so wenig Gemeinsames, daß man eigens eine Geschichte konstruierte, die die Schicksale der beiden Frauen ähnlicher macht: Helena hätte sich der Werbung des Paris widersetzt, bis Aphrodite diesem die Gestalt des Menelaos verliehen hätte, so daß Helena scheinbar ihrem Mann gefolgt wäre (Schol. V zu ψ 218). Dabei handelt es sich wohl um ein Autoschediasma zur Angleichung von Helenas Schicksal an die Situation des ψ, in der Penelope fürchtet, einem Betrüger in der Gestalt des Odysseus aufzusitzen.

Eine solche Übereinstimmung im Detail zwischen Handlung und Paradeigma ist aber nicht notwendig. Der Duktus der Aussage wird verständlich, wenn man in dem mythologischen Beispiel ein *exemplum extremum* sieht, wie es vor allem in den Paradeigmata der Ilias häufig eingesetzt ist (vgl. Lohmann 1970, 128 mit Anm. 59). Helenas Beispiel verkörpert in mehrfacher Hinsicht einen Extremfall, der für Penelope eine Warnung bildet: Helena hat sich mit einem fremden Mann vereint, und zwar in ehebrecherischer Absicht; Penelope hat nur die Möglichkeit befürchtet, unwissentlich einen fremden Mann als Odysseus anzuerkennen. Selbst Helena (deren Verhalten mit 218, οὐδέ κεν, als besonders tadelnswert markiert wird) wäre Paris nicht gefolgt, wenn sie mit Sicherheit gewußt hätte, daß sie wieder an (den von ihr nicht geliebten) Menelaos zurückerstattet würde; Penelope hat von vornherein die Möglichkeit bedacht, sie könnte dem falschen Mann folgen, und deshalb so lange gezögert, Odysseus anzuerkennen. Die Folgen von Helenas Tat haben (nicht nur ‚die ganze Welt', sondern sogar) Odysseus und Penelope entscheidend getroffen; Penelopes Irrtum hätte demgegenüber nur die beiden selbst berührt. Faßt man den Vergleich so, dann fügen sich die Angaben in das traditionelle Helena-Bild, wobei jede einzelne der anspielungshaft gehaltenen Angaben die Kenntnis ihrer ,Geschichte' bereits voraussetzt. Das Irritierende an Helenas Erwähnung besteht darin, daß ihre Funktion für den Vergleich ganz auf den Aspekt ihrer Entscheidung und deren Voraussetzungen eingeengt ist. Mit dieser Einengung erreicht der Erzähler aber, daß Penelope die Voraussetzungen für ihre eigene Entscheidung in singulärer Weise analysiert: Ihr besonderer Charakterzug besteht in dieser Version der Geschichte darin, daß sie sich alle Konsequenzen jeder möglichen Verhaltensweise bewußt hält und nur Entscheidungen trifft, die nach allen Seiten abgesichert sind. Penelopes Verteidigungsrede bildet damit gleichsam einen Kommentar zu ihrem traditionellen Epitheton περίφρων.

ψ 227–9 Die Funktion der Figur der Aktoris besteht darin, daß sie die einzige Augenzeugin der Herstellung des Bettes ist, zum Zeitpunkt der Handlung aber schon verstorben sein muß. Das ist dadurch nahegelegt, daß Aktoris in der Odyssee nie als handelnde Person erwähnt wird, daß ihre Funktion als θαλαμηπόλος von einer anderen Sklavin besetzt ist (Eurynome, vgl. ψ 293; zum Verhältnis der *character doublets* Eurykleia und Eurynome vgl. Fenik 1974, 189–192, sowie Schwabl 1995, 113f.) und daß Penelope sie als ,alte' Sklavin bezeichnet, die ihr schon der Vater in die Ehe mitgegeben habe; Stanford (zu ψ 228) weist darauf hin, daß auch das Imperfekt εἴρυτο (in ,plusquamperfektischer' Funktion) so seine beste Erklärung findet. Die Funktion der Aktoris besteht in unserem Text also geradezu darin, nicht in der Handlung aufzuscheinen, um das Geheimnis des Ehebetts gegen die Wahrscheinlichkeit der gesellschaftlichen Verhältnisse (der θάλαμος ist in der griechischen Realität den Blicken der Sklavinnen nicht vorenthalten) auf Odysseus und Penelope beschränken zu können (so Stanford). Die Figur der Aktoris ist daher von der spezifischen Ausgestaltung der Erkennungsszene dieser Version nicht zu trennen; daß ihre Rolle aus der Tradition übernommen wäre, kann demnach ausgeschlossen werden.

ψ 241–6 In der von den Alexandrinern ausgelösten Debatte um das bei ψ 296 angesetzte τέλος der Odyssee, die in der Neuzeit um Alternativvorschläge bereichert wurde (ψ 299 bzw. ψ 343) hat Renate Oswald (1993) mit ψ 245 eine weitere Stelle als Schluß der ,ursprünglichen' Odyssee vorgeschlagen. Oswald sieht in der wundersamen Verlängerung der Nacht durch Athene unmittelbar nach der Vereinigung der Gatten die letzte Szene der Odyssee, die gerade mit ihrer Offenheit signalisiere, daß das erreichte Glück des Odysseus von endgültiger Dauer sei und die für die Zukunft zu erwartenden Geschehnisse das Gelingen des νόστος und der Wiederherstellung der Ehe nicht mehr gefährden könnten. Oswald stützt ihren Ansatz vor allem auf Beobachtungen zur Struktur des Epos, auf die ich hier nicht im einzelnen eingehen kann, wie ich überhaupt das Problem des

‚Endes der Odyssee' nur, soweit es unser Thema betrifft, streifen werde. Da aber der von Oswald vorgeschlagene Schluß in der Debatte bislang noch keine Rolle gespielt hat, ist es notwendig, die fraglichen Szenen auf ihre Funktion innerhalb unserer Odyssee zu beleuchten.

Nach dem Anagnorismos halten sich die Ehegatten umarmt und weinen, und der Erzähler sagt, daß sie bis zum Erscheinen der Morgenröte weitergeweint hätten, hätte Athene nicht Eos am Auftauchen gehindert, also die Nacht verlängert. Wir haben es formal mit einer ‚Beinahe-Episode' in ihrer am stärksten formalisierten Ausgestaltung mittels einer im Nebensatz negierten irrealen Periode (καὶ νύ κε … εἰ μή) zu tun (vgl. dazu Nesselrath 1992, hier 28–38 zur Odyssee, wo allerdings das Grundprinzip des ‚Beinahe' als Abgrenzung gegenüber alternativer Handlungsführung nur andeutungsweise erfaßt ist und über die formalisierten Perioden hinaus nur wenige Fälle von Thematisierung alternativen Geschehens betrachtet sind; ψ 241 ist als formelhaft abgetan, S. 30). Die Aussageform ist aber zusätzlich deutlich als Abwandlung eines Untertypus markiert, der in π 220f., φ 226f. und Ψ 154f. belegt ist. Dort heißt es jeweils zunächst καὶ νύ κ' ὀδυρομένοισιν ἔδυ φάος ἠελίοιο, dann wird das Jammern jedoch von einem der Jammernden mittels einer Rede, in der er zu Aktionen auffordert, unterbrochen. Es handelt sich dabei sichtlich um ein formalisiertes Stilmittel, das die Intensität der Trauer durch die Länge des Jammerns ausdrückt und zugleich den plausiblen Übergang zu weiteren Aktionen ermöglicht. Folgt man nun der Interpretation von Oswald, so müßte man annehmen, daß die Aussage dieses Stilmittels im ψ gerade in ihr Gegenteil verkehrt wäre: Das Jammern würde nicht von einer menschlichen Aktion unterbrochen und nicht nur auf die ‚äußerste Zeitdauer' des Formeltypus beschränkt, sondern durch die Verlängerung der Nacht noch über diesen Zeitraum hinaus prolongiert; die gegenteilige Annahme, daß die Handlung schon bis dicht vor Tagesanbruch vorgerückt wäre, also erst Athene durch ihr Eingreifen überhaupt ein länger ausgedehntes Jammern ermöglichte, ist im Text nicht nahegelegt: Der Freiermord hat noch am Tag stattgefunden, so wie die fingierte Hochzeitsfeier, die ‚Passanten' auf der Straße voraussetzt; das Anbrechen des Abends ist nicht beschrieben, da der Erzähler einen gleitenden Übergang vom Tag in die Nacht suggeriert. Wir hätten damit als letztes Bild des Epos ein bis in alle Ewigkeit weinendes Ehepaar; daß dies einen ästhetisch befriedigenden Schluß des Epos darstellt, darf wohl bezweifelt werden.

Betrachtet man hingegen die ‚Beinahe'-Szene in ihrer Einbettung in den vorliegenden Text, so ergibt sich ein ganz anderes Bild: Odysseus und Penelope weinen, so wie Odysseus und Telemachos im π bzw. Odysseus und die beiden Hirten im φ. Dieses Weinen wird in den beiden anderen Fällen dadurch abgebrochen, daß Odysseus das Wort ergreift und weitere Aktionen in die Wege leitet. Auch in unserem Fall beendet Odysseus das

Weinen, indem er Penelope anspricht und in seiner Rede die nächste Aktion ankündigt, nämlich die Vereinigung im Bett; hier geschieht das allerdings erst, nachdem der Erzähler angekündigt hat, daß Athene die Nacht
künstlich verlängert. Die Verlängerung der Nacht schiebt sich also zwischen zwei Elemente, die innerhalb des Schemas ,eigentlich' zusammenge-
hören. Die Manipulation der Zeit durch Athene findet aber ihre Fortsetzung an zwei weiteren Stellen: In ψ 344 wird zunächst (entsprechend dem
,Einschubschema', vgl. zu χ 202; ψ 96ff.) der Formelvers von 242 wieder
aufgenommen (ἣ δ' αὖτ' ἄλλ' ἐνόησε θεὰ γλαυκῶπις Ἀθήνη), und dann
heißt es, daß Athene Eos erscheinen lasse, sobald Odysseus Liebe und
Schlaf zur Genüge genossen habe. Odysseus erhebt sich, gibt Penelope Anweisungen und verläßt mit Telemachos und den beiden Hirten das Haus;
inzwischen ist es hell geworden, doch Athene greift ein weiteres Mal ein,
indem sie sie mit Nacht umhüllt und aus der Stadt geleitet (371f.). Athene
bringt also zuerst die künstlich angehaltene Zeit wieder ins Laufen, schützt
Odysseus dann aber noch einmal vor den Folgen des Zeitfortgangs.

Betrachtet man die drei Eingriffe Athenes in den Zeitablauf gemeinsam, so tritt deren Funktion für die Handlung gut hervor. Das erste Anhalten der Zeit präsentiert sich vor einem alternativen Handlungsablauf, der
im Szenentypus erkennbar ist. In diesem Szenentypus muß Odysseus die
emotionale Reaktion auf einen Anagnorismos abbrechen, weil die Situation
die sofortige Einleitung neuer Aktionen erfordert. Im ψ erhält Odysseus
sozusagen Zeit geschenkt, so daß er die ,eigentlich' notwendigen Aktionen
nicht sofort in Gang setzen muß. Mit der Bezeichnung des Endes der stehenden Zeit ist markiert, daß alle Handlungen, die innerhalb dieser Zeitspanne stattgefunden haben, nur durch diesen Aufschub ermöglicht waren.
Mit dem dritten Eingreifen Athenes tritt hervor, welche Aktion es war, die
Odysseus ,eigentlich' sofort nach dem Anagnorismos hätte einleiten müssen: die Flucht vor den Angehörigen der Freier. Wenn ihn Athene durch
,künstliche' Nacht schützen muß, signalisiert das, daß Odysseus ,eigentlich'
trotz ,geschenkter Zeit' mit der Flucht bereits zu spät dran ist.

Folgt man dieser Erklärung, die im Detail noch untermauert werden
muß, so stellt man fest, daß alle Vorschläge zu einem vorzeitigen ,Ende der
Odyssee' dieses Motiv verstümmeln und seiner ,natürlichen' Funktion be-
rauben würden. Das gilt besonders für das aristarchische τέλος bei ψ 296
(oder 299): Wenn Odysseus selbst das Jammern abbricht und die Ehegatten
dann nach wenigen Versen der Unterredung das Ehebett besteigen, ohne
daß noch berichtet wird, wie Athene die Nacht zu ihrem Ende bringt, so
entsteht der Eindruck, als würde die künstliche Verlängerung der Nacht
allein auf die Vereinigung im Bett abzielen. Plausibler wäre schon der von
Schadewaldt verfochtene Schluß bei ψ 343, also nach der Anakephalaiosis:
Hier würde die scheinbare Endlosigkeit der Nacht ganz gut zu den endlo-

sen Erzählungen passen, die dann den Abschluß der Handlung bilden. Doch würden die Erzählungen des Odysseus keine Verlängerung der Nacht erfordern: Odysseus hat auch bei den Phaiaken seinen Irrfahrtenbericht im Verlauf einer einzigen Nacht gegeben, wobei sogar noch Zeit für den Schlaf übrigblieb (ν 17–8). Der Eindruck, daß Odysseus in dieser Wundernacht besonders viel tut, trotzdem noch schläft und trotzdem ganz besonders zeitig wieder auf den Beinen ist, entsteht in der Fassung unseres Textes erst durch Athenes zweiten und dritten Eingriff in den Zeitablauf. Auch bei einem Ende bei ψ 343 würde Athenes Aufschub des Morgens zu einem beliebigen Stilmittel ohne Handlungsfunktion degradiert.

In diesem Sinn mag ein Schluß bei ψ 245 vielleicht eher befriedigen als die beiden älteren Lösungen: Hier würde von dem, was in der wunderbar verlängerten Nacht geschieht, nichts tatsächlich dargestellt werden, und dem Motiv käme so eine respektable ästhetische Funktion zu; das künstliche Ausblenden würde signalisieren, daß noch eine Fülle von faktischem Handeln offenbleibt, wovon jedoch nichts mehr die Substanz des Geschehens berührt; der vom Schema geforderte Übergang vom Jammern zum Handeln wäre damit als überflüssig markiert. Ich glaube allerdings, daß es sich dabei um die einem sentimental-romantischen Geschmack entsprechende, der Odyssee nicht angemessene Ästhetik handelt. Unsere Odyssee stellt sich hingegen den Realitäten, sie sucht nicht nach einem privaten *happy ending*, das die sozial-politischen Folgen des Freiermordes ausblendet, sie stellt oft und deutlich genug die Frage, wie es ‚danach' weitergeht (Oswald tilgt bezeichnenderweise auch die Prophezeiung des Teiresias im λ). Ein Ende der Odyssee mit dem Einsetzen der ‚Wundernacht' würde die bis zu diesem Punkt konsequent eingehaltene Darstellungsabsicht (vgl. zuletzt Olson 1995, 184–204) mit einem Schlag zunichtemachen.

ψ 247–87 Zum Motiv der Reise ins Binnenland vgl. zu λ 1–640; 121–37. Hier soll nur beleuchtet werden, welche Funktion die Einbindung des Motivs in den Zusammenhang der Wiedererkennung von Odysseus und Penelope hat. Ich gehe dabei davon aus, daß der Bericht von der Prophezeiung des Teiresias sich durch die Art der Darstellung als Einschub in einen geschlossenen Zusammenhang präsentiert: Odysseus erwähnt zunächst, daß auch nach dem Freiermord noch weitere ἄεθλοι bevorstehen, und verweist schon auf die Prophezeiung, schwenkt dann aber mit einer *praeteritio* ab und fordert Penelope auf, mit ihm ins Bett zu gehen; Penelope stimmt zu, fordert aber zuvor den Bericht von der Prophezeiung; Odysseus gibt den Bericht, Penelope kommentiert ihn, und jetzt erst begeben sich die beiden in ihr Schlafgemach. Mit dieser Darstellung bezeichnet der Text als ‚natürliche' Folge des Anagnorismos die sofortige Vereinigung im Bett. Die Frage nach dem ‚Danach' schiebt sich dazwischen, und zwar in der bewährten

Manier: Ein Handlungsstrang wird angekündigt, jedoch zunächst nicht ausgeführt, da sich ein anderer Handlungsstrang dazwischenschiebt; erst danach wird der erste Strang wieder aufgenommen, jetzt aber unter Berücksichtigung der Ergebnisse, die das Intermezzo herbeigeführt hat (vgl. zu ϱ 36–166; ϱ 507–606). In unserem Fall wird damit signalisiert, daß die Vereinigung der Gatten im Ehebett auf unzureichenden Voraussetzungen gründet, solange Odysseus Penelope nicht über die für die weitere Zukunft prophezeiten Geschehnisse aufgeklärt hat.

Inwiefern ändert also der eingeschobene Bericht die Voraussetzungen für die Vereinigung im Ehebett? Diese Vereinigung bildet den glücklichen Abschluß jenes Handlungsfadens, der die persönliche Annäherung zwischen Odysseus und Penelope betrifft. Der Abschluß soll also, so suggeriert der Text, ein endgültiger und uneingeschränkt positiver sein. Die Unterbrechung der Anagnorismos-Szene (ψ 117–164) hat bereits signalisiert, daß die unmittelbaren Folgen des Freiermordes die glückliche Vereinigung der Ehepartner nicht berühren, da sie durch den Trick des Odysseus hinausgeschoben werden können. Das genügt, um den Anagnorismos und das Sich-Wiederfinden ohne äußere Störung zu Ende zu bringen. Vor der körperlichen Vereinigung stellt sich aber die Frage noch einmal in einer größeren Dimension: Wie wird sich die Zukunft dieser Ehe gestalten, wird ein friedliches Zusammenleben möglich sein? Wenn Odysseus dieses Thema anschneidet, so bezeichnet er allein dadurch schon das mit dem Anagnorismos und der bevorstehenden Wiedervereinigung erreichte τέλος als etwas Vorläufiges, nicht Endgültiges. Die Gewißheit einer drohenden Zukunft beeinträchtigt die τέλος-Haftigkeit der Vereinigung, so daß zuerst abgeklärt werden muß, wie weit diese Bedrohung überhaupt reicht.

Diese große Linie der Darstellung bestätigt sich in den konkreten Formulierungen. Odysseus sagt einleitend zu Penelope, sie seien noch nicht ans Ziel der ἄεθλοι gekommen, sondern es warte noch unermeßlicher πόνος, den er zu Ende bringen müsse. Damit verleiht er den bevorstehenden Ereignissen eine extrem negative Färbung; der Text signalisiert, daß, falls dieser Eindruck nicht wieder korrigiert wird, der positive Charakter des τέλος der Odyssee überhaupt in Frage gestellt ist: Welchen Wert haben νόστος, Freiermord und Vereinigung mit Penelope, wenn sie nur einen winzigen Bestandteil in der endlosen Kette der Herausforderungen (ἄεθλοι) darstellt, die Odysseus (und Penelope) zu bestehen haben? Zu dieser negativen Optik fügt es sich, wenn Odysseus davon spricht, er müsse auf Weisung des Teiresias „zu vielen Städten der Sterblichen gelangen", wenn er also seinen Gang ins Binnenland so charakterisiert, wie er (oder der Erzähler) seine Irrfahrten immer charakterisiert hat (vgl. zu α 3–4). Vor diesem negativen Hintergrund hebt sich der Inhalt des Berichts, vor allem aber Penelopes Kommentar als optimistische Korrektur ab: Odysseus muß nur ein einziges Abenteuer bestehen, das als schwierig charakterisiert, doch in allen Einzelheiten vorgezeichnet ist und ihm eine sichere Heimkehr und einen sanften Tod als glücklicher Herrscher in hohem Alter garantiert. Damit ist trotz aller Herausforderungen die Unsicherheit der Zukunft in Sicherheit umgewandelt, und das drückt auch Penelope in ihrem Kommentar aus: Sie interpretiert die Beschreibung der Umstände vom Tod des Odysseus als Garantie für ein vergleichsweise „besseres Alter" und knüpft daran die Erwartung, daß die Widrigkeiten ein für allemal beendet sein werden.

Man kann also zeigen, daß bereits der Text selbst die bevorstehenden Ereignisse als ein vergleichsweise ‚besseres Ende' markiert, daß er die ‚Fortsetzung der Odyssee' als keine Bedrohung des positiven Ausgangs der dargestellten Handlung charakterisiert. Noch viel deutlicher mußte diese Markierung des positiven Endes für einen Hörer sein, der mit Erzählungen über Abenteuer des Odysseus nach seiner Rückkehr nach Ithaka vertraut war. Allein die Existenz von Geschichten, in denen sich Odysseus nach dem Freiermord gezwungen oder freiwillig erneut auf Wanderschaft begab (die kyklische Telegonie stellt hier nur den punktuellen Reflex einer breiten älteren Tradition dar), mußte die Gültigkeit einer jeden Version der Odyssee unterhöhlen, die mit dem Freiermord endete; solche Versionen mußten notwendig den Eindruck eines Schein-Endes erwecken, ähnlich wie es bei der Ansetzung eines Odysseeschlusses bei ψ 245, 296 oder 343 erreicht wird. In unserer Odyssee ist nun in den Szenen nach dem Anagnorismos der Versuch unternommen, dem auf der privaten Ebene erreichten *happy ending* einen allgemeingültigen Status zu verleihen; der Ausblick auf das weitere Leben des Odysseus erinnert fast an spätere Versuche, ein geglücktes Leben von seinem Ende her zu definieren (vgl. Hdt. 1, 30–33; 86; Hölscher 1988, 297–319). Unsere Version erreicht dies, indem sie Elemente einer Fortsetzung der Wanderungen des Odysseus zitiert und diese durch das Zitat als gültig anerkennt, aber durch ihre vergleichsweise positive Markierung signalisiert, daß diese den glücklichen Ausgang der ‚eigentlichen' Geschichte des Odysseus nicht beeinträchtigen. Die von Teiresias prophezeiten Ereignisse ersetzen gleichsam andere mögliche Fortsetzungen wie den Gang ins Exil; eingesetzt sind statt dessen Aufgaben, die Odysseus nach der Logik des Motivs (und wohl auch nach der Tradition) ‚eigentlich' schon vor seiner Rückkehr nach Ithaka hätte bestehen müssen, was den Eindruck verstärkt, Odysseus müsse hier nur noch etwas nachholen, dessen Erfolg ohnehin garantiert sei, während es auch viel schlimmer hätte kommen können. Die Odyssee verheißt Odysseus und Penelope kein ungetrübt glückliches Leben nach Art des Märchens („und wenn sie nicht gestorben sind, so leben sie noch heute"); setzt man die Ankündigungen, die über das Ende der Handlung hinausgreifen, nur in Beziehung zum glücklichen Ende der Handlung selbst, so mag man die Ambivalenz, die in

Penelopes Bewertung der Prophezeiung liegt, als ein Dominieren des negativen Aspekts deuten (Peradotto 1990, 59–93). Setzt man die Darstellung aber in Beziehung zu den dem Hörer zweifellos bekannten Geschichten von der ‚Fortsetzung der Odyssee', so überwiegt eindeutig der positive Aspekt: Die Odyssee will auch diesen Bereich der Odysseus-Tradition in ihre Handlung integrieren, will aber dessen negativen Aspekt minimieren, ohne die Tradition so zu verfälschen, daß das Ende der Handlung doch auf einen Märchenschluß reduziert ist. Mit dem Ausblick auf die Fortsetzung der Handlung bietet die Odyssee also die im Rahmen der Tradition bestmögliche Gesamtperspektive für das weitere Leben des Odysseus.

ψ 288–99 Die Passage bewirkt mit dem charakteristischen Hin- und Herwechseln zwischen Vorder- und Hintergrund eine Synchronisierung der Ereignisse auf den unterschiedlichen Schauplätzen und zugleich ein Wegblenden von der (mit λέκτροιο παλαιοῦ θεσμόν knapp und hieratisch bezeichneten) ehelichen Verbindung: Das Zurichten des Bettes durch Eurynome und Eurykleia wird mit τόφρα (289) ausdrücklich als gleichzeitig mit dem Dialog zwischen Odysseus und Penelope geschehend bezeichnet; der Blick des Erzählers begleitet die Gatten bis zum Ehebett, folgt dann Eurynomes Beispiel und verläßt das Schlafgemach, indem er zu Telemachos und den Hirten schwenkt; erst nachdem er auch diesen bis zum Bett gefolgt ist, schwenkt er zurück zu den Protagonisten, die in diesem Moment gerade ihren Liebesakt beendet haben und zum Gespräch übergehen. Es handelt sich dabei um dieselbe Technik wie im κ, wo der Erzähler während des Liebesakts von Odysseus und Kirke zu den Tätigkeiten der Dienerinnen überschwenkt (vgl. zu κ 333–87). Die Szenentechnik entspricht somit der sonst in der Odyssee verwendeten; setzt man das Ende der Odyssee bei ψ 296 an, müßte man annehmen, daß der spätere Erweiterer zufällig eine offene Struktur vorgefunden hätte, die ihm die typusgerechte Erweiterung gestattet hätte (zu dem Problem, auf das ich hier nicht eingehe, vgl. Heubeck zu ψ 297, mit Literatur. Zum Zitat von ψ 296 bei A.R. 4, 1781, ἀσπασίως ἀκτὰς Παγασηίδας εἰσαπέβητε, vgl. Rengakos 1993, 92–4, mit der plausiblen Aussage, der Zitatcharakter lasse sich nicht bestreiten, dies sage aber nichts darüber aus, welche Meinung Apollonios in der Debatte um das τέλος der Odyssee vertreten habe; ich denke, daß Apollonios gerade mit dem Zitat markiert, daß er seine eigene Erzählung ‚eigentlich' zu früh beendet).

Für unser Thema wichtiger ist ein anderer Aspekt der Szene: Der Erzähler hebt ausdrücklich hervor, daß Telemachos und die Diener den Tanz beenden, daß also die fingierte Hochzeitsfeier mit dem Erreichen des Bettes durch das Ehepaar ihr Ende findet. Damit ist der durch den ‚Hochzeitslärm' gegebene Rahmen der Anagnorisishandlung geschlossen, die Funktion der List erfüllt. Das ist auffällig, weil die Gefahr, die durch die Verbreitung der Kunde vom Freiermord droht, zu diesem Zeitpunkt noch nicht vorbei ist. Signalisiert wird damit, daß die durch menschliches Agieren gewonnene ‚geschenkte Zeit' sich nur auf den Anagnorismos und die körperliche Vereinigung der Gatten bezieht, während die weiteren Elemente der Vereinigung, die erst den Charakter eines glücklichen Endes mit Anspruch auf Allgemeingültigkeit bewirken, nur durch die ‚geschenkte Zeit' der göttlichen Ebene ermöglicht sind. Das macht begreiflich, wozu die Doppelung der ‚geschenkten Zeit' überhaupt dient: Sie macht sichtbar, daß der so erzielte Zeitaufschub zwei getrennte Funktionen hat, wobei die eine auf die Handlungsebene beschränkt bleibt, während die zweite die Erzählebene betrifft. Der durch die fingierte Hochzeit erzielte Zeitgewinn ermöglicht, daß die Handlung der Figuren in der dargestellten Reihenfolge ablaufen kann; die Ausdehnung der ‚Wundernacht' verleiht der Handlungsfolge den Charakter eines endgültig positiven Abschlusses des νόστος- und Anagnorismos-Fadens. Während auf der Seite der Fakten das τέλος der Odyssee tatsächlich mit dem Besteigen des Ehebetts erreicht ist, vermittelt erst die Rückschau auf die Ereignisse den Eindruck, daß die ἄεθλοι der ‚eigentlichen' Odysseehandlung unwiderruflich der Vergangenheit angehören.

ψ 300–9 Die knappe Charakterisierung der Erzählungen von Odysseus und Penelope ist gerahmt von zwei Instanzen der Aussage, daß beide daran Freude empfinden (301 τερπέσθην, 308 ἐτέρπετ'), in pointiertem Gegensatz zum Inhalt der Erzählungen, der von den durchstandenen Leiden geprägt ist (302 ἀνέσχετο, 306 κήδε', 307 ὀιζύσας ἐμόγησε). Dieser Gegensatz ist geradezu als Gesetz formuliert bei Walsh (1984, 3–21): Dichtung verwandelt leidvolles Geschehen in freudvolle Unterhaltung für ein Publikum, das vom Berichteten nicht direkt betroffen ist, erfüllt diese Funktion hingegen nicht, wenn ihr Adressat gleichsam Teil der Geschichte ist. So genießen im ϑ die Phaiaken die Erzählungen des Demodokos, während Odysseus weint; so hat im δ Menelaos die Folgen des Trojanischen Krieges noch immer nicht überwunden (δ 100ff.), und er und Helena können ihre Erzählungen vom Krieg erst vorbringen, nachdem Helena allen Anwesenden ihre Droge verabreicht hat (δ 219–89; selbst hier kommentiert Telemachos das Erzählte als für ihn schmerzlich, 290–3); ebenso kann Penelope das Lied des Phemios vom νόστος der Griechen, das die Freier erfreut, nicht ertragen (α 325ff.); und auch Odysseus weigert sich vor den Phaiaken zunächst, seine Geschichte zu erzählen, da ihm die Erinnerung Leid bereite (ι 12–3), so wie er sonst seine Erinnerungen als schmerzvoll bezeichnet (τ 115–8). Vor diesem poetologischen Hintergrund ist auch die Freude zu sehen, die Odysseus und Penelope an den gegenseitigen Erzählungen empfinden.

Wichtig ist hier die Beobachtung von Thalmann (1984, 162–7), daß Odysseus im Verlauf der Handlung mehrmals seine Abenteuer erzählt,

aber jeweils an einem Punkt, an dem sie noch nicht vollendet sind, so daß
der Eindruck entsteht, daß die Erzählung sich laufend selbst ergänzt und
die Gegenwart der Erzählung in Vergangenheit umgeformt wird. Mit der
Vereinigung mit Penelope ist aber jener Punkt erreicht, an dem die Erzählung sich gleichsam selbst eingeholt hat, an dem die Gatten einander ihre
Erlebnisse als abgeschlossene, zum Ende gelangte Geschichten präsentieren können (für den hier nicht weiter verfolgten Aspekt, daß die Odyssee
damit den Prozeß der Umwandlung von κλέος in Dichtung zur Darstellung
bringt, vgl. Ford 1992, 90–130). Die Freude an den Erzählungen des jeweils
anderen markiert die beiden als innerlich nicht mehr von den Ereignissen
betroffen. Odysseus und Penelope können mit einem objektivierenden
Blick auf die Vergangenheit zurückschauen, weil diese die Gegenwart nicht
mehr beeinflußt. Damit stellt sich die Rekapitulation in Gegensatz zum unmittelbar zuvor gegebenen Bericht von der drohenden Zukunft, von dem
Odysseus ausdrücklich gesagt hat, daß er weder ihn selbst noch Penelope
erfreuen werde (266–7), und der als die äußerste Form einer möglichen positiven Reaktion bei Penelope eine bescheiden-hoffnungsvolle Erwartung
ausgelöst hat. Penelope und Odysseus haben zur Vergangenheit die gleiche
Distanz gefunden wie Eumaios, der seine Lebensgeschichte den Anwesenden ausdrücklich als Unterhaltung bietet (vgl. ο 399f., κήδεσιν ἀλλήλων τερ-
πώμεθα λευγαλέοισιν / μνωομένω· μετὰ γάρ τε καὶ ἄλγεσι τέρπεται ἀνήρ):
Eumaios hat mit Laertes und später Odysseus einen Herrn gefunden, der
seinem Leidensweg ein Ende bereitet hat; so kommentiert auch Odysseus
den Gegensatz zwischen sich selbst und Eumaios, vgl. ο 486–92).

Im ψ ist die selbst erlebte Vergangenheit für Odysseus und Penelope
bereits Inhalt von Dichtung geworden. Damit ist auch signalisiert, daß das
Erzählen der Vorgeschichte an dieser Stelle keine Funktion mehr für die
Handlung erfüllt: Die ausgetauschten Informationen lösen keine Aktionen
der Figuren aus, der jeweilige Erzähler will seinen Zuhörer nicht beeinflussen, will keine Gegenleistung für die Erzählung. Die Stelle der Rekapitulation wird damit auch als ungeeignet für einen erstmals erfolgenden Bericht
der Abenteuer des Odysseus markiert (vgl. Danek 1996a).

ψ 306–8 Die knappe Charakterisierung der Abenteuer des Odysseus ist
streng dichotomisch: Odysseus hat anderen Leid zugefügt und selbst Müh-
sal bewältigt. Diese Optik entspricht nicht der Darstellung der Irrfahrten in
unserer Odyssee, wo nur das Kikonen-Abenteuer der ersten Kategorie zu-
zurechnen wäre. Man könnte daher die Klassifizierung auf alle Abenteuer
von der Abfahrt von Ithaka an beziehen, und das aggressive Element auf
den Kampf um Troia. Doch beschränkt das folgende Referat den Inhalt der
Erzählung explizit auf die Irrfahrten (ψ 310 ἤρξατο). Die allgemeine Aussage über die Abenteuer zitiert somit den Typus der Abenteuer-Irrfahrten

schlechthin (vgl. zu α 3–4), von dem sich die individuelle Form der Irrfahrten unserer Odyssee, die in Anschluß referiert werden, abhebt.

ψ 310–43 Die Anakephalaiosis ist in der Kritik seit Aristarch nicht gut weggekommen. Zu fragen ist nach der Funktion der ausführlichen, Punkt für Punkt vorgenommenen Rekapitulation der Abenteuer, besonders in Hinblick darauf, daß mit der pauschalen Angabe von 306–8 geradezu ein Muster dafür vorliegt, wie das lange Referat sich vermeiden ließe. Dabei sind zunächst einige Details zu klären. Kritisiert wurde oft die Form der indirekten Rede, in der der Bericht gegeben ist, wobei man von unhomerischer Darstellungsweise sprach (zuletzt Oswald 1993, 106–117). Doch findet sich indirekte Darstellungsweise in der Odyssee gerade bei referatartigen Berichten der Vorgeschichte. So beginnen alle drei Lieder des Demodokos mit dem referierenden ὥς, gehen dann bald in die direkte Rede über, um teilweise zur indirekten Form zurückzuschwenken (vgl. zu ϑ 499–520). Ein besonders instruktives Beispiel ist ρ 142ff.: Telemachos berichtet Penelope von seiner Reise nach Pylos und Sparta, gibt also die Figuren-Rekapitulation eines vom Erzähler bereits berichteten Teiles der Handlung. Sobald er aber auf die Angaben des Proteus zu sprechen kommt, die ihm bereits Menelaos als Nachtrag der Vorgeschichte gegeben hat, geht er von der Wiedergabe der direkten Rede des Menelaos zur indirekten Rede über; so wie hier handelt es sich also auch dort um das Referat eines Referats. Man wird daraus keine Stilregeln für Homer ableiten können, doch ist der Vorwurf des ‚Unhomerischen‘ unberechtigt. Beim Vergleich mit den angeführten Stellen fällt aber auf, daß die Anakephalaiosis die einzige Stelle in unserer Odyssee bildet, an der die Form der indirekten Darstellung geradezu zum Stilprinzip erhoben ist: Eine strenge Abfolge von parataktisch aneinandergereihten Paragraphen, in nicht weniger als sieben Fällen mit ἠδ᾽ ὡς verbunden. Die Monotonie der Darstellung ist also beabsichtigt, das katalogische Prinzip der Abenteuer steht im Vordergrund der Darstellung.

Um die Funktion dieser Monotonie zu erfassen, müssen wir zunächst fragen, warum die Anakephalaiosis nur die Erlebnisse des Odysseus, nicht die der Penelope umfaßt. Der Unterschied liegt nicht darin, daß die Penelope-Handlung Teil der Handlung unserer Odyssee ist, während die Irrfahrten zur Vorgeschichte gehören: Von der Warte des ψ aus gesehen haben beide Handlungsstränge denselben Status, da beide dem Hörer bereits bekannt sind. Eine sinnvolle Erklärung kann nur darin liegen, daß der Penelope betreffende Handlungsstrang in der Rekapitulation des Amphimedon im ω abgedeckt ist. Die zwei Rekapitulationen ergänzen einander also und decken gemeinsam den größten Teil der Odysseehandlung ab; die Zusammenfassung der Ereignisse wird vollständig, wenn man Telemachs Bericht an Penelope im ρ hinzunimmt, wo der Telemachie-Strang referiert ist.

Betrachtet man nun die beiden großen Rekapitulationen am Ende unserer Odyssee, so liegt die Erklärung nahe, daß es sich bei beiden um Gegenbilder zur Darstellung der Ereignisse durch den Erzähler selbst handelt. Diese Funktion ist für den Bericht des Amphimedon leicht zu erkennen: Dort geht der Charakter des Gegenbildes schon daraus hervor, daß der Bericht aus einer stark forcierten Figurenperspektive erfolgt, die zu deutlichen inhaltlichen Verschiebungen gegenüber der Darstellung durch den Erzähler führt (vgl. zu ω 121–90). In der Anakephalaiosis hingegen gibt es (abgesehen von Verknappungen) keine inhaltlichen Verschiebungen: Das Referat folgt exakt der Darstellung der Apologoi, was schon dadurch bedingt ist, daß der Erzähler in beiden Fällen derselbe ist. Der Unterschied kann also nicht im Inhalt, sondern nur in der Art der Darstellung liegen.

Diesen Unterschied der Darstellung thematisiert Goldhill (1991, 48f.): Er hebt hervor, daß in der Anakephalaiosis auch jene Abenteuer an ihren chronologisch ‚korrekten‘ Platz gestellt sind, die in der Darstellung unserer Odyssee ‚umgereiht‘ sind, daß ferner die detailreichen Erlebnisse auf nackte Angaben reduziert und Motivlinien unterdrückt sind. Mit dieser Differenz werde der Text unserer Odyssee als komponiertes, konstruiertes Kunstwerk markiert, das sich von der schematischen, linearen Darstellungsweise der katalogischen Aufzählung deutlich abhebe.

Mit dieser Deutung trifft Goldhill einen wichtigen Aspekt, der sich weiter präzisieren läßt. Der von Goldhill thematisierte Unterschied wird gerade durch die Monotonie der Darstellung der Anakephalaiosis hervorgehoben, die das katalogische Prinzip gegen die ποικιλία der ausführlichen Erzählung abhebt. Das katalogische Prinzip appelliert an den Hörer, seine Erinnerung an die ausführliche Erzählung zu aktivieren und die Handlung der Odyssee nochmals im Geiste Revue passieren zu lassen. Diese Form der Rekapitulation am Ende des Epos ist auch in der südslawischen Tradition beliebt; sie dient auch dort dazu, die komplexe Darstellung zusammenzufassen und überschaubar zu machen. Damit erfüllt die Inhaltsangabe der Erzählung des Odysseus eine weitere Funktion: Für den Hörer wird erkennbar, daß Odysseus und Penelope eine unrealistisch lange Zeit mit den gegenseitigen Erzählungen zubringen; die Notwendigkeit der durch die ‚Wundernacht‘ geschenkten Zeit wird damit, knapp bevor der Erzähler von ihrer Aufhebung durch Athene berichtet, noch einmal hervorgehoben. Damit weist auch die Form der Anakephalaiosis darauf hin, daß für die gegenseitige Berichterstattung der Gatten an diesem Punkt der Handlung ‚eigentlich‘ keine Zeit ist; der Hörer kann daraus im nachhinein noch einmal ableiten, daß die Einbindung der Apologoi in die Phaiakis den bestmöglichen Platz für den Bericht von den Irrfahrten des Odysseus bietet.

ψ 344–88 Zu Athenes zweitem Eingriff in den Zeitablauf vgl. zu ψ 241–6.

ψ 350–65 Die Rede des Odysseus an Penelope stellt in auffälliger Weise zwei unterschiedliche Perspektiven nebeneinander. Im ersten Teil erweckt Odysseus den Eindruck, die Erreichung des ehelichen Lagers stelle schon das Ende der Herausforderungen dar (354), und liefert dann eine Vorschau auf Aufgaben, die der Sicherung des bereits erreichten Zieles dienen: Er werde dafür sorgen, daß ihm der durch die Freier entstandene Verlust wieder ersetzt werde. Mit diesem Vorverweis über das Ende der dargestellten Handlung hinaus suggeriert er, daß der Freiermord für ihn keine negativen Folgen haben werde und daß die Notwendigkeit eines sozialen Ausgleichs zwar bestehe, aber den Kern ‚seiner' Geschichte nicht berühre. Unter dieser Optik präsentiert er jetzt auch seinen Gang auf das Landgut: Hier ist, im Gegensatz zu ψ 137–40, keine Rede davon, daß er sich vor den Angehörigen der Freier zurückziehe, um weitere Maßnahmen zu bedenken; Odysseus sagt nur, daß er Laertes aufsuchen wolle, und präsentiert damit seinen Gang als einen Nachtrag zur Kette der Anagnorismoi, der den abschlußhaften Charakter der Wiedervereinigung der Gatten nicht in Frage stellt.

Mit dem Auftrag an Penelope, sich im Obergeschoß zu verschanzen, dringt aber plötzlich ein anderer Ton ein. Mit dem Verweis darauf, daß die Nachricht vom Tod der Freier sich schnell verbreiten werde, wird betont, daß der Freiermord Folgen haben wird, deren Bewältigung nicht allein in der Macht des Odysseus liegt, also auch nicht einfach über das Ende der Handlung hinaus verschoben werden kann. Damit sind zwei konträre Möglichkeiten, das Ende der Geschichte zu präsentieren, genannt: Skizziert ist zunächst eine Version, in der die ‚Fortsetzung der Odyssee' als belangloses Geplänkel abgetan ist, das keiner expliziten Behandlung wert ist; dem gegenübergestellt ist dann die Option, die unser Text wählt, wonach sich Odysseus der Verantwortung gegenüber seiner Tat stellt und die Konsequenzen des Freiermordes trägt. Die Möglichkeit eines *happy ending* im Stile eines Märchens wird also genannt, nur um sogleich verworfen zu werden.

Daß unsere Version dabei für die Bewältigung des Konflikts einen Kompromiß wählt, der vielen Interpreten faul erschienen ist, läßt sich schon an dieser Stelle ablesen: Der Befehl an Penelope, sich im Haus einzuschließen, bietet nur schwachen Schutz gegen die ‚Rächer'; bei realistischer Deutung läßt Odysseus seine Frau wehrlos zurück, während er selbst sich in Sicherheit bringt. In diesem Zusammenhang sei daran erinnert, welche Maßnahmen die Freier Athene-Mentor androhen: Im Falle ihres Sieges würden sie nicht nur ihn töten, sondern auch seinen Besitz einziehen und Frau und Kinder aus Ithaka verbannen (bzw. töten: vgl. Fernández-Galiano zu χ 222–3). Die Anweisung des Odysseus bietet Penelope also keinen hinreichenden Schutz für den Fall, daß die Angehörigen der Freier gegen ihn vorgehen wollen. Schon damit mag angedeutet sein, daß eine volle Auseinandersetzung mit den Verwandten der Freier außerhalb des Möglichen bleibt und daß die nun in Gang gesetzte Spirale der Gewalt nur durch Mittel, über die Odysseus selbst nicht verfügt, unterbrochen werden kann.

ψ 371–2   Zur dritten Manipulation der ‚Zeit' durch Athene vgl. zu ψ 241–6.

Odyssee 24

ω 1–204   So wie für die letzten Szenen des ψ soll auch für die drei großen Handlungsblöcke des ω (Zweite Nekyia; Anagnorismos mit Laertes; Auseinandersetzung mit den Angehörigen der Freier) die Authentizitätsdebatte nicht neu aufgerollt werden. Für Sprachliches vgl. Erbse 1972, 177–229, gegen Page 1955, 102–111; zu Postlethwaite 1981 vgl. Danek 1988, 35–39. Die inhaltliche Auseinandersetzung mit der Analyse findet sich bei Stößel 1975; Wender 1978; eine Gesamtsicht bei Kullmann 1992b. Für die Zweite Nekyia bietet Oswald (1993, 122–136) kaum neue analytische Argumente.

Für die Deutung der Zweiten Nekyia scheint evident, daß hier der Versuch unternommen ist, durch eine Konfrontation der abgeschlossenen Odysseehandlung mit anderen Sagenkreisen und auch anderen Interpretationen des eigenen Stoffes zu einem Resümee zu gelangen, das den Wert dieser Version der Odyssee in Beziehung zu anderen Geschichten setzt. Die Interpretation der Zweiten Nekyia beruht daher in jedem Fall auf einer Beurteilung der Frage, wie unser Text andere ‚Texte', d.h. andere Geschichten oder andere Versionen seiner eigenen Geschichte, in die Darstellung integriert. Vorausgesetzt kann dabei werden, daß die Szenenfolge auf das abschließende Urteil des Agamemnon ausgerichtet ist, der das Schicksal des Odysseus über sein eigenes (und das des Achilleus) stellt, und zwar unter dem Leitgedanken des κλέος (vgl. Kullmann 1992b). Die Betrachtung der Zweiten Nekyia ist also unter die zentrale Frage zu stellen, welche Funktion die jeweils spezifische Form des Zitats der ‚Konkurrenzgeschichte' für die Definition des κλέος des Odysseus bzw. der Odyssee hat.

ω 1–5   Die Beschreibung des ‚Zauberstabs' ist identisch mit der im ε und im Ω (ω 3b–4 = ε 47b–48 = Ω 343b–4, τῇ τ' ἀνδρῶν ὄμματα θέλγει, / ὧν ἐθέλει, τοὺς δ' αὖτε καὶ ὑπνώοντας ἐγείρει). Weder im ε noch im Ω ist der Gebrauch des Stabes ausdrücklich erwähnt; im Ω ist das Motiv immerhin verwendet, wenn Hermes die Wachen des Griechen-Lagers in Schlaf versetzt. Im ω hingegen treibt Hermes mit diesem die Seelen der verstorbenen Freier an. Es ist offenbar, daß man aus diesen Beobachtungen kein Abhängigkeits-Stemma ableiten kann, da die Beschreibung des Stabes sichtlich bereits eine in der Tradition erstarrte Formel war. Doch ist auch nicht die Beschreibungsformel hier gleichsam zu einem *epitheton ornans* erstarrt und der ‚Zauberstab' der Ilias zu einem Hirtenstab degradiert (so Heubeck zu ω 1–4). Vielmehr gewinnt der Stab gerade mit seiner Verwendung im ω etwas

von seiner ursprünglichen vollen Bedeutung zurück: Während er im Ω
wohl nur mehr die Funktion eines ‚Zauberstabs' ohne tiefere Bedeutung
hat, ist im ω angedeutet, daß der Stab die Rolle des Hermes als Geleiter im
Grenzbereich zwischen Leben und Tod symbolisiert (dazu vgl. zu α 96–
102). Wir haben es also auch hier mit der Reaktualisierung einer zur Formel
erstarrten Aussage zu tun, so wie im ε plötzlich die Funktion der traditionellen ‚Wunderschuhe' des Hermes aktualisiert wird (vgl. zu ε 51–4).

ω 15–22   Die Szene schließt an die erste Nekyia an (15b–8 = λ 467b–70;
20–2 = λ 387–9) und setzt damit die Wertungen der Schicksale, die dort in
den Gesprächen mit Achilleus und Agamemnon erreicht wurden, voraus,
wonach das Schicksal des Odysseus, sofern ihm der νόστος gelingt, über
das des Achilleus und des Agamemnon zu setzen ist. Ausständig ist noch
die Bewertung des jeweils zugehörigen κλέος: In der ersten Nekyia beschränken sich die Urteile der Figuren auf das durch das jeweilige Lebens-
schicksal erreichte Maß an Glück bzw. Unglück; der Aspekt des Fortlebens
im Ruhm bzw. im Lied ist dort vor allem von Achilleus brüsk beiseitegeschoben. Die ausdrückliche Thematisierung des κλέος des Agamemnon
und des Achilleus erfolgt somit erstmals in der Zweiten Nekyia. Auch hier
sind mit der Nennung der Kameraden, die sich um Achilleus scharen (Patroklos, Antilochos, Aias), nicht nur die in der Ilias erfaßten Ereignisse berührt, sondern auch der Motivkomplex der Aithiopis (vgl. zu λ 482–91).

ω 23–34   Das Bild, das Achilleus von Agamemnon zeichnet, ist in zweierlei Hinsicht interessant. Zunächst sind die thematisierten Aspekte von Agamemnons Leben und Tod unabhängig von der Darstellung des Feldherrn
in der Ilias, da die Übereinstimmungen nur in seiner traditionellen Heer-
führer-Rolle bestehen. Präsent ist also nicht die Agamemnon-Gestalt der
Ilias, sondern die des Troia-Mythos, und im Zentrum des Interesses stehen
nicht seine Taten vor Troia, sondern seine Heimkehr und Ermordung.
Damit erübrigt sich die Annahme, daß die Odyssee mit Achills Anrede an
Agamemnon einen versöhnlichen Widerruf auf die Ilias intendiere. Der für
die Ilias zentrale Konflikt zwischen Agamemnon und Achilleus ist hier
nicht beziehungsvoll ignoriert, sondern spielt schlicht keine Rolle.

Daß damit nur ein ausschnitthafter Aspekt eines Agamemnon-Bildes
berührt ist, wird klar, wenn man die Aussage der Rede analysiert. Agamemnons Schicksal vor Troia erscheint in Achills Formulierung dem aller
anderen Helden überlegen: Er war Anführer aller Griechen, ist daher, so ist
impliziert, über alle seine Mitstreiter zu stellen. Diese Rolle hätte, wenn er
vor Troia einen heldenhaften Tod gestorben wäre, automatisch zu höchst-
möglichem κλέος geführt; und wenn man den implizierten Vergleich wei-
terdenkt, so wäre das κλέος des Agamemnon, der die Eroberung Troias ja
noch miterlebt hat, erst recht über das κλέος des Achilleus zu stellen, der

daran nicht mehr beteiligt war. Diese optimalen Voraussetzungen sind für Agamemnon erst durch die Art seines Todes zunichte gemacht, da das Mißlingen des νόστος sein κλέος aufgehoben hat. Die Beschreibung von Agamemnons Schicksal führt also zur Frage, wie die höchste Stufe von κλέος erreicht werden kann. Dabei ist für die Thematik der Odyssee besonders wichtig, daß Achilleus Agamemnon über seine eigene Person stellt und damit eine hypothetische Wertung erkennen läßt, wonach Agamemnon, sofern er nach gelungener Eroberung Troias als Heerführer heil nach Hause gekehrt wäre, höher als Achilleus einzureihen wäre. Impliziert ist damit, daß dasselbe auch für Odysseus zu gelten hat: Er ist ja der πτολίπορθος *par excellence*, und ihm gelingt auch noch der νόστος. Die Schlußfolgerung für eine vergleichende Wertung von Achilleus und Odysseus ist zwar nicht ausgesprochen, da nur das Schicksal Agamemnons zum Vergleich herangezogen ist, zunächst für Achilleus, dann für Odysseus; der Hörer kann aber aus den zwei Gleichungen leicht selbst den Schluß ziehen.

ω 36–97   Die Funktion der Beschreibung von Achills Bestattung ist, sofern man die Frage auf den Inhalt der Erzählung reduziert, durch Agamemnons abschließende Worte definiert: Achilleus hat für alle Zeiten und bei allen Menschen ein Höchstmaß an κλέος erreicht, obwohl oder gerade weil er vorzeitig gestorben ist. Agamemnon hingegen hat keinerlei κλέος hinterlassen, obwohl er im Gegensatz zu Achilleus den Krieg zu Ende geführt hat und so auch den Titel des πτολίπορθος beanspruchen kann. Dieser thematische Rahmen ist ausgefüllt durch eine breite Beschreibung von Achills Tod, die formal den Zweck erfüllt, den Zusammenhang zwischen Achills Tod und seinem κλέος zu erweisen; trotzdem wurde bemängelt, daß die Ausführlichkeit der Beschreibung in keinem Verhältnis zu ihrer Relevanz für die Odysseehandlung stehe. Hinzu kommt die oft vertretene Auffassung, daß es sich bei der Beschreibung um ein Referat aus der Aithiopis (die dann auch in ihrer vorhomerischen mündlichen Form als fixierter Text zu denken wäre) handle, das inhaltlich seine Quelle fast unverändert wiedergebe und nur oberflächlich mit den relevanten Fakten der Ilias harmonisiere. Bei einer solchen Auffassung fällt es schwer, die Länge der Beschreibung für ästhetisch gerechtfertigt zu halten. Ähnliches gilt für die Gegenthese, der Preis Achills bilde eine Hommage an die Ilias (bzw. an den Iliasdichter), neben die sich die Odyssee als gleichwertig stellen wolle. Eine Notlösung ist auch die Annahme, die breite Schilderung der Bestattung Achills trete an die Stelle einer ausführlichen Beschreibung der Bestattung der Freier, um dem Epos einen ähnlich würdigen Abschluß wie der Ilias zu verleihen (Wender 1978, 38f.): Das ist zwar ein willkommener Nebeneffekt der Szene, der aber die inhaltliche Verbindung zwischen dem Tod des Achilleus und der Thematik der Odyssee nicht erklärt.

Die Erklärung muß in eine andere Richtung gehen: Agamemnon zielt mit seiner Aussage darauf ab, das κλέος des Achilleus als jenes κλέος zu definieren, das zum Zeitpunkt der Handlung das höchste je von einem Helden erreichte κλέος ist. Die Beschreibung soll diese spezifische Aussage untermauern, und man wird davon ausgehen, daß sie auf diesen Zweck abgestimmt ist. Weder die Annahme einer unveränderten Wiedergabe der Aithiopis (in welcher Form auch immer) noch die einer völligen Ausrichtung auf die Ilias ist also *a priori* wahrscheinlich. Hinzu kommt, daß gemäß dem gängigen Darstellungsprinzip die Vollständigkeit und Breite der Beschreibung darauf hindeuten, daß die gebotene Version der Geschichte als selbständig, nicht nur als ein Zitat von Bekanntem gelten will. Wir können daher davon ausgehen, daß zwar Versionen vom Tod des Achilleus, die uns vor allem als Ilias-Version und Aithiopis-Version greifbar sind, als bekannt vorausgesetzt sind, daß unser Text aber in Auseinandersetzung mit diesen Versionen eine eigenständige Darstellungslinie sucht, die die im Kontext angestrebte Aussage am besten vermittelt.

Da die Agamemnon-Rede einen Grundpfeiler für die neoanalytische Memnonis-These darstellt, ist es notwendig, zu den Positionen der Verfechter und Gegner dieser These grundsätzlich Stellung zu nehmen (vgl. die treffenden Bemerkungen bei Stößel 1975, 44–48). Die Schärfe des Gegensatzes zwischen Befürwortung und Ablehnung einer Abhängigkeit der Ilias von einer postulierten vorhomerischen Aithiopis bzw. Memnonis wird deutlich gemildert, wenn man präzisiert, in welcher Form man sich dieses vorhomerische Epos vorzustellen hat. Die frühen Verfechter der Neoanalyse gingen häufig von einem schriftlich fixierten Werk aus, das sich im Detail rekonstruieren ließe, ja in der Ilias teilweise im Wortlaut reproduziert wäre. Die Gegner der These konzentrierten sich daher darauf, diesen Aspekt der These als mit unserem Bild der frühgriechischen Epik unvereinbar zu erweisen (vgl. etwa Dihle 1970, 9–44). Demgegenüber hebt bereits Kullmann (1960, passim; vgl. vor allem Kullmann 1984) hervor, daß die These ebensogut mit der Annahme von mündlichen Versionen der Aithiopis als Quelle der Ilias funktioniert; völlig akzeptiert ist die These in diesem Sinne auch von strengen Verfechtern einer *oral poetry*-Linie (vgl. Janko zu Π 775–6, sowie S. 312f.; Edwards zu Σ 26–7; vgl. auch Slatkin 1991); charakteristisch etwa Edwards (1990), wo als Quelle bzw. Vorlage unserer Ilias immer nur die *story* bzw. *tale* der Aithiopis bezeichnet ist. Auf dieser Basis scheint es leichter möglich, die gegensätzlichen Positionen miteinander zu vereinen: Wohl niemand wird heute ausschließen wollen, daß die Ilias (wie die Odyssee) beim Hörer die Kenntnis von Geschichten voraussetzt, die den Tod des Achilleus zum Inhalt hatten; die Form dieser Geschichten war selbstverständlich die von mündlich-epischen Erzählungen. Kaum jemand wird auch bezweifeln, daß im Rahmen dieses inhaltlichen Zusammenhangs viele Details bereits so weit fixiert waren, daß sie vom einzelnen Sänger nicht mehr abgeändert werden konnten; dazu gehörte, daß Achilleus vor dem Skaiischen Tor fiel, daß er durch Paris (und Apollon) fiel, aber auch daß die Figur des Memnon (dessen große Bedeutung für die ‚Achilleis' in der Odyssee immer wieder vorausgesetzt ist) in diesem Kontext eine zentrale Rolle spielte. Wichtig erscheint mir, daß fast alle Motive, die die Neoanalyse als in der Ilias ‚nachgeahmte' Motive der Aithiopis postuliert hat, keine Details sind, die die Fixierung eines Wortlauts voraussetzen, sondern Handlungsmotive, deren Fortbestand als Gerüst einer ‚Geschichte' auch innerhalb einer flexiblen mündlichen Tradition plausibel ist.

Die Anwendung dieser Position auf Agamemnons Bericht vom Tod des Achilleus im ω macht folgende Annahmen notwendig: Unser Text setzt beim Hörer die Kenntnis eines Erzählduktus vom Tod des Achilleus voraus, der nicht nur die allgemeinste Tatsache, daß der Held vor Troia starb, enthält, sondern auch konkrete Details. Daß dazu die Rollen von Memnon und Antilochos gehören, beweisen die über die Odyssee verstreuten Andeutungen: Antilochos war Achills ‚bester Freund' (ω 78–9) und wurde von Memnon getötet (vgl. zu δ 187–8); Memnon wurde von Achilleus getötet (vgl. zu λ 522); Antilochos wurde gemeinsam mit Achilleus begraben (ω 78). Vorausgesetzt ist aber auch die Kenntnis einer Rolle des Patroklos im Zusammenhang mit Achills Tod, wie sie für die Gestalt der uns überlieferten Ilias konstitutiv ist; dabei wird zu klären sein, ob dafür die Annahme einer im Wortlaut fixierten Ilias notwendig ist und inwiefern es für die Aussage innerhalb der Odyssee relevant ist, ob in unserer Ilias der Memnonis-Stoff vorausgesetzt, zitiert oder abgewandelt ist. Zunächst muß aber überprüft werden, welche Teile von Agamemnons Bericht welche Art von Information voraussetzen oder zitieren und welche Funktion jede einzelne Angabe über Tod und Bestattung des Achilleus innerhalb der Odyssee hat.

ω 37–42 Die Angaben zu Achills Tod, dem Kampf um seine Leiche und deren Bergung dienen innerhalb von Agamemnons Bericht nur dazu, in aller Kürze zum eigentlichen Thema hinzuleiten, das erst mit der Beweinung der geborgenen Leiche beginnt. Dabei fehlen im Gegensatz zum Folgenden Angaben zu den Details, deren Kenntnis aber sichtlich vorausgesetzt ist, da die referierte Handlung sonst ganz im Abstrakten verbliebe: Wir erfahren nicht, wer Achill getötet hat, im Zuge welcher Aktion das geschah (beides Fixdaten des Mythos, die auch in der Ilias nur zitiert sind), und wer Achills Leiche geborgen hat (die Beteiligung von Aias und Odysseus ist in der Odyssee vorausgesetzt, vgl. zu ε 309–10; λ 541–67). An die Stelle der konkreten Angaben tritt ein allgemeines Bild vom Tod des Helden, wie es geradezu als Grundtypus eines abstrakten Schemas formuliert sein könnte: Tod des Helden, Kampf um die Leiche, Bergung, Einsetzen des Trauerns.

Inmitten dieses Bildes steht die Formulierung σὺ δ' ἐν στροφάλιγγι κονίης / κεῖσο μέγας μεγαλωστὶ λελασμένος ἱπποσυνάων (39f.), die einen Eckpfeiler der neoanalytischen Aithiopis-These bildet. Dieselbe Formulierung (mit ὃ δ' ... κεῖτο) findet sich in Π 775f., wo auch die Situation vergleichbar ist: Hektors Wagenlenker Kebriones ist von Patroklos getötet worden, um seine Leiche tobt der Kampf zwischen Griechen und Troern. In Σ 26f. heißt es von Achilleus, der soeben die Nachricht vom Tod des Patroklos erhalten hat, αὐτὸς δ' ἐν κονίῃσι μέγας μεγαλωστὶ τανυσθεὶς / κεῖτο. Für die Neoanalytiker stammt die Formulierung aus der Aithiopis und ist in der Ilias zweimal in Kontexten, die den Tod des Achilleus evozieren, auf eine andere (jeweils ,sekundäre') Konstellation übertragen, während die Odysseestelle den ursprünglichen Kontext getreu referiere. Kritiker der These wenden ein, daß die Phrase λελασμένος ἱπποσυνάων besser zum Wagenlenker Kebriones als zu Achilleus passe (so zuletzt Heubeck zu ω 39–40) oder daß das Adverb μεγαλωστί syntaktisch am besten in Σ 26, mit Bezug auf das Verbum τανυσθείς, passe (Dihle 1970, 22–4). In beiden Fällen wird angenommen, daß die Odyssee direkt an einer oder an beiden Iliasstellen hänge und die Annahme eines direkten Rückbezugs auf die Aithiopis überflüssig sei (so auch Usener 1990, 104–8). In diesem Fall hätte die Formulierung in der Odyssee allerdings nicht Zitatcharakter, sondern wäre eine mehr oder weniger mechanische Übernahme ohne inhaltliche Implikationen: Die Odysseestelle hinge dann ja direkt an der Stelle des Π, wo die Figur des Achilleus keine Rolle spielt. Aber auch die zwei Stellen in der Ilias stünden nach dieser Auffassung in keiner inhaltlichen Beziehung zueinander.

Ganz anders sieht es aus, wenn man für die Formulierung im ω einen zumindest inhaltlichen Bezug auf konkrete Gegebenheiten des Memnonis-Stoffs nicht ausschließen will. In diesem Fall muß man ansetzen, daß der Bezug durch die Übernahme einer auffälligen Wendung hergestellt wird (daß es sich bei der Fügung μέγας μεγαλωστί um eine äußerst markante Sprachschöpfung handelt, wird von keinem der Interpreten bestritten), so daß man von einem Zitat im vollen Wortsinn sprechen kann. Für die beiden Iliasstellen heißt das, daß auch dort nicht nur von Übernahme oder *imitatio* gesprochen werden kann, sondern auch dort das Zitat einer prägnanten Formulierung den Kontext der zitierten Stelle mit Absicht anklingen läßt. Daß diese Art von Zitat für den Kontext der Ilias einen ausgezeichneten Sinn ergibt, läßt sich kaum bestreiten: Im Π, beim Kampf um Kebriones, den letzten Troer, den Patroklos bezwingen kann, wird plötzlich die Erinnerung an den toten Achilleus geweckt, unmittelbar bevor sich das Kampfglück gegen den Achill-Stellvertreter Patroklos wendet. Im Σ liegt Achilleus in Trauer um Patroklos, der für ihn den Ersatztod gestorben ist, so hingestreckt am Boden, wie er es später im Tod tun wird; dies in einem Kontext, in dem die Assoziationen zum Tod des Achilleus dicht auf dicht folgen, wie auch von Gegnern der Memnonis-These eingestanden wird. Auch die Formulierung im ω ist dann keine mechanische Übernahme aus der Ilias ohne inhaltliche Zitatfunktion, sondern Zitat aus dem Memnonis-Kontext, aus dem auch schon die Ilias zitiert.

Wir könnten es also hier, im Gegensatz zu den zahlreichen vermuteten Iliaszitaten in der Odyssee, mit einem der wenigen Fälle zu tun haben, wo ein wörtliches Zitat den Inhalt des zitierten Original-Kontextes mit gegenwärtig halten will (vgl. zu α 65–7; auch dort nehme ich an, daß eine besonders gelungene Formulierung innerhalb der mündlichen Tradition zu so etwas wie einem geflügelten Wort erstarrt ist). Die Funktion des Zitats besteht dann darin, ein inhaltliches Detail einer bekannten Geschichte, die nur flüchtig anzitiert ist, mittels der berühmt gewordenen Formulierung an einem Punkt sichtbar zu machen: Für den wissenden Hörer tritt damit die zitierte Szene in ihrer ganzen emotionellen Breite vor Augen. Auch die Wendung λελασμένος ἱπποσυνάων, die meist als unpassend kritisiert wird, kann dann eine solche Zitatwirkung haben: Da wir davon ausgehen können, daß Achilleus nach der Bezwingung Memnons nicht zu Fuß, sondern im Wagen (und wohl im Vertrauen auf seine göttlichen Pferde) den Sturm auf Troia versuchte und beim Eindringen durch das Skaiische Tor getötet wurde (§ 62 Kullmann), dürfte es nicht so unglaubwürdig sein, daß die Wendung für den gefallenen Achilleus sehr wohl prägnant verwendet war. Wir haben dann durch das Zitat auch noch eine Erinnerung an die letzte Heldentat des Achilleus beigebracht (Kakridis 1949, 85, vertritt diese Auffassung, weist aber darauf hin, daß die Formulierung deshalb nicht erstmals für den Kontext der Aithiopis-Stelle geprägt sein mußte).

Ein weiteres Detail des Schlachtbildes wirkt wie ein Versatzstück typischer Kampfszenen: Agamemnon erzählt, der Kampf um Achills Leiche habe den ganzen Tag gewährt, und Griechen und Troer „hätten überhaupt nicht vom Kampf abgelassen, hätte nicht Zeus [ihn] mit einem Wirbelsturm beendet". Dabei scheint vorausgesetzt, daß den Griechen die Bergung der Leiche nur durch das Eingreifen des Zeus gelungen ist, was man als ein typisches Motiv abtun könnte. Fragt man aber nach einer möglichen Entsprechung in einer ausführlicheren Darstellung des Ablaufs, so gibt es zwar keinen Hinweis darauf im Aithiopis-Referat des Proklos, doch hat man vermutet, daß das Motiv sich in mehrfacher Brechung in der Ilias findet: Sowohl im Kampf um Sarpedons Leiche als auch um den gefallenen Patroklos hüllt Zeus das Schlachtfeld in Nacht bzw. Nebel, um den Kampf zu erschweren (Kullmann 1960, 327–330: Π 567f., P 268ff., 366ff., 375f., 643ff.). Während das Motiv hier geradezu in sein Gegenteil verkehrt scheint (Zeus beendet den Kampf nicht, sondern verlängert ihn; er fördert nicht die Bergung der Leiche, sondern erschwert sie), gibt es in der Ilias eine Stelle, die der postulierten Funktion des Motivs in der Aithiopis besser entspricht und erst bei einer solchen Erklärung voll verständlich wird. Im Σ ist den Griechen durch Achills Eingreifen endlich die Bergung der Leiche des Patroklos gelungen; sie tragen sie ins Schiffslager, Achilleus empfängt sie, und nach diesem ergreifenden Bild heißt es, daß Hera den Tag zu Ende gehen läßt:

'Ήέλιον δ' ἀκάμαντα βοῶπις πότνια Ήρη
πέμψεν ἐπ' Ὠκεανοῖο ῥοὰς ἀέκοντα νέεσθαι·
'Ήέλιος μὲν ἔδυ, παύσαντο δὲ δῖοι Ἀχαιοὶ
φυλόπιδος κρατερῆς καὶ ὁμοίου πτολέμοιο.   (Σ 239–42)

Die Interpreten bezeichnen das stereotype Motiv angesichts der Überlänge des dritten Schlachttages als unpassend (Leaf: „... one can hardly think of this ending as ‚premature‘ without a smile." Willcock: „... a stock theme ... more suitable to other occasions ..."). Nimmt man aber an, daß in der Ilias mit dem Tod des Patroklos die Umstände des Todes des Achilleus immer wieder mit evoziert sind, so könnte auch das Motiv der vorzeitigen Beendigung des Kampftages durch göttliche Einwirkung Zitat einer Gegebenheit sein, die innerhalb der Geschichte vom Tod Achills kanonischen Charakter angenommen hatte. Wir hätten damit eine Erklärung für das ‚seltsame‘ Motiv in der Ilias gewonnen, zugleich das Motiv für die Aithiopis abgesichert und könnten auch die Darstellung der Odyssee besser würdigen: Der Verweis auf den Wirbelsturm des Zeus hat ebenfalls Zitatcharakter; das Zitat des einen kleinen Details weist ebenfalls auf einen als bekannt vorausgesetzten größeren Handlungszusammenhang. Übergangen sind damit die sonstigen Umstände der Bergung des Leichnams, vor allem die dabei entflammende Rivalität zwischen Aias und Odysseus, die in der Odyssee sonst vorausgesetzt ist (vgl. zu λ 541–67). Diese Umstände sind auch hier als bekannt vorausgesetzt, jedoch verschwiegen, weil sie der Intention von Agamemnons Rede zuwiderlaufen: Die Verherrlichung von Achills Tod läßt die Erwähnung von dessen negativen Auswirkungen nicht zu.

ω 47–57   Das Erscheinen von Thetis und den Nereiden gilt allgemein als fester Bestandteil des Aithiopis-Stoffs: Es ist im Proklos-Referat enthalten und in der Ilias im Auftauchen der Nereiden nach dem Tod des Patroklos gespiegelt. Die Szene in der Ilias erhält eine zusätzliche Bedeutungsebene, wenn sie als Zitat des Zusammenhangs der Aithiopis gefaßt wird: Achills symbolisches Sterben im Tod des Patroklos wird noch hervorgekehrt, wenn die Nereiden eine Totenklage um den um sein *alter ego* trauernden Achilleus anstimmen. Man kann also davon ausgehen, daß die Odyssee hier der traditionellen Darstellungslinie des Aithiopis-Stoffs folgt. Nicht so eindeutig scheint das hingegen für die kurz ausgeführte Szene zu sein, in der die Panik der Griechen und das Eingreifen Nestors beschrieben ist. Das Motiv der Panik der Griechen geht wohl ebenfalls auf die Erzähltradition zurück: Es ist reflektiert in der Ilias, wenn Thetis ihrem Sohn die von Hephaistos verfertigten Waffen bringt und die Myrmidonen Zittern erfaßt, allerdings nicht vor der Göttin, sondern vor den gewaltigen Waffen (T 12–5; nur als gemeinsames typisches Motiv vermerkt bei Heubeck zu ω 47–9). Für ein Eingreifen Nestors in der Aithiopis haben wir hingegen keinen Anhaltspunkt; Heubeck (zu ω 47–9) spricht es ihr ausdrücklich ab, hält dafür aufgrund von Motiv- und Formulierungsparallelen die Passage im ω für aus der Ilias abgeleitet. Doch bleiben die monierten Übereinstimmungen alle im Typischen, und die postulierte Ilias-*imitatio* bleibt ohne Funktion.

Was leistet nun Nestors Eingreifen innerhalb der von Agamemnon referierten Handlung? Überblicken wir den Ablauf der Sequenz: Auf die Nachricht von Achills Tod taucht Thetis mit den Nereiden aus dem Meer auf; ihr Erscheinen (bzw. ihr „Rufen") versetzt die Griechen in solche Panik, daß sie sich zur Flucht wenden; Nestor beruhigt die Situation, indem er den Griechen erklärt, wer die Göttinnen sind und warum sie erscheinen; die Griechen brechen daraufhin die Flucht ab; die Göttinnen betreten die menschliche Sphäre — und bleiben in dieser; mit den Musen gesellen sich weitere Gottheiten hinzu, die ebenfalls anwesend bleiben; Göttinnen und Menschen vollziehen gemeinsam die Trauerzeremonien, und zwar volle siebzehn Tage lang. Die Göttinnen sind auch noch während der Bestattung als präsent gedacht, wie der Verweis auf die Urne aus der Hand der Thetis zeigt; und auch die Leichenspiele stehen noch unter göttlicher Präsenz, die Erwähnung der von Thetis gestifteten Siegespreise bildet den krönenden Abschluß von Agamemnons Bericht (91–2).

Nestors Eingreifen markiert also einen Punkt der Handlung, an dem der geradlinige Ablauf zunächst gestört ist, nach einer Intervention aber wieder hergestellt wird: Die Menschen trauern; die Göttinnen erscheinen, um dasselbe zu tun; die Menschen ergreifen die Flucht; erst die Intervention Nestors führt dazu, daß Menschen und Göttinnen gemeinsam trauern. Die Sequenz weist Ähnlichkeiten zum oft beobachteten Einschub-Schema auf. Das Eingreifen Nestors weist darauf hin, daß zwei Motivlinien miteinander verknüpft sind, die ‚eigentlich' Alternativen zueinander bilden: Auf der einen Seite steht die rituelle Beklagung Achills durch die Griechen, auf der anderen das wundersame Rufen (βοὴ ϑεσπεσίη, 48f.) von Thetis und den Nereiden. Es scheint nicht allzu gewagt, wenn man darin die Kombination zweier Konzepte sieht, von denen das eine, nämlich das Eingreifen der Nereiden, sichtlich im Aithiopis-Stoff verankert war, während wir das andere aus der Ilias kennen, wo die groß angelegte Bestattung des Patroklos ganz im menschlichen Bereich verbleibt. Dabei ist daran zu erinnern, daß das Auftreten der Nereiden im Handlungskonzept der Aithiopis vor allem dann Funktion hatte, wenn es die Entrückung von Achills Leichnam durch Thetis umrahmte; man könnte sogar mit dem Gedanken spielen, daß die Flucht der Griechen dort erst die notwendige Voraussetzung für die

Entrückung darstellte (vgl. Janko zu Π 666–83: Apollon entrückt Sarpedons Leichnam erst, nachdem dieser durch den Kampf völlig unkenntlich geworden ist; Griechen und Troer registrieren die Entrückung gar nicht, der übersinnliche Vorgang ist der Beobachtung der Menschen entzogen). Doch die Rekonstruktion einer nur im Handlungsablauf fixierten ‚Geschichte' geht hier wohl zu weit. Mit einiger Zuversicht kann behauptet werden, daß die gesamte Darstellung des gemeinsamen Trauerns von Göttinnen und Menschen eine Kombination zweier Konzepte darstellt; dem Tod Achills wird dadurch in Agamemnons Rede ein Status verliehen, der das Motiv der Entrückung und des Weiterlebens nach dem Tode zwar ausschließt, die Annäherung an die göttliche Sphäre aber so weit wie möglich forciert. Nestors Eingreifen spielt in diesem Konzept eine wichtige Rolle: Es markiert exakt jenen Punkt, an dem die Verknüpfung der zwei ‚Quellen' einsetzt, und ist somit als eigenständige Erfindung des Odysseedichters zu werten.

ω 58–68   Die Nereiden kleiden Achills Leiche in „göttliche Gewänder" (ἄμβροτα εἵματα), Achilleus verbrennt auf dem Scheiterhaufen „im Gewand der Götter", in Salböl und Honig. Salböl und Honig sind übliche Attribute der Bestattung (vgl. Ψ 170); daß hingegen göttliche Gewänder mit verbrannt werden, ist auffällig. Das Motiv zitiert den Kontext der Entrückung Achills (ἐκ τῆς πυρᾶς, § 66 Kullmann), wo die göttlichen Gewänder die Funktion hatten, die Erhebung in den Status der Unsterblichkeit zu begleiten: In ähnlicher Weise ist in der Ilias sichtlich die Entrückung Memnons zitiert, wenn Apollon im Auftrag des Zeus Sarpedon wäscht, mit Ambrosia salbt und in „göttliche Gewänder" (ἄμβροτα εἵματα) hüllt, ehe er ihn vom Schlachtfeld entrückt und Hypnos und Thanatos übergibt (Π 667–83; vgl. Janko zu Π 419–683; 666–83). Das Motiv, das ‚eigentlich' in den Kontext der Vergöttlichung gehört, ist in der Odyssee bewußt nicht unterdrückt, sondern als Zitat gesetzt, so daß bei der Beschreibung des Verbrennens der Leiche göttliche und menschliche Behandlung nebeneinander stehen.

ω 60–4   Die Präsenz der Musen neben den Nereiden findet sich auch in der Aithiopis (§ 65 Kullmann) und wurde als poetische Erfindung des Memnonis-Dichters reklamiert (Pestalozzi 1945, 27; Schoeck 1961, 48). Dagegen wendet Stößel (1975, 51f.) ein, daß gerade die Anwesenheit der Musen im ω ein so auffälliges Motiv sei, daß der Dichter der kyklischen Aithiopis nicht umhin gekonnt hätte, es zu übernehmen; ferner seien die Musen bei der Totenklage der Nereiden im Σ, die eindeutig die Memnonis zitiere, nicht präsent, und es sei leicht denkbar, daß die Musen den Nereiden, die ursprünglich den θρῆνος sangen, erst sekundär als verwandte Wesen hinzugefügt worden wären (vgl. Heubeck zu ω 60). Fragt man nach der Funktion der Musen in der Darstellung des ω, so erscheint diese Erklärung geradezu zwingend: Im Kontext des Memnonis-Stoffs war die Bestattung

Achills untrennbar mit seiner Entrückung und Vergöttlichung verbunden. Die Nereiden hatten in diesem Zusammenhang die Funktion, ihre Schwester Thetis zu begleiten und zu unterstützen; daß sie auch den rituellen Klagegesang durchführten, ist durch die Ilias nahegelegt, wo die Klagerede der Thetis vor den Nereiden (Σ 52–64) Form und Funktion eines ϑρῆνος zitiert. In der Odyssee hingegen sind die Aufgaben streng zwischen Nereiden und Musen verteilt: Die Nereiden klagen (59 ὀλοφυρόμεναι), die Musen singen den Threnos (61 ϑρήνεον). Den Musen kommt aber innerhalb der Agamemnon-Rede eine besondere Funktion zu: Das außergewöhnlich lang andauernde Singen der Musen um Achilleus bildet den Schlüssel für die von Agamemnon angestrebte Definition des Ruhms, den Achilleus durch den Tod erreicht: Sein Tod löst ein ungewöhnlich intensives Trauern aus; dieses Trauern nimmt die Form der Beklagung durch die Musen an; die Musen sind jene Gottheiten, die die Erinnerung an κλέος weiter transportieren; ihre unmittelbare Anwesenheit beim Begräbnis bildet die Garantie dafür, daß das κλέος des Achilleus in besonders authentischer und intensiver Form gebildet und weitergegeben wird (vgl. Nagy 1979, 176f.). Der Gesang der Musen ist also gleichsam das ideologische Zentrum von Agamemnons Rede, deren Aussage darauf abzielt, daß Achills überragende Stellung als Held ihren Ausdruck im Ruhm bei der Nachwelt findet. An die Stelle der Unsterblichkeit, die Achilleus in der Aithiopis-Konzeption durch seine Entrückung auf die Λευκὴ νῆσος erreicht, tritt mit dem Bild der Musen, die persönlich den Gesang um Achilleus begründen, die unsterbliche Erinnerung im Gesang. Die Odyssee bescheinigt der Figur des Achilleus damit den Rang eines Helden, dem das κλέος gesichert ist; dabei legt sie sich aber nicht auf eine spezielle Version der ‚Achilleis‘ fest, sondern bezieht sich auf eine Variante, die für die spezifischen Bedürfnisse des Zusammenhangs im ω adaptiert ist. Das Kompliment richtet sich also weder an *die* Aithiopis noch an *die* Ilias, sondern an eine ideale Achilleis, die als die einzig denkbare Konkurrenz zu unserer Version der Odyssee präsentiert ist.

ω 73–5 Das Gefäß zur Sammlung von Achills Gebeinen ist ein Geschenk des Dionysos und ein Werk des Hephaistos. Diese doppelte Herkunftsangabe erklärt Stößel (1975, 52f.) damit, daß in der Aithiopis die Urne Werk und Geschenk des Hephaistos gewesen sei, der Iliasdichter die gemeinsame Bestattung von Achilleus und Patroklos hinzugefügt habe, und der Odysseedichter die beiden Konzepte kombiniert und um den Spender Dionysos und die Bettung der Gebeine in Wein erweitert habe. Mit dieser Theorie wird aber keine Funktion für die Hinzufügung des Dionysos sichtbar. Ebensogut könnte man vermuten, daß die Urne in der Aithiopis von Dionysos stammte und die Odyssee mit der Hinzufügung des Hephaistos ein ‚iliadisches‘ Element ins Spiel bringen wollte. Obwohl wir es also wahrscheinlich mit einer ‚sinnvollen' Kontamination zweier Konzepte zu tun haben, fehlt uns für die Beurteilung eine sichere Grundlage.

ω 76–9 Die Angaben zur Beisetzung der Gebeine von Achilleus, Patroklos und Antilochos verraten deutlich, daß wir es mit der Kombination zweier konkurrierender Konzepte zu tun haben. Mit Antilochos und Patroklos sind zwei Figuren miteinander vereint, die in zwei unterschiedlichen Geschichten jeweils die Rolle von ‚Achills bestem Freund' einnehmen; dabei setzt die weitgehende Parallelität der Handlungen voraus, daß die beiden Geschichten als Alternativen zueinander konzipiert sind und sich in keine chronologische Abfolge bringen lassen. Für uns handelt es sich dabei um zwei Geschichten, die in fixierter Form greifbar sind; die Odyssee setzt an vielen Stellen den Handlungsablauf der Aithiopis als bekannt voraus, während das Grundkonzept der Ilias, für das allein wir eine Funktion des Patroklos erkennen können, nirgends berührt ist. In unserer Ilias bittet Patroklos Achilleus, mit ihm in derselben Urne bestattet zu werden (Ψ 91f.); die Odyssee setzt hier sichtlich eine Ilias-Version voraus, die dieses Detail aufweist. In der Aithiopis konnte es keine gemeinsame Beisetzung der Gebeine von Achilleus und Antilochos geben, da Achilleus dort von Thetis entrückt wurde. Hingegen erfordert dort die Geschichte gemeinsame Trauerfeierlichkeiten für Achilleus und Antilochos, da die beiden Helden ja am selben Tag fallen; obwohl das Proklos-Referat eher den gegenteiligen Eindruck erweckt (§ 64 Kullmann, ἔπειτα Ἀντίλοχόν τε θάπτουσι καὶ τὸν νεκρὸν τοῦ Ἀχιλλέως προτίθενται), scheint es denkbar, daß Achilleus und Antilochos in früheren Versionen gemeinsam aufgebahrt wurden und einen gemeinsamen Grabhügel erhielten, in dem dann die Gebeine Achills fehlten.

Geht man von dieser Annahme aus, so erweist sich die Darstellung unserer Ilias als Versuch, dem Aithiopis-Modell Konkurrenz zu bieten und es zu übertrumpfen: Auch hier wird der ‚beste Freund' im gemeinsamen Grabhügel bestattet; hier trifft aber Achilleus selbst die Anweisungen dafür, noch bevor er in den Kampf zieht; und hier ist ein Weiterleben Achills nach dem Tode ausgeschlossen, so daß garantiert bleibt, daß — nach dem Ende der Handlung — seine Gebeine von den Griechen bestattet werden; der Erzähler kann daher als ‚Trumpf' ausspielen, daß Patroklos und Achilleus nicht nur einen gemeinsamen Grabhügel, sondern sogar eine gemeinsame Urne finden. Die Bedeutung des Grabhügels, der offenbar bereits fest mit der gemeinsamen Bestattung mit Antilochos assoziiert ist, ist dabei heruntergespielt, weil im Kontext des Ψ nur vom provisorischen Hügel für Patroklos die Rede ist; Achilleus kündigt jedoch auch hier an, daß ein gemeinsamer Grabhügel errichtet wird (Ψ 245–8), womit die Aithiopis-Tradition zwar nicht negiert, aber geschickt beiseitegeschoben scheint. Auf diese Weise stellt der Iliasdichter die Freundschaft zwischen Achilleus und Patroklos über jene zwischen Achilleus und Antilochos, und damit auch sein Gedicht über das Konzept der Aithiopis: Die Ilias soll sich dank dieser Zitattechnik als die ‚bessere Achilleis' erweisen, die eine intensivere Form der Freundschaft zu ihrem Thema hat und in der Achills Opfer, aber auch seine ‚Schuld' ungleich größer ist. Die Zitatbeziehung zwischen Ilias und Aithiopis gewinnt erst dadurch ihren Erkenntniswert für uns: Durch das Evozieren der Quelle tritt der Iliasdichter in Konkurrenz zu seiner Vorlage und erweist im Vergleich sein eigenes Werk als poetisch überlegen.

Dieses Konkurrenzverhältnis zwischen Ilias und Aithiopis ist nun in der Odyssee zitiert, wobei es sich nur um die zugrundegelegten Erzählmotive, nicht um den fixierten Text der Epen handelt; vorausgesetzt ist damit eine Version der Ilias, die in der oben beschriebenen Art auf die Handlung der Aithiopis Bezug nimmt. Man könnte nun formulieren, daß die Odyssee mit diesem Zitat die Überlegenheit der Ilias über die Aithiopis zum Ausdruck bringen will: Wenn Patroklos in einer gemeinsamen Urne mit Achilleus Platz findet und Antilochos davon ausdrücklich ausgeschlossen bleibt, so bezeichnet die Odyssee Patroklos als den besseren Freund Achills und damit die Ilias als die bessere Geschichte. Doch steht im Vordergrund eher die Absicht, die zwei konkurrierenden Versionen von Achills Bestattung zu harmonisieren und damit beide Geschichten zu ihrem Recht kommen zu lassen (Kullmann 1960, 40–2). Wenn damit auch die Perspektive der Ilias mit aufgenommen ist, so ist für die Aussage der Odyssee doch wichtiger, daß durch die Kombination der Geschichten der Held Achilleus ein Kompliment erhält: Sein κλέος ist so groß, daß man von seinem Tod sogar zwei konkurrierende Geschichten erzählen kann. Die ideale ‚Achilleis', die die Odyssee mit verstreuten Zitaten als Kontrastfolie zum idealen Odyssee-Epos entwirft, ist also gerade nicht die konkrete Form einer festen Version der Ilias oder der Aithiopis, sondern die hypothetische Vereinigung aller Geschichten, die zu Achills κλέος beitragen. Das zeigt sich deutlich in der Art der Beschreibung des Grabhügels: In ihm sind alle drei Helden miteinander vereint, die Aussage konzentriert sich aber darauf, daß der weithin sichtbare Hügel für die dauerhafte Verbreitung von Achills Ruhm sorgt.

ω 85–92 Auch in den Angaben zu den Leichenspiele sah man ein Referat der Aithiopis (Stößel 1975, 54). Daß dies auf die Details nicht zutreffen kann, zeigt die Form der Präsentation: Daß die Griechen Leichenspiele abhalten, ist nur indirekt, im Nebensatz eines Vergleichs versteckt, ausgesprochen, das Faktum selbst ist somit als bekannt vorausgesetzt. Im Vordergrund steht die Hervorhebung der durch Thetis überbrachten göttlichen Kampfpreise. Wir können nicht erkennen, ob es in der Aithiopis von den Göttern gespendete Kampfpreise gab (das Proklos-Referat formuliert hier einfach zu knapp, § 67 Kullmann: οἱ δὲ Ἀχαιοὶ τὸν τάφον χώσαντες

ἀγῶνα τιθέασι), doch spricht gegen einen zum ω analogen Verlauf, daß dort
nach Achills Entrückung Thetis für die Aussetzung der Preise extra wieder
zurückkommen müßte. Das Element der göttlichen Geschenke fehlt bei
den Leichenspielen für Patroklos in der Ilias, die ganz auf den menschlichen Bereich beschränkt bleiben. Bestimmend für die Darstellungsabsicht
der Odyssee ist auch hier, daß im Referat jenes Element hervorgehoben ist,
das am stärksten das κλέος des Achilleus bezeichnet. Es handelt sich dabei
wieder um ein κλέος, das von den Göttern selbst befördert wird und daher
über alle vergleichbaren Ereignisse gestellt werden muß. Jener Satz, mit
dem Agamemnon den Bericht abschließt (92 μάλα γὰρ φίλος ἦσθα θεοῖσιν),
bevor er zu seinem Resümee kommt, hebt nochmals ins Bewußtsein, daß
die Agamemnon-Rede nicht ein schlichtes Referat der Ereignisse darstellt,
sondern ganz dem Zweck unterstellt ist, Achills Tod als exemplarisch
glückhaft und ruhmreich darzustellen. Die Hervorstreichung von Achills
Götternähe ließe sich dabei als der Versuch werten, das Aithiopis-Motiv
der Vergöttlichung durch ein gleichwertiges zu ersetzen, ohne damit die
Schicksale von Achilleus und Odysseus unvergleichbar zu machen.

ω 93–7 In seinem Resümee formuliert Agamemnon ausdrücklich, daß
Achilleus durch die Umstände seines Todes und seiner Bestattung κλέος
erworben hat. Wenn er dem sein eigenes Schicksal gegenüberstellt, so impliziert er damit, daß er selbst kein κλέος hinterlassen hat, obwohl er — im
Gegensatz zu Achilleus — den Krieg zu Ende gebracht, also auch noch
überlebt hat: Der mißglückte νόστος hat alles wieder zunichte gemacht.

ω 102–19 Amphimedon ist nur noch einmal während des Freiermordes
genannt, um dort dem Kampf mehr Personal und damit einen höheren heroischen Status zu verleihen (vgl. zu χ 241–3). Daher liegt der Verdacht nahe, daß er keinen ‚traditionellen‘ Freier darstellt und auch seine Gast-
freund-Beziehung zu Agamemnon ein Autoschediasma der Odyssee ist.
Der Dialog läßt dann erkennen, daß zur Anknüpfung des Gesprächs die
Bekanntschaft zwischen Amphimedon und Agamemnon nicht notwendig
wäre: Agamemnon beginnt seine Rede mit dem Ausdruck der Verwunderung über den gemeinsamen Tod so vieler junger Männer, ein Gedanke,
der auch gegenüber einem Fremden angebracht wäre.

Die konstruierte Beziehung zwischen Agamemnon und Amphimedon
ist also sichtlich ein Vorwand des Erzählers, um auf der Figurenebene
plausibel zu machen, warum er die mit dieser Verbindung gegebene Konstellation der Odysseus-Geschichte zitiert: Agamemnon erinnert an den
Anlaß, zu dem er nach Ithaka kam, nämlich um Odysseus zur Teilnahme
am Zug gegen Troia zu bewegen. Diese Konstellation — ob mit oder ohne
Agamemnon — stellt ein Fixdatum des Mythos dar, und die anspielungshafte Formulierung setzt die Geschichte als bekannt voraus. Gerade der Zi-

tatcharakter läßt aber den exakten Verlauf dieser Geschichte im Dunkel; die Angaben besagen nur, daß Agamemnon und Menelaos nach Ithaka kamen, Odysseus zur Teilnahme am Krieg zu bewegen suchten, was ihnen, wenn auch mit Mühe und gegen Widerstand (παρπεπιϑόντες, 119) gelang, womit sie aber — im nachhinein gesehen — niemand geringeren als den Stadtzerstörer selbst gewonnen hatten, und daß die Angelegenheit einen vollen Monat in Anspruch nahm; für dieses letzte Detail läßt die Formulierung im unklaren, auf welches Ereignis sich die Zeitangabe „ein voller Monat" bezieht. Der Anspielungscharakter der Verse ist offenkundig.

Kein Zweifel kann nun daran bestehen, daß in jener Version der Geschichte, deren Kenntnis beim Hörer vorausgesetzt ist, Odysseus Widerstand leistete, der Aufforderung, am Feldzug teilzunehmen, sofort Folge zu leisten. Eben dieses Motiv ist für die Kyprien bezeugt: Odysseus täuscht Wahnsinn vor, um sich dem Feldzug zu entziehen, Palamedes enttarnt ihn, wobei Telemachos als Druckmittel eine Rolle spielt. In den späteren Quellen findet sich einerseits die Version, daß Palamedes Telemachos mit seinem Schwert bedroht, andrerseits daß er ihn dem mit Ochse und Pferd pflügenden Odysseus vor den Pflug legt. Der Wortlaut des Kyprien-Referats ist stark abkürzend (§ 22 Kullmann): καὶ μαίνεσϑαι προσποιησάμενον τὸν Ὀδυσσέα ἐπὶ τῷ μὴ ϑέλειν συστρατεύεσϑαι ἐφώρασαν, Παλαμήδου ὑποϑεμένου τὸν υἱὸν Τηλέμαχον ἐπὶ κόλασιν ἐξαρπάσαντες. Dieser schwierige Wortlaut ließe sich als Zitat einer spezifischen Variante auffassen, wenn man mit Welcker (1849, 121) κόλουσιν für κόλασιν sowie ἐξαρπάσαντα für ἐξαρπάσαντες liest: Palamedes legt Telemachos unter [den Pflug], damit er verstümmelt wird, Odysseus reißt ihn heraus und wird so entlarvt. Doch unabhängig davon, welche Version man für die (nachhomerischen) Kyprien ansetzt, das Motiv des vorgetäuschten Wahnsinns und der List des Palamedes ist in jedem Fall als alt bezeugt. Erst wenn man die Kenntnis einer solchen Version voraussetzt, wird die Anspielung im ω ganz verständlich: Die Griechen können Odysseus nur mit Mühe (σπουδῇ) bestimmen, mitzukommen; sie erreichen ihr Ziel erst durch den Einsatz fragwürdiger Mittel (παραπείϑω heißt, im Gegensatz zur Ilias, wo es immer „umstimmen, sc. zum Guten" bedeutet, an den zwei weiteren Belegstellen der Odyssee „seinen Willen aufzwingen", jeweils mit deutlich negativer Konnotation: ξ 290, der betrügerische Phoiniker verleitet ‚Odysseus' dazu, seinen sicheren Platz in Ägypten aufzugeben und mit ihm mitzukommen; χ 213, die Freier warnen Mentor davor, sich von Odysseus zur Mithilfe verleiten zu lassen); und sie benötigen auffällig lange Zeit dafür, seinen Widerstand zu überwinden.

Die Formulierung dieses letzten Details bereitet Schwierigkeiten: μηνὶ δ' ἄρ οὔλῳ πάντα περήσαμεν εὐρέα πόντον. Auch wenn dieser Wortlaut sprachlich erfaßt werden kann (vgl. Heubeck zu ω 118–9), bleibt unklar, auf welche Aktion sich die Zeitangabe μηνὶ οὔλῳ bezieht; während der gesamte

Kontext die Erwartung weckt, daß Agamemnon sich auf die Dauer seines
Aufenthalts auf Ithaka bezieht, läßt sich die Wortgruppe formal nur auf die
Fahrt über das Meer beziehen. Dabei bleibt unklar, warum Agamemnon
sagt, sie seien über das ganze (πάντα) Meer gefahren, wie überhaupt unsicher ist, welche Fahrt er damit meint, die Rundfahrt zur Sammlung aller
Mitstreiter oder die Überfahrt nach Troia, bereits mit Odysseus. Ich vermute, daß gerade die undeutliche Formulierung die Erwartungen des Hörers
irritieren soll: Dieser erwartet präzise Angaben zu den Umständen der Re-
krutierung des Odysseus und erhält statt dessen Andeutungen, die auf sein
Wissen abzielen, dieses aber nicht wirklich bestätigen.

Welchen Sinn hat dieses Verfahren, wozu dient die Anspielung auf eine Episode im Leben des Odysseus, die ihm in der Tradition den Vorwurf
der Feigheit eingebracht hat? Eine Antwort auf diese Frage versucht Stanford (1963, 83): „[Homer] deliberately gave no details of it, for the sake of
Odysseus' prestige as a hero." Damit ist aber nicht erklärt, warum der Erzähler auf die Episode überhaupt anspielt. Die Erklärung könnte nun gerade darin liegen, daß Agamemnon mit seiner abkürzenden Formulierung
der Episode eine Färbung verleiht, die Odysseus einen dieser Version entsprechenden Status verleiht: Odysseus wollte nicht am Zug gegen Troia
teilnehmen; dies kann ihm im nachhinein niemand verübeln, da er damit
mehr Weitblick als die anderen Helden bewiesen hat; er konnte nur durch
unfaire Mittel zur Teilnahme gezwungen werden (παρπεπιθόντες), was
zeigt, daß er nicht aus mangelnder Einsicht nachgegeben hat; die Griechen
konnten sich trotzdem glücklich schätzen, ihn gewonnen zu haben, da nur
durch ihn die Stadt fallen konnte (πτολίπορθον). Die angedeutete Schwierigkeit, Odysseus zum Mitkommen zu bewegen, hebt also seine Bedeutung
für den Krieg noch hervor. Agamemnon erinnert, unmittelbar bevor er sein
Resümee über das Schicksal der Troiakämpfer zieht, noch einmal an den
Beginn des Krieges; und jener Held, der sich schon zu Beginn als der wichtigste erweist, ist Odysseus: Seine Gewinnung erfordert die größte Mühe,
sie garantiert aber auch den späteren Erfolg (vgl. Hölscher 1988, 59).

ω 121–90 Amphimedons Version von der Geschichte der Freier stimmt in
vielen Details exakt mit der Darstellung unserer Odyssee überein, folgt also
nicht nur dem Handlungsgerüst der ‚einfachen Geschichte'; zu beachten ist
vor allem die präzise Wiedergabe der Wege von Telemachos, Odysseus
und Eumaios sowie der wenn auch verkürzt wiedergegebene Ablauf von
Bogenprobe und Freiermord. Amphimedon referiert also unsere Odyssee,
nicht eine von dieser unabhängige Version. Deshalb sind jene analytischen
Ansätze auszuschließen, die das Amphimedon-Referat einer anderen, im
Wortlaut fixierten ‚Quelle' zuschreiben (zuletzt van Thiel 1983, mit der
geistvoll-abwegigen Idee, das Referat sei ursprünglich am Ende einer Dar-

stellung des Agamemnon-Nostos gestanden). Die Eigenheiten der Darstellung sind deshalb auch nicht als Argument gegen die Authentizität der Zweiten Nekyia oder des gesamten ‚Endes der Odyssee' verwendbar (so zuletzt Oswald 1993, 132–4), da der Verfasser der Partie sich sichtlich auf den Text unserer Odyssee bezieht, die ‚Fehler' also beabsichtigt sind.

Trotz dieser methodischen Einschränkungen stellt Amphimedons Referat der Ereignisse die Erklärer vor Probleme, da es an einigen Punkten offenkundig von der Darstellung unserer Odyssee abweicht (die Diskussion bezieht sich zuletzt meist auf Page 1955, 119–30; für eine Zusammenfassung der Argumente jetzt Kullmann 1995). Dabei stechen drei Punkte hervor:

(a) Amphimedon stellt die Ereignisse so dar, als wäre die Rückkehr des Odysseus in unmittelbarer zeitlicher Nähe (149 καὶ τότε δή) zur Aufdeckung der Weblist und Fertigstellung des Leichengewands für Laertes erfolgt, während in der Darstellung durch den Erzähler die Weblist schon zu Beginn der Handlung der Vergangenheit angehört.

(b) Laut Amphimedon befahl Odysseus Penelope, die Bogenprobe zu inszenieren, um die Möglichkeit zum Freiermord herbeizuführen; damit ist vorausgesetzt, daß Odysseus sich Penelope schon vor dem Freiermord zu erkennen gab. In unserer Odyssee findet der Anagnorismos hingegen erst nach dem Freiermord statt, Penelope inszeniert den Bogenwettkampf aus eigenen Stücken, ohne damit den Freiermord zu beabsichtigen.

(c) Nach Amphimedons Darstellung hatten die Freier keine Chance auf Gegenwehr, sondern wurden kampflos niedergemacht; Amphimedon erwähnt zwar, daß Odysseus und Telemachos die Waffen aus der Halle entfernten, nicht aber, daß die Freier während des Kampfes doch zu Waffen gelangten und Odysseus einen Kampf mit gleichen Mitteln lieferten.

[(d) Ein Scheinproblem ist Amphimedons Behauptung, die Leichen der Freier lägen unbestattet „in den Hallen des Odysseus" (187), während sie im χ in die αὐλή hinausgetragen wurden: ἐν μεγάροις Ὀδυσῆος heißt schlicht „im Palast des Odysseus" und umfaßt somit auch den Innenhof.]

Diese Diskrepanzen zwischen dem Referat des Freiers und der Darstellung der Handlung durch den Erzähler wurden unterschiedlich erklärt. Für die Analytiker lag der Schlüssel der Erklärung in der Genese des Textes. So meint Page (1955, 128): „Whoever composed the speech of the ghost Amphimedon, ... took his facts from a version of the story in which Odysseus returned on the day when the weaving of Penelope's web was finished, and in which the recognition of husband and wife took place before the action against the Suitors began." Gegen diesen Ansatz hat die unitarische Verteidigung jedoch leichtes Spiel, da sich alle scheinbaren Widersprüche auflösen, wenn man Amphimedons Figurenperspektive ins Spiel bringt:

So ist die zeitliche Diskrepanz, (a), kein absoluter Widerspruch, sondern nur ein relativer: Amphimedon behauptet nicht, daß Odysseus am selben Tag zurückgekehrt sei, an dem das Leichengewand fertiggestellt wurde, sondern nur, daß eine zeitliche Kontinuität zwischen den beiden Ereignissen vorhanden war; mit καὶ τότε δή stellt der Freier die beiden räumlich voneinander getrennten Abläufe als unmittelbar aufeinander folgend dar, ohne den zeitlichen Abstand exakt zu definieren; ausgesagt ist damit nur, daß aus der Sicht des Freiers zwischen den beiden Ereignissen nichts Nennenswertes vorgefallen ist; man könnte darin aber auch Amphimedons Intention sehen, in seinem Bericht die Zwischenzeit und damit das Verhalten der Freier im Haus des Odysseus regelrecht zu verschweigen (vgl. Heubeck zu ω 147–90; Heubeck 1985, 42f.; Kullmann 1995).

Die Erklärung für (b) fällt ebenfalls leicht. Wenn Amphimedon behauptet, Bogenprobe und Freiermord seien ein gemeinsames Komplott von Odysseus, Penelope und Telemachos gewesen (was den Anagnorismos mit Penelope schon vor dem Freiermord voraussetzt), so gibt er die einzige Erklärung, die sich aus seiner Perspektive für den Ablauf der Ereignisse anbietet: Die Freier konnten nicht beobachten, was sich in der Nacht vor dem Freiermord zwischen Odysseus und Penelope zutrug, und Penelopes Verhalten am Tag des Freiermordes ist so dargestellt, daß sich die Interpretation des Freiers geradezu aufdrängt (Heubeck 1985, 43 Anm. 28).

Die dritte Diskrepanz, (c), läßt sich nicht mit dem beschränkten Wissen oder der subjektiven Wahrnehmung des Freiers erklären. Amphimedon selbst ist im χ einer jener Freier, die den Abwehrkampf gegen Odysseus führen: Er trifft Telemachos mit dem Speer an der Hand, bevor er von diesem getötet wird. Als Erklärung bietet sich jedoch seine subjektive Darstellungsabsicht gegenüber Agamemnon an: Nach seiner Version hatten die Freier keine Möglichkeit, dem Morden zu entkommen, und das fügt sich gut in die Tendenz seiner Rede, den Ablauf der Dinge als ein von Anfang an geplantes Komplott gegen die Freier darzustellen.

Mit der Behandlung des letzten Punktes erkennen wir aber, daß eine solche punktuelle apologetische Erklärung der von der Analyse aufgezeigten Probleme zu kurz greift. Um die Diskrepanzen zwischen Referat und referierter Handlung zu erklären, genügt es nicht, für jeden einzelnen ‚Fehler' den Unterschied zwischen Erzähler- und Figuren-Perspektive herauszustellen. Zu fragen ist, welche Funktion es hat, daß die Ereignisse aus einer stark subjektiv gefärbten Figurenperspektive noch einmal zusammengefaßt werden, und dabei sind mehrere Ebenen zu unterscheiden. Eine erste Antwort wird lauten, daß der Kontrast zwischen der Sicht des Erzählers (also dem, was der Hörer als den ‚wahren' Verlauf der Dinge betrachten muß) und der Sicht einer Figur automatisch zur Charakterisierung dieser Figur beiträgt. So ergibt auch im Fall des Amphimedon die Summe seiner ‚Fehler' in der Darstellung der Ereignisse ein einheitliches Bild: Er schreibt Penelope die Absicht zu, von Anfang an den Freiern „den Tod geplant" zu haben (127); er verschweigt, daß die Freier sie im Palast regelrecht belagert und damit gegen das Gastrecht verstoßen haben; er wertet die Ereignisse um den Freiermord als Ergebnis einer Palastintrige; und er stellt die Dinge so dar, als hätten die Freier keine Möglichkeit zur Gegenwehr gehabt, sondern wären heimtückisch in die Falle gelockt worden. Er versucht damit, die Freier von der moralischen Verantwortung zu befreien und schiebt alle Schuld am Geschehen auf Penelope und Odysseus. Diese Charakterisierung paßt gut zum Bild der Freier, wie es sich über den gesamten Handlungsverlauf hinweg darstellt: Sie sind zu keiner realistischen Beurteilung der Lage fähig, sehen nicht, daß sie sich ins Unrecht setzen, und erkennen vor allem nicht, daß sie sich selbst immer tiefer in das eigene Verderben hineinmanövrieren. Dieser konsequent gezeichneten Gesamtsicht der Freier verleiht die Rede des Amphimedon einen krönenden Abschluß: Selbst im nachhinein, wenn die Konsequenzen ihres Handelns bereits eingetreten sind, sind die Freier nicht fähig, die Zusammenhänge zu durchschauen (vgl. Heubeck 1985, 42f.; Felson-Rubin 1994, 105).

Die Charakterisierung des Freiers stellt aber nicht die einzige Funktion der Amphimedon-Rede dar. Als nächste Bedeutungsebene ist zu berücksichtigen, daß die einseitige Darstellung der Ereignisse in der Gesprächssituation auch eine Wirkung auf den Gesprächspartner Agamemnon ausübt. Auch hier bietet sich ein Erklärungsansatz an. In der Version des Amphimedon weist das Schicksal der Freier erstaunliche Parallelen zu dem des Agamemnon auf (vgl. Heubeck zu ω 150–3). Dabei sind zwei Aspekte zu unterscheiden. Geht man von der Figurenintention der Rede aus, so zielen die Ähnlichkeiten zwischen der Geschichte der Freier und jener des Agamemnon auf eine Parallele ab: Die Freier fallen aus dieser Sicht genauso einer Palastintrige zum Opfer wie Agamemnon. Auch bei ihnen spielt die Frau die Rolle der Intrigantin und Betrügerin, auch hier werden die Freier ahnungslos in die Falle gelockt und gibt es ein blutiges Gemetzel. Die Parallele erstreckt sich sogar auf das jeweils letzte Bild der Darstellung: So wie den Freiern im Tod die Vereinigung mit ihren Angehörigen (noch) verwehrt ist (188–90), so hat auch Klytaimestra dem sterbenden Agamemnon die letzte Verwandtenpflicht verwehrt (λ 424–6). Als Figurenintention des Amphimedon zeichnet sich also ab, daß er den Freiern eine analoge Rolle wie Agamemnon zuschreibt und damit bei seinem Gesprächspartner um Mitleid heischt. Agamemnon wendet jedoch die Parallele in die Gegenrichtung: Er identifiziert sich selbst mit Odysseus, die Freier mit Aigisthos, und zieht aus der Parallele jenen Schluß, der auch vom Erzähler angelegt ist: Odysseus hätte das gleiche Schicksal erlitten wie er, wenn Penelope sich wie Klytaimestra verhalten hätte, und *vice versa*. Agamemnon weist damit den Freiern jene negative Rolle in der Odysseus-Geschichte zu, die Aigisthos in seiner eigenen gespielt hat (vgl. Felson-Rubin 1994, 105–7, die aber die beiden Perspektiven nicht trennt und auch Agamemnon, auf den sie die negativen Aspekte der Freier überträgt, abwertet).

Aber auch diese Erklärung reicht nicht aus, da auch die Würdigung der Gesprächsituation nur einen isolierten Aspekt erfaßt. Nach wie vor stellt sich die Frage, welche Funktion das subjektiv verzerrte Referat der Odysseehandlung im Rahmen der Zweiten Nekyia hat. Amphimedons Rede richtet sich ja nicht nur an sein textinternes Publikum, sondern auch an den textexternen Hörer, der im Gegensatz zu Agamemnon die Diskrepanzen zwischen den zwei Versionen der Odysseehandlung würdigen kann. So plausibel also die Version des Freiers, was die Figurenperspektive betrifft, in die Handlung eingebaut ist, stellt sich für den Hörer doch die Frage, welche Schlüsse er aus der Konfrontation zwischen der ‚wahren' Version unserer Odyssee und der ‚falschen' Version des Freiers ziehen soll. Nun haben jene Forscher, die die Amphimedon-Rede als Teil einer anderen Fassung der Odyssee bezeichneten, darauf hingewiesen, daß diese Version einen einfacheren, geradlinigeren Handlungsablauf bietet als unsere Odyssee, einen Ablauf, der stärker die Aktionen in den Vordergrund rückt und weniger Raum für psychologische Motivierung läßt, aber auch einen Ablauf, in dem die Motive im Gegensatz zu unserer Version ihre ‚natürliche' Funktion erfüllen: Die Aufdeckung der Weblist führt hier ohne Verzögerung zu der sinnvollen Konsequenz, daß Penelope von den Freiern zur Ankündigung der Hochzeit gezwungen wird (vgl. zu β 93–110); die Bogenprobe erscheint hier als List des Odysseus, womit vorausgesetzt ist, daß sich der Held Penelope sogleich zu erkennen gibt, während in unserer Odyssee diese Erkennungsszene künstlich hinausgezögert ist (vgl. zu ϱ 507–606; τ 343ff.; 570–87); und das Motiv der Waffenbergung führt hier zu der logischen Konsequenz, daß die Freier keine Möglichkeit zur Gegenwehr haben (vgl. zu π 281–98). Die Rede des Amphimedon skizziert also einen Handlungsablauf, der in sich konsequenter und logischer erscheint als die verschlungenen Wege, die die Handlung unserer Odyssee nimmt. Aus analytischer Sicht stellt daher die Version des Freiers eine ‚Urversion' der Odyssee dar, wobei ungeklärt bleibt, warum diese mit unserer Version gekoppelt wurde. Plausibler ist die Position von Woodhouse (1930, 70f.; 116–9), der von einer Urversion der Geschichte spricht, aber ausdrücklich betont, daß dieser Version nicht der Status eines fixierten Textes zukomme, daß sie also nicht mit analytischen Modellen in Verbindung zu bringen sei. Woodhouse führt Amphimedons Version auf die unserer Odyssee zugrundeliegende ‚einfache Geschichte' zurück, wertet die Diskrepanzen zu unserer Version aber offenbar als ‚Versehen' des Erzählers, der an diesem Punkt übersehen habe, daß seine Kurzfassung nicht mit der bereits abgeschlossenen Ausführung übereinstimme. In einer modernen Formulierung dieser Position im Sinne einer *oral poetics* würde das bedeuten, daß der Hörer sowohl die Version unserer Odyssee als auch die Version Amphimedons als notwendig partielle Realisierungen der zugrundegelegten ‚idealen' Geschichte, die aus der Summe aller divergierenden Varianten bestehe, auffasse und daher die Widersprüche gar nicht registriere.

Mit dieser Sichtweise werden aber die alten Vorwürfe der Analyse nur neu formuliert, nur mit dem Unterschied, daß die ‚Fehler' einem einzigen ‚Autor' angelastet werden, der seine mündlichen Quellen nicht auseinanderhalten könne. Nun gibt es in jeder Erzähltradition Beipiele für Fehler, auf die eine solche Analyse zutrifft; gerade in der südslawisch-moslemischen Tradition, die für die Formulierung einer *oral poetics* eine zentrale Rolle gespielt hat, gab es eine große Zahl von mittelmäßigen Sängern, deren ‚Fehler' man am besten auf diese Weise erklären kann (s. o. S. 13 Anm. 22). Doch läßt sich schon in dieser Tradition bei den besseren Sängern ein durchaus reflektierter Umgang mit den Varianten einer Geschichte feststellen (s. o. S. 7ff.), und noch viel mehr gilt das natürlich für den Dichter der Odyssee und — so muß vorausgesetzt werden — sein Publikum. Man kann also davon ausgehen, daß es eine Bedeutung hat, wenn nach Abschluß der Heimkehrhandlung die Ereignisse in einer Weise rekapituliert werden, die geradezu ein Gegenbild zur Darstellung des Erzählers bildet.

An diesem Punkt setzt die Interpretation von Goldhill (1988, 6–9) ein. Für ihn dient Amphimedons Präsentation der Ereignisse als geradliniger, folgerichtiger und logisch konsequenter Ablauf dazu, auf die Komplexität der Darstellung unserer Odyssee hinzuweisen: „… Amphimedon's error … emphasises how the narrative of the Odyssey has notably deviated from a straightforward (‚expected'?) narrative of return and revenge … Amphimedon's misunderstanding, then, can be seen to point precisely to the *unexpected* and convoluted narrative of recognition, which itself points to the uncanny, special relationship of Odysseus and Penelope …" (6f.). Goldhill deutet allerdings diese Funktion der Amphimedon-Rede als Allegorie auf den Prozeß des Verstehens und Mißverstehens, der für die Rezeption von Literatur schlechthin konstitutiv sei, und bietet diese Deutung als Ersatz für die Versuche einer historisch-genetischen Deutung an, wie sie Analyse, Neoanalyse und *oral poetics* liefern.

Die von Goldhill aufgezeigte metaliterarische Funktion des Amphimedon-Referats läßt sich kaum bezweifeln; die ‚naive' Version der Zusammenfassung liefert dem Hörer im nachhinein eine Folie zur Beurteilung der komplexen Gestaltung unserer Odyssee, was gut zu einem Abschnitt des Epos paßt, in dem, abgehoben von den Ereignissen der Handlung selbst, über Bedeutung und Bewertung des Geschehens reflektiert wird. Diese Funktion wird aber noch plausibler, wenn man in der ‚einfachen' Version des Amphimedon den Reflex einer ‚anderen', dem Hörer bekannten Version der Odyssee sieht, und nicht die Formulierung einer nur potentiellen

Alternative. Die Irritation, die die Diskrepanzen zwischen der Darstellung des Erzählers und der des Amphimedon bei modernen Kritikern ausgelöst haben, beruht darauf, daß diese eine andere Erwartungshaltung haben als der ursprüngliche Hörer; um diese Irritation zu überwinden, scheint es sinnvoll, die Erwartungshaltung des ‚Originalpublikums‘ zu rekonstruieren. Geht man nun davon aus, daß die Hörer mit Versionen vertraut waren, in denen die Handlung einen einfacheren Verlauf nahm (wobei solche Versionen nicht exakt dem Referat des Amphimedon entsprechen mußten, sondern nur die Motive der ‚einfachen Geschichte‘ ihre ‚natürliche‘ Funktion erfüllten), so versteht man besser, warum jene Hörer dieses Referat nicht als ‚falsche‘ Version, sondern als Zitat einer alternativen Version auffassen mußten: Für sie referierte Amphimedon nicht die ihm allein bekannte Fassung unserer Odyssee, diese aber ‚falsch‘, sondern eine Fassung, die in wesentlichen Details eher anderen ihm bekannten Versionen glich als jener, auf die sie sich zu beziehen vorgibt. Für den Hörer stellen sich die Diskrepanzen zwischen den zwei Versionen damit als ein zitierendes Verweisen des Erzählers auf die Tradition dar, gegen die sich seine eigene Version abhebt. Amphimedons Mißverstehen präsentiert sich also als eine unzureichende Würdigung der individuellen Machart unserer Odyssee, die sich nicht nur gegen die potentielle ‚einfache Geschichte‘, sondern gegen konkrete epische Versionen dieser Geschichte abhebt. Damit wird der metaliterarische Bezug viel konkreter und für den Hörer leichter nachvollziehbar: Wenn Amphimedons Verständnis der Geschehnisse zu kurz greift, so greifen auch die damit in Erinnerung gebrachten traditionellen Versionen der Geschichte zu kurz; die vorliegende Version präsentiert sich somit als eine Version, die ihren Vorläufern und Konkurrenten überlegen ist. Das Odyssee-Referat des Amphimedon fügt sich damit auf das beste in die ausgeprägte metaliterarische Funktion der gesamten Zweiten Nekyia: Die Version unserer Odyssee wird nicht nur mit der Idealversion einer Achilleis und mit dem Konzept einer Agamemnonis konfrontiert, sondern auch mit der die Tradition repräsentierenden Version einer ‚einfachen‘ Odyssee.

ω 147–9   Während die drei Berichte von der Weblist (vgl. zu β 93–110) nur geringfügige, durch die jeweilige Figurenperspektive bedingte Diskrepanzen im Wortlaut aufweisen (vgl. Heubeck 1985), gibt es nur hier die Angabe, daß Penelope nach der erzwungenen Fertigstellung das Leichentuch den Freiern vorlegt (147 ἔδειξεν). Dies ist kein Zufall: Während in den beiden anderen Versionen die Bedeutung der Weblist für die jeweilige Situation innerhalb der Handlung heruntergespielt ist und der Abschluß der Arbeit als schon einige Zeit zurückliegend erscheint, ist in Amphimedons Version gerade der gegenteilige Effekt angestrebt. Mit der exakten Bezeichnung des Endpunktes der Weblist wird der Eindruck erweckt, daß das anschließende καὶ τότε δή einen Synchronismus bezeichnet. Die Formulierung καὶ τότε δή dient also keineswegs dazu, die Bedeutung des Synchronismus herabzusetzen, obwohl sie natürlich eine gewisse Vagheit signalisiert. Sie verleiht, im Gegenteil, der von der Analyse wiederholt als Argument verwendeten, sprachlich falschen Übersetzung „an genau demselben Tag" (so zuletzt Oswald 1993, 134) inhaltlich doch eine gewisse Berechtigung. Der Text suggeriert, daß Amphimedon die Ereignisse (falsch) synchronisiert.

ω 186–90   Amphimedon schließt seinen Bericht mit der Angabe, daß die Leichen der Freier noch nicht bestattet seien. Damit ist eine Parallele zum Schicksal des Agamemnon gezogen (vgl. λ 424–6), vor allem aber ein wichtiger thematischer Bezug zu Agamemnons Bericht von der Bestattung Achills hergestellt: Während der hohe Wert des κλέος des Achilleus gerade durch die hohe Bedeutung seiner Bestattung ausgedrückt ist, fehlt bei den Freiern, zumindest zum Zeitpunkt des Berichts in der Unterwelt, dieses Element noch ganz. Das noch ausständige Begräbnis signalisiert also, daß den Freiern jede Art von κλέος versagt bleibt und ihr Leben den schlechtestmöglichen Ausgang gefunden hat. Mit dieser Deutung lassen sich mehrere Probleme der Zweiten Nekyia (bzw. des ‚Endes der Odyssee') erklären. Die Bedeutung des Motivs erklärt, warum die Freier noch vor ihrer Bestattung in die Unterwelt gelangen müssen, eine Konstellation, die wiederholt als ‚unhomerisch' getadelt wurde; die unitarische Verteidigung, daß die Bestattung keine notwendige Voraussetzung für den Eintritt in den Hades sei oder daß es eben zwei oder mehrere parallele Konzepte vom Leben nach dem Tod gebe (zuletzt Tsagarakis 1995), greift hier zu kurz, da sie nicht erklärt, warum der Erzähler gerade diese Reihenfolge der Darstellung (zuerst Eintritt der Seelen in die Unterwelt, dann erst Bestattung) wählt. Für die Darstellungsabsicht der Zweiten Nekyia ist wesentlich, daß das unrühmliche Ende der Freier hervorgehoben wird; dazu erweist es sich als vorteilhaft, wenn ihre Bestattung nicht nur möglichst knapp beschrieben wird, sondern zum Zeitpunkt des Resümees noch gar nicht stattgefunden hat. Erklärt wird damit aber auch, warum die Beschreibung der Bestattung der Freier dort, wo sie erfolgt, so auffällig knapp ausfällt (vgl. zu ω 413–20): Ihr ist auch dort möglichst wenig Raum zugestanden, um zu signalisieren, daß mit dem Tod der Freier kein κλέος verbunden ist.

ω 190–202   Agamemnons Reaktion hat Anstoß erregt, weil in ihr Amphimedon völlig ignoriert ist. Obwohl die Redeeinleitungsformel eine Anrede an Amphimedon erwarten läßt, apostrophiert Agamemnon gleich mit seinen ersten Worten Odysseus und geht auch danach weder auf seinen Dialogspartner noch auf das Schicksal der Freier ein. Agamemnon kommentiert dabei zwar das soeben Gehörte, beschränkt sich aber auf die Rolle der Penelope. Damit greift der abschließende Kommentar über die Figurenper-

spektive hinaus, indem er von einer höheren Warte aus epische Stoffe nebeneinanderstellt und vergleicht. Dabei begnügt Agamemnon sich nicht
damit, Penelope und Klytaimestra als Personen der Handlung zu vergleichen, sondern spricht ausdrücklich aus, daß deren Aktionen Stoff von Dichtung sein werden. So wie beim Bericht von Achills Begräbnis ist auch hier
die Rede davon, daß die Aktionen von Menschen zu κλέος führen, das in
der Form von ἀοιδή weiterlebt. Gegenübergestellt sind dabei Penelope und
Klytaimestra. Penelope hat richtig gehandelt (193 ἀρετή); deshalb wird ihr
κλέος niemals zugrundegehen, und die Götter werden über sie eine ἀοιδή
schaffen, die für sie χαρίεσσα ist. Im Gegensatz dazu hat Klytaimestra
schlecht gehandelt (199 κακὰ μήσατο ἔργα), hat dadurch eine χαλεπὴ φῆμις
erworben, die sich sogar auf andere Frauen übertragen wird, und wird zum
Stoff einer στυγερὴ ἀοιδή. Damit ist nicht so sehr die Differenz zwischen
zwei formalen Kategorien von Dichtung angesprochen, wie sie Nagy in
den Gattungen *praise poetry* und *blame poetry* postuliert (1979, 222–242; zur
Stelle 254–6; 36–8). Es handelt sich vielmehr für beide Frauen um dieselbe
Form des Gesangs, also um epischen Gesang; der Unterschied besteht nicht
in der formalen Gestaltung, sondern im Inhalt und dessen Bewertung
durch die Hörer. Der Gesang über Penelope wird χαρίεσσα sein und sie als
ideale Heldin eines Epos präsentieren, während der Gesang über Klytaimestra diese als nicht zur Protagonistin eines Epos geeignet ausweisen wird.

Man wird nicht zweifeln, daß mit dem „lieblichen" Gesang über Penelope die Gestalt unserer Odyssee bezeichnet ist; mit dem „abscheulichen"
Gesang über Klytaimnestra müssen dann (neben ihrer streiflichtartigen Erfassung in der Odyssee selbst) bekannte epische Versionen vom νόστος des
Agamemnon bezeichnet sein. Der Vergleich zielt darauf ab, daß die Geschichte von Odysseus sich der Geschichte des Agamemnon als Sujet für
ein Nostos-Epos überlegen erweisen wird. Das Paradeigma des Agamemnon-Nostos, das durch die ganze Odyssee hindurch immer wieder auftauchte, erfährt somit hier seinen würdigen Abschluß: Die Odyssee hat sich
in allen Kategorien, die einen Vergleich zwischen den beiden Geschichten
zulassen, dem ‚Vorbild' als ebenbürtig erwiesen, und sie erweist sich dem
Vorbild jetzt in Summe als überlegen, weil in ihr die Hauptfiguren einen
würdigeren Stoff für epischen Gesang bieten als in der Agamemnon-Geschichte. Das Kriterium dafür bildet der Grad der Annäherung des/der
Haupthelden an das Heldenideal, wobei die Odyssee, wie man leicht sieht,
ihr Heldenideal in Absetzung von anderen (traditionelleren) Konzeptionen
neu definiert. Mit der Gleichsetzung von Erfolg und Wert eines epischen
Liedes mit dem Erfolg und Wert seines/r Haupthelden formuliert die
Odyssee auch pointiert das Resümee zu ihrer eigenen Handlung: Diese
Odyssee (jedoch, wie die Amphimedon-Rede suggeriert hat, nicht jede beliebige Odyssee) kommt, so wie die ideale Achilleis (die nach Aussage der

Odyssee nur durch eine Kombination des Ilias- und des Aithiopisstoffs erreicht werden könnte), jedoch im Gegensatz zu jeder möglichen Gestaltung eines anderen Nosten-Epos, dem Ziel des idealen Epos sehr nahe.

Mit dieser Deutung des Resümees begründet sich auch die spezifische Form der Zweiten Nekyia mit ihren breit ausgeführten Rekapitulationen: Die Synkrisis in der Unterwelt betrifft nicht nur den Vergleich der epischen Figuren Odysseus, Achilleus und Agamemnon (sowie Penelope und Klytaimestra), sondern zielt vor allem auf die wertende Vergleichung der jeweiligen Sagenkreise, das heißt der potentiellen Epen, die diese Helden zu ihren Hauptfiguren machen (vgl. Kullmann 1992b, 298). Dazu ist aber die breite Gegenüberstellung von Handlungen, nicht nur von abstrakten Schicksalen einzelner Figuren nötig. Erst das nochmalige Erzählen der Handlungen läßt den Vorgang der Umwandlung von Geschehen, d. h. poetischem Stoff, in Dichtung, d. h. poetische Form, erkennbar werden; erst auf dieser Stufe läßt sich aber der hohe Wert der Odyssee erweisen, und das bedeutet, daß die Odyssee von ihrem eigenen Wert nur insofern sprechen kann, als er nicht die zugrundeliegende Geschichte, sondern ihre individuelle Form betrifft. Mit Agamemnons Lob auf Penelope rühmt also der Erzähler selbstbewußt seine eigene Leistung, nämlich die Version unserer Odyssee, die er über alle anderen Versionen der Odyssee, über alle anderen Produkte der Unterkategorie Nosten-Dichtung und (mindestens) gleichberechtigt neben das ideale Beispiel eines Epos vom idealen Helden Achilleus stellt.

ω 205–412   Die Wiedererkennungsszene zwischen Odysseus und Laertes (mit ihrem ‚Anhängsel‘, dem Bad des Laertes, der Begrüßung mit Dolios und dem Festmahl), der zweite große Block des ω, ist mit dem Auszug des Odysseus aus dem Palast (ψ 344–72) vorbereitet. Während die Gestaltung der Anagnorismos-Szene sogar von Kritikern des Odyssee-Epilogs gelobt wurde (vgl. Von der Mühll 1940, 766), fällt es auch Verteidigern der Szene schwer, ihre Einbindung innerhalb unserer Odyssee zu rechtfertigen (vgl. zuletzt Meyer 1995, mit Literatur). Daß sich die Probleme der Laertes-Szene nicht durch die Athetese des Odyssee-Endes ab ψ 297 lösen lassen, zeigt gerade der letzte Versuch von St. West (1989): West sieht in allen Stellen der Odyssee, die sich auf Laertes beziehen (und denen sie den Charakter der Vorbereitung auf die große Laertes-Szene im ω zugesteht), die Tendenz zur nachträglichen Erweiterung wirksam. Mit derselben Begründung müßten dann auch all jene Stellen aus unserem Text ‚entfernt‘ werden, die auf eine Regelung der Ordnung auf Ithaka nach dem Freiermord vorausdeuten, oder überhaupt alle Stellen, in denen die politische Dimension des Geschehens berührt wird. Mit diesem Verfahren wäre man aber auf die methodischen Prinzipien der Schichtenanalyse zurückgeworfen, die mit der schrittweisen Erweiterung von bereits im Wortlaut fixierten Texten operiert.

Gerade im Fall der Laertes-Szene erweist sich aber der analytische Ansatz als besonders fruchtlos. Das zentrale Problem, dem sich jede Erklärung dieser Partie stellen muß, besteht darin, daß das Verhalten des Odysseus gegenüber seinem alten Vater der Situation in der Handlung nicht angemessen scheint: Odysseus stellt Laertes auf die Probe, verstellt sich, trägt eine Trugerzählung vor und berichtet als fingierter ‚Fremder‘ von einer Begegnung mit Odysseus. All dies ist als πεῖρα bezeichnet, und Odysseus gibt sich erst nach der heftigen Reaktion des Laertes zu erkennen (vgl. Heubeck zu ω 216–8, mit Literatur). Geht man von der Handlungslogik aus, so ist diese Probe überflüssig: Der Freiermord ist bereits vorüber, sodaß die Notwendigkeit der Geheimhaltung entfällt; Laertes ist von den noch lebenden Mitgliedern der Familie zweifellos derjenige, dessen Loyalität zu Odysseus am wenigsten in Frage steht, so daß eine πεῖρα im strengen Sinn überflüssig ist; darüber hinaus läßt die Handlungslogik eigentlich keine lange Verzögerung zu, da Odysseus ja damit rechnen muß, daß die Angehörigen der Freier sich zur Rache formieren. Bei einer streng schichtenanalytischen Erklärung werden diese Probleme nicht gelöst, sondern nur dem Odysseedichter entzogen und dem Bearbeiter angelastet, ohne daß damit erklärt wäre, warum dieser eine so unpassende Szene hinzugefügt haben sollte.

Man hat nun vorgeschlagen, die Erkennungsszene zwischen Odysseus und Laertes sei ‚ursprünglich‘ an einem anderen Platz der Handlung noch vor dem Freiermord gestanden und erst vom Bearbeiter ‚falsch‘ plaziert worden (Merkelbach 1969, 153–5). Damit ist natürlich ebenfalls keine Lösung gefunden, da man sich innerhalb der ‚Geschichte‘ des Odysseus kaum einen anderen Kontext vorstellen kann, in den exakt diese Version des Anagnorismos hineinpaßt. Im übrigen ist schon die Szenenabfolge selbst zu stark mit (scheinbaren) inneren Widersprüchen beladen. Die drängendste Frage muß ja wohl lauten: Wozu spannt Odysseus seinen Vater überhaupt auf die Folter, wenn er sich unmittelbar darauf doch zu erkennen gibt?

Die nicht-analytischen Lösungsversuche haben sich daher in zwei Richtungen bewegt: Einerseits suchte man seit der Antike das Verhalten des Odysseus psychologisch zu erklären, sei es als bewußte Absicht, um den Vater langsam auf die Wiedererkennung vorzubereiten (Schol. Q zu ω 242: ἵνα μὴ τῇ αἰφνιδίῳ χαρᾷ ἀποψύξει ὁ γέρων, ὥσπερ καὶ ὁ κύων ἀπώλετο; positiver formuliert bei Heubeck 1981), oder als Ausdruck seiner verschlagenen Wesensart, die er auch dann nicht ablegen könne, wenn die Situation es erfordere, (als anthropologische Konstante interpretiert bei Walcot 1977, 18f.). Andrerseits wurde behauptet, die Laertes-Szene folge dem typischen Verlauf einer Anagnorismos-Szene, d.h. der Erzähler folge dem vorgegebenen Schema, zu dem der Hörer gar keine Alternative erwarte (so vor allem Fenik 1974, 47–50). Keiner dieser Erklärungsversuche stellt jedoch die Möglichkeit in Rechnung, daß die Gestaltung der Szene vom Wissen um andere Möglichkeiten, die Begegnung zwischen Odysseus und Laertes in die Handlung zu integrieren, beeinflußt sein könnte. Eben diese Möglichkeit, dem Geschehen einen anderen Verlauf zu verleihen, ist aber in unserer Szene wiederholt thematisiert, und das Zitieren alternativer Verläufe der Begegnung bzw. Wiedererkennung zwischen Odysseus und Laertes scheint die Darstellung zu bestimmen. Es ist daher sinnvoll zu fragen, welche Rolle Laertes in anderen Versionen der Odysseus-Geschichte gespielt haben könnte, insbesondere welche Form und welchen Platz in der Handlung die Begegnung(en) zwischen Laertes und Odysseus haben könnte(n). Ich verweise dafür auf Lord (1960, 177–182), der sich auf südslawische Varianten der Heimkehrergeschichte stützt, um diese Anregungen mit Hinweisen im Text unserer Odyssee zu plausiblen Hypothesen zu verbinden.

Grundsätzlich erscheint es als möglich, daß es Versionen einer ‚Heimkehr des Odysseus' gab, in denen Laertes überhaupt keine Rolle spielte: Die Handlung der ‚einfachen Geschichte' benötigt den alten Vater nicht zwingend, die Abfolge ‚Heimkehr – Freiermord – Vereinigung der Gatten' läßt sich auch ohne ihn darstellen. Allerdings ist kaum anzunehmen, daß Laertes in keiner vorhomerischen Version der Geschichte auftauchte, daß die Erzähltradition ihn also entweder zum Zeitpunkt der Rückkehr des Odysseus schon tot sein ließ oder, noch unwahrscheinlicher, ihn noch am Leben ließ, ihm aber dennoch keine Funktion in der Geschichte zuwies: Laertes, dessen Name in Erzähltradition und Formelsprache fest verankert ist, hätte dann überhaupt keine sichtbare Funktion im Mythos. Fragen wir deshalb, ausgehend von den allgemeinsten Voraussetzungen der ‚einfachen Geschichte', welche Konstellationen für eine Einbindung des Laertes in die Handlung grundsätzlich in Frage kommen.

Nicht auszuschließen ist zunächst eine Version, in der Laertes einfach im Haus des Odysseus verweilt: Diese Variante ist ‚logisch', falls nicht nur das Motiv der Weblist Penelopes an sich traditionell ist, sondern auch das Detail, daß es sich bei dem Gewebe um ein Leichengewand für Laertes handelt. Die Variante funktioniert aber nur dann, wenn die Freier nicht den Palast besetzen, weil das ja unweigerlich zu einer Konfrontation mit Laertes führen müßte (die Möglichkeit einer solchen Handlungsführung scheint immerhin zitiert, wenn Penelope erwägt, Laertes zu einem Auftritt vor der Volksversammlung der Ithakesier zu bewegen, vgl. zu δ 735–41). Laertes könnte in einer solchen Variante kaum in den Freiermord eingebunden sein, da er mit der Dominanz des Weblist-Motivs als unmittelbar vor dem Tod stehend markiert wäre. Die erste Begegnung mit Odysseus und die Wiedererkennung könnten dann keine strategische, sondern nur eine motivische Bedeutung für die Handlung haben; es sei aber schon hier die Vermutung gestattet, daß dann das für die Weblist zentrale Motiv des Todes des Laertes vielleicht einen konsequenten Abschluß finden konnte.

Spätestens bei der Einführung des Motivs der Besetzung des Palasts durch die Freier mußte Laertes aus diesem Bereich entfernt werden; der Rückzug auf das Land scheint damit in einem natürlichen Zusammenhang zu stehen. Denkbar ist aber auch, daß das Motiv des Rückzugs ursprünglich nicht von der Palastbesetzung bedingt war: Im südslawischen Heimkehrerlied findet sich wiederholt das Motiv, daß die alte Mutter des Helden erst anläßlich der Hochzeit ihrer Schwiegertochter das Haus verläßt, so daß der Heimkehrer bei seiner Rückkehr unmittelbar zum Termin der Hochzeit zuerst auf sie stößt, etwa im Weingarten bei der Arbeit (SNP 3, 25) oder unmittelbar vor der Haustüre (Geseman 78). Fragt man nun danach, welche Funktion das Motiv der ‚Entfernung' des Laertes für die gesamte Handlung haben mußte, ergeben sich nur wenige Lösungen, von denen einige sofort wieder ausgeschieden werden können. Zunächst gehören dazu alle Varianten, in denen Laertes bis zum Freiermord nicht in die Handlung einbezogen ist und Odysseus sich ihm erst ‚nach getaner Arbeit' zu erkennen gibt, ohne daß dies zu weiteren Konsequenzen führt; Laertes wäre dann im Verhältnis zu seiner ‚Null-Funktion' unangemessen stark in der Handlung präsent. Das gilt wohl selbst für den Fall, daß Laertes in einer solchen Konstellation bei der Wiedererkennung mit Odysseus sterben sollte.

Interessanter scheinen Versionen, in denen Odysseus schon vor dem Betreten des Palasts ein (erstes) Treffen mit Laertes hat, eine Möglichkeit, die in unserer Odyssee mehrfach als Zitat einer alternativen Handlungsführung auftaucht. Auch dabei zeichnen sich mehrere Varianten ab. Eine davon hat Woodhouse (1930, 169–193) als ‚Saga von Odysseus' rekonstruiert: Odysseus trifft Laertes so wie Eumaios auf dem Land, gibt sich zu erkennen und zieht mit einer Gruppe loyaler Mitstreiter in den Palast, wo er die Usurpatoren im Kampf überwältigt. Dieser ‚aktive Laertes' hat aber wenig Wahrscheinlichkeit für sich: Die Rolle des Telemachos war in der Tradition festgelegt, Laertes mußte dann nach dem traditionellen Generationenschema die Rolle des hilflosen Vaters einnehmen. Poetisch unbefriedigend scheint auch die Möglichkeit, daß Odysseus Laertes auf dem Land trifft und sich ihm zu erkennen gibt, Laertes danach jedoch am Freiermord selbst nicht teilhat: Hier hängt die Rolle des Laertes, im Gegensatz zu ihrer funktionalen Verwendung in der Mitte der Handlung, am Ende des Geschehens in der Luft; ein zweites Treffen zwischen Odysseus und Laertes wäre von der Logik des Handlungsablaufs her als irrelevant markiert.

Als letzte Möglichkeit bleibt somit eine Variante, in der Odysseus auf dem Weg zum Palast Laertes trifft, ohne sich zu erkennen zu geben, und erst in einem zweiten Treffen nach dem Freiermord seine Identität enthüllt. Hier haben beide Begegnungen ihre Handlungsfunktion und stehen zueinander in einer notwendigen inneren Beziehung, so wie die zwei Begegnungen zwischen Odysseus und Penelope im τ und ψ. Diese Form der Aufspal-

tung (erste Begegnung – Anagnorismos) ist also in der Odyssee selbst belegt, sie ist aber auch im südslawischen Heimkehrerlied ein beliebtes Darstellungsmittel: Der Held trifft seine Mutter ein erstes Mal (oft noch bevor
er sein Haus betritt), gibt sich ihr aber erst nach erfolgter Regelung seiner
Angelegenheiten zu erkennen; in einigen dieser aufgespaltenen Wiederse-
hensszenen führt der Anagnorismos zum Tod der Mutter. Nur in solchen
Varianten ergibt es einen poetischen Sinn, wenn der Heimkehrer bei seinem ersten Zusammentreffen mit der Mutter seine Identität noch nicht
preisgibt, sondern sie auf die Probe stellt. Der Held will seine Rückkehr
möglichst lange geheim halten, um den Überraschungseffekt auszunützen;
die Begegnung mit der Mutter dient aber weniger dazu, auf der Handlungsebene ihre Loyalität zu überprüfen, als auf der Textebene das Ausmaß
der Sehnsucht nach dem Sohn zu demonstrieren. Dazu dient die Aufspaltung der Szene: Die Darstellung der Sehnsucht der Mutter läßt sich nur
dann glaubwürdig in die Handlung einbauen, wenn der Held nicht in ein
und derselben Szene seine Taktik ändert, wenn er sich also nicht zuerst
verstellt, dann aber ohne äußeren Anstoß zu erkennen gibt. Wenn das
Konzept der Verstellung die ganze Szene hindurch aufrecht bleibt, so wird
suggeriert, daß dies durch den äußeren Gang der Handlung notwendig ist,
entsteht also nicht der Effekt, daß der Held die Mutter unnötig quält. Die
Abfolge ‚Held verstellt sich – Held gibt sich zu erkennen' muß also, im Gegensatz zur Abfolge ‚Held verstellt sich – Held wird trotzdem erkannt',
sinnvollerweise zu einer Aufteilung in zwei getrennte Szenen tendieren.

   In unserer Odyssee gibt es nun wiederholt Hinweise darauf, daß Laertes noch am Leben ist, daß er sich in selbstgewählter Isolation befindet, daß
er sich nach seinem Sohn sehnt. All dies läßt sich bereits als Signal an den
Hörer auffassen, daß die Konstellation unserer Odyssee eine Wiedervereinigung zwischen Vater und Sohn notwendig macht. In welcher Form dies
geschehen soll, bleibt dabei aber noch offen, und Oswald (1993, passim) hat
daraus geschlossen, daß im Gegensatz zu jenen Ereignissen des Epos, die in
zukunftsgewisser Weise angekündigt werden, mit dieser Art von vagem
Vorverweis Ereignisse angekündigt würden, die erst nach dem Ende der
dargestellten Handlung einträten. Die Differenz zwischen den beiden Kategorien von Ankündigungen läßt sich aber wohl besser damit erklären,
daß das Laertes-Thema einen Bestandteil der Geschichte bildet, der in der
Tradition nicht verbindlich festgelegt ist; für den Hörer heißt das, daß die
Handlung in diesem Punkt nicht ein bereits feststehendes Ziel ansteuert,
sondern daß offen bleibt, welche der möglichen Alternativen gewählt wird.
Wichtig ist nun, daß es im Verlauf der Odyssee auch Hinweise auf die
Möglichkeit gibt, daß Laertes schon zu einem früheren Zeitpunkt in die
Handlung einbezogen wird (vgl. zu v 404–24; o 347–60; π 137–53), oder daß
er eine Rolle einnimmt, die der des Eumaios vergleichbar ist (vgl. zu ξ 7–9;

138–47; 171–3; 372–3; 449–52; o 361–70; π 14–21). Im Sinne eines plausiblen Handlungsablaufs wird damit auf eine (mögliche) Version verwiesen wird, in der Odysseus bereits auf seinem Weg nach Hause Laertes trifft, ohne schon eine Erkennung herbeizuführen. Diese Möglichkeit ist, wenn es im ω endlich zu der lange hinausgezögerten Begegnung kommt, dem Hörer also schon längst vertraut. Dasselbe gilt für das Motiv, daß ein Anagnorismos mit dem Tod des Erkennenden verknüpft ist: Auch dieses Motiv ist in der Odyssee von langer Hand vorbereitet und in verschiedenen Abwandlungen mehrmals ausgeführt (vgl. zu ξ 29–38); die Assoziation ‚Anagnorismos – Tod' ist dem Hörer daher nicht nur (möglicherweise) aus alternativen Versionen, sondern aus der Odyssee selbst vertraut (vgl. zu ω 345–9).

Für das Verständnis der Szene zwischen Odysseus und Laertes zeichnet sich somit ein Hintergrund ab, der sich aus der Darstellung der Odyssee selbst ableiten läßt, von dem man aber auch annehmen kann, daß er dem Hörer aus anderen Versionen der Geschichte bekannt war. Im folgenden wird zu zeigen sein, wie diese Voraussetzungen in die Darstellung einfließen und wie das hier postulierte Vorverständnis des Hörers mithilft, die von der Kritik getadelten Elemente der Szene besser zu verstehen.

ω 205–20 Mit der Ankunft auf dem Landgut und den Anweisungen des Odysseus für die Vorbereitung eines Mahles scheint das Motiv der Eile, das noch beim Aufbruch aus der Stadt vorherrscht (ψ 362 αὐτίκα; 366–72; vgl. zu ψ 241–6), fallengelassen, und die damit gegebene Verzögerung ist auch durch die Darstellungsmittel markiert. Wenn Odysseus den Seinen befiehlt, sogleich ins Haus zu gehen, um das Mahl zu bereiten, zeichnet sich ein ‚natürlicher' Gang der Handlung ab; die Gruppe war bereits auf dem Weg zum Haus, Telemachos und die zwei Hirten setzen diesen Weg dann auch fort. Odysseus hingegen schließt sich ihnen nicht an, sondern wählt einen ‚Umweg', indem er Laertes aufsucht, bevor er zusammen mit diesem ebenfalls im Haus einlangt. Damit ist markiert, daß die Laertes-Szene einen ‚Einschub' in den ‚natürlichen' Ablauf darstellt, also ‚eigentlich' nicht am richtigen Platz steht, sondern das, was in der Situation erfordert wäre, hinauszögert. Die Verlangsamung des Geschehens auf dem Landgut steht also nicht isoliert, sondern ist durch die Darstellung als Folge des ‚Eindringens' der Anagnorismos-Szene in den ‚natürlichen' Ablauf markiert.

ω 222–31 Der Text thematisiert, daß Odysseus Laertes nicht in Gesellschaft der Diener, sondern alleine antrifft, obwohl er so wie sie bei der Arbeit ist. Diese ‚Arbeitsteilung' ergibt einen Effekt für die Charakterisierung der Figuren: Dolios und seine Söhne verrichten die niedrige Tätigkeit des Steine- oder Holzsammelns (zu αἱμασιαί vgl. Heubeck zu ω 224–5), Laertes ist jedoch mit der Pflege der Kulturpflanzen beschäftigt. Mit dem Hinweis auf die Abwesenheit der Diener ist aber auch thematisiert, daß Odysseus

Laertes auch in einer Situation antreffen könnte, in der kein Anagnorismos möglich wäre: Sämtliche Erkennungsszenen der Odyssee finden ausdrücklich ohne Zeugen statt, auch dort, wo das gar nicht der Geheimhaltung dient: Vor dem Anagnorismos mit Telemachos muß Eumaios von der Szene entfernt werden; Argos stirbt erst, als Eumaios bereits abgegangen ist (vgl. zu ϱ 291–327); Eurykleia ist mit Odysseus gleichsam allein, als sie ihn erkennt, da Penelope geistig abwesend ist; Eumaios und Philoitios werden für die Erkennung vor die Tür gelotst; und der Anagnorismos mit Penelope funktioniert erst, nachdem Odysseus alle ‚Zeugen' anderweitig beschäftigt hat. Mit der ‚Entfernung' des Dolios und seiner Söhne suggeriert der Text also, daß die Begegnung des Odysseus mit Laertes auf einen Anagnorismos zusteuert; da aber schon angekündigt ist, daß Odysseus seinen Vater auf die Probe stellen wird, signalisiert das dem Hörer, daß hier gegen die ‚Norm' Erprobung und Erkennung in einer Szene zusammenfallen werden.

ω 232–40   Die Gestaltung der Überlegungs-/Entscheidungsszene ist (auch bei Athetese von 238) durch die Abweichung vom üblichen Typus auffällig (vgl. Heubeck zu ω 235–40): Mit der Konstruktion μερμήριξε *(Aorist!)* + *Inf.* hat Odysseus die Entscheidung scheinbar bereits getroffen, zieht dann aber doch die andere Lösung vor. Damit ist sein Vorgehen als ‚eigentlich' nicht situationskonform markiert und die πεῖρα vor dem Anagnorismos als Einschub in einen ‚natürlichen' Ablauf gekennzeichnet. Die von Odysseus zunächst spontan ins Auge gefaßte Vorgangsweise, nämlich den Vater zu küssen, zu umarmen und ihm alles zu erzählen, entspricht dem, was er beim Anagnorismos mit Telemachos tatsächlich gemacht hat; dort hat er sich bei der ersten Gelegenheit zu erkennen gegeben und den Sohn geküßt (π 190 υἱὸν κύσε), ohne ihn zuvor einer Probe zu unterziehen. Die ‚zwecklose' Erprobung des Laertes resultiert also nicht daraus, daß Odysseus (der Dichter) sich nicht über den vom Charakter (vom Erkennungsschema) auferlegten Zwang hinwegsetzen kann (Walcot 1977; Fenik 1974). Die Gestaltung der Entscheidungsszene hebt gerade hervor, daß die Möglichkeit eines Verzichts auf die πεῖρα offenstünde, ja ‚eigentlich' vorzuziehen wäre, die πεῖρα somit ‚eigentlich' fehl am Platz ist.

ω 240ff.   Worin bestehen die κερτόμια ἔπεα, und was ist ihre Funktion für die πεῖρα? Diese Frage berührt den zentralen Punkt für das Verständnis der Rolle der πεῖρα in der Anagnorismos-Szene. Einige Interpreten meinen, daß Laertes die πεῖρα bestehe, Odysseus somit die Wirkung seines Truges beabsichtige und die Voraussetzungen für die Erkennung selbst schaffe, indem er die Erstarrung des Laertes löse (Stößel 1975, 98–109; Heubeck 1981; vgl. Heubeck zu 315–7; Meyer 1995); andere glauben, daß Laertes mit dem emotionalen Ausbruch die Probe nicht bestehe, Odysseus diese Wirkung aber nicht eingeplant habe und daher die πεῖρα abbrechen müsse (Erbse

1972, 97–109; Hölscher 1988, 241f.). Gegen die erste Deutung spricht, daß sie den Figuren und dem Hörer zuviel implizite Psychologie zumutet, und auch der Wortlaut des Textes legt die zweite Lösung nahe. Odysseus kündigt an, er wolle erproben, ob sein Vater ihn erkenne oder nicht (216–8); das bedeutet, daß Laertes die Probe dann besteht, wenn er Odysseus erkennt. Das Mittel der πεῖρα sind die κερτόμια ἔπεα, deren Wesen in der provozierenden Wirkung besteht, aber auch darin, daß sie, die wahre Absicht des Sprechers verschleiernd, einen wahren Tatbestand verzerrend bezeichnen (vgl. Δ 6; ν 326; ϑ 153). Odysseus spricht also verhüllt die Wahrheit aus, gibt Hinweise auf seine wahre Identität und testet damit, ob der Vater die Provokation durchschaut oder an der Oberfläche der Aussage hängenbleibt.

Nun fallen nicht alle Aussagen des Odysseus in diese Kategorie: Laertes hat wohl keine Möglichkeit, aus den klassischen Elementen der Trugerzählung, der fingierten Begegnung des ‚Fremden' mit Odysseus, auf die Identität seines Sohnes zu schließen. Zwei Elemente stechen jedoch hervor: In seiner ersten Rede spielt Odysseus auf die Differenz zwischen äußerem und innerem Status des Laertes an, bezeichnet ihn als Sklaven mit königlichem Äußerem. Diese ‚Verkennung' erinnert an die Provokation des Euryalos, der Odysseus als Kaufmann bezeichnet (ϑ 159–64), und läßt das wahre Wissen des Odysseus um die Identität des Laertes durchschimmern. Dieser reagiert aber nicht auf diesen Teil der Rede, sondern nur auf die Angaben, die sich auf Odysseus beziehen, und läßt damit jenes Element des Dialogs, das auf die Erkennung abzielt, fallen. Odysseus macht einen neuen Anlauf mittels der fiktiven Namen: Er komme aus „Irrhausen" und heiße „der Angefeindete" (Erbse 101, wobei 'Επήριτος die in der Odyssee gültige Etymologie von 'Οδυσσεύς zitiert); sein Vater sei „der Schonungslose, Vielleidens-Sohn", womit der Status des Laertes, der sich selbst nicht schont, charakterisiert ist (*contra* Heubeck, zu ω 304–6, der linguistisch ‚korrekte' Ableitungen vorzieht). Auch diesen Hinweis nimmt Laertes jedoch nicht auf, sondern reagiert nur auf das, was er als Todesnachricht interpretiert.

Mit dieser Deutung tritt die Funktion der Szene klarer hervor, ohne daß man im Text nicht aufscheinende psychologische Motive ansetzen muß. Odysseus hätte von Beginn an die Möglichkeit, den Anagnorismos ohne Umweg selbst herbeizuführen; er wählt aber die andere vom Typus vorgesehene Möglichkeit, nämlich durch verhüllend-enthüllendes Auftreten eine spontane Erkennung durch Laertes herbeizuführen; das ist die Funktion der πεῖρα, deren Mittel die κερτόμια ἔπεα sind. Sein Versuch scheitert jedoch so dramatisch, daß er gezwungen ist, von der einen Form des Anagnorismos zu der anderen überzuwechseln. Die gesamte Form der Begegnungsszene zwischen Odysseus und Laertes ist also als Widerstreit zwischen den zwei konkurrierenden Möglichkeiten, den Anagnorismos herbeizuführen, gestaltet. Für den heutigen Leser ist diese Funktion der

Szene deshalb nicht leicht erkennbar, weil in unserer Odyssee die hier vorausgesetzte typische Form (‚vom zu Erkennenden durch verhüllte Hinweise mit Absicht herbeigeführte spontane Erkennung') kein einziges Mal voll
ausgeführt ist. Die Form ist aber sichtlich als Folie vorausgesetzt in den
langen Sequenzen bei Eumaios, und vor allem im Gespräch des Odysseus
mit Penelope, wo dieser sukzessive immer mehr von seiner wahren Identität preisgibt, so daß der Hörer jeden Moment den Vollzug der Erkennung
erwartet (vgl. zu τ 343ff.): Auch dort wird das Spiel mit den Erwartungen
des Hörers besser verständlich, wenn dieser mit Gestaltungen des Anagnorismos vertraut war, in denen das verhüllend-enthüllende Auftreten des
Odysseus direkt zur Erkennung führte (auch wenn hier die Annahme genügt, daß der Hörer nur mit diesem Anagnorismos- T y p u s vertraut war).
Für das Verständnis der Laertes-Szene erweist sich die Annahme, daß ein
solcher typischer Ablauf als bekannt vorausgesetzt ist, als unumgänglich.

ω 315–7   Die Verse stimmen mit Achills Reaktion auf die Todesnachricht
des Patroklos überein (315–7a = Σ 22–4a), evozieren somit den Kontext einer Todesnachricht, ohne daß Odysseus eine solche formuliert hat. Laertes
interpretiert also die vom Wortlaut her ambivalente Angabe, daß Odysseus
vor fünf Jahren unter günstigen Vorzeichen nach Hause aufgebrochen (und
noch immer nicht eingetroffen) sei, als Zeichen für den Tod seines Sohnes.
Mit der verzweifelten Geste des Laertes wird also der Typus einer ‚korrekten' Todesmeldung zitiert und nicht einfach der Typus selbst verwendet;
für die Annahme, daß auf die spezifische Iliasstelle verwiesen würde, gibt
es keine Indizien, da der Kontext des Σ nichts zur Beleuchtung unserer
Stelle beiträgt und der Typus als rituelle Geste allgemein verständlich sein
mußte. Durch die Verwendung des Zitats tritt auch die Diskrepanz zwischen der Aussage des Odysseus und der Reaktion des Laertes deutlicher
hervor: Odysseus beabsichtigt auch hier noch eine Aussage, die Laertes die
Möglichkeit läßt, den Hinweis auf die glückliche Heimkehr des Sohnes
‚richtig' zu verstehen (die von Heubeck 1981 angeführte Parallele der πεῖρα
des B der Ilias geht also weiter, als Heubeck selbst annimmt); Laertes besteht aber auch diesen Test nicht, sondern reagiert in einer Weise, die sogar
Odysseus überrascht und ihn zu einer Abänderung des Planes zwingt.

ω 323–6   Wenn Odysseus Laertes mit dem Hinweis auf die nötige Eile
bittet, dem Klagen Einhalt zu gebieten, so signalisiert das, daß dieses Klagen ‚eigentlich' fehl am Platz ist und für die Fortsetzung des Anagnoris-
mos-Schemas mit der Frage nach Erkennungszeichen ‚eigentlich' keine Zeit
mehr ist. Damit ist letztlich wieder der Konflikt zwischen den beiden Möglichkeiten, den Anagnorismos herbeizuführen, thematisiert. Der Text weist
darauf hin, daß die Handlungslogik den Übergang zur Beschäftigung mit
den Angehörigen der Freier erfordern würde, daß sich zunächst aber noch

einmal ein ‚Einschub' davorlegt. Der Einschubcharakter des folgenden Re-
denpaares ist dadurch markiert, daß Laertes auf die Aufforderung des
Odysseus zunächst nicht reagiert, sondern ein σῆμα einfordert; erst nachdem Odysseus die σήματα genannt hat, nimmt er das Motiv selbst auf und
formuliert so, als handelte es sich um einen neuen Gedanken innerhalb des
Gesprächs, daß man Maßnahmen gegen die Rache der Angehörigen der
Freier treffen müsse (zum Einschub-Schema vgl. Beßlich 1966, 123–5; Erbse
1972, 104f.). Damit ist auch wieder der Konflikt zwischen dem Anagnoris-
mos-Motiv, das eine gewisse Zeit in Anspruch nimmt, und dem Rache-
Motiv, das Odysseus zu raschem Handeln zwingt, aufgenommen.

ω 345–9   Die Reaktion des Laertes auf die Erkennung des Odysseus geht
über alles Vergleichbare in der Odyssee hinaus. Während die Formulierung
der ersten zwei Verse mit den für den Anagnorismos der Penelope verwendeten fast identisch ist (345–6 ≈ ψ 205–6), ist die darauf folgende Ohnmacht
des Laertes singulär. Dabei läßt die Darstellung zwar keinen Zweifel daran,
daß Laertes nur die Besinnung verliert und gleich wieder zu sich kommt.
Mit ἀποψύχω ist aber ein Wort verwendet, das anderswo auch zur Bezeichnung des Sterbens verwendet ist (der früheste Beleg bei Thuk. 1, 134; vergleichbar sind homerische Formulierungen wie τὸν δ' ἔλιπε ψυχή, die den
Tod, ξ 426 und öfter, oder die Ohnmacht, E 696, bezeichnen). Fragt man
nun, ob das Wissen um die Möglichkeit, daß Laertes anläßlich des Anagnorismos sterben könnte, für das Verständnis der Gestaltung unserer Version
Bedeutung hat, so kann man daran erinnern, daß das Motiv des Anagnorismos, der sich mit dem Tod verbindet, in der Odyssee wiederholt auftaucht
(vgl. zu ξ 29–38). Vor allem die Argos-Szene führt das Motiv aus, daß ein alter Angehöriger des Odysseus mit letzter Kraft die Erkennung vollzieht,
bevor er stirbt; daß die Reaktion des Laertes eine enge Parallele zum Sterben des Hundes bildet, ist unbestreitbar, doch könnte man das als rein textinterne Motivparallele betrachten, für deren Verständnis die Kenntnis von
Versionen, in denen Laertes tatsächlich stirbt, nicht vorausgesetzt ist.

Daß aber ein solcher Bezug auf konkurrierende Varianten innerhalb
einer Erzähltradition möglich ist, zeigt das südslawische Heimkehrerlied.
Dort findet sich mehrmals das Motiv, daß die alte Mutter des heimkehrenden Helden bei der Wiedererkennung stirbt (SNP 3, 25; SCHS 2, 4/5/6;
Lord 1960, 253f., Lieder B, a, b; Lord L 11, SCHS 1, S. 344–7); in zwei weiteren, von Lord referierten Liedern kommt es jedoch nicht so weit, sondern
die Mutter fällt nur in Ohnmacht (Lord 1960, 353f., Lieder E, d; Lord formuliert jeweils „mother faints"). Es scheint evident, daß diese Ohnmacht
der Mutter vom Hörer jeweils als eine gemilderte Form des typischen Sterbens der Mutter aufgefaßt werden muß: Die Ohnmacht läßt an den Tod
denken, hebt ihn aber gerade durch das Zitat ausdrücklich auf. Die schön-

ste Parallele zu der Form der Laertes-Szene finde ich in einem Lied des Međedović, das zwar selbst kein Heimkehrerlied ist, in der Gestaltung der zentralen Erkennungsszene aber dessen Typus wirkungsvoll verwendet. Als dort der junge Held Alija sich seiner Wahlschwester Ruža nach vielen Jahren der Trennung wieder zu erkennen gibt, reagiert diese so (SCHS 6, 1, 3741–3): *Oko grla spuči momku ruke,/ preloži se kao da je mrtva/ od radosti preko srca momku* („Um den Nacken schlang sie dem Burschen die Arme,/ sie faltete sich, als wäre sie tot,/ vor Freude quer über die Brust dem Burschen"); Alija hat einige Mühe, sie wieder aus der Ohnmacht zu erwecken, schafft es aber schließlich dadurch, daß er ihr Gesicht mit Wein (statt Wasser) benetzt, worauf sie aufspringt und sofort die Initiative ergreift.

Die südslawischen Lieder liefern also mehr als nur das von Lord aufgezeigte Motiv des Todes der Mutter beim Anagnorismos; sie demonstrieren auch, wie innerhalb der Tradition mit dem Motiv umgegangen und im Einzelfall das traditionelle Motiv zitierend abgewandelt wird. Sie liefern damit ein mögliches Modell für die Rekonstruktion der von der Odyssee vorausgesetzten ‚Vorgeschichte' desselben Motivs in der griechischen Tradition, wobei dieses Motiv hier nicht bloß am Typus des Heimkehrerliedes, sondern an der spezifischen Konstellation der Begegnung von Odysseus und Laertes hängen mußte. Die Odyssee zitiert also allem Anschein nach eine Version, in der Laertes bei der Erkennung des Odysseus stirbt; doch läßt sich diese Version weder in Einzelheiten nachzeichnen, noch darf man annehmen, daß es sich dabei um die einzige vorhomerische Version der Laertes-Erkennungsszene handelt. Das Motiv hat für das Verständnis unserer Version aber zweifellos große Bedeutung: Mit seinem Zitat wird der Hörer daran erinnert, daß Laertes an dieser Stelle der Handlung sterben könnte. Umso stärker ist dann die Wirkung, wenn Laertes nicht nur nicht stirbt, sondern wundersam wieder zu jugendlichen Kräften gelangt und sich im Kampf gegen die Rächer besonders auszeichnet. Der Umschlag vom Negativen ins Positive tritt durch das Zitat noch deutlicher hervor, und er wird auch dadurch sichtbar gemacht, daß anders als in den übrigen Erkennungsszenen keine durch Weinen und Klagen bedingte Verzögerung eintritt, sondern Laertes von sich aus augenblicklich initiativ wird.

ω 353–60 Laertes äußert die Befürchtung, die Angehörigen der Freier würden sich schnell zur Rache formieren; Odysseus entgegnet nur, er solle sich nicht beunruhigen, und lenkt zum Thema des Mahles über. Damit ist ausgesprochen, daß sofort Maßnahmen gegen die Rache getroffen werden müßten, wobei die Nennung aller Ithakesier und der Verweis auf mögliche Verstärkung von auswärts die Dringlichkeit der Situation noch unterstreicht. Da bis jetzt kein taugliches Mittel zur Abwehr der Rache genannt ist, muß für den Hörer als erste Möglichkeit die von der gesellschaftlichen

Konvention (und der epischen Tradition) vorgegebene Flucht ins Exil erscheinen (vgl. zu ψ 118–22; 137–40); auf diese Möglichkeit hat auch Athene
am Morgen des Freiermordes angespielt (vgl. zu υ 41–51). Die Reaktion des
Odysseus zeigt jedoch, daß er nicht an Flucht denkt, ohne daß ihm schon
eine Alternative dazu bewußt wäre (zu diesem Muster vgl zu ι 299–305; π
281–98), womit das Verweilen beim Mahl verstärkt als ‚eigentlich' fehl am
Platz gekennzeichnet wird. Die drohende Gefahr (und damit die aus der
traditionellen Geschichte abgeleitete Erwartung der Hörer) ist also vom
Text schlichtweg als irrelevant markiert. Odysseus (und mit ihm der Text)
tut so, als gäbe es für ihn keine Aufgaben mehr zu bewältigen und als wäre
alles Folgende nur mehr als Formalität zu betrachten.

ω 365–82 Die Sequenz ist als Einheit zu betrachten: Laertes wird gebadet
und von Athene ‚verjüngt'; Odysseus registriert den göttlichen Eingriff;
Laertes formuliert den Wunsch, noch so bei Kräften zu sein wie bei wehrhaften Unternehmungen seiner Jugend, damit er am Freiermord hätte teilnehmen können. Die einzelnen Motive sind topisch: Die Verschönerung
durch Athene ist ein typisches Odyssee-Motiv, der Wunsch nach der früheren Kraft ein typisches Ilias-Motiv (besonders für Nestor); zu vergleichen
ist immerhin ein analoger Wunsch in δ 341–6 (Odysseus betreffend). Die
Kombination bewirkt aber eine komplexe Aussage, die in den einzelnen
Elementen so nicht enthalten ist. Das Motiv der göttlichen Verschönerung
zielt immer auf eine Auswirkung in der Handlung ab: Odysseus wird vor
Nausikaa (ζ 229ff.) und den Phaiaken (θ 18ff.) von Athene verschönt und
erlangt deren Unterstützung; er wird vor dem Kampf gegen Iros verschönt
und besiegt diesen (σ 69ff.); Penelope wird vor ihrem erfolgreichen Auftritt
vor den Freiern verschönt (σ 187ff.); Odysseus wird während der Anagnorisis-Szene mit Penelope verschönt und von ihr endlich anerkannt (ψ 156ff.).
Die Verschönerung durch die Göttin in der Odyssee ist also vergleichbar
mit Elementen des Aristieschemas der Ilias, wo neben göttlichen Einfluß (Δ
1ff.) auch Überhöhungs-Signale wie Rüstungsszenen, Licht-Metaphern
oder Gleichnisse (vgl. Krischer 1971, 13–89) treten können. Die Verschönerung des Laertes löst also die Erwartung einer aristiehaften Aktion aus.

Dieser Erwartung scheint der Wortwechsel mit Odysseus zu widersprechen. Der Wunsch des Laertes nach früherer Kraft ist gleich in doppelter Weise irreal: Nicht nur kann er seine verlorene Jugend nicht mehr zu-
rückerlangen, auch der Wunsch nach einer Teilnahme am Freiermord bezeichnet ausdrücklich etwas Unmögliches, ja sogar eine ‚unmögliche Alternative': Laertes hat wohl in keiner Version der Odyssee gegen die Freier
mitgekämpft (vgl. zu ω 205–412). Der Text weist damit auf die ‚Neuheit'
seiner Version hin und erinnert daran, daß eine Einbindung des Laertes in
einer Weise, daß der Greis selbst aktiv wird, im Rahmen der Erzähltraditi-

on unmöglich erscheinen muß; durch das ‚Wunder' der göttlichen Verschönerung wird aber vorbereitet, daß hier sogar dieses Kunststück gelingt.
Laertes wird seine eigene Aristie haben, wenn es sich dabei auch nur um
ein mehr oder weniger symbolisches Auftreten in einem duplizierten Freiermord handelt. Auch hier weist der Text also ausdrücklich darauf hin, daß
er sich in einen pointierten Gegensatz zur gesamten Tradition stellt.

ω 384–411   Die Mahlszene, die durch Ankunft und Begrüßung des Dolios
und seiner Söhne unterbrochen ist (Signal für den ‚Einschub' ist die Wiederholung von ἑξείης ἕζοντο, 385/411), unterstreicht durch ihre Form nochmals, daß die Situation diese Art von Nicht-Aktivität ‚eigentlich' nicht zuließe. Die erste Anrede des Odysseus an Dolios, die die hoch emotionale
Wiedersehensfreude mit einem Scherz auflöst (Odysseus fordert den über-
raschten Sklaven auf, das Essen nicht noch weiter zu verzögern), suggeriert, daß in der momentanen Situation die unzeitige Mahlzeit das einzig
Wichtige sei. Die Frage des Dolios, ob Penelope schon von der Ankunft ihres Mannes benachrichtigt sei, zeigt, daß die Situation so stark ausgeblendet ist, daß Dolios nicht einmal über den erfolgten Freiermord aufgeklärt
wird. Daß Odysseus mit seinen Mithelfern zwar zunächst die Flucht ergriffen hat, dann aber keinerlei Gegenmaßnahmen gegen die Rache setzt, sondern nur abwartet, ist durch die Weise, wie der Text diese Untätigkeit noch
hervorstreicht, deutlich sichtbar gemacht. Das Schlußbild vor dem ‚Kameraschwenk' zu den Angehörigen der Freier faßt damit noch einmal ein
Hauptmerkmal der Szenenabfolge zusammen: Sowohl die Erkennungsszene mit Laertes als auch die sie rahmenden Aktionen thematisieren den Widerspruch, in dem sie zu der übergeordneten Situation stehen: Odysseus
müßte ‚eigentlich' seine Flucht planen, müßte ‚eigentlich' ein anderes Verfahren zur Herbeiführung der Erkennung wählen, müßte sich ‚eigentlich'
beeilen, anstatt in Ruhe beim Essen zu sitzen. Wenn die tatsächlich stattfin-
dende Handlung dann gegen die vom Text aufgebauten Erwartungen verstößt, so signalisiert das dem Hörer, daß diese Version eine Lösung des
Konflikts sucht, die sich ebenfalls gegen die traditionellen Erwartungen
stellt. Dem folgenden ‚Nachspiel' mit den Verwandten der Freier wird
damit demonstrativ die Relevanz für die Handlung abgesprochen; der Text
signalisiert, daß das Handlungsziel schon vor der letzten Konfrontation,
die nur mehr den Charakter einer Formalität hat, erreicht ist.

ω 413–548   Der letzte der drei Szenenblöcke des ω stellt uns vor besondere Probleme. Hier beschränken sich die inhaltlichen Einwände der Analyse
darauf, daß die dargestellten Ereignisse innerhalb der Odyssee bereits als
überflüssig markiert wären. Schwierigkeiten bereitet aber selbst für Vertreter der Echtheit des ω die Form der Darstellung. Das Tempo der Darstellung wird in dieser letzten Sequenz des Epos immer höher, den einzelnen

Aktionen und Reden ist immer weniger Raum gewidmet, die Motivation der Ereignisse wird immer oberflächlicher, nur mehr zitathaft angerissen, und die letzte Aktion, die die Handlung in den als Ziel formulierten Ruhezustand überführt (die Eide), ist gar nicht mehr als Teil der von der Erzählung erfaßten Handlung dargestellt, sondern nur mehr mit einer summarischen Angabe benannt, die wie ein Verweis auf das, was nach der letzten Szene noch geschehen muß, wirkt. Dadurch entsteht der Eindruck, der Erzähler verliere zunehmend das Interesse an den dargestellten Ereignissen, bis er die Handlung an einem Punkt verlasse, wo ihn die weitere Entwicklung nicht mehr interessiere. Analytiker führen diese Darstellungsweise auf das Unvermögen des Zudichters zurück, ohne die stilistische Differenz zu den vom selben ‚Bearbeiter' stammenden übrigen Partien des ω zu erklären. Unbefriedigend bleiben aber auch unitarische Rettungsversuche, die mit dem Nachlassen der Kräfte des Dichters am Ende des Werks oder anderen außertextlichen Erklärungen operieren. Für die Deutung der Endpartie ist vielmehr davon auszugehen, daß die uns überlieferte ‚kurze' nicht einfach eine defizitäre ‚lange' Fassung ist, sondern daß die Knappheit der Darstellung Funktion hat (vgl. Stößel 1975, 117–9). Die folgenden Beobachtungen werden sich daher auf diese Tendenz zur Reduzierung der Darstellung, zur referatartigen Beschränkung auf die ‚Fakten' und zum zitathaften Verzicht auf eine Motivierung der Ereignisse konzentrieren.

ω 413–20 Die Verbreitung der Kunde vom Tod der Freier, die Bergung der Leichen und die Bestattung bzw. Rücksendung in die Heimat sind nur stichwortartig genannt, ohne daß die Details der damit vorausgesetzten Aktionen sichtbar werden. Kritisiert wurde, daß dabei unklar bleibe, auf welchem Weg sich die Kunde vom Freiermord verbreitet und wie die Angehörigen der Freier zur Bergung der Leichen in den Palast (bzw. in dessen Höfe) gelangen; vermerkt wurde auch, daß die für die Bestattung der Freier benötigte Zeitdauer in der Handlung nicht berücksichtigt sei, so daß die Synchronisation der Handlungsstränge verwischt sei. Implizit vorausgesetzt ist bei solcher Kritik, daß der Verweis auf die Bestattung der Freier an dieser Stelle überflüssig wäre und der Dichter etwa auch zuerst den Racheversuch und dann erst die Bestattung der Freier hätte darstellen können. Dieser Annahme widerspricht aber schon die gesellschaftliche Konvention, die den Angehörigen eines Getöteten als erste Pflicht die Bestattung und erst an zweiter Stelle die Verfolgung des Töters vorschreibt (auch in der Ilias ist der Aufschub der Bestattung des Patroklos als auffällig markiert).

Berücksichtigt man diese Konvention, so wird die ‚eigentliche' Funktion der Bestattung der Freier für die Geschichte klar: Die Pflicht zur Bestattung der Opfer ermöglicht es dem Täter, die Flucht zu ergreifen und sich der Rache zu entziehen. Genau diese Abfolge der Ereignisse fand sich in der kyklischen Telegonie, die mit einer offenbar ausführlichen Beschreibung der Freier-Bestattung begann und im Anschluß daran die Fahrt des Odysseus nach Elis verfolgte (§ 114f. Kullmann; die Formulierung καὶ Ὀδυσσεὺς θύσας ταῖς Νύμφαις εἰς Ἦλιν ἀποπλεῖ könnte dabei andeuten, daß Odysseus vor dem Verlassen Ithakas seine Schätze in der Nymphengrotte barg, vgl. zu ν 361–71). Aufgrund dieser Übereinstimmung wurde gefolgert, daß die Odyssee hier an der Telegonie hänge, ja sie teilweise sogar ausschreibe. Die in sich stimmigste Ausführung dieser These bietet Merkelbach (1969, 142–53), der im Gegensatz zu seinen Vorläufern (vgl. Schwartz 1924, 148–50) das Verhältnis zwischen Odyssee-Schluß und Telegonie-Anfang ausdrücklich als Zitatverhältnis charakterisiert, die Darstellung des ω also als Konkurrenzvariante zu den Voraussetzungen der Telegonie auffaßt: Eugammon habe in Anschluß an das ‚ursprüngliche‘ Ende der Odyssee (des Dichters A) eine Fortsetzung gedichtet, in der Odysseus von den Angehörigen der Freier zum Exil verurteilt worden sei (Merkelbach setzt dazu allerdings im Proklos-Referat nicht erwähnte Details aus anderen Quellen für die Telegonie ein); der B-Dichter habe daraufhin ein neues Ende der Odyssee geschrieben, in dem in Auseinandersetzung mit der Telegonie die politischen Folgen des Freiermordes nicht mehr ausgeklammert blieben, aber zu einer gütlichen Lösung umgebogen wurden.

Dieser These läßt sich einiges abgewinnen, sofern man sie von ihren spezifisch analytischen Aspekten abhebt. Für den Schluß unserer Odyssee ist beim Hörer keine Kenntnis der uns greifbaren Telegonie-Version vorausgesetzt, sondern Kenntnis von Odysseus-Geschichten, in denen die Folgen des Freiermordes berührt waren; ob Odysseus dabei formal zum Exil verurteilt wurde (so die bei Plut. Quaest. Gr. 14, 294c–d, und Apollod. Epit. 7, 40 referierte Version) oder sich einfach durch Flucht der Rache entzog, läßt sich nicht entscheiden, doch ist nicht auszuschließen, daß der Odyssee-Hörer mit beiden Varianten vertraut war. Entscheidend für das Verständnis unserer Odyssee ist, daß sie die Beziehung zu Versionen herstellt, in denen die Bestattung der Freier eine andere Funktion erfüllt als hier.

Daß ein Bezug zu einer außerhalb des Textes gelegenen Quelle hergestellt wird, zeigt sich dabei schon daran, daß dasselbe Stilmittel verwendet ist wie bei Zitaten anderer Art: Auch hier ist der Duktus der Ereignisse nur als Skelett der Handlung umrissen und nicht mit konkretem Material ausgefüllt. An die Stelle einer konkreten Nachrichtenübermittlung tritt die Ὄσσα (413), obwohl, wie wenig später sichtbar wird, Medon und Phemios als Augenzeugen des Freiermordes zur Verfügung stünden; die Umstände der Bergung der Leichen, vor allem die Frage, wie die Angehörigen der Freier sich gegenüber den im Palast Verbliebenen verhalten, bleiben unberührt; die Darstellung ignoriert die zeitliche Ausdehnung der Bestattung (die allerdings als zeitgleich mit der Laertes-Szene gedacht sein könnte).

Mit all dem wird wohl an die Behandlung derselben Ereignisse in anderen Versionen erinnert, doch hat die zitierende und damit abändernde Darstellung wie üblich auch ihre eigene Aussage: In dieser Version bilden die Rächer keine Gefahr für den Palast, und die scheinbar weltfremde Anweisung an Penelope, sich einzusperren und ruhig zu verhalten (vgl. zu ψ 350–65), bewährt sich tatsächlich; der Bestattung der Freier kommt überhaupt kein Stellenwert zu, ja die extrem knappe Darstellung suggeriert, daß sie ehrlos verscharrt werden (vgl. zu ω 186–90); vor allem kommt aber in dieser Version der Bestattung der Freier keine Handlungsfunktion zu: Die durch sie bedingte Verzögerung der Verfolgung des Odysseus ist hier bedeutungslos, und die funktionslose Hast der Angehörigen der Freier tritt pointiert neben die betonte Ruhe des Odysseus auf dem Landgut.

ω 426–37 In der Rede des Eupeithes suggerieren mehrere Motive einen alternativen Handlungsablauf. Zunächst fällt auf, daß die Vorwürfe gegen Odysseus objektiv gerechtfertigt sind und nur in der Darstellung unserer Odyssee dem Helden daraus keine subjektive Schuld erwächst. Odysseus hat tatsächlich als Heerführer seine gesamte Flotte und Mannschaft verloren und die „Besten der Kephallenen" getötet. Diesen Fakten völlig angemessen scheint die Vermutung, Odysseus werde sich der Verantwortung durch Flucht entziehen, und die Aufforderung zur Rache. Mit dieser in sich konsequenten Nachzeichnung der Handlung wird noch einmal ein Bild des Odysseus entworfen, das in der ‚einfachen Geschichte' angelegt scheint und dem Hörer aus epischen Versionen wohl bekannt war. Odysseus erscheint hier wieder als der Held, der selbst das Abenteuer sucht und damit die ihm überantworteten Schiffe und Mannen aufs Spiel setzt und verliert; und er erscheint als der Heimkehrer, der heimtückisch die korrekt um seine Gattin werbenden Freier ermordet. Der zweite Vorwurf wird von den Gegenrednern des Eupeithes aufgegriffen werden; der erste bleibt innerhalb der Diskussion im Raum stehen, doch erinnert die Parallelsetzung der Gefährten und der Freier daran, daß unsere Odyssee auch die Schuld der Gefährten als eine Parallele zur Schuld der Freier behandelt hat.

Die Diskussion in der Volksversammlung erweist sich damit als thematisch äußerst relevant für die Frage, wie die Odysseus-Handlung zu einem sinnvollen Ende gebracht werden kann. Indem die Fortsetzung des Freiermordes durch (versuchte) Rache und Flucht ins Exil als logische Konsequenz einer Odyssee-Handlung sichtbar gemacht wird, in der Odysseus gemäß seinem ‚traditionellen' Charakter handelt, wird auch hervorgehoben, daß diese Folgen in unserer Odyssee nur deshalb verhindert werden können, weil Odysseus hier eben einen ‚neuen' Charakter bekommen hat. Erst die geänderte Perspektive unserer Odyssee mit ihrer rechtlich-moralischen Dimension ermöglicht es, Odysseus von allen der traditionellen Geschichte inhärenten Vorwürfen zu entlasten, und erst sie gestattet einen Ausklang der Geschichte, der auf negative Konsequenzen des Freiermordes verzichtet. Die Volksversammlung soll also nicht die Frage der Schuld des Odysseus bzw. der Freier und des Volks von Ithaka noch einmal aufwärmen — diese Frage ist ja bereits hinreichend geklärt —, sondern das noch ungelöste Problem klären, wie aufgrund der hier gewählten Perspektive die Handlung zu Ende gebracht werden kann; dies geschieht durch die pointierte Konfrontation mit anderen Versionen eines Odyssee-Endes.

ω 439–41 Die Synchronisierung der Ereignisse wurde hart kritisiert: Medon und Phemios haben den Aufbruch des Odysseus und seiner Mannen, und (trotz des damit vorausgesetzten Lärms) auch die Abholung der Leichen der Freier aus dem Palast verschlafen. Diese zweifellos unrealistische Figurenführung hätte leicht vermieden werden können, wenn z.B. der Herold selbst die Kunde vom Freiermord in die Stadt getragen hätte; doch hätte dieser Ausweg Schwierigkeiten anderer Art verursacht: Medon hätte damit im Interesse der Freier agiert, und der Darstellung der Abholung der Leichen wäre zu viel Gewicht zugefallen. Die hier verwirklichte Figurenführung hat aber einen weiteren positiven Effekt: Medon und Phemios sind aufgrund ihrer Begnadigung durch Odysseus seiner Partei zugeschlagen worden; ihr Auftreten vor den Angehörigen der Freier strahlt die gleiche Gelassenheit wie das Verhalten des Odysseus auf dem Land aus; es wird damit signalisiert, daß Odysseus und seine Leute unter göttlichem Schutz stehen, daß der Racheversuch ihnen nichts anhaben kann und daß der gute Ausgang der Geschichte schon gesichert ist.

ω 442–62 Medon und Halitherses teilen sich die Argumente zugunsten des Odysseus auf, indem sie unterschiedliche Aspekte hervorheben. Beide beziehen sich dabei explizit auf die Bewertung des Freiermordes und nennen deren Konsequenz für das weitere Vorgehen: Weil Odysseus sichtlich unter göttlichem Schutz steht, ist der Versuch, den Freiermord zu rächen, von vornherein zum Scheitern verurteilt; weil die Bevölkerung von Ithaka vom Unrechtcharakter des Treibens der Freier wußte, hat sie sich mitschuldig gemacht und ist zur Rache nicht berechtigt. Damit wird sichtbar, warum in dieser Version die Rache keine Gefahr für Odysseus darstellt, aber auch warum die Rache hier trotzdem versucht wird: Die Mitschuld eines Teils der Ithakesier, die seit dem β mehrmals thematisiert wurde, läßt es notwendig erscheinen, daß auch hier der Versuch zu einer traditionellen Fortsetzung der Odyssee unternommen wird; die Abwehr dieses Versuchs erscheint hier aber als Sieg des Rechts und nicht nur der Stärke oder List.

ω 472–88 Das Gespräch zwischen Athene und Zeus definiert den erreichten Zustand der Handlung aus der Warte der göttlichen Planung und entwirft eine Lösung der noch offenen Fragen, die der bisher erfolgten gött-

lichen Lenkung des Geschehens einen angemessenen Abschluß verleiht.
Athenes Frage an Zeus legt die noch verbliebenen Alternativen offen, nämlich Krieg oder Versöhnung, womit der Gang ins Exil als Möglichkeit bereits ausgeschieden ist. Athenes Frage ist daher als Suche nach einer Lösung zu verstehen, die die Heimkehr des Odysseus endgültig sicherstellt;
außer Betracht bleibt die ‚unmögliche Alternative‘, daß Odysseus im
Kampf gegen die Angehörigen der Freier unterliegen könnte. Die von
Athene erwogene Alternative zum Schluß unserer Odyssee besteht also
darin, daß Odysseus nach dem Freiermord auch mit deren Angehörigen
einen blutigen Kampf ausficht, wobei er sich natürlich auf Athenes Hilfe
stützen könnte. Ein solcher Handlungsverlauf war auch im υ angedeutet,
wo Odysseus die Rache der Angehörigen der Freier befürchtete und Athene ihm versicherte, er würde auch gegen die größte Übermacht bestehen
(vgl. zu υ 41–51; das Entkommen vor fünfzig λόχοι impliziert nicht notwendig heimliche Flucht, sondern ebensogut Bezwingung der Übermacht
im Kampf). Faßt man Athenes Vorstoß gegenüber Zeus in diesem Sinn auf,
so gewinnt auch dessen Antwort ein schärferes Profil. Zeus überläßt Athene die Wahl zwischen den beiden vorgeschlagenen Möglichkeiten, wehrt
mit seiner Formulierung aber ihre Präferenz für eine kriegerische Lösung
ab: Zunächst stellt er fest, daß der Ablauf der Ereignisse der göttlichen Planung entspricht (478–80), dann überläßt er Athene scheinbar die Wahl zwischen den von ihr genannten Alternativen (481 ἔρξον ὅπως ἐθέλεις), um
zuletzt seine eigene Option für eine friedliche Lösung zu formulieren. Diese Dialogführung entspricht der Debatte über die Bestrafung der Phaiaken
(vgl. zu υ 139–87), wo Zeus Poseidon zunächst ebenfalls freie Entscheidung
gewährt, dann aber, nachdem dieser seinen Vorschlag gemacht hat, einen
Gegenvorschlag einbringt, der einen Kompromiß darstellt. Das Göttergespräch präsentiert sich damit als dialogisches Pendant zur typischen Überlegungs-/Entscheidungsszene, mit der die Wahl zwischen Alternativen
thematisiert wird; bei der verworfenen Alternative handelt es sich hier um
eine Variante, die durch den weiteren Verlauf der Handlung als jene ‚natürliche‘ Lösung markiert wird, vor deren Hintergrund die dann tatsächlich gewählte Variante einen ‚künstlichen‘ Kompromiß darstellt.

ω 489–548   Die Durchführung der im Göttergespräch festgelegten Aktion
bestätigt die obige Deutung. Für Odysseus präsentiert sich der Kampf gegen die Angreifer als die selbstverständliche Option, und er wird darin
durch das Erscheinen von Athene-Mentor noch bestätigt. Die Handlung
scheint sich auch ganz in die ‚natürliche‘ Richtung zu bewegen, wonach
Odysseus die Ithakesier blutig zurückschlägt und seinen Herrschaftsanspruch im Kampf bekräftigt. Doch es ist genau dieser Verlauf, der von Zeus
abgelehnt wurde: Zeus will keinen Krieg, sondern Versöhnung und Frie

den, und zwar aufgrund von Verträgen, nicht von gewaltsamer Unterwerfung. Athene muß daher in die Geschehnisse korrigierend eingreifen (541–5), und sie tut das erst auf die neuerliche Aufforderung des Zeus hin (539–40), nachdem sie zunächst noch den martialischen Erfolg des Odysseus unterstützt hat (529–38). Die von Zeus selbst vorgeschlagene Lösung wird nach dieser ,Schleife' unmißverständlich als außerhalb der Darstellung stehend markiert (546–8); der Friedensprozeß steht ἔξω τοῦ δράματος, der kurze Aufeinanderprall der künftigen Friedenspartner liefert aber die nötigen Verhandlungsvoraussetzungen. Die gesamte abgebrochene Schlachtszene präsentiert sich damit als ein ,als ob', als Einschub in den durch den göttlichen Plan bereits festgelegten Handlungsablauf. Der Einschub dient aber, so wie immer in der Odyssee, dazu, die Voraussetzungen für die Durchführung des zuvor Anvisierten zu modifizieren bzw. genauer zu definieren. In diesem Fall funktioniert das dadurch, daß der Einschub zugleich das Zitat eines alternativen Handlungsganges darstellt und die Variante der blutigen Befriedung von Ithaka die Drohung an die Rächer bildet, vor der sie die gütliche Einigung bereitwillig akzeptieren müssen. Die letzte Szene der Odyssee stellt somit nicht den Abschluß der Handlung dar, sondern den Ansatz zu einem alternativen Ende, dem aber — so die unmißverständliche Botschaft — kein dauerhafter Erfolg beschieden wäre. Die Odyssee endet also mit dem Zitat einer alternativen (aber nicht traditionellen!) Version und verschiebt den Abschluß der eigenen Handlung über das Ende der Darstellung hinaus: Das ideale Ende der Odysseus-Handlung kann nicht in einer darstellbaren Aktion bestehen, sondern nur in einem dauerhaften und daher nicht darstellbaren Zustand des Glücks und Friedens. Dieser von Zeus prophezeite (bzw. ,befohlene') Glückszustand (485–6) stimmt mit dem von Teiresias vorhergesagten glückseligen Alter des Odysseus (λ 136–7 = ψ 283–4) überein; das Ende der Handlung ist dann erreicht, wenn alle Hindernisse zur Erlangung dieses Zustands beseitigt sind.

Mit dieser Deutung erklärt sich auch die spezifische stilistische Ausgestaltung der Schlußszene, auf die der Vorwurf der ästhetischen Wertlosigkeit des ω scheinbar am stärksten zutrifft: Die Kampfszene präsentiert sich in demselbem Stil wie andere Passagen mit starkem Zitatcharakter. Sie versteht sich nicht als ein vollgültiges Schlußbild der Handlung, sondern als das Zitat einer Sackgasse, in die die Handlung geriete, wenn Zeus nicht eine andere Lösung vorhergesehen hätte. Der *deus ex machina* (Zeus, nicht Athene!) legt der Handlung, ähnlich wie in den Stücken des Euripides, eine Lösung auf, die sie aus eigener Kraft nicht erreichen könnte und die, wie gerade das Zitat signalisiert, in der Tradition bis dahin auch nie erreicht wurde. Welche Aussage mit dieser Darstellungsform impliziert ist, darüber wird man sich allerdings, ähnlich wie bei den *deus ex machina*-Schlüssen des Euripides, nicht leicht auf eine einheitliche Auffassung einigen können.

RÜCKBLICK UND AUSBLICK

Die vorliegende Arbeit bildet den Versuch, die Odyssee mit der Erwartungshaltung des traditionellen Hörers zu lesen, stellt sich also die Frage, wie der Text unserer Odyssee das Wissen seines Publikums um die Erzähltradition berücksichtigt, voraussetzt und thematisiert. Dabei haben sich drei Bereiche abgezeichnet, in denen die Differenz zu dem Erwartungshorizont eines modernen Lesers besonders deutlich hervortritt:

(a) Der Erzähler der Odyssee setzt voraus, daß sein Publikum sowohl mit dem Ablauf der eigenen Geschichte („Heimkehr des Odysseus") als auch mit deren Einordnung in die größere Erzähltradition (Troia-Mythos, bzw. Mythos schlechthin) auf das beste vertraut ist. Er appelliert an dieses Wissen, indem er Figuren der Handlung nicht vorstellt, Konstellationen des Mythos als bekannt zitiert, Gegebenheiten nur bruchstückhaft ausführt, etc. Damit stellt sich unsere Odyssee in die Reihe jeder traditionellen Erzählung und unterscheidet sich nicht von der Art der Präsentation, die in der Ilias, aber auch in der gesamten späteren griechischen mythologischen Dichtung bis hin zur attischen Tragödie dominiert. Der Blick auf andere Epentraditionen zeigt, daß eben dieses Stilisierungsprinzip durch die Umstände ursprünglich mündlicher traditioneller Erzählung innerhalb einer homogenen Kulturgemeinschaft bedingt ist[1].

(b) Der Erzähler setzt das Wissen des Publikums um die traditionellen Stoffe in mehr spezifischer Weise voraus, wenn er anspielungshaft eine traditionelle Version des Mythos zitiert und dagegen seine eigene, davon abweichende Version stellt, die ebenfalls traditionell oder auch ‚neu' sein kann, so daß der Hörer die Aussage des Textes aus der Differenz zwischen ‚alter' und ‚neuer' Version ableiten muß. Diese Darstellungsweise liegt vor allem dort vor, wo Figuren der Handlung von Ereignissen sprechen, die außerhalb der Odysseehandlung liegen, zu dieser aber mittels *exemplum*-Funktion in Beziehung gesetzt werden. Das Publikum kann die mit dieser Bezugnahme intendierte Aussage nur dann erfassen, wenn es die anspielungshaft zitierte Geschichte bereits aus der Erzähltradition kennt und selbständig ergänzt, und unser Text läßt hier keinen Zweifel daran, daß er Geschichten zitiert, die aus epischen Darstellungen bekannt sind. Der Text präsentiert nun diese Geschichten als Alternativen zu seiner eigenen Geschichte: Das Heldentum des Achilleus bildet ebenso eine Alternative zu dem des Odysseus wie das des Herakles, und die Fahrtroute der Argo bil-

---

[1] Es handelt sich hierbei um das Prinzip des *pars pro toto*, wie es Foley (1991) beschrieben hat: vgl. o. S. 13–5.

det eine Alternative zu der des Odysseus. Die Alternativen werden vom Text (d.h. in der Regel von den Figuren) oft explizit als solche thematisiert.

(c) Die Thematisierung von Alternativen findet sich schließlich auch im Bereich der Odyssee-Geschichte selbst. Auch hier wird oft explizit (und viel öfter implizit) thematisiert, daß die Handlung an einem bestimmten Punkt auch einen anderen Verlauf nehmen könnte. Hier erwies es sich nun als sinnvoll, zwei Kategorien zu unterscheiden. Jener Handlungsgang, der als Alternative zu dem tatsächlich verfolgten Ablauf thematisiert wird, kann im Rahmen der dem Hörer vertrauten Erzähltradition entweder eine ‚mögliche' oder eine ‚unmögliche' Version der Geschichte von der Heimkehr des Odysseus ergeben. Während für die ‚unmöglichen Varianten' der Hörer darauf vertrauen kann, daß ihre Verwirklichung, die ja einen Verstoß gegen die Tradition bedeuten würde, ausgeschlossen bleibt[2], fehlt ihm für die ‚möglichen Varianten' ein solches Entscheidungskriterium: Unabhängig davon, ob Penelope Odysseus vor dem Freiermord erkennt oder erst danach, ist in beiden Fällen ein Verlauf der Handlung gesichert, der den Anforderungen der Erzähltradition entspricht. Für den Hörer hat daher die Thematisierung von ‚möglichen Alternativen' einen völlig anderen Status als jene von ‚unmöglichen Alternativen'. ‚Unmögliche Alternativen' operieren als rhetorische Strategie auf der Handlungsebene des Textes; ‚mögliche Alternativen' berühren hingegen die Ebene der Darstellung bzw. der erzählten Geschichte und stellen damit einen Bezug zu anderen Geschichten, d.h. Texten her, so wie das bei den zitathaften Verweisen auf außerhalb der Odysseehandlung liegende Mythosbereiche der Fall ist. Der Hörer muß den Verweis auf eine ‚mögliche Alternative' als Zitat einer — zumindest potentiellen — alternativen Version der Geschichte auffassen. Die Beobachtung einer analogen Darstellungstechnik in der südslawischen Epik[3] legt hier den Schluß nahe, daß die Hörer (zumindest in vielen Fällen) solche Alternativversionen als im Lied konkret realisiert kannten.

Die Betrachtungen zu diesem Bereich wirken in höherem Maße spekulativ als die zu den beiden ersten Kategorien, da wir zu Alternativversionen zu unserer Odyssee scheinbar keinerlei Zugang haben. Jedoch sind auch die Bezugnahmen auf andere Mythosbereiche aufgrund der Überlieferungslage nie mit letzter Sicherheit als Zitate bereits bestehender ‚Texte' zu erweisen, und doch wird heute niemand behaupten, daß der Odysseedichter seine eigene Geschichte sowie ihr gesamtes mythologisches Umfeld erfunden hätte. Die drei Bereiche des ‚Zitats' stützen einander also gegenseitig, vor allem wenn wir feststellen, daß die angewendete dichterische

---

[2] In der Ilias beschränkt sich die Thematisierung von alternativem Handlungsverlauf sichtlich weitgehend auf diese erste Form: vgl. Morrison 1992.

[3] Vgl. o. S. 7–23.

Technik[4] in allen beobachteten Kategorien dieselbe ist. Es scheint daher der Schluß legitim, daß auch das jeweils zugrundegelegte Material für den zitierenden Umgang mit der Tradition den gleichen Status hatte.

Dieser Umgang mit der dichterischen Tradition läßt sich am besten mit dem Schlagwort der ‚poetischen Konkurrenz‘ umschreiben: Wenn unsere Odyssee andere Versionen ihres eigenen Stoffes zitiert und sich von ihnen absetzt, so weist sie nicht nur auf deren Andersartigkeit hin, stellt sich also nicht wertneutral neben sie, sondern postuliert auch ihre eigene Überlegenheit über das Zitierte, setzt also ein Werturteil: Die alternativen Fassungen der Odyssee-Geschichte werden als poetisch unterlegen markiert, indem der Text sie zu ‚einfachen Geschichten‘ degradiert, gegen die sich die komplexe Erzählform unserer Odyssee abhebt. Ebenso wird die Odysseus-Gestalt der konkurrierenden Fassungen als negativ markiert (was keineswegs bedeutet, daß diese Bewertung auch in jenen Fassungen selbst vorgenommen sein mußte), um den eigenen, als Ideal-Held bewerteten Odysseus davon abzuheben[5]; dasselbe gilt für die Vergegenwärtigung eines alternativen Bildes der Penelope[6]. Die Odyssee formt sich also in jedem Fall die Alternative, die sie dem Hörer suggeriert, zu einer eigenen Form zurecht. Dasselbe Verfahren tritt auch bei der Konstruktion der Nostoi, der Herakleis, der Orestie oder der Achilleis hervor, wo die Odyssee ebenfalls auf der Grundlage traditioneller Varianten jeweils eine eigene Version skizziert, die in dieser präzisen Form nie verwirklicht sein mußten.

Die diesem Verfahren zugrundeliegende Form ist die des Paradeigma, wie wir sie vor allem aus den mythologischen Exempla der Ilias kennen: Das zum Vergleich Herangezogene wird dem Verglichenen so weit assimiliert, daß es die Analogie optimal erfüllt. Was beim Paradeigma meist in Richtung der Anpassung hin zur Parallele geht, geht bei den Alternativversionen, aber auch etwa bei dem Entwurf einer Herakleis, in Richtung der Anpassung auf Kontrastwirkung: Die Alternative, von der sich die Gestalt unseres Textes abheben soll, wird so ausgeformt, daß der Gegensatz möglichst deutlich sichtbar wird.

Unsere Odyssee will also vor einem Hintergrund verstanden werden, ohne dessen Berücksichtigung wir heute an der Intention des Textes vorbeilesen. So tendiert etwa, wie die literarischen Bearbeitungen des Themas bis in die Gegenwart zeigen, eine Deutung des Charakters des Odysseus, die den traditionellen Hintergrund der Odyssee ignoriert, dazu, in ihm den prototypischen Abenteurer, Schlaumeier, Lügner, Betrüger, Frauenhelden und Meuchelmörder zu sehen. Diese Arbeit hat zu zeigen versucht, daß alle

---

[4] Vgl. den Index, s.v. Referatstil; Anspielungscharakter.

[5] Vgl. den Index, s.v. Odysseus, traditionelles Bild des; Bogen, Bewertung des.

[6] Vgl. den Index, s.v. Alternativversionen: Penelope, Verhalten der.

diese Charakter-Elemente zur traditionellen Rolle des Odysseus gehören, die unsere Odyssee nicht ignoriert, die sie aber nur als Hintergrund benützt, um davor ein differenzierteres Bild ihres Helden zu zeichnen. Nach der Intention unseres Textes — und damit für das Verständnis des traditionellen Hörers — ist Odysseus also als Held charakterisiert, der im Rahmen seiner traditionellen Rolle so nahe wie möglich an das ‚klassische' Heldenbild angenähert ist, aber so weit wie möglich vom ‚klassischen' Odysseus-Bild entfernt ist.

Ein gesonderter Bereich, der hier nochmals erwähnt werden soll, ist die Frage nach der Beziehung zwischen Odyssee und Ilias. Hier hat sich bestätigt, daß die Odyssee es konsequent vermeidet, die Geschichte der Ilias in ihre eigene Darstellung einzubeziehen, während die Geschichte der Aithiopis, die man als Konkurrenzgeschichte zur Ilias auffassen könnte, zumindest in der Form einer hypothetischen ‚Ideal-Achilleis' immer wieder präsent ist. Auf der anderen Seite gibt es einige inhaltliche Anspielungen auf kleine, unbedeutende Details der Ilias, die man nur als Zitate des uns vorliegenden Textes der Ilias verstehen kann[7]. Im Gegensatz dazu stehen an zahlreichen Stellen wörtlich identische Wendungen von teils größerem Umfang, die man immer wieder als Übernahme, *imitatio* oder Zitat aus der Ilias gedeutet hat[8]. In all diesen Fällen ließ sich, wie ich meine, keine Zitatabsicht im Sinne der gängigen Auffassung des Begriffs nachweisen, da die Übernahme der Formulierung nirgends darauf abzielt, den Inhalt der Iliasstelle und ihren präzisen Kontext ins Gedächtnis zu rufen. Dabei ist aber — auch im Rahmen einer mündlichen Tradition — wohl auszuschließen, daß der Odysseedichter an all diesen Stellen zu dem identischen Wortlaut in völliger Unabhängigkeit von der Formulierung der Ilias gefunden hätte.

Die ökonomischeste Erklärung dieses Phänomens muß lauten, daß der Odysseedichter den Text der Ilias zwar kennt und dessen Wortlaut wiedergibt, daß er mit der wörtlichen Wiederholung aber in der Regel nicht beabsichtigt, auf exakt diese ‚Vorbildstelle' hinzuweisen. Bezweckt wird mit dieser Art von Wiederholung vielmehr vor allem die Evokation von Typizität, so wie das für alle Arten von Wiederholung im homerischen Epos (und in traditioneller Epik überhaupt) gilt: So unterstreichen die formelhaften, ständig wiederholten Epitheta und Namensformeln die Typizität der Ausdrucksweise und die Normhaftigkeit des Inhalts und stellen zumeist keine Beziehungen zwischen den einzelnen Belegstellen her; so verweisen Wiederholungsfiguren vom Typus Auftrag – Ausführung auf den typischen Ablauf; und selbst Wiederholungen auf größere Distanz be-

---

[7] Hervorzuheben sind die exakte Form der Bestattung des Patroklos (vgl. zu ω 76–9) und die Nennung des Eurybates als Herold des Odysseus (vgl. zu τ 215–57).

[8] Vgl. den Index, s.v. Iliaszitate, wörtliche.

schränken sich zumeist auf typische Szenen und haben somit vor allem Leitmotiv-Charakter[9]. Auf dieselbe Weise weckt das vermeintliche Iliaszitat in der Odyssee beim Hörer gerade durch den Appell, den Wortlaut der Formulierung als bekannt zu registrieren, die Empfindung, den zugrundeliegenden Inhalt als einen ‚typischen' zu fassen. So läßt sich auch bei vielen dieser ‚Zitate' der größte Sinnzuwachs mit der Annahme erzielen, daß die Odyssee durch den identischen Wortlaut eine typische Situation als Folie suggeriert, von der sich die Neuverwendung als ‚untypisch' abhebt.

Die Beziehung der Odyssee auf die Ilias erweist sich damit als wesentlich komplexer als ihre Beziehung auf alle anderen epischen Stoffe. Während wir dort davon ausgehen (wenn das auch mangels an Beweismaterial natürlich Hypothese bleiben muß), daß die Bezugnahme auf die wörtliche Wiederholung weitgehend verzichtet und nur den inhaltlichen Aspekt erfaßt[10], haben wir hier den Verzicht auf inhaltliche Bezugnahme bei zugleich intensivem Rückgriff auf den Wortlaut. Daß die Ausklammerung des Ilias-Inhalts nicht darin begründet ist, daß der Odysseedichter die Ilias nicht einmal als ‚einfache Geschichte' kannte[11], geht (abgesehen von den Erwähnungen des Patroklos) schon aus den wenigen Anspielungen hervor, bei denen gerade die Kenntnis des schriftlich fixierten Iliastextes vorausgesetzt ist. Welche Beziehung damit zugrundegelegt ist und welche Darstellungsabsicht sich dahinter verbirgt, läßt sich mit Hilfe der uns zur Verfügung stehenden Kriterien nicht entscheiden. Als ökonomische Erklärung des komplexen Phänomens böte sich an, daß Odyssee und Ilias von einem einzigen Dichter Homer stammen, der das (inhaltliche) Zitat seiner eigenen Geschichte, die ja nicht als ‚Konkurrenz' fungieren soll, systematisch meidet, schon um sich nicht sein eigenes Repertoire zu beschneiden, der aber trotzdem an einigen Stellen durchblicken läßt, daß er mit seinem ersten großen Werk eine Art τέλος erreicht zu haben glaubt. Doch steht man heute bekanntlich — vor allem in der deutschsprachigen Forschung — der Annahme eines einzigen Dichters von Ilias und Odyssee aus gewichtigen Gründen, vor allem aufgrund der ‚ideologischen' Differenzen zwischen den zwei Epen, kritisch gegenüber[12]. Das Vermeiden der poetischen Konkurrenz der Ilias durch die Odyssee ließe sich freilich auch damit erklären,

---

[9] Ich denke hier an die Rüstungsszenen der Ilias, oder an das Kleidermotiv in der Odyssee (vgl. Schwabl 1992), für dessen Leitmotiv-Charakter sich auffällige Parallelen in der südslawischen Epik finden (vgl. SCHS 6, 1). Der gezielte Einsatz von Wiederholungsfiguren auch auf größere Distanz ist also zweifellos wesentlicher Bestandteil der traditionellen (und das heißt: der mündlich-improvisierenden) Technik.

[10] Für mögliche Ausnahmen vgl. zu α 65–7; ω 37–42.

[11] Dies ist bekanntlich die These von Page 1955.

[12] Vgl. besonders Kullmann 1985; 1992a.

daß der Odysseedichter als ‚Schüler' des Iliasdichters den von seinem ‚Lehrer' fixierten Text in sein Repertoire übernommen hat. Die Frage muß aber bei unserem dürftigen Informationsstand weiter offen bleiben, zumal da sich in der Homerforschung weiterhin keine Einigung über Umstände und Zeitpunkt der erstmaligen Textfixierung abzeichnet[13].

Als poetische Intention der Odyssee zeichnet sich damit eine Integration der Tradition auf allen Ebenen ab: einerseits die Vereinigung aller Varianten der eigenen Geschichte in einer einzigen Großversion, andrerseits die Aufnahme möglichst vieler anderer Geschichten. Unser Text stellt damit seine Version als repräsentativ für die Geschichte der Heimkehr des Odysseus dar, zugleich aber diese als repräsentativ für alle Heimkehrergeschichten sowie als wahre Erfüllung der Troiaepik (oder zumindest als gleichwertig-notwendige Ergänzung zum idealen Troiaepos, das bald als ‚Achilleis', bald auch als ‚Odysseis' erscheint[14]), und auf der höchsten Ebene als das Heldenepos schlechthin, das andere Stoffe als im Vergleich zur Troiaepik zweitrangig verdrängt und andere Helden wie Herakles als minderwertig erweist. Erst indem Odysseus in Beziehung zu allen Helden gesetzt wird, kann er als der beste Held präsentiert werden; dasselbe gilt für das Verhältnis der Odysseus-Geschichte zu allen anderen Geschichten.

Unsere Odyssee versteht sich somit als Teil der Tradition, die beim Rezipienten als selbstverständlich vorausgesetzt ist; sie erhebt den Anspruch, diese Tradition möglichst vollständig in ihre eigene Darstellung zu integrieren, sie zu vereinnahmen und damit auf einer bestimmten Ebene zu ersetzen; sie versteht es andrerseits auch, ihre eigene Darstellung sehr präzise von dem anonymen Strom der Tradition abzuheben. Der Text signalisiert damit sowohl, daß er innerhalb der Tradition nur eine weitere zu den zahlreichen schon gewagten Versionen der Erzählung liefern kann, als auch daß er einen höheren Anspruch erhebt, indem er diese Version als eine endgültige Version darstellt, die die gesamte Tradition in sich aufsaugt.

Gleichzeitig kann man aber zeigen, daß die Darstellungsweise der Odyssee auf verschiedenen Ebenen auf einer poetischen Technik beruht, die sich als mündliche Technik erweist. So ist die Einheit der Handlung von der Tradition als die natürliche Form, in der Geschichten erzählt werden, vorgegeben. Das Großepos behält diese Form bei, sucht die Sprengung der Liedeinheit nicht nach außen hin[15], sondern nach innen[16], sowie durch

---

[13] Vgl. Latacz 1989, 26–29, gegen die radikale Skepsis von Nagy 1996, 107–206.

[14] Vgl. zu γ 108–12; ϑ 73–82; ϑ 489–95; ϑ 499–520; λ 506–40.

[15] Im Gegensatz zur rein additiven Erweiterung in den Kyklischen Epen.

[16] Die Ilias bewältigt dies etwa durch die symbolische Hineinspiegelung des Vorher und Nachher in die ‚Novellenhandlung' der Μῆνις; die Odyssee etwa durch den Figurennachtrag der Vorgeschichte sowie die Einblendung der Troiathematik, der

Ausweitungstendenzen mittels traditioneller Technik[17]. Daß es sich bei diesen Aspekten tatsächlich um traditionelle Techniken handelt, die innerhalb einer mündlichen Tradition möglich sind, könnte der Vergleich mit dem südslawischen Epos zeigen, das die Technik des Figurennachtrags (im moslemischen Traditionsstrang) und der ‚technischen' Erweiterung (in extremer Form bei Avdo Međedović) kennt, jenes der symbolischen Ausweitung, für die eine Historisierung der Inhalte vorausgesetzt ist, allerdings nur in ganz bestimmten Bereichen[18].

Die individuelle Form der Odyssee bedeutet also zugleich Weiterentwicklung und Übersteigerung der traditionellen Erzähltechnik. Das läßt darauf schließen, daß zusätzlich zur handwerksmäßigen Sängerpraxis weitere Elemente ins Spiel kommen, die sich am besten durch den Willen zur Textfixierung erklären lassen; damit kann aber nicht die Dokumentation eines einmaligen typischen Vortrags gemeint sein[19], sondern nur die planmäßige Abfassung eines groß- und kleinstrukturierten Gebildes, deren Genese im Kopf des Sängers anzusiedeln ist, deren dauerhafter Bestand aber nur durch schriftliche Fixierung gesichert ist.

Die Behandlung der Alternativversionen und der übrigen Stoffe zeigt, daß unsere Odyssee — trotz ihrer schriftlichen Fixierung — in und für einen rein mündlichen Kontext gedichtet ist. Der Text setzt ein Klima voraus, in dem jeder Hörer mit der Tradition so sehr vertraut, ja gewissermaßen täglich konfrontiert ist, daß er von ein und derselben Geschichte etliche verschiedene Versionen kennt. Eine solche Kenntnis ist nur möglich, wenn es sich um eine mündliche Tradition handelt, in der viele Sänger die Geschichten wieder und wieder singen. Der Text der Odyssee setzt diesen kulturellen Kontext voraus, bezieht aus ihm seine Stoffe und stellt sich selbst in ihn hinein. Der Rezipient soll seine kulturelle Eingebundenheit in die *song culture* miteinbringen, um ein Verständnis des Textes zu erarbeiten. Die Odyssee erweist sich somit als ein Kunstwerk, das für einen bestimmten kulturellen Kontext geschaffen ist, das diesen Kontext aber so sehr transzendiert, daß es — wie die Geschichte seiner Rezeption erwiesen hat — auch ohne dessen Kenntnis als Kunstwerk Bestand hat.

Nostoi und anderer Sagenkreise: vgl. Danek 1996.

[17] Das wichtigste Mittel zur Erreichung großepischer Dimensionen ist die Verzweigungstechnik mehrsträngiger Handlungsführung. Zur Retardationstechnik der Ilias vgl. Reichel 1990. Zur Odyssee vgl. etwa das Durchspielen des ‚Anstatt' im σ.

[18] S.o., S. 21 mit Anm. 37.

[19] Das spricht m.E. gegen Lords Konzept von einem ‚oral dictated text', wie es etwa von Janko (1990) vertreten wird, und für einen schreibenden Homer.

LITERATUR

Texte, Kommentare, Übersetzungen (zitiert *ad loc.*)

Allen, T.W., bzw. Monro, D.B., Allen, T.W. 1912–1920. Homeri Opera 1–5. Oxford.

Ameis, K.F., Hentze, C., Cauer, P. 1920– . Homers Odyssee. Leipzig (div. Auflagen).

Banović, S. 1951a. In: Banović 1951, 156–191.

Bernabé, A. 1987. Poetae Epici Graeci: Testimonia et Fragmenta. Pars 1. Leipzig.

Buturović, Đ. 1966. Narodne pjesme muslimana u Bosni i Hercegovini. Sarajevo.

Davies, M. 1988. Epicorum Graecorum Fragmenta. Göttingen.

Dindorf, G. 1855. Scholia Graeca in Homeri Odysseam. Oxford.

Edwards, M.W. 1991. The Iliad: A Commentary, Vol. V: Books 17–20. Cambridge.

Fernández-Galiano, M. 1992. A Commentary on Homer's Odyssey, Vol. 3. Oxford (Books 21–22).

Garvie, A.F. 1994. Homer Odyssey: Books 6–8. Cambridge.

Geseman, G. 1925. Erlangenski rukopis starih srpskohrvatskih narodnih pesama. Karlovci.

Hainsworth, J.B. 1988. A Commentary on Homer's Odyssey, Vol. 1. Oxford (Books 5–8).

—, 1993. The Iliad: A Commentary, Vol. 3: Books 9–12. Cambridge.

Heubeck, A. 1989. A Commentary on Homer's Odyssey, Vol. 2. Oxford (Books 9–12).

—, 1992. A Commentary on Homer's Odyssey, Vol. 3. Oxford (Books 23–24).

HNP 1896–1940. Hrvatske narodne pjesme (Matica hrvatska), 1–9. Zagreb.

Hoekstra, A. 1989. A Commentary on Homer's Odyssey, Vol. 2. Oxford (Books 13–16).

Janko, R. 1992. The Iliad: A Commentary, Vol. 4: Books 13–16. Cambridge.

Jones, P.V. 1991. Homer: The Odyssey 1 & 2. Warminster.

Kirk, G.S. 1985. The Iliad: A Commentary, Vol. 1: Books 1–4. Cambridge.

—, 1990. The Iliad: A Commentary, Vol. 2: Books 5–8. Cambridge.

Kullmann, W. 1960a. Die Zitierweise der kyklischen Epen: Paragrapheneinteilung des Proklosexzerpts. In: Kullmann 1960, 52–57.

Leaf, W. 1900–1902. The Iliad, 1–2. London[2].

Ludwich, A. 1889–1891. Homeri Odyssea. 2 Bde. Leipzig.

Macleod, C.W. 1982. Homer Iliad: Book 24. Cambridge 1982.

Merry, W.W.J., Riddell, J. 1886. Homer's Odyssey, Vol. 1, Books 1–12. Oxford[2].

Monro, D.B. 1901. Homer's Odyssey Books 13–24. Oxford.

Nitzsch, G.W. 1831. Erläuternde Anmerkungen zu Homer's Odyssee, 2. Hannover.

Richardson, N. 1993. The Iliad: A Commentary, Vol. 6: Books 21–24. Cambridge.

Russo, J. 1992. A Commentary on Homer's Odyssey, Vol. 3. Oxford (Books 17–20).

Rutherford, R.B. 1992. Homer Odyssey: Books 19 and 20. Cambridge.

Schadewaldt, W. 1958. Homer: Die Odyssee, Deutsch von W. S. Hamburg.

SCHS 1953–1980. M. Parry, A.B. Lord, D.E. Bynum, Serbocroatian Heroic Songs. 1–4; 6; 14. Cambridge/Mass.

SNP 1932–1936. V.S. Karadžić, Srpske narodne pjesme, 1–9. Belgrad[3].

Solmsen, F., Merkelbach, R., West, M.L. 1990. Hesiodi Theogonia Opera et Dies Scutum Fragmenta Selecta. Oxford[3].

Stanford, W.B. 1965. The Odyssey of Homer, 2 Bde. London[2].

van Thiel, H. 1991. Homeri Odyssea, rec. H. v. Th. Hildesheim etc.

Von der Muehll, P. 1962. Homeri Odyssea. Stuttgart[3].

West, S. 1988. A Commentary on Homer's Odyssey, Vol. 1. Oxford (Books 1–4).

Willcock, M.M. 1978–1984. The Iliad of Homer, 2 Bde. Hampshire – London.

Sonstiges

Alden, M.J. 1987. The Role of Telemachus in the Odyssey. Hermes 115, 129–137.

Alexander, C. 1991. A Note on the Stag: Odyssey 10, 156–72. CQ 41, 520–524.

Allione, L. 1963. Telemaco e Penelope nell'Odissea. Torino.

Andersen, Ø. 1977. Odysseus and the Wooden Horse. SO 52, 5–18.

—, 1992. Agamemnon's Singer (Od. 3, 262–272). SO 67, 5–26.

Apthorp, M.J. 1977. The Language of Odyssey 5.7–20. CQ 27, 1–9.

Apthorp, M.J. 1980. The Manuscript Evidence for Interpolation in Homer. Heidelberg.

Apthorp, M.J. 1980a. The Obstacles to Telemachus' Return. CQ 30, 1–22.

Arend, W. 1933. Die typischen Scenen bei Homer. Berlin.

Auerbach, E. 1964. Mimesis: Dargestellte Wirklichkeit in der abendländischen Literatur. Bern – München³.

Austin, N. 1966. The Function of Digressions in the Iliad. GRBS 7, 295–312.

—, 1975. Archery at the Dark of the Moon: Poetic Problems in Homer's Odyssey. Berkeley etc.

—, 1994. Helen of Troy and Her Shameless Phantom. Ithaca – London.

Ballabriga, A. 1989. La prophétie de Tirésias. Métis 4, 291–304.

Baltes, M. 1978. Hermes bei Kalypso. WJA 4, 7–26.

Bannert, H. 1988. Formen des Wiederholens bei Homer. Wien.

Banović, S. 1951. Motivi iz Odiseje u narodnoj hrvatskoj pjesmi iz Makarskog primorja. Zbornik za narodni život i običaje 35, 139–244.

Beekes, R.S.P. 1986. „You can get new children ..." Turkish and Other Parallels to Ancient Greek Ideas in Herodotus, Thucydides, Sophocles and Euripides. Mnemosyne 39, 225–239.

Benton, S. 1934/5. Excavations in Ithaca, III: The Cave at Pólis, I. BSA 35, 45–73.

Bergmann, P. 1970. Der Atridenmythos in Epos, Lyrik und Drama. Erlangen – Nürnberg.

Beßlich, S. 1966. Schweigen – Verschweigen – Übergehen: Die Darstellung des Unausgesprochenen in der Odyssee. Heidelberg.

Bethe, E. 1929. Homer, Dichtung und Sage 2: Odyssee, Kyklos, Zeitbestimmung. Leipzig².

Blößner, N. 1991. Die singulären Iterata der Ilias: Bücher 16–20. Stuttgart.

—, 1992. Rez. Usener 1990. Gnomon 64, 385–390.

Bona, G. 1966. Studi sull'Odissea. Torino.

Bonnafé, A. 1985. L'olivier dans l'Odyssée et le fourrée du Parnasse. Reprises de termes et reprises de thèmes. QS 11, 101–136.

Borthwick, E.K. 1988. Odysseus and the Return of the Swallow. G&R 35, 14–22.

Bowie, E.L. 1993. Lies, Fiction and Slander in Early Greek Poetry. In: C. Gil, T. P. Wiseman (ed.), Lies and Fiction in the Ancient World, Exeter, 1–37.

Bowra, C.M. 1952. Heroic Poetry. London.

Braswell, B.K. 1982. The Song of Ares and Aphrodite: Theme and Relevance to Odyssey 8. Hermes 110, 129–137.

Braun, M. 1961. Das serbokroatische Heldenlied. Göttingen.

Brennan, T.C. 1987. An Ethnic Joke in Homer? HSPh 91, 1–3.

Broich, U., Pfister, M. (ed.) 1985. Intertextualität: Formen, Funktionen, anglistische Fallstudien. Tübingen.

Brommer, F. 1983. Odysseus: Die Taten und Leiden des Helden in antiker Kunst und Literatur. Darmstadt.

Büchner, W. 1931. Die Niptra in der Odyssee (τ 308–507). RhM 80, 129–136.

—, 1937. Probleme der homerischen Nekyia. Hermes 72, 104–122.

—, 1940. Die Penelopeszenen in der Odyssee. Hermes 75, 126–167.

Burkert, W. 1960. Das Lied von Ares und Aphrodite: Zum Verhältnis von Odyssee und Ilias. RhM 103, 130–144.

—, 1972. Die Leistung eines Kreophylos: Kreophyleer, Homeriden und die archaische Heraklesepik. MH 29, 74–85.

—, 1973. Von Amenophis II. zur Bogenprobe des Odysseus. GB 1, 69–78.

—, 1976. Das hunderttorige Theben und die Datierung der Ilias. WS 10, 5–21.

Byre, C.S. 1988. Penelope and the Suitors before Odysseus. Odyssey 18,158–303. AJPh 109, 159–173.

Carnes, J.S. 1993. With Friends like These: Understanding the Mythic Background of Homer's Phaiakians. Ramus 22, 103–115.

Cauer, P. 1895. Grundfragen der Homerkritik. Leipzig[1].

Clauss, J.J. 1993. The Best of the Argonauts: The Redefinition of the Epic Hero in Book One of Apollonius' Argonautica. Berkeley.

Clay, J.S. 1983. The Wrath of Athena: Gods and Men in the Odyssey. Princeton.

Cohen, B. (ed.) 1995. The Distaff Side: Representing the Female in Homer's Odyssey. New York – Oxford.

Combellack, F.M. 1982. Two Blameless Homeric Characters. AJPh 103, 361–372.

Crane, G. 1988. Calypso: Backgrounds and Conventions of the Odyssey. Frankfurt/M.

Danek, G. 1988. Studien zur Dolonie. Wien.

—, 1990. Die Diskussion der Fürsten in Ilias 14: Aufbau und Aussage. WS 103, 11–29.

—, 1991. Πολύμητις Ὀδυσσεύς und *Tale budalina*: Namensformeln bei Homer und im serbokroatischen Epos. WS 104, 23–47.

—, 1992. ‚Literarische Qualität' bei Homer und im jugoslawischen Heldenlied. WHB 34, 16–32.

—, 1992a. Zur Prologrede der Aphrodite im Hippolytos des Euripides. WS 105, 19–37.

—, 1992b. Rez. Usener 1990. WS 105, 263–265.

—, 1994/5. Der Nestorbecher von Ischia, epische Zitiertechnik und das Symposion. WS 107/8 (FS H. Schwabl), 29–44.

—, 1995. Erzählvarianten in Odyssee und serbokroatischem Heimkehrerlied. In: Εὐχήν Ὀδυσσεί 1995, 183–198.

—, 1996. Intertextualität der Odyssee, Intertextualität der Ilias. WHB 38, 22–36.

—, 1996a. Die Apologoi der Odyssee und ‚Apologoi' im serbokroatischen Heimkehrerlied. WS 109, 5–30.

Davies, M. 1994. Odyssey 22.474–7: Murder or Mutilation? CQ 44, 534–536.

Delebecque, É. 1958. Télémaque et la structure de l'Odyssée. Aix-en-Provence.

—, 1980. Construction de l'Odyssée. Paris.

Détienne, M., Vernant, J.-P. 1974. Les ruses de l'intelligence: La mètis des Grecs. Paris[2].

Dihle, A. 1970. Homer-Probleme. Opladen.

Dirlmeier, F. 1966. Die Giftpfeile des Odysseus. Heidelberg.

Dougherty, C. 1991. Phemius' Last Stand: The Impact of Occasion on Tradition in the Odyssey. Oral Tradition 6, 93–103.

Dräger, P. 1993. Argo Pasimelousa: Der Argonautenmythos in der griechischen und römischen Literatur. Teil I: Theos Aitios. Stuttgart.

Dümmler, F. 1901. Kleine Schriften. Leipzig.

Dyck, A. 1981. The Witch's Bed but Not Her Breakfast: An Odyssean Paradox. RhM 124, 196–198.

Eco, U. 1979. Lector in fabula: La cooperazione interpretativa nei testi narrativi. Milano (Deutsche Übers. München – Wien 1987).

—, 1990. I limiti dell'interpretazione. Milano (Deutsche Übers. München – Wien 1992).

Edwards, A.T. 1984. Aristos Achaion: Heroic Death and Dramatic Structure in the Iliad. QUCC 17, 61–80.

—, 1985. Achilles in the Underworld: Iliad, Odyssey, and Aethiopis. GRBS 26, 215–227.

—, 1985a. Achilles in the Odyssey. Ideologies of Heroism in the Homeric Epic. Königstein/Ts.

—, 1993. Homer's Ethical Geography: Country and City in the Odyssey. TAPhA 123, 27–78.

Edwards, M.W. 1975. Type-Scenes and Homeric Hospitality. TAPhA 105, 51–72.

—, 1990. Neoanalysis and Beyond. ClAnt 9, 311–325.

Ehnmark, E. 1935. The Idea of God in Homer. Uppsala.

Eisenberger, H. 1973. Studien zur Odyssee. Wiesbaden.

Emlyn-Jones, C. 1984. The Reunion of Penelope and Odysseus. G&R 31, 1–18.

Erbse, H. 1972. Beiträge zum Verständnis der Odyssee. Berlin – New York.

—, 1986. Untersuchungen zur Funktion der Götter im homerischen Epos. Berlin – New York.

Ευχήν Οδυσσεί 1995. Από τα Πρακτικά του Ζ' Συνεδρίου για την Οδύσσεια (1993). Ithaka.

Felson-Rubin, N. 1994. Regarding Penelope: From Character to Poetics. Princeton.

Fenik, B. 1974. Studies in the Odyssey. Wiesbaden.

Ferrari, F. 1986. Oralità ed espressione: Ricognizioni omeriche. Pisa.

Finkelberg, M. 1987. The First Song of Demodocus. Mnemosyne 40, 128–132.

—, 1990. A Creative Oral Poet and the Muse. AJPh 111, 293–303.

Finley, J.H. Jr. 1978. Homer's Odyssey. Cambridge/Mass. – London.

Focke, F. 1943. Die Odyssee. Stuttgart – Berlin.

Foley, H.P. 1978. „Reverse Similes" and Sex Roles in the Odyssey. Arethusa 11, 7–26.

—, 1995. Penelope as Moral Agent. In: Cohen 1995, 93–115.

Foley, J.M. 1990. Traditional Oral Epic: The Odyssey, Beowulf, and the Serbo-Croatian Return Song. Berkeley.

—, 1991. Immanent Art: From Structure to Meaning in Traditional Oral Epic. Bloomington – Indianapolis.

Forbes, R.J. 1967. Bergbau, Steinbruchtätigkeit und Hüttenwesen. Archaeologia Homerica II K. Göttingen.

Ford, A. 1992. Homer: The Poetry of the Past. Ithaca – London.

Fränkel, H. 1921. Die homerischen Gleichnisse. Göttingen.

—, 1927. Rez. G. Murray, The Rise of the Greek Epic. Gnomon 3, 1–11.

Friedrich, R. 1975. Stilwandel im homerischen Epos. Heidelberg.

—, 1987. Heroic Man and Polymetis: Odysseus in the Cyclopeia. GRBS 28, 121–133.

—, 1987a. Thrinakia and Zeus' Ways to Men in the Odyssey. GRBS 28, 375–400.

—, 1989. Zeus and the Phaeacians: Odyssey 13, 158. AJPh 110, 395–399.

—, 1991. The Hybris of Odysseus. JHS 109, 16–28.

Frontisi-Ducroux, F. 1986. Le cithare d'Achille: Essai sur la poétique de l'Iliade. Rom.

Gercke, A. 1905. Telegonie und Odysse. NJA 15, 313–333.

Germain, G. 1954. Genèse de l'Odyssée: Le fantastique et le sacré. Paris.

Glenn, J. 1971. The Polyphemus Folktale and Homer's Kyklopeia. TAPhA 102, 133–181.

Goldhill, S. 1988. Reading Differences: The Odyssey and Juxtaposition. Ramus 17, 1–31.

—, 1991. The Poet's Voice: Essays on Poetics and Greek Literature. Cambridge.

Gresseth, G.K. 1970. The Homeric Sirens. TAPhA 101, 203–218.

Griffin, J. 1987. Homer: The Odyssey. Cambridge.

—, 1987a. Homer and Excess. In: J. M. Bremer, J. F. de Jong, J. Kalff, Homer: Beyond Oral Poetry, Amsterdam, 85–104.

Haft, A.J. 1983/4. Odysseus, Idomeneus and Meriones: The Cretan Lies of Odyssey 13–19. CJ 79, 289–306.

Hansen, W.F. 1990. Odysseus and the Oar: A Folkloric Approach. In: L. Edmunds (ed.), Approaches to Greek Myth, Baltimore, 241–272.

Harder, R.E. 1988. Nausikaa und die Palme von Delos. Gymnasium 95, 505–514.

Harsh, P.W. 1950. Penelope and Odysseus in Odyssey XIX. AJPh 71, 1–21.

Hartmann, A. 1917. Untersuchungen über die Sagen vom Tod des Odysseus. München.

Hellwig, B. 1964. Raum und Zeit im homerischen Epos. Hildesheim

Heubeck, A. 1954. Der Odyssee-Dichter und die Ilias. Erlangen.

—, 1974. Die homerische Frage. Darmstadt.

—, 1981. Zwei homerische πεῖραι (ω 205ff. – B 53ff.). ZAnt 31, 73–83.

—, 1985. Penelopes Webelist. WJA 11, 33–43.

Hoekstra, A. 1965. Homeric Modifications of Formulaic Prototypes. Amsterdam – London.

Hölscher, U. 1939. Untersuchungen zur Form der Odyssee. Leipzig.

—, 1967. Penelope vor den Freiern. In: Lebende Antike, Symposion für R. Sühnel, Berlin, 27–33.

—, 1976. Lebensläufe in der Odyssee. Winterthur.

—, 1988. Die Odyssee: Epos zwischen Märchen und Roman. München.

—, 1994. Das nächste Fremde: Von Texten der griechischen Frühzeit und ihrem Reflex in der Moderne. München.

Huxley, G.L. 1958. Odysseus and the Thesprotian Oracle of the Dead. PP 13, 245–248.

Iser, W. 1990. Der Akt des Lesens. München[3].

—, 1994. Der implizite Leser. München[3].

Jacoby, F. 1933. Die geistige Physiognomie der Odyssee. Antike 9, 159–194.

Janko, R. 1990. The Iliad and its Editors: Dictation and Redaction. ClAnt 9, 326–334.

Jones, P.V. 1992. The Past in Homer's Odyssey. JHS 112, 74–90.

de Jong, I.J.F. 1985. Eurykleia and Odysseus' Scar. Odyssey 19.393–466. CQ 35, 517–518.

—, 1987. Narrators and Focalizers: The Presentation of the Story in the Iliad. Amsterdam.

—, 1992. The Subjective Style in Odysseus' Wanderings. CQ 42, 1–11.

—, 1994. Between Word and Deed: Hidden Thougths in the Odyssey. In: I.J.F. de Jong, J.P. Sullivan (ed.), Modern Critical Theory and Classical Literature, Leiden etc., 27–50.

Jörgensen, O. 1904. Das Auftreten der Götter in den Büchern ι – μ der Odyssee. Hermes 39, 357–382.

Kakridis, J.Th. 1949. Homeric Researches. Lund.

—, 1971. Homer Revisited. Lund.

—, 1971a. The Recognition of Odysseus. In: Kakridis 1971, 151–163.

—, 1982. Μετακένωσις. WS N. F. 16, 5–12.

Kannicht, R. 1969. Euripides Helena. Band I: Einleitung und Text. Heidelberg.

Katz, M.A. 1991. Penelope's Renown: Meaning and Indeterminacy in the Odyssey. Princeton.

Kearns, E. 1982. The Return of Odysseus: A Homeric Theoxeny. CQ 32, 2–8.

Kilb, H. 1973. Strukturen epischen Gestaltens im 7. und 23. Gesang der Odyssee. München.

Kirchhoff, A. 1879. Die homerische Odyssee. Berlin.

Klingner, F. 1944. Über die vier ersten Bücher der Odyssee. Leipzig (= Studien zur griechischen und römischen Literatur, Zürich – Stuttgart 1964, 39–79).

Köhnken, A. 1976. Die Narbe des Odysseus: Ein Beitrag zur homerischen Erzähltechnik. A&A 22, 101–114.

Koljević, S. 1980. The Epic in the Making. Oxford.

Krischer, T. 1971. Formale Konventionen der homerischen Epik. München.

—, 1985. Phäaken und Odyssee. Hermes 113, 9–21.

—, 1988. Odysseus und Telemach. Hermes 116, 1–12.

—, 1989. Aretes Frage: Zur Phäakenepisode der Odyssee. Mnemosyne 42, 12–23.

—, 1990. Mündlichkeit und epischer Sänger im Kontext der Frühgeschichte Griechenlands. In: Kullmann – Reichel 1990, 51–63.

—, 1992. Die Bogenprobe. Hermes 120, 19–25.

—, 1993. Die Webelist der Penelope. Hermes 121, 3–11.

—, 1994. Rez. zu: A. Heubeck, etc., A Commentary on Homer's Odyssey, 3 Bde., Oxford 1988–1992. In: Gnomon 66, 385–403.

Kristeva, J. 1970. Le texte du roman. Den Haag.

Krummen, E. 1990. Pyrsos Hymnon: Festliche Gegenwart und mythisch-rituelle Tradition als Voraussetzung einer Pindarinterpretation. Berlin – New York.

Kullmann, W. 1955. Die Probe des Achaierheeres in der Ilias. MH 12, 253–273 (= Kullmann 1992, 38–63).

—, 1960. Die Quellen der Ilias (Troischer Sagenkreis). Wiesbaden.

—, 1974–7. Ἡ σύλληψη τῆς Ὀδύσσειας καὶ ἡ μυθικὴ παράδοση. EEAth 25, 9–29.

—, 1981. Zur Methode der Neoanalyse in der Homerforschung. WS 94, 5–42.

—, 1984. Oral Poetry Theory and Neoanalysis in Homeric Research. GRBS 25, 307–323.

—, 1985. Gods and Men in the Iliad and the Odyssey. HSPh 89, 1–23.

—, 1990. Die poetische Funktion des Palastes des Odysseus in der Odyssee. In: Ο Ομηρικός Οίκος: Από τα Πρακτικά του Ε' Συνεδρίου για την Οδύσσεια (1987), Ithaka, 41–56.

—, 1991. Ergebnisse der motivgeschichtlichen Forschung zu Homer (Neoanalyse). In: Latacz 1991, 425–455 [zitiert nach: Kullmann 1992, 100–134].

—, 1992. Homerische Motive: Beiträge zur Entstehung, Eigenart und Wirkung von Ilias und Odyssee (ed. R.J. Müller). Stuttgart.

—, 1992a. Das Bild des Menschen in der Odyssee. In: Kullmann 1992, 272–290.

—, 1992b. Das letzte Buch der Odyssee. In: Kullmann 1992, 291–304.

—, 1995. The Two Nekyiai of the Odyssey and Their Oral Sources. In: Ευχήν Οδυσσεί 1995, 41–53.

Kullmann, W., Reichel, M. (ed.) 1990. Der Übergang von der Mündlichkeit zur Literatur bei den Griechen. Tübingen.

Latacz, J. 1981. Zeus' Reise zu den Aithiopen (Zu Ilias I 304–495). In: Gnomosyne, FS W. Marg, München, 53–80.

—, 1989. Homer: Der erste Dichter des Abendlands. München – Zürich².

—, (ed.) 1991. 200 Jahre Homerforschung: Rückblick und Ausblick. Stuttgart.

—, 1992. Lesersteuerung durch Träume: Der Traum Penelopes im 19. Gesang der Odyssee. In: Kotinos, FS E. Simon, Mainz, 77–89.

Lefkowitz, M. 1981. The Lives of the Greek Poets. London.

Lesky, A. 1967. Die Schuld der Klytaimestra. WS N.F. 1, 5–21.

Levine, D.B. 1982. Odyssey 18: Iros as a Paradigm for the Suitors. CJ 77, 200–204.

Lévy, E. 1989. De quelquels allusions à l'Iliade dans l'Odyssée. In: Architecture et poésie. Hommage à G. Roux, Lyon, 123–131.

Lloyd-Jones, H. 1971. The Justice of Zeus. Berkeley etc.

Lohmann, D. 1970. Die Komposition der Reden in der Ilias. Berlin.

Lord, A.B. 1960. The Singer of Tales. Cambridge/Mass.

Lowenstam, S. 1993. The Scepter and the Spear: Studies on Forms of Repetition in the Homeric Poems. Lanham, Maryland.

Lynn-George, M. 1988. Epos: Word, Narrative and the Iliad. Basingstoke – London.

MacLeod, W. 1984. The Bow and the Axes. In: Studies S. Dow, ed. K.J. Rigsby, Durham, 203–210.

Mähler, H. 1963. Die Auffassung des Dichterberufs im frühen Griechentum bis zur Zeit Pindars. Göttingen.

Marg, W. 1956. Das erste Lied des Demodokos. In: Navicula Chiloniensis, FS F. Jacobi, Leiden, 16–29.

Maronitis, D.N. 1980. Ἀναζήτηση καὶ νόστος τοῦ Ὀδυσσέα: Ἡ διαλεκτικὴ τῆς Ὀδύσσειας. Athen³.

—, 1982. Die erste Trugrede des Odysseus in der Odyssee: Vorbild und Variationen. In: Gnomosyne, FS W. Marg, München, 117–134.

—, 1983. Références latentes de l'Odyssée à l'Iliade. In: Mélanges É. Delebecque, Aix-en-Provence, 277–291.

Marquardt, P. 1985. Penelope πολύτροπος. AJPh 106, 32–48.

Martin, R.P. 1989. The Language of Heroes: Speech and Performance in the Iliad. Ithaca – London.

Mattes, W. 1958. Odysseus bei den Phäaken: Kritisches zur Homeranalyse. Würzburg.

Matthews, V.J. 1978. Atlas, Aietes, and Minos ὀλοόφρων: An Epic Epithet in the Odyssey. CPh 73, 228–232.

Matthiessen, K. 1988. Probleme der Unterweltsfahrt des Odysseus. GB 15, 15–45.

Merkelbach, R. 1969. Untersuchungen zur Odyssee. München².

Meuli, K. 1921. Odyssee und Argonautika. Berlin.

—, 1931. Laistrygonen. RE Suppl. 5, 537–540.

Meyer, D. 1995. Eine unnötige Probe? Odysseus und Laertes im ω der Odyssee. In: Εὐχήν Ὀδυσσεί 1995, 255–273.

Minchin, E. 1992. Homer Springs a Surprise: Eumaios' Tale at Od. o 403–484. Hermes 120, 259–266.

Mondi, R. 1983. The Homeric Cyclopes: Folktale, Tradition, and Theme. TAPhA 113, 17–38.

Moreau, A. 1992. Odyssée 21, 101–139: L'examen de passage de Télémaque. In: L'initiation, Actes du colloque international de Montpellier (1991), 1, Les rites d'adolescence et les mystères, Montpellier, 93–104.

Morrison, J.V. 1992. Homeric Misdirection: False Predictions in the Iliad. Ann Arbor.

Most, G.W. 1989. The Structure and Function of Odysseus' Apologoi. TAPhA 119, 15–30.

Mühlestein, H. 1984. Der göttliche Sauhirt und die Namen. A&A 30, 146–153.

Müller, M. 1966. Athene als göttliche Helferin in der Odyssee. Heidelberg.

Murnaghan, S. 1987. Disguise and Recognition in the Odyssey. Princeton.

Nagler, M.N. 1974. Spontaneity and Tradition: A Study in the Oral Art of Homer. Berkeley etc.

—, 1990. Odysseus: The Proem and the Problem. ClAnt 9, 335–356.

Nagy, G. 1979. The Best of the Achaeans: Concepts of the Hero in Archaic Greek Poetry. Baltimore – London.

—, 1990. Pindar's Homer: The Lyric Possession of an Epic Past. Baltimore.

—, 1996. Poetry as Performance: Homer and Beyond. Cambridge.

Nesselrath, G. 1992. Ungeschehenes Geschehen: ‚Beinahe-Episoden' im griechischen und römischen Epos. Stuttgart.

Newton, R.M. 1983. Poor Polyphemus: Emotional Ambiguity in Odyssey 9 and 17. CW 76, 137–142

—, 1987. Odysseus and Hephaestus in the Odyssey. CJ 83, 12–20.

Nickau, K. 1977. Untersuchungen zur textkritischen Methode des Zenodotos von Ephesos. Berlin.

Northrup, M.D. 1980. Homer's Catalogue of Women. Ramus 9, 150–159.

van Nortwick, T. 1983. Penelope as Double Agent: Odyssey 21,1–60. CW 77, 24–25.

Olson, S.D. 1990. The Stories of Agamemnon in Homer's Odyssey. TAPhA 120, 57–71.

—, 1993/4. Telemachus' Laugh (Od. 21, 101–105). CJ 89, 369–372.

—, 1995. Blood and Iron: Stories and Storytelling in Homer's Odyssey. Leiden etc.

O'Sullivan, J.N. 1990. Nature and Culture in Odyssey 9 ? SO 65, 7–17.

Oswald, R. 1993. Das Ende der Odyssee: Studien zu Strukturen epischen Gestaltens. Graz.

Page, D. 1955. The Homeric Odyssey. Oxford.

—, 1972. The Mystery of the Minstrel at the Court of Agamemnon. In: Studi Cataudella I, Catania, 127–131.

—, 1973. Folktales in Homer's Odyssey. Cambridge/Mass.

Parry, A.A. 1973. Blameless Aegisthus: A Study of ἀμύμων and Other Homeric Epithets. Leiden.

Parry, H. 1994. The Apologos of Odysseus: Lies, All Lies? Phoenix 48, 1–20.

Parry, M. 1971. The Making of Homeric Verse: The Collected Papers of Milman Parry (ed. A. Parry). Oxford.

Patzer, H. 1991. Die Reise des Telemach. ICS 16, 17–35.

Pedrick, V. 1982. Supplication in the Iliad and the Odyssey. TAPhA 112, 125–140.

—, 1992. The Muse Corrects: The Opening of the Odyssey. YClS 29, 39–62.

Pellizer, E. 1979. Il fodero e la spada: Metis amorosa e ginecofobia nell'episodio di Circe, Od. X 133ss. QUCC 1, 67–82.

Peradotto, J. 1990. Man in the Middle Voice: Name and Narration in the Odyssey. Princeton.

Pestalozzi, H. 1945. Die Achilleis als Quelle der Ilias. Erlenbach – Zürich.

Pinsent, J. 1993. Had the Cyclops a Daughter and Was Nausicaa a Giant? In: Σπονδές στον Όμηρο, Από τά Πρακτικά του Z΄ Συνεδρίου για την Οδύσσεια (1990), Ithaka, 97–115.

Podlecki, A.J. 1961. Guest-Gifts and Nobodies in Odyssey 9. Phoenix 15, 125–133.

Postlethwaite, N. 1981. The Continuation of the Odyssey: Some Formulaic Evidence. CPh 76, 177–187.

Pötscher, W. 1990. Die Götterburleske als Deutungsansatz für die religiöse Weltanschauung des Odyssee-Dichters (Od. 8, 266ff.). GB 17, 27–47.

Pralon, D. 1985. Homère Odyssée xi: Ce que disent les Ombres. ConnHell 25, 53–61.

Prag, A.J.N.W. 1985. The Oresteia: Iconographic and Narrative Tradition. Warminster.

Pratt, L. 1994. Odyssey 19.535–50: On the Interpretation of Dreams and Signs in Homer. CPh 89, 147–152.

Pucci, P. 1979. The Song of the Sirens. Arethusa 12, 121–132.

—, 1982. The Proem of the Odyssey. Arethusa 15, 39–62.

—, 1987. Odysseus Polutropos: Intertextual Readings in the Odyssey and the Iliad. Ithaca – London.

Radermacher, L. 1915. Die Erzählungen der Odyssee. Wien.

—, 1938. Mythos und Sage bei den Griechen. Baden bei Wien – Leipzig.

Reece, S. 1993. The Stranger's Welcome: Oral Theory and the Aesthetics of the Homeric Hospitality Scene. Ann Arbor.

—, 1994. The Cretan Odyssey: A Lie Truer than Truth. AJPh 115, 157–173.

Reichel, M. 1990. Retardationstechniken in der Ilias. In: Kullmann – Reichel 1990, 125–151.

—, 1994. Fernbeziehungen in der Ilias. Tübingen.

Reinhardt, K. 1960. Die Abenteuer der Odyssee. In: Tradition und Geist, Göttingen, 47–124.

Rengakos, A. 1993. Der Homertext und die hellenistischen Dichter. Stuttgart.

—, 1994. Apollonios und die antike Homererklärung. München.

—, 1995. Zeit und Gleichzeitigkeit in den homerischen Epen. A&A 40, 1–33.

Richardson, N.J. 1983. Recognition Scenes in the Odyssey. Papers of the Liverpool Latin Seminary 4, 219–235.

Richardson, S. 1990. The Homeric Narrator. Nashville, Tennessee.

Robertson, N. 1980. Heracles' ,Catabasis'. Hermes 108, 274–300.

Roessel, D. 1989. The Stag on Circe's Island: An Exegesis of a Homeric Digression. TAPhA 119, 31–36.

Rohdich, H. 1987. Ein Gleichnis der Odyssee. A&A 23, 45–52.

Rose, G.P. 1969. The Unfriendly Phaeacians. TAPhA 100, 387–406.

—, 1979. Odysseus' Barking Heart. TAPhA 109, 215–230.

Rösler, W. 1980. Die Entdeckung der Fiktionalität in der Antike. Poetica 12, 283–319.

—, 1987. Der Frevel des Aias in der ,Iliupersis'. ZPE 69, 1–8.

Roth, P. 1989. Singuläre Iterata der Ilias ($\Phi - \Omega$). Frankfurt/M.

Russo, J. 1982. Interview and Aftermath: Dream, Fantasy, and Intuition in Odyssey 19 and 20. AJPh 103, 4–18.

—, 1993. Odyssey 19, 440–443, the Boar in the Bush: Formulaic Repetition and Narrative Innovation. In: Tradizione e innovazione nella cultura greca da Omero all'età ellenistica, FS B. Gentili, Roma, 51–59.

Rüter, K. 1969. Odysseeinterpretationen: Untersuchungen zum ersten Buch und zur Phaiakis. Göttingen.

Rutherford, R.B. 1986. The Philosophy of the Odyssey. JHS 106, 145–162.

Saïd, S. 1979. Les crimes des prétendants, la maison d'Ulysse et les festins de l'Odyssée. In: Études de littérature ancienne, Paris, 9–49.

Sale, W.M. 1989. The Trojans, Statistics, and Milman Parry. GRBS 30, 341–410.

—, 1994. The Government of Troy: Politics in the Iliad. GRBS 35, 5–102.

Schadewaldt, W. 1959. Von Homers Welt und Werk. Stuttgart[3].

—, 1959a. Neue Kriterien zur Odyssee-Analyse: Die Wiedererkennung des Odysseus und der Penelope. Heidelberg (= Schadewaldt 1970, 58–70).

—, 1970. Hellas und Hesperien I. Zürich – Stuttgart[2].

Schein, S. 1970. Odysseus and Polyphemus in the Odyssey. GRBS 11, 73–83.

—, 1995. Η Οδύσσεια και ο ιλιαδικός ηρωισμός. In: Ευχήν Οδυσσεί 1995, 89–98.

Schischwani, S. 1993. Messenien und Sparta in der Odyssee. In: Σπονδές στον Όμηρο, Από τα Πρακτικά του Ζ' Συνεδρίου για την Οδύσσεια (1990), Ithaka, 257–268.

—, 1995. Mündliche Eurytossage in der Odyssee. In: Ευχήν Οδυσσεί 1995, 247–254.

Schmaus, A. 1953. Studije o krajinskoj epici. Rad JAZU, Zagreb, 89–247 (= Gesammelte Slavistische und Balkanologische Abhandlungen IV, München 1979, 77–235).

—, 1953a. Episierungsprozesse im Bereich der slavischen Volksdichtung. In: Münchener Beiträge zur Slavenkunde (FS P. Diels), München, 294–320 (= Ges. Abh. I, 1971, 194–219).

Schmid, G.B. 1982. Die Beurteilung der Helena in der frühgriechischen Literatur. Freiburg/Br.

Schoeck, G. 1961. Ilias und Aithiopis: Kyklische Motive in homerischer Brechung. Zürich.

Schröter, R. 1950. Die Aristie als Grundlage homerischer Dichtung und der Freiermord der Odyssee. Diss. Marburg.

Schwabl, H. 1978. Religiöse Aspekte der Odyssee (Zu Götterapparat und Kultgegebenheiten). WS 91, 5–28.

—, 1978a. Zeus. RE Suppl. 15, 993–1481.

—, 1982. Traditionelle Gestaltung, Motivwiederholung und Mimesis im homerischen Epos. WS 95, 13–33.

—, 1986. Zum Problem der traditionellen Kompositionsformen bei Homer. WS 99, 39–62.

—, 1990. Was lehrt mündliche Epik für Homer? In: Kullmann – Reichel 1990, 65–109.

—, 1992. ‚Kleiderdinge': Rüstungs- und Ankleideszenen in der Odyssee: Ein Beitrag zur epischen Typologie und zur Struktur des Gedichts. Sprachkunst 23, 25–55.

—, 1992a. Zum Phänomen der epischen Wiederholung unter dem Gesichtspunkt von Mündlichkeit und Schriftlichkeit. SIFC 10, 791–806.

—, 1995. Die Funktion von „Character Doublets" in der Handlungsführung der Odyssee. In: Ευχήν Οδυσσεί 1995, 99–115.

Schwartz, E. 1924. Die Odyssee. München.

Schwinge, E.-R. 1993. Die Odyssee – nach den Odysseen: Betrachtungen zu ihrer individuellen Physiognomie. Göttingen.

Scodel, R. 1994. Odysseus and the Stag. CQ 44, 530–534.

Seel, O. 1955. Variante und Konvergenz in der Odyssee (Themen zur „Homerischen Frage"). In: Studi in onore di U.E. Paoli, Firenze, 643–657.

Segal, C. 1983. Kleos and its Ironies in the Odyssey. AC 22, 22–47.

—, 1994. Singers, Heroes, and Gods in the Odyssey. Ithaca – London.

Severyns, A. 1928. Le cycle épique dans l'école d'Aristarque. Paris.

Shapiro, H.A. 1983. Heros Theos: The Death and Apotheosis of Herakles. CW 77, 7–18.

Siegmann, E. 1987. Homer: Vorlesungen über die Odyssee. Würzburg.

Skutsch, O. 1987. Helen, Her Name and Nature. JHS 107, 188–193.

Slatkin, L.M. 1991. The Power of Thetis: Allusion and Interpretation in the Iliad. Berkeley etc.

von Soden, W. 1959. Die Eremboi der Odyssee und die Irrfahrt des Menelaos. WS 72, 26–29.

Sourvinou-Inwood, Ch. 1985. Altars with Palm-Trees, Palm-Trees and Parthenoi. BICS 32, 125–146.

Stanford, W.B. 1963. The Ulysses Theme. Oxford².

Stanley, K. 1993. The Shield of Homer. Narrative Structure in the Iliad. Princeton.

Stößel, H.-A. 1975. Der letzte Gesang der Odyssee: Eine unitarische Gesamtinterpretation. Erlangen – Nürnberg.

Strasburger, G. 1954. Die kleinen Kämpfer in der Ilias. Frankfurt/M.

Suerbaum, W. 1968. Die Ich-Erzählungen des Odysseus: Überlegungen zur epischen Technik der Odyssee. Poetica 2, 150–177.

Svenbro, J. 1976. La parole et le marbre. Lund.

Taplin, O. 1992. Homeric Soundings: The Shaping of the Iliad. Oxford.

Thalmann, W.G. 1984. Conventions of Form and Thought in Early Greek Epic Poetry. Baltimore – London.

van Thiel, H. 1983. Aufbau und Herkunft der zweiten Nekyia. In: Mélanges É. Delebecque, Aix-en-Provence, 435-439.

—, 1988. Odysseen. Basel.

Thornton, A. 1970. People and Themes in Homer's Odyssey. London.

—, 1984. Homer's Iliad: Its Composition and the Motif of Supplication. Göttingen.

Tolstoi, J. 1934. Einige Märchenparallelen zur Heimkehr des Odysseus. Philologus 89, 261–274.

Tsagarakis, O. 1995. The Two Views of the Afterlife. In: Ευχήν Οδυσσεί 1995, 175–185.

Usener, K. 1990. Beobachtungen zum Verhältnis der Odyssee zur Ilias. Tübingen.

van der Valk, M. 1949. Textual Criticism of the Odyssey. Leiden.

—, 1986. A Few Observations on Books 15 and 16 of the Odyssey. Athenaeum 64, 79–90.

Vester, H. 1968. Das 19. Buch der Odyssee. Gymnasium 75, 417–434.

Visser, E. 1987. Homerische Versifikationstechnik: Versuch einer Rekonstruktion. Frankfurt/M.

—, 1988. Formulae or Single Words? Towards a New Theory on Homeric Verse-Making. WJA 14, 21–37.

Voigt, C. 1972. Überlegung und Entscheidung: Studien zur Selbstauffassung des Menschen bei Homer. Meisenheim².

Von der Mühll, P. 1938. Zur Erfindung in der Nekyia der Odyssee. Philologus 93, 3–11.

—, 1940. Odyssee. RE Suppl. 7, 696–768.

—, 1954. Zur Frage, wie sich die Kyprien zur Odyssee verhalten. In: Westöstliche Abhandlungen, FS R. Tschudi, Wiesbaden, 1–5.

Walcot, P. 1977. Odysseus and the Art of Lying. AncSoc 8, 1–19.

—, 1984. Odysseus and the Contest of the Bow: The Comparative Evidence. SMEA 25, 357–369.

Walcott, D. 1993. The Odyssey: A Stage Version. London.

Walsh, G.B. 1984. The Varieties of Enchantment: Early Greek Views of the Nature and Function of Poetry. Chapel Hill – London.

Walsh, T.R. 1995. Odyssey 1, 6–9: A Little More than Kine. Mnemosyne 48, 385–410.

Wehrli, F. 1959. Penelope und Telemachos. MH 16, 228–237.

Welcker, F.G. 1849. Der epische Cyclus oder die Homerischen Dichter, II. Bonn.

Wender, D. 1978. The Last Scenes of the Odyssey. Leiden.

West, M.L. 1985. The Hesiodic Catalogue of Women. Oxford.

West, S. 1981. An Alternative Nostos for Odysseus. LCM 6, 169–175.

—, 1989. Laertes Revisited. PCPhS 35, 113–143.

Whallon, W. 1969. Formula, Character, and Context: Studies in Homeric, Old English, and Old Testament Poetry. Cambridge/Mass.

von Wilamowitz-Moellendorff, U. 1884. Homerische Untersuchungen. Berlin.

—, 1927. Die Heimkehr des Odysseus: Neue homerische Untersuchungen. Berlin.

Willcock, M.M. 1964. Mythological Paradeigma in the Iliad. CQ 14, 141–154.

—, 1983. Antilochus in the Iliad. In: Mélanges É. Delebecque, Aix-en-Provence, 477–485.

—, 1987. The Last Scenes of Iliad 17. In: J. M. Bremer, J. F. de Jong, J. Kalff, Homer: Beyond Oral Poetry, Amsterdam, 185–194.

Winkler, J.J. 1990. The Constraints of Desire. New York – London.

Woodhouse, M.W. 1930. The Composition of Homer's Odyssey. Oxford.

Wurzinger, M. 1986. Die Entwicklung der allegorischen Interpretation des Hermes. Diss. Wien.

Wyatt, W.F. 1989. The Intermezzo of Odyssey 11 and the Poets Homer and Odysseus. SMEA 27, 235–253.

Zeitlin, F.I. 1995. Figuring Fidelity in Homer's Odyssey. In: Cohen 1995, 117–152.

Zielinski, T. 1901. Die Behandlung gleichzeitiger Ereignisse im antiken Epos. Philologus Suppl. 8/3, 407–449.

INDEX